D1752068

Das ERP-Pflichtenheft
– Enterprise Resource Planning –

Volker Jungebluth

Das ERP-Pflichtenheft
– Enterprise Resource Planning –
4., überarbeitete Auflage

Bibliografische Information Der Deutschen Bibliothek
Die Deutsche Bibliothek verzeichnet diese Publikation in der
Deutschen Nationalbibliografie; detaillierte bibliografische Daten sind
im Internet über *http://dnb.ddb.de* abrufbar.

ISBN 3-8266-5962-1
4. Auflage 2008

Alle Rechte, auch die der Übersetzung, vorbehalten. Kein Teil des Werkes darf in irgendeiner Form (Druck, Kopie, Mikrofilm oder einem anderen Verfahren) ohne schriftliche Genehmigung des Verlages reproduziert oder unter Verwendung elektronischer Systeme verarbeitet, vervielfältigt oder verbreitet werden. Der Verlag übernimmt keine Gewähr für die Funktion einzelner Programme oder von Teilen derselben. Insbesondere übernimmt er keinerlei Haftung für eventuelle, aus dem Gebrauch resultierende Folgeschäden.

Die Wiedergabe von Gebrauchsnamen, Handelsnamen, Warenbezeichnungen usw. in diesem Werk berechtigt auch ohne besondere Kennzeichnung nicht zu der Annahme, dass solche Namen im Sinne der Warenzeichen- und Markenschutz-Gesetzgebung als frei zu betrachten wären und daher von jedermann benutzt werden dürften.

© Copyright 2008 by mitp, REDLINE GMBH, Heidelberg
www.mitp.de

Lektorat: Ernst-Heinrich Pröfener
Druck: Druckhaus Köppl & Schönfelder, Stadtbergen
Satz und Layout: III-satz, Husby, www.drei-satz.de

Printed in Germany

Inhaltsverzeichnis

	Vorwort	11
1	**ERP-Programme – Sinn und Zweck für das Unternehmen**.......	15
1.1	ERP-Systeme allgemein....................................	15
1.2	PPS-System – Kernstück einer ERP-Lösung mit Schwerpunkt Fertigungsorganisation...................................	15
1.3	Planung und Steuerung mit und ohne EDV	19
1.3.1	Der Zusammenhang zwischen Planung und Steuerung	21
1.3.2	Aus welchen Elementarbereichen bestehen nun Planung und Steuerung?	22
1.3.3	Planung und Steuerung mit EDV...........................	23
1.3.4	Planung und Steuerung mit Personalcomputern	25
1.4	Vorgehensweise zur Auswahl eines ERP-Systems (Soft- und Hardware).......................................	27
1.4.1	Zielsetzung zur Einführung eines ERP-Systems	28
1.4.2	Aufgabenabgrenzung......................................	30
1.4.3	Lösungssuche und -auswahl	33
1.4.4	Auswahlmöglichkeiten der Software	35
1.4.5	Auswahlmöglichkeiten der Hardware	43
1.5	ERP-Management-Handbuch...............................	46
1.6	Voraussetzungen zur Installation...........................	47
2	**Internet – Intranet**	55
2.1	Internet – Wie funktioniert es?.............................	55
2.2	Internet-Philosophie	56
2.3	Die wesentlichen Vorteile des Internets......................	57
2.4	Internet-Historie	58
2.5	Internet-Statistik...	60
2.6	Internet und Intranet.....................................	63
2.7	Internet-Trends	64
2.8	Viren und Würmer	66

2.8.1	Viren ein Problem?	66
2.8.2	Was ist eigentlich ein Computervirus?	68
2.8.3	Trojanische Pferde	68
2.8.4	Würmer	69
2.8.5	Was können Viren anrichten?	69
2.8.6	Wo liegen die Risiken?	69
2.8.7	So schützen Sie sich vor Viren	70
2.8.8	Virenarten	70
2.8.9	Geschichte der Computerviren	72
2.8.10	E-Mail	73
3	**ERP-Phasenkonzept – Strukturiert zum Ziel**	79
3.1	Grundsätzliche Vorgehensweise	79
3.2	Phasenkonzept	79
3.3	Bildung eines Projektteams (Phase 1)	80
3.4	Projektinitialisierung (Phase 2)	82
3.5	Fachliche und DV-technische Anforderungsanalyse (Phase 3)	82
3.6	Pflichtenheft und Evaluation (Phase 4)	82
3.7	Software-Installation und -Anpassung (Phase 5)	86
3.8	Organisation Benutzerumfeld und Systemeinführung (Phase 6)	87
4	**Die Pflichtenhefterstellung**	89
4.1	Anforderungen, Auswahlkriterien, Anforderungsprofil, Pflichtenheft	90
4.2	Checklisten	91
4.2.1	Betriebliche Anforderungen	91
4.2.2	Unternehmensberater	97
4.2.3	Betriebs- und Rahmendaten / Mengengerüste	99
4.2.4	ERP-Software	108
4.2.5	PPS-Funktionsbereiche	121
4.2.6	Anforderungskatalog Software	150
4.2.7	Anforderungsprofil PPS	165
4.2.8	Kundenspezifisches Musterpflichtenheft aus der Praxis	176
4.2.9	Musterpflichtenheft ERP	212
4.2.10	Pflichtenheft des VDMA	241

5	**Die Stellenbeschreibungen in der Fertigungsorganisation**	253
5.1	Zusammenfassung	255
5.2	Zweck und Verwendung der Stellenbeschreibung	256
5.2.1	Vorteile der Stellenbeschreibung	257
5.2.2	Erkennen von Organisationsfehlern durch die Stellenbeschreibung	260
5.2.3	Spezielle Probleme der Stellenbeschreibung	262
5.2.4	Ziel, Aufgaben und Verantwortung der Stellenbeschreibung	263
5.2.5	Die Stellenbeschreibung im Rahmen des Personalwesens	265
5.3	Aufbau und Inhalt der Stellenbeschreibung	269
5.3.1	Form, Aufbau und Umfang der Stellenbeschreibung	269
5.3.2	Inhalt der Stellenbeschreibung	270
5.3.3	Einführung der Stellenbeschreibung	276
5.3.4	Widerstände gegen die Stellenbeschreibung	282
5.3.5	Kosten der Stellenbeschreibung	285
6	**Beschaffung von ERP-Systemen**	287
6.1	Angebotsprüfung	287
6.1.1	Terminverfolgung der Angebotseingänge	287
6.1.2	Formelle Angebotsprüfung	287
6.1.3	Technische Angebotsprüfung	288
6.1.4	Kaufmännische Angebotsprüfung	289
6.2	Musterangebot	291
6.3	Musterwartungsvertrag	321
6.4	Angebotsvergleich	333
6.4.1	Anbieterauswahl	335
6.4.2	Bewertungskriterien	336
6.5	Vertragsabschluss	341
6.5.1	Vertragsarten	341
6.5.2	Vertragstypen im BGB	346
6.5.3	Werklieferungsvertrag	358
6.5.4	Dienstvertrag	359
7	**Organisationsabwicklung**	361
7.1	ERP-Management-Handbuch	361
7.2	Beispiel-ERP-Management-Handbuch	363
7.3	Kundenspezifisches Projekthandbuch	401

8	**Implementierung**	459
8.1	Einführungsstrategie	459
8.2	Einführungsstrategie PPS-System	461
8.2.1	Einführungsstrategie	466
8.2.2	Einführungsstrategie	467
8.3	Ein beispielhaftes ERP-/PPS-System auf Workflow-Basis	475
8.3.1	Eingabe-Formulare	477
8.3.2	Geschäftsprozess Marketing/Akquise/CRM	481
8.3.3	Geschäftsprozess Angebotswesen	483
8.3.4	Geschäftsprozess Auftragsverwaltung	484
8.3.5	Geschäftsprozess Lagerwirtschaft/Einkauf	486
8.3.6	Geschäftsprozess Fertigung	487
8.3.7	Geschäftsprozess Qualitäts-Management	489
8.3.8	Geschäftsprozess Wartung/Instandsetzung	490
8.3.9	Geschäftsprozess Kostenrechnung	490
8.3.10	Geschäftsprozess Internet/E-Commerce	491
8.3.11	Geschäftsprozess Textsystem Microsoft Word	491
8.3.12	Geschäftsprozess Archiv/Dokumentenverwaltung	492
8.3.13	Allgemeine Angaben	494
8.3.14	Voraussetzungen Hardware/Betriebssysteme/Administrator	495
8.3.15	Reporting Formulare, Listen, Statistiken ...	497
8.3.16	Prozess-Designer	497
8.3.17	Ablauf	504
8.3.18	Ausdrucke	527
8.4	Vom Warenwirtschaftssystem zur Unternehmenslösung	527
8.4.1	Wissen aus Erfahrung:	527
8.4.2	Warenwirtschaftssystem, ERP- und CRM-Lösung	528
8.4.3	Unternehmenslösung für den gehobenen Mittelstand und die Zulieferindustrie mit einem Qualitätsmanagement-system	529
8.4.4	Die ERP-Unternehmenslösung ist viel mehr als nur ein Warenwirtschaftssystem	530
8.4.5	Der Kosten - Nutzen - Aspekt	533
8.4.6	SCM bzw. SCEM in der Fertigung	539
9	**INTRAPREND WWS/PPS Manager®**	561
9.1	Kurzbeschreibung des INTRAPREND WWS/PPS Managers® und INTRAPREND WWS Managers®	561
9.1.1	Moderne Technologie	561
9.1.2	Customizing-Tool integriert	562
9.1.3	Intuitiv zu bedienen	563
9.1.4	Datenbank InterSystems Caché	563

9.1.5	Beliebiger Arbeitsplatz und Server-Standort	566
9.1.6	Multilingual, multikulturell, mehrwährungsfähig	566
9.1.7	Datensicherheit unter Verwendung von Standards	567
9.1.8	Datensicherheit durch Bedienerkennung und Passwort	567
9.1.9	Was unterscheidet den INTRAPREND WWS/PPS Manager® vom INTRAPREND WWS Manager®?	568
9.2	Systemvoraussetzungen und Sicherheitshinweise	568
9.2.1	Systemvoraussetzungen für die Testlizenz	568
9.2.2	Verweise auf andere Websites/Links	569
9.2.3	Lizenzvertrag	570
9.3	Installation der Testlizenz	570
9.4	Allgemeine Funktionen des INTRAPREND WWS/PPS Manager®	571
9.4.1	Öffnen des Programms	571
9.4.2	Bedienungsanleitung als PDF und Online-Hilfe	573
9.4.3	Button-Hilfe	574
10	**Anwendungsbeispiel – Kugelschreiber**	**577**
10.1	Artikel-Stammdaten eines Kugelschreibers anlegen	577
10.2	Kundenauftrag für Kugelschreiber anlegen und bearbeiten	590
11	**ERP- und IT-Controlling**	**611**
11.1	Modernes Controlling	612
11.2	Die Aufgabe von Kennzahlensystemen	614
11.3	Fazit	618
12	**Leistungsstörungen**	**619**
12.1	Unmöglichkeit	619
12.2	Verzug	621
12.3	Sachmängelhaftung	625
12.4	Garantie	627
12.5	Sachmängelhaftung beim Kaufvertrag	628
12.6	Sachmängelhaftung beim Werkvertrag	630
12.7	Die positive Vertragsverletzung	631
12.8	Vorgehensweise bei Mängeln	633
12.9	Der Sachverständige	634

13	**Anhang**	637
13.1	Adressenverzeichnis der Software-Anbieter	637
13.1.1	ERP / PPS	637
13.1.2	Fertigungsplanung; Fertigungssteuerung	643
13.1.3	Arbeitsvorbereitung	645
13.1.4	Betriebsdatenerfassung	645
13.1.5	Fertigungsauftragsverwaltung	646
13.1.6	Kapazitätsplanung	646
13.2	Was ist auf der CD-ROM?	646
13.2.1	Software-Hersteller-Datenbanken	647
13.2.2	Checklisten	648
13.2.3	ERP-/PPS-Programm F@mily	648
13.2.4	ERP-/PPS-Programm ABS®	649
13.2.5	INTRAPREND WWS/PPS-MANAGER	649
13.2.6	Auflistung der Artikelstammdaten aus dem Übungsbeispiel Kugelschreiber	649
13.3	Literaturverzeichnis	654
	Index	655

Vorwort

Lieber Leser,

Sie stehen in einer Phase, in der Sie sich mit der Einführung eines neuen oder der Ablösung Ihres bestehenden ERP-Systems (bereichsübergreifende Software-Lösung) befassen.

Das vorliegende Buch soll Ihnen vor Augen führen, wie wichtig es ist, ein unternehmensspezifisches Pflichtenheft zu erstellen und bereits in der Vor- bzw. Planungsphase die sich auf dem Software-Markt befindlichen ERP-Systeme zu bewerten, und es erklärt Ihnen, was Sie sonst noch zum gesamten ERP-Thema erfahren sollten.

Viele Kunden wissen zwar, was sie wollen, können dies aber dem Software-Lieferanten nicht übermitteln. Der erste Schritt bei Beschaffung und Bewertung eines ERP-Programms muss deshalb die Erstellung eines Pflichtenheftes sein. Meist wird jedoch der zweite Schritt, sprich Kauf des Software-Paketes, vor dem ersten Schritt gemacht.

Die Konsequenz daraus spüren die Unternehmen dann nach kurzer Zeit. Vielleicht ist es Ihnen selbst schon so gegangen. Viele Programm-Module sind überflüssig (wurden allerdings mit bezahlt); andere Programmteile fehlen ganz. Dadurch wird die gesamte Investition in der Regel in Frage gestellt. Nicht selten sind die Kosten für Zusatzprogrammierung und Anpassung genau so hoch wie die Kosten des gekauften Software-Paketes.

Praxisorientierte Checklisten, Vorlagen und Basispflichtenhefte in diesem Buch zeigen Ihnen, was Sie möglicherweise benötigen, und helfen Ihnen, Ihr Pflichtenheft arbeitssparend zu erstellen.

In der Praxisanleitung zur Pflichtenheft-Erstellung zeige ich Ihnen:

▶ Sinn und Zweck von ERP-Programmen
▶ Einführung eines ERP-Management-Handbuches
▶ Pflichtenhefterstellung mit Hilfe von Checklisten

VORWORT

- praxisorientierte Vorlagen
- Pflichtenhefte aus der Praxis

Sie werden daraus die Notwendigkeit eines Pflichtenheftes erkennen, alle inhaltlichen Erfordernisse beachten und schnell Ihr unternehmensspezifisches Pflichtenheft anhand von vorgefertigten Musterlisten, Checklisten und Vorlagen erstellen können.

Das Kapitel 1 befasst sich mit der Theorie zu den Themen ERP und PPS.

Das Internet ist in der heutigen Computerwelt nicht mehr wegzudenken und deshalb machen sich auch immer mehr ERP-Software-Häuser dieses neue, leistungsstarke Medium zunutze. In Kapitel 2 werden die Begriffe Internet und Intranet ausführlich beschrieben.

Das wichtige ERP-Phasenkonzept wird im Kapitel 3 beschrieben.

In Kapitel 4 gebe ich Ihnen vorgefertigte Checklisten, Vorlagen und weitere sinnvoll gestaltete Hilfsmittel aus der Praxis als Basis für die ERP-Pflichtenhefterstellung an die Hand. Mit Hilfe von verschiedenen Unterlagen, wie

- Betriebliche Anforderungen
- Unternehmensberater
- ERP-Software
- PPS-Funktionsbereiche
- Anforderungskatalog Software
- Betriebs- und Rahmendaten/Mengengerüst
- Anforderungsprofil ERP
- ERP-Pflichtenheft
- Fragenkatalog für Software-Anbieter

können Sie zeitsparend und praxisorientiert alle Ihre ERP-Fragen lösen.

Ein realisiertes Pflichtenheft, konzipiert aus den vorliegenden Unterlagen, Checklisten und Praxispflichtenheften, zeigt Ihnen die Gestaltungsmöglichkeiten auf.

Im Kapitel 5 zeige ich Ihnen Musterstellenbeschreibungen für verschiedene Mitarbeiter in der Fertigungsorganisation.

Ein weiteres wichtiges Thema ist die Beschaffung von ERP-Systemen. Kapitel 6 zeigt Ihnen übersichtlich alle Bereiche zu diesem Thema von der Angebotsprüfung bis zu den Beschaffungsverträgen.

Vor der Installation eines ERP-/PPS-Systems empfiehlt es sich, ein ERP-Management-Handbuch zu erstellen. Ein Musterhandbuch liegt Ihnen in Kapitel 7 vor. Hier finden Sie auch ein Musterhandbuch aus der Praxis.

Die Einführungsstrategie von ERP und PPS wird Ihnen in Kapitel 8 gezeigt.

Ich biete Ihnen die Möglichkeit, das leistungsfähige webbasierende ERP-System INTRAPREND als Demo-Version auf Ihren Rechner zu installieren und nahezu alle Funktionen mit den zur Verfügung gestellten Schulungs- und Anwendungsbeispielen durchzuspielen.

Die Themen ERP- und IT-Controlling werden Ihnen in Kapitel 11 näher bringen.

Leistungsstörungen sind in keiner Projektphase auszuschließen. Was Sie tun können, damit diese gering gehalten werden, und was Sie tun müssen, wenn sie doch auftreten, zeigt Ihnen Kapitel 12.

Alle Checklisten, Vorlagen und Musterpflichtenhefte sowie die Darstellung leistungsstarker ERP-/PPS-Systeme befinden sich zur Bearbeitung auf der beiliegenden CD-ROM.

Volker Jungebluth
Wolfratshausen, Herbst 2008

1 ERP-Programme – Sinn und Zweck für das Unternehmen

1.1 ERP-Systeme allgemein

Wie im Vorwort erläutert, beschäftigen wir uns in diesem Buch mit ERP-Programmen. Zunächst eine kurze Definition:

> **E R P = Enterprise Resource Planning:**
>
> Unter dem Oberbegriff werden unternehmensübergreifende Software-Lösungen zusammengefasst, die zum Optimieren von Geschäftsprozessen eingesetzt werden. Darunter versteht man eine vollständig integrierte Software-Lösung für Fertigung, Finanzen, Logistik, Personal, Vertrieb u.a.

In den nächsten Kapiteln beschäftigen wir uns insbesondere mit dem Thema PPS-Systeme (Produktionsplanungs- und Steuerungs-System) und die Erstellung eines Pflichtenhefts zur optimalen Auswahl für Ihr Unternehmen. Im Bereich der Fertigungsindustrie ist das PPS-Sytem als Kernstück der ERP-Lösung zu sehen.

1.2 PPS-System – Kernstück einer ERP-Lösung mit Schwerpunkt Fertigungsorganisation

Sicher stellen Sie sich des Öfteren die Frage:

Ist die Unternehmung der Zukunft – wie seit langer Zeit diskutiert und propagiert – mit einer bereichsübergreifenden DV-System-Lösung, also einem ERP-Programm, realisierbar?

Ist dies nur wieder ein neues Schlagwort oder steckt dahinter die Notwendigkeit, Marktanteile und Wettbewerbspositionen durch den gezielten Einsatz neuer Techniken und die Optimierung des Material- und Informationsflusses zu sichern?

Die gegenwärtige Situation vieler Unternehmen – vor allem im Investitionsgüterbereich – ist gekennzeichnet durch die hohe Unsicherheit in der Beurteilung der zukünftigen Entwicklungen. Kleinere Stückzahlen durch die zunehmende Vielfalt an Produkten und stärkere kundenspezifische Modifizierung sind Auswirkungen einer Marktveränderung. Gleichzeitig nimmt der Konkurrenzdruck durch hoch standardisierte, in großen Mengen gefertigte Produkte aus Ländern mit niedrigem Kostenniveau stark zu. Der Wettbewerb ist härter geworden, da zum Teil auch Überkapazitäten bestehen. Das alles drückt auf die Preise sowie auf die Lieferzeiten und erzwingt indirekt eine Verkürzung der Innovationszyklen. Kürzere Innovationszyklen können aber ohne finanzielle Nachteile nur durch die Verringerung der Zeitspanne zwischen Entwicklungsbeginn und Liefereinsatz beherrscht werden.

Nur derjenige Industriebetrieb wird erfolgreich bestehen können, dem es gelingt, sich durch schnelle Produktmodifikation und Flexibilität in der Fertigung den Marktveränderungen und Kundenwünschen anzupassen und mit seinen Kosten den Marktpreisen zu folgen. Die anzustrebenden Ziele sind: kluge Produktpolitik und eine sehr flexible Fertigung, bestmögliche Lieferbereitschaft mit der zugehörigen Logistik – sowohl im operativen Fertigungsbereich als auch in der Material- und Teilewirtschaft.

Aus diesen Tendenzen ergibt sich der Zwang, mittel- und langfristig Umstrukturierungen in der Produktionstechnik einzuleiten. Insbesondere muss die Flexibilität der Produktionsfaktoren Kapital und Arbeit gesteigert werden.

▶ Welches Kostensenkungspotenzial steht bezüglich des eingesetzten Kapitals zur Verfügung?

Die Kapitalbindung im Produktionsbereich ist durch den Einsatz von Anlagevermögen in den Fertigungsmitteln und durch den Einsatz von Umlaufvermögens im eingesetzten Material gekennzeichnet.

Kostenreduzierungen in der Produktion können erzielt werden:

▶ beim investierten Kapital durch Steigerung der Produktivität und Kapazitätsauslastung der Fertigungsmittel,

▶ beim Umlaufvermögen durch kürzere Materialdurchlaufzeiten und damit niedrigere Bestände und hohe Fertigungsflexibilität.

Die Wertigkeit der Ziele hat sich im Laufe der Zeit verändert. Bis vor wenigen Jahren waren hohe Kapazitätsauslastung und Produktivität die Hauptfaktoren beim Streben nach Kostensenkung. Dies hat bewirkt, dass das relative Anlagevermögen, bezogen auf die Ausbringung des Unternehmens, gesenkt werden konnte. Der dafür zu zahlende Preis waren Bestände aus Halb- und Fertigfabrikaten und damit eine hohe Kapitalbindung im Umlaufvermögen.

Heute haben mehr als bisher die Forderungen nach marktorientierten Produkten und die Zinskosten der vergangenen Jahre für das eingesetzte Material die Aufmerksamkeit auf den Anteil des Umlaufvermögens an den Produktionskosten gerichtet. Damit verstärkt sich die Forderung nach einer bedarfsorientierten Fertigung. Höhere Flexibilität in den Fertigungsmitteln durch neue technische Lösungen und dadurch mögliche kürzere Durchlaufzeiten führen zu geringeren Beständen und damit zu einer Reduzierung des Umlaufvermögens.

In der Praxis bedeutet dies, dass der Materialdurchlauf vom Wareneingang bis zum Versand des Produktes streng kontrolliert wird. Die Kundenbestellungen müssen in Einklang gebracht werden mit den vorhandenen Kapazitäts- und Fertigungsmitteln sowie dem vorhandenen Personal. Die Logistik hat dafür zu sorgen, dass die Materialbeschaffung und der Materialeinsatz so geführt werden, dass ein Optimum erreicht wird.

Die Fortentwicklung der Fertigungseinrichtungen sowie der Einsatz logistischer Mittel ergeben die Möglichkeit, die Auslastung der Maschinen und die gleichzeitige Reduktion der Bestände zu optimieren. Es wird mit dem Einsatz automatisierter, flexibler Fertigungseinrichtungen und logistischer Mittel in Form der Datenverarbeitung ein Kostenminimum erzielt.

Eine weitere Kostensenkung ist abhängig von der Kapazitätsauslastung und der Reduzierung der Durchlaufzeit und der Bestände.

Der Wunsch eines jeden Produktionsleiters ist es, seine Produktionsanlagen möglichst gleichmäßig und hoch auszulasten.

Dies ist ein Produzieren in wirtschaftlichen Losgrößen. Häufig wird dann allerdings mehr produziert, als durch vorhandene Aufträge abgedeckt ist. Dies führt zwangsläufig zu einer Erhöhung der Lagerbestände und indirekt zu einer Verlängerung der mittleren Durchlaufzeit. Bei einer Minimierung der

Durchlaufzeit liegen eine kleinere Kapitalbildung und ein geringeres Absatzrisiko vor.

Voraussetzung ist eine Fertigungseinrichtung, deren Flexibilität so groß ist, dass sie innerhalb der Teilefamilie auch die wirtschaftliche Losgröße von einem Stück zu fertigen gestattet. Dies führt im Idealfall zu einer rein bedarfsorientierten Fertigung. Damit steigt der logistische Aufwand stark an, und die Kapazitätsauslastung der Fertigungseinrichtungen wird schlechter. Die Führung einer solchen Anlage ist von Hand kaum möglich. Dadurch ist man gezwungen, eine Datenverarbeitungsanlage einzusetzen, die die Lösung des logistischen Problems ermöglicht (Abbildung 1.1).

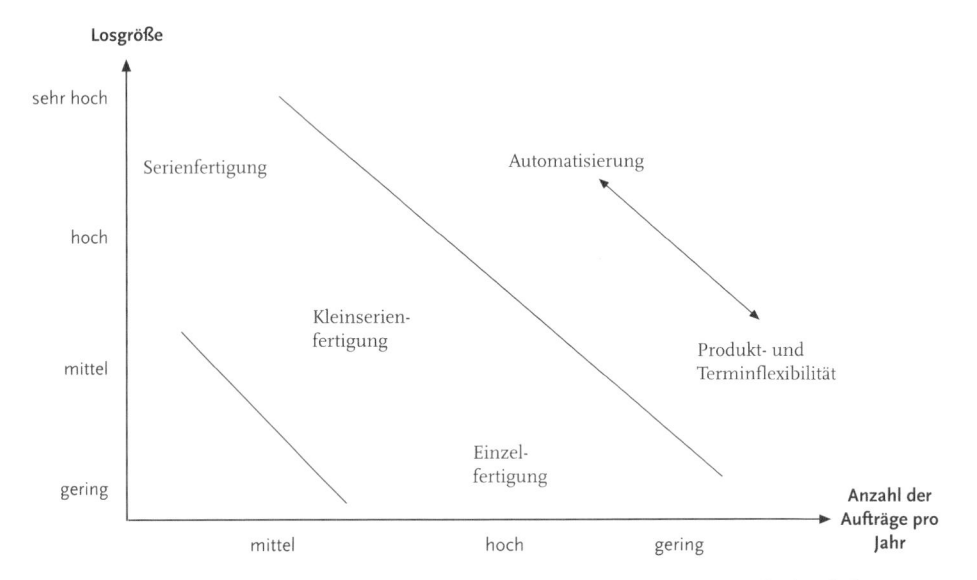

Abbildung 1.1: Zusammenhang zwischen Automatisierung und Flexibilität

Der für die Fertigung verantwortliche Bereich wird dabei mit Computer Aided Manufacturing (CAM) bezeichnet.

CAM und PPS sind zusammen Hauptbestandteil eines ERP-Konzeptes.

Das Herzstück eines jeden ERP-Programms bildet das PPS-System. Bevor wir uns dem Gesamtbegriff ERP widmen, müssen wir uns deshalb intensiv mit dem Begriff PPS auseinander setzen.

Die PPS-Funktion setzt sich zusammen aus:

- **Stammdatenverwaltung**
  - Material-, Teile- und Erzeugnisdaten
  - Stücklisten
  - Arbeitspläne
- **Mengenplanung / Materialwirtschaft**
- **Termin- und Kapazitätsplanung**
  - langfristig
  - mittelfristig
  - kurzfristig
- **Fertigungssteuerung und -überwachung**
- **Betriebsdatenerfassung**
- **diverse Erweiterungsfunktionen, z.B. Einkauf, Verkauf, QM usw.**

Bei einer angestrebten Integration eines PPS-Systems in einem ERP-Gesamtkonzept sollte berücksichtigt werden:

- Schnittstellen zu CAD
- Integration des Qualitätswesens (CAQ)
- Verbindung zu CAM
- kaufmännische Funktionen
- Managementinformationen

Ein PPS-System setzt sich aus Planung und Steuerung zusammen. Im nächsten Abschnitt möchte ich hierauf näher eingehen.

1.3 Planung und Steuerung mit und ohne EDV

Wie kann man nun die Begriffe Planung und Steuerung definieren?

Nach REFA besteht Planung im systematischen Suchen und Festlegen von Zielen sowie in der Vorbereitung von Aufgaben, deren Durchführung zum Erreichen der Ziele erforderlich ist. Der Plan ist das Ergebnis der Planung; er enthält Plan- und Soll-Daten (Abbildung 1.2), deren Einhaltung kontrolliert werden kann.

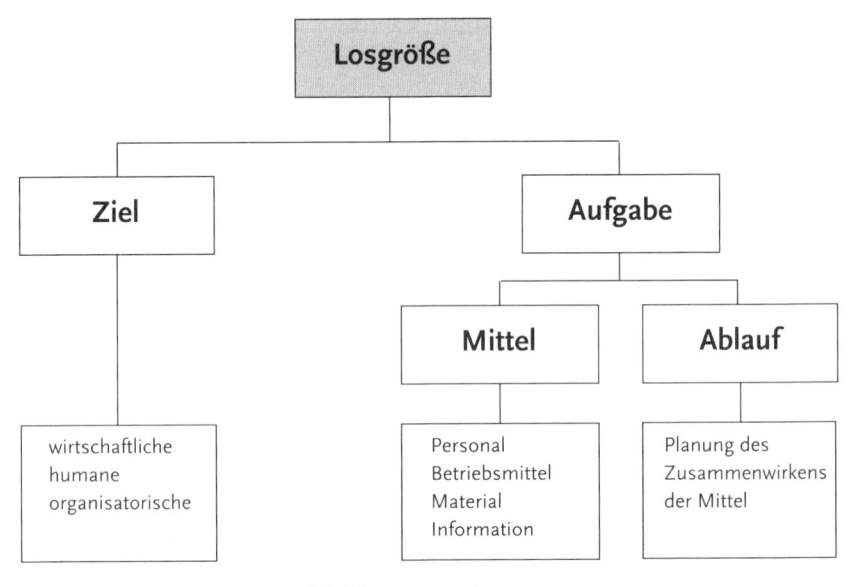

```
                          Losgröße
                         ┌────┴────┐
                       Ziel      Aufgabe
                                ┌────┴────┐
                              Mittel    Ablauf

wirtschaftliche          Personal        Planung des
humane                   Betriebsmittel  Zusammenwirkens
organisatorische         Material        der Mittel
                         Information
```

Abbildung 1.2: Planung

Steuerung besteht nach REFA im Veranlassen, Überwachen und Sichern der Aufgabendurchführung (Abbildung 1.3) hinsichtlich Menge, Termin, Qualität und Kosten.

Veranlassen ist ein terminorientierter Anstoß, ein Auslösen der Aufgabendurchführung.

Das Überwachen besteht im Feststellen der Aufgabenerfüllung bzw. der Abweichung der Ist- und Soll-Daten.

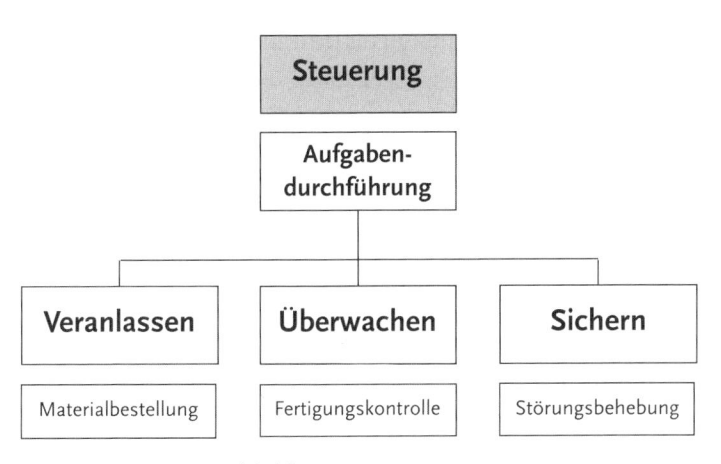

Abbildung 1.3: Steuerung

Sichern besteht in Maßnahmen zum Vermeiden und Vermindern der Abweichung der Ist- von den Soll-Daten.

1.3.1 Der Zusammenhang zwischen Planung und Steuerung

Die Planung und ein Teil der Steuerung (das Veranlassen) sind zukunftsbezogen. Beide haben letztlich den Zweck, das Entstehen unnötiger Kosten, nicht menschengerechter Arbeitsplätze sowie Störungen, Ausschuss, Terminverzögerungen usw. zu vermeiden. Steuerung ohne vorhergehender Planung ist praktisch unmöglich, weil nur dann der Vergleich vorgenommen werden kann. Für die Planung, also die Festlegung von Soll-Daten, liefern die Erfahrungen der Vergangenheit ebenso nützliche Informationen wie für die Steuerung (Tabelle 1.1).

	PPS				
Oberbegriff	STEUERUNG			PLANUNG	
Unterbegriff	SICHERN	ÜBERWACHEN	VERANLASSEN	Aufgaben-planung	Ziel-planung
Beispiele für andere	Prüfung	Kontrolle	Dispo	Maßnahme- und Ablaufplanung Mittelplanung	
	Regelung				
Zeit	Vergangenheit	Gegenwart	Zukunft		

Tabelle 1.1: Zusammenhang zwischen Planung und Steuerung

1.3.2 Aus welchen Elementarbereichen bestehen nun Planung und Steuerung?

In der Praxis stellen sich diese Bereiche wie folgt dar:

- Planung
  - Materialwirtschaft
  - Kapazitätswirtschaft
- Steuerung
  - Fertigungssteuerung

Die Materialwirtschaft gliedert sich in

- Materialplanung
  - Bedarfsplanung
  - Bestandsplanung
- Materialbeschaffung
  - Einkauf
  - Eigenfertigung
- Materialsteuerung
  - Bedarfsermittlung
  - Bestandsführung
  - Bereitstellung
- Materialfluss
  - Gestaltung
  - Lagerung

Bestandteile der Kapitalwirtschaft sind

- Ermittlung des Kapazitäts-Ist-Bestandes
  - Mensch
  - Betriebsmittel
- Ermittlung des Kapazitäts-Soll-Bestandes
  - Mensch
  - Betriebsmittel

- Abgleich der Soll-Ist-Kapazität
  - Mensch
  - Betriebsmittel
- Einsatzplanung der Kapazitäten
  - Mensch
  - Betriebsmittel
- Kapazitätsfreistellung
  - Mensch
  - Betriebsmittel

Der Bereich der Fertigungssteuerung besteht aus:

- Veranlassen
  - Bereitstellung und Aufgabenverteilung
  - Terminermittlung
  - Auftragsbildung
- Überwachen
  - Termin
  - Mengen
  - Arbeitsbedingungen
- Sichern
  - Planänderungen
  - Qualität

1.3.3 Planung und Steuerung mit EDV

Aufgrund der enormen Datenmengen und -bewegungen ist in größeren Firmen eine manuelle Planung und Steuerung fast in den Bereich der Unmöglichkeit gerückt. So ist es also nicht verwunderlich, dass in diesem Bereich in immer stärkerem Maß die elektronische Datenverarbeitung eingesetzt wird.

Die Standardsoftware zur Produktionsplanung und -steuerung und viele von den Firmen selbst entwickelte Systeme folgen einem einheitlichen Planungskonzept. Dies basiert auf dem Gedanken der Sukzessivplanung und unterscheidet sich damit von vielen innerhalb der Betriebswirtschaftslehre entwickelten Simultanplanungsansätzen (Abbildung 1.4).

Grunddatenverwaltung	Planungsstufen
Stücklisten	Primärbedarf ▼ Bedarfsplanung für Baugruppen und Materialien ▼ Beschaffung
Arbeitspläne	Kapazitätsterminierung ▼
Betriebsmittel	Werstattsteuerung

Abbildung 1.4: Sukzessivplanungskonzept der DV-gestützten PPS

Die älteren Planungskonzeptionen sind aufgrund ihrer Batch-Orientierung überholt und wurden in immer stärkerem Maß durch Dialogkonzepte abgelöst. Diese Konzepte müssen so flexibel sein, dass auch kundenorientierte Fertigungsstrukturen einbezogen werden können.

Tabelle 1.2 zeigt einige (nicht repräsentative) Software-Hersteller und -Anbieter aus diesem Bereich.

	Große Hard- und Software-Hersteller	mittlere Hard- und Software-Hersteller	kleinere Software-Hersteller
Hersteller	SAP AG	Reiger + Boos	SIB
Software	R/2, R/3	PPS Dialog	INFRA
Hersteller	Bull	INFOR	bpo
Software	IMS 7	INFOR NT	FAVORITplus
Hersteller	Baan	Sage KHK	BEOS
Software	Baan ERP	Sage KHK	Profid

Tabelle 1.2: Hersteller von PPS-Software-Paketen

1.3.4 Planung und Steuerung mit Personalcomputern

Die bedeutenden technischen Innovationen der letzten Jahre im EDV-Bereich haben dazu beigetragen, dass Datenverarbeitungsleistung für Anwendungsgebiete verfügbar wurde, die früher gar nicht oder nur begrenzt an der elektronischen Datenverarbeitung partizipieren konnten. Der Personalcomputer (PC) stellt eine zusätzliche Komponente zur konventionellen Datenverarbeitung dar. Der sinnvoll geplante Einsatz »vor Ort« kann dazu beitragen, den Anwendungsstau bei Großanlagen bereits im Vorfeld zu reduzieren und auch kleinen und mittleren Firmen den Einstieg in die EDV zu ermöglichen.

Die Leistungsfähigkeit der Personalcomputer hat ständig zugenommen und damit zur weiten Verbreitung dieser Geräte in nahezu allen Bereichen der Informationsverarbeitung beigetragen.

Der Personalcomputer verdeutlicht die Trendwende von den Großrechnern hin zum Mikrorechner am Arbeitsplatz. Ermöglicht wurde dies durch enorme Innovationen im Bereich der Halbleitertechnik und dem daraus resultierenden Hardware-Preisverfall, der den Anwendern immer mehr Computerleistung außerhalb der Rechenzentren zu niedrigen Kosten ermöglicht. Den charakteristischen PC-Einsatz gibt es nicht, da in diesem Bereich vielfältige Aufgaben gelöst werden können. Ausschlaggebend ist die Flexibilität und vor allen die Integrierbarkeit von Hard- und Software in das bestehende organisatorische und technische Umfeld des Anwendungsbereiches. Während die Integration von größeren Systemen in die Infrastruktur des Betriebes häufig mit der Anpassung der Organisation an den Rechner und dessen Programme verbunden ist, treten beim Einsatz von Personalcomputern relativ wenig Anpassungsprobleme auf.

Die unterschiedlichen Möglichkeiten von Host-Rechnern und Personalcomputern sind in Tabelle 1.3 ersichtlich.

Personalcomputer	DV-Anlage
individuelle DV-Ausstattung	komplexe Hardware-Ausrüstung
unmittelbare Kostenzuordnung	Nutzungsabhängige Kostenverteilung
lokaler Datenvorrat	aktueller Datenbestand
lokale Anwendungen	globale Problemlösung
preiswerte Problemlösungen	kostenaufwendige Produkte

Personalcomputer	DV-Anlage
einfache Abläufe	komplexe Verarbeitung
lokale Verfügbarkeit	Belastungsabhängige Verfügbarkeit

Tabelle 1.3: Gegenüberstellung von PC und Host

Vorteile eines ERP-Systems auf der Basis von Personalcomputern stehen natürlich auch Nachteile gegenüber:

Vorteile	Nachteile
lokale Anwendung/ Verfügbarkeit	geringeres Datenvolumen
preiswerte Problemlösung	lokaler Datenvorrat

Unter anderem wird es die Aufgabe sein, durch organisatorische Maßnahmen die positiven Vorteile optimal auszunutzen und die negativen auf ein Mindestmaß zu reduzieren. Dazu gehört:

- Aufbau der Projektorganisation
- Überprüfung des bestehenden Nummernsystems
- Festlegung der Umstellungsstrategie
- Stammdatenermittlung und -erfassung
- Schnittstellenbetrachtung
- Erarbeitung von Betriebsvereinbarungen
- Einführung eines Betriebskalenders
- Handbucherstellung
- Festlegung der Klassifizierung des Materialklassensystems.

Als einer der wichtigsten Punkte muss dabei geklärt werden:

> Anpassung der Organisation an das System oder
> Anpassung des Systems an die Organisation?

1.4 Vorgehensweise zur Auswahl eines ERP-Systems (Soft- und Hardware)

Als Vorgehensweise zur Auswahl und Installation eines ERP-Systems empfiehlt sich die Sechs-Stufen-Methode nach REFA (Abbildung 1.5).

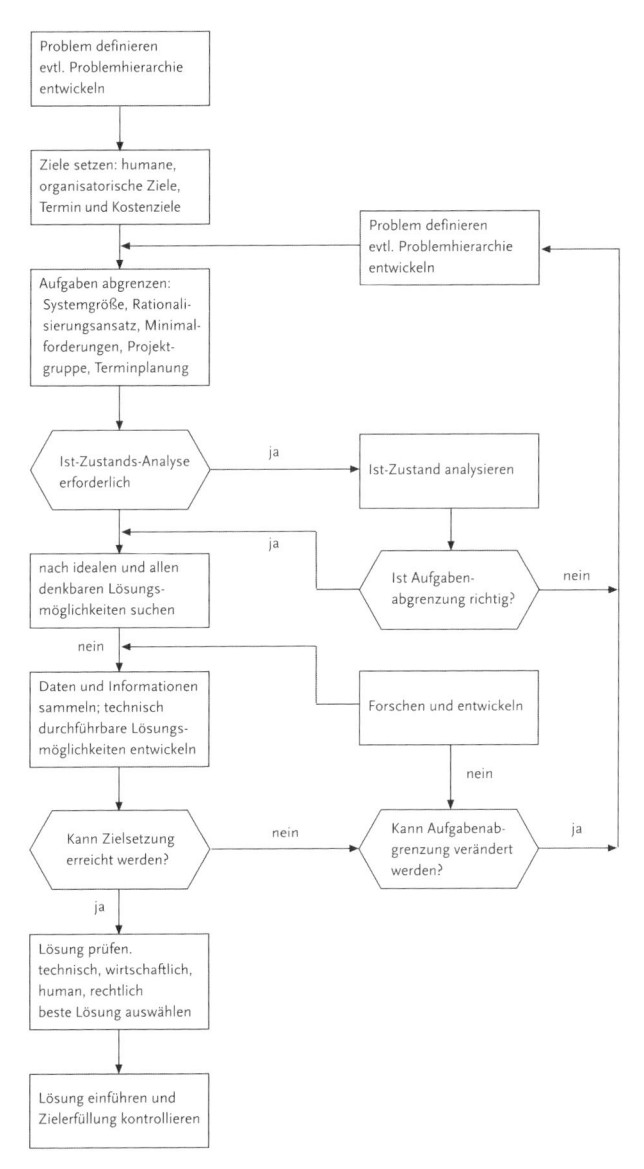

```
Problem definieren
evtl. Problemhierarchie
entwickeln
        │
        ▼
Ziele setzen: humane,
organisatorische Ziele,
Termin und Kostenziele        ◄──── Problem definieren
        │                            evtl. Problemhierarchie
        ▼                            entwickeln
Aufgaben abgrenzen:
Systemgröße, Rationali-
sierungsansatz, Minimal-
forderungen, Projekt-
gruppe, Terminplanung
        │
        ▼
 Ist-Zustands-Analyse  ──ja──►  Ist-Zustand analysieren
 erforderlich
        │
        │ ja
        ▼
nach idealen und allen         Ist Aufgaben-           nein
denkbaren Lösungs-     ◄────   abgrenzung richtig?   ────►
möglichkeiten suchen
        │ nein
        ▼
Daten und Informationen
sammeln; technisch             Forschen und entwickeln
durchführbare Lösungs-
möglichkeiten entwickeln              │ nein
        │                             ▼
        ▼
 Kann Zielsetzung   ──nein──►  Kann Aufgabenab-  ──ja──►
 erreicht werden?              grenzung verändert
        │                      werden?
        │ ja
        ▼
Lösung prüfen.
technisch, wirtschaftlich,
human, rechtlich
beste Lösung auswählen
        │
        ▼
Lösung einführen und
Zielerfüllung kontrollieren
```

Abbildung 1.5: Sechs-Stufen-Methode nach REFA

Die sechs Stufen sind:

1. Ziele setzen
2. Aufgaben abgrenzen
3. ideale Lösungen suchen
4. Daten sammeln und praktikable Lösungen entwickeln
5. optimale Lösung aussuchen
6. Lösung einführen und Zielerfüllung kontrollieren.

1.4.1 Zielsetzung zur Einführung eines ERP-Systems

Die Zielsetzung untergliedert sich in

- Kostenziele
- humane Ziele
- organisatorische Ziele
- Terminziele

Kostenziele (Beispiel)

- Einführung eines kompletten ERP-Netzwerk-Systems bei einem Kostenaufwand von maximal € 50.000,-. Dieser Betrag muss enthalten:
  - Vorauswahlkosten des Software-Paketes und der Hardware
  - Bezugskosten des Software-Paketes
  - Bezugskosten der Hardware-Konfiguration
  - Schulungskosten für Soft- und Hardware
  - Installationskosten für Soft- und Hardware
- Lagerzinsreduzierung
- Personalkostenreduzierung
- Senkung der Stückkosten.

Humane Ziele

- Reduzierung der manuellen Rechentätigkeiten im Bereich der Fertigungsplanung und -steuerung
- Schaffung ergonomischer Arbeitsplätze

Organisatorische Ziele

▸ Optimierung der Bereiche

  ▸ Materialwirtschaft
  ▸ Kapazitätswirtschaft
  ▸ Fertigungssteuerung

▸ Reduzierung und optimaler Einsatz des Fertigungspersonals
▸ Einhaltung von Terminaufträgen.

Terminziele

Für die Installation eines ERP-Systems im Bereich eines PC-Netzwerkes muss mit einer Installations- und Einarbeitungsdauer von ca. 12 Monaten gerechnet werden. Dieser Zeitraum unterteilt sich in:

Zielsetzung und Aufgabenabgrenzung	1 Monat
Aufgabenabgrenzung mit Ist-Zustandsanalyse	2 Monate
ideale Lösungen suchen, Daten sammeln, optimale Lösung auswählen	1 Monat
Hardware-Installation	1 Monat
Software-Lösung einführen, Personal schulen	5 Monate
Zielerfüllung kontrollieren, Anpassungsänderungen	2 Monate
Gesamt-Projektdauer	**12 Monate**

Bei den Rationalisierungsmöglichkeiten unterscheidet man zwischen quantifizierbaren und nicht quantifizierbaren Möglichkeiten (Tabelle 1.4).

nicht quantifizierbare	quantifizierbare
Verringerung der Fehlermöglichkeiten	Reduzierung der Bestände in Werkstatt und Lager
Aktuelle Bestandsinformationen	Reduzierung der Maschinenausfallzeiten
Aktueller Fertigungsstand	Verbesserte Maschinenauslastung
Aktuelle Vorgabesteuerung	Verkürzung der Durchlaufzeiten

nicht quantifizierbare	quantifizierbare
Wegfall manuell geführter Karteien	Arbeitsentlastung in der Fertigung
Erhöhte Lieferbereitschaft	Belegreduzierung

Tabelle 1.4: Quantifizierung der Rationalisierungsmöglichkeiten

1.4.2 Aufgabenabgrenzung

Die Systemgröße richtet sich nach dem Aufgaben- und Datenvolumen. Viele Software-Häuser bieten schon vorgefertigte Sizingtabellen, die eine Kapazitätsberechnung ermöglichen.

Tabelle 1.5 zeigt eine Kapazitätsberechnung.

Daraus ergibt sich eine Mindestkapazität. Sind große Datenmengen schon in der Planungsphase erkennbar, so ist eine entsprechend große Platte zu wählen.

		Platzbedarf in MB
Betriebssystem, Programme, Arbeitsbereich, Reserve		125,0
Stammdatenverwaltung		68,0
	10.000 Artikel	
	500 offene Betriebsaufträge	
	100 Kostenstellen und Maschinen	
	2.000 Adressen	
Stücklistenverwaltung		6,0
	20.000 Stücklistenpositionen	
Lagerverwaltung		4,0
	10.000 Bewegungssätze (Zugänge, Entnahmen)	
Inventur		3,0
	10.000 Aufnahmepositionen	

		Platzbedarf in MB
Auftragsverwaltung / Fakturierung		
	1.000 offene Vorgänge (Rechnungen, Lieferscheine usw.)	3,0
	5.000 offene Positionen; 1.000 Textzeilen	6,0
Fertigungsdisposition / Bestellwesen		
	1.000 Positionen im Produktionsplan	1,0
	1.000 offene Bestellungen	9,0
	10.000 Positionen im Lieferantenverzeichnis	8,0
Vorkalkulation		10,0
	5.000 Kalkulationen	
Arbeitsvorbereitung / Betriebsauftrag		11,0
	5.000 Arbeitsgänge; 10.000 Katalogsätze	
Nachkalkulation		7,0
	10.000 Positionen (Entnahmen, Zugänge)	
Kapazitätsplanung / Fertigungssteuerung		5,0
	5.000 offene, eingeplante Arbeitsgänge	
Summe Platzbedarf		ca. 262,0

Tabelle 1.5: Plattenspeicherkapazität für ein ERP-System

Rationalisierungsmöglichkeiten

Welche Rationalisierungsmöglichkeiten bieten sich Ihnen nun durch die Einführung des **richtigen** ERP-Systems?

Rationalisierungsansätze sind:

▶ Verkleinerung der Vormaterial-, Halb- und Fertiglager

- Personalkosteneinsparung im Bereich der Planung und Steuerung

Als Minimalforderungen können angesehen werden (denn es ist Ihr Geld!):

- Vormateriallager-Reduzierung   10 %
- Halbteilelager-Reduzierung   40 %
- Fertigteilelager-Reduzierung   30 %
- Personalreduzierung

Der Erfolg bei Einführung eines ERP-Systems hängt wesentlich von den dafür verantwortlichen Personen ab. Entscheidend für das Projekt ist deshalb die Einrichtung eines geeigneten Projektteams. Dieses Team sollte umfassen:

- ERP-Management-Leiter
- Unternehmensberater / Software-Haus
- Leiter Organisation / EDV
- Leiter Arbeitsvorbereitung
- Leiter Planung und Steuerung
- Sachbearbeiter je nach Aufgabengebiet

Mit der Person des ERP-Management-Leiters steht und fällt das gesamte Projekt. Er muss über Organisationskenntnisse und EDV-Erfahrung verfügen, Mitarbeiter motivieren können und darüber hinaus Durchsetzungsvermögen und Einsatzbereitschaft besitzen. Die Fachabteilungen müssen das Projekt mittragen und von Anfang an mit gestalten, weil sie später mit dem System arbeiten müssen. Die Realisierung eines ERP-Systems darf nicht allein der EDV- oder Organisationsabteilung überlassen werden. Um eine optimale Terminplanung, die auch verbindlich eingehalten werden muss, durchführen zu können, empfiehlt es sich, einen Netzplan zu erstellen und die Termine permanent darüber zu verfolgen.

> Eine IST-Zustands-Analyse ist vor der Suche und Auswahl eines ERP-Systems unbedingt erforderlich !

Die IST-Zustands-Analyse dient der Erkennung von

- bestehender Organisation
- vorhandenem Datenaufbau

- fehlendem Datenaufbau
- Datenvolumen
- Personal-Ist-Zustand (Qualität und Quantität)

Erst nach durchgeführter IST-Zustands-Analyse wird ersichtlich, ob die festgelegten Ziele überhaupt erreicht werden können. Je nach dem Ergebnis der Analyse sind die gesteckten Ziele erreichbar oder nicht. Sind sie nicht erreichbar, werden sie geändert, bzw. das Gesamtziel wird verworfen.

1.4.3 Lösungssuche und -auswahl

Wie gehen Sie nun bei der Lösungssuche und -auswahl vor?

Ich schlage Ihnen folgenden Weg vor:

- ideale Lösungen suchen
- Daten sammeln
- praktikable Lösungen entwickeln

Dabei müssen Sie grundsätzlich zwischen der Auswahl von Soft- und Hardware unterscheiden. Bei der Software-Auswahl bieten sich praktisch nur zwei Wege an:

- Bezug über ein Software-Haus
- Bezug über einen Unternehmensberater

Die Auswahlmöglichkeit der Hardware ist speziell von den Hardware-Herstellern abhängig, wobei ein Faktor natürlich die Größe und Zusammenstellung der Konfiguration ist.

Skepsis ist besser als Glaube

Glaubt man Herstellern und Anbietern, so braucht man lediglich einen Computer und die entsprechende Software zu kaufen, und schon kann man die ins Auge gefassten Anwendungen problemlos abwickeln.

So geht es aber mit Sicherheit nicht!

Sie müssen noch einige Überlegungen und Vorarbeiten leisten, bevor ein Programm auf dem Computer einwandfrei und problemlos ablaufen kann.

Den Aussagen in Prospekten über einfache und problemlose Bedienung sollten Sie grundsätzlich mit Skepsis begegnen. Es gibt zur Stunde kein anspruchsvolles Programm, das ohne eine eingehende Umfeldorganisation und Schulung des Bedienungspersonals sinnvoll zu nutzen ist.

Diese Aussage gilt zunächst sowohl für Soft- und Hardware als auch für sämtliche damit verbundenen Probleme, z.B. das Akzeptanzverhalten der Mitarbeiter oder das Ausstattungsproblem mit Bildschirmen bzw. das Problem der Kompatibilität.

Akzeptanz – Voraussetzung für den reibungslosen Einsatz

Was nützt die beste Soft- und Hardware, wenn sie von den Mitarbeitern nicht als Hilfsmittel empfunden wird?

Das entsprechende Stichwort heißt:
Akzeptanz!!!

Wenn Sie den Kauf einer Computeranlage in Erwägung ziehen, sollten Sie unbedingt von vornherein darauf achten, dass alle betroffenen Mitarbeiter schon im Anfangsstadium der Entscheidung informiert werden. Das trägt später entscheidend dazu bei, dass die Einführung problemlos über die Bühne geht.

Der Mensch ist von der Natur her ängstlich, deshalb können folgende Ängste der Mitarbeiter vor dem Computer auftreten:

- Die generelle Angst des Menschen vor dem Neuen
- Furcht vor beruflicher und gesellschaftlichen Veränderungen
- Unsicherheit vor dem erforderlichen Anpassungsprozess
- Angst vor dem möglichen Verlust des Arbeitsplatzes durch den Computer

Neben der rechtzeitigen Vorbereitung der Mitarbeiter sind noch andere Punkte wichtig, um den Computereinsatz möglichst zu vereinfachen:

- einfache Bedienerführung
- ergonomisch gestaltete Arbeitsplätze
- genaue Vorplanung
- umfangreiche, gezielte Schulung und Einarbeitung

Das Stichwort Bedienerführung bezieht sich dabei natürlich wiederum in erster Linie auf die Auswahl einer guten Software.

Sie sollten dabei vermeiden, dass ohne gezielte Schulung und Einarbeitung einfach ein neues Programm gekauft wird. Dies ist mit Sicherheit ein risikoreiches Unternehmen, vor allem dann, wenn berufliche Daten auf dem Spiel stehen.

1.4.4 Auswahlmöglichkeiten der Software

Ist die Unternehmensführung entschlossen, ein ERP-System zu installieren, empfiehlt sich in der Auswahlphase als erster Schritt die Software-Auswahl. Die notwendige Informationsbeschaffung vor der Auswahl wird unterstützt durch

- **allgemeine Literatur**
  - Kataloge, Werbeschriften
  - Software-Verzeichnisse
  - Kurzbeschreibungen und Fachaufsätze
  - neutrale Software-Vergleiche
- **spezielle Literatur**
  - Funktionsbeschreibungen
  - Bedienerhandbücher
  - Source-Code
- **Gespräche und Lehrgänge**
  - Tagungen
  - Seminare, Vorführungen
  - Vorträge bei Instituten, Verbänden
  - Demonstrationen
- **Beratungen und Referenzgespräche mit**
  - Software-Häusern
  - Referenzkunden
  - Anwendern
- **Messebesuchen**
- **Unternehmensberatungen**
- **Internet**

		Gewinnung Überblick Software-Angebot	Vorauswahl Software nach Leistungsumfang	Globalbeurteilung Qualität Software	Detailinformationen Qualitätsmerkmale Software
Literatur	Kataloge und Software-Verzeichnisse	1	3		
	Anzeigen, Werbeschriften, Kurzbeschreibungen	2	3		
	neutrale Verfahrensvergleiche	2	2	3	
neutrale Auskunftsstellen	Tagungen, Seminare	3			
	Institute, Verbände, Vereinigungen	3	3	3	
	Unternehmensberater	3	1	1	2
Anwender	Fachaufsätze und Vorträge über Software-Einsatz		3		
	Diskussion mit 1 bis 2 Referenzkunden		3	1	3
	Diskussion mit mehreren Anwendern		1	1	1
Anbieter	Messen (Hannover-Messe, Systems, Orgatechnik)	3	3		
	Seminare und Info-Veranstaltungen		2	3	
	Vorführungen, Demonstrationen		3	2	3
	Beratungen, Besprechung von Fallbeispielen		3	1	1
	Schulung mit Schulungsunterlagen		2	1	3
Programmdokumentationen	Funktionsbeschreibungen		2	3	
	Bedienungs-, Handlungs- und Anpassungsanleitungen		3		
1 = sehr gut / 2 = gut / 3 = bedingt geeignet					

Tabelle 1.6: Möglichkeiten zur Software-Auswahl

Aus der Tabelle 1.6 ist erkennbar, welche Informationsquellen sich gut, nur begrenzt oder gar nicht eignen.

Wo findet man ein Verzeichnis von ERP-Software-Paketen?

Es gibt heute eine Vielzahl von guten ERP-Software-Verzeichnissen. Stellvertretend für diese möchte ich den ISIS-Report nennen. Er zeigt dem DV-Manager ebenso wie den Fachabteilungen stets aktuell, welche Programme für welchen Computer angeboten werden. Der Report schafft einen guten Überblick und macht den Markt transparent. Erstmalig 1970 erschienen, beschreibt er ca. 3.000 Programme (nicht nur ERP-Systeme) von verschiedenen Herstellern. Die Programme sind nach einem weitgehend standardisierten Raster beschrieben, um systematische Vergleiche zu erleichtern.

Der ISIS-Report liefert Informationen, die z.B. für Ausschreibungen verwendet werden können. Die Entscheidung für die Beschaffung eines bestimmten Programms ist erst nach einem detaillierten Vergleich der eigenen Anforderungen mit den Funktionen der entsprechenden Software-Produkte möglich. Der Report ist gegliedert in einen Unternehmensteil mit Firmenprofilen und einen Programmteil mit Software-Beschreibungen, der sich in die Bereiche

- kommerzielle Programme
- Branchenprogramme
- technisch, wirtschaftliche Programme
- systemnahe Programme

untergliedert.

Programmsuche und -auswahl

Für die Programmsuche haben Sie vier Möglichkeiten:

1. Die Problemstellung ist bekannt
2. Suche nach Branchenlösungen
3. Der Anbieter ist bekannt
4. Der Produktname ist bekannt

Alle diese Kriterien können Sie als Suchbegriffe verwenden und sie ermöglichen eine geringe Zugriffszeit.

Auch hier stehen sich natürlich Vor- und Nachteile gegenüber:

Vorteile	Nachteile
umfassende Marktübersicht	keine Bewertung der Programme
übersichtliche Darstellung der Spezifikationen	die Angaben basieren auf den Informationen der Software-Hersteller
Angabe der bereits getätigten Installationen	keine neutrale Bewertung

Qualität der Software

Die Software-Situation wird für den Anwender immer besser. Dies hauptsächlich deshalb, weil sich immer mehr kompetente Software-Häuser in diesem Markt engagieren.

Der Anwender wird künftig

- aus einem erheblich größeren Software-Angebot wählen können
- für Massenprodukte immer weniger zahlen müssen
- aber für professionelle kommerzielle Lösungen dennoch tief in die Tasche greifen müssen

Hier gilt nach wie vor die Devise:

Gutes Geld für gute Software!

Auf jeden Fall ist der Rat angebracht, nicht an der falschen Stelle zu sparen. Die Mehrkosten für eine qualifizierte Software-Lösung sind angesichts der damit erreichbaren Ergebnisse und Effizienz meist schnell amortisiert.

Wichtig in diesem Zusammenhang ist auch der Abschluss eines Software-Wartungsvertrages. Er gewährleistet eine permanente Weiterentwicklung, Anpassung und Verbesserung des Programms.

Regeln für die Software-Auswahl

- **Pflichtenheft**

    Aufstellung eines Anforderungskataloges oder Pflichtenheftes für Anwendungen und Abstimmung der Software-Leistungsmerkmale

- **Betriebssystem**

    Ist die Software für das gewünschte Betriebssystem erhältlich?
    Sind andere Software-Komponenten Voraussetzung für den Einsatz der neuen Software?

▸ Hardware

Kann die Software auf der bestehenden Hardware installiert werden?
Ist bei einem Wechsel der Hardware die Software auf einem anderen System möglich?

▸ Benutzerfreundlichkeit

Ist durch benutzerfreundliche Dokumentation, Anwenderschulung oder Einführungsunterstützung ein problemloser Anlauf gewährleistet?

▸ Installation

Fragen Sie nicht nur nach der Anzahl der Installationen, sondern auch, wie oft das Programm tatsächlich läuft. Hier gibt es möglicherweise einen großen Unterschied.

Ist der Software-Hersteller bekannt? (Verkäufer muss nicht gleich Hersteller sein.)

Gibt es Referenzadressen? (Und die sind mit Vorsicht zu genießen!)

▸ Präsentation

Eine Präsentation der Software muss die entscheidenden eigenen Leistungsanforderungen zu akzeptablen Verarbeitungszeiten auf vergleichbarer Hardware bestätigen.

▸ Pflege

Ist eine laufende Software-Wartung erforderlich und/oder möglich?

Wer übernimmt diese und was kostet sie?

▸ Preis

Ist das Preis-Leistungs-Verhältnis angemessen?

Handelt es sich um eine Standard- oder Individual-Programmierung?

▸ Nutzungsrecht

Was darf der Käufer mit dem erworbenen Programm machen?

Wichtig ist für Sie als Benutzer, was Sie mit dem erworbenen Software-Programm überhaupt machen dürfen

er darf	geschenkt erhalten	gekauft	geleast	gemietet
tauschen	ja	nein	nein	nein
weitergeben	ja	nein	nein	nein
verleihen (unentgeltlich)	ja	nein	nein	nein
vermieten (entgeltlich)	ja	nein	nein	nein
verkaufen	ja	nein	nein	nein
kopieren	ja	nein	nein	nein
verpfänden	ja	ja	ja	ja
verändern	ja	nein	nein	nein
ergänzen	ja	ja	nein	nein
Ideen übernehmen	ja	ja	ja	ja
Grobstruktur übernehmen	ja	ja	ja	ja
Einzelheiten übernehmen	nein	nein	nein	nein
Listing fotokopieren	ja	nein	nein	nein

Der Unternehmensberater als Partner des Unternehmens

Die Unternehmensberatung als grundlegender Beitrag zur Förderung der Rationalisierungsarbeit hat in den letzten Jahren einen bemerkenswerten Aufschwung genommen. Im Interesse der Wirtschaft sind die Beratungsleistungen erheblich verbessert worden. Ihre Möglichkeiten lassen sich nach drei Schwerpunkten ausrichten, und zwar

1. einer intensiven, konzentrierten und schnellen Form der direkten Weitergabe von Wissen und Erfahrung
2. einem individuell gezielten Angebot unternehmerischer Weiterbildung
3. unmittelbaren Maßnahmen zur Verwirklichung der im Einzelfall notwendigen Problemlösungen

Die in den letzten Jahren gewachsene Anerkennung der Unternehmensberatung fußt keineswegs nur einseitig auf dem Urteil großindustrieller Auftraggeber, deren Zusammenarbeit mit dem internationalen Consulting zur Tagesordnung gehört, sondern sie wird auch in zunehmenden Maße von den Chefs oder Führungskräften kleinerer und mittlerer Firmen ausgesprochen.

Als Spiegelbild des wirtschaftlichen Geschehens unterliegen auch die Schwerpunkte der Beratung ständigen Veränderungen – allerdings mit zeitlicher Verzögerung.

Was den Wandel der Beratungsschwerpunkte angeht, so lässt sich global feststellen, dass in den zwanziger Jahren die technische Beratung durch Ingenieure dominierte, wie sie heute von den REFA-Experten weiterentwickelt wird.

In den dreißiger Jahren spielte dann die betriebswirtschaftliche Beratung eine hervorragende Rolle.

In den fünfziger Jahren zeigte sich erneut eine Schwerpunktveränderung im Anschluss an die Aufbauphase nach dem zweiten Weltkrieg, in deren Endabschnitt die Beratung erstmalig auch absatzwirtschaftliche Fragen einschloss.

Zu Beginn der sechziger Jahre wurden recht ausgewogene technische und kaufmännische Beratungsleistungen angeboten. Die siebziger Jahre waren geprägt von Managementberatungen und Beratungen auf den Gebieten Fertigung und Materialwirtschaft. In den achtziger Jahren wurde verstärkt im Bereich Qualität und Umweltschutz beraten.

Ab den neunziger Jahren bis weit in das neue Jahrtausend wird der Beratungsschwerpunkt im Bereich der Daten- und Informationsverarbeitung liegen.

Hat ein Unternehmer sich entschlossen, einen Beratungsauftrag zu vergeben, und hat die erforderlichen Vorbereitungsschritte in seinem Einflussbereich getan, so wird er mit der stets heiklen Aufgabe der Auswahl des einzusetzenden Beraters konfrontiert. Bei der Benennung von Beratern nach Fach- und Branchenkenntnissen können die berufsständischen Vereinigungen – aber auch das RKW, die Wirtschaftsverbände, die Kammern und gegebenenfalls Geschäftsfreunde oder -partner – erste Hinweise geben.

Anhand von Referenzen kann eine erste Selektion vorgenommen werden. Eine zweite Selektion ermöglicht die persönliche Kontaktaufnahme mit dem Berater. Ferner gibt in einer dritten Stufe die Ausarbeitung eines Angebotes über die Durchführung der Beratung Anhaltspunkte, welchem Kandidaten der Zuschlag erteilt werden kann.

Schließlich lassen sich weitere Einsichten über den potenziellen Berater gewinnen, indem man ihn zunächst mit der Wahrnehmung einer Teilaufgabe beauftragt. Es wird sich dann sehr schnell herausstellen, wie sein Erkennungsprofil zur Sache steht und ob sich eine Vertragsbasis zur Zusammenarbeit abzeichnet. Vor Technokraten mit zu ausgeprägtem Systemdenken, die wortreich ein Kreativitäts-Programm anpreisen, ist zu warnen.

Vorteile	Nachteile
Fachkompetenz für Hardware, Software und projektumfassende Organisation	keine direkte Eingriffsmöglichkeit ins Programm, daher umständliche Programmanpassung
Praxisnähe mit Schwerpunkt Aufgabengebiet ERP	fehlende Herstellerneutralität bei Vertrieb nur eines Produktes
herstellerneutral, wenn er mehrere verschiedene Programme gleichzeitig vertreibt und für den speziellen Anwendungsbereich das optimale Programm aussucht	keine neutrale Bewertung
Branchenkenntnisse	

Beraterverträge

Bei Beraterverträgen muss darauf geachtet werden, dass alles, was zu regeln ist, schriftlich erfasst wird. Es sollte unbedingt alles Wichtige in den Vertragstext aufgenommen werden. Die gilt z.B. auch für Zusicherungen über wesentliche Leistungsdaten, Konfigurationsmöglichkeiten, Liefertermine, Wiederverkaufsmöglichkeiten und für den Service.

Sie sollten sich nicht vor Nachfragen scheuen, wenn bestimmte Vertragspassagen unklar sind. Viele Vertragstexte sind oft missverständlich oder unverständlich (bewusst!?) abgefasst. Das Risiko zweifelhafter Textauslegung trägt dann eben der Anwender (also Sie), der mit solchen Regelungen zunächst nicht einverstanden war.

Pflichtenheft

Ein Pflichtenheft ist ganz allgemein eine ausführliche Beschreibung der Leistungen, die von der Einführung eines neuen Hard- und/oder Software-Systems erwartet werden. Um eine rationale Entscheidung über die Auswahl und den Einsatz von DV-Systemen treffen zu können, ist es unbedingt notwendig, dass zunächst ein Pflichtenheft erarbeitet wird, um es dann den in Frage kommenden Anbietern (Berater, Software-Häuser, Hardware-Händler) als Grundlage überlassen zu können.

Erfahrungen in der Praxis zeigen, dass bei umfangreichen Investitionsentscheidungen auf die Erstellung eines Pflichtenheftes nicht verzichtet werden sollte. Gerade Fehler, die in der Entwurfsphase gemacht werden, können enorme Folgekosten nach sich ziehen. Das Pflichtenheft sollte bei der Auftragsvergabe zum Vertragsbestandteil deklariert werden. So kann es der Konfliktbegrenzung und -beseitigung bei der Projektrealisierung dienen.

Folgende Angaben sollte das Pflichtenheft enthalten:

- allgemeine Charakterisierung des Unternehmens
- Schwachstellen der umzustellenden Arbeitsgebiete
- Zielsetzungen
- Zusammenstellung der organisatorischen Kenngrößen (Arbeitsumfang, Mengengerüst)
- Anforderungen bezüglich Hard- und Software
- gewünschte Konditionen
- Modalitäten zum Angebot (Umfang, Gliederung, Termin)

Dies zu diesem Zeitpunkt nur als Übersicht. Im Kapitel 4 werden wir zusammen den Aufbau und die Gestaltung eines Pflichtenheftes erarbeiten.

1.4.5 Auswahlmöglichkeiten der Hardware

Dem Unternehmen, das Computer in geringen Mengen beziehen will, bleibt praktisch nur die Möglichkeit, die gewünschten Geräte über den Einzelhandel zu beziehen. Direktbestellungen bei Herstellerfirmen sind nur bei erheblichen Abnahmemengen möglich.

Beim Computerkauf beachten Sie bitte folgende Punkte:

- Produktpalette
- Vertragshändlerstatus
- Sitz des Vertragshändlers
- Kundendienst / Service
- Anlieferung und Installation der Geräte
- Lieferzeiten
- Einweisung und Schulung
- Konfigurations-Preisbeispiel

Produktpalette

Die erste Festlegung, die Sie treffen müssen, lautet:

> Welche Hardware ist für das Unternehmen und das ausgewählte Software-Paket die bestmögliche Lösung in Hinblick auf das Preis-Leistungs-Verhältnis?

Einer der wichtigsten Punkte ist es, die Hardware nach den Anforderungen der Software zu kaufen und nicht umgekehrt. Ansonsten kann man böse und teure Überraschungen erleben.

Auswahlkriterien sind z.B.:

- Größe des Arbeitsspeichers (RAM)
- verfügbare Schnittstellen
- Kapazität der Festplatte

und wenn nötig und gewünscht

- Host-Kommunikation
- BTX- und TELETEX-Möglichkeiten
- Netzwerkfähigkeiten

Sitz des Hardwarehändlers

Der Firmensitz des Hardware-Händlers sollte nach Möglichkeit in der Nähe des Kunden liegen. Dieser Vorteil macht sich spätestens im Reparaturfall bemerkbar. Die Anfahrtkosten werden dem Kunden berechnet.

Es besteht natürlich die Möglichkeit, die Geräte beim billigsten Händler zu kaufen und im Bedarfsfall die Reparaturen und Wartungsleistungen vom nächstgelegenen Händler durchführen zu lassen. Es dürfte jedoch klar sein, dass die Käufer der eigenen Geräte bevorzugt werden, und dies kann sich möglicherweise in der Prioritätsregelung bemerkbar machen.

Kundendienst und Service

Beim Händler sollten nach Möglichkeit die Garantie-, Wartungs- und Reparaturarbeiten im eigenen Haus durchgeführt werden. Vorteilhaft ist für den Kunden ein Wartungsvertrag, wobei alle Verschleißteile turnusgemäß überprüft und im Bedarfsfall ausgetauscht werden. Es unterliegt dem Verhandlungsgeschick des Kunden, im Reparaturfall die Stellung eines Ersatzgerätes auszuhandeln.

Anlieferung der Geräte

Der Anwender muss darauf achten, dass die gekauften Geräte geprüft und entsprechend konfiguriert angeliefert werden. Beim Kauf sind daher folgende Leistungen zu vereinbaren:

- Alle Geräte müssen geprüft sein und komplett angeliefert werden.
- Das Betriebssystem sowie alle mitgekauften Programme sind installiert.
- Die Geräte werden betriebsbereit aufgestellt und vom Kunden abgenommen
- Die Hard- und Software-Einweisung (Hardware-bezogen, z.B. Betriebssystem) erfolgt beim Kunden. Sie beträgt x Stunden bzw. Tage, je nach Komplexität, Notwendigkeit, Vorkenntnissen und Verhandlungsgeschick des Kunden.

Lieferzeiten

Die Lieferzeit bei Hardwareprodukten kann zwischen einer Sofortlieferung und mehreren Wochen liegen. Ein Grund dafür kann zum Beispiel die Liquidität des Händlers sein. Liquide Händler verfügen über ein stattliches Lager.

Vorsicht ist bei der Angabe von Lieferzeiten bei neuen Produkten geboten. So sind angekündigte Produkte vom Hersteller oft schon mit mehreren Monaten Verspätung ausgeliefert worden. Hier wird in der Regel der Händler dem Kunden keine verbindliche Zusage machen. Bei wichtigen Terminen ist unbedingt eine Verzugs- und Konventionalstrafe zu vereinbaren.

Einweisung und Schulung

Die von manchen Hardware-Verkäufern getätigte Behauptung, das Gerät ohne Schulung bedienen zu können, ist schlichtweg falsch, allerdings auch abhängig vom Kenntnisstand des Anwenders.

Komplexe Hardware-Anlagen und anspruchsvollere EDV-Programme sind in der Regel ohne eine mehrtägige Intensivschulung überhaupt nicht optimal zu nutzen. Sparen an der Schulung und Bildung ist Sparen am falschen Platz.

1.5 ERP-Management-Handbuch

Das ERP-Management-Handbuch ist eine Darstellung der Aufgaben und Verantwortung der einzelnen Mitarbeiter im Bereich der Einführung und Durchführung eines ERP-Management-Systems.

Das vorliegende ERP-Management-Handbuch (EMH) beschreibt das ERP-Managementsystem (EMS) der eigenen Firma. Es gilt für die Beschaffung eines geeigneten ERP-Systems. Die ERP-Politik der Geschäftsleitung gewährleistet bestmögliche Realisierung, Aufrechterhaltung und Optimierung des EM-Systems.

Von der Geschäftsleitung wird ein EM-Beauftragter (EM-Leiter) bestellt, der für die ordnungsgemäße Funktion und Wirksamkeit des EM-Systems zuständig bzw. verantwortlich ist. Auch alle anderen Vorgesetzten und Mitarbeiter tragen Eigen- oder Mitverantwortung bei der Verwirklichung des EM-Systems.

Die Geschäftsleitung verpflichtet alle zuständigen Mitarbeiter, ihre Tätigkeiten entsprechend den Vorschriften des EM-Handbuchs auszuführen.

Die Qualität der ERP-Software ist für die Existenz und Fortentwicklung des Unternehmens von größter Bedeutung.

Durch die Anwendung der Vorschriften des EMH wird sichergestellt, dass die organisatorischen, kaufmännischen und technischen Tätigkeiten, die eine direkte Auswirkung auf die Qualität des ERP-Systems haben, systematisch geplant, gesteuert und überwacht werden. Ein Hauptziel des ERP-Management-Systems besteht darin, bei allen betrieblichen Abläufen Fehler zu vermeiden und Fehlerquellen bei der Suche und Auswahl konsequent zu beseitigen.

Das Qualitätsniveau der Software erfährt durch das ERP-Management eine deutliche Stabilisierung. Wohl definierte, konstante und hohe Qualität ist gewährleistet. Den Anforderungen der Abteilungen wird voll entsprochen.

Es wird angestrebt, die Anwenderwünsche bezüglich Zusammensetzung und Ausführung der Software so weit wie technisch und kaufmännisch möglich zu erfüllen. Die in diesen Dokumenten enthaltenen Regelungen, Maßnahmen und Anordnungen sind von allen Mitarbeitern des Unternehmens zu befolgen.

Den Entwurf dieses Handbuches finden Sie in der Anlage A. Für Ihre Nutzung habe ich diesen auch auf der CD-ROM hinterlegt und er kann von Ihnen anwenderspezifisch modifiziert werden.

1.6 Voraussetzungen zur Installation

Die Voraussetzungen, die für die Installation eines ERP-Systems notwendig sind, lassen sich in drei Bereiche gliedern:

1. Voraussetzungen zur Hardwareinstallation
2. datenbezogene Voraussetzungen
3. organisatorische Voraussetzungen

Wie bereits erwähnt, bedingt ein zu installierendes ERP-System in der Regel die Anpassung der bestehenden Organisation.

Voraussetzungen zur Hardware-Installation

Vor der Installation müssen Sie dafür sorgen, dass die verschiedenen Anschlussmöglichkeiten zur Verfügung stehen. Der Computer ist in der Regel mobil und kann im Bedarfsfall jederzeit in einem anderen Büro aufgestellt werden.

Datenbezogene Voraussetzungen

Beachten Sie auch die datenbezogenen Voraussetzungen, wie

- Aufbauorganisation anpassen
  - Nummernschlüssel
  - Artikelstammdaten
  - Erzeugnisstruktur
  - Stücklisten
  - Arbeitspläne
- Abläufe und Informationsflüsse anpassen
- Bedarf an Listen und Formularen bestimmen
- Daten- und Programmzuständigkeiten klären
- ERP-Management-Handbuch in Kraft setzen

Aufbauorganisation anpassen

Nummernschlüssel

Mit der Artikel- oder Teilenummer wird ein Teil (z.B. Artikel, Halbteil oder Vormaterial) gekennzeichnet. Die frei wählbare Teilenummer sollte wegen der Übersichtlichkeit 15 Stellen nicht überschreiten. Sie sollte Buchstaben und Ziffern (alphanumerisch) beinhalten können. Jede Teilenummer darf nur einmal (exklusiv) vergeben werden können. Im Programm wird sie benötigt, um den entsprechenden Artikel auffinden zu können.

Bei größeren Datenbeständen ist es sinnvoll, die Teilenummer so zu wählen, dass aus ihr eine Klassifizierung der Teile erkennbar ist (sprechender Schlüssel). Diese Klassifizierung kann dann später im Programm für selektive Auswertungen benutzt werden. So können z.B. alle Schrauben am Anfang mit »SCH« gekennzeichnet und alle Transistoren mit »TRA« usw. Es ist aber auch denkbar, alle Schrauben-Teilenummern mit »8344« beginnen zu lassen.

Sind Teilenummern bereits festgelegt, so können diese in die meisten Programme übernommen werden. Klassifizierungsmerkmale können in der Regel auch nachträglich noch nachgetragen werden.

Artikelstammdaten

Ebenso wie die Teilenummer muss auch eine Artikel-Bezeichnung festgelegt sein. Sie sollte 30 Stellen nicht überschreiten. Weitere Stammdaten, wie Mengeneinheit, Fertigungsstatus, Angaben zum Einkauf und Lager sind festzulegen.

Erzeugnisstruktur

Durch die Erzeugnisstruktur wird dargestellt, aus welchen Einzelteilen und Baugruppen ein bestimmtes Erzeugnis besteht. Die Erzeugnisstruktur wird auch Erzeugnisgliederung oder Objektstruktur genannt (Abbildung 1.6).

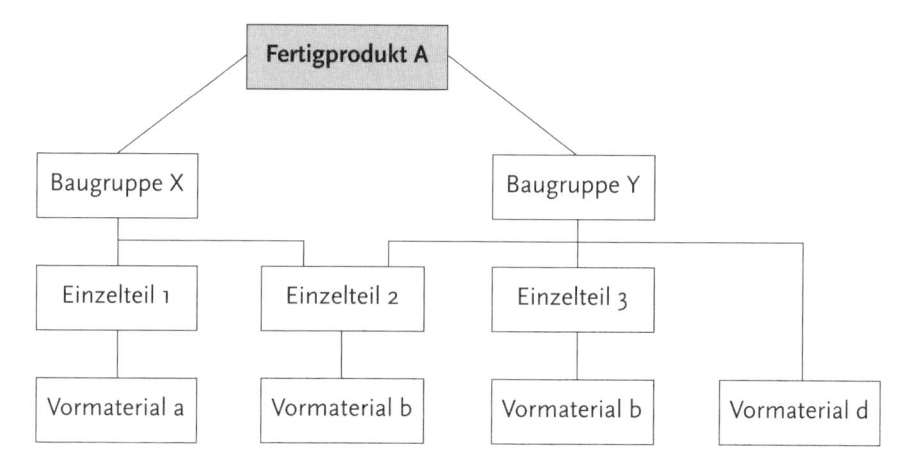

Abbildung 1.6: Erzeugnisstruktur

Stücklisten

Die Erzeugnisstrukturen sind die Basis für die Stücklisten. Die Stückliste ist neben der Zeichnung und dem Arbeitsplan der wichtigste Datenträger im Unternehmen. Ihre Informationen sind unerlässliche Grundlagen einer wirtschaftlichen Fertigung. Je vielgliedriger ein Erzeugnis ist, um so wichtiger ist es, für eine ordnungsgemäße und stets aktuelle Dokumentation und Pflege zu sorgen. Die Stückliste enthält die Mengen aller Baugruppen, Teile und Rohstoffe, die für die Fertigung einer Einheit des Erzeugnisses oder einer Baugruppe erforderlich sind. Außerdem kann sie weitere Stamm- sowie Strukturdaten der Erzeugnisse, Baugruppen und Teile enthalten. Sie dient in erster Linie als Grundlage für die Arbeitsplanerstellung sowie die Teile- und

Rohstoff- Bedarfsdisposition. Stücklisten können z.B. auf Zeichnungen angeordnet sein.

Je nach Betrachtungsweise kann die Stückliste als

- Baukastenstückliste
- Strukturstückliste
- Fertigungsstückliste
- Montagestückliste
- Vertriebsstückliste
- Variantenstückliste
- Mengenübersichtsstückliste

dargestellt werden.

Arbeitspläne

Im Arbeitsplan werden die Folgen der Arbeitsabschnitte und die Arbeitssysteme beschrieben, die für eine schrittweise Aufgabendurchführung erforderlich sind. Hier wird beispielsweise die Vorgangsfolge zur Fertigung eines Teiles, einer Gruppe oder eines Erzeugnisses festgelegt; dabei sind mindestens das verwendete Material sowie für jeden Vorgang der Arbeitsplatz, die Betriebsmittel, die Vorgabezeiten und die Lohngruppe angegeben.

Kopfzeile	Informationen über das zu fertigende Erzeugnis
Arbeitsgangzeilen	Informationen zur Ausführung der Arbeitsgänge
Textzeilen	Standardtext

Die Erzeugnisgliederung ist der Ausgangspunkt für die Arbeitsplanerstellung. Sie liegt in der Regel in Form der Konstruktionszeichnung und der Stückliste vor. Es wird festgestellt, welche Rohstoffe, Teile oder Baugruppen benötigt werden.

Der Arbeitsplan wird nach folgendem Schema erstellt:

- Arbeitsplanvordruck auswählen und allgemeine Daten eintragen
- Stamm- und Strukturdaten des zu fertigenden Arbeitsgegenstand den Zeichnungen und Stücklisten entnehmen

- Ausgangsmaterial und -menge festlegen
- wirtschaftlichen Fertigungsablauf festlegen
- Arbeitssysteme (Maschinen und Maschinengruppen) definieren
- Soll-Arbeitsablauf in Vorgänge gliedern und beschreiben
- Soll-Zeiten und Anforderungswerte bestimmen

Abläufe und Informationsflüsse anpassen

Geklärt und festgelegt werden müssen Vorgehen, Verantwortlichkeit und Durchführung von

- Stücklisten-Neuanlagen
- Stücklisten-Änderungen
- Arbeitsplan-Erstellungen
- Arbeitsplan-Änderungen
- Änderungen im Bereich des Einkaufs, z.B. Terminverzögerungen bei Fremdbezugsteilen
- Meldungen von Störungen in der Fertigung
- Ausschuss usw.

Bedarf an Listen und Formularen bestimmen

Folgende Listen und Formulare sind mehr oder weniger erforderlich. Was Sie benötigen, muss Ihre Soll-Analyse ergeben.

- **Listen**
    - Dispositionsliste
    - Lagerbestandsliste
    - Jahresplanbedarfsliste
    - Werkstattauftragsliste
    - verschiedene Statistikauswertungen
- **Formulare**
    - Werkstattaufträge
    - Lohnscheine
    - Materialscheine

- Materialentnahmescheine
- Materialbegleitscheine
- Reparaturmeldungen

Daten- und Programmzugehörigkeiten klären

Sie müssen festlegen, wer berechtigt ist

- Daten einzugeben (Datenneuanlage)
- Daten zu ändern (Änderungsdienst)
- Daten abzurufen (Dateninformation)

Organisatorische Voraussetzungen

Die Voraussetzung für die Integration der DV-Anlage müssen geschaffen werden, da das Organisations- und Informationsgefüge des gesamten Unternehmens beeinflusst wird.

Im Umfeld müssen zusätzliche Dispositions-, Koordinations- und Kontrollfunktionen aufgebaut und verwaltet werden. Die Akzeptanz der Mitarbeiter gegenüber dem Computer und dem ERP-System muss aufgebaut werden. Dies kann nur durch rechtzeitige Information und intensive Schulung und Weiterbildung der Mitarbeiter geschehen. Die später für das Projekt Verantwortlichen sind bei der Installation und den organisatorischen Veränderungen mit einzubeziehen (siehe Projektgruppe). Die Zuständigkeiten und Verantwortung für das Gesamtprojekt und die Teilprojekte sind festzulegen (ERP-Management-Handbuch). Organisation im Sinne der Anpassung des bestehenden Betriebes, der Abteilung und/oder des Arbeitsanfalls an das Programm wird im Normalfall vom Händler nicht durchgeführt. Die Anpassung des Programms an die bestehende Organisation ist nur im Einzelfall möglich und sehr kostenaufwendig. Hieraus ergibt sich also, dass der Betrieb der Software angepasst werden muss und nicht umgekehrt. Bei komplexen Programmen, und ein ERP-System ist ein solches, wird der Einsatz eines Unternehmensberaters, sofern im Haus keine eigenen, entsprechend qualifizierten Mitarbeiter vorhanden sind oder abgestellt werden können, unbedingt erforderlich sein.

Die Fragen des Datenschutzes und der Datensicherung sind zu regeln:

- **Zugangskontrolle**

  Unbefugten den Zugang zu DV-Anlagen verwehren, mit denen personenbezogene Daten verarbeitet werden.

- **Abgangskontrolle**

  Personen, die bei der Verarbeitung personenbezogener Daten tätig sind, daran hindern, dass sie Datenträger unbefugt entfernen.

- **Speicherkontrolle**

  Die unbefugte Eingabe in den Speicher sowie die unbefugte Kenntnisnahme, Veränderung oder Löschung gespeicherter Daten verhindern.

- **Benutzerkontrolle**

  Die Benutzung von DV-Systemen, aus denen oder in die Daten durch selbsttätige Einrichtungen übermittelt werden, durch unbefugte Personen verhindern.

- **Zugriffskontrolle**

  Gewährleisten, dass die zur Benutzung eines DV-Bereiches Berechtigten durch selbsttätige Einrichtungen ausschließlich auf die ihrer Zugriffsberechtigung unterliegenden Daten zugreifen können.

- **Datenübermittlungskontrolle**

  Gewährleisten, dass überprüft und festgestellt werden kann, an welcher Stelle Daten durch selbsttätige Einrichtungen übermittelt werden können.

- **Eingabekontrolle**

  Gewährleisten, dass überprüft und festgestellt werden kann, welche Daten zu welcher Zeit von wem in das DV-System eingegeben wurde.

- **Auftragskontrolle**

  Gewährleisten, dass Daten, die im Auftrag verarbeitet werden, nur entsprechend den Weisungen des Auftraggebers verarbeitet werden können.

- **Transportkontrolle**

  Gewährleisten, dass bei der Übermittlung von Daten sowie beim Transport entsprechender Datenträger diese nicht unbefugt gelesen, verändert oder gelöscht werden können.

- **Organisationskontrolle**

  Die innerbetriebliche Organisation so gestalten, dass sie den besonderen Anforderungen des Datenschutzes gerecht wird.

2 Internet – Intranet

2.1 Internet – Wie funktioniert es?

Hardware

Das Internet ist ein weltweites Netz von Millionen von Rechnern. Sowohl Computernetze als auch einzelne Rechner sind mit dem Internet verbunden bzw. können für die Zeit einer Internet-Sitzung verbunden werden. Netze und Computer gehören Universitäten, staatlichen Stellen, Institutionen, Firmen, Privatleuten, Interessengruppen, Parteien u.v.a. Die weltweite Vernetzung wird über verschiedene Kommunikationswege mit unterschiedlicher Kapazität erreicht: Glasfaserkabel, Richtfunkstrecken, Telefon-, ISDN- oder gar Satellitenverbindungen u.a.

Die Leitungen und Übermittlungseinrichtungen gehören in der Regel privaten oder staatlichen Telekommunikatonsunternehmen. Es gibt also keinen, dem das Internet alleine gehört. Das Internet befindet sich sozusagen im »kollektiven Besitz«.

Software

Das Internet baut auf weltweite Standards. Nur so ist es möglich, dass unterschiedliche Rechner mit unterschiedlichen Betriebssystemen miteinander verknüpfbar sind. Die Software zur Internet-Kommunikation (Server- oder Client-Software) hängt zwar von der Plattform ab, auf der sie läuft, die übertragenen Daten sind jedoch »neutral«. Sie können von der Gegenseite empfangen und verarbeitet werden. Alle Kommunikation geschieht auf Basis des TCP/IP-Protokolls. Darauf bauen verschiedene Arten von Diensten (Servertypen) auf. Je nach Dienst sind unterschiedliche Nachrichtenformate (Protokolle) definiert. Zu jedem Dienst existiert ein entsprechender Client, der für Empfang, Senden, Darstellung und Weiterverarbeitung zuständig ist. Browser wie der Netscape-Navigator vereinigen mehrere Clients in sich. Sie verarbeiten sowohl WWW-Seiten (HTTP), können E-Mails und Nachrichten an Newsgroups senden und empfangen oder Filetransfers (FTP) durchführen.

Beim Microsoft Internet Explorer werden ab Version 4 E-Mails über getrennte Clients wie »Microsoft Exchange« oder »Microsoft Outlook« verwaltet und verschickt.

2.2 Internet-Philosophie

Offenheit und verteilte Verantwortung

Informationen sind grundsätzlich allen zugänglich.

Dies kann zwar verhindert werden, was aber zusätzlichen Aufwand bedeutet (z.B. im Intranet oder Zugriff nur über Username/Passwort bei kommerziellen kostenpflichtigen Informationsanbietern). Sie sollten den Zugriff auf Ihre Informationen aber nur dann begrenzen, wenn es Ihnen selber schaden könnte (z.B. Firmeninformationen, die der Konkurrenz dienlich sein könnten). »Das braucht niemand außer XYZ zu wissen!«, sollte kein Grund für eine Zugriffsbegrenzung sein. Einigen Regierungen fällt es schwer, ihrer Bevölkerung den freien Zugang zum Internet zu gewähren. Sie haben Angst, sie könnten ideologisch beeinflusst werden.

Offen für alle

Es gibt keinen, der Inhalte von Informationsanbietern kontrolliert, zensiert oder der gar die Veröffentlichung verhindern kann. Im Prinzip darf jeder machen, was er will – das Internet ist basisdemokratisch und anarchistisch.

Marktorientiertes Verhältnis zwischen Informationsanbietern und -abnehmern

Jeder Anbieter ist für seine Inhalte selbst verantwortlich. Langweilige oder uninteressante Information wird man kaum freiwillig abrufen. Eine Firma, die sich im Internet schlecht präsentiert, schadet sich letztlich selber.

Es gibt keine Firma »Internet«

Es gibt keinen, dem das Internet gehört. Um ins Internet zu gelangen, nehmen Sie die Dienste von Providern in Anspruch, die Sie mit dem Internet via Modem (Telefonleitung), ISDN oder Standleitung verbinden. Die verschiedenen Internet-Dienste und Techniken (Protokolle) sind weltweit standardisiert. Es ergibt sich somit kein Produktdiktat. Konventionen und Normen werden in Gremien erarbeitet und veröffentlicht. Firmen, die in Internettechniken investiert haben, brauchen keine Angst zu haben, dass sie z.B. Opfer einer Produktabkündigung werden. Einschränkungen ergeben sich dann, wenn über das Intranet proprietäre Daten übertragen und weiterverarbeitet werden, die nur auf bestimmten Plattformen (Rechner- und Betriebssystemen) oder mittels spezieller Software laufen.

Die Beteiligten tragen Verantwortung für ihre Rollen

- der *Provider*, der seinen Kunden den Internet-Zugang verschafft
- der *Netzbetreiber*, der sein Netz ans Internet (und/oder Intranet) koppelt
- der *Server-Betreiber*, der eigene oder Inhalte von Kunden auf seinen Rechnern ins Internet bringt
- der *Informationsanbieter* (Content-Provider, Firmen, Privatleute, Vereine etc.), der für seine Inhalte selber verantwortlich ist

Man kann also keinen Provider dafür verantwortlich machen, dass es über seinen Zugang möglich ist, an jugendgefährdende oder kriminelle Inhalte zu kommen. Sie beschweren sich ja auch nicht bei der Post, wenn Sie einen Erpresserbrief bekommen.

2.3 Die wesentlichen Vorteile des Internets

Weltweite Verfügbarkeit

Auf Internet-Inhalte kann von jedem Ort der Welt zugegriffen werden, sofern ein Internetzugang über ein Rechnernetz oder eine Telefonverbindung besteht und ein Browser, d.h. eine Software, auf dem Rechner läuft, damit Sie sich im Internet bewegen können und die Internet-Inhalte dargestellt werden können.

Weltweite Verteilbarkeit

E-Mails, also elektronische Post, können weltweit versendet werden. Außerdem lassen sich beliebige Dateien mitverschicken. Die Welt wird zum globalen Dorf (Global Village).

Integrations- und Multimediafähigkeit

Die grafische Bedienoberfläche des Internets, das WWW (World Wide Web), erlaubt eine Verbindung von Text, Bild, Ton, Video und dreidimensionalen Objekten. Browser integrieren verschiedene Internetdienste. Mit zusätzlicher Software können Sie auch über das Internet telefonieren oder Videokonferenzen halten (z.B. Netmeeting).

Nicht proprietär

Nicht proprietär bedeutet, es läuft sowohl auf verschiedenen Plattformen (IBM-kompatible PC, Apple-PC, Großrechner) als auch unter verschiedenen Betriebssystemen. Dies wird durch weltweit akzeptierte Standards erreicht.

Einheitlichkeit

Die Bedienung, d.h. das Abrufen von Informationen bzw. das Folgen von Links (elektronische Verknüpfungen von Dokumenten) ist einheitlich, auch wenn Plattform, Betriebssystem und Browser-Software von Rechner zu Rechner unterschiedlich sein können.

Einfachheit

Die Bedienung heutiger Browser ist einfach. Meist klicken Sie sich per Mausklick weltweit von Rechner zu Rechner. Diese Tätigkeit nennt man auch gerne »Surfen«.

2.4 Internet-Historie

1957

begannen die ersten Entwicklungen, als die USA – aufgerüttelt durch den Start des ersten Sputnik-Satelliten – mit zahlreichen Forschungsprojekten nach Überlegenheit in der Militärtechnologie strebte. Die kalifornische Firma RAND wurde damals beauftragt, ein Konzept für ein militärisches Netzwerk zu entwickeln, das auch dann noch funktionsfähig bliebe, wenn etwa durch einen atomaren Erstschlag ein Teil seiner Infrastruktur zerstört würde. (Ob das tatsächlich funktioniert, wird hoffentlich nie ausprobiert werden!) Auf diesem Konzept aufbauend, entwickelte die Advanced Research Projects Agency (ARPA) die paketorientierte Datenübertragung.

1969

nahm ARPA das erste paketorientiert arbeitende Netz in Betrieb (ARPANET), dem zwei Jahre später immerhin 30 Teilnehmer angehörten. Allerdings verwendete ARPANET noch kein TCP/IP; dies entstand im Zusammenhang mit dem Versuch, verschiedene paketorientierte Netze zu verbinden. Auch in zivilen Institutionen (Universitäten und andere Forschungseinrichtungen) entsteht ein Interesse an der Entwicklung eines solchen Netzes, denn die damals in Relation sehr teuren Rechner-Kapazitäten ließen sich vernetzt effektiver nutzen. Die wertvollen Ressourcen ließen sich teilen, und die Ergebnisse konnten ausgetauscht werden. Auch eine Konzentration bzw. Spezialisierung der Rechner für bestimmte Aufgaben war möglich. So wurden vier Uni-Rechner miteinander verbunden: Sie standen in der University of California in Los Angeles, am Stanford Research Institute, an der Universität in Santa Barbara und an der University of Utah. Dieses »Netz« mit vier Knoten wird von vielen als die Keimzelle des Internets angesehen. Ende 1969 wird das Telnet-Protokoll implementiert.

1977

wurde das ARPANET mit einem Satelliten- und einem Funknetz sowie dem von XEROX-PARC entwickelten Ethernet über TCP/IP verbunden – das Internet war geboren!

1983

wurde dann das ARPANET selbst auf TCP/IP umgestellt. In diesen Jahren stießen immer mehr Netze zum Internet, etwa USENET, BITNET und der 1982 in Europa gegründete Ableger EUnet. Das »Netz der Netze« nahm Gestalt an. Es besteht aus vielen Teilnetzen, die von verschiedenen Firmen und staatlichen Einrichtungen betrieben werden.

1986

erfolgte eine Trennung in ein rein militärisches, nicht öffentliches (MILNET) und dem zivilen, forschungsorientierten ARPANET. Das zivile Netz bekam den Namen Internet (von »interconnected set of networks«) und verbreitete sich schnell auch in anderen Ländern.

1989

wurde das ARPANET vom US-Verteidigungsministerium offiziell aufgelöst.

1990

überlegen Wissenschaftler am Genfer Hochenergieforschungszentrum CERN, wie man für die zivile Nutzung Dokumente weltweit abrufen und Grafiken einbinden kann. Vor allem aber sollte eine Hypertextfunktionalität eingebaut werden, die es ermöglicht, dass ein Dokument auf andere verweisen kann, auch wenn sie auf anderen Internet-Rechnern gespeichert sind. Heraus kam ein neues Internet-Protokoll:

HTTP (Hyper Text Transfer Protocol).

Das Projekt wurde **W**orld **W**ide **W**eb (WWW) (weltweites Netz) getauft.

1993

stieg die Popularität des WWW vor allem durch die Einführung des WWW-Browsers NSCA Mosaic und des Netscape-Browsers. (Die Firma Netscape wurde vom Mosaic-Entwickler Marc Andreessen gegründet.) Diese einfach zu bedienenden Browser machten das WWW für die breite Masse zugänglich. Nachdem man einen Trend verschlafen hatte, entwickelte in den Folgejahren Microsoft unter Hochdruck seinen eigenen Browser: den Microsoft Internet Explorer. Mittlerweile hat dieser den Netscape-Communicator verdrängt.

Noch immer läuft in den USA ein Gerichtsverfahren gegen das Microsoft-»Kartell« und seine aggressiven Marketingmethoden. Unter anderem geht es darum, ob ein Webbrowser bzw. ein Media-Player fester Bestandteil des Betriebssystems sein darf.

2.5 Internet-Statistik

Das, was der deutschen Wirtschaft zu wünschen ist, gibt es seit Jahren im Internet: Ein rasantes Wachstum, deshalb ein wenig Statistik. Durch die einfache Bedienung von WWW-Browsern (MS Internet Explorer, Netscape, Opera) wurde das WWW immer populärer und auch für die breite Masse zugänglich. Das rapide Wachstum der Internetrechner zeigt Abbildung 2.1.

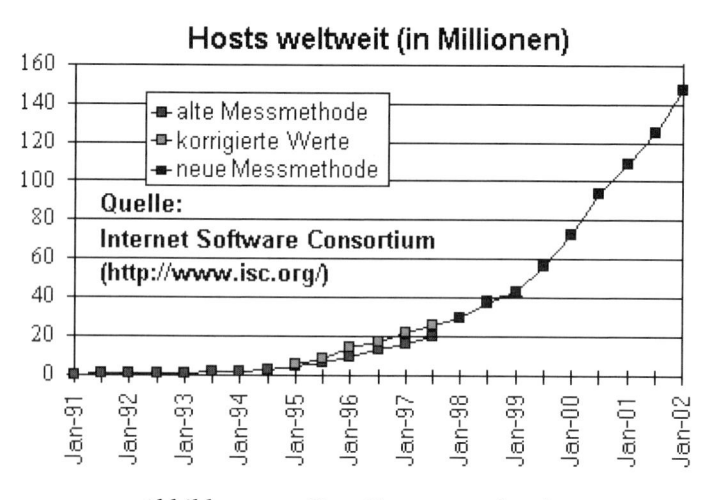

Abbildung 2.1: Host-Nutzung weltweit

Das Internet beflügelt die Wirtschaft. Global Player setzen auf E-Business. Die Aktienwerte relativ kleiner Internet-Firmen wie Yahoo! (http://www.yahoo.com) oder Amazon (http://www.amazon.com) mit nur einigen tausend Mitarbeitern schlagen etablierte Großkonzerne mit hunderttausenden von Mitarbeitern. Nach einer euphorischen Goldgräberstimmung an den Börsen platzen dann ab Mitte 2000 einige Spekulationsblasen. Selbst Kurse von hochgejubelten Aktien wie EM.TV und Intershop stürzen ins Bodenlose und schockieren die Anleger. Irgendwann ist das Aktienkapital aufgezehrt und das Unternehmen muss langfristig nicht nur Umsatz, sondern auch Gewinne einfahren.

Nach der ARD/ZDF-Online-Studie wurden von den Befragten folgende Onlinemöglichkeiten innerhalb einer Woche genutzt.

- 80%: E-Mails empfangen und verschicken
- 59%: Informationen suchen
- 51%: ziellos suchen
- 34%: Dateien herunterladen (Download)
- 34%: Nachrichtenangebote
- 31%: Online-Banking
- 31%: Infos zu Wirtschaft & Börse
- 27%: Infos zu PC und Software
- 25%: Sport-Infos
- 22%: Verbraucher-/Ratgeberinfos
- 21%: Kulturelle Angebote
- 20%: Unterhaltungsangebote
- 18%: Newsgroups, Chats
- 15%: Musik-Angebote
- 14%: Kleinanzeigen
- 11%: Computerspiele
- 5%: Onlineshopping
- 5%: Buch- und CD-Bestellung
- 4%: Erotik-Angebote

Auch die Zahl der Internetnutzer wächst weiterhin steil an. Hier eine Übersicht der stärksten Internet-Nationen. Wichtig ist weniger die absolute Zahl der Internet-Nutzer, sondern deren Bevölkerungsanteil. So hat China mittlerweile schon mehr Internetnutzer als die USA Einwohner.

Rang	Land	Gesamt-bevölkerung (in Millionen)	Internet-User (in Millionen)	Bevölkerungsanteil Internet-User (in %)
1.	Japan	127,3	86,6	68
2.	Norwegen	4,5	2,8	63
3.	Dänemark	5,4	3,3	62
4.	Kanada	30,5	18,3	60
5.	USA	281,4	160,4	57
6.	Niederlande	16,1	8,4	52
7.	Südkorea	47,0	24,0	51
8.	Australien	18,7	9,0	48
9.	Singapur	4,1	2,0	48
10.	Finnland	5,2	2,3	45
11.	Hongkong	7,0	3,0	43
12.	Israel	6,2	2,5	40
13.	Taiwan	22,0	8,8	40
14.	Irland	3,9	1,5	39
15.	Deutschland	82,4	29,7	36
16.	Großbritannien	60,0	20,4	34
	...			
24.	China	1292	297	23

Tabelle 2.1: Die führenden Nationen von Internet-Nutzern (Stand 2001) (Quelle: Global e-Commerce-Report 2001)

2.6 Internet und Intranet

Wo ist der Unterschied?

▶ Es gibt **ein** Internet, aber **viele** Intranets.

▶ Ein Intranet ist ein **internes** Informations- und Kommunikationsnetz z.B. einer Firma.

▶ Ein Intranet funktioniert genauso wie das Internet.

▶ Ein Intranet ist vom Internet abgekoppelt.

Aus einem *Intranet* kann in der Regel auf das *Internet* zugegriffen werden, nicht aber umgekehrt. Diese Schutzfunktion übernimmt ein *Firewall-Rechner*, der zwischen Internet und dem Intranet eine Art *Brandschutzmauer* errichtet.

Damit lassen sich z.B. Unternehmensdaten gegen einen Zugriff von außen schützen. Dennoch kann bestimmten Mitarbeitern oder Geschäftspartnern der Zugang vom Internet in das Firmennetz gewährt werden. Für einen Intranetnutzer macht es keinen Unterschied, ob er externe Informationen (*Internet*) oder interne Informationen (*Intranet*) abruft. Es sei denn, man ist Mitarbeiter einer Abteilung, der der Firewall-Rechner keinen Internetzugang gewährt.

Vorteile von Intranets

Viele Firmen haben die Internettechnik für sich entdeckt, um die interne Kommunikation zu verbessern. Gerade bei Unternehmen mit mehreren Bereichen, Standorten (national und international) oder Tätigkeitsfeldern bietet diese Technik jede Menge Vorteile:

▶ Informationen sind weltweit abrufbar. Sie müssen also nicht aktiv verteilt werden. Während man z.B. früher Dokumente wie Statistiken, Handbücher, Anweisungen, Vorschriften etc. verteilt hat, die oft schon beim Empfang veraltet waren, werden heute solche Dokumente in elektronischer Form auf einem Intranetrechner zur Verfügung gestellt. Derjenige, der die Information benötigt, muss nur noch wissen, unter welcher Adresse er das gewünschte Dokument findet. Das bedeutet aber einen gewissen Kulturwandel: Es besteht eine *Holschuld*, das heißt, der Anwender muss selber aktiv werden, um sich die gewünschte Information zu beschaffen.

- Ein Blick über den Zaun, um zu sehen, was und wie die anderen es machen, wird erleichtert. Synergien können besser erkannt und genutzt werden. Der Spruch: »Wenn der Konzern wüsste, was er alles weiß«, verliert an Bedeutung.
- Statt Rundschreiben zu versenden, kann z.B. via E-Mail-Verteiler die Mitteilung erfolgen: »Den neuen Produktkatalog mit aktuellen Preisen finden Sie unter http://...«
- Datenbankabfragen oder Applikationen sind möglich. Beispiele
  - konzernweites Kommunikationsverzeichnis mit Angaben zu Personen, Telefon, Fax, E-Mail, Anschrift
  - Typen- und Teilekataloge, Einkaufs- und Kundendatenbanken, Knowledge-Management
  - interner Bestellverkehr
  - Integration von Telearbeit. Mitarbeiter können sich von Zuhause oder vom Kunden auf die Firmenrechner einwählen.
  - Bildschirmtelefon, Videokonferenzen, Application-Sharing über das Intranet
  - Weltweite Zusammenarbeit bei Projekten
  - Freie Ressourcen lassen sich standortunabhängig besser nutzen

2.7 Internet-Trends

- Einen Internet-Anschluss zu haben, wird bald so selbstverständlich sein, wie einen Computer oder ein Faxgerät zu besitzen. Ende 2003 hatten 58% aller deutschen Erwachsenen bereits einen Zugang zum Internet.
- Die klassischen Medien wie Telefon, Fax, Fernsehen, Video werden im PC mit seinen E-Mail- und Internet-Möglichkeiten vereint oder kombiniert. Typische Kombi-Geräte sind z.B. internetfähige Fernseher bzw. Handys oder Navigationssysteme im Auto, die aktuelle Verkehrsinformationen aus dem Internet holen. Der PC wird zur Multimedia-Drehscheibe für Bildbearbeitung (digitale Kamera), Musikstudio (eigene CDs zusammenstellen und brennen, MP3-Player) und Videostudio (DVD, digitale Videokamera, digitale Videorekorder).
- Auch E-Mails werden bei Gerichtsverfahren als Beweise an Bedeutung zunehmen.

▶ Die bisherigen Telefonnetze werden mit Internet-Technologie kombiniert.
▶ Mehr und mehr Firmen nutzen das Internet nicht nur zur Präsentation und Werbung, sondern auch für Dienstleistungen. Beispiele für E-Commerce sind:
  ▶ Bahn- und Flugpläne im Internet mit der Möglichkeit der Sofortbuchung.
  ▶ Sie informieren sich über Ihr Urlaubsreiseziel, vergleichen Angebote mehrerer Unternehmen und können auch via Internet den Urlaub buchen.
  ▶ Die Vergleichbarkeit von Leistungen im Internet wird zu einem härteren Preiswettbewerb führen. Firmen, die nicht »online« sind, müssen mit Nachteilen rechnen.
  ▶ Mehr und mehr wird über das Internet bestellt werden (E-Shopping).
  ▶ Musik- und sogar Videoangebote können per Internet abgerufen werden (Audio-on-Demand, Video-on-Demand).
  ▶ Abwicklung von Bankgeschäften (Homebanking) im Internet.
  ▶ Zustellungen z.B. von Rechnungen per E-Mail ist kostengünstiger als per klassischer Briefpost.
  ▶ Mal sehen, wann auch die deutschen Ämter aufwachen, und man auch hierzulande seine Lohnsteuererklärungen via Internet einreichen kann!
▶ Gerade weltweit operierende Firmen arbeiten mit Internet-Techniken: Jeder Mitarbeiter ist per E-Mail zu erreichen, die Unternehmenskommunikation (Intranets) wird verbessert, internationale Arbeitsteilung wird zunehmen. Nach dem Internet-Trend wird es auch verstärkte Aktivitäten in Intranets geben. Über leistungsfähige Firmennetze werden Daten, Ton, Video und auch Software-Anwendungen transportiert.
▶ Smartphone: Durch die Kombination von Handys und Palmtops (PDAs) wird es möglich, jederzeit an jedem Ort Internetdienste (E-Mail und WWW) nutzen zu können (M-Business). WAP-fähige Handys sind eher als Kompromisslösung für die Nutzung von nur textbasierten Internetangeboten zu sehen.
▶ Nutzen von Satellitenverbindungen für Internetdienste: Größere Datenmengen werden über Telefon- bzw. ISDN-Verbindungen angefordert und via Satellit empfangen. Dazu wird der PC mit einer speziellen Empfangskarte ausgestattet.

- Bald gehen dem Internet die Adressen aus: Die bislang 32 Bit langen TCP/IP-Nummern werden dann auf eine Länge von 128 Bit umgestellt.
- Zur Steigerung der Informationssicherheit werden wichtige Nachrichten (Text, Bild und Ton) mehr und mehr verschlüsselt versendet. Dazu müssen die heutigen – von Land zu Land unterschiedlichen – Gesetze endlich internationalen Vereinbarungen weichen.
- Auch für die Abwicklung von weltweiten Geschäften müssen internationale Regelungen (Handelsrecht, Urheberrecht, Steuern, Zoll etc.) gefunden werden.
- Der Anteil von programmierten Anwendungen (Applikationen) im Internet wird weiter steigen. Applikationen werden zunehmend plattformunabhängig sein. Populäre Anwendungen sind Routenplaner, Stadtpläne (siehe Kurs-Seite *Nützliche Links*), Web-Mail oder grafische Anwendungen (siehe Kurs-Seite *Eigene Homepage erstellen*).
- Zu der einfachen Werbung mit Bannern wird es mehr und mehr Audio-Spots bzw. Video-Spots geben. Es gibt bereits reine Java-Lösungen (Java-Applets), die spezielle Plug-Ins für das Abspielen solcher Applikationen dann überflüssig machen. Fragt sich, ob zusätzliches Geflimmer und Gedudel vom Anwender akzeptiert werden, denn sie haben einen Nachteil: Sie lassen sich nicht ohne Weiteres abstellen (siehe auch WebWasher).
- Automaten und Haushaltgeräte werden ans Internet gekoppelt. So kann z.B. ein fast leerer Getränkeautomat drahtlos bei seiner Zentrale Nachschub ordern oder bei einer Fehlfunktion einen Mechaniker anfordern.

2.8 Viren und Würmer

2.8.1 Viren ein Problem?

Computerviren, Datenmissbrauch, Hacker, Cracker. Schlagwörter, die uns oft begegnen und jährlich Kosten in Millionenhöhe verursachen – so jedenfalls stellen es die Medien dar. Sind Viren & Co. wirklich so gefährlich, wie immer behauptet wird?

Wenn Sie tatsächlich glauben, die Bedrohung durch Viren sei eher gering, dann stellen Sie sich einmal folgende Situation im Büro oder zu Hause vor:

Angenommen, Ihre Antiviren-Software wurde seit einigen Monaten nicht mehr aktualisiert. Nun stellen Sie fest, dass alle Ihre Excel-Tabellen mit einem neuen Virus infiziert sind, der willkürlich Zahlen verändert. Natürlich haben Sie Backups von all Ihren Daten. Aber vielleicht haben Sie schon seit Monaten Sicherungskopien von infizierten Dateien erstellt. Wie können Sie nun herausfinden, welche Zahlen die richtigen sind?

Oder es ist ein neuer E-Mail-Virus aufgetreten, und Sie schließen Ihren E-Mail- Gateway, um Ihre Firma vor der zu erwartenden E-Mail-Flut zu schützen ... und verlieren dadurch einen wichtigen Kundenauftrag.

Stellen Sie sich weiterhin vor, Sie sitzen zu Hause und schreiben an Ihrer Diplomarbeit. Sie sind schon fast fertig, als eines Ihrer Kinder ein neues Spiel auf Ihrem PC installiert und ihn mit einem Virus infiziert.

Der Virus löscht die gesamte Festplatte ... und damit auch Ihre Diplomarbeit, an der Sie vielleicht schon seit Monaten gearbeitet haben.

Angenommen, ein Bekannter schickt Ihnen per E-Mail einige Dateien, die er im Internet gefunden hat. Ohne jegliche Bedenken öffnen Sie die Dateien (schließlich vertrauen Sie Ihrem Freund) und lösen einen Virus aus, der vertrauliche Dokumente an jeden Eintrag aus Ihrem Adressbuch sendet ... u.a. auch an Ihre Wettbewerber.

Stellen Sie sich vor, dass Sie versehentlich ein Dokument an eine andere Firma schicken, das mit einem Virus infiziert ist.

Glauben Sie, dass diese Firma Sie dann immer noch als guten Geschäftspartner betrachten wird?

Diese Schreckensszenarien sind nicht etwa frei erfunden, sondern haben bereits irgendwo in der Welt stattgefunden. In allen Fällen hätten die unangenehmen Folgen durch einige kleine, noch nicht einmal teure Vorsichtsmaßnahmen verhindert werden können.

Mitte der 80er Jahre stellten die Brüder Basit und Amiad Alvi aus Lahore in Pakistan fest, dass von ihrer Software zahlreiche Raubkopien existierten. Nicht gerade erfreut darüber, schrieben sie den ersten Computervirus, der eine Kopie von sich und einen Copyright-Vermerk auf jede kopierte Diskette legte. Aus diesen Anfängen heraus hat sich eine eigenständige Szene entwickelt: Viren verbreiten sich heutzutage innerhalb weniger Stunden über den gesamten Erdball und sorgen immer öfter für Schlagzeilen in den Medien.

Viele Menschen sind fasziniert davon, wie ein einziger Virus zahlreiche Unternehmen lahm legen kann, jedoch wissen die wenigsten Genaueres über Viren.

2.8.2 Was ist eigentlich ein Computervirus?

Bei einem Computervirus handelt es sich nur um ein Computerprogramm, das sich in Computern und Netzwerken verbreitet, indem es sich selbst kopiert.

Viren können äußerst unangenehme Auswirkungen haben, die von einer unsinnigen Textmeldung bis hin zum Löschen sämtlicher Dateien auf Ihrem Computer reichen.

Ein Virus kann einen Computer nur dann infizieren, wenn der Virencode gestartet wird.

Doch aufgepasst! Auch wenn Sie beim Öffnen von verdächtigen Dateien noch so vorsichtig sind: Viele Viren sind so programmiert, dass sie unbemerkt ausgelöst werden. So hängen sie sich beispielsweise an andere Programme an oder verstecken sich in Codes, die automatisch ausgeführt werden, sobald bestimmte Dateitypen geöffnet werden.

Eine infizierte Datei kann auf einer Diskette, in einem E-Mail-Attachment oder über das Internet auf Ihren PC gelangen. In dem Moment, in dem Sie die Datei öffnen, wird der Virencode ausgeführt. Nun kann sich der Virus in andere Dateien auf Ihrem Computer kopieren.

2.8.3 Trojanische Pferde

Ein trojanisches Pferd ist ein scheinbar ungefährliches Programm, in dem sich allerdings ein gefährliches Virenprogramm verbirgt, das ohne Wissen des Anwenders Schaden anrichtet.

Ein trojanisches Pferd verlässt sich darauf, dass der Anwender ein angeblich harmloses Programm ausführt und somit die versteckten und meist Schäden verursachenden Funktionen aufruft.

Troj/Zelu beispielsweise tarnt sich als Programm, das die Folgen des so genannten Y2K-Problems rückgängig macht; in Wirklichkeit überschreibt es jedoch die Festplatte.

Trojanische Pferde werden oft genutzt, um Computer mit einem Virus zu identifizieren. Schlimmer noch sind die so genannten Backdoor-Trojaner. Mit deren Hilfe können andere Anwender über das Internet die Kontrolle über Ihren Computer übernehmen.

2.8.4 Würmer

Würmer sind in ihrer Wirkung den Viren sehr ähnlich, allerdings benötigen sie keinen »Wirt« (z.B. ein Makro oder einen Bootsektor) zu ihrer Verbreitung, da sie Kopien von sich selbst erzeugen und die Kommunikationskanäle zwischen Computern nutzen, um sich zu verteilen. Viele Viren, wie z.B. Kakworm oder der Loveletter-Virus verhalten sich wie Würmer, da sie sich selbst per E-Mail an andere Anwender weiterleiten.

2.8.5 Was können Viren anrichten?

Die wichtigste Frage für die meisten Anwender ist, welche Schäden ein Virus auf ihren PCs anrichtet. Die häufigsten Auswirkungen von Viren auf PCs sind:

- Textmeldungen, Musik
- Zugriffsverweigerung, Datenklau
- Datenänderung, Löschen von Daten und Lahmlegen von Hardware

2.8.6 Wo liegen die Risiken?

- **Internet:** Programme oder Dokumente aus dem Internet sind häufige Quellen von Viren.
- **Programme:** Programme mit einem Virus infizieren den PC in dem Moment, in dem das Programm ausgeführt wird.
- **E-Mails:** E-Mails können infizierte Attachments enthalten. Allein ein Doppelklick auf diese Attachments kann den PC infizieren. Einige E-Mails können Virencode enthalten, der ausgeführt wird, sobald die E-Mail gelesen wird.
- **Dokumente und Tabellen:** Dokumente und Tabellen können Makroviren enthalten, die andere Dokumente oder Tabellen infizieren oder verändern.

▸ **Disketten und CDs:** Disketten können sowohl Viren im Bootsektor als auch infizierte Programme und Dokumente enthalten. Auch auf CDs können sich infizierte Objekte befinden.

2.8.7 So schützen Sie sich vor Viren

Mit einigen einfachen Vorsichtsmaßnahmen können Sie sich vor Viren schützen und im Falle einer Virusinfektion richtig reagieren.

Informieren Sie alle Mitarbeiter und Kollegen in Ihrem Unternehmen über das Risiko beim Diskettenaustausch, bei Internet-Downloads und beim Öffnen von E-Mail-Attachments.

Antiviren-Programme dienen nicht nur der Virenerkennung, sondern können oftmals auch Viren entfernen. Bietet die Software Überprüfungen bei Zugriff, sollten Sie diese Option auf jeden Fall aktivieren. Eine solche Überprüfung schützt vor Viren, indem der Zugriff auf infizierte Dateien verweigert wird.

Erstellen Sie von allen Daten und der Software, die Sie im Einsatz haben (auch von den Betriebssystemen), Sicherungskopien. Wird Ihr System mit einem Virus infiziert, können Sie Ihre Dateien und Programme einfach durch saubere Kopien ersetzen.

2.8.8 Virenarten

Bootsektorviren

Bootsektorviren waren die ersten Viren überhaupt. Sie verändern den Bootsektor, d.h. den Sektor, auf dem sich das Programm befindet, mit dem Ihr Computer gestartet wird.

Wenn der Rechner eingeschaltet wird, sucht die Hardware nach dem Bootprogramm auf dem Bootsektor und führt es aus. Der Bootsektor liegt normalerweise auf der Festplatte, kann sich aber auch auf Diskette oder CD befinden. Dieses Programm lädt dann den Rest des Betriebssystems in den Speicher.

Ein Bootsektorvirus ersetzt den originalen Bootsektor mit seiner eigenen, veränderten Version und versteckt den originalen Bootsektor meist irgendwo auf der Festplatte. Wenn Sie Ihren Computer nun das nächste Mal hochfahren, wird der infizierte Bootsektor verwendet, und der Virus aktiviert.

Der PC kann also nur dann infiziert werden, wenn er von einem infizierten Speichermedium gebootet wird, z.B. von einer Diskette mit einem infizierten Bootsektor.

Viele Bootsektorviren sind heutzutage schon ziemlich alt. Bootsektorviren, die für DOS-Rechner geschrieben wurden, verbreiten sich im Allgemeinen nicht auf Computern unter Windows 95, 98, Me, NT und 2000, jedoch können sie auch auf diesen Rechnern Probleme beim Booten verursachen.

Programmviren

Programmviren, auch Datenviren genannt, hängen sich an Programme bzw. ausführbare Dateien an.

Wenn ein Programm gestartet wird, das mit einem Programmvirus infiziert ist, wird zunächst der Virus ausgeführt. Um sich weiter im Verborgenen zu halten, führt der Virus dann das eigentliche Programm aus.

Das Betriebssystem auf dem Computer sieht den Virus als Teil eines Programms an, das Sie ausführen wollten, und gibt ihm dieselben Rechte. Mit diesen Rechten kann sich der Virus selbst kopieren und im Speicher installieren oder sich selbst aktivieren.

Programmviren gibt es schon seit den frühesten Anfängen der Virengeschichte, und auch heute noch stellen sie einen Großteil der Viren dar. Das Internet hat die Verbreitungsmöglichkeiten von Programmen und somit auch von Programmviren vervielfacht.

Makroviren

Makroviren nutzen Befehle aus, so genannte Makros, die in Dateien eingebettet sind und automatisch gestartet werden.

Makros werden in vielen Anwendungen genutzt, wie z.B. Textverarbeitung und Tabellenkalkulation.

Ein Makrovirus ist ein Makroprogramm, das sich selbst kopiert und von Datei zu Datei verbreitet. Wenn Sie eine Datei öffnen, die einen Makrovirus enthält, kopiert sich der Virus in die Startup-Files der Anwendung. Der Computer ist nun infiziert.

Wenn Sie jetzt eine Datei in derselben Anwendung öffnen, wird diese Datei ebenfalls von dem Virus befallen. Ist Ihr Computer an ein Netzwerk angeschlossen, kann sich der Virus noch rascher verbreiten: Beim Weiterleiten der infizierten Datei wird der Virus an den Empfänger übertragen.

Ein Makrovirus kann auch Ihre Dokumente oder Einstellungen verändern. Makroviren infizieren häufig verwendete Dateitypen. Einige Makroviren können mehrere Dateitypen, wie Word- oder Excel-Dateien, infizieren. Sie können sich auch auf jeder Plattform verbreiten, auf der die »Wirt«-Anwendung läuft. Die Verbreitung von Makroviren ist deshalb so einfach, weil heutzutage Dokumente per E-Mail und über das Internet problemlos ausgetauscht werden können.

2.8.9 Geschichte der Computerviren

1949 Der Mathematiker John von Neumann stellt theoretische Überlegungen über die selbstständige Reproduktion von Computerprogrammen an.

50er Bell Labs entwickeln ein experimentelles Spiel, in dem die Spieler gegenseitig ihre Computer mit Schäden verursachenden Programmen angreifen.

1975 John Brunner, Autor von Science-Fiction-Romanen, entwickelt die Idee von einem »Wurm«, der sich in Netzwerken verbreiten kann.

1984 Fred Cohen führt den Begriff »Computervirus« für Programme mit den entsprechenden Eigenschaften ein.

1986 Der erste Computervirus, Brain, wird angeblich von zwei Brüdern in Pakistan geschrieben.

1987 Der Wurm Christmas tree legt das weltweite IBM-Netzwerk lahm.

1988 Internet Wurm verbreitet sich im US-DARPA-Internet.

1990 Mark Washburn schreibt 1260, den ersten »polymorphen« Virus, der sich nach jeder Infektion verändert (*mutiert*).

1992 Der Virus Michelangelo sorgt weltweit für Panik, obwohl nur wenige Computer infiziert werden.

1994 Good Times, der erste richtige Virenhoax, erscheint.

1995 Der erste Makrovirus, Concept, erscheint. Im selben Jahr programmieren australische Virenschreiber den ersten Virus speziell für Windows 95.

1998 CIH oder Chernobyl ist der erste Virus, der Computer-Hardware beschädigt.

1999 Melissa, ein Virus, der sich selbst per E-Mail weiterleitet, wird auf der ganzen Welt verbreitet.
Bubbleboy, der erste Virus, der einen Computer allein durch das Lesen einer E- Mail infiziert, erscheint.

2000 Der Loveletter-Virus ist der bisher »erfolgreichste« Virus. Im selben Jahr tritt der erste Virus für das Palm-Betriebssystem auf, allerdings werden keine Anwender infiziert.

2.8.10 E-Mail

Die wohl bekanntesten Viren sind der Loveletter-Virus und Melissa. Beide Viren konnten deshalb zu einem so hohen Bekanntheitsgrad gelangen, weil sie sich per E-Mail auf der ganzen Welt verbreitet haben. E-Mails haben sich inzwischen zum größten Übertragungsmedium von Viren entwickelt. Solange Viren lediglich auf Disketten übertragen wurden, haben sie sich nur sehr langsam verbreitet. Unternehmen hatten die Möglichkeit, Disketten zu verbieten oder jede Diskette auf Viren zu überprüfen. Mit dem zunehmenden E-Mail-Verkehr ist das anders geworden. Dateien werden heutzutage so schnell ausgetauscht, dass Ihr PC mit einem einzigen Mausklick infiziert werden kann. So können sich auch herkömmliche Viren schneller verbreiten, und neue Viren können die Arbeitsweise von E-Mail-Programmen geschickt ausnutzen.

Viele Anwender glauben, dass sie auf der sicheren Seite sind, solange sie ihre E-Mails öffnen, ohne die Attachments darin zu starten. Seit einiger Zeit ist diese Annahme jedoch falsch.

Viren wie Kakworm und Bubbleboy infizieren den PC bereits beim bloßen Lesen dieser E-Mails. Diese E-Mail-Viren sehen aus wie jede andere Nachricht, allerdings enthalten sie ein verborgenes Skript, das ausgeführt wird, sobald die E-Mail geöffnet oder auch nur im Ansichtfenster angesehen wird (wenn Sie Outlook mit der entsprechenden Version des Internet Explorers verwenden). Durch dieses Skript werden Ihre Systemeinstellungen geändert, und der Virus wird per E-Mail an andere Anwender versendet.

Microsoft hat inzwischen ein Patch zur Verfügung gestellt, das diese Sicherheitslücke schließt.

Die meisten Viren verbreiten sich heute automatisch per E-Mail. Diese Art von Viren verlässt sich darauf, dass der Anwender auf das angehängte Dokument in der E-Mail klickt. Dadurch wird ein Skript ausgeführt, das mit Hilfe des E-Mail-Programms infizierte Dokumente an andere Anwender weiterleitet. »Melissa« z.B. schickt eine Nachricht an die ersten 50 Einträge im Adressbuch, auf das Microsoft Outlook zugreift. Andere Viren wiederum senden sich selbst an alle Einträge im Adressbuch.

Mit ein paar einfachen Verhaltensmaßnahmen können Sie sich vor E-Mail-Viren schützen. Öffnen Sie keine Attachments, selbst wenn sie von Ihrem besten Freund kommen. Lassen Sie sich auch nicht dadurch verleiten, dass Ihnen ein »harmloser Scherz« versprochen wird. Wenn Sie nicht absolut sicher sind, dass ein Attachment virenfrei ist, sollten Sie zunächst immer davon ausgehen, dass es infiziert ist. Eine Unternehmensrichtlinie kann regeln, dass alle Attachments freigegeben und mit Antiviren-Software überprüft werden müssen, bevor sie ausgeführt werden.

Deaktivieren Sie Windows Scripting Host. Windows Scripting Host (WSH) automatisiert bestimmte Vorgänge, z.B. das Ausführen von VBS- oder Java-Skripts. Allerdings gibt WSH auch Viren wie dem Loveletter-Virus die Möglichkeit, sich zu verbreiten. Möglicherweise kommen Sie ohne WSH aus (fragen Sie dazu bitte Ihren Netzwerkadministrator). Beachten Sie, dass jedes Mal, wenn Sie Windows oder den Internet Explorer mit einer neueren Version aktualisieren, WSH erneut aktiviert wird.

Setzen Sie auf allen Desktops und an allen E-Mail-Gateways Antiviren-Software ein, die über eine Option zur Überprüfung bei Zugriff (On-Access-Scan) verfügt. Damit sind Sie vor E-Mail-Viren bestens geschützt.

Internet

Durch das Internet wird eine stetig wachsende Menge an Informationen für mehr und mehr Anwender zugänglich. Trotz der vielen Vorteile, die das Internet bietet, sollte man auch die Nachteile nicht unterschätzen. Denn mit

Hilfe des Internets können auch Viren viel einfacher und immer schneller auf den Computer gelangen.

Durch das Internet ist die Gefahr, dass Ihr Computer mit einem Virus infiziert wird, extrem gewachsen.

Vor ungefähr zehn Jahren wurden die meisten Viren über Disketten verbreitet. Die Verteilung ging daher ziemlich langsam vonstatten und hing hauptsächlich von den Anwendern ab, die die neuen Programme überhaupt erst einmal ausführen mussten. Waren die Auswirkungen des Virus zu offensichtlich, dann sank auch die Wahrscheinlichkeit einer Infektion. Durch das Internet, das von immer mehr Menschen verwendet wird, hat sich in dieser Hinsicht jedoch vieles geändert.

Über das Internet kann Software relativ einfach ausgetauscht werden. Mit einem Mausklick hängt man ein Programm an eine E-Mail an, und ebenfalls mit nur einem Mausklick kann der Empfänger das Programm starten. Programme können auch auf Websites abgelegt werden, von wo aus sie jeder herunterladen kann. Programmviren, die Programme befallen, können sich so im Internet optimal verbreiten.

Makroviren, die Dokumente befallen, profitieren ebenfalls vom regen Informationsaustausch über das Internet. Egal, ob ein Dokument per E-Mail verschickt oder aus dem Internet heruntergeladen wurde: Ein einziger Mausklick auf die Datei reicht aus, um Ihren Computer zu infizieren.

Wenn Sie das Internet häufig nutzen, sollten Sie Dokumente mit einem Viewer anschauen, der Makros ignoriert, und auf keinen Fall Programme starten, die nicht von einer vertrauenswürdigen Quelle stammen.

Eine Website nur anzusehen ist weit weniger gefährlich, als unbekannte Programme oder Dokumente zu starten. Die Gefahr, die von Websites ausgeht, hängt davon ab, welcher Code auf der Website verwendet wird und welche Sicherheitsstandards der Service-Provider und auch Sie selbst einsetzen.

Websites werden in HTML (Hypertext Markup Language) geschrieben. Mit dieser Sprache können Web-Designer Text formatieren und Links zu Grafiken und anderen Websites erstellen. In HTML-Code selbst können sich keine Viren verbergen, allerdings können Websites Codes enthalten, die automatisch Anwendungen ausführen oder Dokumente öffnen. Dann besteht die Gefahr, dass ein infiziertes Objekt unbemerkt ausgeführt wird.

ActiveX ist eine Microsoft-Technologie für Web-Designer, die mit Computern unter Windows arbeiten.

ActiveX-Applets werden für visuelle Effekte auf Websites verwendet und haben vollen Zugriff auf die Ressourcen Ihres Computers. Somit stellen sie eine reelle Gefahr dar. Digitale Signaturen, die beweisen, dass ein Applet authentisch ist und nicht manipuliert wurde, bieten hier einen gewissen Grad an Sicherheit.

Viele Anwender sind übertrieben vorsichtig bei Java-Viren aus dem Internet. Allerdings verwechseln die meisten dabei Java-Applets, mit denen auf Webseiten spezielle Effekte erzeugt werden können, mit Java-Anwendungen und JavaScripts.

Applets sind in der Regel sicher. Sie werden vom Browser in einer sicheren Umgebung, der so genannten Sandbox, ausgeführt. Auch wenn ein Applet durch eine Sicherheitslücke gelangen sollte, kann sich ein Schäden verursachendes Applet nicht so einfach verbreiten. Applets werden normalerweise von einem Server auf den Computer des Anwenders kopiert, und nicht von Anwender zu Anwender. Hinzu kommt, dass Applets nicht auf der Festplatte gespeichert werden (abgesehen vom Webcache).

Bei den meisten bösartigen Applets handelt es sich um Trojaner, d.h. Schäden verursachende Programme, die sich als legale Software tarnen.

Java-Anwendungen sind einfache, in Java geschriebene Programme. Wie jedes andere Programm auch, können sie natürlich Viren enthalten. Daher sollten Sie mit derselben Vorsicht behandelt werden wie alle anderen Programme auch. JavaScript ist ein aktives Skript, das in HTML-Code auf Websites eingebettet ist. Wie andere Skripts auch, kann es bestimmte Vorgänge automatisch ausführen, was ein gewisses Gefahrenpotenzial darstellt. Je nach dem verwendeten Webbrowser kann VBS (Visual Basic Script) starten, sobald eine Webseite geöffnet wird. Eine Eingabe des Anwenders ist dabei nicht erforderlich.

VBS-Skript wird z.B. von den E-Mail-Würmern Kakworm und Bubbleboy ausgenutzt und kann auch von Webseiten aus gestartet werden.

Ein Backdoor-Trojaner ist ein Programm, mit dem man via Internet den PC eines anderen Anwenders kontrollieren kann.

Wie alle normalen Trojaner tarnt sich ein Backdoor-Trojaner als legale oder zumindest interessante Software. Wird das Programm gestartet, fügt es sich zur Startroutine des PC hinzu. Der Trojaner überwacht den Rechner so lange, bis eine Verbindung zum Internet aufgebaut ist. Ist der PC online, kann der Sender des Trojaners mit Hilfe von spezieller Software auf dem infizierten Computer Programme öffnen und schließen, Dateien verändern und auch Druckaufträge an den Drucker senden. Zwei der bekanntesten Backdoor-Trojaner sind Subseven und BackOrifice.

Cookies stellen keine direkte Bedrohung für Ihren Computer oder Ihre Daten dar. Allerdings gefährden sie Ihre Privatsphäre: Mit Hilfe von Cookies kann eine Webseite Ihre Daten speichern und registrieren, wie oft Sie sie besuchen. Wenn Sie lieber anonym bleiben möchten, können Sie Cookies über die Sicherheitseinstellungen in Ihrem Browser deaktivieren.

Die Gefahr aus dem Internet besteht nicht nur für den End-User. Einige Hacker greifen sogar Webserver an, um deren Webseiten für den Zugriff zu sperren.

Eine häufige Form eines solchen Angriffs ist, derart viele Anfragen an einen Webserver zu senden, dass er extrem langsam arbeitet oder völlig abstürzt. Die Anwender können dann nicht mehr auf die Website, die auf dem Server liegt, zugreifen.

CGI(Common Gateway Interface)-Skripte sind ein weiterer Schwachpunkt. Diese Skripte laufen auf Webservern, um u.a. Suchmaschinen zu unterstützen und Eingaben in Formularen zu verarbeiten. Hacker nutzen die häufig schlecht implementierten CGI-Skripte aus, um die Kontrolle über einen Server zu übernehmen.

Um das Internet sicher zu benutzen, sollten Sie die folgenden Ratschläge befolgen:

Getrenntes Netzwerk für Internet-PC

Trennen Sie die PCs, die an das Internet angeschlossen sind, vom übrigen Netzwerk. So reduzieren Sie das Risiko, dass infizierte Dateien heruntergeladen werden und sich Viren in Ihrem Hauptnetzwerk ausbreiten können.

Firewall und/oder Router

Mit Hilfe einer Firewall gelangen nur freigegebene Daten in Ihr Unternehmen. Ein Router steuert den Weg, den Datenpakete aus dem Internet innerhalb Ihres Unternehmens nehmen.

Konfiguration Ihres Internet-Browsers

Deaktivieren Sie Java- oder ActiveX-Applets, Cookies usw. oder lassen Sie sich warnen, wenn solche Codes verwendet werden. Gehen Sie z.B. im Microsoft Internet Explorer auf EXTRAS|INTERNETOPTIONEN|SICHERHEIT|STUFE ANPASSEN und wählen Sie die gewünschten Sicherheitseinstellungen aus.

3 ERP-Phasenkonzept – Strukturiert zum Ziel

3.1 Grundsätzliche Vorgehensweise

Die Praxis hat in der Vergangenheit gezeigt, dass nur eine strukturierte Vorgehensweise anhand eines Phasenmodells eine Erfolgsgarantie gibt. Nur die effiziente Zusammenarbeit aller Fachleute im Unternehmen und gegebenenfalls die Unterstützung durch externe Unternehmensberater können der richtige Weg sein. In den nachfolgenden Kapiteln wird das Phasenmodell erläutert und insbesondere Augenmerk auf die Erstellung des Pflichtenhefts gelegt.

3.2 Phasenkonzept

Das nachfolgende Kapitel beschäftigt sich mit dem ERP-Phasenkonzept. Teile dieses Kapitels wurde aus dem Buch von Bruno Grupp, »Das DV-Pflichtenheft zur optimalen Softwarebeschaffung«, MITP-Verlag, ISBN 3-8266-0493-8 entnommen.

Vor dem Kauf und dem Einsatz von Standard-Software ist es sinnvoll, sich ein Phasenkonzept (Projektplan) auszuarbeiten. Ein solches Phasenkonzept könnte wie folgt aussehen:

Phase 1	Bildung eines Projektteams
	▶ aus DV-Abteilung, Fachabteilungen, evtl. externen Unternehmensberater ▶ Ernennung eines Projektleiters
Phase 2	Projektinitialisierung
	▶ Evtl. mit Voruntersuchung ▶ Projektdefinition und -abgrenzung ▶ Projektplanung

Phase 3	Fachliche und DV-technische Anforderungsanalyse
	▸ Problem- und Bedarfsanalyse (evtl. nur Ergänzungen) ▸ Fachliche Anforderungen an Funktionen und Prozesse ▸ Systemtechnische Anforderungen und Restriktionen ▸ Schnittstellen zu Nachbarsystemen ▸ Sammlung Software-Marktinformationen
Phase 4	Pflichtenheft und Evaluation
	▸ DV-Pflichtenheft für Soft- und Hardware ▸ Evaluationsabwicklung ▸ Software-Demos, Workshops, Besichtigung ▸ Referenzen (Besuch bei Referenzkunden) ▸ Feinauswahl, evtl. mit Nutzwertanalyse ▸ Vertragsverhandlungen ▸ Vertragsabschluss
Phase 5	Software-Installation und –Anpassung
	▸ Ausbildung Projektmitarbeiter ▸ Software-Installation ▸ Software-Anpassung und Prototyping ▸ Schnittstellenprogramme zur Altsoftware ▸ Abnahmetests
Phase 6	Organisation Benutzerumfeld und Systemeinführung
	▸ Benutzerhandbuch (Ergänzung und Anpassung) ▸ Benutzerschulung und Einweisung ▸ Anpassung Benutzerorganisation ▸ Datenübernahme vom Altsystem ▸ Systemumstellung und Konsolidierung

3.3 Bildung eines Projektteams (Phase 1)

Am Anfang einer jeden Software-Evaluierung steht der Aufbau einer Projektorganisation. Je nach Größe des Projekts können hier zwei Vorschläge gemacht werden:

Einfache Projektstruktur

Bis zu 5 Mitglieder aus den Fachbereichen und 1 Projektleiter der Unternehmung, gegebenenfalls ein Unternehmensberater bilden ein Projektteam.

Die Mitglieder des Projektteams sind für die fachlichen Ergebnisse des Projekts und den Fortschritt verantwortlich. Entscheidungen sollten mehrheitlich fallen, gegebenenfalls kann der Projektleiter die endgültige Entscheidungsgewalt erhalten (zum Beispiel bei Stimmengleichheit).

Zweistufige Projektstruktur

Projektsteuerungsausschuss (Unternehmensleitung, Unternehmensberater, Projektleitung)

Der Projektsteuerungsausschuss, der das Projekt begleitet und die fachliche Verantwortung für das Ergebnis trägt, sollte im Rahmen dieses Projekts insbesondere folgende Aufgaben wahrnehmen:

- Sicherstellung der ziel-, termin-, sach- und auftragsgerechten Abwicklung des Projekts
- Festlegung der Abläufe, Meilensteine und Beteiligten
- Treffen von Richtungsentscheidungen
- Treffen von Entscheidungen bei Zielkonflikten
- Entgegennahme, Diskussion und Verabschiedung von Zwischenberichten
- Qualitätssicherung

Der Projektsteuerungsausschuss sollte in der Regel alle 4 bis 8 Wochen tagen. Die Projektleitung stellt dem Ausschuss wesentliche Ergebnisse vor, berichtet über den Projektfortschritt und weist auf eventuelle Probleme hin.

Projektteam

Bis zu 5 Mitglieder aus den Fachbereichen und 1 Projektleiter der Unternehmung, gegebenenfalls ein Unternehmensberater

Die Mitglieder des Projektteam sind für die fachlichen Ergebnisse im Projekt und den Fortschritt verantwortlich. Sie bereiten die Ergebnisse auf und legen diese dem Projektlenkungsausschuss zur Entscheidung vor. Diese Form der Organisation bietet sich an, wenn es sich um ein sehr großes Projekt handelt. Weiterhin wird die Einbindung der Geschäftsführung in die Entscheidungsfindung gewährleistet.

3.4 Projektinitialisierung (Phase 2)

Die Projektinitialisierung erfolgt je nach Projektstruktur -und größe durch den Projektsteuerungsausschuss oder die Geschäftsführung. Im Rahmen dieser Veranstaltung wird das Projekt definiert und abgegrenzt. Die Projektplanung wird vom Projektleiter federführend in Zusammenarbeit mit dem Projektteam erstellt.

3.5 Fachliche und DV-technische Anforderungsanalyse (Phase 3)

Eine der ersten Aufgaben des Projektteams ist die Erstellung einer Ist-Analyse (Problem- und Bedarfsanalyse). Aus dieser Ist-Analyse muss ein Soll-Konzept mit den fachlichen Anforderungen an Funktionen und Prozessen entwickelt werden. Ebenso sind systemtechnische Anforderungen und Restriktionen zu berücksichtigen. Schnittstellen zu Nachbarsystemen und Fremdsoftware müssen definiert und analysiert werden.

In diese Phase fällt auch das Sammeln von Software-Marktinformationen.

3.6 Pflichtenheft und Evaluation (Phase 4)

Als nächster Schritt muss die Evaluationsabwicklung mit Software-Demos, Workshops, Programm-Vorführungen und Referenzbesuchen durchgeführt werden.

Pflichtenhefte für ein prozessorientiertes ERP-Software-Anwendungssystem sind, wie bereits besprochen, außerordentlich arbeitsaufwendig. Dies zeigt bereits der Umfang der Gliederungspunkte, die zu einer perfekten Hardware- und Software-Ausschreibung gehören.

Standardgliederung für ein ERP-Pflichtenheft

1. Vorbemerkung zum gewünschten Angebot
2. Unternehmenscharakteristik
   a. Branche, Produktgruppe, Dienstleistung
   b. Unternehmensgröße, Wachstumsrate

3. IST-Zustand der Arbeitsgebiete
    a. Bisherige Verfahren und Hilfsmittel
    b. Unternehmensspezifische Besonderheiten
    c. Bewertung des Ist-Zustandes
4. Zielsetzungen
    a. Quantifizierbarer Nutzen
    b. Qualitative Nutzenpotentiale
5. Mengengerüst
    a. Stamm- und Grunddaten
    b. Bestands- und Bewegungsdaten
6. Fachliche Anforderungen an die geplante Anwendungssoftware
    a. Funktionsüberblick und Prozesszusammenhänge
    b. Detaillierte Anforderungen an die Arbeitsgebiete
7. Hardware und systemtechnische Anforderungen
8. Mitarbeiter für die Umstellung
9. Anforderungen an die Lieferfirma
10. Zeitlicher Realisierungsrahmen
11. Wünsche zum Angebotsaufbau und –inhalt
    c. Angebotsaufbau
    d. Preise und Vertragsbedingungen
    e. Abgabetermin des Angebotes
    f. Anlage zum ERP-Pflichtenheft

Die Qualität eines Pflichtenheftes lässt sich verbessern und der Arbeitsaufwand für seine Zusammenstellung messbar verringern, wenn das Projektteam die folgenden Grundsätze und Praxistipps zum inhaltlichen und formalen Pflichtenheftaufbau beachtet:

Zehn Grundsätze zum Aufbau eines ERP-Pflichtenhefts

1. Gehen Sie bei der Pflichtenheftzusammenstellung immer davon aus: Was muss die gewünschte Software leisten? Wo muss sie dem Unternehmen essenzielle und messbare Vorteile bringen? Diese Punkte müssen

im Pflichtenheft deutlich zum Ausdruck kommen und im Mittelpunkt des Anforderungskatalogs stehen!

2. Den fachlichen Anforderungskatalog sollte das Projektteam in den übersichtlichen Rahmen eines Software-Architekturmodells einspannen:
   - Top-down-Funktionenübersicht
   - Prozesszusammenhänge, erforderliche Kernprozesse, Schnittstellen zu benachbarten Systemen
   - Informationsschwerpunkte (Datengrobmodell)

3. Auf eine episch breite Beschreibung erforderlicher Normalfunktionen können Sie verzichten. Diese sind in jedem einschlägigen Lehrbuch und in einem zeitgemäßen Software-Paket enthalten. Im Rahmen einer Software-Demonstration oder einem sich anschließenden Workshop haben Sie und Ihre Projektmitarbeiter ausreichend Zeit und Gelegenheit, die Vollständigkeit der Normalfunktionen und ihre Benutzerfreundlichkeit der Software festzustellen.

4. Konzentrieren Sie sich auf die Kernprozesse, Sonderfunktionen und Besonderheiten, die Ihr Unternehmen unbedingt benötigt. Kann der Anbieter diese zentralen Anforderungen in den angebotenen Standardroutinen oder wenigstens in Zusatzprogrammen realisieren?

5. Legen Sie großen Wert auf erforderliche Prozesszusammenhänge und Schnittstellen zu vorhandenen oder geplanten Fremdsystemen. Hier haben Software-Pakete oft erhebliche Schwächen. Ihre Anbieter können keine befriedigenden Lösungen anbieten! Sie versuchen im Evaluationsstadium die Problematik zu vertuschen oder herabzuspielen.

6. Anforderungen an logische Datenbankzusammenhänge sind um so wichtiger, je mehr Wert Sie auf ein aussagekräftiges und flexibles Informationssystem legen. In diesem Fall kann es nötig sein, dass das Projektteam ein logisches Grobdatenmodell zur Verdeutlichung der Anforderungen im Pflichtenheft vorgibt.

7. Ein Pflichtenheft muss die Anbieter zu einer konkreten Aussage zwingen, ob sie die gewünschte Software auf der in ihrem Unternehmen vorhandenen oder von ihm benötigten Hardware-Plattform liefern können. Dazu gehören auch Fragen zum Betriebssystem und der Systemsoftware.

8. Vergessen Sie nicht, den Anbieter nach seiner Leistungsfähigkeit und Firmensicherheit durch klare Pflichtenheftfragen und bei den anschließen-

den Evaluationsgesprächen zu durchleuchten! Eine gewisse Absicherung Ihrer geplanten Software-Installation lässt sich erreichen, wenn der Anbieter in ausreichendem Maß aktuelle Referenzadressen nennen kann. Sprechen Sie mit ausgewählten Anwenderfirmen über die erreichten Zielsetzungen und über Problemzonen des Lieferanten und seines Software-Produkts.

9. Drängen Sie im Pflichtenheft auf konkrete Preisangaben nicht nur für die Software-Lizenzen, Tools und Hardwareaggregate, sondern auch für den voraussichtlichen Dienstleistungsumfang, detailliert nach Anwendungsgebieten. Lassen Sie sich Durchschnitts- und Maximalbeträge nennen, die für Dienstleistungen bei vergleichbaren Anwenderfirmen angefallen sind.

10. Ein detaillierter Vertrag, der unter dem Aspekt des »Worst Case« abgefasst wird, stellt kein Misstrauensvotum und keine Schikane Ihres Hausjuristen dar, sondern eine Absicherung Ihres Unternehmens, die auch heute keineswegs überflüssig ist.

Nun erfolgt die Feinauswahl, evtl. mit Hilfe einer Nutzwertanalyse.

Schritte zum Einsatz der Nutzwertanalyse

Der Einsatz der Nutzwertanalyse geht bei einer Software-Auswahl in folgenden Schritten vor sich:

1. Sammlung der Kriterien, die bei der Auswahl berücksichtigt werden sollen, und Eintragung in ein Kriterienschema (evtl. Rückgriff auf die in Kriterienlisten bereits zusammengestellten Kriterien)
2. Zusammenfassung der Kriterien zu Kriteriengruppen
3. Gewichtung der Kriteriengruppen und der Einzelkriterien (Beispiel: Vergabe von 100 Sollgewichtspunkten; Verteilung durch das Projektteam) und Eintragung in die Spalte »Sollgewichtung« des Kriterienschemas
4. Festlegung einer Bewertungsskala (Indexleiter), wobei es sich um eine Prozentskala oder ein Schulnotenschema handeln kann
5. Schätzung, in welchem Umfang ein Anbieter ein Kriterium erfüllt
6. Multiplikation des erreichten Anteils mit der Sollgewichtung

7. Addition der erreichten Punkte eines Anbieters je Kriteriengruppe und insgesamt Analyse der Ergebnisse und evtl. Durchführung einer Sensibilitätsanalyse bei einer Veränderung von Kriterienschwerpunkten

Vereinfachung der Bewertung bei kleineren Projekten:

Alternativ zur Gewichtung können die Punkte des Pflichtenheftes auch wie folgt bewerten:

KO-Kriterium = keine Berücksichtiung des Anbieters bei Nichterfüllung dieser Kriterien

Priorität 1 = ist notwendig, um einen reibungslosen Ablauf des Geschäftsprozesse zu gewährleisten

Priorität 2 = ist wünschenswert und fließt in die Bewertung ein, jedoch nicht Bedingung für den reibungslosen Ablauf der Geschäftsprozesse

3.7 Software-Installation und -Anpassung (Phase 5)

Ein ganz wichtiger Punkt, der das gesamte Projekt zum Scheitern verurteilen kann, ist die Projektmitarbeiterschulung und -ausbildung. Diese Projektmitarbeiter müssen in einer späteren Phase ihr Wissen und Können an die Mitarbeiter der Fachabteilungen weitergeben.

Die Software-Installation muss in der Regel aus Gewährleistungsgründen vom Software-Lieferanten durchgeführt werden.

Software-Anpassungen und Prototyping werden im Projektteam besprochen und genehmigt. Software-Anpassung und Prototyping führt, sofern nicht anders vereinbart, der Software-Lieferant durch.

Ebenso wie das Gesamtprogramm müssen die Schnittstellenprogramme zur Alt-Software in einem Pflichtenheft beschrieben werden.

Am Ende der Software-Installation stehen die Abnahmetests. Fallen diese zur vollsten Zufriedenheit aus, kann das Abnahmeprotokoll unterschrieben werden.

3.8 Organisation Benutzerumfeld und Systemeinführung (Phase 6)

Das Benutzerhandbuch ist in der Regel mit der Programmbeschreibung identisch. Allerdings müssen Ergänzungen und kundenspezifische Anpassungen hierin aufgenommen werden. Es ist darauf zu achten, dass im Benutzerhandbuch so viel wie nötig und so wenig wie möglich steht. Die Anwender wollen hierin alle notwendigen Angaben finden und keinen Roman lesen.

Die Kundenschulung kann direkt durch das Software-Haus und/oder den geschulten Projektmitarbeitern durchgeführt werden.

Sparen bei der Schulung ist Sparen am falschen Platz.

Trotz aller Planung und Analyse wird sich nach der Inbetriebnahme herausstellen, dass die Benutzerorganisation noch weiter angepasst werden muss. Vermeiden Sie es zu versuchen, diese Anpassungen durch Zusatzprogrammierungen zu umgehen.

Das Alt- und das Neusystem müssen so lange im Parallellauf arbeiten, bis das Neusystem zur 100%igen Zufriedenheit läuft. Dann kann die Datenübernahme vom Altsystem erfolgen. Damit ist die Konsolidierung und Systemumstellung beendet.

4 Die Pflichtenhefterstellung

Wie gehen Sie nun bei der Einführung eines ERP-Systems vor? Der folgende Durchführungsplan zeigt Ihnen Schritt für Schritt, wie Sie vorgehen sollten. Sie können einen Punkt nach dem anderen abhaken, und am Ende ist das ERP-System professionell eingeführt.

Durchführungsplan, der Ihnen sehr viel Geld sparen hilft!
8. Gründen Sie ein Projekt-Team.
9. Ernennen Sie einen Projektleiter (Mitarbeiter des Unternehmens oder freier Mitarbeiter / Unternehmensberater).
10. Stellen Sie (oder der Projektleiter) aus meinen Vorlagen das Pflichtenheft (Basis-Pflichtenheft) so zusammen, wie Sie es für richtig halten.
11. Leiten Sie die jeweiligen abteilungsspezifischen Teile des Basis-Pflichtenheftes an die jeweilige Fachabteilung zur Bearbeitung weiter.
12. Die Fachabteilung bearbeitet nun das Basis-Pflichtenheft, indem sie unrelevante Bereiche herausstreicht und/oder zusätzliche Forderungen mit aufnimmt.
13. Besprechen Sie mit der Fachabteilung diese Änderungen. Wird keine Einigung erzielt, sollte die Fachabteilung bestimmend sein.
14. Alle Änderungen des Basis-Pflichtenheftes müssen vom Abteilungsverantwortlichen und dem Projektleiter abgezeichnet werden.
15. Aus dem geänderten / erweiterten / gekürzten Basis-Pflichtenheft wird nun das Ausschreibung-Pflichtenheft erstellt.
16. Ermitteln Sie nun an Hand von Referenzen, Prospekten, Präsentationen, usw., welche drei bis fünf Software-Anbieter möglicherweise als Lieferant für das ERP-Software-Paket in Frage kommen.
17. Vergleichen Sie das Basis-Pflichtenheft mit den zurückkommenden Ausschreibungs-Pflichtenheften.
18. Erstellen Sie nun eine Hit-Liste der Anbieter. Beachten Sie dabei, dass es wahrscheinlich kein Software-Paket gibt, das Ihren Vorstellungen hundertprozentig entspricht. Eine Deckung von ca. 70 bis 80 Prozent reicht in der Regel aus.
19. Bearbeiten Sie in der Projektgruppe (zu der auch der Anbieter gehört) das Angebots-Pflichtenheft. Lassen Sie alle Festlegungen von allen Projektmitgliedern abzeichnen. Bei Unstimmigkeiten entscheidet der Projekt-Leiter bzw. die Geschäftsführung.

Durchführungsplan, der Ihnen sehr viel Geld sparen hilft !
20. Machen Sie gegenüber dem Software-Lieferanten deutlich, dass das Pflichtenheft Bestandteil der Bestellung ist.
21. Der Software-Anbieter unterbreitet an Hand des geänderten Angebots-Pflichtenheftes sein endgültiges Angebot. Beachten Sie hierbei, dass nachträgliche Änderungen sehr teuer kommen und immer mit Ärger verbunden sind.
22. Bestellen Sie nun das ERP-Software-Paket beim Software-Lieferanten Ihrer Wahl. Machen Sie auf jeden Fall das Bestellungs-Pflichtenheft zum Auftragsbestandteil.
23. Vergleichen Sie nun beim weiteren Projektverlauf den Ist-Zustand (erbrachte Leistung und/oder installierte Software) mit dem Soll-Zustand (Pflichtenheft).
24. Stellen Sie Abweichungen fest, verständigen Sie sofort den Lieferanten und fahren Sie nicht mit dem Projekt fort, bevor eine Zufriedenstellung, Behebung oder beiderseitig genehmigte Abänderung erfolgt.
25. Ist das Projekt beendet, erstellen Sie ein Abnahmeprotokoll, auf dem ausdrücklich festgestellt wird, dass das Pflichtenheft vollständig erfüllt ist.

4.1 Anforderungen, Auswahlkriterien, Anforderungsprofil, Pflichtenheft

Damit Sie die optimale Soft- und Hardware für Ihr Unternehmen auswählen können, müssen Sie erhebliche Vorarbeiten tätigen. Als ersten Schritt müssen Sie die betrieblichen Anforderungen innerhalb der eigenen Firma fixieren. Anhand von Auswahlkriterien, die den Hard- und Software-Anbietern in Form von Checklisten mitgeteilt werden, führen Sie eine Vorauswahl der Anbieter durch. Die in die Endauswahl gekommenen Anbieter (ca. drei bis fünf) erhalten dann von Ihnen ein Anforderungsprofil. An Hand des mit den Anbietern durchgesprochenen Anforderungsprofils wählen Sie den endgültigen Lieferanten aus. Mit diesem Lieferanten vereinbaren Sie dann ein verbindliches Pflichtenheft. Achten Sie dabei darauf, dass möglichst alle Anforderungen im Pflichtenheft aufgeführt sind. Nachträgliche Ergänzungen und/oder Änderungen sind aufwendig und werden vom Lieferanten in der Regel extra berechnet und das kann für Sie teuer werden.

In den Anhängen zu diesem Buch werden Ihnen folgende Arbeitsunterlagen zur Verfügung gestellt:

Arbeitsunterlagen zur Eigennutzung	Wozu Sie sie verwenden können	Datei-Name auf der CD
Betriebliche Anforderungen	Erkennen Sie Ihre innerbetrieblichen Wünsche	BetAnf
Checkliste – Unternehmensberater	Wählen Sie den richtigen Unternehmensberater	CheBer
Checkliste – ERP-Software	Legen Sie die Hauptmerkmale Ihrer ERP-Software fest	CheckERP
Checkliste – PPS-Funktionsbereiche	Definieren Sie die PPS-Funktionsbereiche	CheckPPS
Neutrale Vorlagen – Anforderung Software	Gestalten Sie die Anforderung für Ihre Software	Vorlagen
Neutrale Vorlagen – Musterpflichtenheft	Gestalten Sie Ihr Pflichtenheft für Ihre ERP-Software	MustPfl1 – 4
Musteranforderungsprofil ERP	Basis für Ihr grobes ERP-Pflichtenheft	MustERP
Musterpflichtenhefte	Hier können Sie sich für spätere Pflichtenheft-Erstellungen orientieren	MustPfl1 – 4
Fragenkatalog für Software-Anbieter	Was interessiert Sie vom Software-Anbieter	SWFragen

4.2 Checklisten

4.2.1 Betriebliche Anforderungen

Spezielle, firmenspezifische Anforderungen müssen intern ermittelt und dem Software-Anbieter zur Kenntnis gebracht werden, damit dieser analysieren kann, ob sein Software-Produkt diesen Anforderungen entspricht bzw. ob er sein Programm den betrieblichen Anforderungen anpassen kann.

Es wäre falsch und auch gefährlich, wenn man davon ausgeht, dass ein ERP-Programm, das beim Konkurrenten optimal läuft, auch hundertprozentig für sein eigenes Unternehmen geeignet ist.

In der folgenden Liste finden Sie eine Reihe möglicher betrieblicher Anforderungen. Diese Auflistungen (Checklisten) erheben keinesfalls den Anspruch der Vollständigkeit, sondern dienen nur als Gedächtnisstütze. Selbstverständlich sind nicht alle Punkte für jeden Anwender gleich wichtig bzw. einige Punkte vollkommen uninteressant. Die Checkliste liegt auf der beiliegenden CD-ROM bereit, damit Sie diese optimal auf Ihr Unternehmen zuschneiden können.

Diese Liste ist als Ist-Aufnahme zu betrachten und kann im ersten Gespräch mit den Anbietern als Unterlage zur ersten Kontaktaufnahme dienen. So können Sie sich darüber klar werden, was Sie als Grundlagen für die Pflichtenhefterstellung benötigen.

Betriebliche Anforderungen der Produktionsplanung

	notwendig → nicht notwendig				
	1	2	3	4	5
Stücklistenorganisation					
Stücklistenauflösung mit automatischer Brutto-/Netto-Bedarfsermittlung					
Einstufige Stücklistenerfassung als Baukastenstückliste					
Erstellung von Teile- und Rohmaterialverwendungsnachweisen					
Variable Stücklisten-Positions-Zusatztexte wie Prüftexte, Lieferantenbestelltexte					
Druck von Auftrags-/Ersatzteil-/Baukasten- oder Strukturstücklisten					
Vollautomatisches Reservieren aller Komponenten oder vollautomatische Bestandsfortschreibung bei Direktentnahmen					
Produkte gleicher Konstruktionssystematik nur einmalig erfasst					
Variable Daten nur auftragsbezogen hinzugefügt					
Materialdisposition erfolgt über Formelrechnung					
Automatische Verknüpfung von einstufigen Baukastenstücklisten zur Strukturstückliste					
Auftragsbezogene Fehlteileinformationen zur Eilauftragsplatzierung oder -ablehnung					

| | notwendig → nicht notwendig |||||
	1	2	3	4	5
Varianten-Stücklisten von Ähnlichprodukten ohne Doppelerfassung und Speicherung					
Fertigungsaufträge					
Dialogorientierte Durchlaufterminierung zur Start- oder Endterminrechnung					
Simulation von Einzelaufträgen					
Fertigungsauftragseröffnung					
Maschinelle Unterstützung bei der Durchführung von Auswärtsarbeitsgängen					
Berücksichtigung der transport- und verfahrensbedingten Liegezeiten					
Drucken und Lesen der maschinenlesbaren Fertigungspapiere (Barcode)					
Dialogorientierte, auftragsbezogene Kapazitätsterminierung mit Kapazitäts- und Terminengpassberichten					
Drucken der Fertigungspapiere					
Dialogorientierte oder gelistete Kapazitätsauswertungen nach Obergruppen, Kostenstellen, Einzelmaschinen oder Handarbeitsplätzen					
Rückstandslisten und/oder erwartete Rückstände					
Wochenpläne des Arbeitsvorrates für den Leitstand oder den Meister zur Reihenfolgeoptimierung und Arbeitsverteilung					
Termingerechte Material- und Werkzeugbereitstelllisten					
Zeit- und Kapazitätswirtwirtschaft					
Aufbau einer Übergangszeitenmatrix für qualifizierte Durchlauf- und Kapazitätsterminierung					
Erstellen von Arbeitsgangkatalogen für normierte Arbeitsgangbeschreibungen und als Erfassungshilfe für Arbeitspläne					
Planzeitermittlung, z.B. über Formeln oder Tabellen					

	notwendig → nicht notwendig				
	1	2	3	4	5
Erfassung von Maschinen-, Maschinengruppen, Kostenstellen- und Arbeitsplatzstammdaten für Kapazitätsplanung					
Automatische auftragsbezogene Arbeitsplangenerierung					
Werkzeugdatenerfassung für Werkzeugbereitstelllisten					
Arbeitsplanerfassung aus Manuskripten					
Personalstammdatenerfassung für Anwesenheits- und Auftragszeiterfassung					
Angebots-/Auftragswesen und Dispositionsrechnung					
Rahmenaufträge mit der Verwaltung von Abrufaufträgen und der Aktualisierung der Liefersituation					
Automatische Bestandsfortschreibung bei Lieferschein- oder Rechnungserstellung zur Verringerung des administrativen Aufwandes					
Abgabe realistischer Liefertermine					
Automatische Fehlmengenlisten als Bestell- oder Produktionsvorschlag					
Teile-/Produktverfügbarkeitsinformationen unter Berücksichtigung aller laufenden Auftragsreservierungen und Bestellungen					
Druck von Auftragsbestätigung, Lieferschein und Rechnung ohne nochmaliger Datenerfassung					
Wertüberwachung der Angebote und Aufträge (Angebots- und Auftragsbestand in Euro als wichtige Führungsinformation)					
Sammelrechnung, Sammellieferschein					
Terminüberwachung der Angebote und Aufträge					

	notwendig → nicht notwendig				
	1	2	3	4	5
Materialwirtschaft					
Inventurdurchführungen mit Zähllisten, Differenzenlisten und Bewertungslisten, Minimierung des administrativen Aufwandes					
Richtigkeit und Aktualität der physischen und verfügbaren Bestände					
Automatische ABC-Analyse zur Trennung von wichtigen und weniger wichtigen Teilen (dispositionswürdige Teile)					
Lagerortinformation, Mehrlagerführung					
Automatische, selektive Preisverwaltung der Einkaufs-/Verkaufspreise zur Erstellung von Preislisten und Aktualisierung der Kalkulation					
Chargenführung					
Automatische Mischpreisrechnung für die Aktualität der Kalkulation und der Lagerbewertung					
Unterscheidung von geprüften und ungeprüften Bestand als Qualitätssicherungsmaßnahme					
Teile- und Produktionsklassensystematik (Teilefamilienbildung für Einkaufs- und Normierungsentscheid)					
Restmengenverwaltung für hochwertige Ausgangsmaterialien -					
Ausschuss- u. Mehrverbrauchszuordnung					
Verursachungsgerechte Zuordnung von Zu- und Abgängen und Bewertung derselben für die Kostenträgerrechnung					
Bestellauslösung / Bestellüberwachung					
Verwaltung eigener Werkzeuge beim Lieferanten					
Alternativ-Lieferantenauswahl (Wer liefert was zu welchen Konditionen?)					
Rahmenauftragsverwaltung					
Automatisches Bestellen minderwertiger C-Teile					

KAPITEL 4 – DIE PFLICHTENHEFTERSTELLUNG

	notwendig ➔ nicht notwendig				
	1	2	3	4	5
Rechnungsprüfung als Basis für die					
Mischpreiskalkulation und zur Übergabe an die Finanzbuchhaltung					
Sammeln von Bestellpositionen für einen Lieferanten und gemeinsames Ausdrucken					
Automatische Bestandsfortschreibung bei Wareneingang mit Unter-, Über- und Restlieferungen					
Druck von Lieferanfragen					
Wertüberwachung des Bestellbestandes (Bestellobligo)					
Automatische Dispositionsrechnung					
Terminüberwachung der offenen Bestellungen als Mahnliste und mehrstufiger Mahnausdruck					
Rückmeldungen / BDE					
Materialabbuchung, ausgelöst durch die Arbeitsgangrückmeldung					
Arbeitsgangbezogene Auftragsdatenerfassung am Bildschirmterminal					
Mehrschichtbetrieb mit unterschiedlichen Schichtlängen					
Arbeitsgangbezogene Auftragsdatenerfassung am BDE-Terminal mit automatischer Zeitermittlung					
Mehrmaschinenbedienung					
Personenzuordnung zum Auftrag					
Unterbrechungs-/Störungsmeldungen am Bildschirmterminal					
Personalanwesenheitserfassung am Bildschirm zur Vereinfachung der Bruttolohnerfassung					
Erfassung von Mehrarbeitszeit und Gemeinkostenzeiten					
Personalanwesenheitserfassung am BDE-Terminal mit maschinenlesbarer Personalkarte					

| | notwendig → nicht notwendig |||||
	1	2	3	4	5
Anwesenheits- und Abwesenheitsinformationen					
Führungsinformationen					
Teilespezifische Historienauswertungen					
Auswertungen					
Schnittstelle zur Übergabe an die Lohnbuchhaltung					
Erstellen von Arbeitsgang-/Maschinen-/Werkzeugverwendungsnachweisen					
Zeitgradermittlung des Personals (Leistungsfaktorermittlung)					
Mitlaufende Kalkulation aufgrund des Auftragschritts					
Auftragsfortschrittskontrolle					

Tabelle 4.1: Betriebliche Anforderungen (s. CD-ROM Ordner »Checklisten Allgemein«, Datei »BetAnf.doc«)

4.2.2 Unternehmensberater

Je nach Größe eines Projektes und dem in Unternehmen vorhandenen Knowhow, ist es häufig sinnvoll, einen kompetenten Unternehmensberater hinzuzuziehen. Langjährige Erfahrungen und Kompetenzen eines Beraters verkürzen die Projektlaufzeit und erhöhen die Erfolgswahrscheinlichkeit.

Leider ist der Titel »Unternehmensberater« ist nicht geschützt, so dass sich jeder so nennen kann. Es ist deshalb angeraten, sich über die Fähigkeiten und Kenntnisse zu informieren, bevor man sich für einen Berater entscheidet.

Die nachfolgende Checkliste hilft Ihnen dabei, wichtige Sachfragen und mögliche Sachpunkte nicht zu vergessen.

Folgendes muss angekreuzt werden:

ja = wird benötigt
nein = wird nicht benötigt
wichtig = hier wird besonderer Wert darauf gelegt, ansonsten bleibt das Feld leer

Unternehmensberater

	ja	nein	wichtig
Ist der Geschäftsführer oder Inhaber des Beratungsunternehmens bekannt?			
Ist der Projektleiter, der die Aufgaben vor Ort bearbeitet, bekannt?			
Sind die Berater des Beratungsunternehmens, die vor Ort arbeiten, bekannt?			
Wie groß ist die Entfernung des Beraters zum eigenen Standort (Zeitaufwand, Reisekosten, wie werden diese berechnet)?			
Ist die ganz klare Aufgabenstellung schriftlich formuliert?			
Ist die Aufgabenstellung intern abgestimmt mit - der Geschäftsführung? - dem Fachbereich? - der EDV-/Org.-Abteilung? - dem Betriebsrat?			
Hat der Berater die Aufgabenstellung richtig verstanden und im Angebot präzise beschrieben?			
Ist der Berater spezialisiert auf - die Branche? - das firmenspezifische Problem?			
Wurde mit Referenzkunden des Beraters gesprochen und Ergebnisse analysiert?			
Entwickelt der Berater eine klare, verständliche und auf das Unternehmen passende Vorgehensweise im Projekt?			
Ist das Projekt und die Aufgabenstellung in abprüfbare Phasen und Arbeitsschritte gegliedert? Ist der Zeitplan seriös?			
Berücksichtigt das vereinbarte Vorgehen realistisch die eigenen Personalkapazitäten im Unternehmen?			

	ja	nein	wichtig
Ist die Ergebnispräsentation bzw. Realisierung abgestimmt im Hinblick auf - Form? - Inhalt? - Zeitpunkt?			
Sind die Beratungskosten eindeutig festgelegt?			
Kann ein Sicherungseinbehalt bis zur endgültigen Abnahme des Konzeptes und / oder der realisierbaren Lösung vereinbart werden?			

Tabelle 4.2: Checkliste – Unternehmensberater (s. CD-ROM: Ordner »Checklisten Allgemein«, Datei »CheBer«)

4.2.3 Betriebs- und Rahmendaten / Mengengerüste

Die Betriebs- und Rahmendaten, zusammen mit einem Mengengerüst, sind die Basis für ein *grobes Pflichtenheft*. Sie sind strukturiert in:

- Unternehmensprofil / Zielsetzung
- Betriebstyp
- Rahmendaten
- Mengengerüst
  - Finanzbuchhaltung
  - Kostenrechnung
  - Fertigung
  - Lager
  - Einkauf
  - Verkauf
  - Nummernsystem
- Software-Preise
- Hardware-Preise
- Projektplantermine

Ein besonderer Schwerpunkt wurde in dieser Liste auf den Gesamtbereich »Mengengerüst« gelegt, da dieser Bereich in keinem Pflichtenheft fehlen darf.

Die Erstellung dieser Liste kann nur in enger Verbindung und Unterstützung durch Ihren Fachbereich erfolgen.

Unternehmensprofil / Zielsetzung

Branche:	
Produktlinien:	
Vertriebsstruktur:	
Anzahl der Mitarbeiter:	
Umsatz Vorjahr:	
vorhandene Hardware:	
vorhandene Software:	

Tabelle 4.3: Checkliste – ERP-Software Unternehmensprofil / Zielsetzung
(s. CD-ROM: Ordner »CheckERP«, Datei »UntZie.doc«)

Betriebstyp

		bitte ankreuzen
Fertigungstyp		
	Einzelfertiger	
	Variantenfertiger	
	Kleinserienfertiger	
	Großserienfertiger	
Auftragsbezug		
	anonyme Lagerfertigung	
	Kundenauftragsfertigung	
	Mischfertigung	
Organisationstyp der Fertigung		
	Werkstattfertigung	
	Baustellenfertigung	

CHECKLISTEN

		bitte ankreuzen
	Gruppenfertigung	
	Fließbandfertigung	
	Prozessfertigung	
Steuerungskonzepte der Fertigung		
	Fertigungsinseln	
	KANBAN	
	Fortschrittszahlen	
	belastungsorientierte Auftragsfreigabe	
Fertigungstiefe		
	hoch	
	mittel	
	gering	
Disposition / Beschaffung		
	auftragsbezogen	
	programmbezogen	
Handelsfunktion		
	hoch	
	mittel	
	gering	
räumlicher Dezentralisierungsgrad		
	hoch	
	mittel	
	gering	
DV-Kenntnisse		
	nicht vorhanden	
	gering	
	mittel	
	hoch	

		bitte ankreuzen
	DOS	
	Windows	
	UNIX	
Sonstiges		

Tabelle 4.4: Checkliste – ERP-Software Betriebstyp (s. CD-ROM: Ordner »CheckERP«, Datei »Typ.doc«)

Rahmendaten

Mitarbeiter gesamt		Mitarbeiter
Anzahl geführter Verkaufsartikel		Artikel
Anzahl Standorte		Standorte
Anzahl Lagerorte		Lagerorte
Beschreibung der Fertigung:		
Beschreibung des Einkaufs:		
Beschreibung der Kostenrechnung:		
Beschreibung des Vertriebes:		

Tabelle 4.5: Checkliste – ERP-Software Rahmendaten (s. CD-ROM: Ordner »CheckERP«, Datei »Rahmen.doc«)

Mengengerüst Finanzbuchhaltung

Anzahl der Mitarbeiter		Mitarbeiter
Anzahl Debitoren		Debitoren
Anzahl Kreditoren		Kreditoren
Anzahl Sachkonten		Sachkonten
Buchungen / Jahr		Buchungen
Eingangsrechnungen / Jahr		Rechnungen
Ausgangsrechnungen / Jahr		Rechnungen
Mahnungen / Jahr		Mahnungen

Tabelle 4.6: Checkliste – ERP-Software Mengengerüst Finanzbuchhaltung (s. CD-ROM: Ordner »CheckERP«, Datei »Finanz.doc«)

Mengengerüst Kostenrechnung

Anzahl der Mitarbeiter		Mitarbeiter
Anzahl Kostenarten		Kostenarten
Anzahl Kostenstellen		Kostenstellen
Anzahl Kostenträger		Kostenträger

Tabelle 4.7: Checkliste – ERP-Software Mengengerüst Kostenrechnung (s. CD-ROM: Ordner »CheckERP«, Datei »Kosten.doc«)

Mengengerüst Fertigung

Anzahl der Mitarbeiter		Mitarbeiter
Anzahl Werkstattaufträge		Aufträge
Durchschnittliche Durchlaufzeit		Tage
Anzahl Eilaufträge		Aufträge
Anzahl Stücklisten		Stücklisten
Anzahl neue Stücklisten / Jahr		Stücklisten
Anzahl geänderte Stücklisten / Jahr		Stücklisten
Positionen pro Stückliste		Positionen
Anzahl Fertigungsstufen		Fertigungsstufen
Anzahl Arbeitspläne		Arbeitspläne
Anzahl neue Arbeitspläne / Jahr		Arbeitspläne
Anzahl geänderte Arbeitspläne / Jahr		Arbeitspläne

Tabelle 4.8: Checkliste – ERP-Software Mengengerüst Fertigung (s. CD-ROM: Ordner »CheckERP«, Datei »Fertig.doc«)

Mengengerüst Lager

Anzahl der Mitarbeiter		Mitarbeiter
Anzahl Artikel		Artikel
Anzahl der Lagerorte		Lagerorte

Lagerbuchungen / Monat		Lagerbuchungen
Artikeländerungen / Monat		Artikeländerungen
Artikelneuanlagen / Monat		Artikel

Tabelle 4.9: Checkliste – ERP-Software Mengengerüst Lager (s. CD-ROM: Ordner »CheckERP«, Datei »Lager.doc«)

Mengengerüst Einkauf

Anzahl Mitarbeiter		Mitarbeiter
Anzahl Lieferanten		Lieferanten
Anzahl Bestellvorgänge / Monat		Bestellungen
Anzahl Abrufaufträge / Monat		Aufträge
Reklamationen / Monat		Reklamationen
Einkaufsvolumen / Monat		TSD. €

Tabelle 4.10: Checkliste – ERP-Software Mengengerüst Einkauf (s. CD-ROM: Ordner »CheckERP«, Datei »Einkauf.doc«)

Mengengerüst Verkauf

Anzahl Mitarbeiter		Mitarbeiter
Anzahl Kunden		Kunden
Anzahl Angebote / Monat		Angebote
Anzahl Aufträge / Monat		Aufträge
Anzahl Lieferscheine / Monat		Lieferscheine
Anzahl Inlandsrechnungen / Monat		Rechnungen
Anzahl Auslandsrechnungen / Monat		Rechnungen
Anzahl Gutschriften / Monat		Gutschriften
Anzahl Handelsvertreter		Vertreter
Anzahl verschiedene Konditionen		Konditionen

Tabelle 4.11: Checkliste – ERP-Software Mengengerüst Verkauf (s. CD-ROM: Ordner »CheckERP«, Datei »Verkauf.doc«)

Mengengerüst Nummernsystem

	numerisch/alphanumerisch	
Kunden-Nummer		Stellen
Auftrags-Nummer		Stellen
Lieferanten-Nummer		Stellen
Teile-Nummer		Stellen
Rechnungs-Nummer		Stellen
Fertigungsauftrags-Nummer		Stellen

Tabelle 4.12: Checkliste – ERP-Software Mengengerüst Nummernsystem (s. CD-ROM: Ordner »CheckERP«, Datei »Nummern.doc«)

Software-Preise

Ausbaustufe 1	Kosten	Leasing	Wartung	Schulung
Finanzbuchhaltung				
Kostenrechnung				
Vertrieb				
Einkauf				
Fertigung				
Lager				
Installation				
Summe				

Ausbaustufe 2	Kosten	Leasing	Wartung	Schulung
Finanzbuchhaltung				
Kostenrechnung				
Vertrieb				
Einkauf				
Fertigung				

Ausbaustufe 2	Kosten	Leasing	Wartung	Schulung
Lager				
Installation				
Summe				

Ausbaustufe 3	Kosten	Leasing	Wartung	Schulung
Finanzbuchhaltung				
Kostenrechnung				
Vertrieb				
Einkauf				
Fertigung				
Lager				
Installation				
Summe				

Gesamtkosten Software

	Kosten	Leasing	Wartung	Schulung
Ausbaustufe 1				
Ausbaustufe 2				
Ausbaustufe 3				
Gesamtkosten				

Tabelle 4.13: Checkliste – ERP-Software Software-Preise (s. CD-ROM Ordner »CheckERP«, Datei »SWPreis.doc«)

Hardware-Preise

Ausbaustufe 1	Kosten	Leasing	Wartung
Rechner			
Betriebssystem			
Hauptspeicher			
Platten			

Ausbaustufe 1	Kosten	Leasing	Wartung
Datensicherung			
Drucker			
Terminals			
Installation			
Summe			

Ausbaustufe 2	Kosten	Leasing	Wartung
Rechner			
Betriebssystem			
Hauptspeicher			
Platten			
Datensicherung			
Drucker			
Terminals			
Installation			
Summe			

Ausbaustufe 3	Kosten	Leasing	Wartung
Rechner			
Betriebssystem			
Hauptspeicher			
Platten			
Datensicherung			
Drucker			
Terminals			
Installation			
Summe			

Gesamtkosten Hardware

	Kosten	Leasing	Wartung
Ausbaustufe 1			
Ausbaustufe 2			
Ausbaustufe 3			
Gesamtkosten			

Tabelle 4.14: Checkliste – ERP-Software Hardware-Preise (s. CD-ROM: Ordner »CheckERP«, Datei »HWPreis.doc«)

Projektplantermine

Rückgabe der Ausschreibung bis zum	
Auswertung der Angebote	
Installationsdatum	
Volleinsatz ab	

Tabelle 4.15: Checkliste – ERP-Software Projektplantermine (s. CD Ordner »CheckERP« Datei »Termine.doc«)

4.2.4 ERP-Software

Diese Checkliste befasst sich mit dem Produktanbieter im Allgemeinen und der Darstellungs- und Software-Konzeption.

Als Auswahlkriterien werden folgende Bereiche abgefragt:

- Produktentwicklungsstand
- Qualität des Systemkonzeptes
- Anpassungsfähigkeit an die gegebenen Problemstellungen
- Benutzeroberfläche
- Funktionsumfang und -auswahl.

Auch hier gilt natürlich, wie bei all den anderen Checklisten, dass es sich nur um Gedankenstützen handeln kann und dass diese firmenspezifisch bearbeitet werden müssen.

Diese Checkliste ist eine erste Grobdarstellung der gewünschten ERP-Software. Sie dient der ersten Vorauswahl des Software-Lieferanten. Nach Auswertung dieser Liste kann der Anbieterkreis auf ca. 3 Anbieter reduziert bzw. eingegrenzt werden.

In der nachfolgenden Checkliste muss angekreuzt werden:

ja = wird benötigt
nein = wird nicht benötigt
wichtig = hier wird besonderer Wert darauf gelegt,
ansonsten bleibt das Feld leer

ERP-Software

	ja	nein	wichtig
Produktanbieter			
Produktname			
Anzahl Installationen			
Nutzungsrecht			
begrenzte Lizenz			
unbegrenzte Lizenz			
Eigentum des Käufers			
Einplatzversion			
Mehrplatz- / Netzwerkversion			
Landessprachen			
Deutsch			
Englisch			
sonstige			
Lieferumfang der Dokumentation			
Handbücher			
Schulungsunterlagen			
sonstiges			
separate Schulungssoftware			
selbstablaufende Demo			

	ja	nein	wichtig
Modellfirma / Testdaten			
Teachware / Tutorial			
Gestaltung der Benutzerschnittstelle			
Fenster- / Windowtechnik			
Farbe			
Joystick			
Lichtgriffel			
Maus			
Rollball			
Tablett			
Tastatur			
Touchscreen			
Menütechnik			
Pulldown-Menü			
Pop-Up-Menü			
Direkte Funktionsanwahl / Netzsprünge			
Kommandosprache - Deutsch - Englisch - sonstige			
Hilfefunktion			
Gestaltung der Oberfläche			
GEM			
MS-Windows			
GDDM			
Graphisches Kernsystem GKS			
sonstiges			
Bildschirmanzeigemodus			

	ja	nein	wichtig
Blätterfunktion - vorwärts - rückwärts			
Rollfunktion - vorwärts - rückwärts - seitwärts			
Datenbank			
Name der Datenbank			
hierarchisch			
relational			
Anpassungsmöglichkeiten durch Anbieter			
Parametrierung			
Programmgenerator			
Maskengenerator			
User-Exits			
Selektionsgenerator			
Listen- und Formulargenerator			
Anpassungsmöglichkeiten durch Anwender			
Parametrierung			
Programmgenerator			
Maskengenerator			
User-Exits			
Selektionsgenerator			
Kompatibilität			
gleiche Systemfamilie			
andere Systemfamilie			
Sourcen-/Objektcode			
Source-/Quellcode			
Objektcode			

	ja	nein	wichtig
Interpreter/Compiler			
Interpreter			
Compiler			
Datenschutz / Passwortvergabe			
Passworthierarchie			
Terminalberechtigung			
Programmberechtigung			
auf Programmebene			
auf Dateiebene			
auf Satzebene			
auf Feldebene			
Logbuch			
erledigte Aufgaben			
gefahrene Programme			
Programmunterbrechungen			
Systemfehler			
Ausfallzeiten			
Logon-Zeiten			
Fehleingaben			
Dateizugriffe			
Operationen / Funktionen			
sonstiges			
erforderliche Hardware			
Personal Computer			
Workstation			
mittlere Datentechnik			
Groß-EDV / Host			
Prozessrechner			

	ja	nein	wichtig
Vektorrechner			
KI-Rechner			
erforderliche Rechnersysteme			
spezielle Hardware-Anbieter			
Bezeichnung der Hardware			
Hardware-Komponenten			
Prozessor			
Wortbreite			
Hauptspeicher			
externe Speichermedien			
Festplatten			
Wechselplatten			
Floppy-Disk			
Bildplatte			
Bandstation			
Bildschirme - graphisch - alpha-numerisch			
Drucker			
Plotter			
zusätzliche Hardware-Komponenten			
Einsteckkarten			
Kabel / Leitungen			
Anschlusskomponenten			
sonstiges			
Betriebssystem			
benutzt spezielles Betriebssystem			
Bezeichnung des Betriebssystems			
ab Version / Release			

	ja	nein	wichtig
interne Zeichendarstellung			
EBCDI-Code			
ASCII-Code			
sonstiges			
Einsatzart des Programmpakets			
Stand-alone-Modus			
CIM-Gesamtpaket			
Integrationsarten und Schnittstellen			
Filetransfer			
Programm-zu-Programm-Kopplung			
Systemintegration			
Programmbereiche Materialwirtschaft			
Materialklassensystem			
Einkauf, Beschaffung			
Vertrieb			
Kundenauftragsverwaltung			
Kapazitätsplanung			
Werkstattsteuerung			
Betriebsdatenerfassung			
Anwesenheitszeiterfassung			
Maschinendatenerfassung			
Lohn- und Gehaltsabrechnung			
Finanzbuchhaltung			
Kalkulation			
Kostenrechnung			
CAE			
CAD			
CAP			

	ja	nein	wichtig
CAM			
CAQ			
Framework			
Lotus, Symphonie			
DBase Word			
externer Datenaustausch - TELEFAX - DATEX-L - DATEX-P - Mailbox			

Tabelle 4.16: Checkliste ERP-Software (CD-ROM: Ordner »CheckERP«, Datei »ERP-Soft«)

Auswahlkriterien der Software

	Beschreibung der Anbieter
Produktentwicklungsstand	
Verbreitung	
Versionsstand	
Neuentwicklung	
Weiterentwicklungsstand	
Produktreferenzen	
Anzahl der Installationen	
Qualität des Systemkonzeptes	
Modularität	
Software-Techniken	
Datenunabhängigkeit	
Dateiform	

	Beschreibung der Anbieter
Datenschutz - steuerbar - Benutzerpasswörter - Zugriffsprotokoll (unerlaubt) - Stammdatenänderungsprotokoll	
Datensicherheit	
Betriebssicherheit - fehlertolerantes System - Wiederanlaufroutinen - Dataloggings – Verhinderung gleichzeitigen - Zugriffs	
Schnittstellen - Finanzbuchhaltung - Lohn und Gehalt - CAD - PPS - Microsoft-Produkte	
Betriebssystem	
Anpassungsfähigkeit an die gegebene Problemstellung	
Fertigungstypologie	
Lagerfertigung	
Auftragsfertigung	
Mandantenfähigkeit	
Erweiterungsmöglichkeiten	
User-Exits	
Parametersteuerung	
Daten-Schnittstellen	
Anpassung an vorhandene Hardware	
Verfügbarkeit im Schichtbetrieb	
Anpassung an gegebene Organisation	
Textsystem	
Benutzeroberfläche	

	Beschreibung der Anbieter
Bedienerführung - Help-Funktionen - Menü Laien- und Expertenmodus - Prompting	
Defaultsystem	
Interaktive Syntaxprüfung	
Betriebsmodus	
Masken-Layout	
Druckausgaben	
Grafikdarstellung	
Mailbox	
Programmiersprache	
Funktionsumfang / -Auswahl	
Grunddaten	
Datenverwaltung	
Datenbestände	
Plausibilitätsprüfung/Stammdaten	
Länge der Schlüsselbegriffe - Abteilungsnummer - Arbeitsgangnummer - Arbeitsplannummer - Arbeitsplatznummer - Artikelnummer - Bestellnummer - Fertigungsauftragsnummer - Kostenstelle - Kundennummer - Lagernummer - Lieferantennummer - Maschinennummer - Personalnummer - Rechnungsnummer - Stücklistennummer - Teilenummer	

	Beschreibung der Anbieter
automatische Nummernvergabe	
Kopieren von Stammsätzen	
Fabrikkalender	
Mengengerüst - Kostenstellen - Maschinen-Arbeitspläne - Kundenteile - offene Aufträge - Fertigungsschritte - Lagerteile - Stücklistenpositionen - Stücklistenstufen - Lieferanten	
Stücklisten	
Stücklistenarten	
Mengenübersichtsstückliste	
Baukastenstückliste	
Strukturstückliste	
Arbeitspläne	
Arbeitsplaninhalt	
Arbeitsplanarten	
Speicherung von Texten - arbeitsplanbezogen - auftragsbezogen	
Kopieren von Arbeitsplänen	
Arbeitsplätze / Betriebsmittel	
Dateninhalt - Identifikation - Kapazitätsdaten	
Kapazität pro Periode - Kapazitätsarten - Art der Periode	
Vertriebsplanung	

	Beschreibung der Anbieter
Vertriebsabwicklung	
Absatzmengenplan	
Produktgruppenplanung	
Prognoseverfahren	
Auflösung des Absatzmengenplanes	
Ermittlung Kapazitätsbedarf	
Terminüberprüfung Grobplanung	
Kapazitätsgrobplanung	
Verfügbare Kapazität	
Kapazitätsbedarfsermittlung	
Reservierungen	
Materialverfügbarkeitsprüfung	
Auftragsstornierung	
Materialdisposition	
Auftragserfassung	
Auftragsbestätigung	
Lieferschein	
Fakturierung	
Statistiken	
Bedarfsrechnung - Primärbedarf	
Bedarfsauflösung	
Nettobedarfsermittlung	
Kapazitätsplanung	
Planungsverfahren	
Durchlaufterminierung	
Vorwärtsterminierung	
Rückwärtsterminierung	

	Beschreibung der Anbieter
Zuordnung Kapazität / Auftrag	
Kapazitätsbedarfsplanung	
Bestandsführung Kapazitäten	
Belastungsprofile	
Werkstattsteuerung	
Werkstattpapiere - Betriebsauftrag - Materialscheine - Lohnscheine	
BDE - manuelle Eingabe - automatische Übernahme	
Vorkalkulation	
mitlaufende Kalkulation	
Lagerverwaltung	
Inventur	
Teileverwendungsnachweis	
Teileverfügbarkeitsberechnung	
Teilebeschreibung	
Datenarten - Stammdaten - Artikel- oder Teilenummer - Einkaufseinheit - Herstellkosten - Eigenfertigung / Fremdbezug - Lagereinheit - Mindestbestand - Bestellbestand	

Tabelle 4.17: Checkliste ERP-Software (CD-ROM: Ordner »CheckERP«, Datei »Auswahl«)

4.2.5 PPS-Funktionsbereiche

Im Gegensatz zur vorherigen Liste befasst sich die vorliegende speziell mit der Darstellung der einzelnen PPS-Funktionsbereiche, insbesondere mit

- Stammdaten
- Arbeitsvorbereitung
- Termin- und Kapazitätsplanung

Auch hier gilt natürlich, wie bei all den anderen Checklisten, dass es sich nur um Gedankenstützen handeln kann und dass diese firmenspezifisch bearbeitet werden müssen.

In der nachfolgenden Checkliste muss angekreuzt werden:

ja   = wird benötigt
nein   = wird nicht benötigt
wichtig = hier wird besonderer Wert darauf gelegt,
          ansonsten bleibt das Feld leer

Stammdaten

	ja	nein	wichtig
Matchcodefähige Felder			
Identnummer / Sachnummer			
Benennung			
Zeichnungsnummer			
DIN-Nummer			
Artikelgruppe / Teileart			
spezielle Klassifizierungsfelder			
sonstiges			
Art des Matchcodes			
kompletter Feldinhalt			
teilqualifiziert von links			
mit beliebig positionierten Ersetzungszeichen			
kombinierter Matchcode			
über mehrere Matchcodefelder			

	ja	nein	wichtig
Art der Matchcodeausgabe			
Bildschirm			
feste Listen			
variable Listen			
Datei			
Selektionsgenerator			
Selektionsoperatoren			
»und«			
»oder«			
»>«bzw. »<«			
»=«			
Makros			
Interaktiver Aufruf			
PPS-Teilestammverwaltung			
CAD-Teilestammverwaltung			
PPS-Stücklistenverwaltung			
CAD-Stücklistenverwaltung			
PPS-Kundenauftragsverwaltung / Vertrieb			
PPS-Bestellverwaltung / Einkauf			
CAD-Zeichnungsverzeichnis			
sonstiges			
Ergebnisdarstellung			
Einzelfelder aus dem PPS			
Einzelfelder aus dem CAD			
interaktiver Aufruf - PPS-Teilestammdaten - CAD-Teilestammdaten - CAD-Zeichnungsrahmen			

	ja	nein	wichtig
Anzahl der Hierarchiestufen			
Zugriffsmöglichkeit / Pfade			
schrittweise Suche			
über Klassifizierungsnummer - durch Gruppenbenennung			
durch Stichworte pro Gruppe			
Einsatzbereich des Suchsystems			
Erzeugnisse			
Baugruppen			
Einzelteile			
Maschinen / Maschinengruppen			
sonstiges			
Sachmerkmalsleiste			
Art der Ausgabe - Bildschirm - feste Listen - variable Listen - Datei			
Interaktiver Aufruf			
CAD-Teilestammverwaltung			
PPS-Stücklistenverwaltung			
CAD-Stücklistenverwaltung			
PPS-Kundenauftragsverwaltung / Vertrieb			
PPS-Bestellverwaltung / Einkauf			
CAD-Zeichnungsverzeichnis			
sonstiges			
Ergebnisdarstellung			
Einzelfelder aus dem PPS			
Einzelfelder aus dem CAD			

	ja	nein	wichtig
interaktiver Aufruf - PPS-Teilestammdaten - CAD-Teilestammdaten - CAD-Zeichnungsrahmen			
Weiterverarbeitung			
automatisches Laden der Zeichnung			
automatische Übernahme markierter Teile in die Stückliste			
automatische Übernahme markierter Teile in den Kundenauftrag			
automatische Übernahme markierter Teile in die zu erfassende Bestellung			
automatisches Laden in sonstige Anwendungsbereiche			

Tabelle 4.18: Checkliste ERP-Software (CD-ROM: Ordner »CheckPPS«, Datei »Stamm«)

Arbeitsvorbereitung

	ja	nein	wichtig
Arbeitsplanung			
AP-Verwaltung			
Variantenplanung			
Anpassungsplanung			
Neuplanung / Generierung			
Generierungssystem			
werkstückbezogen			
verfahrensbezogen			
Verfahren			
Drehen			
Fräsen			
Bohren			

	ja	nein	wichtig
Schleifen, Hohnen			
Stanzen, Nippeln			
Schneiden			
Räumen, Verzahnen			
Brennschneiden			
Erodieren			
Laserbearbeitung - Trennen - Trennen - Verbinden			
Oberflächenbehandlung			
sonstige Verfahren			
Arbeitsschritte			
Konstruktionsunterlagen überprüfen			
Fertigungsverfahren überprüfen			
Ausgangsmaterial festlegen			
Arbeitsgangfolge ermitteln			
Teilarbeitsvorgänge anpassen			
Betriebsmittel / Maschine bestimmen Fertigungshilfsmittel auswählen			
Vorgabezeiten berechnen - Rüstzeiten - Hauptzeiten - Nebenzeiten - Verteilzeiten			
NC-Programme erstellen			
Arbeitsplandaten			
Arbeitsplannummer			
Arbeitsplannummer alternativ			
Teilestammdaten			

	ja	nein	wichtig
Teilenummer			
Kostenstellen - liefernde - bearbeitende - anzuliefernde			
Kostenstelle alternativ			
Arbeitsplatz			
Arbeitsplatz alternativ			
Betriebsmittel			
Arbeitsgangvorgangsnummer			
AG-Nr. alternativ			
Zeiten - Rüstzeiten - Vorgabezeiten - Hauptzeiten - Nebenzeiten - Belegungszeiten - Verteilzeiten - Übergangszeiten			
Arten der Zeitermittlung - REFA - MTM - sonstige			
Zeitermittler			
Entlohnungsdaten - Lohngruppe - Akkordart			
Textbaustein bezogen auf - Arbeitsplan - Arbeitsvorgang - Teilarbeitsvorgang			
Änderungsstand			
Gültigkeitsdatum			
Arbeitsplaner			

	ja	nein	wichtig
Fertigungshilfsmittel - Werkzeug - Vorrichtung - Werkstückträger - Transporthilfsmittel - Transportmittel - Messmittel - Prüfmittel			
NC-Programme			
Überlappungsschlüssel			
Überlappungsmenge			
Splittingschlüssel			
Splittingmenge			
Fertigungsfamilie			
Gewicht je Teil			
Formeln und Tabellen			
Material			
Betriebsmittel			
Fertigungshilfsmittel			
NC-Programmdaten - errechnet - übernommen			
freie Texte			
Arbeitsplan gesamt			
je Arbeitsvorgang			
Material			
je Betriebsmittel			
je Fertigungshilfsmittel			
Zeichnungsdaten			
die Zeichnung liegt körperlich vor			
wird aus CAD übernommen			

	ja	nein	wichtig
werden manuell übernommen			
werden automatisch übernommen			
Duplizieren von Arbeitsplänen			
Arbeitsgangkatalog			
Betriebsmittel			
Fertigungshilfsmittel			
NC-Programmen			
Auswahl alternativer Arbeitspläne - automatisch - stückzahlabhängig - sonstige Auswahlverfahren			
Einzelplatzdaten			
Kostenstelle			
Arbeitsplatznummer			
Benennung			
Standort			
übergeordnete Arbeitsplatzgruppe			
Arbeitsplatzart			
Nutzungsgrad			
Maschinenstundensatz			
Stammsatz anlegen			
Einkauf			
Kreditorenbuchhaltung			
Stammdatenpflege			
zentral			
dezentral			
Duplizieren			
Lieferantennummer			
manuell			

	ja	nein	wichtig
automatisch			
Postleitzahl			
Matchcode			
Lieferantennummer			
Lieferantenbenennung / Lieferantenbeschreibung			
Postleitzahl			
Städtenamen			
andere Felder			
Suche über mehrere Machcode-Felder			
unvollständiger Matchcode möglich			
Suche mit globalen Suchzeichen			
Lieferantenbewertung			
Einhaltung von Lieferterminen			
Vollständigkeit der Lieferungen			
Einhaltung der geforderten Qualitätsnormen			
Flexibilität bei Änderungen			
erfolgt global über das gesamte Lieferspektrum			
detailliert für jeden Artikel			
Auftragsvolumen laufendes Jahr - gesamt - je Artikel			
noch offenes Auftragsvolumen - gesamt - je Artikel			
Lieferabhängige Texte			
Textfelder - Anzahl Zeilen - Anzahl Stellen			

	ja	nein	wichtig
lieferantenabhängige Textbausteine - Textbausteine - Zeilenanzahl - Stellen je Zeile			
Teilelieferantenstruktur			
Lieferantenauswahl			
Einkauf **Anfragen und Angebotseinholung**			
Lagermaterial			
Nichtlagermaterial			
Material ohne Stammsatz			
Lieferantenstammdatei			
Teilestammdatei			
Bedarfsdatei			
mit Lieferantenstammsatz			
ohne Lieferantenstammsatz			
Textverarbeitungssystem			
Anfragen werden gedruckt - im Batch - Online			
Öffentliche Datennetze			
Anfrageüberwachung			
im Batch			
Online			
in Listform			
am Bildschirm			
Darstellung der überwachten Anfragen			
Anfragedatum			
Lieferantennummer			
Artikelnummer			

	ja	nein	wichtig
Lieferdatum			
Angebotsverwaltung, aufgrund von			
Anfragen			
Vertreterbesuchen			
Messekontakten			
»Blind«-Angeboten			
Absageschreibung möglich			
Angebotsvergleiche			
Angebotshistorie			
Angebotspreise artikelbezogen speichern			
Angebotspreise lieferantenbezogen speichern			
Zeithorizont frei wählbar			
Trenddarstellung			
im separatem Software-Paket - Tabellenkalkulation			
Umwandlung Anfrage in Bestellung			
Umgewandelte Bestellung verändern			
Abrufaufträge / Rahmenaufträge			
Verwaltung			
unterschiedliche Rahmenverträge			
Konsignationskontrakt - Mengenkontrakt - Wertkontrakt - Dienstleistungen - Lieferplan			
Lieferantenauswahl			
Standardlieferant			
Nebenlieferanten			
manuell			
automatisch			

	ja	nein	wichtig
Bestellhistorie			
Zeitraum			
Anzahl der Bestellungen			
Anfragedatum			
Bestelldatum			
Stückzahl			
Preis			
Preisstellung			
Lieferant			
Lieferzeit			
Lieferdatum			
Offene Bestellungen			
Anfragedatum			
Bestelldatum			
Artikel			
Artikelgruppe			
Lieferant			
Bestellnummer			
Kundenauftragsnummer			
Fertigungsauftragsnummer			
Materialart			
Bestellstatus			
Bestellart			
Darstellung am Bildschirm			
Darstellung in Listform			

	ja	nein	wichtig
Teillieferungen			
Teilespektrum			
Anfragen-/Angebote-Informationen			
Welche Teile? - Preisstellung - offene Anfragen			
Bestellungen-Information - gelieferte Teile - Preisstellung - offene Lieferung			
Bestellauslösung			
- Bestellbeleg wird erfasst			
- Abrufbestellung wird erzeugt			
- Lieferplan wird eingeteilt			
- Leistungen zum Dienstrahmen			
Bestellvorschlagsliste			
Art der Bestellanforderung			
Artikelgruppe			
Einkäufer			
Lieferant			
Lieferdatum			
Arten von Bestellanforderungen			
Anlage			
Fertigungsauftrag			
Kostenstelle			
Kundenauftrag			
Projekt			
Lohnauftrag			
Transportauftrag			

	ja	nein	wichtig
Konsignationsauftrag			
Beistellung			
Sammelbestellung			
Überwachung der Bestellanforderungen			
automatisch am Bildschirm			
automatisch in Listform			
Bestellschreibung			
freie Textfelder für die Gesamtbestellung			
freie Felder je Bestellposition			
bestellabhängige Textbausteine			
Textbausteine je Bestellposition			
Zeilenanzahl je Bestellposition			
Stellen/Zeile je Bestellposition			
Dateien für die Bestellschreibung			
Lieferantenstammsatz			
Teilestammsatz			
Rahmenverträge, Kontrakte			
Bestellanforderungen			
Anfragen			
Kennzeichen für verschiedene Landessprachen			
Beistellungen			
Lieferpapiere einsprachig			
Lieferpapiere in der Landessprache			
Beistellteile terminlich überwacht			
Preiskomponenten			
je Artikel mehrere Preiskomponenten			
Mengenrabatt			
Wertrabatte			

	ja	nein	wichtig
Teuerungszuschlag			
Mindermengenzuschlag			
Artikel-Lieferanten-bezogene Teile			
je Bestellposition verwaltet			
Verknüpfung der eigenen Teile-Nr. mit der Lieferantennummer			
Ungeplante Bestellungen			
ohne Bedarfssätze			
ohne Teilestammsätze			
Formularaufbau			
frei gestaltbar			
Lieferantenüberwachung			
automatisch			
manuell			
über mehrere Mahnstufen			
Ausweichteile			
Lieferterminabänderung			
für die gesamte Bestellung			
für jede Bestellposition			
bei der Lieferantenüberwachung			
bei der Dispositionsübersicht			
Verknüpfung Lieferschein und Bestellung			
direkt über Bestellnummer			
Auswahl aus offenen Bestellungen zu einem Lieferanten			
Auswahl aus offenen Bestellungen zu einem Artikel			
Erfassung des Wareneingangs			
jede Position erfasst			

	ja	nein	wichtig
Artikel selektiert über Bestellposition			
Darstellung aller offenen Positionen			
Umrechnung externer Mengeneinheiten in interne Mengeneinheiten			
Wareneingang ohne Bestellvorgang			
Bearbeitung möglich			
Daten am Bildschirm erfassen			
Einkauf erhält Mitteilung			
Fortschreibung der Daten Wareneingang			
für Einkäufer			
für Disposition			
für Rechnungsprüfung			
für Kostenrechnung			
Erfassung der Frachtkosten			
Ausdruck des Warenbegleitscheins			
Führen des Wareneingangsjournals			
Abweichende Liefermengen			
Toleranzbereich für Unterlieferungen			
Toleranzbereich für Überlieferungen			
Überlieferungen werden akzeptiert			
Unterlieferungen werden akzeptiert - als Teillieferungen - als Volllieferungen			
Wareneingang und Qualitätskontrolle			
Prüfpflicht			
Festlegung bei der Bestellschreibung			
Festlegung beim Erfassen des Wareneingangs			
Prüfumfang			
wird vom CAQ-System festgelegt			

	ja	nein	wichtig
Prüfergebnis			
wird an folgende Stellen weitergeleitet - Einkauf - Disposition - Wareneingang - Lieferant - sonstiges			
Rückweisung			
einzelner Artikel			
gesamter Lieferung			
Rücklieferschein			
für zurückzuliefernde Artikel			
nur »gut« befundene Artikel entlasten die Bestellung			
Zugangsbuchung			
für die Materialweiterleitung an - Sperrlager - Zolllager			
Verbrauchsstelle Kostenstelle			
Verbrauchsstelle Projekt			
Verbrauchsstelle Anlage			
Verbrauchsstelle Auftrag			
allgemeines Lager			
Zugangsbuchungen für mehrere Stellen gleichzeitig möglich			
Bewertung			
sofort bewertet			
später bewertet			
Bewertungsverfahren			
Standardpreis			
gleitender Durchschnittspreis			

Kapitel 4 – Die Pflichtenhefterstellung

	ja	nein	wichtig
Verrechnungskonto			
Wertdifferenzen ausgleichen			
Materialwirtschaft			
Bedarfsermittlung / Disposition			
Bestandsführung / Lagerwirtschaft			
Bestellrechnung / Beschaffungsrechnung			
integrierte Bearbeitung			
Mengenplanung / Materialwirtschaft			
Sachstammdatenverwaltung			
Stücklistenverwaltung			
Lagerortverwaltung			
sonstiges			
Sachstammdatenverwaltung			
Rohstoffe			
Fertigungsteile			
Kaufteile			
Baugruppen			
Enderzeugnisse			
Hilfsstoffe			
Betriebsstoffe			
Verpackungsmittel			
Dienstleistungen			
Betriebsstoffe			
Stücklistenverwaltungen			
Strukturstücklisten			
Baukastenstücklisten			
Mengenübersichtsstücklisten			
Mehrfachstücklisten			

	ja	nein	wichtig
Vergleichsstücklisten			
Differenzstücklisten			
Variantenstückliste			
Teileverwendung			
Baukastenverwendungsnachweis			
Strukturverwendungsnachweis			
Erzeugnisverwendungsnachweis			
Merkmale der Stücklistenverwaltung			
positionsbezogener Zusatztext			
Stücklistenstatus			
Verarbeitung von Pseudo-Gruppen			
automatische. Dispositionsstufenvergabe			
Gültigkeitsdatum für Stückliste			
Gültigkeitsdauer Stücklistenposition			
Position ohne Sachstamm			
Zuordnung zu Arbeitsgängen			
Rohteilabmessungen			
Stücklistenarten pro Suchname			
Konstruktionsstückliste			
Fertigungsstückliste			
Dispositionsstückliste			
Montagestückliste			
Versandstückliste			
Ersatzteilstückliste			
Stücklistenarten			
Auftragsstückliste			
branchenspezifische Stückliste			
produktspezifische Stückliste			

	ja	nein	wichtig
werksspezifische Stückliste			
sonstiges			
Bedarfsermittlung / Disposition			
deterministische Disposition			
stochastische verbrauchsgesteuerte Disposition			
stochastische erwartungsorientierte Disposition			
manuelle Disposition			
kombinierte Disposition			
Deterministische Disposition			
NET-CHANGE-Verfahren			
Neuaufwurf			
Echtauflösung			
Simulation			
Bedarfsermittlung für Varianten			
Verrechnung von Kundenauftragsbedarfen mit aufgelösten Planbedarfen			
automatische Verwendung der Arbeitsplandaten zur Ermittlung der Bedarfstermine			
automatische Dispositionsstufenermittlung			
Bedarfsverursachungsnachweis			
sonstiges			
Stochastische Bedarfsermittlung			
verbrauchsgesteuert			
erwartungsorientiert			
Verbrauchsgesteuerte Disposition			
Mindestbestand / Bestellpunkt			
sonstiges			

CHECKLISTEN

	ja	nein	wichtig
Erwartungsorientierte Disposition			
Prognoseergebnisse für - Aktualisierung Bestellpunkt - Bildung des Bedarfsrasters			
Prognoseverfahren			
Bestandsführung / Lagerwirtschaft			
Artikelmengen			
dispositive Bestände			
mengenmäßige Lagerbewegungen			
wertmäßige Lagerbewegungen			
Verbrauchsentwicklungen			
Generelle Merkmale			
Mehrfachlagerorte			
chaotische Lagerhaltung			
Freiplatzverwaltung			
Mandantenfähigkeit			
getrennte Führung von Variantenbeständen			
Chargenverwaltung			
getrennte Bestandsführung von Sonderlängen			
Sonderlager			
Ersatzteillager			
Sperrlager			
Konsignationslager			
Lieferanten-Beistelllager			
Lagerbewegungen			
Buchungsarten			
Zugangsbuchungen - Wareneingang aus Fremdbezug - Warenzugang intern aus Fertigung			

4

Kapitel 4 – Die Pflichtenhefterstellung

	ja	nein	wichtig
Umbuchung			
Überlieferung			
Unterlieferung			
Rücklieferung			
Umbuchung Werk			
Zugang auf Kundenauftrag			
Beistellung			
Sammelbuchung bei Komplettlieferung			
Bestandskorrektur / Inventur			
Abgangsbuchungen			
Entnahme extern für Kundenauftrag			
Entnahme intern für Fertigungsauftrag			
Entnahme auf Gemeinkosten			
Verschrottung			
Umbuchung Lagerort			
Umbuchung Werk			
Beistellung			
Rücklieferung			
Sammelbuchung Komplettaufträge			
Retrograde Abgangsbuchung			
Bestandskorrektur / Inventur			
Unterscheidung nach geplanten Buchungen			
Unterscheidung nach ungeplanten Buchungen			
Bewertungsverfahren			
zum gleitenden Durchschnittspreis			
Standardpreis			
letzten Einstandspreis			
Inventurpreis			

	ja	nein	wichtig
VK-Preis			
Abwertung			
mit Standardabwerteverfahren			
individuellen Verfahren			
Inventur			
Permanente Inventur			
Stichtagsinventur			
Stichprobeninventur			
Permanente Inventur			
Inventurkontrollliste			
sonstiges			
Stichtagsinventur			
nachträgliche Korrekturen			
Inventur-Aufnahme-Liste/Zählliste			
Teilenummer - Suchbegriff - Inventurschlüssel - Lagerort			
Bestellrechnung/Beschaffungsrechnung			
Verfahren der Losbildung			
Losgröße			
Fixe Bestellmenge			
Periodenbedarf			
Maximale Bestellmenge			
Minimale Bestellmenge			
Stückperiodenausgleich			
Gleitende wirtschaftliche Losgröße			
Bestellmengenrundung			
Ausschussberücksichtigung			

	ja	nein	wichtig
Verschnittberücksichtigung			
Losbildung erfolgt manuell			
Beauskunftung / Übersichten			
Übersichten			
Listen			
getrennte Bildschirmmasken			
für erledigte Vorgänge			
für erwartete Vorgänge			

Tabelle 4.19: Checkliste ERP-Software (CD-ROM: Ordner »CheckPPS«, Datei »AV«)

Termin- und Kapazitätsplanung

	ja	nein	wichtig
Kapazitätsstellen-/Arbeitsplatz-Hierarchie			
Stufen der Hierarchie			
Werk			
Bereich			
Kostenstelle			
Maschinengruppe / Arbeitsplatzgruppe			
Maschine / Einzelarbeitsplatz			
Einzeldaten			
Arbeitsplatzgruppen-Nummer			
Arbeitsplatzgruppen-Bezeichnung			
Kostenstellen-Nummer			
Bereich-Nummer			
Werk-Nummer			
Anzahl Einzelarbeitsplätze			
Anzahl Schichten			
Wirkungsgrad			

	ja	nein	wichtig
Warte- und Liegezeiten			
Ortsschlüssel/Transportzeiten			
Kapazität pro Periode			
Schichtzeiten			
Einsatzstunden Wartung			
sonstige			
periodische Kapazitätsverwaltung			
erfolgt periodengerecht			
Terminabhängige Kostendaten			
mehrfach terminabhängig verwaltet			
Lieferanten/Zulieferer			
werden als Kapazitätsstellen verwaltet			
Zuordnung/Verwendungsnachweise			
Werkzeuge/Vorrichtungen zu - Maschine / Einzelarbeitsplatz - Gruppe - Kostenstelle - Bereich - Werk			
Personal zu - Maschine / Einzelarbeitsplatz - Gruppe - Kostenstelle			
Einzelarbeitsplatz/Maschine zu - Maschine / Einzelarbeitsplatz - Gruppe - Kostenstelle - Bereich - Werk			
Verwaltungsfunktionen			
erfassen			
ändern			

	ja	nein	wichtig
löschen			
beauskunften			
kopieren/duplizieren			
suchen per Match-Code			
Kapazitätsstellen/Anwendungsbereiche			
Kapazitätsdaten/Kapazitätsangebote für die Kapazitätsnummerierung			
Kostendaten für die Kalkulation			
Instandhaltungsdaten			
technische Daten			
freie Texte			
sonstige			
Verwaltungsfunktionen			
erfassen			
ändern			
löschen			
beauskunften			
kopieren/duplizieren			
suchen per Match-Code			
Personalkapazität zu Maschinenkapazität			
alternativ			
parallel			
Personalstammdaten			
in separater Personalstammdatei			
pauschal als Personalkapazität			
Personalbedarfsplanung			
Durchlaufterminierung/Terminrechnung			
Netzterminierung			

	ja	nein	wichtig
Größen der Durchlaufterminierung			
Splittung			
Überlappung			
Fließfertigung			
Fremdbearbeitung			
Anzahl Schichten			
fixe Belegung- und Ausfallzeiten			
Belegungsrestriktionen			
Terminfenster			
periodisches Rüsten			
extern vergebene Auftragspriorität			
sonstiges			
Art der Durchlaufterminierung			
Starttermin			
Endtermin			
Rüstzeiten			
Bearbeitungszeiten			
Pufferzeiten			
Transportzeiten			
Liegezeiten			
Einzel-Überlappungszeiten			
Überlappungszeiten			
Funktionsumfang			
Verwaltung des Kapazitätsangebotes			
Berechnung der Kapazitätsbelastung nach Terminen und Kapazitätsstellen			
Unterstützung der Kapazitätsabstimmung, Beauskunftung			

	ja	nein	wichtig
Kapazitätsbelastungsrechnung			
termingerechte Einplanung auf die Kostenstellen			
Gegenüberstellung Kapazitätsbedarf und verfügbare Kapazitäten			
Kapazitätsstellenhierarchie			
Einzelarbeitsplatz/Maschine			
Kapazitätsgruppe			
Kostenstelle			
Bereich			
Kapazität weiterer Reserven			
Personal			
Werkzeuge			
Vorrichtungen			
NC-Programme			
Transportmittel			
verfügbare Kapazität			
Leistungsgrad			
Stillstandszeiten			
Anzahl Schichten			
Überstunden / Kurzarbeit			
Personalkapazität			
Zeitgrad			
Mehrmaschinenbedienung			
Gruppenarbeit			
Ergebnisse			
in Listform			
in Bildschirmmasken im Dialog			
graphisch aufbereitet			

	ja	nein	wichtig
gezielt, z.B. automatisch für Engpassmaschinen			
Kapazitätsabstimmung			
manuell durch Planer			
automatisch			
Beauskunftung			
Blickrichtung Kapazitätsstelle: Belastung			
Belastungsübersichten in Form von Balkendiagrammen			
Auftragsreichweiteübersichten mit Auftragsstatus der Warteschlange			
entsprechende Belastungsübersichten mit variabler Periodenlänge			
entsprechende Belastungsübersichten mit variablem Planungshorizont			
entsprechende Belastungsübersicht selektiert			
Überlastung, generelle Engpass			
Blickrichtung Kapazitätsstelle: Arbeitsvorrat			
Arbeitsvorratsübersichten, Auftragswarteschlangen pro Kapazitätsgruppe und Periode als Bildschirmmaske und Liste			
Arbeitsvorratsübersichten, Auftragswarteschlangen mit variablem Horizont			
Übersicht aller Arbeitsgänge eines Auftrags mit Angabe der Kapazitätsstelle			
Übersicht geplanter, freigegebener, überfälliger Arbeitsgänge			
sonstiges			

Tabelle 4.20: Checkliste ERP-Software (CD-ROM: Ordner »CheckPPS«, Datei »Planung«)

4.2.6 Anforderungskatalog Software

Das Anforderungsprofil Software betrifft gezielt die einzelnen ERP-Programm-Teile. Sie sind strukturiert in:

- Finanzbuchhaltung
  - Debitorenbuchhaltung
  - Kreditorenbuchhaltung
  - Sachkontenbuchhaltung
  - Finanzposition
  - Auswertungen
- Kostenrechnung
  - Kostenartenrechnung
  - Kostenstellenrechnung
  - Kostenträgerrechnung
  - Erfolgsrechnung/Deckungsbeitrag
- Vertrieb
  - Angebotsverwaltung
  - Auftragsverwaltung
  - Preisermittlung
  - Versandsteuerung/Disposition
  - Fakturierung
  - Vertriebsplanung
  - Exportabwicklung
  - Auswertungen
  - Außendienstverwaltung / -steuerung
- Einkauf
  - Lieferanten / Teileverwaltung
  - Angebotsverwaltung
  - Bestellwesen
  - Wareneingang
  - Auswertungen
- Lagerwirtschaft
  - Deterministische Bedarfsermittlung
  - Disposition
  - Interne Materialbewegung
  - Inventur
  - Auswertungen
- Fertigung
  - Datenverwaltung
  - Produktionsprogrammplanung
  - Kapazitätsplanung
  - Produktionsplanung
  - Werkstattauftragsfreigabe
  - Werkstattsteuerung
  - Betriebsdatenerfassung
  - Auswertungen

- Fragen zum Anbieter
- Serviceleistungen
- Referenzen

Diese Vorlage geben Sie dem Software-Anbieter mit der Aufforderung, hier Stellung zu nehmen, ob diese Programmteile in seinem Angebot enthalten sind (v) oder nicht (n). Sind hierfür Zusatzkosten (z.B. für Zusatzprogrammierung) notwendig, müssen diese hier angegeben werden.

(V = vorhanden; N = nicht vorhanden; Z = Zusatzkosten in Euro)

Finanzbuchhaltung

Debitorenbuchhaltung	V	N	Z
Debitorenverwaltung nach Hauptkonten			
Debitorenverwaltung offene Posten			
Buchungsdaten aus der Fakturierung			
Zahlungsausgleich offene Posten			
Mahnwesen			
Fälligkeitsanalyse			
Kreditorenbuchhaltung	**V**	**N**	**Z**
Kreditorenverwaltung nach Hauptkonten			
Kreditorenverwaltung offene Posten			
Rechnungseingangsbuchung			
Zahlungsausgänge			
Überweisungsdruck			
Scheckdruck			
Erstellung von Datenträgern			
Zahlungsdisposition			
Sachkontenbuchhaltung	**V**	**N**	**Z**
Sachkontenführung			
Sachkontenverwaltung			
Bilanz			

G + V			
Bilanzanalyse			
Mandantenfähigkeit			
Parallele Monatsverarbeitung			
Parallele Jahresverarbeitung			
Wahlfreie Abrechnungsperioden			
Finanzposition	V	N	Z
Einnahmenvorausschau nach Buchungsdatum			
Einnahmenvorausschau nach Fälligkeitsdatum			
Ausgabenvorausschau nach Buchungsdatum			
Ausgabenvorausschau nach Fälligkeitsdatum			
Saldenermittlung			
Auswertungen	V	N	Z
Rechnungseingangsjournal			
Rechnungsausgangsjournal			
Zahlungseingangsjournal			
Zahlungsausgangsjournal			
Offene Postenliste			
Summen-/Saldenlisten Kreditoren			
Summen-/Saldenlisten Debitoren			
Mahnstufe Kreditoren			
Mahnstufe Debitoren			
Umsatzsteuervoranmeldung			

Tabelle 4.21: (CD-ROM: Ordner »Vorlagen«, Datei »Finanz«)

Kostenrechnung

Kostenartenrechnung	V	N	Z
Erfassung nach Verbrauch/Leistung			
Verwalten nach Verbrauch/Leistung			
Berechnung der kalkulatorischen Abschreibungen			
Berechnung der kalkulatorischen Zinsen			
Übernahme der Kosten in die Kostenrechnung			
Übernahme der Erlöse in die Kostenrechnung			
Übernahme der kalk. Kosten in die FIBU			
Kostenstellenrechnung	V	N	Z
Kostenstellenabgrenzung			
Kostenermittlung Vollkostenbasis			
Kostenermittlung IST-Kostenbasis			
Kostenermittlung Plankostenbasis			
Kostenermittlung Teilkostenbasis			
Verteilung Kostenarten auf Kostenstellen			
Budgetplanung			
Kostenplanung pro Kostenstelle			
Kostenplanung pro Kostenart			
Erfassung der Plankosten			
Innerbetriebliche Leistungsverrechnung			
Umlagemöglichkeit			
Freie Gestaltung des BAB			
Verteilung der Jahreswerte			
Kostenträgerrechnung	V	N	Z
Umlage auf die Kostenträger			
Verrechnung auf die Kostenträger			
Kostenplanung			
Erfassung der Plankosten			

Erfolgsrechnung / Deckungsbeitrag	V	N	Z
Gesamtkostenrechnung			
Einstufige Deckungsbeitragsrechnung			
Mehrstufige Deckungsbeitragsrechnung			
Artikelerfolgsrechnung			

Tabelle 4.22: (CD-ROM: Ordner »Vorlagen«, Datei »Kosten«)

Vertrieb

Angebotsverwaltung	V	N	Z
Lieferbereitschaftsauskunft			
Konditionenauskunft			
Angebotserstellung			
Angebotsüberwachung			
Lieferzeitermittlung			
Auftragsverwaltung	**V**	**N**	**Z**
Verfügbarkeitsprüfung			
Kreditlimitprüfung			
Liefersperreprüfung			
Auftragsartenbearbeitung			
Auftragspapiere			
Reservierung der Lagerartikel			
Lieferpläne			
Auftragssplitt			
Rückstandsbildung			
Exportabwicklung			
Preisermittlung	**V**	**N**	**Z**
Mengenrabatt			
Wertrabatt			
Konditionsarten			
Konditionssätze			

Währungsspezifische Preislisten			
Kundenspezifische Preislisten			
Gültigkeitszeiträume für Preislisten			
Sonderpreise			
Mindermengenzuschläge			
Versandsteuerung / Disposition	**V**	**N**	**Z**
Lieferscheinschreibung			
Kommissionierung			
Versandpapiererstellung			
Leerguterfassung			
Tourenplanung			
Exportpapiererstellung			
Versandkostenermittlung			
Warenausgangsbuchung auftragsbezogen			
Fakturierung	**V**	**N**	**Z**
Auftragsfakturierung			
Sammelrechnung			
Mehrwertsteuerermittlung			
Zahlungsbedingungen			
Gut- und Lastschriften			
Rechnungsstorno			
Pro-forma-Rechnung			
Vertriebsplanung	**V**	**N**	**Z**
Absatzplanung			
Preisplanung			
Plan-Deckungsbeitragsrechnung			
Potenzialbetrachtung			
Konditionenplanung			

Außendienstverwaltung / -steuerung	V	N	Z
Vertreterabrechnung			
Besuchssteuerung			
Tourenplanung			
Tätigkeitsnachweise			
mobile Datenerfassung			
Exportabwicklung	V	N	Z
Erstellung der Exportdokumente			
Druck von Packlisten			
Fremdsprachenbearbeitung			
Pro-forma-Rechnung			
Devisentabelle			
Kontraktverwaltung			
Akkreditivabwicklung			
Auswertungen	V	N	Z
Absatzstatistiken Kunde			
Absatzstatistiken Region			
Absatzstatistiken Filiale			
Absatzstatistiken Vertreter			
Absatzstatistiken Produkt			
Kundenreklamationen			
Preisentwicklung Produkt			

Tabelle 4.23: (CD-ROM: Ordner »Vorlagen«, Datei »Vertrieb«)

Einkauf

Lieferanten- / Teileverwaltung	V	N	Z
Lieferantenübersicht			
Lieferantendirektauswahl			
Verbund mit Kreditorendatei			
Matchcode			

Angebotsverwaltung	V	N	Z
Artikelauswahl			
Übernahme von Bestellvorschlägen			
Anfragerstellung			
Angebotserfassung			
Terminüberwachung Angebote			
Preisvergleiche			
Bestellwesen	**V**	**N**	**Z**
Anlage von Bestelltexten			
Umwandlung Angebot / Bestellung			
Umwandlung Bestellvorschlag / Bestellung			
automatische Bestellschreibung			
Bestellschreibung Telefax			
Bestellüberwachung			
Bestellmahnwesen			
Wareneingang	**V**	**N**	**Z**
Lieferungen mit Bestellung			
Lieferungen ohne Bestellung			
Teilemengenverwaltung bei Rahmenaufträgen			
Leergutverwaltung			
Lagerzugangsbuchung mengenmäßig			
Lagerzugangsbuchung wertmäßig			
Rechnungsprüfung			
Schnittstelle zur Kreditorenbuchhaltung			
Auswertungen	**V**	**N**	**Z**
Lieferantenübersicht pro Artikel			
Artikelübersicht pro Lieferant			
Einkaufsvolumen pro Lieferant			
Aktuelles Bestellvolumen			

Preisentwicklung pro Artikel			
Durchschnittlicher Einkaufspreis			
Durchschnittliche Anzahl Bestellungen			
Verhältnis Reklamationen zu Bestellungen			

Tabelle 4.24: (CD-ROM: Ordner »Vorlagen«, Datei »Einkauf«)

Lagerwirtschaft

Deterministische Bedarfsermittlung	V	N	Z
Stücklistenauflösung über Baukasten			
Stücklistenauflösung über Struktur			
Stücklistenauflösung über Varianten			
Bedarfsermittlung in festen Zeiträumen			
Bedarfsermittlung in variablen Zeiträumen			
Bedarfsermittlung durch Änderungsrechnung			
Terminbestimmung und Berücksichtigung Vorlaufzeiten			
Bruttobedarfsermittlung			
Nettobedarfsermittlung			
Unterscheidung von Fertigungs- und Bestellvorschlägen			
Disposition	V	N	Z
Festlegung von Sicherheitsbeständen			
Verwaltung der Wiederbeschaffungszeiten			
Zuordnung Kundenauftrag / Bestellung			
Mindestbestandsverwaltung			
Interne Materialbewegung	V	N	Z
Lagerabbuchung mit Material-Entnahmeschein			
Lagerabbuchung mit Stückliste			
Lagerabbuchung mit Nachfassscheinen			
Lagerzugangsbuchung aus Fertigung mit Bewertung			
Bereitstellungsliste nach Fertigungsauftrag			
Bereitstellungsliste nach Kundenauftrag			

Inventur	V	N	Z
Stichtagsinventur			
Permanente Inventur			
Vollerhebung			
Stichprobenverfahren			
Inventurdifferenzenliste			
Differenzverbuchung über Artikelnummer			
Bestandsbewertung			
Auswertungen	**V**	**N**	**Z**
durchschnittlicher Lagerbestand Rohstoffe			
durchschnittlicher Lagerbestand Hilfsstoffe			
durchschnittlicher Lagerbestand Betriebsstoffe			
durchschnittlicher Lagerbestand Halbteile			
durchschnittlicher Lagerbestand Fertigteile			
Lagerumschlag Artikel			
Lagerdauer			
Lagerkapitalbindung			
Umschlagshäufigkeit			
Lieferbereitschaft			
ABC-Lageranalyse			
Ladenhüter			
Hitliste			

Tabelle 4.25: (CD-ROM: Ordner »Vorlagen«, Datei »Lager«)

Fertigung

Datenverwaltung	V	N	Z
Teilestammnummer			
Kopieren von Teilestammdaten			
Verwalten von Einmalstammdaten			

KAPITEL 4 – DIE PFLICHTENHEFTERSTELLUNG

Arbeitsgangkatalog			
Arbeitsplandatei			
Textdatei			
Kopieren der Arbeitspläne			
Alternativarbeitspläne			
Arbeitsplatzverwaltung			
Kostenstellenverwaltung			
Kapazitätsfestlegung			
Verwalten von Stücklisten			
Zusatztexte in Stücklisten			
Kopieren von Stücklisten			
Erfassen von nicht angelegten Artikeln in Verwendungsnachweis			
Produktionsprogrammplanung	V	N	Z
Kapazitätsgrobplanung			
Auflösung Vorhersagemengen			
Bedarfsvorgabe Lagerartikel			
Bedarfsvorgabe Kundenaufträge			
Bedarfsvorgabe Angebote			
Planung von Variantenartikelgruppen			
Einbeziehung Planänderungen			
Neuaufwurf			
Liefertermibestimmung			
Terminierung von Aufträgen			
Kapazitätsplanung	V	N	Z
Kapazitätsterminierung feste Periode			
Kapazitätsterminierung variable Periode			
Änderungsberechnung			
Neuterminierung			

Darstellung der Über- und Unterbelastung			
Simulation			
Ergebnisvergleich			
Darstellung der Einlastungsergebnisse			
Kapazitätsausgleich			
Kapazitätsanpassung			
Darstellung der Kapazitätsbelastung			
Produktionsplanung	**V**	**N**	**Z**
Auftragsfreigabe			
Automatische Verfügbarkeitsprüfung			
Verfügbarkeitsprüfung Kapazität			
Verfügbarkeitsprüfung Betriebsmittel			
Fertigungsbelegerstellung			
Freie Formulargestaltung			
Verwaltung von Zusatztexten			
Auslastungsanzeige			
Werkstattauftragsfreigabe	**V**	**N**	**Z**
Bedarfsverursachungsnachweis			
Fertigungsaufträge in der Fertigungsstufe			
gespeicherte Produktionspläne			
Eilauftragsverwaltung			
Abarbeitungsgrad pro Auftrag			
Fehlteileliste pro Auftrag			
Rückstandslisten bei Mengenabweichungen			
Rückstandslisten bei Terminabweichungen			
Kapazitätsentlastung bei Fertigmeldung			
Auftragsstatusverwaltung			

Werkstattsteuerung	V	N	Z
Bedarfsverursachungsnachweis			
Frühester Liefertermin pro Auftrag			
Spätester Beginntermin			
Rückwärtsterminierung			
Durchlaufzeitverkürzung durch Splitten			
Durchlaufzeitverkürzung durch Überlappen			
Betriebsdatenerfassung	**V**	**N**	**Z**
Rückmeldezwang für alle Arbeitsgänge			
Wahl der Rückmeldepflicht			
Erfassen Ist-Zeiten			
Erfassen Ist-Materialverbrauch			
Erfassen Rüstzeiten			
Erfassen Ausschussmenge			
Auftragsfertigmeldung			
Rückmeldeanmahnung			
Einsatzmöglichkeit von BDE-Terminals			
Einbindung eines Leitstandes			
Auswertungen	**V**	**N**	**Z**
Durchschnittlicher Auftragsbestand			
Lieferterminübersichten			
Übersicht Fertigungsprogramm			
Übersicht Maschinenstillstandszeiten			
Anzahl Fertigungsaufträge pro Artikel			
Anzahl Fertigungsaufträge pro Jahr			
Vergleichsübersichten			

Tabelle 4.26: (CD-ROM: Ordner »Vorlagen«, Datei »Fertig«)

Fragen zum Anbieter

Firmenanschrift	
Ansprechpartner	
Telefon	
Telefax	
Gründungsjahr	
Umsatz Vorjahr	
Mitarbeiter Programmierung	
Mitarbeiter Vertrieb	
Mitarbeiter Kundenbetreuung	
Mitarbeiter Gesamt	
Zielbranchen	

Software	Name	Erstinstallation	Anzahl Installationen
Finanzbuchhaltung			
Kostenrechnung			
Anlagenbuchhaltung			
Lohn + Gehalt			
Personalwesen			
Vertrieb			
PPS			
CAD			
BDE			

Software	Name	Erstinstallation	Anzahl Installationen
FLS			
Sonstige			

Serviceleistungen			Kostenlos		Zusatz-kosten
	J	N	J	N	
Anwenderunterstütz. bei Einführung					
Schulung im Hause des Anbieters					
Schulung im Hause des Anwenders					
Projektmanagement					
Komplettlösungen					
Änderungsservice					
Testinstallation beim Kunden					
Demonstration beim Kunden					
Hotline-Service					
Probe-Installation					
Trainer am System					
Workshops					
Benutzerhandbuch					
Operatorhandbuch					
Online-Dokumentation					
Lehrbücher					

Referenz 1	
Firmenanschrift	
Ansprechpartner	

Referenz 1	
Telefon	
Telefax	
Branche	
Datum der Installation	

Referenz 2	
Firmenanschrift	
Ansprechpartner	
Telefon	
Telefax	
Branche	
Datum der Installation	

Tabelle 4.27: (CD-ROM: Ordner »Vorlagen«, Datei »Fragen«)

4.2.7 Anforderungsprofil PPS

Wir haben festgestellt, dass das PPS-System praktisch für ein produzierendes Unternehmen das Herz des ERP-Systems ist, deshalb wird hier speziell noch etwas tiefer auf die Thematik eingegangen. Das Anforderungsprofil PPS ist die Basis für ein ***grobes PPS-Pflichtenheft***.

Es ist strukturiert in:

- Firmenangaben
- Beratungsunternehmen
- Fertigungsart
- Mengengerüst
- Artikelstämme
- Lagerbestandsführung / Disposition

- Produktstrukturen
- Stücklistenarten
- Bedarfsermittlung / Auflösung der Betriebsaufträge
- Tätigkeitsstrukturen
- Arbeitsplanerstellung
- Arbeitspapiere
- Teilebereitstellung
- Arbeitsfortschrittsüberwachung
- Auftragsplanung und -überwachung
- Auftragsbestandsterminierung
- Kapazitätsbelastung
- Planungsstufen
- Rückmeldungen
- Kalkulation
- Kostenträgerkalkulation
- Datenorganisation (Nummernsystemaufbau)
- Angestrebte Verbesserungen
- Ergänzende Informationen
- Eingesetzte Organisationsmittel

Ein besonderer Schwerpunkt wurde auch in dieser Liste auf den Gesamtbereich »Mengengerüst« gelegt, da dieser Bereich in keinem Pflichtenheft fehlen darf.

Die Erstellung dieser Liste kann nur in enger Verbindung und Unterstützung durch Ihren Fachbereich erfolgen.

Anforderungsprofil PPS
A) Firmenangaben

Firma	
Strasse	
Postfach	
PLZ / Ort	
Telefon /Telefax	
Gesprächspartner / Fachbereich	
Gesprächspartner / DV-Bereich	
Branche / Produktspektrum	

Tabelle 4.28: (CD-ROM: Ordner »MustERP«, Datei »A«)

B) Beratungsunternehmen

Firma	
Strasse	
Postfach	
PLZ / Ort	
Telefon /Telefax	
Ansprechpartner	

Tabelle 4.29: (CD-ROM: Ordner »MustERP«, Datei »B«)

C) Fertigungsart

	bitte ankreuzen
Einzelfertigung /Projekte	
Auftragsfertigung	

	bitte ankreuzen
Kleinserienfertigung	
Serienfertigung mit Varianten	
Serienfertigung ohne Varianten	

Tabelle 4.30: (CD-ROM: Ordner »MustERP«, Datei »C«)

D) Mengengerüst

Durchschnitt	min.	max.
Anzahl Kunden		
Kunden / Jahr		
Kundenaufträge / Monat		
Gesamtaufträge / Monat		
Aufträge mit Ersatzteilen / Monat		
Positionen pro Auftrag		
Auftragsbestand (Monate)		
Auftragswertspektrum TDM		
Jahresumsatz Mio. €		
Beschäftigte weiblich		
Beschäftigte männlich		

Tabelle 4.31: (CD-ROM: Ordner »MustERP«, Datei »D«)

E) Artikelstämme

Durchschnitt	min.	max.
Endprodukte mit Varianten		
Baugruppen		
gefertigte Einzelteile		
Verhältnis aktiv : inaktiv = :		
Kaufteile / Materialien		

Durchschnitt	min.	max.
Verhältnis aktiv : inaktiv = :		
Hilfs- und Betriebsstoffe		
Artikelstamm		
Lieferanten / Artikel		
Zusatztext pro Artikel	( ) ja	( ) nein
wenn ja, wie viel Textzeilen / Artikel		
Fakturierung		Textzeilen
Technik		Textzeilen
Einkauf		Textzeilen

Tabelle 4.32: (CD-ROM: Ordner »MustERP«, Datei »E«)

F) Lagerbestandsführung / Disposition

Durchschnitt	min.	max.
Lagerzugänge / Tag		
Lagerentnahmen / Tag		
Bestellpositionen / Tag		
Reservierungen / Tag		
offene Bestellpositionen		
offene Bedarfspositionen		
Lagerbestände für gleiche Artikel		
an verschiedenen Lagerorten	( ) ja	( ) nein
wenn ja, wie viele Artikel		
an wie vielen Lagerorten		

Tabelle 4.33: (CD-ROM: Ordner »MustERP«, Datei »F«)

G) Produktstrukturen

Durchschnitt	min.	max.
Baukastenstücklisten		
Positionen je Stückliste		
Fertigungsstufen		
Summe der Teile je Endprodukt		
Änderungen / Monat		

Tabelle 4.34: (CD-ROM: Ordner »MustERP«, Datei »G«)

H) Stücklistenarten

	bitte ankreuzen
Standardstückliste	
Variantenstückliste	
Auftragsstückliste	
Bestellstückliste	
Bereitstellstückliste Lager	
Bereitstellstückliste Fertigung	
Montagestückliste	
Versandstückliste	
Ersatzteilstückliste	
Zuschnittsstückliste	
Kommissionierstückliste	

Tabelle 4.35: (CD-ROM: Ordner »MustERP«, Datei »H«)

I) Bedarfsermittlung
Auslösung der Betriebsaufträge

wofür	wodurch	Kundenauftrag	Prod.-Plan	Bestellpunkt
Endprodukte				
Baugruppen				

wofür	wodurch	Kundenauftrag	Prod.-Plan	Bestellpunkt
Einzelteile				
Bestellungen für Kaufteile				

		bitte ankreuzen		bitte ankreuzen
Bedarfsermittlungsintervall	nach Auftrag		periodisch	
Soll auf allen Stufen die Beziehung zum Primärbedarf erhalten bleiben?	ja		nein	
Terminverschiebungen nachvollziehbar	ja		nein	

Wie soll der Bedarf geführt werden?		bitte ankreuzen		bitte ankreuzen		bitte ankreuzen
Option für Alternativen	einzeln		nach Termin		in Perioden	

Durchlaufzeit / Kundenaufträge	
Durchlaufzeit / Betriebsaufträge	
Durchlaufzeit / Fertigungsaufträge	
Beschaffungszeit / Einkaufsaufträge	

Tabelle 4.36: (CD-ROM: Ordner »MustERP«, Datei »I«)

J) Tätigkeitsstrukturen

Durchschnitt	min.	max.
Arbeitspläne		
Arbeitsgangpositionen je Arbeitsplan		

Durchschnitt	min.	max.
Materialpositionen je Arbeitsplan		
Werkzeuge / Vorrichtungen		
Tätigkeitsstruktur-Änderungen / Monat		

Tabelle 4.37: (CD-ROM: Ordner »MustERP«, Datei »J«)

K) Arbeitsplanerstellung

	bitte ankreuzen
aus vorhandenen Standardarbeitsplänen	
aus Standard-Arbeitsgang-Katalog	
durch Modifikation von vorhandenen Standardarbeitsplänen	
wird je Betriebsauftrag neu erstellt	

Tabelle 4.38: (CD-ROM: Ordner »MustERP«, Datei »K«)

L) Arbeitspapiere

	bitte ankreuzen
Betriebsauftrag	
Auftragsstücklisten	
Materialscheinen	
Lohnscheinen	
Werkzeugbereitstellung	

Tabelle 4.39: (CD-ROM: Ordner »MustERP«, Datei »L«)

M) Teilebereitstellung

	bitte ankreuzen
aus Zwischenlager	
direkt aus Teilefertigung	

Tabelle 4.40: (CD-ROM: Ordner »MustERP«, Datei »M«)

N) Arbeitsfortschrittsüberwachung

	bitte ankreuzen
auf Ebene Arbeitsgang	
auf Ebene Betriebsauftrag	
auf Ebene Produktauftrag	
nein	

Tabelle 4.41: (CD-ROM: Ordner »MustERP«, Datei »N«)

O) Auftragseinplanung und -überwachung

	bitte ankreuzen
gesamter Betrieb	
Fertigung mit Montage	
Teilefertigung	

Tabelle 4.42: (CD-ROM: Ordner »MustERP«, Datei »O«)

P) Auftragsbestandsterminierung

	bitte ankreuzen
rückwärts	
vorwärts	
kombiniert	

Tabelle 4.43: (CD-ROM: Ordner »MustERP«, Datei P«)

Q) Kapazitätsbelastung

		bitte ankreuzen		bitte ankreuzen
Ermittlung und Darstellung	ja		nein	

Tabelle 4.44: (CD-ROM: Ordner »MustERP«, Datei P«)

R) Planungsstufen

	bitte ankreuzen
Feinplanung	
Grobplanung	
Angeboten	
offene Betriebsaufträge	
Arbeitsplätze	
Maschinengruppen	

Tabelle 4.45: (CD-ROM: Ordner »MustERP«, Datei »R«)

S) Rückmeldungen

	bitte ankreuzen
Lohnscheine / Tag	
Entnahmen / Tag	

Tabelle 4.46: (CD-ROM: Ordner »MustERP«, Datei »S«)

T) Kalkulation

	bitte ankreuzen
Plankalkulation	
Vorkalkulation	
mitlaufende Kalkulation	
Nachkalkulation	
Kostenträgerrechnung	
Zeitrechnung	
Teilkostenrechnung	
Vollkostenrechnung	

Tabelle 4.47: (CD-ROM: Ordner »MustERP«, Datei »T«)

U) Kostenträgerkalkulation

	bitte ankreuzen
Artikel	
Auftrag	
Produktgruppe	

Tabelle 4.48: (CD-ROM: Ordner »MustERP«, Datei »U«)

V) Datenorganisation
(Aufbau der Nummernsysteme)

	bitte ankreuzen
Auftrag	
Artikel	
Stückliste	
Arbeitsplan	
Arbeitsplatz	
Kostenstelle	
Lieferant	

Tabelle 4.49: (CD-ROM: Ordner »MustERP«, Datei »V«)

4.2.8 Kundenspezifisches Musterpflichtenheft aus der Praxis

Im nachfolgenden Kapitel wird Ihnen gezeigt, wie aus den beschriebenen Checklisten und Vorlagen ein kundenspezifisches Pflichtenheft erstellt wird, ohne Gefahr zu laufen in ein Anti-Pflichtenheft abzugleiten.

Wie sieht nun ein gutes Pflichtenheft in der Praxis aus?

Folgende Aufgabenstellung war gegeben:

Kunde: mittelständischer Anlagenbauer für Textilveredlungsanlagen

Firmengröße: ca. 290 Mitarbeiter in zwei Werken

Grund der Pflichtenhefterstellung: Im Einsatz befindet sich ein ERP-Programm, das nicht die Wünsche des Kunden abdeckt (Fehlinvestion in Höhe von ca. 0,63 Mio. €) aufgrund eines fehlenden Pflichtenheftes und soll durch ein neues Software-Programm kurzfristig abgelöst werden soll.

Für diesen Kunden habe ich nachfolgendes Basis-Pflichtenheft erstellt. Wie Sie sicherlich hierbei bemerken, habe ich Teile (und nur diese, die ich auch als sinnvoll erachtet habe) aus den verschiedensten Check-Listen, neutralen Unterlagen und Musterpflichtenheften in einem *firmenspezifischen Basis-Pflichtenheft* zusammengefasst.

Beachten Sie hierbei:

> Ein Pflichtenheft sollte nur so viel Informationen
> enthalten, wie nötig sind. Überflüssige Forderungen
> verteuern nur die gesuchte Software.

Das nachstehende Musterpflichtenheft kann Ihnen als Vorlage für Ihr eigenes dienen. Diese Vorlage wurde aus der Praxis heraus entwickelt und mit jedem Projekt verbessert. Das gesamte Pflichtenheft finden Sie auf der CD im Ordner »Musterpflichtenheft3«.

Rahmendaten

Unternehmensprofil / Zielsetzung	
Branche:	
Produktlinien:	
Vertriebsstruktur:	

Anzahl der Mitarbeiter:	
Umsatz Vorjahr:	
vorhandene Hardware:	
vorhandene Software:	

Betriebstyp		bitte ankreuzen
Fertigungstyp		
	Einzelfertiger	
	Variantenfertiger	
	Kleinserienfertiger	
	Großserienfertiger	
Auftragsbezug		
	anonyme Lagerfertigung	
	Kundenauftragsfertigung	
	Mischfertigung	
Organisationstyp der Fertigung		
	Werkstattfertigung	
	Baustellenfertigung	
	Gruppenfertigung	
	Fließbandfertigung	
	Prozessfertigung	
Steuerungskonzepte der Fertigung		
	Fertigungsinseln	
	KANBAN	
Fortschrittszahlen		
belastungsorientierte Auftragsfreigabe		
Fertigungstiefe		
	hoch	
	mittel	
	gering	

Betriebstyp		bitte ankreuzen
Disposition / Beschaffung		
	auftragsbezogen	
	programmbezogen	
Handelsfunktion		
	hoch	
	mittel	
	gering	
räumlicher Dezentralisierungsgrad		
	hoch	
	mittel	
	gering	
DV-Kenntnisse		
	nicht vorhanden	
	gering	
	mittel	
	hoch	
	DOS	
	Windows	
	UNIX	
	Sonstiges	

Rahmendaten	
Mitarbeiter gesamt	
Anzahl geführter Verkaufsartikel	
Anzahl Standorte	
Anzahl Lagerorte	
Beschreibung der Fertigung:	
Beschreibung des Einkaufs:	

Beschreibung der Kostenrechnung:	
Beschreibung des Vertriebes:	

Mengengerüst

Kostenrechnung	
Anzahl der Mitarbeiter	
Anzahl Kostenarten	
Anzahl Kostenstellen	
Anzahl Kostenträger	
Fertigung	
Anzahl der Mitarbeiter	
Anzahl Werkstattaufträge	
Durchschnittliche Durchlaufzeit	
Anzahl Eilaufträge	
Anzahl Stücklisten	
Anzahl neue Stücklisten / Jahr	
Anzahl geänderte Stücklisten / Jahr	
Positionen pro Stückliste	
Anzahl Fertigungsstufen	
Anzahl Arbeitspläne	
Anzahl neue Arbeitspläne / Jahr	
Anzahl geänderte Arbeitspläne / Jahr	
Lager	
Anzahl der Mitarbeiter	
Anzahl Artikel	
Anzahl der Lagerorte	
Lagerbuchungen / Monat	
Artikeländerungen / Monat	
Artikelneuanlagen / Monat	

Einkauf	
Anzahl der Mitarbeiter	
Anzahl Lieferanten	
Anzahl Bestellvorgänge / Monat	
Anzahl der Abrufaufträge / Monat	
Reklamationen / Monat	
Einkaufsvolumen / Monat in TSD Euro	
Verkauf	
Anzahl der Mitarbeiter	
Anzahl Kunden	
Anzahl Angebote / Monat	
Anzahl Aufträge / Monat	
Anzahl Lieferscheine / Monat	
Anzahl Inlandsrechnungen / Monat	
Anzahl Auslandsrechnungen / Monat	
Anzahl Gutschriften / Monat	
Anzahl Handelsvertreter	
Anzahl verschiedene Konditionen	

Nummernsystem	numerisch/ alphanumerisch	Stellen
Kunden-Nummer		
Auftrags-Nummer		
Lieferanten-Nummer		
Teile-Nummer		
Rechnungs-Nummer		
Auftrags-Nummer		

Tabelle 4.50: (CD-ROM: Ordner »MustPfl3«, Datei »Mengen.doc«)

Fragen zum Anbieter

Firmenanschrift	
Ansprechpartner	
Telefon	
Telefax	
Gründungsjahr	
Umsatz Vorjahr	
Mitarbeiter Programmierung	
Mitarbeiter Vertrieb	
Mitarbeiter Kundenbetreuung	
Mitarbeiter Gesamt	
Zielbranchen	

Software	Name	Erstinstallation	Anzahl Installationen
Finanzbuchhaltung			
Kostenrechnung			
Anlagenbuchhaltung			
Lohn + Gehalt			
Personalwesen			
Vertrieb			
PPS			
CAD			
BDE			

Software	Name	Erstinstallation	Anzahl Installationen
FLS			
Sonstige			

Serviceleistungen			Kostenlos		Zusatz kosten
	J	N	J	N	
Anwenderunterstützung bei Einführung					
Schulung im Hause des Anbieters					
Schulung im Hause des Anwenders					
Projektmanagement					
Komplettlösungen					
Änderungsservice					
Testinstallation beim Kunden					
Demonstration beim Kunden					
Hotline-Service					
Probe-Installation					
Trainer am System					
Workshops					
Benutzerhandbuch					
Operatorhandbuch					
Online-Dokumentation					
Lehrbücher					

Referenzen

Referenz 1	
Firmenanschrift	
Ansprechpartner	

Referenz 1	
Telefon	
Telefax	
Branche	
Datum der Installation	

Referenz 2	
Firmenanschrift	
Ansprechpartner	
Telefon	
Telefax	
Branche	
Datum der Installation	

Software-Preise

Ausbaustufe 1	Kosten	Leasing	Wartung	Schulung
Kostenrechnung				
Vertrieb				
Einkauf				
Fertigung				
Lager				
Installation				
Summe				

Tabelle 4.51: (CD-ROM: Ordner »MustPfl3«, Datei »Fragen.doc«)

Anforderungskatalog Software
Kostenrechnung

(V=vorhanden, N=nicht vorhanden, Z=Zusatzkosten in Euro)

Kostenartenrechnung	V	N	Z
Erfassung nach Verbrauch			
Verwalten nach Verbrauch			
Berechnung der kalkulatorischen Abschreibungen			
Berechnung der kalkulatorischen Zinsen			
Übernahme der Kosten in die Kostenrechnung			
Übernahme der Erlöse in die Kostenrechnung			
Übernahme der kalkulatorischen Kosten in die FIBU			
Kostenstellenrechnung	**V**	**N**	**Z**
Kostenstellenabgrenzung			
Kostenermittlung Vollkostenbasis			
Kostenermittlung IST-Kostenbasis			
Kostenermittlung Plankostenbasis			
Kostenermittlung Teilkostenbasis			
Verteilung Kostenarten auf Kostenstellen			
Budgetplanung			
Kostenplanung pro Kostenstelle			
Kostenplanung pro Kostenart			
Erfassung der Plankosten			
Innerbetriebliche Leistungsverrechnung			
Umlagemöglichkeit			
Freie Gestaltung des BAB			
Verteilung der Jahreswerte			
Kostenträgerrechnung	**V**	**N**	**Z**
Umlage auf die Kostenträger			
Verrechnung auf die Kostenträger			

Kostenartenrechnung	V	N	Z
Kostenplanung			
Erfassung der Plankosten			
Erfolgsrechnung / Deckungsbeitrag	V	N	Z
Gesamtkostenrechnung			
Einstufige Deckungsbeitragsrechnung			
Mehrstufige Deckungsbeitragsrechnung			

Tabelle 4.52: (CD-ROM: Ordner »MustPfl3«, Datei »Kosten.doc«)

Vertrieb

(V=vorhanden, N=nicht vorhanden, Z=Zusatzkosten in Euro)

Angebotsverwaltung	V	N	Z
Lieferbereitschaftsauskunft			
Konditionenauskunft			
Angebotserstellung			
Angebotsüberwachung			
Lieferzeitermittlung			
Auftragsverwaltung	V	N	Z
Verfügbarkeitsprüfung			
Kreditlimitprüfung			
Liefersperreprüfung			
Auftragsartenbearbeitung			
Auftragspapiere			
Reservierung der Lagerartikel			
Lieferpläne			
Auftragssplitt			
Rückstandsbildung			
Exportabwicklung			

Preisermittlung	V	N	Z
Mengenrabatt			
Wertrabatt			
Konditionsarten			
Konditionssätze			
Währungsspezifische Preislisten			
Kundenspezifische Preislisten			
Gültigkeitszeiträume für Preislisten			
Sonderpreise			
Mindermengenzuschläge			
Versandsteuerung / Disposition	V	N	Z
Lieferscheinschreibung			
Kommissionierung			
Versandpapiererstellung			
Exportpapiererstellung			
Versandkostenermittlung			
Warenausgangsbuchung auftragsbezogen			
Fakturierung	V	N	Z
Auftragsfakturierung			
Mehrwertsteuerermittlung			
Zahlungsbedingungen			
Gut- und Lastschriften			
Rechnungsstorno			
Pro-forma-Rechnung			
Vertriebsplanung	V	N	Z
Absatzplanung			
Preisplanung			
Plan-Deckungsbeitragsrechnung			
Potentialbetrachtung			
Konditionenplanung			

Außendienstverwaltung / -steuerung	V	N	Z
Vertreterabrechnung			
Besuchssteuerung			
Tourenplanung			
Tätigkeitsnachweise			
mobile Datenerfassung			
Exportabwicklung	V	N	Z
Erstellung der Exportdokumente			
Druck von Packlisten			
Fremdsprachenbearbeitung			
Pro-forma-Rechnung			
Devisentabelle			
Kontraktverwaltung			
Akkreditivabwicklung			
Auswertungen	V	N	Z
Absatzstatistiken Kunde			
Absatzstatistiken Produkt			
Kundenreklamationen			

Tabelle 4.53: (CD-ROM: Ordner »MustPfl3«, Datei »Vertrieb.doc«)

Einkauf

(V=vorhanden, N=nicht vorhanden, Z=Zusatzkosten in Euro)

Lieferanten- / Teileverwaltung	V	N	Z
Lieferantenübersicht			
Lieferantendirektauswahl			
Verbund mit Kreditorendatei			
Matchcode			
Angebotsverwaltung	V	N	Z
Artikelauswahl			
Übernahme von Bestellvorschlägen			

Anfragerstellung			
Angebotserfassung			
Terminüberwachung Angebote			
Preisvergleiche			
Bestellwesen	**V**	**N**	**Z**
Anlage von Bestelltexten			
Umwandlung Angebot / Bestellung			
Umwandlung Bestellvorschlag / Bestellung			
automatische Bestellschreibung			
Bestellschreibung Telefax			
Bestellüberwachung			
Bestellmahnwesen			
Wareneingang	**V**	**N**	**Z**
Lieferungen mit Bestellung			
Lieferungen ohne Bestellung			
Teilemengenverwaltung bei Rahmenaufträgen			
Leergutverwaltung			
Lagerzugangsbuchung mengenmäßig			
Lagerzugangsbuchung wertmäßig			
Rechnungsprüfung			
Schnittstelle zur Kreditorenbuchhaltung			
Auswertungen	**V**	**N**	**Z**
Lieferantenübersicht pro Artikel			
Artikelübersicht pro Lieferant			
Einkaufsvolumen pro Lieferant			
Aktuelles Bestellvolumen			
Preisentwicklung pro Artikel			
Durchschnittlicher Einkaufspreis			

Durchschnittliche Anzahl Bestellungen			
Verhältnis Reklamationen zu Bestellungen			

Tabelle 4.54: (CD-ROM: Ordner »MustPfl3«, Datei »Einkauf.doc«)

Lagerwirtschaft

(V=vorhanden, N=nicht vorhanden, Z=Zusatzkosten in Euro)

Deterministische Bedarfsermittlung	V	N	Z
Stücklistenauflösung über Baukasten			
Stücklistenauflösung über Struktur			
Stücklistenauflösung über Varianten			
Bedarfsermittlung in festen Zeiträumen			
Bedarfsermittlung in variablen Zeiträumen			
Terminbestimmung und Berücksichtigung Vorlaufzeiten			
Bruttobedarfsermittlung			
Nettobedarfsermittlung			
Unterscheidung von Fertigungs- und Bestellvorschlägen			
Disposition	V	N	Z
Festlegung von Sicherheitsbeständen			
Verwaltung der Wiederbeschaffungszeiten			
Zuordnung Kundenauftrag / Bestellung			
Mindestbestandsverwaltung			
interne Materialbewegung	V	N	Z
Lagerabbuchung mit Material-Entnahmeschein			
Lagerabbuchung mit Stückliste			
Lagerabbuchung mit Nachfass-Scheinen			
Lagerzugangsbuchung aus Fertigung mit Bewertung			
Bereitstellungsliste nach Fertigungsauftrag			
Bereitstellungsliste nach Kundenauftrag			

Inventur	V	N	Z
Stichtagsinventur			
Permanente Inventur			
Vollerhebung			
Stichprobenverfahren			
Inventurdifferenzenliste			
Differenzverbuchung über Artikelnummer			
Bestandsbewertung			
Auswertungen	**V**	**N**	**Z**
durchschnittlicher Lagerbestand Rohstoffe			
durchschnittlicher Lagerbestand Hilfsstoffe			
durchschnittlicher Lagerbestand Betriebsstoffe			
durchschnittlicher Lagerbestand Halbteile			
durchschnittlicher Lagerbestand Fertigteile			
Lagerumschlag Artikel			
Lagerdauer			
Lagerkapitalbindung			
Umschlagshäufigkeit			
Lieferbereitschaft			
ABC-Lageranalyse			
Lagenhüter			
Hitliste			

Tabelle 4.55: (CD-ROM: Ordner »MustPfl3«, Datei »Lager.doc«)

Fertigung

(V=vorhanden, N=nicht vorhanden, Z=Zusatzkosten in Euro)

Datenverwaltung	V	N	Z
Teilestammnummer			
Kopieren von Teilestammdaten			
Verwalten von Einmalstammdaten			

Arbeitsgangkatalog			
Arbeitsplandatei			
Textdatei			
Kopieren der Arbeitspläne			
Alternativarbeitspläne			
Arbeitsplatzverwaltung			
Kostenstellenverwaltung			
Kapazitätsfestlegung			
Verwalten von Stücklisten			
Zusatztexte in Stücklisten			
Kopieren von Stücklisten			
Erfassen von nicht angelegten Artikeln in Verwendungsnachweis			
Produktionsprogrammplanung	V	N	Z
Kapazitätsgrobplanung			
Bedarfsvorgabe Lagerartikel			
Bedarfsvorgabe Kundenaufträge			
Bedarfsvorgabe Angebote			
Lieferterminbestimmung			
Terminierung von Aufträgen			
Kapazitätsplanung	V	N	Z
Kapazitätsterminierung feste Periode			
Kapazitätsterminierung variable Periode			
Änderungsberechnung			
Neuterminierung			
Darstellung der Über- und Unterbelastung			
Simulation			
Ergebnisvergleich			
Darstellung der Einlastungsergebnisse			

Kapazitätsausgleich			
Kapazitätsanpassung			
Darstellung der Kapazitätsbelastung			
Produktionsplanung	**V**	**N**	**Z**
Auftragsfreigabe			
Automatische Verfügbarkeitsprüfung			
Verfügbarkeitsprüfung Kapazität			
Verfügbarkeitsprüfung Betriebsmittel			
Fertigungsbelegerstellung			
Freie Formulargestaltung			
Verwaltung von Zusatztexten			
Auslastungsanzeige			
Werkstattauftragsfreigabe	**V**	**N**	**Z**
Bedarfsverursachungsnachweis			
Fertigungsaufträge in der Fertigungsstufe			
gespeicherte Produktionspläne			
Eilauftragsverwaltung			
Abarbeitungsgrad pro Auftrag			
Fehlteileliste pro Auftrag			
Rückstandslisten bei Mengenabweichungen			
Rückstandslisten bei Terminabweichungen			
Kapazitätsentlastung bei Fertigmeldung			
Auftragsstatusverwaltung			
Werkstattsteuerung	**V**	**N**	**Z**
Bedarfsverursachungsnachweis			
Frühester Liefertermin pro Auftrag			
Spätester Beginntermin			
Rückwärtsterminierung			

Durchlaufzeitverkürzung durch Splitten			
Durchlaufzeitverkürzung durch Überlappen			
Betriebsdatenerfassung	**V**	**N**	**Z**
Rückmeldezwang für alle Arbeitsgänge			
Wahl der Rückmeldepflicht			
Erfassen Ist-Zeiten			
Erfassen Ist-Materialverbrauch			
Erfassen Rüstzeiten			
Erfassen Ausschussmenge			
Auftragsfertigmeldung			
Rückmeldeanmahnung			
Einsatzmöglichkeit von BDE-Terminals			
Einbindung eines Leitstandes			
Auswertungen	**V**	**N**	**Z**
Durchschnittlicher Auftragsbestand			
Liefertermínübersichten			
Übersicht Fertigungsprogramm			
Übersicht Maschinenstillstandszeiten			
Anzahl Fertigungsaufträge pro Artikel			
Anzahl Fertigungsaufträge pro Jahr			
Vergleichsübersichten			

Tabelle 4.56: (CD-ROM: Ordner »MustPfl3«, Datei »Fertig.doc«)

Detailpflichtenheft
Mengengerüst

Fertigung	
Anzahl Mitarbeiter in der Verwaltung / AV	
Anzahl der durchschnittlich, gleichzeitig verwalteten Werkstattaufträge	
durchschnittliche Durchlaufzeit	

Anzahl Eilaufträge	
Anzahl Stücklisten	
Stücklistenneuanlage / Jahr	
Stücklistenänderungen / Jahr	
Anzahl Arbeitspläne	
Neuanlagen Arbeitspläne / Jahr	
Änderungen Arbeitspläne / Jahr	
Anzahl Betriebsmittel (Maschinen, Vorrichtungen, usw.)	
Anzahl Fertigungsstufen	
Lager	
Anzahl Mitarbeiter	
Anzahl Artikel	
Zahl der zu verwaltenden Lager	
Lagerbuchungen / Jahr	
Artikeländerungen / Jahr	
Artikelneuanlagen / Jahr	
Einkauf	
Anzahl Mitarbeiter	
Anzahl Lieferanten	
Anzahl Bestellvorgänge pro Tag (incl. Betriebsstoffe)	
Zukünftige Anzahl Abrufaufträge	
Reklamationen / Jahr	
Einkaufsvolumen / Jahr	
Verkauf	
Anzahl Kunden	
Angebote / Jahr	
Aufträge / Jahr	

Lieferscheine / Jahr	
Rechnungen / Jahr	
davon Auslandsrechnungen	
Gutschriften / Jahr	
Anzahl Handelsvertreter	
Anzahl verschiedener Konditionen (Rabatt, Bonus, Skonto, usw.)	
Kostenrechnung	
Anzahl Mitarbeiter	
Anzahl Kostenarten	
Anzahl Kostenstellen	
Anzahl Kostenträger (unterschiedliche Kalkulationsobjekte)	
Nummernsystem	**Anzahl der Stellen**
Kunden-Nummer	
Auftragsnummer	
Lieferanten-Nummer	
Teile- / Artikelnummer	
Rechnungsnummer	
Fertigungsauftragsnummer	

Tabelle 4.57: (CD-ROM: Ordner »MustPfl3«, Datei »MenGer.doc«)

Software-Preise

Nachfolgend sind tabellarisch die Preise für die anzubietende Software einzutragen. Ein separates Detailangebot ist möglich. Das Angebot wird nur bearbeitet, wenn die Ausschreibungsunterlagen vollständig ausgefüllt sind.

Bei den Besonderheiten im Abschnitt Zusatz- oder Individualprogramme sind unbedingt die Zusatzkosten pro Abschnitt zu nennen. Sind keine Preise bei den Unterprogrammen eingetragen, wird davon ausgegangen, dass diese Funktionalität im Gesamtangebot enthalten ist.

Die Preisangaben dienen als Entscheidungsgrundlage und sind im Bedarfsfall als Vertragsobergrenze anzusehen.

Es ist eine schrittweise Einführung der Lösung geplant (mehrere Ausbaustufen).

Software-Preise Ausbaustufe 1

	Anwendungsgebiete	Lizenz monatlich	Leasing monatlich	Wartung jährlich	Durchschnittlicher Schulungsaufwand
1	Fertigung				
2	Lagerwirtschaft				
3	Einkauf				
4	Vertrieb				
5	Kostenrechnung				
6	Installation				

Software-Preise Ausbaustufe 2

	Anwendungsgebiete	Lizenz monatlich	Leasing monatlich	Wartung jährlich	Durchschnittlicher Schulungsaufwand
1	Fertigung				
2	Lagerwirtschaft				
3	Einkauf				
4	Vertrieb				
5	Kostenrechnung				
6	Installation				

Tabelle 4.58: (CD-ROM: Ordner »MustPfl3«, Datei »SWPreis.doc«)

Vorläufiger Projektplan

Rückgabe der Ausschreibung bis spätestens	
Auswertung und Präsentation der Angebote bis	
Rückmeldung an die Software-Anbieter	
Installationsdatum - Ausbaustufe 1	
Geplante produktive Nutzung - Ausbaustufe 1	

Installationsdatum - Ausbaustufe 2	
Geplante produktive Nutzung - Ausbaustufe 2	

Tabelle 4.59: (CD-ROM: Ordner »MustPfl3«, Datei »Plan.doc«)

Leistungsmerkmale

Fertigung

(v=vorhanden, n=nicht vorhanden, p=geplant, t=Mann/Tage)

Datenverwaltung (Anlegen, Ändern, Löschen)	v	n	p	t
Teilestammnummer alphanumerisch				
zweites Suchfeld (zur Aufnahme der alten Teilestammnummer)				
Abfrage von klassifizierenden Merkmalen im Teilestamm				
Duplizierbarkeit von Teilestammsätzen als kompletter Satz				
Verwalten von Einmalteilen (kein Stammsatz)				
Prüfziffer numerisch				
Arbeitsgangkatalog				
Arbeitsplandatei				
Textdatei				
freie Kopier- und Gestaltungsmöglichkeiten von Arbeitsplänen				
Anlage von Alternativarbeitsplänen				
Darstellung aller vorhandenen Arbeitspläne von Teilen und Baugruppen				
Verknüpfungen können im Arbeitsplan gespeichert werden				
Definition der Kapazitätseinheiten als Arbeitsplatz				
Definition der Kapazitätseinheiten als Arbeitsplatzgruppe				
Definition der Kapazitätseinheiten als Kostenstelle				

Kapazitätsfestlegung der Kapazitätseinheiten pro Arbeitstag				
Verwalten von Stücklisten				
Zusatztexte in Stücklisten				
freie Kopier- und Gestaltungsmöglichkeiten von Stücklisten				
Verwendungsnachweis einstufig				
Verwendungsnachweis mehrstufig				
Produktionsprogrammplanung	v	n	p	t
Kapazitätsgrobplanung im Dialog				
Auflösung terminierter Vorhersagemengen über Stücklisten in Baugruppen, Einzelteil und Material				
Bedarfsvorgabe durch Prognoserechnung				
Bedarfsvorgabe manuell - für Lageraufträge über Fertigwaren (kundenanonym) - für Lageraufträge über beliebige Baugruppen - für Kundenaufträge				
Planung von Artikelgruppen bei Typenreihen mit Varianten				
Einbeziehung laufender Planänderungen (Änderungsrechnung)				
Neuplanung bei Planänderungen (Neuaufwurf)				
Lieferterminbestimmung - für geplante Aufträge - nur für Engpass-Kapazitätseinheiten mit Kapazitätsabgleich - basierend auf allen Kapazitätseinheiten				
Terminierung von Aufträgen aufgrund von bekannten Verkaufszahlen sowie Abrufaufträgen				
Kapazitätsplanung	v	n	p	t
Kapazitätsterminierung - mit fester Planungsperiode - mit variabler Planungsperiode - als Simulation - mit Vorgabe Kapazitätsgrenzen pro Kapazitätseinheit				

laufende Ergänzung benötigter Kapazität (Änderungsrechnung)				
komplette Neuterminierung für Folgekapazitätsbedarf (Neuaufwurf)				
Darstellung Über- / Unterlastung pro Kapazitätseinheit				
Ergebnisvergleich				
Änderung / Löschung der Einlastungsergebnisse mit wahlweise Übernahme				
Kapazitätsausgleich durch Verschieben von Fertigungsaufträgen				
Kapazitätsanpassung durch Überstunden, Auswärtsvergabe, etc.				
Darstellung Kapazitätsbelastung der Aufträge / Angebote pro Kapazitätseinheit				
Reihefolgevariation von Fertigungsaufträgen durch externe Prioritäten				
Verknüpfung von Kapazitäts- und Mengenplanung				
Deckungsrechnung zur Lieferterminbestimmung				
Produktions-(Werkstatt-)planung (AV)	v	n	p	t
Auftragsfreigabe nach MRP-II-Konzept				
belastungsorientierte Auftragsfreigabe				
Fertigungsauftragsfreigabe im Dialog - Jeder Fertigungsauftrag wird einzeln freigegeben - Alle Fertigungsaufträge einer Baugruppe werden zusammen freigegeben - Alle Fertigungsaufträge in einem Zeitbereich werden zusammen freigegeben				
automatische Verfügbarkeitsprüfung				
Verfügbarkeitsprüfung - Material - Kapazität - Betriebsmittel				
Fertigungsbelegerstellung zwangsweise nach Termin- und Kapazitätsplanung				

Fertigungsbelegerstellung bedarfsweise nach Termin- und Kapazitätsplanung				
variable Anzahl von Fertigungsbelegen je nach Arbeitsgang oder Teileart				
freie Formulargestaltung				
Werkstattauftragsverwaltung	**v**	**n**	**p**	**t**
Bedarfsverursachungsnachweis über alle Stufen				
Auskunft über alle Fertigungsaufträge in einer Fertigungsstufe				
Gegenüberstellung von gespeicherten Produktionsplänen und effektiven Kundenaufträgen				
Definition von Eilaufträgen (keine Berücksichtigung in Termin- und Kapazitätsplanung)				
Eingabe von Auftragsart-, Mengen- und Terminänderungen				
Auskünfte über Abarbeitungsgrad pro Auftrag über Bildschirm - für einzelne Aufträge - für alle Aufträge - mit Soll- / Ist-Terminvergleich				
Fehlteileliste pro Auftrag				
automatische Erstellung von Rückstandslisten - bei Mengenabweichungen - bei Terminabweichungen				
Auftragsstatusverwaltung (z.B. Unterbrechung)				
Werkstattsteuerung	**v**	**n**	**p**	**t**
Durchlauf im Dialog und im Batch-Lauf				
Ermittlung des frühesten Liefertermins pro Auftrag (Vorwärtsterminierung)				

Ermittlung spätester Beginntermine (Rückwärtsterminierung) - unter Verwendung von Vorlaufzeiten aus dem Teilestamm - unter Verwendung von Vorlaufzeiten aus den Stücklisten - unter Verwendung von losgrößenabhängigen Vorlaufzeiten auf Basis der Arbeitspläne - unter zeitlicher Verknüpfung innerhalb von Fertigungsaufträgen - unter Berücksichtigung von Übergangszeiten				
Durchlaufzeitverkürzung durch - Splitten - Überlappen				
Betriebsdatenerfassung / Auftragszeiterfassung	**v**	**n**	**p**	**t**
Rückmeldung für alle Arbeitsgänge				
Wahl der Rückmeldepflicht				
Erfassung von - Ist-Arbeitszeit pro Arbeitsgang - Ist-Materialverbrauch pro Arbeitsgang - Rüstzeiten - Ist-Menge / Ausschussmenge pro Arbeitsgang				
Auftragsfertigmeldung				
Fertigmeldung pro Wahlarbeitsgang				
Rückmeldeanmahnung				
Einsetzbarkeit von BDE-Terminals				
Einbindung eines Leitstandes				
Auswertungen	**v**	**n**	**p**	**t**
Übersicht - über durchschnittlichen Auftragsbestandes - über aktuelles Fertigungsprogramm - über Maschinenstillstandszeiten				
Lieferterminübersichten - im Dialog - als Liste				

Anzahl Fertigungsaufträge pro Produkt und Jahr				
Vergleichsübersichten über Losgrößen, Fertigungszeiten usw.				

Tabelle 4.60: (CD-ROM: Ordner »MustPfl3«, Datei »FertPlan.doc«)

Lagerwirtschaft

(v=vorhanden, n=nicht vorhanden, p=geplant, t=Mann/Tage)

Bestandsführung	v	n	p	t
Mehrlagerverwaltung				
Mehrplatzverwaltung				
Bewegungsprotokoll über alle Lagerbewegungen				
Lagerplatzzuweisung - feste Lagerorte für bestimmte Artikel - frei, aber immer nur Material eines Artikels auf einen Lagerort - chaotisch, Material verschiedener Artikel auf einem Lagerort				
automatische Abbuchung über Stücklisten				
Führung des Bestandes - Lagerbestand - Bestellbestand - reservierter Bestand - Werkstattbestand - gesperrter Bestand				
Verwaltung von Material eines Artikels mit unterschiedlichen Restmengen				
Chargenverwaltung				
Realtime-Verarbeitung bei allen Veränderungen				
Informationen im Teilestamm über den niedrigsten Einkaufspreis				
Zugang ohne Rechnung				
Zugang ohne Einkaufspreis				
geplante Entnahme mit und ohne vorhergehender Reservierung				

Reservierung als Ergebnis einer Verfügbarkeitskontrolle				
nachträgliche Entnahmebuchung				
Stochastische Bedarfsermittlung	v	n	p	t
gleitendes arithmetisches Mittelwertverfahren				
Verfahren der exponentiellen Glättung mit Saisonschwankungen				
Deterministische Bedarfsermittlung	v	n	p	t
Bedarfsermittlung über Stücklistenauflösung - stufenweise über aller Stufen - nach Mengen und Terminen - gesteuert durch Kennzeichen im Teilestamm - nach Variantenstücklisten - in festen Zeiträumen - in frei wählbaren Bedarfszeiträumen - durch Änderungsrechnung (nur neuer Bedarf wird berücksichtigt)				
Terminbestimmung durch Berücksichtigung von Vorlaufzeiten				
Hinweis, wo Terminverschiebungen erforderlich sind				
Berücksichtigung von Zusatzbedarfen - durch prozentuale Vorgabe - durch Stückzahlenvorgabe				
Nettobedarfsermittlung unter Berücksichtigung von - Lagerbestand - Lager- und Bestellbestand - Lager-, Bestell- und Werkstattbestand				
Simulative Einplanung von Anfragen und Aufträgen im Bedarfsgerüst				
Ausnahmemeldungen bei End- und Starttermin in der Vergangenheit				
Hinweise, wo Bestellungen, obwohl der Bedarf durch den Lagerbestand gedeckt ist				
Darstellung der aufgelösten Bedarfe - im Dialog und Batch - mit festgelegten Zeiträumen - mit wählbaren Zeiträumen				

	v	n	p	t
Unterscheidung nach Fertigungs- und Bestellvorschlägen				
Fertigmeldung der Werkstätten				
Disposition	v	n	p	t
Sicherheitsbestände für alle Teile				
Verwaltung der Wiederbeschaffungszeiten				
Zuordnung - aller Kundenaufträge zu einer Bestellung / Bestellvorschlag - bei jeder Mindestbestandsunterschreitung				
Dispositionsergebnisse am Bildschirm änderbar				
Materialbewegung intern	v	n	p	t
Lagerabbuchungen mit - Materialentnahmeschein - mit Stückliste vom Verkauf - Stückliste intern - Nachfass-Scheinen				
Lagerbuchungen auf KST / Aufträgen / Projekten / Kostenträger / Anlagekonto / Lagerorte				
Bereitstellungslisten nach Fertigungs- / Kundenauftrag				
Ausfasslisten nach Lagerorten				
Inventur	v	n	p	t
Stichtagsinventur				
vor- / nachgelagerte Stichtagsinventur				
Permanente Inventur				
Vollerhebung				
Stichprobenverfahren (geschichtet / ungeschichtet)				
Zähllisten				
Inventurdifferenzlisten nach - Lagerorten - Aufnahmebeleg - Zeiträumen				

Differenzenverbuchung über Artikelnummer				
Bestandsbewertung				
Auswertungen	v	n	p	t
Durchschnittlicher Lagerbestand an - Roh-, Hilfs- und Betriebsstoffen - unfertigen Erzeugnissen - fertigen Erzeugnissen				
Lagerumschlag aller Materialien				
Lagerverweildauer				
Lagerkapitalbindung				
Umschlaghäufigkeit				
Lieferbereitschaft				
Lager-ABC-Analyse				
Lagerhüter				
Hitliste				
Differenzierung nach Artikel-Arten - Eigenfertigung - Fremdfertigung				

Tabelle 4.61: (CD-ROM: Ordner »MustPfl3«, Datei »LagPlan.doc«)

Einkauf

(v=vorhanden, n=nicht vorhanden, p=geplant, t=Mann/Tage)

Lieferanten- / Teileverwaltung	v	n	p	t
Lieferantenübersicht nach - Artikelnummer - Artikelgruppenzugehörigkeit				
Verbund mit Kreditorendatei				
Matchcode				
Angebotsverwaltung	v	n	p	t
Artikelauswahl				
Übernahme - der kompletten Bestellvorschläge - einzelner Bestellvorschlagspositionen				

Auftragserstellung				
Angebotserstellung				
Terminüberwachung Angebote				
Preisvergleiche				
Bestellverwaltung	v	n	p	t
Anlage von Bestelltexten				
integrierte Textverarbeitung				
Umwandlung Angebot in Bestellung				
Bestellschreibung - mit Haupt- und Nebenlieferanten - über Drucker - über Fax - ohne Teilestammnummer				
Bestellüberwachung / Mahnung - pro Bestellung - pro Bestellposition				
Kontraktverwaltung für Abrufaufträge				
Bestellanforderungsdatei				
Bestellarten - Normalbestellung mit - einer zugelassenen Position				
Wareneingang	v	n	p	t
Lieferungen mit und ohne Bestellung				
Teilmengenverwaltung - zu Rahmenaufträgen - zu Einzelaufträgen				
Leergutverwaltung				
Lagerzugangsbuchung - mengenmäßig - wert- und mengenmäßig				
Rechnungsprüfung mit Schnittstelle zur Kreditoren- buchhaltung				

Auswertungen	v	n	p	t
Lieferantenübersicht pro Artikel				
Artikelübersicht pro Lieferant				
Einkaufsvolumen pro Lieferant				
Konditionenübersicht pro Lieferant				
Übersicht bestehender Kontrakte				
aktuelles Bestellvolumen				
Preisentwicklung pro Artikel/durchschnittliche EK-Preis				
durchschnittliche Anzahl Bestellungen pro Artikel und Jahr				
Verhältnis Reklamationen zu durchgeführten Bestellungen				
Differenzierung des Bestellbestandes nach Verursachern				
Auftragsverwaltung	v	n	p	t
Verfügbarkeitsprüfung				
Kreditlimitermittlung				
Liefersperreprüfung				
Auftragsartenbearbeitung				
Auftragspapiere (Auftragsbestätigung, Gutschrift, Storno, usw.)				
Reservierung der Lagerartikel				
Lieferpläne				
nachträglicher und sofortiger Auftragssplitt				
Rückstandsbildung				
Exportabwicklung				

Tabelle 4.62: (CD-ROM: Ordner »MustPfl3«, Datei »EinkPlan.doc«)

Vertrieb

(v=vorhanden, n=nicht vorhanden, p=geplant, t=Mann/Tage)

Angebotsverwaltung	v	n	p	t
Lieferbereitschafts- und Konditionenauskunft im Dialog				
Angebotserstellung (Zugriff auf Artikel, Preis, Lieferzeit, usw.)				
Lieferzeitermittlung unter Berücksichtigung der Auslastung der Fertigung u. Konstruktion				
Angebotsüberwachung				
Preisermittlung	v	n	p	t
Rabatte nach - Menge - Wert				
Naturalrabatte				
Konditionsarten				
Konditionssätze				
Preislisten - währungsspezifisch - kundenspezifisch - verbandsspezifisch				
Gültigkeitszeiträume für Preislisten				
Sonderpreise				
Zu- / Abschläge je - Mengeneinheit - Gewichtseinheit				
Versandsteuerung und Disposition	v	n	p	t
Lieferscheinschreibung				
Kommissionierung nach - lieferungsbezogener Bereitstellung - Sammelgang-Bereitstellung				
Versandpapiere - pro Kundenlieferung - für Versandeinheiten / Touren / Spediteur				

	v	n	p	t
Versandeinheitenbildung				
Leerguterfassung				
Erfassung spediteurspezifischer Versandpapierformulare				
Tourenplanung				
Erstellung von Exportpapieren				
Versandkostenermittlung				
Warenausgangsbuch - pro Auftrag - pro Versandeinheit				
Fakturierung	v	n	p	t
Vorfakturierung - Aufträge - Storno / Gutschrift / Lastschrift				
Fremdwährungsfakturierung				
Sammelrechnung				
Zentralregulierung				
Mehrwertsteuerermittlung nach Empfängerschlüssel				
Zahlungsbedingungen				
Gut- und Lastschriften				
Rechnungsstorno				
Anzahl der Rechnungskopien einstellbar				
Pro-forma-Rechnungen				
Vertriebsplanung	v	n	p	t
Absatzplan - Produkte - Kunden - Vertriebskanäle - Regionen - Vertreterbezirke				
Preisplanung				
Plan- und Deckungsbeitragsrechnung				

Potenzialbetrachtung				
Konditionenplanung				
Außendienstverwaltung / -steuerung	v	n	p	t
Vertreterabrechnungen (Spesen, Provisionen, usw.)				
Besuchssteuerung				
Tourenplanung				
Tätigkeits- und Leistungsnachweise der Vertriebsmitarbeiter				
mobile Datenerfassung				
Exportabwicklung	v	n	p	t
Erkennung von Exportaufträgen nach Kennziffern				
Vorschlag Exportdokumente in Abhängigkeit von Vertragsspezifika - Export- / Endverbraucherland - Landeswährung - Versandart - Warenwert				
automatische Übernahme der Vorschlagsliste				
vorgangsbezogene Änderung der Vorschlagsliste				
Erstellung von Exportdokumenten				
Packlistenerstellung				
Ausdruck in Fremdsprachen				
Vollständigkeitsprüfung von Genehmigungsdaten der Auftragsabwicklung				
Erstellung von Pro-forma-Rechnungen für alle oder ausgewählte Positionen				
Devisentabelle				
Kontraktverwaltung				

Checklisten

Auswertungen	v	n	p	t
Absatzstatistiken nach - Kunden - Regionen - Filialen - Vertretern - Produkten				
Übersicht über die Kundenreklamationen pro - Außendienstmitarbeiter - Artikel - Artikelgruppe - Region				
Preisentwicklung je Artikel über mind. 5 Jahre				

Tabelle 4.63: (CD-ROM: Ordner »MustPfl3«, Datei »VertPlan.doc«)

Kostenrechnung

(v=vorhanden, n=nicht vorhanden, p=geplant, t=Mann/Tage)

Kostenartenrechnung	v	n	p	t
Erfassen und Verwalten von Kostenarten - nach Verbrauch - nach Art der Verrechnung - nach fixen und proportionalen Kosten				
Berechnung kalkulatorischer - Abschreibungen - Zinsen				
Übernahme - Kosten und Erlöse in die Kostenartenrechnung - der kalkulatorischen Kosten aus der FIBU				
Kostenstellenrechnung	**v**	**n**	**p**	**t**
Zusammenfassung von Arbeitsplätzen zu Kostenstellen				
Kostenstellenabgrenzung				

Verfahren der Kostenermittlung auf
- Vollkostenbasis
  - IST-Kostenrechnung
  - Plankostenrechnung
- Teilkostenrechnung
  - IST-Kostenrechnung
  - Plankostenrechnung				

Kostenartenrechnung	v	n	p	t
Verteilung von Kostenarten auf Kostenstellen in direkter Verbuchung				
KST-Budget-Planung				
Kostenplanung je Kostenstelle und –art - Erfassung der Plankosten - innerbetriebliche Leistungsverrechnung - Umlage von Kostenstellen / Kostenträger				
Erfolgsrechnung / Deckungsbeitragsrechnung	v	n	p	t
Verfahren der Erfolgsrechnung / Gesamtkostenrechnung				
Deckungsbeitragsrechnung - einstufig - mehrstufig				
Artikelerfolgsrechnung				
Auswertungen	v	n	p	t
jahresbezogene Plan- und Ist-Auswertungen				
BAB-SOLL-IST-Auswertungen				
Kostenträgerauswertungen - auftragsbezogen - produktbezogen				

Tabelle 4.64: (CD-ROM: Ordner »MustPfl3«, Datei »KostPlan.doc«)

4.2.9 Musterpflichtenheft ERP

Die Vorbereitungen für Ihr Pflichtenheft haben Sie ja bereits getroffen, hier finden Sie nun ein exemplarisches Pflichtenheft, das Sie möglicherweise bereits ganz oder teilweise zur Gestaltung Ihres Pflichtenheftes benutzen können. Bei dem vorliegenden ERP-Pflichtenheft handelt es sich um eine reale Ausschreibung. Das gesamte Musterpflichtenheft finden Sie auf der CD als Datei »MustPfl2.doc« im Ordner »MustPfl«.

Es ist folgendermaßen strukturiert:

- Unternehmensprofil
- Betriebstyp
- Besondere Leistungsmerkmale

- Mengengerüst
- Software-Preise
- Hardware-Preise
- Vorläufiger Projektplan
- Leistungsmerkmale

Wie bereits angedeutet, handelt es sich hier um eine reale Ausschreibung. Es dürfte Ihnen jedoch klar sein, dass dieses Pflichtenheft sehr wahrscheinlich nicht oder nur bedingt auf Ihre Firma zutrifft, deshalb können Sie die einzelnen Kriterien abändern, ergänzen oder ganz herauslöschen.

Die firmenspezifischen Daten werden von Ihnen aufgeführt. Der Software-Anbieter erhält dann Ihre Ausschreibung und ergänzt diese mit seinen Daten, Anmerkungen und Preisen. Im Projektteam werden dann die (höchstens drei) Pflichtenhefte analysiert, und mit dem interessantesten Anbieter werden dann weitere Gespräche bis hin zur Bestellung und Implementierung geführt.

Pflichtenheft ERP

Unternehmensprofil / Zielsetzung

Unsere Firma fertigt und vertreibt hochwertige .... Der Vertrieb erfolgt hauptsächlich über den Großhandel bzw. Fachhandelsverbände. Mit derzeit ca. .... Mitarbeiter werden ....Mio. Euro Umsatz erzielt.

Die Produkte werden nahezu vollständig in Eigenfertigung erstellt. Das Unternehmen verfügt über eigene Werkzeugbaukapazitäten für die Kunststofffertigung.

Bestehende Insellösungen in der DV-Landschaft behindern die Integration von Abläufen im Unternehmen:

- Nixdorf Quattro 40 mit Standardsoftware für die FIBU, Auftragsabwicklung und Fakturierung
- UNISYS 5000/50 B mit Standardsoftware ....(PPS)
- PC-Netzwerk mit Zeiterfassung

Aufgrund der hohen Unzufriedenheit mit der momentanen Lösung ist eine IST-Analyse der organisatorischen und informationstechnischen Abläufe vorzunehmen.

Betriebstyp

Fertigungstyp		
	Einzelfertiger	☐
	Variantenfertiger	☐
	Kleinserienfertiger	☐
	Großserienfertiger	☐
Auftragsbezug		
	anonyme Lagerfertigung	☐
	Kundenauftragsfertigung	☐
	Mischfertigung	☐
Org.-Typ der Fertigung		
	Werkstattfertigung	☐
	Baustellenfertigung	☐
	Gruppenfertigung	☐
	Fließprinzip	☐
	Prozessfertigung	☐
Steuerungskonzepte		
	Fertigungsinsel	☐
	KANBAN	☐
Disposition / Beschaffung		
	auftragsbezogen	☐
	programmbezogen	☐
Handelsfunktion		☐
	hoch	☐
	mittel	☐
	gering	☐
Dezentralisierungsgrad räumlich		
	hoch	☐
	mittel	☐

	gering	☐
Dezentralisierungsgrad organisatorisch		
	hoch	☐
	mittel	☐
	gering	☐
DV-Kenntnisse		
	hoch	☐
	mittel	☐

Tabelle 4.65: (CD-ROM: Ordner »MustPfl4«, Datei »BetrTyp.doc«)

Rahmendaten

	Anzahl
Mitarbeiter gesamt	ca.
Anzahl geführter Verkaufsartikel	ca.
Anzahl Standorte	
Anzahl Lagerort	

Tabelle 4.66: (CD-ROM: Ordner »MustPfl4«, Datei »Rahmen.doc«)

(Das Nachstehende finden Sie auf der CD-ROM im Ordner »MustPfl2«, Datei »Anford.doc«.)

Besondere Leistungsmerkmale

Aus der Firmenstruktur ergeben sich folgende, spezielle Anforderungen an die DV-Unterstützung.

Fertigung

▷ Mittelfristig soll die gesamte Funktionalität eines leistungsfähigen PPS-Systems genutzt werden

▷ Folgende Ansprüche werden seitens der Geschäftsführung angemeldet, die eine umfangreiche Funktionalität der zukünftigen Lösung erfordert

  ▷ schnellere Innovationszyklen
  ▷ kürzere Durchlaufzeiten

- verstärkte Kundenorientierung
- Bestandssenkung
- Die bestehenden Lösungen sollen stufenweise abgelöst werden
- Im ersten Schritt soll die Zeitwirtschaft realisiert werden
- Des Weiteren soll ein möglichst hoher Integritätsgrad angestrebt werden:
  - Kurzfristige Integration des Vertriebes, des Einkaufs und der Kalkulation / Kostenrechnung
  - Mittelfristige Integration zukünftiger technischer Software, wie CAM, CAD, CNC, etc.
  - Mittelfristige Integration eines zukünftigen elektronischen Leitstandes
- Zweisprachigkeit (Deutsch / Englisch) ist von großem Vorteil

Einkauf

- Bestellvorschläge sollen künftig direkt vom Arbeitsplatz aus als Bestellungen per FAX versandt werden

Kostenrechnung

- Die zukünftige Kostenrechnung / Kalkulation soll auf der Finanzbuchhaltung aufbauen
- Das Modul soll stufenweise mit Hilfe des BAB eingeführt werden
- Primär soll eine Artikelkalkulation und entsprechende Erfolgsrechnung durchgeführt werden
- In der zweiten Stufe soll dieser Bereich um ein Planungsmodul erweitert werden
- Besonders wichtig ist ein leistungsfähiges Preisermittlungssystem

Mengengerüst

Fertigung

Anzahl Mitarbeiter in der Verwaltung / AV	18 / 2
Anzahl der durchschnittlich, gleichzeitig verwalteten Werkstattaufträge	ca. 150
durchschnittliche Durchlaufzeit	ca. 25 Tage

Anzahl Eilaufträge	3 x pro Woche
Anzahl Stücklisten	ca. 2.500
Stücklistenneuanlage / Jahr	ca. 300
Stücklistenänderungen / Jahr	ca. 500
Anzahl Arbeitspläne	ca. 2.500
Neuanlagen Arbeitspläne / Jahr	ca. 300
Änderungen Arbeitspläne / Jahr	ca. 500
Anzahl Betriebsmittel (Maschinen, Vorrichtungen, usw.)	ca. 110
Anzahl Fertigungsstufen	4

Lager

Anzahl Mitarbeiter	6
Anzahl Artikel	ca. 1.500
Zahl der zu verwaltenden Lager	2
Lagerbuchungen / Jahr	ca. 300.000
Artikeländerungen / Jahr	ca. 200
Artikelneuanlagen / Jahr	ca. 350

Einkauf

Anzahl Mitarbeiter	2
Anzahl Lieferanten	ca. 400
Anzahl Bestellvorgänge pro Tag (incl. Betriebsstoffe)	ca. 5
Zukünftige Anzahl Abrufaufträge	ca. 10
Reklamationen / Jahr	ca. 100
Einkaufsvolumen / Jahr	8 Mio. Euro

Verkauf

Anzahl Kunden	ca. 2.000 aktiv
Angebote / Jahr	ca. 500

Aufträge / Jahr	ca. 17.000
Lieferscheine / Jahr	ca. 18.000
Rechnungen / Jahr	ca. 17.000
davon Auslandsrechnungen	ca. 2.000
Gutschriften / Jahr	ca. 500
Anzahl Handelsvertreter	4
Anzahl verschiedener Konditionen (Rabatt, Bonus, Skonto, usw.)	ca. 20

Finanzbuchhaltung

Anzahl Mitarbeiter	4 Halbtagskräfte
Anzahl Debitoren	ca. 800
Anzahl Kreditoren	ca. 200
Anzahl Sachkonten	ca. 850
Buchungen / Jahr	ca. 100.000
Eingangsrechnungen / Jahr	ca. 5.000
Ausgangsrechnungen / Jahr	ca. 23.000
Mahnungen / Jahr	ca. 2.000

Kostenrechnung

Anzahl Mitarbeiter	1
Anzahl Kostenarten	8
Anzahl Kostenstellen	36
Anzahl Kostenträger (unterschiedliche Kalkulationsobjekte)	380

Nummernsystem

Kunden-Nummer	5 Stellen
Auftragsnummer	5 Stellen
Lieferanten-Nummer	5 Stellen
Teile- / Artikelnummer	13 Stellen

Rechnungsnummer	13 Stellen
Fertigungsauftragsnummer	13 Stellen

Tabelle 4.67: (CD-ROM: Ordner »MustPfl4«, Datei »Mengen.doc«)

(Das Nachstehende finden Sie auf der CD-ROM im Ordner »MustPfl2«, Datei »Preise.doc«.)

Software-Preise

Nachfolgend sind tabellarisch die Preise für die anzubietende Software einzutragen. Ein separates Detailangebot ist möglich. Das Angebot wird nur bearbeitet, wenn die Ausschreibungsunterlagen vollständig ausgefüllt sind.

Bei den Besonderheiten im Abschnitt C (Zusatz- oder Individualprogramme) sind unbedingt die Zusatzkosten pro Abschnitt zu nennen. Sind keine Preise bei den Unterprogrammen des Abschnittes C eingetragen, wird davon ausgegangen, dass diese Funktionalität im Gesamtangebot enthalten ist.

Die Preisangaben dienen als Entscheidungsgrundlage und sind im Bedarfsfall als Vertragsobergrenze anzusehen.

Es ist eine schrittweise Einführung der Lösung geplant (mehrere Ausbaustufen).

Anwendungsgebiete

Software-Preise Ausbaustufe 1	Lizenz monatlich	Leasing monatlich	Wartung jährlich	Durchschnittlicher Schulungsaufwand
1	Fertigung			
2	Lagerwirtschaft			
3	Einkauf			
4	Vertrieb			
5	Finanzbuchhaltung			
6	Kostenrechnung			
7	Installation			

Kapitel 4 – Die Pflichtenhefterstellung

Software-Preise Ausbaustufe 2	Lizenz monatlich	Leasing monatlich	Wartung jährlich	Durchschnittlicher Schulungsaufwand
1	Fertigung			
2	Lagerwirtschaft			
3	Einkauf			
4	Vertrieb			
5	Finanzbuchhaltung			
6	Kostenrechnung			
7	Installation			

Hardware-Preise

Nachfolgend sind die Preise tabellarisch für die angebotene Hardware einzutragen. Bei Bedarf ist ein separates Detailangebot mit einzureichen.

- Hardware-Ausstattung
    - Terminals
    - Arbeitsplatzdrucker

Es sind Erweiterungsmöglichkeiten bis zu folgender Größenordnung darzustellen:

- Terminals
- Arbeitsplatzdrucker
- Systemdrucker

Die Preise dienen als Entscheidungsgrundlage und sind im Bedarfsfall als Vertragsobergrenze zu sehen.

Hardware-Preise
Ausbaustufe 1

	Typ bzw. Größe	Kaufpreis	Leasing 36 Monate	Leasing 60 Monate	Wartung jährlich
1	Rechner				
2	Betriebssystem				

	Typ bzw. Größe	Kaufpreis	Leasing 36 Monate	Leasing 60 Monate	Wartung jährlich
3	Hauptspeicher				
4	Platten				
5	Datensicherung				
6	Systemdrucker				
7	Arbeitsplatzdrucker				
8	Terminal				
9	Terminal-Emulation HW				
10	Sonstiges				
11	Einbindung Zeiterfassung				

Hardware-Preise Ausbaustufe 2

	Typ bzw. Größe	Kaufpreis	Leasing 36 Monate	Leasing 60 Monate	Wartung jährlich
1	Rechner				
2	Betriebssystem				
3	Hauptspeicher				
4	Platten				
5	Datensicherung				
6	Systemdrucker				

	Typ bzw. Größe	Kaufpreis	Leasing 36 Monate	Leasing 60 Monate	Wartung jährlich
7	Arbeitsplatzdrucker				
8	Terminal				
9	Terminal-Emulation HW				
10	Sonstiges				
11	Einbindung Zeiterfassung				

Gesamtangebot

	Ausbaustufe 1	Ausbaustufe 2
Hardware komplett		
Betriebssystem-Software		
Systemdrucker		
AP-Drucker		
Terminals		
Summe		

Vorläufiger Projektplan

Rückgabe der Ausschreibung bis spätestens	
Auswertung und Präsentation der Angebote bis	
Rückmeldung an die Soft- und Hardware-Anbieter	

Installationsdatum	Ausbaustufe 1	
Geplante produktive Nutzung	Ausbaustufe 1	
Installationsdatum	Ausbaustufe 2	
Geplante produktive Nutzung	Ausbaustufe 2	

Tabelle 4.68: (CD-ROM: Ordner »MustPfl4«, Datei »Plan.doc«)

Leistungsmerkmale

Fertigung

(v=vorhanden, n=nicht vorhanden, p=geplant, t=Mann/Tage)

Datenverwaltung (Anlegen, Ändern, Löschen)	v	n	p	t
Teilestammnummer alphanumerisch				
zweites Suchfeld (zur Aufnahme der alten Teilestammnummer)				
Abfrage von klassifizierenden Merkmalen im Teilestamm				
Duplizierbarkeit von Teilestammsätzen als kompletter Satz				
Verwalten von Einmalteilen (kein Stammsatz)				
Prüfziffer numerisch				
Arbeitsgangkatalog				
Arbeitsplandatei				
Textdatei				
freie Kopier- und Gestaltungsmöglichkeiten von Arbeitsplänen				
Anlage von Alternativarbeitsplänen				
Darstellung aller vorhandenen Arbeitspläne von Teilen und Baugruppen				
Verknüpfungen können im Arbeitsplan gespeichert werden				
Definition der Kapazitätseinheiten als Arbeitsplatz				
Definition der Kapazitätseinheiten als Arbeitsplatzgruppe				
Definition der Kapazitätseinheiten als Kostenstelle				
Kapazitätsfestlegung der Kapazitätseinheiten pro Arbeitstag				
Verwalten von Stücklisten				
Zusatztexte in Stücklisten				
freie Kopier- und Gestaltungsmöglichkeiten von Stücklisten				
Verwendungsnachweis einstufig				
Verwendungsnachweis mehrstufig				

Produktionsprogrammplanung	v	n	p	t
Kapazitätsgrobplanung im Dialog				
Auflösung terminierter Vorhersagemengen über Stücklisten in Baugruppen, Einzelteil und Material				
Bedarfsvorgabe durch Prognoserechnung				
Bedarfsvorgabe manuell				
- für Läuferaufträge über Fertigwaren (kundenanonym)				
- für Lageraufträge über beliebige Baugruppen				
- für Kundenaufträge				
Planung von Artikelgruppen bei Typenreihen mit Varianten				
Einbeziehung laufender Planänderungen (Änderungsrechnung)				
Neuplanung bei Planänderungen (Neuaufwurf)				
Liefertermibestimmung				
- für geplante Aufträge				
- nur für Engpass-Kapazitätseinheiten mit Kapazitätsabgleich				
- basierend auf allen Kapazitätseinheiten				
Terminierung von Aufträgen aufgrund von bekannten Verkaufszahlen sowie Abrufaufträgen				
Kapazitätsplanung	v	n	p	t
Kapazitätsterminierung				
- mit fester Planungsperiode				
- mit variabler Planungsperiode				
- als Simulation				
- mit Vorgabe Kapazitätsgrenzen pro Kapazitätseinheit				
laufende Ergänzung benötigter Kapazität (Änderungsrechnung)				
komplette Neuterminierung für Folgekapazitätsbedarf (Neuaufwurf)				
Darstellung Über- / Unterlastung pro Kapazitätseinheit				
Ergebnisvergleich				

	v	n	p	t
Änderung / Löschung der Einlastungsergebnisse mit wahlweise Übernahme				
Kapazitätsausgleich durch Verschieben von Fertigungsaufträgen				
Kapazitätsanpassung durch Überstunden, Auswärtsvergabe, etc.				
Darstellung Kapazitätsbelastung der Aufträge / Angebote pro Kapazitätseinheit				
Reihefolgevariation von Fertigungsaufträgen durch externe Prioritäten				
Verknüpfung von Kapazitäts- und Mengenplanung				
Deckungsrechnung zur Lieferterminbestimmung				
Produktions- (Werkstatt-) planung (AV)	v	n	p	t
Auftragsfreigabe nach MRP-II-Konzept				
belastungsorientierte Auftragsfreigabe				
Fertigungsauftragsfreigabe im Dialog				
- Jeder Fertigungsauftrag wird einzeln freigegeben				
- Alle Fertigungsaufträge einer Baugruppe werden zusammen freigegeben				
- Alle Fertigungsaufträge in einem Zeitbereich werden zusammen freigegeben				
automatische Verfügbarkeitsprüfung				
Verfügbarkeitsprüfung				
- Material				
- Kapazität				
- Betriebsmittel				
Fertigungsbelegerstellung zwangsweise nach Termin- und Kapazitätsplanung				
Fertigungsbelegerstellung bedarfsweise nach Termin- und Kapazitätsplanung				
variable Anzahl von Fertigungsbelegen je nach Arbeitsgang oder Teileart				
freie Formulargestaltung				

Werkstattauftragsverwaltung	v	n	p	t
Bedarfsverursachungsnachweis über alle Stufen				
Auskunft über alle Fertigungsaufträge in einer Fertigungsstufe				
Gegenüberstellung von gespeicherten Produktionsplänen und effektiven Kundenaufträgen				
Definition von Eilaufträgen (keine Berücksichtigung in Termin- u. Kapazitätsplanung)				
Eingabe von Auftragsart-, Mengen- und Terminänderungen				
Auskünfte über Abarbeitungsgrad pro Auftrag über Bildschirm				
- für einzelne Aufträge				
- für alle Aufträge				
- mit Soll- / Ist-Terminvergleich				
Fehlteileliste pro Auftrag				
automatische Erstellung von Rückstandslisten				
- bei Mengenabweichungen				
- bei Terminabweichungen				
Auftragsstatusverwaltung (z.B. Unterbrechung)				

Werkstattsteuerung	v	n	p	t
Durchlauf im Dialog und im Batch-Lauf				
Ermittlung des frühesten Liefertermins pro Auftrag (Vorwärtsterminierung)				
Ermittlung spätester Beginntermine (Rückwärtsterminierung)				
- unter Verwendung von Vorlaufzeiten aus dem Teilestamm				
- unter Verwendung von Vorlaufzeiten aus den Stücklisten				
- unter Verwendung von losgrößenabhängigen Vorlaufzeiten auf Basis der Arbeitspläne				
- unter zeitlicher Verknüpfung innerhalb von Fertigungsaufträgen				
- unter Berücksichtigung von Übergangszeiten				

Durchlaufzeitverkürzung durch				
- Splitten				
- Überlappen				
Betriebsdatenerfassung / Auftragszeiterfassung	v	n	p	t
Rückmeldung für alle Arbeitsgänge				
Wahl der Rückmeldepflicht				
Erfassung von				
- Ist-Arbeitszeit pro Arbeitsgang				
- Ist-Materialverbrauch pro Arbeitsgang				
- Rüstzeiten				
- Ist-Menge / Ausschussmenge pro Arbeitsgang				
Auftragsfertigmeldung				
Fertigmeldung pro Wahlarbeitsgang				
Rückmeldeanmahnung				
Einsetzbarkeit von BDE-Terminals				
Einbindung eines Leitstandes				
Auswertungen	v	n	p	t
Übersicht				
- des durchschnittlichen Auftragsbestandes				
- über aktuellem Fertigungsprogramm				
- über Maschinenstillstandszeiten				
Lieferterminübersichten				
- im Dialog				
- als Liste				
Anzahl Fertigungsaufträge pro Produkt und Jahr				
Vergleichsübersichten über Losgrößen, Fertigungszeiten, usw.				

Tabelle 4.69: (CD-ROM: Ordner »MustPfl4«, Datei »Fertig.doc«)

Lagerwirtschaft

(v=vorhanden, n=nicht vorhanden, p=geplant, t=Mann/Tage)

Bestandsführung	v	n	p	t
Mehrlagerverwaltung				
Mehrplatzverwaltung				
Bewegungsprotokoll über alle Lagerbewegungen				
Lagerplatzzuweisung				
- feste Lagerorte für bestimmte Artikel				
- frei, aber immer nur Material eines Artikels auf einen Lagerort				
- chaotisch, Material verschiedener Artikel auf einem Lagerort				
automatische Abbuchung über Stücklisten				
Führung des Bestandes				
- Lagerbestand				
- Bestellbestand				
- reservierter Bestand				
- Werkstattbestand				
- gesperrter Bestand				
Verwaltung von Material eines Artikels mit unterschiedlichen Restmengen				
Chargenverwaltung				
Realtime-Verarbeitung bei allen Veränderungen				
Informationen im Teilestamm über den niedrigsten Einkaufspreis				
Zugang ohne Rechnung				
Zugang ohne Einkaufspreis				
geplante Entnahme mit und ohne vorhergehender Reservierung				
Reservierung als Ergebnis einer Verfügbarkeitskontrolle				
nachträgliche Entnahmebuchung				

Stochastische Bedarfsermittlung	v	n	p	t
gleitendes arithmetisches Mittelwertverfahren				
Verfahren der exponentiellen Glättung mit Saisonschwankungen				

Deterministische Bedarfsermittlung	v	n	p	t
Bedarfsermittlung über Stücklistenauflösung				
- stufenweise über aller Stufen				
- nach Mengen und Terminen				
- gesteuert durch Kennzeichen im Teilestamm				
- nach Variantenstücklisten				
- in festen Zeiträumen				
- in frei wählbaren Bedarfszeiträumen				
- durch Änderungsrechnung (nur neuer Bedarf wird berücksichtigt)				
Terminbestimmung durch Berücksichtigung von Vorlaufzeiten				
Hinweis, wo Terminverschiebungen erforderlich sind				
Berücksichtigung von Zusatzbedarfen				
- durch prozentuale Vorgabe				
- durch Stückzahlenvorgabe				
Nettobedarfsermittlung unter Berücksichtigung von				
- Lagerbestand				
- Lager- und Bestellbestand				
- Lager-, Bestell- und Werkstattbestand				
Simulative Einplanung von Anfragen und Aufträgen im Bedarfsgerüst				
Ausnahmemeldungen bei End- und Starttermin in der Vergangenheit				
Hinweise, wo Bestellungen, obwohl der Bedarf durch den Lagerbestand gedeckt ist				
Darstellung der aufgelösten Bedarfe				

- im Dialog und Batch				
- mit festgelegten Zeiträumen				
- mit wählbaren Zeiträumen				
Unterscheidung nach Fertigungs- und Bestellvorschlägen				
Fertigmeldung der Werkstätten				
Disposition	v	n	p	t
Sicherheitsbestände für alle Teile				
Verwaltung der Wiederbeschaffungszeiten				
Zuordnung				
- aller Kundenaufträge zu einer Bestellung / Bestellvorschlag				
- bei jeder Mindestbestandsunterschreitung				
Dispositionsergebnisse am Bildschirm änderbar				
Materialbewegung intern	v	n	p	t
Lagerabbuchungen mit				
- Materialentnahmeschein				
- mit Stückliste vom Verkauf				
- Stückliste intern				
- Nachfass-Scheinen				
Lagerbuchungen auf KST / Aufträgen / Projekten / Kostenträger / Anlagekonto / Lagerorte				
Bereitstellungslisten nach Fertigungs- / Kundenauftrag				
Ausfasslisten nach Lagerorten				
Inventur	v	n	p	t
Stichtagsinventur				
vor- / nachgelagerte Stichtagsinventur				
Permanente Inventur				
Vollerhebung				
Stichprobenverfahren (geschichtet / ungeschichtet)				
Zähllisten				

Inventurdifferenzlisten nach				
- Lagerorten				
- Aufnahmebeleg				
- Zeiträumen				
Differenzenverbuchung über Artikelnummer				
Bestandsbewertung				
Auswertungen	**v**	**n**	**p**	**t**
Durchschnittlicher Lagerbestand an				
- Roh-, Hilfs- und Betriebsstoffen				
- unfertigen Erzeugnissen				
- fertigen Erzeugnissen				
Lagerumschlag aller Materialien				
Lagerverweildauer				
Lagerkapitalbindung				
Umschlaghäufigkeit				
Lieferbereitschaft				
Lager-ABC-Analyse				
Lagerhüter				
Hitliste				
Differenzierung nach Artikel-Arten				
- Eigenfertigung				
- Fremdfertigung				

Tabelle 4.70: (CD-ROM: Ordner »MustPfl4«, Datei »Lager.doc«)

Einkauf

(v=vorhanden, n=nicht vorhanden, p=geplant, t=Mann/Tage)

Lieferanten- / Teileverwaltung	**v**	**n**	**p**	**t**
Lieferantenübersicht nach				
- Artikelnummer				

	v	n	p	t
- Artikelgruppenzugehörigkeit				
Verbund mit Kreditorendatei				
Match-Code				
Angebotsverwaltung	v	n	p	t
Artikelauswahl				
Übernahme				
- der kompletten Bestellvorschläge				
- einzelner Bestellvorschlagspositionen				
Auftragserstellung				
Angebotserstellung	v	n	p	t
Terminüberwachung Angebote				
Preisvergleiche				
Bestellverwaltung	v	n	p	t
Anlage von Bestelltexten				
integrierte Textverarbeitung				
Umwandlung Angebot in Bestellung				
Bestellschreibung				
- mit Haupt- und Nebenlieferanten				
- über Drucker				
- über Fax				
- ohne Teilestammnummer				
Bestellüberwachung / Mahnung				
- pro Bestellung				
- pro Bestellposition				
Kontraktverwaltung für Abrufaufträge				
Bestellanforderungsdatei				
Bestellarten - Normalbestellung mit				
- einer zugelassenen Position				

Wareneingang	v	n	p	t
Lieferungen mit und ohne Bestellung				
Teilmengenverwaltung				
- zu Rahmenaufträgen				
- zu Einzelaufträgen				
Leergutverwaltung				
Lagerzugangsbuchung				
- mengenmäßig				
- wert- und mengenmäßig				
Rechnungsprüfung mit Schnittstelle zur Kreditorenbuchhaltung				

Tabelle 4.71: (CD-ROM: Ordner »MustPfl4«, Datei »Einkauf.doc«)

Vertrieb

(v=vorhanden, n=nicht vorhanden, p=geplant, t=Mann/Tage)

Auswertungen	v	n	p	t
Lieferantenübersicht pro Artikel				
Artikelübersicht pro Lieferant				
Einkaufsvolumen pro Lieferant				
Konditionenübersicht pro Lieferant				
Übersicht bestehender Kontrakte				
aktuelles Bestellvolumen				
Preisentwicklung pro Artikel / durchschnittliche EK-Preis				
durchschnittliche Anzahl Bestellungen pro Artikel und Jahr				
Verhältnis Reklamationen zu durchgeführten Bestellungen				
Differenzierung des Bestellbestandes nach Verursachern				
Angebotsverwaltung	v	n	p	t
Lieferbereitschafts- und Konditionenauskunft im Dialog				
Angebotserstellung (Zugriff auf Artikel, Preis, Lieferzeit, usw.)				

Lieferzeitermittlung unter Berücksichtigung der Auslastung der Fertigung u. Konstruktion				
Angebotsüberwachung				
Auftragsverwaltung	v	n	p	t
Verfügbarkeitsprüfung				
Kreditlimitermittlung				
Liefersperreprüfung				
Auftragsartenbearbeitung				
Auftragspapiere (Auftragsbestätigung, Gutschrift, Storno, usw.)				
Reservierung der Lagerartikel				
Lieferpläne				
nachträglicher und sofortiger Auftragssplit				
Rückstandsbildung				
Exportabwicklung				
Preisermittlung	v	n	p	t
Rabatte nach				
- Menge				
- Wert				
Naturalrabatte				
Konditionsarten				
Konditionssätze				
Preislisten				
- währungsspezifisch				
- kundenspezifisch				
- verbandsspezifisch				
Gültigkeitszeiträume für Preislisten				
Sonderpreise				
Zu- / Abschläge je				

	v	n	p	t
- Mengeneinheit				
- Gewichtseinheit				
Versandsteuerung und Disposition	**v**	**n**	**p**	**t**
Lieferscheinschreibung				
Kommissionierung nach				
- lieferungsbezogener Bereitstellung				
- Sammelgang-Bereitstellung				
Versandpapiere				
- pro Kundenlieferung				
- für Versandeinheiten / Touren / Spediteur				
Versandeinheitenbildung				
Leerguterfassung				
Erfassung spediteurspezifischer Versandpapierformulare				
Tourenplanung				
Erstellung von Exportpapieren				
Versandkostenermittlung				
Warenausgangsbuch				
- pro Auftrag				
- pro Versandeinheit				
Fakturierung	**v**	**n**	**p**	**t**
Vorfakturierung				
- Aufträge				
- Storno / Gutschrift / Lastschrift				
Fremdwährungsfakturierung				
Sammelrechnung				
Zentralregulierung				
Mehrwertsteuerermittlung nach Empfängerschlüssel				
Zahlungsbedingungen				
Gut- und Lastschriften				

Rechnungsstorno				
Anzahl der Rechnungskopien einstellbar				
Pro-forma-Rechnungen				
Vertriebsplanung	v	n	p	t
Absatzplan				
- Produkte				
- Kunden				
- Vertriebskanäle				
- Regionen				
- Vertreterbezirke				
Preisplanung				
Plan- und Deckungsbeitragsrechnung				
Potentialbetrachtung				
Konditionenplanung				
Außendienstverwaltung / -steuerung	v	n	p	t
Vertreterabrechnungen (Spesen, Provisionen, usw.)				
Besuchssteuerung				
Tourenplanung				
Tätigkeits- und Leistungsnachweise der Vertriebsmitarbeiter				
mobile Datenerfassung				
Exportabwicklung	v	n	p	t
Erkennung von Exportaufträgen nach Kennziffern				
Vorschlag Exportdokumente in Abhängigkeit von Vertragsspezifika				
- Export- / Endverbraucherland				
- Landeswährung				
- Versandart				
- Warenwert				
automatische Übernahme der Vorschlagsliste				

vorgangsbezogene Änderung der Vorschlagsliste				
Erstellung von Exportdokumenten				
Packlistenerstellung				
Ausdruck in Fremdsprachen				
Vollständigkeitsprüfung von Genehmigungsdaten der Auftragsabwicklung				
Erstellung von Pro-forma-Rechnungen für alle oder ausgewählte Positionen				
Devisentabelle				
Kontraktverwaltung				
Auswertungen	v	n	p	t
Absatzstatistiken nach				
- Kunden				
- Regionen				
- Filialen				
- Vertretern				
- Produkten				
Übersicht über die Kundenreklamationen pro				
- Außendienstmitarbeiter				
- Artikel				
- Artikelgruppe				
- Region				
Preisentwicklung je Artikel über mindestens fünf Jahre				

Tabelle 4.72: (CD-ROM: Ordner »MustPfl4«, Datei »Vertrieb.doc«)

Finanzbuchhaltung

(v=vorhanden, n=nicht vorhanden, p=geplant, t=Mann/Tage)

Debitorenbuchhaltung	v	n	p	t
Debitorenverwaltung				
- Hauptkonten				

	v	n	p	t
- offene Posten				
Übernahme Buchungsdaten aus Fakturierung				
Zahlungsausgleich				
Mahnwesen				
Fälligkeitsanalysen				
Kreditorenbuchhaltung	v	n	p	t
Kreditorenverwaltung				
- Hauptkonten				
- offene Posten				
Rechnungseingangsbuchung mit Übernahme der Rechnungsdaten aus Wareneingang / Bestellwesen				
Druck von Überweisungen von Zahlungsausgängen				
Scheckdruck				
Erstellung von Datenträgern für die Weiterverarbeitung in Kreditinstituten				
Zahlungsdisposition				
Sachkontenbuchhaltung	v	n	p	t
Sachkontenführung und -verwaltung				
Bilanz				
G + V				
Bilanzanalyse				
mandantenfähig				
parallele Monatsverarbeitung				
parallele Jahresverarbeitung				
frei Formulargestaltung				
wahlfreie Anzahl Abrechnungsperioden				
Finanzdisposition	v	n	p	t
Einnahmevorausschau				
- durch Buchungsdatum				
- durch Fälligkeitsdatum				

	v	n	p	t
Ausgabenvorausschau				
- durch Buchungsdatum				
- durch Fälligkeitsdatum				
Saldoermittlung				
Auswertungen	v	n	p	t
Rechnungseingangsjournal				
Rechnungsausgangsjournal				
Zahlungseingangsjournal				
Zahlungsausgangsjournal				
OP-Listen				
Summen- / Saldenlisten Kreditoren				
Summen- / Saldenlisten Debitoren				
Mahnstufe Kreditoren				
Mahnstufe Debitoren				
Umsatzsteuervoranmeldung				

Tabelle 4.73: (CD-ROM: Ordner »MustPfl4«, Datei »Buchhalt.doc«)

Kostenrechnung

(v=vorhanden, n=nicht vorhanden, p=geplant, t=Mann/Tage)

Kostenartenrechnung	v	n	p	t
Erfassen und Verwalten von Kostenarten				
- nach Verbrauch				
- nach Art der Verrechnung				
- nach fixen und proportionalen Kosten				
Berechnung kalkulatorischer				
- Abschreibungen				
- Zinsen				
Übernahme				
- Kosten und Erlöse in die Kostenartenrechnung				
- der kalkulatorischen Kosten aus der FIBU				

Kostenstellenrechnung	v	n	p	t
Zusammenfassung von Arbeitsplätzen zu Kostenstellen				
Kostenstellenabgrenzung				
Verfahren der Kostenermittlung auf				
- Vollkostenbasis				
- IST-Kostenrechnung				
- Plankostenrechnung				
- Teilkostenrechnung				
- IST-Kostenrechnung				
- Plankostenrechnung				
Verteilung von Kostenarten auf Kostenstellen in direkter Verbuchung				
KST-Budget-Planung				
Kostenplanung je Kostenstelle und -art				
- Erfassung der Plankosten				
- innerbetriebliche Leistungsverrechnung				
- Umlage von Kostenstellen / Kostenträger				
Kostenträgerrechnung / Kalkulation	v	n	p	t
Struktur der Kostenträger nach fester, numerischer Hierarchiebildung				
Umlage und Verrechnung auf die Kostenträger durch Umlage von Kostenstellen				
- mit möglichem Verrechnungssatz auf Vollkostenbasis				
Kostenplanung mit Erfassung der Plankosten				
Abdeckung aller Produktionsarten				
Erfolgsrechnung / Deckungsbeitragsrechnung	v	n	p	t
Verfahren der Erfolgsrechnung / Gesamtkostenrechnung				
Deckungsbeitragsrechnung				
- einstufig				
- mehrstufig				
Artikelerfolgsrechnung				

Auswertungen	v	n	p	t
jahresbezogene Plan- und Ist-Auswertungen				
BAB-SOLL-IST-Auswertungen				
Kostenträgerauswertungen				
- auftragsbezogen				
- produktbezogen				

Tabelle 4.74: (CD-ROM: Ordner »MustPfl4«, Datei »Kosten.doc«)

4.2.10 Pflichtenheft des VDMA

Speziell für den Maschinen- und Anlagenbau (Einzel- und Variantenfertiger) hat der *VDMA – Verband des Deutschen Maschinen- und Anlagenbaus* Forderungen an PPS-Systerne für Einzel- und Variantenfertiger aufgestellt. Diese Forderungen kann man durchaus als grobes Pflichtenheft verstehen. Dieses Pflichtenheft wurde in einem Arbeitskreis des VDMA-Landesverbandes Bayern (Stand 20. März 2000) 3. Runde PPS-Anbieter/Anwender-Dialog (Stand 10. November 2000) erarbeitet.

Ausgangssituation

Ein Großteil der Unternehmen des Maschinen- und Anlagenbaus setzt heute ein rechnergestütztes PPS-System ein. Aufgabe eines PPS-Systems ist es, das Unternehmen bei der Planung ihrer Kapazitäten sowie bei ihrer Auftragsdurchsteuerung wirkungsvoll zu unterstützen. Namhafte Anbieter bieten hierzu Standardprodukte an, die allerdings für die große Zahl von Sondermaschinenbauern bzw. Einzel- und Variantenfertigern im Maschinenbau nur unzureichende Lösungen darstellen.

Handlungsbedarf

Die Schwäche herkömmlicher PPS-Systeme liegt insbesondere in ihrer fehlenden Flexibilität. So stoßen z.B. die Handhabung, die Darstellung von Auftragsänderungen während der Abwicklung innerhalb eines Systems immer wieder auf große Probleme.

Zielsetzung

Zielsetzung des Arbeitskreises ist es, auf bestehende Schwächen in Standard-PPS-Systemen hinzuweisen. Hieraus sind Forderungen an die PPS-Anbieter abzuleiten, die in ein Lastenheft für die Weiterentwicklung von PPS-Systemen übernommen werden können. Dieses soll die Bedürfnisse der Einzel- und Variantenfertiger berücksichtigen, deren Forderungen von den Abläufen bei Serienherstellern nicht abgedeckt werden.

Sollten diese Forderungen nicht in bestehende Systeme integriert werden können, dann sollten sie als Basis für die Neuentwicklung eines PPS-Systems für Einzel- und Variantenfertiger dienen.

Vorgehensweise

Die Diskussion ergab, dass selbst in einer vermeintlich homogenen Gruppe von Einzel- und Variantenfertigern es schon aufgrund der verschiedenen Produkte und Unternehmensgrößen sehr unterschiedliche Sichtweisen gibt. Der Arbeitskreis erfasste zunächst den erforderlichen Handlungsbedarf. Nach einer Gewichtung der genannten Handlungsfelder konzentrierte er sich auf die folgenden Schwerpunkte:

1. Planung von Terminen, Material und Kapazitäten
2. Änderungsmanagement
3. Systemarchitektur

Als Basis unserer Überlegungen diente folgender Auftragsdurchlauf, wobei das System multiprojektfähig sein muss.

1. Projektablauf-Grobplanung zur Steuerung eines Kundenauftrages (individuell, rückwärts)

    Stücklisten sind zu diesem Zeitpunkt noch nicht, oder nur teilweise vorhanden. Meilensteine können hier z. Bsp. Konstruktionsstart und -ende, Montagebeginn, Zeitpunkt der Beschaffung sein.

    a. frei definierbare Aktivitäten
    b. Plan-, Soll-, und Ist-Termin, evtl. mit Kapazitätsbedarf
    c. Automatische oder manuelle Rückmeldung der Ist-Termine
    d. Anlegen der Meilensteine/Ecktermine

2. Ermittlung der zeitkritischen Teile/Engpassstelle

    a. Verfügbarkeit
    b. Durchlaufzeit/Wiederbeschaffungszeit
    c. Rückwärtsterminierung (ggf. in die Vergangenheit)

3. Anlegen von unvollständigen Stücklisten
   - Kopplung von Meilensteinterminen zur Stücklistenstruktur, um aktuelle Priorisierung von Arbeitsgängen und Arbeitspaketen vornehmen zu können.
4. Terminierung der Teilefertigung ohne Rücksicht auf Kapazitäten
   - rückwärts auf Teileebene (DISPO, PPS) ggf. unter Stauchen von Übergangszeiten – rückstandsfreie Planung
5. Terminierung der Konstruktion ohne Rücksicht auf Kapazitäten vorwärts für Konstruktion
6. Ermittlung der terminlichen Engpässe, kritischer Pfad, manuell ermittelt, ohne Netzplantechnik

   Überschneidung der Termine aus 2, 4 und 5
7. Kapazitätsabgleich für die Konstruktion
   a. liefert Engpässe der Konstruktion
   b. liefert Prioritäten für die Konstruktion
8. Kapazitätsabgleich für die Teilefertigung
   a. liefert Engpässe der Fertigung
   b. liefert Prioritäten für die Teilefertigung
9. Änderungen am laufenden Auftrag bis zur Auslieferung
10. Dokumentation des Projektablaufs

VDMA-Forderungen zur Termin-, Material- und Kapazitätsplanung

1. **Eine Grobplanung aller Aufträge muss mit jeweils frei definierbaren Aktivitäten (Meilensteine) möglich sein.**

   Eine einfache Methodik wird gefordert, die neben der Netzplantechnik steht. Diese soll sich an den groben Meilensteinen orientieren und nach Bedarf um weitere Meilensteine strukturierbar verfeinert werden können (ähnlich MS-Project).
   - **Aufträge sind:** Kundenaufträge für Neumaschinen und -anlagen, Kundenaufträge für Ersatzteile, Versuchsaufträge, Entwicklungsprojekte, Lageraufträge u.a.
   - **Beispiel:** Eine Projektablaufgrobplanung für einen Kundenauftrag könnte beispielsweise folgende Meilensteine enthalten: Akkreditive für Auslandsaufträge, Konstruktionsendtermin für Langläu-

fer, Montagebeginn, Testlaufbeginn, Liefertermin, Fakturierung/ Zahlungseingang

2. **Verfügbarkeitsprüfung über eine Stücklistenstruktur**

   Die Stücklistenstruktur ist zu diesem Zeitpunkt eindeutig vorhanden. Prüfung über eine vorhandene Stücklistenstruktur auf Basis einer ähnlichen Maschine/Baugruppe, die bereits geliefert wurde mit dem Ziel, die Realisierbarkeit eines kurzfristigen Liefertermins zu prüfen.

   Die Terminierung ist immer für die komplette Prozesskette durchzuführen.

   a. Vorwärtsterminierung für einen vorwählbaren Start-Termin
   b. Rückwärtsterminierung zu einem vorgegebenen Endtermin (auch wenn die Starttermine in der Vergangenheit liegen)

   Ziele für 2.1 und 2.2:

   ▷ Ermittlung einer Lieferzeitangabe
   ▷ Ermittlung der Bereitstellungstermine (= Meilensteine) für die Montageablauf-Grobplanung
   ▷ Ermittlung der zeitkritischen Teile (Langläufer) sortiert nach Dringlichkeit (ohne Kapazitätsbetrachtung)
   ▷ Simulation von Lösungsalternativen zur Engpassbeseitigung, z.B. alternative Arbeitsabläufe und/oder -pläne, make or buy

3. **Kundenauftragsbezogene Vorabdisposition von kritischen Teilen**

   Es muss möglich sein, Teile auch ohne Ident-/Artikelnummer auf der Eigen- und Fremdfertigungsschiene beschaffen zu können (Langläufer!), ohne dass ein Primärbedarf im System angelegt wurde.

   Zuordnung des Artikels in die Maschinenstruktur, wobei die Beschaffungsinformationen nicht verloren gehen dürfen. Das System muss dabei dem laufenden Beschaffungsvorgang zu einem späteren Zeitpunkt einen neuen Bedarf (z.B. Kunden-, Werkauftrag, Angebot ...) zuordnen können.

4. **Disposition mit unvollständigen (»wachsenden«) Stücklisten**

   Auftragsbezogene, nicht Teilestamm bezogene Beschaffung und Disposition, z.B. Artikel mit gleicher Art-Nr. können in einem Auftrag unterschiedlich gehandhabt werden (Eigenfertigung/Fremdbezug, unterschiedliche Lieferadresse/-Termine).

a. Freigabe einer unvollständigen, mehrstufigen Stückliste ggf. auch bei »Null« startend für Net-Change (für EK + AV). Hier muss es möglich sein, Stücklisten in das System einzulasten und zu disponieren, obwohl die Konstruktion noch Teile für diese Baugruppen entwickelt!

b. Die Auftragsstückliste ggf. mit einer Platzhalter-Nr. aufbauen und einlasten

c. Kopplung eines Meilensteins »Konstruktionsendtermin« für eine zu konstruierende Stücklisten-Position mit den dafür vergebenen Platzhalter-Nr. in der Stücklistenstruktur.

d. Wenn ein Konstruktionsauftrag für eine Platzhalter-Nr. abgeschlossen ist, wird die Platzhalter-Nr. ausgetauscht und der Meilenstein rückgemeldet. Danach soll automatisch die Freigabe aller Änderungen der Auftragsstückliste (mehrstufig) für die Disposition erfolgen.

5. **Ermittlung des tatsächlichen Bedarfs auf Teileebene**

   Die ermittelten Bedarfe müssen den gesamten aktuellen Auftragsbestand berücksichtigen und mit den Bedarfsterminen aufgelistet werden.

6. **Zu- und Abgangsvorschau auf Artikelebene nach folgendem Musterbeispiel:**

```
Dispochronik vom 22.03.2000 (KW 12)   FÜR IDENT-NR.       BENENNUNG
Mindestbestand:      1000 Stück    Wiederbeschaffungszeit: 10 Kalenderwochen
Lagerbestand aktuell:   63 Stück
Auftrags-Nr.:   KW     Menge   Saldo   GRUND           KUNDE/LIEFER. MASCH.-TYP
10.052921      00.10   124-    61-     Fehlteil        Kunde A       ABF1250
127724-01      00.12   269     208     Restlieferung   Zulieferer1
17.052947      00.12   28-     180     Reservierung    Kunde         B XDK 800
128803-01      00.18   500     680     Bestellung      Zulieferer2
10.052998      00.18   156-    524     Bedarf          Kunde C       XDF 630
======➔        00.23   frühestmöglicher Liefer-Zeitpunkt einer
                       Wiederbeschaffung ←
20.020478      00.26   615-    91-     Bedarf          Kunde D       XDF 800
ENDE
```

7. **Ein reservierter Bestand darf keine ungeplante Entnahme verhindern**

   Das System darf auf keinen Fall die Teile mit dem Kundenauftrag fest verbinden und damit eine Entnahme für andere Kundenaufträge (Maschinen oder Ersatz) verhindern:

   Bei ungeplanten Entnahmen soll vom System automatisch ein neuer Bedarf generiert werden

8. Fertigungsunterlagen und Entnahmelisten zum spätestmöglichen Zeitpunkt ausdrucken

VDMA-Forderungen zur Kapazitätsplanung:

1. **Fall 1: Die vorhandene Kapazität reicht nicht aus**
   a. Je Arbeitsplatz oder je Arbeitsplatzgruppe soll für ein frei wählbares Zeitraster ein *Kapazitätsbedarfsprofil* (als Grafik) angezeigt werden, das die aktuellen Rückstände *getrennt* ausweist.
   b. Verlängerte Werkbank (ist kein Kaufteil!)

   Wird zum Ausgleich fehlender Kapazitäten die verlängerte Werkbank eingesetzt, sollen folgende Unterlagen automatisch erstellt werden:

   1. Bestellung
   2. Lieferschein/Lagerentnahmeschein
   3. Arbeitspapiere
   4. Prüfanweisung
   5. Terminverfolgung
   6. Vergebene Aufträge sind aus der Kapazitätsbelastung der eigenen Fertigung zu entnehmen

   c. Es muss eine Schnittstelle zur Lieferantenbewertung zur Verfügung stehen.

2. **Fall 2: Wenn die Kapazität nicht ausgelastet ist:**
   a. Lohnfertigung ist wie ein spezieller Fertigungsauftrag zu behandeln
   b. Bei Lohnfertigung für Dritte soll die erforderliche Kapazitätsbelastung auch ohne detaillierten Arbeitsplan möglich sein (Schätzung genügt).

VDMA-Forderungen an das Änderungsmanagement:

1. Änderungen in den Stücklisten müssen mit folgenden Angaben gespeichert werden können.
   - der Ändernde
   - das Änderungsdatum
   - der Änderungsgrund

2. Änderungen müssen über die gesamte Stücklistenstruktur möglich sein!

3. Werden Auftragsstücklisten durch Kopieren aus »alten« (vorhandenen) Auftragsstücklisten erzeugt, so muss Folgendes sichergestellt werden: Diejenigen Teile der »neuen« (kopierten) Auftragsstückliste, die seit der Erstellung der »alten« Auftragsstückliste in ihren Stammdaten geändert wurden, müssen immer gekennzeichnet werden.

4. Bei Änderungen eines Teiles (einer Sachnummer) oder einer Baugruppe in einem laufenden Auftrag ist zunächst eine Liste für Plus-Teile und Minus-Teile zu erstellen. Für werthaltige und/oder kritische Teile sind zusätzlich folgende Informationen bereitzustellen:

    a. In welchen laufenden Aufträgen ist das zu ändernde Teil eingesetzt?

    Liste der laufenden Aufträge

    Wie ist der Status des Auftrages?

    Bestellungen

    Fertigungsaufträge

    Montageaufträge

    Lageraufträge

    Lagerbestände

    b. Wie ist der Status des Teils?

    Die nachfolgenden Ausführungen gelten für »echte« Änderungen. Darunter werden solche verstanden, deren Differenzstückliste sowohl Plus-Teile als auch Minus-Teile enthält.

    Beim Zugriff auf Stammdaten muss eine Information an den Nutzer gegeben werden, dass der Artikel geändert wird und welcher Status auf Teileebene derzeit vorliegt.

    In der nachfolgenden Liste werden für die einzelnen Status die sich daraus ergebenden erforderlichen Maßnahmen aufgeführt, die vom System unterstützt auszuführen sind.

Status 1:	Teil beim Zulieferer bestellt, aber noch nicht geliefert
	1.) Information an Einkauf, dass Bestellung zu stornieren ist.
	2.) Neues Teil bestellen.
Status 2:	Teil beim Zulieferer bestellt und bereits geliefert
	1.) Entscheidung über Weiterverwendung

	2.) Auftrag ggf. um Minus-Teile entlasten
	3.) Neues Teil ggf. bestellen
Status 3:	**Teil in der Teilefertigung geplant**
	1.) Information an die Fertigungssteuerung
	2.) Laufenden Auftrag stornieren
	3.) Arbeitsplan ändern
	4.) Neuen Fertigungsauftrag planen
Status 4:	**Teil in der Fertigung angearbeitet**
	1.) Information an die Fertigungssteuerung
	2.) Fertigungsauftrag stoppen
	3.) Auftragsänderungen durchführen:
	3.1) Arbeitsplan ändern oder ergänzen
	3.2) Stücklisten ändern
	3.3) Teilenummern ändern
	3.4) Auftrag splitten
	3.5) Aufgelaufene Kosten verteilen oder verrechnen
	4.) Rückmeldung der Änderung
Status 5:	**Teil gefertigt auf Lager**
	1.) Sperre für Kommissionierung auf Kundenauftrag und Info an verantwortliche Organisationseinheit
	2.) Entscheidung über Weiterverwendung:
	2.1) Teile können in anderen Aufträgen in der vorliegenden Form verwendet werden
	2.1.1) Freigabe der Teile für andere Aufträge
	2.2) Teile können umgearbeitet werden
	2.2.1) Entnahme der Teile für Umarbeit
	Umarbeitsauftrag anlegen (neu!)
	Umarbeitsarbeitsplan
	Umarbeitsstückliste
	Aufgelaufene Kosten zuordnen

	2.3) Teile müssen verschrottet werden
	2.3.1.) Kosten verteilen/zuordnen
	3.) Neue Teile komplett fertigen
Status 6:	**Teil in der Montage**
	1.) Information an die Montage
	2.) Entscheidung über weiteres Vorgehen wie im Status 5 im Unterpunkt 2. ff ggf. Rückgabe an Lager
	3.) dispositive Verfügbarkeit geplanter Demontageteile

VDMA-Forderungen zur Systemarchitektur

1. **Offene Schnittstelle zur Übernahme von Daten aus anderen Systemen**
2. **Schnittstellen (logische)**

   Wenn neben dem PPS-System andere Software-Programmsysteme existieren, dann sollen über standardisierte Schnittstellen die erfassten Daten übertragen werden. Das PPS-System muss für die Datenbanken import- und exportfähig sein.

   Beispiele anderer Software-Programmsysteme sind:
   - Vertrieb
   - Buchhaltung
   - Kalkulation
   - Lagerverwaltungssystem
   - CAD
   - Varianten-/Produktkonfigurator
   - Office-Produkte
   - Dokumentenmanagement
   - E-Mail-Funktionen, Internet, Intranet-Integration
   - Betriebsdatenerfassung/Lohnabrechnung
   - Workflow z.B. zum Generieren von auftrags- und/oder teilebezogenen Infos an frei wählbare Adressaten zu beliebigen Zeitpunkten

3. **Modularer Aufbau mit minimalem Rumpfsystem**
   - Offenheit für neue Module

4. **Individuelle Gestaltungsmöglichkeit von**
   - Bildschirmlayout (Eingabe + Ausgabe)
   - Listen (Ausgabe auf Papier)
   - Auswertungen (Ausgabe in Dateiformat)
   - Grafiken
5. **Systemvoraussetzungen (entsprechen Marktstandards)**
   - Releasefähigkeit
   - Plattformunabhängig
   - Betriebssystemunabhängig
   - Datenbankunabhängig
   - Berechtigungsvergabe

   in unterschiedlichen Hierarchien, entsprechend in unterschiedlichen Organisationsformen
   - Mehrsprachigkeit
   - Online-Betrieb (Stand der Technik)
   - Keine unbeeinflussbaren Zwangsbedingungen in den Abläufen:
     - Beispiel 1: Wird ein Fertigungsauftrag in das System eingetragen, dann soll nicht zwangsweise eine Stückliste und/oder ein Arbeitsplan angelegt werden müssen.
     - Beispiel 2: Bestellung muss ohne Teilestamm möglich sein.
   - »Kann«- oder »Muss«-Felder selbst definieren (z.B. bei Stammdaten)
   - Firmenspezifische Nummernkreise sollen alphanumerisch und numerisch dargestellt werden können.
   - Feldinhalte sollen verkürzt dargestellt werden können.
   - Unbegrenzte Freitexteingabe
   - Offenlegung der Datenbankstrukturen für eigene Zusatzprogrammierung, die nicht die internen Datenstrukturen und die Logik der Programme verändert
   - Schlüsselbegriffe automatisch oder manuell vergeben
   - Anpassungsfähigkeit an sich verändernde Betriebsorganisation z.B. durch Unterstützung autonomer Fertigungsgruppen
   - Mehrwährungsfähigkeit
   - Möglichkeit der retrograden Abbuchung von Baugruppen in einer Buchung

6. **Dokumentation, Schulung, Hilfsmittel**
    - Dokumentation und Schulung
        - Auslieferung auf CD-ROM mit der Möglichkeit, sie durch firmenspezifische Angaben (z.B. auf der Datenbank im Netzwerk) zu ergänzen.
        - Beispiele: firmenspezifische Schlüssel, Status usw.
    - Feldbezogene Help-Funktionen
    - Strukturierte Bedienerführung
    - Help-Funktionen sollen individuell erweiterbar sein
7. **Weitere Forderungen**
    a. Es muss eine Seriennummernverfolgung vom Zulieferanten zum Kundenauftrag möglich sein!
    b. Aus einer »Mutterstückliste« (z.B. Konstruktionsstückliste) sollen andere Stücklisten abgeleitet werden können, z.B.:
        - Montagestücklisten
        - Produktionsstücklisten
        - Ersatzteilstücklisten

Tipp:

Wie ein solches »VDMA«-gerechtes PPS-System ausschauen muss, können Sie unter dem Punkt 9.4 *PPS-System für Einzel- und Variantenfertiger* ersehen. Dort wird das beispielhafte PPS-System ABS® vorgestellt.

5 Die Stellenbeschreibungen in der Fertigungsorganisation

Eine wichtige Grundlage betrieblicher Menschenführung ist, dass Aufgaben, Kompetenzen und Verantwortlichkeit des Mitarbeiters klar und verbindlich festgelegt sind. Jeder Mitarbeiter muss wissen, was er zu tun hat, wie viel er selbst entscheiden kann und wofür er verantwortlich ist. Dies geschieht mit der »Stellenbeschreibung«.

Die Stellenbeschreibung ist eine verbindliche, in Schriftform abgefasste Darstellung der wesentlichen Aufgaben, Kompetenzen und Verantwortungen in einer Stelle. Sie enthält außerdem die mit den Aufgaben zusammenhängenden Beziehungen zu anderen Stellen, sowie die Einordnung der Stelle in die Unternehmensorganisation.

Der Begriff »Arbeits(platz)beschreibung« kann den Eindruck erwecken, es handelt sich um einen festen, örtlich fixierten, sichtbaren Arbeitsplatz. Genauer ist der Begriff »Arbeitsbeschreibung«. Dieser Begriff kommt häufig im Zusammenhang mit der analytischen Arbeitsbewertung vor.

Der Begriff »Tätigkeits- oder Arbeitsbeschreibung« macht nicht deutlich genug, dass es sich um die Stelle eines einzelnen Aufgabenträgers mit bestimmten personellen Anforderungen innerhalb eines Systems organisatorischer Regelungen handelt. Dies trifft teilweise auch auf den Begriff »Funktionsbeschreibung« zu, wobei unter Funktion sehr viel Verschiedenes verstanden werden kann.

Zu Recht am weitesten verbreitet ist der Begriff

Stellenbeschreibung.

Dieser Begriff kann allerdings den missverständlichen Eindruck erzeugen, es handelt sich um eine »Planstelle« im Sinne einer Behörde oder Bürokratie. Die Stellenbeschreibung ist eine Darstellung des Stelleninhabers durch:

- genaue Formulierung der Aufgaben, Kompetenzen und Verantwortung bezogen auf die Gliederungsmerkmale,
- Darstellung der persönlichen Anforderungen an den Stelleninhaber,
- Angabe der instanziellen Beziehungen des Stelleninhabers innerhalb des Leitungsaufbaus des Unternehmens,
- Angabe der Kommunikationsbeziehungen außerhalb der formalen Autoritätsstruktur.

Zum Zeitpunkt ihres Entstehens ist die Stellenbeschreibung eine Soll-Beschreibung. Sie ist ein Produkt des sachbezogenen Organisations- und Stellenplanes, der seinerseits Ergebnis der Suche nach einer optimalen Arbeitsplatz- und Arbeitsablauforganisation ist. Die Stellenbeschreibung fixiert also nicht, was ist, sondern was vernünftigerweise sein sollte. Insofern unterscheidet sie sich – obwohl im Aufbau ähnlich – von der Arbeitsplatzbeschreibung, die stets eine Ist-Darstellung enthält.

Die Stellenbeschreibung ist auch eine methodische Grundlage der kooperativen Personalführung. Mit ihr wird der Kooperationsbereich bestimmt, mit dem der Mitarbeiter eigenverantwortlich handeln kann, in dem er frei entscheidet, was er tut und unterlässt, wie er die Arbeit ausführt und in den der Vorgesetzte grundsätzlich nicht einzugreifen braucht.

Unter Stellenbeschreibung versteht man eine schriftliche Zusammenfassung derjenigen Punkte, die eine Stelle in einer wirtschaftlichen Organisation charakterisieren. Sie dient als Bindeglied zwischen der strukturellen Organisation und der Ablauforganisation. Die Aufgabengliederung, die bei der strukturellen Organisation nur summarisch betrachtet wird, erfährt hier die notwendigen Detaillierungen.

Die Stellenbeschreibung spielt in der Wirtschaft eine bedeutende Rolle, und man kommt immer mehr zu der Erkenntnis, dass sie die Grundlage jeder Firmenorganisation bilden sollte.

- Jeder Mitarbeiter muss genau wissen, was von ihm erwartet wird.
- Jeder Vorgesetzte muss sich genau bewusst sein, was er von seinen Mitarbeitern verlangt.
- Die Geschäftsführung muss die Gewissheit haben, dass die Hauptaufgaben von der richtigen Person ausgeführt werden.

Ziel der Stellenbeschreibung ist es, die Übereinstimmung von Aufgaben, Kompetenzen und Verantwortung für eine bestimmte Stelle zu sichern. Ohne diese schriftliche Fixierung neigen Vorgesetzte dazu, nachgeordnete Stellen für mehr Aufgaben verantwortlich zu machen als ihnen tatsächlich zugeordnet werden. Sie billigen ihnen andererseits jedoch weniger Kompetenz und Befugnis zu, als sie zur Erfüllung der Aufgaben brauchen (siehe Abbildung 5.1 und 5.2).

In der Abb. 5.1 wird deutlich, dass hier die Kompetenz zu gering ist, um die vorliegenden Aufgaben und somit auch die Verantwortung bewältigen zu können. Richtig ist es, wenn alle drei Komponenten, wie in Abbildung 5.2 dargestellt, gleich groß sind.

Im Zweifelsfall kann sich der Mitarbeiter auf die Stellenbeschreibung stützen. Der Streit um die Kompetenzen hört auf. Niemand kann für die Aufgaben anderer verantwortlich gemacht werden. Leistungen können nicht mehr willkürlich beurteilt werden, sondern die Beurteilung muss sich auf die Aufgaben und Ziele der Stelle gründen.

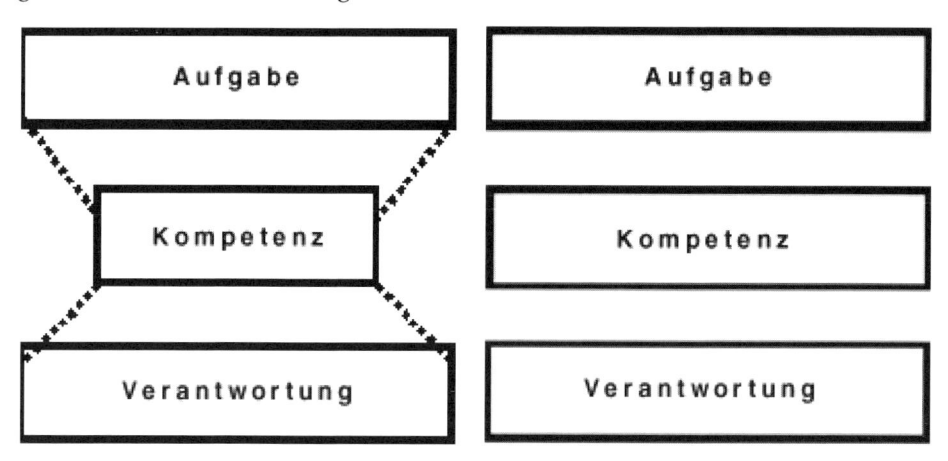

Abbildung 5.1: Aufgabe ≠ Kompetenz   **Abbildung 5.2:** Aufgabe = Kompetenz

5.1 Zusammenfassung

Die Stellenbeschreibung gibt die in einer Stelle zugeordneten Teilaufgaben, die dem quantitativen und qualitativen Leistungsvermögen eines gedachten Aufgabenträgers entsprechen sollen, an.

Die Stellenbeschreibung ist nicht an einen bestimmten oder räumlich umgrenzten Ort gebunden. Sie ist auch nicht mit einer bestimmten Person verknüpft, sondern ist unabhängig von der Person des Stelleninhabers.

Die Stellenbeschreibung ist ein sehr gut geeignetes Instrument, um Aufgaben und Kompetenzen klar abzugrenzen und damit Doppelarbeit und Kompetenzstreitigkeiten zu vermeiden.

5.2 Zweck und Verwendung der Stellenbeschreibung

Die vielfältige Verwendbarkeit der Stellenbeschreibung rechtfertigt den relativ großen Aufwand bei der Erstellung und der laufenden Betreuung. Ein oder mehrere Verwendungszwecke sind meist der Grund, sich für Stellenbeschreibungen zu entscheiden. Stellenbeschreibungen sollen jedoch von Anfang an so konzipiert sein, dass weitere, spätere Einsatzmöglichkeiten nicht verbaut werden oder nur mit großem Aufwand und Kosten möglich sind.

Bei H. Schwarz werden unter anderem drei Aufgabengruppen bzw. Zielsetzungen der Stellenbeschreibung genannt:

▶ **Aufgaben der Stellenbeschreibung im Rahmen der Gesamtorganisation**
- ▶ als Instrument der Stellenbildung und -besetzung,
- ▶ zur Festlegung der Organisationsstruktur als Instrument zur Abgrenzung der Kompetenzen,
- ▶ als Führungsinstrument zur Delegation von Kompetenzen, Aufgaben und Verantwortung,
- ▶ als Instrument zur Rationalisierung,
- ▶ als Kontrollmittel zur Prüfung, ob der Stelleninhaber alle seine Aufgaben erfüllt und ob er seinen Kompetenzbereich nicht überschreitet,
- ▶ als Mittel zur Abklärung der Verantwortung beim Auftreten von Fehlern,
- ▶ als Mittel zur Arbeitsplatzbewertung und Lohn- und Gehaltsfestlegung,
- ▶ als Organisationsmittel zur Festlegung und Aufteilung von Aufgaben und zur Aufdeckung organisatorischer Mängel.

- **Spezialaufgaben der Stellenbeschreibung im Rahmen einzelner betrieblicher Bereiche**
  - als Instrument im Personalwesen,
  - als Mittel der (Personal-) Kostenrechnung, Kontrolle der Kosten und Personalstatistik,
  - als Arbeitshilfe für Innen- und Außenrevision.
- **Außerbetriebliche Aufgaben der Stellenbeschreibung**
  - als Grundlage für Tarifdiskussionen, arbeitswertgerechte Zuordnung der Tätigkeiten zu verschiedenen Lohn- und Gehaltsgruppen,
  - als Hilfsmittel zur Formulierung von Berufsbildern,
  - als Richtlinie für die Lehrplangestaltung bestimmter Schulen,
  - als Grundlage der Berufsberatung und Arbeitsvermittlung,
  - als Unterlage für Entscheidungen und Urteilsbegründungen der Arbeits- und Sozialgerichte.

Ganz allgemein verfolgt man im Unternehmen mit einer Stellenbeschreibung den Zweck, Klarheit zu schaffen in Bezug auf Ziel, Aufgaben, Verantwortung und Kompetenzen für den Stelleninhaber, seinen Vorgesetzten und seinen Kollegen.

5.2.1 Vorteile der Stellenbeschreibung

Wenn bei der Konzeption von Stellenbeschreibungen bürokratische Formulierungen und der Hang zum Perfektionismus vermieden werden, macht sich der beim Entwurf erforderliche Aufwand dadurch bezahlt, dass

- die Zahl der Kompetenzstreitigkeiten zurückgeht,
- ein effizienterer Informationsaustausch zustande kommt,
- Mitarbeiter mehr Möglichkeiten zur Selbstkontrolle bekommen,
- Vorgesetzte besser delegieren können und
- Wechsel bei Stellenbesetzungen bzw. Einführung neuer Mitarbeiter mit wesentlich geringeren Reibungsverlusten durchgeführt werden können.

Die Stellenbeschreibungen benötigen allerdings eine turnusmäßige Nachprüfung und Überarbeitung (meist jährlich), die sich aber stets bezahlt macht.

Die Stellenbeschreibung bietet für alle Beteiligten Vorteile:

- für den Stelleninhaber,
- für den Vorgesetzten,
- für die Geschäftsführung.

Vorteile für den Stelleninhaber

Die Delegationsbereiche sind klar abgegrenzt. Es gibt weniger Missverständnisse über Zuständigkeiten. Der Stelleninhaber kennt den Handlungsspielraum, den er auszufüllen hat. Kompetenzstreitigkeiten werden verhindert und klare Verhältnisse geschaffen.

Der Mitarbeiter erkennt die von ihm zu tragende Verantwortung. Er weiß, wo er, wo der Vorgesetzte oder Dritte zu entscheiden haben. Das gibt ihm Sicherheit, aber auch klare Verpflichtungen zum Handeln. Der Mitarbeiter weiß, wie er sich an anderen Stellen im Unternehmen gegenüber zu verhalten hat.

Wer entscheidet?

Wer hat welche Aufgaben?

Von wem erhalte ich Informationen?

Welche Stellen sind informations- und beratungspflichtig?

Der Mitarbeiter hat eine Grundlage der Selbstkontrolle. Er kennt die Erwartungen, die an ihn gerichtet werden, eventuell weiß er, nach welchen Kriterien er beurteilt wird. Er kann sich im Rahmen seiner Stellenbeschreibung voll entfalten. Er hat Vorstellungen von anderen Positionen, in die er einmal hineinwachsen kann. Aus- und Weiterbildungsmaßnahmen basieren auf einer sachlichen Grundlage.

Er hat genaue Kenntnisse seiner Aufgaben. Es kann ihm nicht passieren, dass man ihm Vorwürfe macht wegen der Nichterfüllung seiner Aufgaben, für die er sich nicht zuständig fühlt. Andererseits kann er sich zur Wehr setzen, wenn Aufgaben, die gemäß seiner Stellenbeschreibung zu seinem Bereich gehören, von anderen Stellen oder seinem Vorgesetzten übernommen werden. Er muss nicht befürchten, dass strebsame Kollegen ihm Arbeiten abnehmen und ihn damit auf die Seite drücken.

Er kann sich vor dem Stellenantritt ein Bild machen. Er weiß ziemlich genau, was für Aufgaben ihn erwarten, und wird später weniger Enttäuschungen erleben. Er wird auch nicht behaupten können, dass man ihn die Stelle falsch beschrieben hat. Er kann sich rascher einarbeiten und verliert keine Zeit damit, dass er sich die einzelnen Aufgaben seiner Stelle zusammensuchen muss, sondern hat von Anfang an einen Gesamtüberblick.

Vorteile für den Vorgesetzten

Der Vorgesetzte kennt die Aufgaben seiner Mitarbeiter und weiß, wo die Gefahren der Rückdelegation liegen. Er kann nicht mehr ohne wichtigen Grund in den Delegationsbereich seiner Mitarbeiter eingreifen.

Neue Mitarbeiter können zielsicher und anforderungsgerechter ausgewählt und eingearbeitet werden. Die Übertragung von Sonderaufgaben und das Erteilen von Anweisungen erfolgt unter detaillierter Kenntnis der Aufgabenbereiche.

Informationen an die Mitarbeiter können treffsicher erfolgen. Probleme können präziser lokalisiert und analysiert werden, wenn feststeht,

wer, *wo,* *wann,* *wie*

entscheidet.

Ablauf- und Erfolgskontrolle sind auf einer klaren Grundlage gestellt. Leistungsbeurteilungen werden sachlicher. Die Erfolgskontrolle des Vorgesetzten wird erleichtert.

Ausbildungsprogramme und Weiterbildungspläne können maßgeschneidert, dem entsprechend die Mittel kostensparender verwendet werden.

Der Vorgesetzte kann sich mehr um seine eigenen Aufgaben kümmern, da er entlastet wird. Er trifft bessere Auswahlentscheidungen, wenn er die Delegationsbereiche genau kennt. Er verbessert die Personalplanung. Die Formulierung der Stellenausschreibungen wird erleichtert. Vorstellungsgespräche und Einarbeitungen werden effektiver.

Die Festlegung der Gehälter beruht auf einer objektiven Grundlage. Durch Vergleich und Anpassung der Aufgaben und Anforderungen verschiedener Stellen mit den Gehältern ist es möglich, wenigstens innerhalb des Unternehmens eine gerechte Gehaltsordnung zu erreichen. Die Stellenbeschreibung dient auch als Grundlage für die Arbeitsplatzbewertung.

Vorteile für das Unternehmen

Die Organisation wird übersichtlicher und aussagekräftiger dargestellt. Die Stellenbeschreibungen geben einen Gesamtüberblick über die Verteilung der Hauptaufgaben innerhalb des Unternehmens. Die Berechtigung neuer Stellen kann durch vorheriges Erstellen einer Stellenbeschreibung überprüft werden. Personalwerbung und -auswahl können rationeller gestaltet werden. Beim Bewerbungsgespräch wird über klare Anforderungen gesprochen.

Die Anfangsfluktuation neuer Mitarbeiter wird geringer, wenn die Mitarbeiter vom ersten Tag an klar erkennen, welche Aufgaben ihnen gestellt werden. Betriebsklima und die Arbeitsleistungen werden verbessert, da nicht mehr um die Klärung von Zuständigkeiten gekämpft werden muss. Stellenbeschreibungen sind ein Werbeargument eines fortschrittlichen Unternehmens.

Organisation und Arbeitseinteilung sind schnell auf Zweckmäßigkeit und Rationalisierungsmöglichkeiten zu überprüfen. Organisatorische Mängel und Schwächen treten offen zutage und können korrigiert werden.

5.2.2 Erkennen von Organisationsfehlern durch die Stellenbeschreibung

Organisationsfehler können durch die Stellenbeschreibung erkannt und beseitigt werden:

Klarheit über die Über- und Unterstellungsverhältnisse

Jeder Mitarbeiter braucht seinen eindeutig festgelegten Platz in der betrieblichen Organisation. Jeder muss wissen, wer über, neben und unter ihm steht. Dieser »Über« und »Unter« fixiert seine Stelle in der betrieblichen Hierarchie. Er soll seine Stelle auf einem gültigen Organisationsplan finden können.

In jedem Betrieb müssen komplexe Aufgaben von verschiedenen Stellen erfüllt werden. Die ausführenden Mitarbeiter werden von den Richtlinien dieser Stellen bei der Durchführung ihrer Arbeit betroffen und müssen sich an die Vorgaben halten, wenn der Betriebsablauf nicht stocken soll. Der Betrieb wird aber empfindlich gestört, wenn das Weisungsrecht nicht eindeutig kanalisiert wird. Jeder kann nur einen Vorgesetzten haben, dem er voll verantwortlich ist. Aufträge und Anweisungen dürfen den nicht weisungsberechtigten Mitarbeiter nur über seinen direkten Vorgesetzten erreichen. Direkte Vorgesetzte dürfen von höheren Vorgesetzten, von Angehörigen der Stabsstellen und von Untergebenen nicht übergangen werden.

Artgleiche Aufgabenzuweisung

Jeder Mitarbeiter braucht Aufgaben, die seinen Fähigkeiten und Neigungen entsprechen. Diese Aufgaben sollen artverwandt sein, d.h. sie sollen keine Elemente enthalten, die sich widersprechen; sie sollen sich nicht überschneiden.

Entscheidend für den Erfolg ist, dass man Aufgaben genau bezeichneten Personen überträgt. Man muss schließlich wissen, wer mit was betraut wurde. Anonyme Anweisungen werden nicht oder nur von denjenigen ausgeführt, die sich immer betroffen fühlen. Dadurch leistet man nur der Oberflächlichkeit Vorschub und erzeugt Missmut. Man sollte Aufträge auch so befristen, dass für ihre Erledigung genügend zeitlicher Spielraum besteht.

Sicherer Kontrollbereich

Die Struktur jeder Betriebsgruppe muss volle Übersicht garantieren. Deshalb kann ein Vorgesetzter nur eine begrenzte Anzahl von Mitarbeitern erfolgreich betreuen. Die günstigste Zahl hängt von der Art der Aufgaben ab. Je komplexer das Aufgabengebiet des einzelnen ist, desto kleiner wird die Mitarbeitergruppe sein müssen. Das gilt auch für die Betreuung durch Angehörige der Stabsstellen.

Die Übersicht des Vorgesetzten wird gestört, wenn die Entfernung der Mitarbeiter vom Vorgesetzten zu groß ist, aber auch wenn sie zu klein ist. Die Arbeitsvorhaben dürfen nicht durch zu viele Instanzen bearbeitet werden. Die endgültige Durchführung einer Aufgabe sollte von einer Instanz verantwortlich geplant werden, die möglichst enge Verbindung zu den ausführenden Organen hat. Zu diesem Zweck kann man eine hierarchisch höhere Gruppe auch einmal weiter unten ansiedeln. Das muss aber den betroffenen Mitarbeitern und den von dieser Änderung betroffenen Stellen mitgeteilt werden.

Delegation

Die Übertragung einer Aufgabe, d. h. die Verantwortung für ein Ergebnis, verlangt die gleichzeitige Übertragung von entsprechenden Befugnissen.

Man spricht im Allgemeinen nur von der Übertragung der Verantwortung und meint, eine Forderung der modernen Betriebsführung zu erfüllen. Das ist ein Irrtum. Auch der autoritäre Führungsstil überträgt Verantwortung im Sinne, dass der Mitarbeiter, der Fehler gemacht hat, zur Verantwortung gezogen wird. Was aber auch bei fortschrittlichen Unternehmens- und Abteilungsleitungen immer noch auf Widerstand stößt, ist die Übertragung der entsprechenden Macht zur Durchführung der übertragenen Arbeiten. Sie ist nämlich mit einem Risiko verbunden, das man scheut. Letzten Endes geht dieses Vorgehen auf eine Unterschätzung des Mitarbeiters zurück, auf mangelnde Unterweisung, auf falsche Selbsteinschätzung und führt zu einer Selbstüberlastung und zu Zeitnot, Managerkrankheit, Stress und Terminüberschneidungen.

Die mit einer Aufgabe verbundenen Vollmachten und Befugnisse müssen also unmissverständlich definiert werden. Jeder Vorgesetzte und Mitarbeiter braucht für die Erfüllung seiner Aufgaben genügend Handlungsfreiheit. Je komplizierter ein Aufgabengebiet ist, desto größer ist zwangsläufig auch der Entscheidungsspielraum, der dem Mitarbeiter eingeräumt werden muss. Jeder Vorgesetzte muss die Möglichkeit haben, zu seiner eigenen Entlastung gewisse Teilaufgaben an geeignete Mitarbeiter zu übertragen. Diese Übertragung muss gewährt werden, um Unzufriedenheit durch unerfüllte Hoffnungen seitens der Mitarbeiter auszuschalten.

Jeder Vorgesetzter braucht mindestens einen Stellvertreter, der in seiner Abwesenheit die Abteilung leiten kann. Sowohl die an den Stellvertreter übertragenen Befugnisse, als auch ihre Einschränkungen müssen klar umrissen sein und allen Mitarbeitern, der direkt betroffenen Abteilungen, wie denjenigen, die mit ihnen zusammenarbeiten, bekannt gegeben werden.

5.2.3 Spezielle Probleme der Stellenbeschreibung

Während man früher vorwiegend die Auffassung vertrat, dass sich der Mensch der Ordnung anzupassen habe, hört man heute oft die gegenteilige Meinung. Dies ist eine Frage der Erforschung der »human relations« und der Ansicht, dass der Mensch im Mittelpunkt der Organisation stehen sollte. Die Entwicklung wird gefördert durch die Verminderung der Arbeitsteilung und Spezialisierung der Tätigkeiten in der heutigen Wirtschaft sowie durch möglicherweise fehlende, qualifizierte Arbeitskräfte.

Soll die Stellenbeschreibung aufgrund der organisatorischen Erfordernisse erstellt werden, oder soll sie auf die Person des Stelleninhabers Rücksicht nehmen?

Man stellt sich auf den Standpunkt:

Wenn unter den Stellenbewerbern keiner ist, der die notwendigen Qualifikationen für eine offene Stelle besitzt, muss man die Stelle entsprechend umbauen, damit sie den Fähigkeiten mindestens eines Bewerbers entspricht.

Diese Lösung mag auf den ersten Blick sehr vernünftig erscheinen, sie birgt aber Gefahren in sich. Man muss sich im Klaren sein, dass in diesem Fall bei jeder personellen Veränderung (Austritt, Versetzung, Beförderung, usw.) eine ganze Reihe von Stellenbeschreibungen korrigiert werden müssen, wobei notgedrungen Unruhe entsteht. Es wird Aufgaben geben, die bei jeder Gelegenheit einem anderen Chef und einem anderen Bereich zugeteilt werden müssen. Ferner wird es wahrscheinlich jedes Mal von neuem zu Streitigkeiten über die Aufgabenverteilung kommen.

> Grundsätzlich ist die Stellenbeschreibung nach rein sachlichen und organisatorisch richtigen Überlegungen ohne Rücksicht auf die Person zu erstellen.

Wichtige, einflussreiche Aufgaben werden gesucht, unangenehme abgelehnt. Dies ist gerade aber ein Punkt, den man durch die Einführung von Stellenbeschreibungen beseitigen will.

In der Praxis wird sich die Lösung der Aufgabenverteilung ohne jede Rücksicht auf die Fähigkeiten des Stelleninhabers allerdings auch nicht hundertprozentig durchführen lassen. Man wird deshalb für die Erstellung der Stellenbeschreibung etwa folgende Richtlinie als Kompromisslösung aufstellen:

Deshalb heißt es auch z.B.

»Stellenbeschreibung Leiter Vertrieb«

und nicht

»Stellenbeschreibung für Herrn Müller«.

In besonderen Fällen, in denen es unumgänglich ist, können einzelne Aufgaben aus dem Bereich herausgenommen oder hinzugefügt werden. Solche Ausnahmen sind jedoch entsprechend zu begründen.

5.2.4 Ziel, Aufgaben und Verantwortung der Stellenbeschreibung

Das **Ziel** ist der vorbestimmte Zweck von Aufgaben, der durch eine subjektive Abgrenzung zum Endzweck des Handelns oder Verhaltens erhoben wird.

Die **Aufgabe** ist eine Beschreibung der notwendigen Maßnahmen zur Erreichung von Zielen. Sie ist die Zielsetzung des zweckgebundenen Handelns, die dauerhaft durch Wiederholungsvorgänge erreicht werden muss. Sie ist ein zu realisierender, einem System von außen vorgegebener Zweck.

Die **Verantwortung** wird bestimmt durch die erforderliche Gewissenhaftigkeit und Zuverlässigkeit, die notwendig ist, um die verschiedenen Arbeitsaufgaben ordnungsgemäß erfüllen zu können, die notwendige Sorgfalt, um Personen- und Sachschaden vermeiden zu können, und die aufzuwendende Umsicht, um Behinderungen und Störungen des Arbeitsablaufes und der Ablauforganisation nicht eintreten zu lassen.

Es werden drei Arten der Verantwortung unterschieden:

Verantwortung für

- die eigene Arbeit,
- die Arbeit anderer und
- Sicherheit anderer.

Der Ausdruck »Delegation der Verantwortung« stammt von Prof. Höhn / Akademie der Führungskräfte der Wirtschaft, Bad Harzburg. Dieses Prinzip besagt, dass in der erfolgreichen Führung nicht nur Aufgaben und die dazugehörigen Kompetenzen, sondern auch die Verantwortung für die Ausführung an die Mitarbeiter delegiert werden. Dadurch kann sich der Vorgesetzte von einer zu großen Verantwortung für Detailprobleme entlasten.

Aufgrund der umfangreichen und vielseitigen Nutzungsmöglichkeiten der Stellenbeschreibungen könnte man vermuten, dass die Stellenbeschreibung ein organisatorisches Wundermittel sei. Bei dieser Meinung ist aber Vorsicht am Platze. Man muss sich bewusst sein, dass das bloße Erstellen von Stellenbeschreibungen die Organisation um keinen Schritt verbessert. Die Stellenbeschreibung ist nur ein Werkzeug, und genauso wie das beste Werkzeug keinen Nutzen bringt, wenn es unberührt im Werkzeugschrank liegt, kann man von der Stellenbeschreibung keine Resultate erwarten, wenn sie nach der Erstellung einfach abgelegt und vergessen wird.

5.2.5 Die Stellenbeschreibung im Rahmen des Personalwesens

Im Rahmen des Personalwesens erscheint die Stellenbeschreibung als besonders wichtiges Instrument. Deshalb sollte dieser Teilbereich etwas genauer betrachtet werden.

Instrument der Personalpolitik

Nicht nur einzelne Menschen und Gruppen sind beeinflussbar und in Grenzen veränderbar, sondern auch ganze Organisationen können entwickelt werden, ohne dass die Mitglieder allzu große persönliche Entwicklungen mitmachen müssen. Die Analyse der aktuellen Stellenbeschreibungen auf allen Unternehmensebenen kann Abweichungen vom eigentlichen Organisationsziel bzw. -zweck sichtbar machen.

Es kann dann unter Umständen richtig sein, die Organisation der Realität anzupassen. Oder für bestimmte Stellen sind trotz aller Bemühungen keine geeigneten Mitarbeiter innerhalb und außerhalb des Unternehmens zu finden, oder die Kosten der Personalentwicklung sind zu hoch, der Prozess zu langwierig oder aus anderen Gründen nicht mehr vertretbar. Es sollte dann geprüft werden, ob es nicht einfacher ist, die situativen Voraussetzungen im Unternehmen zu verändern.

Die Stellenbeschreibung ist dann nicht nur Diagnoseinstrument, sondern auch ein Planungsinstrument für die beabsichtigte Organisationsentwicklung und ein Kontrollinstrument für die Veränderung.

In diesem Zusammenhang muss die Frage der Humanisierung der Arbeitswelt und auf die Einführung arbeitserleichternder Maßnahmen auf Grund gesicherter arbeitswissenschaftlicher Erkenntnisse hingewiesen werden.

Betriebliche Planung kann erst erfolgen, wenn bekannt ist, welche Ziele zu erreichen sind. Diese Ziele müssen in Aufgaben aufgeteilt und diese den Arbeitsplätzen oder Stellen in quantitativer und qualitativer Hinsicht zugeordnet werden. Eine solche Verteilung könnte im Prinzip natürlich auch ohne die schriftlichen Unterlagen der Stellenbeschreibung vorgenommen werden, z.B. in kleineren, übersichtlichen Unternehmen.

Instrument der Personalbedarfsplanung

Die Stellenbeschreibung ist ein geeignetes Instrument für eine übersichtliche Stellenplanung, die für eine kontrollierte, rationelle Verteilung, Zuordnung und Vergabe von Aufgaben und Tätigkeiten auf Stellen planmäßig sorgt.

Die Personalbedarfsplanung ist ohne Stellenplanung und diese ohne Stellenbeschreibung nicht möglich.

Die Stellenbeschreibung und Stellenplanung sind hervorragende Hilfsmittel zur Beurteilung von zusätzlichen Personalanforderungen. Der Antragsteller wird angehalten, die zusätzlichen Aufgaben und Tätigkeiten qualitativ und quantitativ zu nennen. Die Beurteilung des Antrages erfolgt im Rahmen des Stellenplanes. In den einzelnen Stellenbeschreibungen sind die notwendigen Anforderungskriterien enthalten, die Informationen über das geforderte qualitative Leistungsverhalten der unter Umständen erst in Zukunft benötigten Mitarbeiter liefern.

Instrument der Personalbeschaffungsplanung

Die Stellenbeschreibung enthält die Aufgaben und Anforderungskriterien. die bei der (Neu-)Besetzung der Stelle mit entscheidend sind. Mit Hilfe einer Stellenbeschreibung ist ein für die Bewerberauslese brauchbares

Anforderungsprofil

schnell erstellbar.

Aufgrund der Stellenbeschreibung können Stellenanzeigen und -ausschreibungen aufgabengerecht formuliert werden. Bewerber können mittels der Stellenbeschreibung über ihre zukünftigen Tätigkeiten informiert werden. Interviewern dient die Stellenbeschreibung als Leitfaden für das Bewerberauswahlgespräch.

Mitunter setzen Firmen bei der Personalwerbung das Vorhandensein von Stellenbeschreibungen als positive Image-Werbung (fortschrittlich, offen, partnerschaftlich, usw.) ein.

Die Stellenbeschreibung ist ferner Grundlage für die Planung und Durchführung des innerbetrieblichen Arbeitsplatzwechsels (Versetzung).

Die ehrliche Verwendung einer gültigen Stellenbeschreibung bei der Personalbeschaffung kann diese in der Praxis wirkungsvoller gestalten und die Fluktuationsrate in der Zeit unmittelbar nach der Stellenbesetzung günstig beeinflussen, indem die beiderseitigen Erwartungen wirklichkeitsgerechter gestaltet werden.

Die Stellenbeschreibung ist ein vorzügliches Mittel zur Einführung und Einarbeitung neuer oder versetzter Mitarbeiter in ihr neues Tätigkeitsfeld.

Eine ausgehängte oder eventuell sogar besprochene Stellenbeschreibung kann

- die Einarbeitungszeit verkürzen,
- die Einarbeitungskosten verringern,
- die Anfangsfluktuation vermindern,
- die Arbeitsmotivation von Beginn an stärken,
- das Arbeitsklima in Bezug auf die Neuen entspannen,
- die Führungsbeziehungen positiv beeinflussen.

Ähnliche positive Wirkungen der Stellenbeschreibung können bei der Wahrnehmung einer Stellvertretung eintreten.

Instrument zur Aus- und Weiterbildung

Die Stellenbeschreibung ist zusammen mit den Arbeitszielen die Grundlage der Mitarbeiterbeurteilung.

Ist eine Stelle mit einem Mitarbeiter besetzt, so kann zwischen den definierten Anforderungen und der konkreten Eignung eine erwartete oder unerwartete Diskrepanz auftreten, die ganz oder teilweise mit Schulungsmaßnahmen zu beheben ist.

Mit Hilfe der Stellenbeschreibung und des Anforderungsprofils wird die Notwendigkeit von Schulungsmaßnahmen systematischer entschieden und geplant.

Stellenbeschreibungen ermöglichen die Planung, Konzipierung, Gestaltung und Besetzung von tätigkeitsgerechten inner- und außerbetrieblichen Lern- und Lehrprogrammen.

Instrument zur Personaleinsatz-, Nachfolge- und Förderungsplanung

Für die Personalersatzplanung ist eine Beschreibung der Stelle unerlässlich, um im Ernstfall (Krankheit, Stellenwechsel oder Tod) den geeigneten Nachfolger schneller zu finden und ihn über seine Aufgaben und Kompetenzen zu informieren.

Die zentralen Inhalte der Stellenbeschreibungen eines Unternehmens sind auch ein Abbild der Bedeutsamkeit und Wertigkeit der einzelnen Tätigkeiten. Mit Hilfe von Stellenbeschreibungen und Arbeitsbewertungen können Laufbahnstrukturen definiert werden, die dem Mitarbeiter Entwicklungs- und Aufstiegsmöglichkeiten aufzeigen. Die Möglichkeit der Laufbahnplanung hat positiven Einfluss auf die Arbeitszufriedenheit und damit auf Leistung und Fluktuation.

Durch den Vergleich des Anforderungsprofils aus der Stellenbeschreibung mit dem Fähigkeitsprofil eines Mitarbeiters wird der gezielte, individuelle Mitarbeitereinsatz planbar, natürlich auch die damit verbundenen gezielten und rechtzeitigen Schulungen.

Instrument der Entgeltplanung

Eine ausführliche Stellenbeschreibung enthält Informationen, die den Arbeitsbewertungsmethoden als Grundlage für die Ermittlung anforderungsgerechter Entgelte dienen.

Instrument der Personalführung

In der Stellenbeschreibung ist die Verantwortlichkeit des Mitarbeiters beschrieben. Er kennt damit

- einen Teil seiner Arbeitsziele,
- seinen Delegations- und Kompetenzspielraum,
- Eingriffsmöglichkeiten seines Vorgesetzten in seinen Verantwortungsbereich,
- die Grundlagen seiner Beurteilung,
- seinen Platz innerhalb des Unternehmens,
- die Grundlage für Mitarbeitergespräche,
- ob und wie sich seine Tätigkeit erweitert,

▷ die Möglichkeit zur Versachlichung der Beziehungen zwischen ihm und seinen Vorgesetzten,

▷ die Grundlage für Beschwerden, usw.

5.3 Aufbau und Inhalt der Stellenbeschreibung

5.3.1 Form, Aufbau und Umfang der Stellenbeschreibung

Stellenbeschreibungen müssen schriftlich festgelegt sein, weil sie ein wichtiges Führungsinstrument und unentbehrliches Hilfsmittel zur Personalplanung sind.

Ein einheitliches Schema ist auch in kleinen Unternehmen vorteilhaft. Unentbehrlich ist es, die Stellenbeschreibung als Instrument der Personalplanung und der -organisation einzusetzen. Sobald sich ein Gliederungsschema bewährt hat, sollte es beibehalten und bei allen Stellenbeschreibungen im Unternehmen einheitlich verwendet werden.

Ein einheitlich angewandtes Schema braucht die notwendige inhaltliche Differenzierung der Stellenbeschreibungen auf den einzelnen betrieblichen Ebenen keineswegs einzuschränken.

Der Umfang der Stellenbeschreibungen hängt sehr vom beabsichtigten Verwendungszweck ab. Der Stelleninhaber wünscht in der Regel eine möglichst ausführliche Beschreibung. Dahinter kann das Bedürfnis nach Anerkennung / Bestätigung oder das Bedürfnis, sich weitestgehend abzusichern (Unsicherheit, Rechtfertigung, Angst zu versagen), stehen.

Diesem Wunsch stehen die Forderungen nach Übersichtlichkeit, Verständlichkeit, Flexibilität beim Einsatz, unbürokratische Handhabbarkeit und praktikable Anpassung an Veränderungen gegenüber. Man sollte beim Erfassen die 20 : 80 - Regel befolgen, welche besagt:

20 % der Aufgaben einer Stelle

decken 80 % der Leistung ab.

Es kommt deshalb auf die Festschreibung dieser 20 % an. Die restlichen 80 Prozent der Aufgaben, die nur 20 Prozent der Leistung abdecken, müssen sich aus dem Geist der Regelungen und des Führungssystems ergeben.

5.3.2 Inhalt der Stellenbeschreibung

Die Stellenbeschreibung kann je nach Art und Umfang verschiedene Punkte enthalten. In der Praxis hat sich der Aufbau nach folgendem Schema als äußerst zweckmäßig herausgestellt.

Es enthält folgende Punkte:

- Stellenbezeichnung,
- Stelleninhaber,
- Rang des Stelleninhabers,
- Vorgesetzter, fachlich,
- Vorgesetzter, disziplinarisch,
- Stelleninhaber wird vertreten,
- Stelleninhaber vertritt,
- unmittelbar unterstellte Mitarbeiter,
- Ziel der Stelle
- Aufgaben
  - Fachaufgaben,
  - Planungsaufgaben,
  - Entscheidungsaufgaben,
  - Ausführungsaufgaben,
  - Kontrollaufgaben,
  - Überwachungsaufgaben,
  - Sonderaufgaben,
- Vertretungsbefugnis,
- Verfügungsbefugnis,
- Unterschriftsbefugnis,
- Arbeitskontakte zu Stellen - intern / extern,
- Mitarbeit in Gremien - intern / extern,
- Informationspflicht,

- Bemerkungen,
- Datum und Unterschrift,
- Ersteller der Stellenbeschreibung,
- Prüfer der Stellenbeschreibung,
- Empfänger der Stellenbeschreibung.

Stellenbezeichnung

Auf den ersten Blick erscheint es vielleicht unwichtig, diesen Punkt besonders zu erwähnen. Die Erfahrung lehrt aber, dass es notwendig ist, jeder Stelle eine offizielle Bezeichnung zu geben und diese im Organisationsschema und in der Stellenbeschreibung festzuhalten. Wenn dies nicht geschieht, nützen strebsame Mitarbeiter oft die Gelegenheit, ihre Stelle aufzuwerten. Es wird dann schnell aus dem »Buchhalter« der »Finanzchef«, aus dem »Einkäufer« der »Einkaufsleiter« usw.

Stelleninhaber

Der Name des Stelleninhabers ist in der Stellenbeschreibung einzutragen, da die Stelle kurz- oder langfristig durch diesen besetzt ist und für die Erstellung eines Organigramms herangezogen werden kann. Da der Stelleninhaber wechseln kann, empfiehlt es sich, den Namen nur mit Bleistift einzutragen. Bei einem Stellenwechsel braucht dann die Stellenbeschreibung nicht neu erstellt bzw. geschrieben werden, sondern der Name wird nur ausgetauscht. Es ändert sich ja nicht die Stelle mit all ihren Aufgaben, sondern nur die Person des Stelleninhabers.

Auf der Rückseite des Formulars »Stellenbeschreibung« quittiert der jeweilige Stelleninhaber mit Datum und Unterschrift die Kenntnisnahme der Stellenbeschreibung, um sich bei Differenzen später nicht auf Unkenntnis berufen zu können.

Der vorhandene Platz für mögliche Unterschriften reicht für mehrere Inhaber aus.

Rang des Stelleninhabers

In kleineren Betrieben spielt der Rang keine große Rolle und man wird mit den Stufen, Handlungsbevollmächtigter, Prokurist, Direktor, usw. auskommen. Größere Betriebe und auch Staatsbetriebe gehen in dieser Hinsicht aber bedeutend weiter und legen entsprechend mehr Wert auf hierarchische Rangordnung. Man kennt dort Bezeichnungen wie Bereichs-, Abteilungs- oder Gruppenleiter. Wo solche Bezeichnungen fest in der Organisation verankert sind, müssen sie auch in der Stellenbeschreibung aufgeführt sein.

Unterstellungsverhältnis

Die horizontalen und vertikalen Verbindungslinien der Stellen untereinander sind in der Praxis oft recht verworren, in zahlreichen Fällen oft nicht einmal systematisch gestaltet, sondern hierarchisch gewachsen, vielleicht das Ergebnis von Machtkämpfen oder geprägt von personellen Rücksichten.

In der Stellenbeschreibung werden hier Ungereimtheiten sofort ersichtlich und können dementsprechend geändert werden. Bei der Unterstellung unterscheidet man grundsätzlich zwei Formen:

- die fachliche Unterstellung und
- die disziplinarische Unterstellung.

Der Fachvorgesetzte ist nur für die Fachaufgabenerledigung seines Mitarbeiters verantwortlich, während der disziplinarische Vorgesetzte (z.B. der Personalleiter) für alle persönlichen Aufgabenschwerpunkte zuständig ist (z.B. Gehaltsfragen, Abmahnungen, Kündigungen usw.). Sollte für die Stelle die Unterstellung geteilt sein, ist es unbedingt notwendig, beide Unterstellungsverhältnisse aufzuführen.

Vertretungs- und Unterstellungsregelung

Wichtig ist die Angabe der Person, welche die Stelle bei geplanten Ausfallzeiten des Stelleninhabers (Urlaub, Weiterbildung, usw.) wie auch bei ungeplanter Abwesenheit (Krankheit, Todesfall, usw.) besetzt, für die Aufgabenerledigung verantwortlich ist und die Arbeit zumindest für eine Übergangszeit weiterführen kann.

Es muss dafür gesorgt werden, dass für jede wichtige Stelle ein Stellvertreter bestimmt wird. Ebenso muss der Mitarbeiter wissen, welche Stelle er im Bedarfsfall vertretungsweise übernehmen muss. Möglicherweise sind hierfür rechtzeitig Schulungs- und Einarbeitungsmaßnahmen durchzuführen. Die Stellenbeschreibung zwingt die zuständigen Stellen, organisatorische Probleme, die gerne auf die lange Bank geschoben werden, zu lösen und schriftlich festzuhalten.

Unmittelbar unterstellte Mitarbeiter des Stelleninhabers sind ebenfalls aufzuführen. Wobei hier unterschieden wird, ob es sich bei der Unterstellung um eine fachliche und/oder disziplinäre Unterstellung handelt. Auch Unterstellungen bei Vertretungen können, müssen aber nicht aufgeführt werden.

Bei der Stellvertretung gibt es zwei Formen:

▶ Vertretung für einen Vorgesetzten

Eine der nachgeordneten Personen vertritt den direkten Vorgesetzten nur bei Abwesenheit, bei Verhinderung oder auf seine direkte Anweisung. Nur in diesen Fällen besteht ein Vorgesetztenverhältnis des Stellvertreters zu den ihm meist gleichgeordneten anderen Mitarbeitern der Stelle.

▶ Vertretung aus einer anderen Abteilung

Der Stellvertreter kommt aus einer anderen Abteilung. Auch hier muss gewährleistet sein, dass dieser die Aufgaben des zu Vertretenden beherrscht. Es ist jedoch ganz klar, dass diese Vertretungsweise nur dann durchgeführt werden kann, wenn beide Personen in artverwandten Abteilungen tätig sind.

Ziel der Stelle

Das Ziel der Stelle ist der vorbestimmte Zweck von Aufgaben, der durch eine subjektive Abgrenzung zum Endzweck des Handelns oder Verhaltens erhoben wird. Oder einfacher ausgedrückt:

Hier soll angegeben werden, welchen Beitrag die Stelle zum Erreichen der Unternehmensziele zu leisten hat bzw. welche langfristigen Ziele die Unternehmensführung mit der einzelnen Stelle verfolgt. Ohne Zielsetzung ist keine wirtschaftliche Tätigkeit möglich. So wie jedes Unternehmen eine Zielsetzung haben sollte, müssen auch Mitarbeiter über das Ziel ihrer Tätigkeit im Bilde sein. Für die Stelle können je nach Auffassung der Mitarbeiter verschiedene Ziele bestehen, was leicht zu Missverständnissen führen kann, wenn die Ziele nicht eindeutig fixiert wurden. In der Praxis zeigen sich allerdings oft Schwierigkeiten bei der Festlegung von Zielen, namentlich wenn es sich um Stellen der unteren Ebenen handelt. Aber auch hier sollte nicht auf eine Festlegung verzichtet werden. Bei der Zielsetzung muss ferner beachtet werden, dass nur langfristige, allgemeine Zielsetzungen in der Stellenbeschreibung verwendet werden sollten. Kurzfristige, detaillierte Zielsetzungen, wie sie in einigen Unternehmungen jährlich festgelegt werden, gehören nicht in eine Stellenbeschreibung.

Aufgaben

Aufgaben sind bestimmend für das Bestehen einer Stelle. Eine Stelle kann mehrere Aufgaben umfassen. Jede Aufgabe besteht aus einer Reihe verwandter Arbeitsvorgänge, die gewöhnlich in vorgeschriebener oder sich ergebender Reihenfolge durchgeführt werden und zu einem gemeinsamen Arbeitsziel oder -ergebnis führen, zu deren Umsetzung gleichartige, nahe miteinander verwandte Kenntnisse, Methoden und Techniken erforderlich sind.

Die Darstellung der Aufgaben soll Auskunft geben über:

WAS	tut der Stelleninhaber
WIE	tut es der Stelleninhaber
WARUM	tut es der Stelleninhaber
WIE OFT	tut es der Stelleninhaber
WELCHE	anderen Stellen werden berücksichtigt
WIE	beaufsichtigt der Stelleninhaber die untergebenen Stellen

Es ist empfehlenswert, die Tätigkeiten in der Reihenfolge des Arbeitsablaufes darzustellen.

Es sind ausschließlich die Aufgaben darzustellen, die der Stelleninhaber persönlich wahrzunehmen hat und nicht delegieren darf.

Nebentätigkeiten werden nur dann in die Stellenbeschreibung aufgenommen, wenn sie besonders zeitaufwendig sind oder besondere qualitative Anforderungen voraussetzen. Wichtig ist, dass die persönliche Verantwortung unmissverständlich ist.

Der besseren Übersicht wegen empfiehlt es sich, besonders bei Stellenbeschreibungen ab dem mittleren Management die Fachaufgaben zu unterteilen in

- Planungsaufgaben,
- Entscheidungsaufgaben,

- Ausführungsaufgaben,
- Kontroll- und Überwachungsaufgaben,
- Sonderaufgaben.

Bei Sachbearbeitertätigkeiten sollte diese Unterteilung nur dann durchgeführt werden, wenn sie sich als sinnvoll und unbedingt notwendig abzeichnet.

Sonderaufgaben müssen dann eingetragen werden, wenn diese Aufgaben nicht unmittelbar mit der vorher genannten Zielsetzung in Verbindung stehen und einen erheblichen Arbeitszeitaufwand erfordern.

Vertretungsbefugnis

Diese treten nur, wie der Name schon sagt, im Vertretungsfall auf.

Verfügungsbefugnis

Sie beziehen sich meist auf Euro-Werte.

Unterschriftsbefugnis

Hier kann eine Unterteilung in inner- und außerbetrieblicher Unterschriftsbefugnis durchgeführt werden. Unterschriftsbefugnisse sind z.B. Handlungsvollmachten oder Prokura.

Arbeitskontakte und Mitarbeit in Gremien

werden in intern und extern unterteilt. Die entsprechenden Partner (Lohnbuchhaltung, Finanzamt, Innovationszirkel, Handwerkskammer, usw.) sind aufzuführen.

Informationspflicht

Besonders wichtige Informationen müssen zu bestimmten Zeitpunkten bestimmten Stellen (z.B. Geschäftsführung) zugeleitet werden. Denkbar ist jedoch auch die Meldepflicht bei außergewöhnlichen Vorfällen.

Bemerkungen

Dieses Feld kann bei besonderen Stellenbeschreibungen für außergewöhnliche Eintragungen und Hinweise verwendet werden.

Datum und Unterschrift

Der Ersteller, der Prüfer und der Stelleninhaber quittieren mit Datum und Unterschrift die Erstellung, die sachliche Richtigkeit und die Kenntnisnahme der Stellenbeschreibung.

Auf der dem Buch beigelegten CD befinden sich Musterstellenbeschreibungen.

5.3.3 Einführung der Stellenbeschreibung

Die Einführung der Stellenbeschreibung darf nicht planlos als »Gelegenheitsarbeit« durchgeführt werden, sondern muss zielbewusst nach einem festen Schema erfolgen.

Der Vorgehensplan sollte mindestens folgende Punkte enthalten:

- Entscheidung über die Einführung der Stellenbeschreibung
- Ermittlung und Analyse des Ist-Zustandes
- Änderungsvorschläge der Stelleninhaber
- Erste Entwurfsanfertigung
- Diskussion der Entwürfe
- Anfertigung der endgültigen Entwürfe
- Verabschiedung und Inkrafttreten
- Änderungen der Stellenbeschreibungen

Entscheidung über die Einführung von Stellenbeschreibungen

Die Entscheidung, dass Stellenbeschreibungen in einem Unternehmen eingeführt werden sollen, kann nicht die Organisationsabteilung oder eine sonstige Stabsstelle fällen, sondern muss von der Geschäftsführung getroffen werden.

Wenn die Geschäftsführung den Entschluss fasst, Stellenbeschreibungen erstellen zu lassen, so muss sie sich darüber im Klaren sein, dass die Arbeit keineswegs mit dem Entschluss getan ist. Das Hauptproblem besteht darin, die Vorteile, welche die Stellenbeschreibung bietet, auch richtig auszunutzen.

Der Arbeitgeber kann zwar die Stellenbeschreibung allein einführen, da jedoch der Betriebsrat ein Mitbestimmungsrecht bei Stellenbeschreibungen im Rahmen der Arbeitsbewertung hat, ist es sinnvoll, ihn bei der Erstellung und Einführung von Stellenbeschreibungen von Anfang an mit einzubeziehen; gegebenenfalls über eine entsprechende Betriebsvereinbarung.

In größeren Unternehmen ist es nützlich, eine Projektgruppe einzusetzen. Zumindest sollte, selbst in kleinen Betrieben, ein Projektverantwortlicher ernannt werden.

Der erste methodische Schritt schließt sinnvollerweise mit der Verabschiedung eines Aktionsplanes zur Erarbeitung und Einführung von Stellenbeschreibungen ab.

Nach der Entscheidung für Stellenbeschreibungen ist über die Art der Einführung zu entscheiden, ob

- **stufenweise**
  Einführung der Stellenbeschreibung von oben nach unten oder umgekehrt. Von oben nach unten bietet den Vorteil, dass die Abgrenzung der Stellen und die Festlegung der Kompetenzen und Verantwortungen erleichtert wird.

- **simultan oder sukzessiv**
  Je größer der Betrieb, umso mehr kommt nur eine sukzessive Einführung in Betracht mit dem Nachteil der langen Dauer bis zum Abschluss. Der Extremfall wäre, nur bei Neueinstellungen Stellenbeschreibungen anzufertigen.

Bei der sukzessiven Einführung bleibt der Bereich überschaubar.

- **bereichsweise**
  Möglich sind Mischformen wie simultan von oben nach unten oder zuerst die stufenweise Bearbeitung der mittleren Leitungsebene und danach das simultane Einbeziehen der übrigen Ebenen nach Bereichen.

Unabhängig davon wie die Stellenbeschreibung eingeführt wird, sollen zu einem möglichst frühen Zeitpunkt Mitarbeiter, Führungskräfte und Betriebsrat über Sinn und Zweck der Stellenbeschreibung informiert und eventuell geschult werden.

Ermittlung und Analyse des Ist-Zustandes

Die Ermittlung der am konkreten Arbeitsplatz durchgeführten Tätigkeiten und tatsächlich vorhandenen Kompetenzen ist der erste schwierige Schritt der Ist-Aufnahme.

Verfahren dazu sind:

- schriftliche Fragebögen,
- mündliche Interviews,
- Gruppendiskussion,
- Beobachtungen,
- Auskünfte von anderen Stellen.

Die Durchführungsmöglichkeiten sind schematisch aufgezeigt.

In der Praxis werden meist schriftliche Erhebungen durchgeführt, die durch gezielte Interviews ergänzt werden.

Bei Stellenbeschreibungen für Führungskräfte haben sich Gruppendiskussionen unter externer Anleitung als sinnvoll erwiesen.

Sowohl bei der schriftlichen als auch bei der mündlichen Befragung ist auf die Beschreibung des aktiven Tuns in Tätigkeitswörtern, die Verhalten beschreiben und damit informativer sind als Substantiva, zu achten.

Der direkte Vorgesetzte soll in dieser Phase nur bei unklaren Fällen herangezogen werden. Hier fallen bereits wertvolle Informationen über Arbeitszerlegungen und Arbeitszusammenfassungen an.

Bei der Erstellung der Tätigkeitsbeschreibungen sind folgende Gesichtspunkte zu beachten:

- **Ausführlichkeit**
  Die Beschreibung muss ausführlich sein und alle Besonderheiten erfassen.

- **Eindeutigkeit**
  Die Beschreibung muss eindeutig sein. Es muss aus ihr klar hervorgehen, um welche Tätigkeit es sich handelt.

- **sachliche Richtigkeit**
  Es darf nichts ausgelassen werden und es dürfen keine Angaben enthalten sein, die ein falsches Gesamtbild der Tätigkeit erwecken und Werturteile vorweg nehmen.

- **Verständlichkeit**
  Wenn die Bewertung von Fachleuten durchgeführt wird, so muss die Beschreibung dennoch allgemein verständlich sein.

- **Anschaulichkeit**
  Es wird empfohlen, in besonders gelagerten Fällen Kopien von Unterlagen, Vorgängen u. ä. zur Verdeutlichung beizufügen.

Änderungsvorschläge des Stelleninhabers

Die Änderungsvorschläge des Stelleninhabers können während der Fragebogenaktion gesondert gesammelt und danach ausgewertet werden. Auswertbar sind auch Verbesserungsvorschläge, Beschwerden und Austrittsinterviews.

Erste Entwurfsanfertigung

Da die Stelleninhaber am besten wissen, was sie konkret tun, ist es sinnvoll, sie so früh wie möglich beim Entwurf der eigenen Stellenbeschreibung mitarbeiten zu lassen. Eine derartige Mitwirkung stärkt die Identifizierung mit den Inhalten der Stellenbeschreibung und ihre Anerkennung als Instrument mit ihren praktischen Zielsetzungen. Zugleich verbessert man damit die Stellenbeschreibung enorm.

Für die Erstellung der Stellenbeschreibung gibt es mehrere Möglichkeiten mit den jeweiligen Vor- und Nachteilen. Häufig wird folgender Ablauf praktiziert:

Die Geschäftsführung gibt an die Mitarbeiter unter Information des Vorgesetzten gemäß Richtlinien den Auftrag, eine Stellenbeschreibung anzufertigen. Hilfsmittel hierfür sind:

- Stellenbeschreibungsformulare,
- Erläuterung der Stellenbeschreibung,
- Fragebögen zur Erarbeitung der Stellenbeschreibung.

Der Mitarbeiter entwirft die Stellenbeschreibung und bespricht sie mit seinem Vorgesetzten. Dieser leitet sie an die Organisationsabteilung, versehen mit abweichenden Standpunkten, weiter. Dort wird eine formale Kontrolle durchgeführt. Kriterien der Kontrolle sind:

- allgemeine Formulierungen,
- Zielformulierung,
- Aufgabendefinition.

In dieser Phase wird auch meist der Soll-Zustand der Stellenbeschreibung erarbeitet, dabei werden folgende Fragen gestellt:

- Welche Aufgaben und Tätigkeiten sind aufgrund der gegenwärtigen Abteilungsaufgabe nicht erforderlich, also überflüssig?
- Welche Aufgaben und Tätigkeiten werden bisher noch nicht oder noch nicht genügend wahrgenommen, um die gegenwärtige Abteilungsaufgabe voll zu erfüllen?
- Welche Änderung hat die eventuell parallel laufende Organisationsuntersuchung ergeben?

Überflüssige Tätigkeiten und Aufgaben werden gestrichen oder geändert, fehlende und in Zukunft zu erwartende eingefügt.

Die Informationen werden daraufhin ausgewertet, ob und wie sie sich in geänderter Fassung auf die Aufgabenstellung der Abteilung und auf die Tätigkeit des Einzelnen auswirken werden.

Folgende Fragen sind daher noch zu stellen, um die Stellenbeschreibung zukunftsorientiert umzugestalten:

- Welche Aufgaben und Tätigkeiten können in Zukunft wegfallen?
- Welche Aufgaben und Tätigkeiten müssen aufgrund der zukünftigen Abteilungsaufgabe zusätzlich eingeplant werden?

Schematisch dargestellt:

	erhobener und analysierter Ist-Zustand
minus	überflüssige Aufgaben
plus	fehlende Aufgaben
ist	bereinigter Ist-Zustand
minus	durch Rationalisierungs - oder sonstige Maßnahmen in Zukunft wegfallende Aufgaben
plus	in Zukunft geplante, neue Aufgaben
ist	zukünftiger Soll-Zustand

Diskussion der Entwürfe

Die Diskussion der Entwürfe geschieht am besten in Projektgruppen. Es sollte geachtet werden auf:

- vollständige Erfassung der wesentlichen Informationen,
- einheitliches Schema der Informationsverarbeitung,
- Vergleichbarkeit.

Anfertigung der endgültigen Stellenbeschreibungen

Die Anfertigung der endgültigen Stellenbeschreibung orientiert sich am besten an einem einheitlichen Schema (Formular), das aus den bereits genannten inhaltlichen Bausteinen besteht.

Verabschiedung und Inkrafttreten

Die Verantwortung für die Übereinstimmung der Stellenbeschreibung mit dem tatsächlichen Stelleninhalt hat der Stellenvorgesetzte. Die Stellenbeschreibung wird dem Stelleninhaber in einer Kopie ausgehändigt und verbleibt bei ihm, eventuell wird sie Bestandteil des Arbeitsvertrages.

Die Stellenbeschreibung ist vom Stelleninhaber mit Datum und Unterschrift abzuzeichnen.

Das Original erhält die Organisationsabteilung. Kopien bekommen die Personalabteilung und der Vorgesetzte.

Änderung der Stellenbeschreibung

Stellenbeschreibungen altern im Ausmaß der Veränderungen innerhalb und außerhalb des Unternehmens. Es ist deshalb sinnvoll, in regelmäßigen Abständen (1 – 2 Jahre) die Stellenbeschreibungen auf ihre Zweckmäßigkeit und Aktualität hin zu überprüfen und laufend flexibel anzupassen.

In Führungsrichtlinien oder in den eigenen Stellenbeschreibungen kann die Verantwortung für jederzeit aussagefähige Stellenbeschreibungen mit den Tätigkeiten an den Arbeitsplätzen den unmittelbaren Vorgesetzten übertragen werden.

In regelmäßigen Mitarbeitergesprächen (Beratungs- und Fördergesprächen) sollte die Stellenbeschreibung gemeinsam mit dem Mitarbeiter überprüft werden.

Grundsätzlich geht die Initiative zur Änderung der Stellenbeschreibung von dem aus, der zuerst die Abweichung der Stellenbeschreibung vom tatsächlichen Stelleninhalt erkennt.

5.3.4 Widerstände gegen die Stellenbeschreibung

Trotz erwiesener Vorteile regen sich häufig Widerstände gegen die Einführung von Stellenbeschreibungen. Zum Teil sind es Widerstände prinzipieller Art, die sich gegen jede Neuerung richten, zum Teil haben sie aber auch tiefere Ursachen.

Widerstände können kommen von

- den Mitarbeitern,
- den Vorgesetzten,
- der Geschäftsführung.

Widerstände von Seiten der Mitarbeiter

- **Angst, dass durch die Stellenbeschreibung der Tätigkeitsbereich eingeengt wird**
  In der Stellenbeschreibung wird zwar tatsächlich der Delegationsbereich abgegrenzt, und es ist bis zu einem gewissen Grad verständlich, dass besonders am Anfang gerade die ruhigen Mitarbeiter gegen die vermeintliche Beschneidung ihres Aufgabenbereiches und ihrer Initiativmöglichkeit

Sturm laufen. Nun gilt aber die Grenze nicht nur für den Stelleninhaber, sondern umgekehrt auch für seinen Vorgesetzten und seine Kollegen. Innerhalb seines Bereiches kann nur der Stelleninhaber seine Entscheidungen treffen, so dass der Spielraum für Eigeninitiative mit der Einführung der Stellenbeschreibung eher erweitert wird.

Beim richtigen Vorgehen kann sich der Stelleninhaber zu seinem Aufgabengebiet äußern und Wünsche anbringen. Das Aufgabengebiet wird also keineswegs über seinen Kopf hinweg festgelegt. Natürlich muss es den organisatorischen Gegebenheiten entsprechen.

Oft werden solche Bedenken von Kompetenzräubern geäußert, die möglichst viele wichtige und interessante Aufgaben an sich ziehen möchten, um dadurch ihre Aufstiegschancen zu verbessern. Dabei ist ihnen die Stellenbeschreibung ein Hindernis.

▷ **Angst vor der schriftlichen Festlegung von Aufgaben und Verantwortung**
Das Gegenstück von den Kompetenzräubern ist der Mitarbeiter, der jede Verantwortung scheut und sich möglichst vor jeder heiklen Arbeit zu drücken sucht. Solche Mitarbeiter müssen aus verantwortungsvollen Stellen entfernt werden.

▷ **Angst vor der Aufnahme des Ist-Zustandes**
Es gibt in jeder Firma Leute, die sich in langjähriger Tätigkeit ein kleines Königreich aufgebaut haben und darin frei schalten und walten, ohne dass jemand genau weiß, was sie eigentlich tun. Die Stellenbeschreibung fördert natürlich zutage, was diese Leute eigentlich tun, bzw. nicht tun.

▷ **Ablehnung der Kontrolle**
Mit Hilfe der Stellenbeschreibung fällt es dem Vorgesetzten relativ leicht, die Aufgabenerfüllung seiner Mitarbeiter zu kontrollieren. Manche Mitarbeiter sind der Meinung, dass eine solche Kontrolle eine Einmischung in ihren Aufgabenbereich darstellt.

Widerstände von Seiten des Vorgesetzten

▷ **Autoritäre Vorgesetzte**
Vorgesetzte, die es gewohnt sind, möglichst alles selbst zu entscheiden und zu überwachen, werden die Stellenbeschreibung als Hindernis betrachten, weil diese die Delegation der Verantwortung fördert. Wenn dies einmal schriftlich festgelegt ist, kann sich der Vorgesetzte nicht mehr einfach darüber hinwegsetzen.

▶ **Angst vor Einmischung**
Es gibt Vorgesetzte, die das Gefühl haben, die Organisation und Aufgabenverteilung in ihrer Abteilung gehe nur sie und sonst niemanden etwas an. Bei der Erstellung der Stellenbeschreibung wird selbstverständlich untersucht, ob die bestehende Aufgabenverteilung zweckmäßig und richtig ist.

Widerstände von Seiten der Geschäftsführung

Manchmal ist sogar die Geschäftsführung gegen die Stellenbeschreibung eingestellt.

▶ **Die Stellenbeschreibung lähme die Initiative der Mitarbeiter**
Initiativ zu sein heißt aber: Die gestellten Aufgaben besser zu lösen, Vorschläge zu machen, neue Wege suchen. Es bedeutet nicht: Sich mit allen Dingen und Problemen zu beschäftigen, die gerade interessant und abwechslungsreich erscheinen. Es ist im übrigen Aufgabe der Geschäftsführung, die Stellenbeschreibung so zu konzipieren, dass die Initiative des Stelleninhabers nicht eingeschränkt wird.

▶ **Die Dynamik des Unternehmens werde gehemmt**
In einer ausgesprochenen Expansionsphase der Firma kann sich die Einführung der Stellenbeschreibungen vorübergehend hemmend auf den Geschäftsablauf auswirken, weil in der Regel Neufestlegungen von Aufgabenbereichen nicht zu umgehen sind. Es ist deshalb ratsam, für die eigentliche Neueinführung eine ruhige Periode zu wählen.

▶ **Stellenbeschreibungen müssen zu oft geändert werden**
Im Normalfall muss eine Stellenbeschreibung alle 1-2 Jahre überprüft und wenn notwendig aktualisiert werden. Eine Überarbeitung ist auch bei allen organisatorischen Änderungen im betreffenden Bereich notwendig. Sofern die Grundlagen richtig festgelegt wurden, verursachen solche Änderungen wenig Aufwand.

▶ **Der Aufwand ist zu groß**
Der Aufwand der Stellenbeschreibungen ist tatsächlich groß. Wenn diese aber für alle Möglichkeiten, die sich dafür bieten, eingesetzt werden, bilden sie ein Organisationsmittel, für das sich der Aufwand auf jeden Fall lohnt.

▶ **Die Erstellung der Stellenbeschreibung schaffe Unruhe im Betrieb**
Wenn das ganze Vorgehen richtig organisiert und die Mitarbeiter rechtzeitig und umfassend informiert wurden, besteht für diese kein Grund zur Beunruhigung mehr.

5.3.5 Kosten der Stellenbeschreibung

Zur Erfassung des Kostenaufwandes für Stellenbeschreibungen muss folgendes berücksichtigt werden:

▶ Analyse des Ist-Zustandes jeder Stelle,

▶ Darstellung der Ist-Verteilung der Aufgaben und Kompetenzen zwischen den verschiedenen Stellen und Bereichen,

▶ Abstimmung der verschiedenen Auffassungen und Darstellungsmöglichkeiten über eine bessere Organisation,

▶ Konzipieren und Darstellen der Soll-Verteilung der Aufgaben und Kompetenzen,

▶ Erstellung des Erstentwurfes der Stellenbeschreibung,

▶ Vergleichen und Abstimmen der Erstentwürfe auf klare Darstellung, Vollständigkeit, Abgrenzung zu anderen Stellen usw.,

▶ Fertigstellen der endgültigen Stellenbeschreibung,

▶ Einholen der Zustimmung zur Verabschiedung der Stellenbeschreibung.

Für das Erstellen einer Stellenbeschreibung müssen in der Regel ca. 1 ½ Arbeitstage, bei einfachen Tätigkeiten ca. 1 Tag veranschlagt werden.

> **Erfahrungsgemäß geht man davon aus, dass etwa 20 - 30 % der im Unternehmen vorhandenen Angestelltenarbeitsplätze in Form einer Stellenbeschreibung erfasst und untersucht werden müssen, um alle Arbeitsplätze voll einordnen zu können.**

Das bedeutet beispielsweise bei rund 300 Angestellten ca. 60 - 70 unterschiedliche Positionen und Stellenbeschreibungen. Das Erstellen und die Ersteinführung einer einzelnen durchschnittlichen Stellenbeschreibung wird niedrig geschätzt zwischen € 400,- und € 750,- liegen. Diese Kosten fallen schnell an, denn die Einführung der Stellenbeschreibungen sollte wegen der laufenden Änderungen spätestens nach 2 Jahren abgeschlossen sein. Diesen Kosten müssen die Vorteile gegenüber gestellt werden.

6 Beschaffung von ERP-Systemen

6.1 Angebotsprüfung

Sie haben mit unserer Anbieter-Auswahl-Matrix mehrere potenzielle Anbieter ausgewählt und diesen Ihr ERP-Pflichtenheft zugesandt. Da dieses Pflichtenheft auf Grund der umfangreichen Hilfestellung dieses Buches professionell erstellt wurde, gehen wir davon aus, dass jeder Anbieter ein Angebot vorlegt.

Die Prüfung und Bewertung der Angebote teilt sich vernünftigerweise in folgende Einzelschritte auf:

- formelle Angebotsprüfung
- materielle Angebotsprüfung
  - technische
  - kaufmännische

6.1.1 Terminverfolgung der Angebotseingänge

Die Frist für Angebotsabgaben sollten dem Angebotsumfang angemessen entsprechen. Um zum einen keine Verzögerungen in der weiteren Bearbeitung des Bedarfsfalles zu bekommen und zum anderen auch, um den potenziellen Anbieter schon in dieser Phase der Geschäftsbeziehung eine gewisse Disziplin abzuverlangen. müssen Sie den termingerechten Eingang der Angebote verfolgen. Die Terminverfolgung kann nach denselben Regeln und Vorgehensweisen wie bei anderen Bestellungen erfolgen.

6.1.2 Formelle Angebotsprüfung

Nach termingerechtem Eingang jedes Angebotes prüfen Sie zuerst die Übereinstimmung mit der Anfrage. Abweichungen davon werden, sofern sie akzeptiert werden können, kenntlich gemacht. Insbesondere sind die Übereinstimmung des Lieferumfangs, die Termine, die Angebotsbindefrist, der mögliche Hinweis auf die Verkaufsbedingungen des Anbieters und, sofern bewertbar, die Übereinstimmung der angebotenen mit der angefragten Leistung zu prüfen. Ebenso müssen Sie darauf achten, dass der Anbieter ein verbindliches Angebot abgegeben hat. Nur dann haben Sie später eine eindeutige Grundlage, auf der weitere Gespräche stattfinden können.

Nur ein verbindliches Angebot ist ein Antrag zum Abschluss eines Vertrages, das heißt, mit der Erteilung einer gleichlautenden Bestellung wird dieser Antrag angenommen und ein Vertrag kommt zustande.

Stellen Sie Abweichungen fest, die in der nachfolgenden Analyse und Bewertung der Angebote Probleme bereiten können, ist der Anbieter entweder zur Klarstellung aufzufordern oder das Angebot ist zurückzuweisen. Gehen Angebote verspätet ein, müssen Sie entschieden, ob die Offerte noch akzeptiert wird oder ob sie abgelehnt werden soll. Diese Entscheidung hängt von der Zahl der insgesamt eingegangenen Angebote sowie von der Attraktivität des Anbieters ab.

Ist zu erwarten, dass bis zur Bestellentscheidung einige Zeit vergehen wird, sollte Sie dem Anbieter den Angebotseingang bestätigen mit dem Hinweis, dass man voraussichtlich bis zu einem bestimmten Termin wieder auf ihn zukommen wird. Auf diese Weise erspart man sich schriftliche oder telefonische Rückfragen des Anbieters nach dem Stand der Dinge.

Werden Angebote aus oben genannten Gründen von Ihnen nicht akzeptiert, gebietet sich die Information des Anbieters unter Angabe des Grundes, warum sein Angebot nicht weiter verfolgt wird. Es gehört zu einem ordentlichen Geschäftsverhalten, dass Schriftstücke, und dazu gehören mit Sicherheit auch Angebote, beantwortet werden.

Treten Unstimmigkeiten zwischen Angebot und Anfrage auf, sollte Sie den Inhalt und die Form Ihrer Anfragen überprüfen. Die Ursache für Abweichungen müssen nicht immer auf der Anbieterseite liegen.

6.1.3 Technische Angebotsprüfung

Nachdem alle eingegangenen Angebote formal geprüft worden sind, gegebenenfalls korrigiert oder nachgebessert wurden, ist eine Prüfung durch das ERP-Projektteam vorzunehmen. Die Einkaufsabteilung kann dieses spezielle und anwendungsfallorientierte Wissen nicht haben und sollte versuchen, in einer guten Kooperation zu einer objektiven Bewertung der Angebote durch die Projektstellen zu gelangen.

Die Stellungnahme der Projektleitung zu den Angeboten soll schriftlich erfolgen und die Gründe für eine unterschiedliche Einstufung beinhalten. Sind Klärungsgespräche zwischen Anbietern und dem Projektteam erforderlich, ist es sicher nicht immer notwendig, dass der Einkauf daran teilnimmt. Er sollte jedoch darauf achten, in den Informationsfluss mit eingebunden zu sein, damit er für spätere Verhandlungen ausreichend informiert ist, aber auch, um vorzeitige Festlegungen und Zusagen von Seiten des Projektteams an den Anbieter zu vermeiden.

6.1.4 Kaufmännische Angebotsprüfung

Die kaufmännische Angebotsprüfung, häufig auch Angebotsanalyse genannt, ist eine eindeutige Einkaufsaufgabe. Hier muss der Einkauf versuchen, betriebswirtschaftliche Unstimmigkeiten im Angebot aufzudecken und die Vorbereitungen für einen Angebotsvergleich treffen, z.B. Bewertung der angebotenen Zahlungsbedingungen (Skonto, Zahlungsziel) oder die Gewährung von Skonto und Zahlungsziel.

In zahlreichen Unternehmen hat sich bedauerlicherweise eine Zahlungspolitik eingeschlichen, in der zwar mit Skontoabzug gezahlt wird, aber erst nach Erreichen der Nettozahlungszeit. Der Einkauf sollte darauf achten, dass mit dem Anbieter vereinbarte Zahlungsbedingungen auch entsprechend im eigenen Hause eingehalten werden.

Die Angemessenheit des angebotenen Preises muss beurteilt werden.

Haben Sie die Anbieter aufgefordert, detailliert mit Preisangabe für Einzelpositionen anzubieten, weisen Sie Angebote, die nicht dementsprechend ausgefüllt sind, zur weiteren Detaillierung zurück Da jeder Anbieter vor Angebotsabgabe eine Kalkulation durchführt, muss er auch in der Lage sein, Einzelpreise anzugeben. Andernfalls liegt der Verdacht nahe, dass nicht begründbare Kosten in den Angebotspreisen enthalten sind.

Um die Preise/Kosten für komplexe Angebote wie für ERP-Systeme und Dienstleistungen sinnvoll bewerten zu können, bietet sich die Hochrechnung der gesamten Kosten über einen längeren Zeitraum an.

Da die Lieferzeit entscheidenden Einfluss auf den Preis hat, ist in der Regel nach den Lieferzeiten der Anbieter gefragt worden. Bei der Durchführung der Angebotsanalyse ist nun diese angebotene Lieferzeit mit dem intern geforderten Termin abzustimmen.

In der Anfrage (z.B. Hardware) haben Sie die Anbieter aufgefordert, die Transportkosten separat anzugeben. Prüfen Sie mit Unterstützung der eigenen Versandabteilung oder des Hausspediteurs die Angemessenheit dieser Kosten. Die Erfahrung zeigt, dass diese Aufwendungen häufig pauschal auf den Warenwert ermittelt werden.

Die Anbieter weisen in ihren Angeboten neben dem direkt angefragten Leistungsumfang vielfach Sonderleistungen aus. Das können verlängerte Gewährleistungsfristen, zusätzliche Beratung oder Unterstützung für eine Projektrealisierung sein.

Nachdem eine Angebotsprüfung in allen Einzelschritten durchgeführt worden ist, wird sich die Zahl der weiter zu verfolgenden Angebote reduzieren, da einige Angebote wegen zu großer Abweichungen von der Anfrage nicht weiter verfolgt zu werden brauchen. Auch hier wiederum sollte den Anbietern eine Absage geschrieben werden. Mit Hilfe der EDV lässt es sich automatisieren.

Sollten die Abweichungen so gering oder das Interesse des Einkaufs oder des Projektteams an einem Anbieter sehr groß sein, sind weitere Klärungen herbeizuführen.

Vermeiden Sie es, mit nicht vollständig geklärten Angeboten in einen Angebotsvergleich zu gehen. Die Mühe ist vergeblich, da nachträgliche Änderungen entscheidenden Einfluss auf den Vergleich haben können.

6.2 Musterangebot

Festpreisangebot
Nr. 4711

Einführung von

WLS®
Warehouse Management and Logistics System

für Berater GmbH, Hamburg

Kunde GmbH
Kundenhausen

Inhalt

1. **Aufgabenstellung und Ziele**
   1.1 Aufgabenstellung
   1.2 Angebotsumfang
   1.3 Grundlagen des Angebotes

2. **Lösungskonzept**
   2.1 Allgemeines
      2.1.1 Release-Wechsel im Host
      2.1.2 Release-Wechsel im WLS®-Lagerverwaltungssystem
      2.1.3 Verfügbarkeit
      2.1.4 Erweiterbarkeit
   2.2 Gesamtarchitektur
      2.2.1 Übersicht
      2.2.2 Vorbemerkung
      2.2.3 Hardware-Plattform
      2.2.4 Schnittstelle zum Host-System
      2.2.5 Schnittstelle zur unterlagerten Steuerung
      2.2.6 Voraussetzung zur Fernwartung
   2.3 Die strategische Systemplattform SAP R/3-BC
   2.4 Überblick Warehouse Management and Logistics System (WLS®)
   2.5 Stationäre Arbeitsplätze und Benutzerdialoge
   2.6 Merkmale
      2.6.1 Verfügbarkeit, Ausfallsicherheit und Wiederanlauf
      2.6.2 Erweiterbarkeit und Investitionssicherheit
      2.6.3 Informationssystem
   2.7 Organisation und Abläufe

3. **Leistungsumfang und Vorgehen**
   3.1 Erstellung des Pflichtenheftes bzw. der Feinspezifikation
   3.2 Realisierungs- und Anpassungsphase
   3.3 Systemeinführung und Schulung
   3.4 Projektmanagement
   3.5 Änderungsmanagement
   3.6 Systemkonfiguration

3.7 Schulung
       3.7.1 Systemadministratoren, Datenbankadministrator und Leitung Distributionszentrum
       3.7.2 Key-User, Mitarbeiter für spezifische Arbeitsplätze
   3.8 Dokumentation
   3.9 Qualität
   3.10 Abnahme
4 **Termine**
5 **Sonstige Regelungen**
   5.1 Verpflichtungen des Auftraggebers
   5.2 Ersatzteilelieferfähigkeit und Investitionsschutz
   5.3 Gewährleistung und Wartung
6 **Preisblatt**
   6.1 Hardware und Betriebssoftware
   6.2 Ersatzteile
   6.3 Lizenzen
   6.4 Anwendungssoftware
   6.5 Systemeinführung
   6.6 Dokumentation
   6.7 Schulung
   6.8 Anlagenbegleitung
   6.9 Reisekosten
   6.10 Zahlungsbedingungen

WLS® ist ein eingetragenes Warenzeichen der SALT AG
R/3 ist ein Warenzeichen der SAP AG
SAP ist ein eingetragenes Warenzeichen der SAP AG

1 Aufgabenstellung und Ziele

1.1 Aufgabenstellung

Im Zuge der Umstrukturierung des Standortes Kundenhausen wird die Lager- und Versandlogistik neu gestaltet. In der Kundenstraße entsteht ein neues Logistikzentrum, in dem die bisher unterschiedlichen Lager integriert werden. Neben dem Zusammenführen von Eigenteilen mit Kaufteilen werden als weitere Ziele die effiziente Auftragsabwicklung, eine transparente Prozessgestaltung und eine fehlerfreie Kundenbelieferung im Nachtsprung-Service gewünscht. Zudem soll eine anwenderbezogene Leistungsverrechnung möglich sein.

In diesem Zusammenhang ist ein Angebot zur Realisierung und Installation des Materialflusssystems zu erstellen.

1.2 Angebotsumfang

Unser Angebot beinhaltet im Einzelnen:

▷ Erstellung einer Feinspezifikation (Pflichtenheft), in der die Systemarchitektur, die Schnittstellen zu den benachbarten Systemen, das DV-Design und die Einzelfunktionen als Realisierungsvorgabe detailliert festgelegt werden.

▷ Realisierung der Anwendungssoftware gemäß dieser Feinspezifikation. Das Standard-Lagerverwaltungssystems WLS® (Warehouse Management and Logistics System) wird an die individuellen Anforderungen angepasst (Customizing) und um spezifische Funktionen ergänzt

▷ Installation der Rechner–Plattform einschließlich der jeweiligen Betriebssoftware

▷ Einführung des Gesamtsystems einschließlich der Benutzerschulung

Die Aufgaben des Lagerverwaltungs- und Materialflusssystems sind

▷ die platzgenaue Bestandsverwaltung im automatischen vier-gassigen Kleinteilelager, im manuellen Palettenhochregallager sowie in den manuellen Lagern Chemielager, Langgutlager, Sperrigteillager und Schnelldrehbereich

▷ die Steuerung aller Abläufe im Zusammenhang mit der Lagerhaltung und dem Materialfluss

- die Bereitstellung eines Informations- und Steuerungssystems
- die Kommunikation des Lagerverwaltungssystems mit dem Host-System und den Anlagensteuerungen
- die Serienbildung und Versandabwicklung

1.3 Grundlagen des Angebotes

Grundlagen des Angebotes sind:

- die Ausschreibungsunterlagen, die wir aufgrund einer Vorauswahl erhielten.

Soweit im vorliegenden Angebot keine Abweichungen von den Angebotsgrundlagen ausdrücklich vermerkt sind, deckt dieses Angebot alle geforderten Leistungen entsprechend dieser Grundlagen vollständig ab.

Die zu realisierenden Funktionen werden nicht erneut beschrieben. Die folgende Funktionsbeschreibung enthält jedoch Ergänzungen bzw. detailliertere Beschreibungen im Hinblick auf unser Lösungskonzept.

2 Lösungskonzept

2.1 Allgemeines

Zur Abdeckung des geforderten Funktionsumfangs bieten wir den Einsatz des *Warehouse Management and Logistics Systems* (WLS®) an.

Das WLS® wird sowohl durch Parameter-Einstellungen (Customizing) als auch durch spezifische Programmerweiterungen an die individuellen Anforderungen des Gesamtsystems angepasst.

Die eingesetzten Standardsoftware-Komponenten sichern eine tragfähige Basis für ein zuverlässiges und flexibles Lagerverwaltungssystem.

2.1.1 Release-Wechsel im Host

Bei einem Release-Wechsel von SAP R/3 Release 3.1i auf Release 4.5 oder 4.6 ist das WLS ohne funktionale Einschränkungen lauffähig.

Bei einer Installation des WLS® unter dem Host-System, Release-Stand SAP R/3 3.1i, mit späterer Migration auf Release 4.5 oder 4.6 ergeben sich im neuen Lagerverwaltungssystem keine funktionalen Einschränkungen. Wir empfehlen aus diesem Grund zuerst die Einführung des Lagerverwaltungssystems und die spätere Migration im Host auf Release 4.5 oder 4.6.

Die Standard-LVS-Funktionen des SAP-R/3-Systems für die anderen Lagerbereiche der Kunde GmbH bleiben beim Einsatz des WLS®-Lagerverwaltungssystems erhalten.

2.1.2 Release-Wechsel im WLS®-Lagerverwaltungssystem

Zum Release-Wechsel von WLS® ist Folgendes zu sagen:

Der nächste geplante Release-Wechsel im WLS® ist auf Release 4.6.

Der Vorteil des Release-Wechsels ist an erster Stelle die neue, besser gestaltete Benutzeroberfläche für den Benutzer. Funktionserweiterungen im WLS®-Standard werden von den WLS®-Produktverantwortlichen zurzeit geprüft. Für die alte WLS®-Version wird darüber hinaus noch Service und Wartung angeboten.

Bei einem Release-Wechsel ist folgendes Vorgehen geplant: Nach der Realisierung folgen Tests in Würzburg. Die Software wird dann an einem Wochenende bei Kunde GmbH in Betrieb genommen mit der Option, diesen Schritt wieder rückgängig zu machen.

Die Kosten werden sich nach Schätzungen auf ca. 2 Wochen Aufwand incl. Tests erstrecken.

2.1.3 Verfügbarkeit

Wir garantieren die Verfügbarkeit des Systems mit den gestellten Anforderungen. Voraussetzung dafür ist ein Wartungsvertrag mit der Kunde GmbH.

2.1.4 Erweiterbarkeit

Hinsichtlich der Artikel, Artikelstämme, Lagerplätze, Bewegungen und Aufträge ist das System ohne weitere Hardware- oder Software-technische Nachrüstung um den Faktor 2 erweiterbar.

2.2 Gesamtarchitektur

2.2.1 Übersicht

Das Lagerverwaltungssystem ist in die folgende Gesamt-Rechnerarchitektur eingebettet:

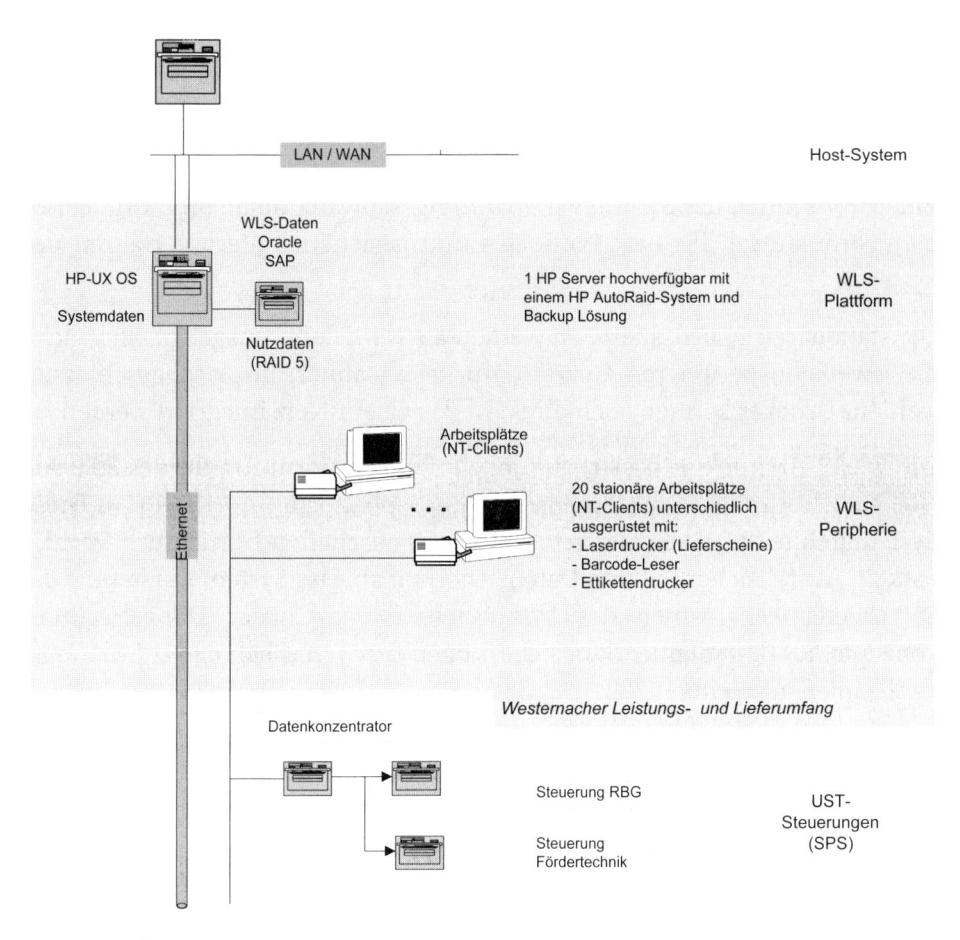

2.2.2 Vorbemerkung

Aufgrund der Tatsache, dass WLS auf verschiedenen Plattformen und Datenbanken lauffähig ist, empfehlen wir als WLS®-Plattform ebenfalls die bei Ihnen im Haus bereits für SAP bewährten Produkte. Dies vereinfacht den Service und reduziert die Schulungskosten für Ihre Mitarbeiter.

Das R/3-Basis-System von WLS® garantiert dabei die Plattformunabhängigkeit.

2.2.3 Hardware-Plattform

Als Hardware-Plattform für den Lagerverwaltungsrechner haben wir der Ausschreibung entsprechend angeboten.

Ein externes Spiegel-Plattensystem sichert die Nutzdaten. Der Server verfügt ebenfalls über ein gespiegeltes Plattensystem, auf dem sich das konfigurierte Betriebssystem befindet.

Eine USV schützt das System bei Spannungsschwankungen und sorgt bei einem Stromausfall für ein geordnetes und gesichertes Herunterfahren des Systems.

Die stationären Arbeitsstationen werden als NT-Clients ausgelegt, an welche die jeweiligen peripheren Geräte (Drucker, Scanner) direkt angeschlossen werden. Drucker können auch direkt in das Client-Netz integriert werden.

Die WLS®-Architektur basiert auf der Laufzeitplattform R/3-BC der SAP AG (siehe auch Kapitel »Die strategische Systemplattform SAP R/3-BC«). Diese Systemarchitektur deckt alle geforderten Eigenschaften hinsichtlich Verfügbarkeit, Ausfallsicherheit und Datensicherheit ab. Das System unterstützt die Sicherheitsmechanismen der Systemlieferanten (Cluster-/Doppelrechnerkonzepte, RAID-Systeme, Bandsicherungen usw.) und hält deren Leistungskennzahlen aufrecht.

2.2.4 Schnittstelle zum Host-System

Die Aufgabenteilung zwischen dem Host-System und der Lagerverwaltung werden einerseits durch die Anforderungen im Lagerbereich und andererseits durch die bereits vorhandenen Funktionen auf dem Host-System vorbestimmt.

SALT AG übernimmt die Realisierung der Schnittstelle ins R/3 und damit die Anbindung des Lagerverwaltungssystems WLS® an den Host.

Details sind im Rahmen der Erstellung von Pflichtenheft/Feinspezifikation festzulegen.

2.2.5 Schnittstelle zur unterlagerten Steuerung

Diese Schnittstellen sind mit dem Partner abzustimmen. Wir gehen von einer Anbindung über TCP/IP aus.

2.2.6 Voraussetzung zur Fernwartung

Um die Voraussetzungen zur Fernwartung für das LVS sicherzustellen, ist die LVR-Plattform entsprechend ausgestattet.

Im vorliegenden Angebot wird von einem ISDN-Router ausgegangen, den wir mit angeboten haben. Die WLS®-Software unterstützt die Fernwartung standardmäßig.

Unser Angebot beinhaltet keine Verbindungskosten.

2.3 Die strategische Systemplattform SAP R/3-BC

Als Plattform für das Lagerverwaltungssystem kommt das Basissystem R/3-BC sowohl als Entwicklungs- als auch als Laufzeitplattform zum Einsatz.

Durch Integration der Systemkomponenten

- Betriebssystem
- Datenbank
- Entwicklungsumgebung
- Laufzeitplattform

stellt R/3-BC eine solide und zukunftsorientierte Systemplattform dar.

Es verfügt über eine Reihe herausragender Merkmale und eingebetteter Funktionen, die in entscheidenden Aspekten weit über herstellerspezifische Laufzeit- und Entwicklungsplattformen hinausgehen. Dazu gehören:

- Extrem hohe Skalierbarkeit durch dreistufige Client-Server-Architektur
- Portierbarkeit durch weitgehende Unabhängigkeit der Anwendung von Betriebssystem (UNIX-Familie, NT, ...) und Datenbankzugriffssystem (Oracle, Informix, SQL-Server, ...)
- Unterstützung bei der Gestaltung mehrsprachiger Anwendungen

▸ Integrierte Werkzeuge zur Software-Entwicklung, Versionsverwaltung, Laufzeitüberwachung, Office-Funktionen, Gestaltung von Online-Hilfen und Online-Dokumentationen (z.B. Datenmodell)

Die Plattform unterstützt ein dreistufiges Client/Server-Prinzip. Datenbankserver und Applikationsserver werden heute auf einem Rechner installiert. Eine spätere Aufteilung auf getrennte Plattformen ist ohne Änderung der Anwendungssoftware möglich.

Das Gesamtsystem wird damit hochgradig skalierbar und wächst mit den Anforderungen, ohne dass an den Grundstrukturen geändert werden muss. Selbst der Austausch von Hardware oder Betriebssoftware wirkt sich nicht negativ auf die Applikation aus. Dies schützt die Investitionen weit über den Abschreibungszeitraum hinaus.

WLS®-Dialoge bieten – da auf der R/3-Plattform entwickelt – die gleiche Oberfläche wie das Standard-SAP-System.

2.4 Überblick Warehouse Management and Logistics System (WLS®)

Die Lagerverwaltungssystem setzt auf die Kernfunktionen des Standard-Lagerverwaltungssystems WLS® (Warehouse Management and Logistics System) der SALT AG auf. WLS® wird um individuelle Anforderungen und Zusatzfunktionen ergänzt.

Der hohe Anteil an mehrfach eingesetzten und laufend verbesserten Standardsoftware-Komponenten sichert eine tragfähige Basis für ein zuverlässiges und flexibles System.

WLS® ist ein eigenständiges, dezentrales Lagerverwaltungs- und Lagersteuerungssystem, das für den Einsatz in manuell bedienten und automatisierten Lagerkomplexen konzipiert wurde.

Aufgrund der integrierten Mandantenfähigkeit (»WLS®-Verwalter«) werden die Warenbewegungen verschiedener Eigentümer in eigenen Buchungskreisen geführt. Das gesamte WLS®-Informationssystem (Reports, Dialoge, Statistiken, Protokolle) ist darauf ausgerichtet. Somit lassen sich Warenbestände aus logischer Sicht völlig getrennt voneinander verwalten, wobei die Ware selbst gemischt in den einzelnen Lager- und Kommissionierbereichen gelagert sein kann.

Ferner unterstützt das WLS® die Verwaltung der Ware in beliebig strukturierten manuellen und vollautomatische Lagerkomplexen. Die Ware kann verschiedenen Bestandsklassen zugeordnet sein (Frei-, Sperr- und Reserviert-Bestände, Konsignation, Zoll usw.).

WLS® unterstützt sowohl die artikelreine Lagerung als auch die Verwaltung heterogen befüllter Paletten, Behälter usw. auf Festplätzen oder nach dem Prinzip der chaotischen Lagerhaltung. Die gängigsten Ein- und Auslagerstrategien sind bereits vordefiniert. Für die Verwaltung der Ware in Lagereinheiten und auf Lager- bzw. Kommissionierplätzen können im Bedarfsfall beliebige Strukturen gewählt werden (Quanten auf Lagerplätzen und/oder in Lagereinheiten, Lagereinheiten auf Transporteinheiten usw.).

WLS® wurde für den internationalen Einsatz konzipiert. Sprachanpassungen für alle Benutzerschnittstellen (Dialoge, Listen, Belege) sind über einfache, tabellengesteuerte Anpassungen möglich.

Durch Anbindung an das kundeneigene Host-System lässt sich das WLS® nahtlos in die gesamte logistische Kette des Unternehmens integrieren.

Die folgende Tabelle gibt eine Übersicht über die derzeit in WLS® integrierten Funktionen:

KAPITEL 6 – BESCHAFFUNG VON ERP-SYSTEMEN

VLS-Funktionen: Menüs und Untermenüs 1.Stufe

Rückmeldungen	Lagertechnik	Wareneingang	Bestand	Logdateien
Prüfquantrückmeldung	Lagertypen	WE-Auftragspflege	Bestands-Anzeige	Systemlog (LVS)
TA-Quittung Lager	Lagersegment	Anlieferung (WE)	Bestand Lagertyp	IO-Logdatei
TA-Quittung Senke	Lagerbereiche	WE-Tor	Bestand Markier.Nr	Buchungs-Log
Eingabe Stretch-Pgm	Gassen/Sektoren	WE EK-Zuordnung	Bestand Host-Bstyp	Tele-Logdatei
	Sektor Definitionen	Pflege WE-Info	Bew.-Summen MatBt	
Umlagerung/-buchung	Lagerpunkte		Anzeige Lager-Quant	**Reorganisation**
Umbuchung LQ	LagerStrategien	**Einkauf**	Auswerten Lagerquant	Reorg EK-Aufträge
Umlagerung intern	Lagerplätze	EK-Auftragspflege	Quant von Lagerplatz	Reorg Wareneingang
Externe Buchung	Stretch-Programme	EK-Abrufe	Bewegungen täglich	Reorg Warenausgang
Differenz-Buchung		Liefererinnerungen	Bewegungen monatl.	Reorg Lagerabgang
	Lagerbereiche		Bewegungen Vergang.	Reorg Lagerzugang
Sonderfunktionen	Lagerbereich	**Warenausgang**	Hostbewegungen	Reorg Transport
Vorzone nach Senke	Bereichsdef Gassen	WA-Pflege		Reorg LQNum u LENum
Lager nach Senke	Sektor zu Bereich	Lade-Pflege	**Anzeigen**	Reorg MatBew tägl.
Ausbuch LQ ohne TrP	Temperatur Beding.		Transport-Übersicht	Reorg Buchungsbeleg
Anforderung MehrMat	Raum Bedingung	EK-Abrufe	Segment-Belastung	Reorg Konsi
Drucken Auslagerplan	Bereichsdefinition	Rücklieferung	Gasse-Belastung	
Benutzeranmeldung			Anzeige Lagerzugang	**Korrekturen**
	Sektor Definitionen	Kunden	Anzeige Lagerabgang	Bestandsprüfung
Testversionen	Lagereinheit-Typen	Lade-Nummer	Anzeige EK-Aufträge	LQ-Best.-Korrektur
Lagerzugang	LETyp-Sektor Zuord.	Verkehrszweig	Auswert.Lagerplätze	Bestandskorrektur
I-Punkt	Fachdefinition			Fachfehlerkorrektur
	Sektor-Definition	**Zoll und Leergut**	**Lager**	Korr. LgPla-Fehl
Material	Platz-Sektor Zuordn.	Zoll Kontofests.	Lager-Status	Ausbuchen LQ ohne Tr
Materialarten	Lagerplatztypen	Zollabrechn. drucken	Lager-Zustand	Sektoren prüf/korr
Material-Struktur		Leergut Kontofests.	Lagerplätze	
Material-ermitteln	**Bewegungen**		Lagereinheiten	**Weitere Hilfsmittel**
Kostenträger	Bewegungsarten	Zollstückliste	Segment-Belastung	Komprimieren LQs
Kostentr./Material	Host-Bewegungsarten	Zollrechnung	Gasse-Belastung	Sonderbelege Barcode
Lohnschein-Referenz	Bewegungssteps			Generierungen
Mat/Mark-Texte	Beweg./Transaktion	Leerguttypen	**Material/Bestand**	Material aktivieren
LQ Nest-Text	Bw-Art/Feldsteuerung	Leergutkonten	Bestandsanzeige	Farbentest
Fertigware Lagerort	Host-Bewegungsarten		Materialbewegungen	
Fertigware Lagerart		**Konsignation**	Material-Texte	**Generierungen**
Disponent	**Druckbelege**	Konsi-Abrechnen	Hostbewegungen	Gener. Lagerplätze
	Belegarten	Konto pflegen	Bestandskorrektur	Gener. Segm.Belast.
Transport	Belegart/Lagerpunkt	Anzeige Konsi		TraKo aus Anforder.
Senken	Belegart/Druckprog.		**Transporte**	Start Batch-TraAnf
Senke/Lagerp.-Maart	Belegtexte	Rückbuchen	Transportinfosystem	
Senken-Schichtraster			Transport letzte 20	**Sonstige**
	Bestandstypen		Transport nach AufNr	BwArt,BwStL,BwStp
Verbindungen	Verwalter		Transport-Auftrag	Mat/Kom Mar/LsRF
Verbindungsnamen	Bestandstyp			Lager-Definition
Prüfen TelSv	Host-Bestandstypen		**Aufträge**	
Prüfen KntSV	Verfügb.-Def BsTyp		Lagerzugang	**Büro**
Prüfen MfsSv	Verfügb.-Def LgTyp		Lagerabgang	Ausgang
			Warenausgang	Eingang
			Wareneingang	
			Einkauf	**Einstellungen**
				Customizing
				Felddefinitionen
				Pflege Sys.-Variable

2.5   Stationäre Arbeitsplätze und Benutzerdialoge

Jeder Benutzer identifiziert sich über seine Kennung und sein Passwort. Er hat nur Zugriff auf Funktionen, die seinem Benutzerprofil entsprechen.

Alle Dialoge sind bzw. werden nach modernsten ergonomischen Gesichtspunkten gestaltet und individuell auf die spezifischen Anforderungen an den einzelnen Arbeitsplätzen abgestimmt.

Dadurch lassen sich bei der Gestaltung der Benutzerführung alle Arbeitsschritte einbinden, die für einen bestimmten Arbeitsplatz typisch sind (Scannen, Kommissionieren, Etikettieren usw.). Dialoge werden möglichst einfach gehalten. Das heißt möglichst wenige Eingaben über Maus und Tastatur, Zusatzinformationen werden nur auf Abruf angezeigt usw.

2.6 Merkmale

2.6.1 Verfügbarkeit, Ausfallsicherheit und Wiederanlauf

Die Gewährleistung einer hohen Verfügbarkeit erfolgt auf mehreren Ebenen:

Hardware	✓ Spiegelplatte / RAID-System für Anwendungsdaten und Software
	✓ Hochverfügbarkeitskonzept als Doppelrechner
	✓ Backup-Konzept zur regelmäßigen Bandsicherung mit integriertem Laufwerk
Betriebssoftware	✓ Datenbanksystem (Rollback- und Recovery-Mechanismen)
	✓ Betriebssystem - Früherkennungssystem von Hardware-Fehlern
	✓ Sicherung vor unbefugtem Zugriff durch Benutzerberechtigungen
Anwendung	✓ durchgängiges Protokollier- und Überwachungssystem zur schellen Fehlerlokalisierung
	✓ Kapselung von Modulen zur Begrenzung von Fehlerauswirkungen (Robustheit)
	✓ Notstrategien für definierbare, länger anhaltende Ausfälle (z.B. für den Ausfall der Verbindung zum Host)

2.6.2 Erweiterbarkeit und Investitionssicherheit

Die Erweiterbarkeit wird auf mehreren Ebenen gewährleistet:

Hardware	✓ Server: Erhöhung der Anzahl der Prozessoren, Erweiterung des Hauptspeichers, Erweiterung der Festplatte, Erhöhung der Verfügbarkeit durch einen redundanten Server.
	✓ Clients: Die Architektur erlaubt eine problemlose Erweiterung der Anzahl von Arbeitsplätzen einschließlich deren Peripherie.

Middleware	✓ Das Basissystem SAP R/3-BC stellt eine leistungsfähige und flexible Middleware dar, die auf allen namhaften Hardware- und Betriebssystemplattformen verfügbar ist. ✓ Die integrierte Client-Server-Architektur des Basissystems ermöglicht es, die Middleware-Schicht hochzurüsten (z.B. durch Hinzufügen eines Applikationsservers), ohne dabei Veränderungen der Anwendungssoftware vorzunehmen.
Automatisierung	✓ Das WLS® unterstützt die Anbindung von vollautomatischen Lagern (Hochregallager) und automatisierter Fördertechnik. ✓ Die Abläufe im Kommissionierbereich können durch Einführung mobiler Terminals automatisiert werden. Durch Anbindung eines Datenfunksystems an das WLS® können die Kommissionierdialoge und Staplertransporte online geführt werden. Erfahrungsgemäß sinkt dadurch die Fehlerrate. ✓ Die Versandkontrolle kann ebenfalls über mobile Scanner erfolgen. Das LVS kann um ein solches System ergänzt werden.

2.6.3 Informationssystem

Auf mehreren Ebenen ist das Informationssystem verfügbar.

Zur Überwachung der Schnittstellen zum angebundenen Host-System werden Protokolle mit einstellbarem Detaillierungsgrad gefahren. Ebenso werden interne Buchungen protokolliert, um die wesentlichen Anwendungs-Transaktionen auch noch nach Tagen, Wochen und Monaten nachvollziehen zu können.

Die Anwendung stellt für die einzelnen Anwendungskomponenten parametrisierbare Statistiken zur Verfügung. Dabei wird unterschieden zwischen Statistiken, die den jeweils aktuellen Zustand wiedergeben (z.B. Belegung Lagerplätze) und Statistiken mit zeitlicher Häufung (z.B. täglicher Durchsatz, durchschnittlicher Monatsdurchsatz usw.).

Die Anwendung ermöglicht es auch Benutzern mit geringer DV-Erfahrung, bereits nach kurzer Einarbeitungszeit eigene Auswertungen zu erstellen.

Alle Statistiken können bei Bedarf ausgedruckt werden.

2.7 Organisation und Abläufe

Das hier angebotene Lagerverwaltungssystem verbessert die vorhandene Organisationsstruktur und die Prozesse gemäß den Ausschreibungsunterlagen, wobei die einzelnen Abläufe detailliert im Lastenheft beschrieben sind. Wo dies mit den nötigen Details noch nicht festgelegt wurde, ist es im Pflichtenheft zu spezifizieren.

Im Gegensatz zur Ausschreibung, wo die Lagerplatzverwaltung im AKL durch die unterlagerte Steuerung realisiert werden soll, empfehlen wir die Verwaltung aller Lagerplätze auf dem LVS. Das hat den Vorteil der Durchgängigkeit und Einheitlichkeit bei der Verwaltung aller Lager und macht die Lagerplatzverwaltung transparenter. Die doppelt tiefe Lagerung von halben Kisten lässt sich auch auf dem LVS realisieren.

3 Leistungsumfang und Vorgehen

3.1 Erstellung des Pflichtenheftes bzw. der Feinspezifikation

Mit der Erstellung des Pflichtenheftes / Feinspezifikation werden folgende Ziele verfolgt:

▶ Verbindliche und detaillierte Festlegung der Anforderungen

▶ Abgrenzung gegenüber der Umgebung – den benachbarten DV-Systemen und Organisationen

▶ Definition der Schnittstellen zu den benachbarten DV-Systemen

▶ Vorgabe für das WLS-Customizing

▶ Delta-Ermittlung der erforderlichen Ergänzungen zum vorhandenen WLS-Funktionsumfang

▶ Abgrenzung gegenüber der Umgebung

Das Pflichtenheft detailliert die Anforderungen an das System. Es dient im Weiteren als vollständige Unterlage für das Customizing und die Anpassung des Kernsystems WLS®, für die Transport- und Kommissioniersteuerung, für die Serienbildung und Versandabwicklung, sowie der spezifischen Dialoge und Schnittstellen.

Im Pflichtenheft werden u.a. folgende Sachverhalte exakt festgelegt:

- Schnittstelle WLS®–Host-System
- Schnittstelle WLS®–UST-Steuerungen
- Abläufe Lagerzugang, Lagerabgang und Transporte
- Anwendungsmodell und Bezeichnungsschema (Lagertypen, Koordinaten, Artikel, Aufträge, Barcode usw.)
- Organisatorische und technische Abläufe in allen Bereichen (manuell und automatisch) einschließlich der Notstrategien
- Bedienerdialoge an Dialogstationen (Funktionen, jedoch noch keine endgültigen Layouts)
- Detaillierung der Leitstandsfunktionen und Statistiken
- Berechtigungskonzept und Benutzermodell
- Realisierungs- und Testkonzept für beteiligte Partner (Vorgehen bei vorgezogenen Tests, Voraussetzungen, Termine)
- Einführungs- und Schulungsplan, Übernahme von Altdaten

Die Erstellung des Pflichtenheftes erfolgt in enger Abstimmung mit dem Auftraggeber und dem Endkunden. Das Pflichtenheft wird Bestandteil des Liefervertrages und wird vom Auftraggeber und vom Endkunden abgenommen. Die Abnahme des Pflichtenheftes stellt einen Meilenstein im Projekt dar.

3.2 Realisierungs- und Anpassungsphase

Nach Abnahme des Pflichtenheftes beginnt die Realisierungsphase, die im Wesentlichen folgende Aktivitäten umfasst:

- die Anschaffung und Grundkonfiguration der Zielplattform (Betriebssystem(e), R/3-Basissystem, Datenbanksystem, Kommunikationsprotokolle)
- die Anpassung (Customizing) des WLS® an Organisation und Technik
- die Realisierung der Host-Schnittstelle
- die Realisierung der Schnittstellen zu den UST-Steuerungen
- die Erweiterung des WLS®-Standards für individuelle Funktionen
- die Programmierung individueller Dialoge
- die Erstellung von individuellen Belegen, Listen und Statistiken

▷ die Dokumentation des Anwendungssystems für die Benutzer

Während der Anpassungs- und Realisierungsphase bleibt der Kontakt zum Endkunden und zu den beteiligten Partner permanent erhalten. Gegebenenfalls erfolgt eine Vorab-Präsentation von Zwischenergebnissen beim Anwender.

Ferner wird die Schnittstelle zum Kunden-Host-System nach Möglichkeit bereits in dieser Phase gemeinsam mit dem Partner getestet (z.B. über Online-Verbindung).

Ebenso ist die Schnittstelle zur Steuerungsebene (UST) bereits in dieser Phase zu testen (Kopplungstest, z.B. über Online-Verbindung).

Das Customizing und die Entwicklung individueller Funktionen erfolgt i.d.R. auf dem Entwicklungssystem der Firma SALT AG in Würzburg.

Die Realisierungsphase wird mit einem umfassenden Inhouse-Test (Werksabnahme) bei SALT AG in Würzburg abgeschlossen, der die Kundenseite bereits einbezieht.

3.3 Systemeinführung und Schulung

Nach dem erfolgreichen Abschluss des Integrationstests werden alle Funktionen der Anwendung und der Systemverwaltung in enger Zusammenarbeit mit dem Kunden und den beteiligten Partnern vor Ort in Betrieb genommen.

Die Einführungsphase umfasst die folgenden Leistungen vor Ort:

▷ Konfiguration der Hardware (Server, Clients mit Peripherie)
▷ technische und funktionale Anbindung an die Kundensysteme in Zusammenarbeit mit der Firma Kunde GmbH
▷ Zusammenhängender Test von Geschäftsvorfällen über alle Rechnerebenen einschließlich aller Sonderfälle
▷ Schulung der Bediener und der Systemverantwortlichen am bereits installierten System
▷ Verfügbarkeitstest und Abnahme des Gesamtsystems gemeinsam mit dem Auftraggeber und dem Endkunden innerhalb des vereinbarten Zeitrahmens

SALT AG ist – falls erforderlich – so lange vor Ort, bis die gelieferte Software läuft und die reibungslose Funktionalität sichergestellt ist.

Während der Inbetriebnahme ist eine enge Zusammenarbeit aller beteiligten Partner erforderlich. Das Vorgehen und die Termine – insbesondere zum Test der Schnittstellen WLS®-Host und WLS®-Unterlagerte Steuerung – sind gemeinsam frühzeitig und laufend abzustimmen. Zu diesem Zweck sind von allen beteiligten Partnerfirmen für die Dauer des Projektes verantwortliche Ansprechpartner zu benennen. Verzögert sich die Inbetriebnahme aufgrund von Umständen, für die der Auftraggeber verantwortlich ist, so werden die zusätzlich entstehenden Kosten geltend gemacht.

SALT AG liefert den Quellcode der Software aus. Die erstellte Software darf weder entgeltlich noch unentgeltlich an Dritte weitergegeben werden.

3.4 Projektmanagement

Das Projekt wird in allen Phasen von einem erfahrenen Projektleiter betreut. Zu seinen Aufgaben gehören:

- Koordination und inhaltliche Mitarbeit bei der Aufgabendefinition während der Pflichtenhefterstellung
- Koordination der WLS®-Anpassung, der Anbindung an die Kundensysteme und der Systemeinführung
- Technische Leitung des Customizing und der Entwicklung
- Projekt-Controlling und –Fortschrittsüberwachung
- Laufende Abstimmung in allen technischen und organisatorischen Fragen mit dem Auftraggeber, dem Endkunden und evtl. beteiligten Partnerfirmen
- Laufende Berichterstattung über den Projektfortschritt in regelmäßigen Zeitabständen an den Auftraggeber.

Ferner wird mindestens ein stellvertretender Projektleiter aus dem Entwicklungsteam benannt, der die Aufgaben des Projektleiters im Bedarfsfall wahrnimmt.

3.5 Änderungsmanagement

Treten bei der Benutzung des Programms Probleme auf, werden von Kunde GmbH bzw. der Person, die das Problem gefunden hat, so genannte Software-Problem-Reports (SPR) verfasst. Hierbei handelt es sich um ein einseitiges Formular, aus dem deutlich hervorgehen muss, wer wann welches Problem eruiert hat. SALT AG schlägt binnen drei Tagen eine Klassifizierung des SPR vor und benennt einen Verantwortlichen zur Bearbeitung. Zudem wird ein Termin genannt, zu dem das Problem behoben sein soll.

Treten bei der Benutzung der Lagerverwaltungssoftware zusätzliche Wünsche für Änderungen und Anpassungen auf, so sind so genannte Requests-for-change (RFC) zu erstellen. Hierbei handelt es sich, ähnlich wie bei den SPRs, um ein einseitiges Formular, in dem der Sachverhalt dargestellt sein soll. Die RFC werden von SALT AG durch den Projektmanager in gleicher Art und Weise verwaltet wie die SPRs. Vertritt der Projektmanager von SALT AG die Ansicht, dass dieser Änderungswunsch über den vereinbarten Liefer- und Leistungsumfang hinausgeht, so erstellt SALT AG vor Ausführung des RFC binnen einer Woche ein nachvollziehbares und qualifiziertes Angebot. Dieses muss dann schriftlich beauftragt werden.

Sämtliche vereinbarten Änderungen sind im Lastenheft, der Online-Hilfe und der papier- und datentechnischen Dokumentation binnen 3 Wochen nach Vereinbarung oder erfolgreicher Inbetriebnahme zu ergänzen bzw. einzupflegen.

3.6 Systemkonfiguration

Die Hardware wird von SALT AG gemäß der gestellten Systemanforderungen ausgelegt und konfiguriert (WLS®-Server mit Peripherie, stationäre und mobile Arbeitsplätze mit Peripherie usw.).

3.7 Schulung

Wir möchten die Benutzer in 2 Schulungsgruppen einteilen, um den unterschiedlichen Bedürfnissen und Qualifikationen Rechnung tragen zu können. Dies sieht wie folgt aus.

3.7.1 Systemadministratoren, Datenbankadministrator und Leitung Distributionszentrum

Bereits gegen Ende der Realisierungsphase empfehlen wir die Einarbeitung dieses Personenkreises in Würzburg. Wir haben dafür 5 Tage vorgesehen. Weitere 5 Tage werden wir direkt vor Ort in Neuhausen am installierten System schulen.

3.7.2 Key-User, Mitarbeiter für spezifische Arbeitsplätze

Wir haben dafür 5 Tage Schulung in Würzburg vorgesehen. Weitere 5 Tage werden diese Personen vor Ort in Neuhausen am installierten System geschult.

3.8 Dokumentation

Die Dokumentationsunterlagen werden in 2facher Ausfertigung in Deutsch in elektronischer Form und als Schriftstück ausgeliefert. Alternativ bieten wir die Dokumentation online auf SAP R/3 an.

3.9 Qualität

Wir sind zertifiziert nach DIN EN ISO 9001 und haben ein Qualitätsmanagementsystem eingeführt.

3.10 Abnahme

Nach Aufnahme des Wirkbetriebs ist die Funktionalität des Systems durch den Auftraggeber abzunehmen. Die Abnahme wird protokolliert und schließt das Projekt ab.

- Abnahme des Pflichtenheftes
- Abnahme der Lagerverwaltungssoftware nach Customizing beim Auftraggeber und vor Installation im Hause des Kunden
- Abnahme Schnittstelle SAP/LVS
- Abnahme Schnittstelle LVS/UST
- Abnahme der Leistungsfähigkeit nach Inbetriebnahme sämtlicher definierten Funktionen
- Gesamtabnahme der Leistungen des Auftragnehmers incl. Lagerverwaltungssoftware, Hardware und sonstig beschriebenen Leistungen,

nachdem verschiedene Leistungstests durchgeführt wurden, sämtliche Software-Probleme behoben worden sind und die übrigen Abnahmen erfolgreich durchgeführt wurden.

4 Termine

Die Termine könnten besser gestaltet werden, wenn wir die Zustimmung erhielten, bestimmte Zusatzfunktionen aus dem Gesamtpaket herauszulösen und zeitlich nach hinten zu stellen.

Für die Abwicklung des Projektes schlagen wir folgendes zeitliches Vorgehen vor, wobei sich bestimmte Arbeiten parallel abwickeln lassen.

Verzögert sich der Projektstart oder der Endtermin einer Projektphase aus Gründen, die nicht von uns zu vertreten sind, dann verschieben sich alle nachfolgenden Endtermine entsprechend.

5 Sonstige Regelungen

5.1 Verpflichtungen des Auftraggebers

Der Auftraggeber stellt einen Projektleiter, der auch Ansprechpartner für alle Fragen bezüglich Anforderungen, Funktionalität und Einführung des Systems ist.

Vorgelegte Dokumente und Programme werden innerhalb angemessener Frist abgenommen (Dokumente zwei Wochen, Programme vier Wochen). Das Gesamtsystem wird innerhalb einer angemessenen Frist (vier Wochen) abgenommen.

Die von SALT AG erstellte Software darf weder entgeltlich noch unentgeltlich an Dritte weitergegeben werden.

5.2 Ersatzteilelieferfähigkeit und Investitionsschutz

Trotz der sich schnell verändernden Technologie im DV-Bereich stellt die besondere Architektur des WLS® sicher, dass die getätigte Investition in die Anwendung über einen extrem langen Zeitraum gerade bei schnellem Technologiewechsel geschützt bleibt.

Aufgrund der außergewöhnlich hohen Portierbarkeit und Skalierbarkeit der Laufzeitplattform R/3-BC kann die Lagerverwaltungssoftware WLS® ohne

Änderungsaufwand auch auf neuere HW-Plattformen (auch anderer Hersteller) portiert werden.

5.3 Gewährleistung und Wartung

Die SALT AG gewährleistet für den Leistungsumfang die kostenlose Behebung von Software-Fehlern innerhalb von 12 Monaten nach Beginn der produktiven Nutzung.

Für die Behebung von Störungen aufgrund von Hardware-Fehlern oder Ausfällen empfehlen wir dem Kunden nach Ablauf der Gewährleistung direkt mit dem Hersteller einen Wartungsvertrag abzuschließen.

Für die Anwendungssoftware empfehlen wir, ebenfalls einen Wartungsvertrag abzuschließen, welcher die über die Gewährleistung hinausgehende Unterstützung regelt. Hierin sind die Voraussetzungen für eine Fernwartung, die Erreichbarkeit sowie die Reaktionszeit für telefonische Unterstützung, Fernwartung und ggf. Einsätze vor Ort festzuschreiben.

Ergänzend zum vorliegenden Angebot bieten wir Ihnen einen solchen Wartungsvertrag an.

6 Preisblatt

Alle Preisangaben erfolgen in Euro (€). Die Preise verstehen sich zzgl. der gesetzlich gültigen Mehrwertsteuer.

6.1 Hardware und Betriebssoftware

Aufgrund der Tatsache, dass WLS auf verschiedenen Plattformen und Datenbanken lauffähig ist, empfehlen wir als WLS®-Plattform ebenfalls die bei Ihnen im Haus bereits für SAP bewährten Produkte. Dies vereinfacht den Service und reduziert die Schulungskosten für Ihre Mitarbeiter.

Wir gehen davon aus, dass die Verkabelung für Netzspannung und LAN-Anschlüsse bis zu den einzelnen stationären Arbeitsplätzen sowie für die Schnittstelle zur Steuerung bauseits erfolgt.

Die hier angebotene Hardware ist auf die Anforderungen der Ausschreibung zugeschnitten. Es kommen ausschließlich Markengeräte zum Einsatz, die den gültigen europäischen und nationalen Normen entsprechen.

Die Erweiterbarkeit des Lagerverwaltungssystems um den Faktor 2 bezüglich zusätzlicher Artikel, Artikelstämme, Lagerplätze, Bewegungen, Aufträgen usw. ist ohne weitere Hardware oder Software-technische Nachrüstung gewährleistet.

Für die Realisierung des Lagerverwaltungssystems wird ein HP-Server der Serie 9000, L-Klasse, angeboten.

Der HP-UX-Server der L-Serie ist auf das HP-UX-Betriebssystem V11.0 optimiert. Zudem gibt es für diese Serie integrierte Backup-Möglichkeiten mit DLT-Technik. Das Serversystem besteht im Wesentlichen aus einem L2000-Enterprise-Server und einem externen AutoRaid Disk-Array mit 5x9,1-GB-SCSI-Festplattenmodulen. Das Serversystem besteht aus einem 4fach CPU-Board mit PA8500-Prozessoren. Zwei interne Hot-Swap-Festplattenmodule sind für die Installation des HP UX OS V11.0 vorgesehen. Für SAP-Software und WLS-Installation wird das externe AutoRaid verwendet.

Der Remote-Zugang zur Fernwartung des Lagerverwaltungssystems wird über ISDN realisiert. Alle hierzu notwendige Hardware und Software ist im Server installiert.

Um den Server über eine USV abzusichern, bedarf es einer Leistung von 3000 VA. Damit können offene Projekte und Transaktionen beendet und das System anschließend heruntergefahren werden.

Bei den Clients-PCs handelt es sich um Compaq-Rechner aus der Serie DeskPro mit 3 Jahren Garantie und 1 Jahr Vor-Ort-Service.

Bei den Adressetiketten ist ein höher auflösender Etikettendrucker vorgesehen, um auch Grafiken sauber ausdrucken zu können. Der Artikeletiketten-Drucker ist vom gleichen Typ, hat aber nicht ganz die Auflösung wie der Adressetiketten-Drucker. Der gleiche Typ ermöglicht geringeren Schulungs- und Wartungsaufwand.

Für den Druck von Liefer- und Kommissionierscheinen sowie Warenbegleitpapieren sehen wir einen Standard-S/W-Laserdrucker von HP vor, der eine Leistung von mindestens 8 Seiten/min erbringt.

Die Barcode-Lesegeräte sind von einem Hersteller und im industriellen Einsatz vielfach bewährt.

Server	Einzel	Anzahl	Gesamt
HP 9000 L2000 Enterprise Server, Telefon/Next Day System Support-1st Yr, 2xPA8500 360 MHz CPU mit 1,5 MB Cache, Prozessor-Support-Module für L-Klasse 512MB HD SyncDRAM Speichermodul, 2x9,1 GB HotPlug Ultral SCSI LP Platte, DVD-ROM-Laufwerk für L-Klasse-System, SCSI-Controller, diverse Zubehörteile, 10/100 Base-T-LAN-Adapter, Systemkonsole mit weißem Monitor, HP-UX-Betriebssystem SW für Server, HP-UX Rev. 11.0, Lizenz Externes Plattensystem Deskside AutoRaid Array Modell 12H, Redundante Stromversorgung, 5x9,1 GB Single Ended Plattenmodul 10k U/min, 2x96 MB Disk-Array AutoRaid-Controller, SCSI-Kabel und Zubehör	XX.XXX €	1	XX.XXX €
Systemkonsole mit weißem Monitor	XXX €	1	XXX €
Externes Bandlaufwerk DLT, 20/40 GB mit Backupsoftware, Dokumentation, Kabel	X.XXX €	20	X.XXX €
Empfehlenswerte Alternative: Internes Randlaufwerk von HP. Smart Desktop OLT 7000, 35.170 GB, Dokumentation, Kabel, Telefonischer Support für 1 Jahr	XX.XXX €	0	X €
Installation Server, Konfiguration, Anbindung an das lokale Netzwerk			X.XXX €
Summe netto			XXX.XXX €

Clients, Drucker, etc.	Einzel	Anzahl	Gesamt
Remotesystem ISDN-Router incl. spezieller Software Installation und Test	X.XXX €	1	X.XXX €
USV APC Smart 3000 VA /2250 W, Line-interaktive USV-Anlage, 2 Jahre Herstellergarantie	X.XXX €	1	X.XXX €
Compaq Deskpro EP DT 6500˜ 128 MB MB GB 2xAG, Pentium III 500 MHz1 512 KB Cache, 128 MB SDRAM PC100 MHz (max. 768 MB), 10 GB Festplatte, SMART II UItra-ATA, CD-ROM 32fach EIDE, Matrox Millenum G200-2D 8 B SDRAM 2xAGP, Sound 16 Bit Business Pro Audio (ISA), Netzwerkkarte Netellitgent 10/100 TX PCl RJ45 Maus Logitech Cordless Wheel PS2, Windows NT 4.0 WS vorinstalliert, 3 Jahre Garantie 1 Jahr Vor-Ort-Service	X.XXX €	20	XX.XXX €
Compaq Bild. V700 17" Monitor, 31-85 Hz, TCO 99	XXX €	20	XX.XXX €
Kabelgebundener Laser-Handscanner 601 0-M mit Kabel für Anschluss zum Einschleifen über die Tastatur	XXX €	16	XX.XXX €
Funk Laser-Handscanner 601 0-R, ohne Display mit Nickel-Metallhybrid-Akkus, Übertragungs- und Ladestation, Netzteil, Kabel, Handbuch	X.XXX €	5	XX.XXX €
Barcodescanner fest installiert	X.XXX €	1	X.XXX €

Clients, Drucker, etc.	Einzel	Anzahl	Gesamt
Etikettendrucker Vario 107, Thermotransferdrucker mit 300 dpi, (höhere Auflösung Adressetiketten mit Firmenlogos etc) Druckfeldgröße 106,6x2000 mm, horizontal oder vertikal zu bedrucken, mit Spende-Einrichtunq, mit Lichtschranke	X.XXX €	9	XX.XXX €
Etikettendrucker Vario 104 Thermotransferdrucker mit 200 dpi für Artikeletiketten, Druckfeldgröße 106,6x2000 mm, horizontal oder vertikal zu bedrucken, minimale Etikettenbreite 15 mm, minimale Etikettenhöhe 6 mm, mit Spende-Einrichtung, mit Lichtschranke	X.XXX €	11	XX.XXX €
HP Laserjet 2100, A4, 10 Seiten pro Min, 1200 dpi, 4 MB RAM, 1x250-Elan-Schacht, 1x100-Blatt-Schacht, 1Jahr Garantie	X.XXX €	12	XX.XXX €
Konfiguration, Installation, Test der Clients incl. Zubehör wie Drucker und Scanner			X.XXX €
Summe netto			XXX.XXX €

6.2 Ersatzteile

Wir haben eine Auflistung zusammengestellt, die nach unserer Meinung sinnvoll ist. Je nach Wartungsverträgen mit den Herstellern bzw. den Anforderungen bei Kunde GmbH ist weniger bzw. mehr an Ersatzteilen sinnvoll.

Ersatzteile	Einzel	Anzahl	Gesamt
Festplatte Server, Client-Bildschirm, Barcodelesegerät ohne Kabel, Adressetiketten-Drucker 300 dpi, Laserdrucker			XX.XXX €
Summe netto			XX.XXX €

6.3 Lizenzen

Für die WLS-Software verrechnen wir folgende Lizenzgebühren:

Projektleitung	
WLS-Standortlizenz WLS 3.1, Basispaket mit Materialfluss, Kommissionierung, Wareneingang und Warenausgang	XX.XXX €
Summe netto	XX.XXX €

6.4 Anwendungssoftware

Für die Erstellung der Feinspezifikation, für die WLS®-Anpassungen und für die Realisierung der Zusatzfunktionen und der Schnittstellen kalkulieren wir folgende Preise:

Pflichtenheft	
Erstellung Pflichtenheft/Feinspezifikation, Abstimmung SAP HOST-Schnittstelle und Schnittstellen zu den Unterlagerten Steuerungen, Spezifikation der Abläufe, Dialoge, Reports u.a., inklusive Reise- und Nebenkosten	XXX.XXX €
Summe netto	XXX.XXX €

Realisierung	
Customizing WLS, Realisierung individueller Funktionen, Realisierung Schnittstellen zum HOST, zu den RBGs und zur Fördertechnik, Anpassungen WLS-Dialoge/Listen/Belege, Materialflusssteuerung, inklusive Reise- und Nebenkosten	XXX.XXX €
Summe netto	XXX.XXX €

SALT AG liefert den Quellcode der Software aus. Die erstellte Software darf weder entgeltlich noch unentgeltlich an Dritte weitergegeben werden.

Die WLS®-Lizenz gilt ausschließlich für die benannten Standorte. Die Verwaltung weiterer Lager bedarf der vorherigen Zustimmung der SALT AG.

6.5 Systemeinführung

Für die Systemeinführung des Gesamtsystems schätzen wir folgenden Aufwand:

Inbetriebnahme	
Installation, Datenübernahme, Inbetriebnahme, Tests (Anbindung an HOST, Anbindung an die UST-Steuerungen, Funktionen, Dialoge, Geschäftsprozesse über alle Rechnerebenen), Zusatzaufwand Inbetriebnahmen am Wochenende, inklusive Reise- und Nebenkosten	XXX.XXX €
Summe netto	XXX.XXX €

6.6 Dokumentation

Für die Dokumentation kalkulieren wir mit folgendem Aufwand:

Dokumentation	
Kundenspezifische Dokumentation in elektronischer Form und als Schriftstück (Online-Hilfe und Handbuch)	XX.XXX €
Summe netto	XX.XXX €

6.7 Schulung

Wir würden gerne die Benutzer in 2 Schulungsgruppen einteilen, um den unterschiedlichen Bedürfnissen und Qualifikationen Rechnung tragen zu können. Gruppe 1 sind Systemadministratoren, Datenbankadministrator und die Leitung Distributionszentrum. Gruppe 2 sind Key-User und die Mitarbeiter für spezifische Arbeitsplätze.

Für die Schulung kalkulieren wir mit folgendem Aufwand:

Schulung	
Für jede Gruppe 5 Tage Benutzerschulung vor Ort (training on the job) in den notwendigen Fertigkeiten inkl. Reise- und Nebenkosten und 5 Tage Schulung in Würzburg, also insgesamt 20 Tage	XX.XXX €
Summe netto	XX.XXX €

6.8 Anlagenbegleitung

Ferner bieten wir Ihnen an, den Betrieb des Gesamtsystems in den ersten beiden Wochen nach Produktivsetzung durch einen erfahrenen Mitarbeiter zu begleiten. Dies führt zu einem schnelleren Einschwingen des Systems, anfängliche Fehler in der Bedienung können so vermieden, Folgefehler schneller beseitigt werden. Diese Anlagenbegleitung ist optional und kann bei Bedarf verlängert werden.

Hochlaufbetreuung	
Manuelle Lager ausräumen und neue einräumen, Begleitung mit 2 kompetenten Mitarbeitern während dieser Phase an 2 verlängerten Wochenenden mit je 4 Tagen, inklusive Reise- und Nebenkosten	XX.XXX €
Summe netto	XX.XXX €

Inbetriebnahmebegleitung	
Nach der Inbetriebnahme 3 Wochen vor Ort mit 1 Mitarbeiter Inbetriebnahmebegleitung (Montag – Freitag) inklusive Reise- und Nebenkosten	XX.XXX €
Summe netto	XX.XXX €

6.9 Reisekosten

In der obigen Kalkulation wurden bereits alle erforderlichen Reise- und Aufenthaltskosten einkalkuliert. Diese umfassen die erforderlichen Anreisen und Aufenthalte zur Abklärung des Funktionsumfangs, zur gemeinsamen Ausarbeitung der Feinspezifikation und zur Einführung des (in Würzburg) realisierten Gesamtsystems einschließlich der Anwenderschulung vor Ort.

Zusätzliche Reisekosten, die nicht im Projektbezug stehen oder aus Gründen anfallen, die nicht durch uns zu verantworten sind (etwa unverschuldeter Projektverzug, fehlende Unterstützung in der Pflichtenheftphase o.Ä.) werden nach Absprache gesondert in Rechnung gestellt.

6.10 Zahlungsbedingungen

Wir schlagen einen monatsweisen Zahlungsplan vor, der sich am jeweils entstandenen Aufwand orientiert.

Alternativ können die Zahlungen nach Projektfortschritt gemäß Terminplan, d.h. nach dem Abschluss von Meilensteinen, erfolgen.

An dieses Angebot halten wir uns 10 Wochen gebunden.

Im Übrigen gelten unsere Allgemeinen Geschäftsbedingungen (AGB). Sollten diese nicht diesem Dokument beiliegen, übersenden wir sie Ihnen gerne.

Würzburg, 05.02.2003
SALT AG

6.3 Musterwartungsvertrag

Angebot Nr. 4712

Wartungsvertrag für WLS®

Für die Firma

Kunde GmbH

05.02.2003

SALT AG
Sedanstraße 23
97082 Würzburg

Software-Wartungvertrag

zwischen

Firma

Kunde GmbH

Kundenstrasse 1

77877 Kundenhausen

- nachfolgend Kunde genannt -

und

Firma

SALT AG

Sedanstraße 23

97082 Würzburg

- nachfolgend SALT genannt -

Inhaltsverzeichnis

§ 1 Vertragsgegenstand

§ 2 Leistungen von SALT

§ 3 Mitwirkung des Kunden

§ 4 Pflege des Standardkonzepts, Release-Pflege

§ 5 Vergütung

§ 6 Abwicklung Wartungsfall

§ 7 Gewährleistung

§ 8 Haftung

§ 9 Vertragsdauer

§ 10 Gegenseitige Verpflichtungen

§ 11 Schlussbestimmungen

§ 12 Rechtsgültige Unterschriften

§ 1 Vertragsgegenstand

1. Gegenstand dieses Vertrages sind die Wartungsleistungen von SALT für die im Leistungsschein näher beschriebene Software (Wartungsobjekt).

Dieser Leistungsschein ist Bestandteil des Wartungsvertrages. Im Leistungsschein ist auch bestimmt, auf welcher Rechenanlage die vertragsgegenständlichen Programme laufen. Der Leistungsschein ist von beiden Vertragsparteien zu unterzeichnen.

§ 2 Leistungen von SALT

1. SALT erbringt folgende Wartungsleistungen:

   ▶ Analyse in Problemsituationen zwecks Lokalisierung von Fehlern im Umfeld der Lagerverwaltung entweder schriftlich, telefonisch oder über Fernwartungseinrichtungen während der im Leistungsschein festgelegten Einsatzzeiten;

   ▶ Beseitigung von Fehlerursachen in der Software;

   ▶ Änderungen oder Ergänzungen der Dokumentation;

   ▶ Allgemeine Produktverbesserung nach dem Ermessen von SALT;

Ausgeschlossen ist die Behebung von Problemen in der Hardware, Systemsoftware oder dem Datenbanksystem. Wir empfehlen in diesem Zusammenhang den Abschluss eines Wartungsvertrages unmittelbar mit dem Hersteller.

2. SALT richtet einen **Wartungsbereitschaftsdienst** ein. Dazu dient eine einheitliche **Servicenummer**, über welche ein Servicemitarbeiter erreichbar ist. Dieser Servicemitarbeiter führt eine Problemanalyse durch und zieht bei Bedarf weitere Spezialisten zu rate. Der **Bereitschaftszeitraum** legt fest, innerhalb welcher Zeiten der Kunde den Wartungsbereitschaftsdienst in Anspruch nehmen kann. SALT beginnt ab Benachrichtigung (Servicefall) im Rahmen der vereinbarten **Reaktionszeit** mit der Problemanalyse. Reaktions- und Bereitschaftszeiten werden im Leistungsschein festgelegt. Unterstützung außerhalb des Bereitschaftszeitraums zu vereinbaren **Sonderzeiten** wird entsprechend Leistungsschein gesondert vergütet.

3. Entstehen Störungen und/oder Schäden durch Einwirkung von außen oder durch Bedienungsfehler, so ist deren Beseitigung nicht durch die Wartungspauschale gedeckt. Sie werden ebenso wie zusätzliche Leistungen, die von SALT auf Wunsch des Kunden erbracht werden, nach Aufwand zu den jeweils gültigen Stundensätzen - zuzüglich Reisekosten - gesondert in Rechnung gestellt.

4. Für die Durchführung der Wartungsleistungen kann SALT Ergänzungslieferungen in installationsfähiger Form auf Datenträger zusenden, per Online-Zugang einspielen oder selbst mit eigenem Personal installieren. Der Kunde stellt nach vorheriger Terminvereinbarung kostenlos die erforderliche Maschinenlaufzeit während der üblichen Geschäftszeiten zur Verfügung.

5. SALT richtet in Würzburg eine **Testumgebung** ein, die zur Fehlerdiagnose und -behebung dient. Dort ist die aktuellste freigegebene Softwareversion installiert.

Der Kunde erhält auf diesem Testsystem einen Testmandanten je Installation mit den Customizing-Einstellungen seines Produktivsystems. Mitarbeiter von SALT nutzen dieses System, um Neuentwicklungen oder Änderungen mit den kundenspezifischen Einstellungen zu testen, ohne jedoch Änderungen ins Kundensystem einzuspielen. Nach Absprache erhält der Kunde Zugriff auf dieses System, um Einstellungen anzupassen oder Änderungen vorab zu testen.

§ 3 Mitwirkung des Kunden

1. Der Kunde benennt mindestens einen sachkundigen Mitarbeiter je Installation und einen Stellvertreter, der berechtigt ist, Anrufe zu tätigen, die zur Durchführung dieses Wartungsvertrags erforderlichen Auskünfte erteilen kann und Entscheidungen selbstständig treffen oder veranlassen.
2. Der Kunde schafft vor Ort die Systemvoraussetzungen für einen Online-Zugang für Fernwartung im Einsatzfall (Modem oder ISDN).
3. Der Kunde verpflichtet sich entsprechend §4 Abs. 1 u. 2 vom jeweiligen Hersteller unterstützte Releases von Betriebssystem, Datenbanksystem und Systemplattform (SAP R/3) zu betreiben, ebenso ein von SALT unterstütztes Release dieser Systemplattform.

§ 4 Pflege des Standardkonzepts, Release-Pflege

1. Dieser Wartungsvertrag verliert seine Gültigkeit, sobald im Kundensystem ein vom jeweiligen Hersteller nicht unterstütztes Release von Betriebssystem, Datenbanksystem oder R/3-Systemplattform im Einsatz ist.
2. SALT benennt als Mindestanforderung ein vom Hersteller unterstütztes Release der Systemplattform. Änderungen der Mindestanforderung werden rechtzeitig bekannt gegeben und orientieren sich an den Angaben des jeweiligen Herstellers.
3. WLS wird als Standardprodukt in seinen Funktionalitäten ständig erweitert und qualitativ verbessert. Im Rahmen des Wartungsvertrags erwirkt der Kunde das Recht, an diesen Standard-Erweiterungen uneingeschränkt teilzunehmen.
4. Der Kunde verpflichtet sich, freigegebene Änderungen einzuspielen. Der späteste Zeitpunkt der Einspielung ergibt sich aus der für ihn notwendigen Installation einer benötigten Änderung, d.h., um eine solche einzuspielen, werden alle vorherigen Änderungen im Kundensystem benötigt.

§ 5 Vergütung

1. Die Vergütung für die Wartung setzt sich aus der monatlichen **Grundwartungsgebühr** und der Abrechnung des **Zusatzaufwands** zusammen. Die Grundwartungsgebühr vergütet Aufwände für den Bereitschaftsdienst und die Bereitstellung der technischen und organisatorischen Infrastruktur. Mit dem Zusatzaufwand werden die während des Bereitschaftszeit-

raums beauftragten Tätigkeiten zur Problemanalyse und -behebung abgedeckt.

2. Die monatliche Grundwartungsgebühr ist im Leistungsschein festgelegt. Mit der Grundwartungsgebühr sind alle im §2 genannten Leistungen mit Ausnahme von Eingriffen vor Ort abgegolten. Im Leistungsschein wird die Anzahl der Arbeitsstunden festgelegt, die in der Grundwartungsgebühr kostenfrei enthalten sind (**Freistunden**). Nicht in Anspruch genommene Freistunden sind nicht auf den Folgemonat übertragbar. Monatliche Einsatzzeiten, die darüber hinausgehen, werden gesondert abgerechnet und sind zusätzlich zu der Grundwartungsgebühr zu vergüten (Zusatzaufwand). Eingriffe vor Ort werden ebenfalls gesondert abgerechnet.

   Alle anfallenden Tätigkeiten zur Problemanalyse und -behebung, die auf Software-Fehler des Wartungsobjektes zurückzuführen sind, werden nicht in Rechnung gestellt (§ 7 Abs.1).

   Die gesondert abzurechnenden Leistungen (Arbeitszeit, Reisezeit und Reisekosten) werden zu den im Leistungsschein vereinbarten Stundensätzen in Rechnung gestellt. Durch Übernachtungen anfallende Kosten werden nach Aufwand abgerechnet. SALT wird über alle Wartungskontakte ein Protokoll führen und die angefallenen Einsatzzeiten pro Monat saldieren. Fernwartung wird im 15-Minuten-Takt abgerechnet. Zum Nachweis der erbrachten Leistungen wird ein Regiebericht entsprechend § 6 Abs.3 an die monatliche Rechnung als Anhang mitgeliefert.

3. SALT behält sich eine Anpassung der Wartungsgebühr vor, insbesondere im Falle einer Erweiterung oder Änderung der zu pflegenden Programme sowie eine Änderung der Rechenanlage, auch von angebundenen Fremdsystemen. Eine solche Änderung wird dem Kunden mindestens drei Monate vor ihrem Inkrafttreten mitgeteilt. Sie berechtigt den Kunden zur Kündigung dieses Wartungsvertrages mit einer Frist von einem Monat zum Ende des Monats, der dem Inkrafttreten der geplanten Erhöhung vorangeht.

4. Die Rechnungsstellung für die Grundwartung erfolgt jeweils vierteljährlich im Voraus. Gesondert abzurechnende Leistungen stellt SALT monatlich in Rechnung. Alle Zahlungen sind innerhalb von 14 Tagen ab Erhalt der Rechnung zu den im Leistungsschein vorgesehenen Konditionen fällig.

§ 6 Abwicklung Wartungsfall

1. Programmfehler, Änderungsnotwendigkeiten und sonstige Umstände, die Wartungsmaßnahmen erforderlich machen, teilt der Kunde umgehend schriftlich mit, in Eilfällen genügt auch telefonische Benachrichtigung, eine schriftliche Beauftragung ist dann nachzureichen. Im WLS steht außerdem ein Fehler- und Anforderungsmeldesystem zur Verfügung. Über diese Möglichkeit kann regelmäßig und für beide Seiten transparent kommuniziert werden.

   Mit der Bitte des Kunden um Unterstützung während des Bereitschaftszeitraumes ergeht vertraglich eine Beauftragung an die Firma Westernacher zur Problemanalyse und -behebung. Die Abwicklung eines solchen Wartungsfalles erfolgt nach folgendem Schema:

   - Problemanalyse (online auf dem Zielsystem, ggf. Nachvollziehen des Verhaltens auf dem Testsystem usw.).
   - Klassifizierung des Fehlverhaltens (Hardware-Problem, Problem mit der Systemsoftware, Bedienerfehler, Customizing-Problem, Buchungsfehler, Schnittstellenproblem zum Fremdsystem, WLS-Programmfehler usw.).
   - Problembehebung soweit dies unmittelbar ohne programmtechnischen Eingriff möglich ist. Ggf. wird eine provisorische Maßnahme auf dem Kundensystem eingeleitet (workaround), um den Produktivbetrieb schnellstmöglich wieder aufnehmen zu können.
   - Endgültige Problemlösung durch unser Entwicklungs-Team durch Eingriff in das Programm, Test und Auslieferung ggf. auch zu einem späteren Zeitpunkt.

2. SALT beseitigt mitgeteilte Fehler in angemessener Frist und führt unverzüglich die sonstigen erforderlichen Wartungsarbeiten durch. Ist die Fehlerbeseitigung nicht mit vertretbarem Aufwand möglich, wird SALT eine Ausweichlösung entwickeln.

3. Je nach Dringlichkeit erfolgen Mängelbeseitigung und Wartungsarbeiten im SALT-Entwicklungssystem, per Ferneingriff als Reparatur im Kundensystem oder vor Ort als Reparatur im Kundensystem. Die Entscheidung zur Anreise wird von beiden Seiten einvernehmlich getroffen. Reparaturen werden im SALT-Entwicklungssystem nachgezogen. Einspielungen

aus dem SALT-Entwicklungssystem sind nur in ein nach § 4 unterstütztes System möglich.

4. Durchgeführte Mängelbeseitigung und Wartungsarbeiten sind von SALT zu protokollieren. Das Protokoll ist von einem in § 3 Abs.1 genannten Mitarbeiter des Kunden abzuzeichnen, was gleichzeitig eine Abnahme der durchgeführten Wartungsarbeiten darstellt. In diesem Protokoll ist ausgewiesen:

Datum/Uhrzeit der Meldung, Anrufer, Dauer der Problemanalyse/-behebung, Problemschilderung, Ergebnis der Analyse, eingeleitete Maßnahmen, Klassifizierung des Anrufs (Fehler kostenfrei/Bearbeitung kostenfrei im Rahmen der Wartungspauschale/Bearbeitung kostenpflichtig).

§ 7 Gewährleistung

1. Mit diesem Wartungsvertrag wird die Gewährleistung auf das gesamte Anwendungspaket WLS auf die Vertragsdauer ausgedehnt.
2. SALT übernimmt die Gewähr für die während der Vertragslaufzeit durchgeführten Wartungsarbeiten und verpflichtet sich zur kostenlosen Nachbesserung. Gelingt es SALT nicht, eine Ausweichlösung nach § 6 Abs. 2 zu finden, kann der Kunde die vereinbarte Vergütung angemessen herabsetzen (mindern) oder nach Setzen einer angemessenen Nachfrist den Vertrag mit einer Monatsfrist außerordentlich kündigen.

§ 8 Haftung

1. SALT haftet für eine sachgemäße Durchführung ihrer Leistungen.
2. SALT haftet für Schäden, die durch Vorsatz und grobe Fahrlässigkeit durch ihre Organe oder ihre Erfüllungsgehilfen verursacht wurden. Dasselbe gilt bei der Verletzung so genannter Kardinalpflichten (vertragswesentlicher Pflichten). Es wird nicht gehaftet für entgangenen Gewinn, ausgebliebene Einsparungen, Schäden aus Ansprüchen Dritter oder sonstige mittelbare und Folgeschäden sowie für aufgezeichnete Daten.
3. Außer in den Fällen des in § 8 Abs. 2 Sätze 1 und 2 und bei unmittelbarer Personen- und Sachschäden ist die Haftung der Höhe nach begrenzt auf die Jahresvergütung von SALT aus diesem Vertrag.
4. Im Falle höherer Gewalt und sonstiger unvorhersehbarer, außergewöhnlicher und unverschuldeter Umstände – zum Beispiel bei Streik, Aussper-

rung, behördlicher Eingriffe und ähnlichen Umständen – verlängert sich die Leistungsfrist von SALT um die Dauer dieser Behinderung und um eine angemessene Anlauffrist nach dem Ende dieser Behinderung.

§ 9 Vertragsdauer

1. SALT nimmt seine Wartungsleistungen zu den im Leistungsschein angegebenen Terminen auf. Die Mindestlaufzeit beträgt ein Jahr. Danach können beide Vertragsparteien den Wartungsvertrag mit einer Frist von drei Monaten jeweils zum Quartalsende kündigen. Die Kündigung muss schriftlich erfolgen. Maßgebend für die Fristberechnung ist das Eingangsdatum der Kündigung. Der Vertrag verlängert sich automatisch um jeweils ein Jahr, wenn keine Kündigung erfolgt.
2. Unberührt hiervon bleibt das Recht zur außerordentlichen Vertragskündigung bei Preisanpassung (§5 Abs. 2), Scheitern einer Fehlerbeseitigung bzw. Ausweichlösung (§ 7 Abs. 4) und bei sonstigen wichtigen, zur vorzeitigen Vertragsauflösung berechtigenden Gründen.

§ 10 Gegenseitige Verpflichtungen

1. SALT und der Kunde verpflichten sich zu gegenseitiger Loyalität. Sie unterlassen die Einstellung oder sonstige Beschäftigung von Mitarbeitern oder ehemaligen Mitarbeitern (auch freien Mitarbeitern) des Vertragspartners vor Ablauf von 12 Monaten nach der Beendigung dieses Vertrags. Sie unterlassen auch jegliche Abwerbungsmaßnahmen, die auf ein solches Ziel hinauslaufen würden.

§ 11 Schlussbestimmungen

1. Dieser Vertrag enthält zusammen mit den Bestimmungen des Leistungsscheins sämtliche für die Parteien relevanten Vereinbarungen. Änderungen und/oder Ergänzungen bedürfen der Schriftform und der Unterzeichnung durch beide Vertragspartner.
2. Es gilt ausschließlich das Recht der Bundesrepublik Deutschland.
3. Erfüllungsort und Gerichtsstand ist Würzburg.
4. Sollte eine Bestimmung dieses Vertrags unwirksam sein oder werden, so wird dadurch die Wirksamkeit der übrigen Bestimmungen nicht berührt. Die Vertragschließenden werden eine solch unwirksame Bestimmung un-

verzüglich durch eine dem Sinn und Zweck dieses Vertrages, seiner wirtschaftlichen Bedeutung und dem tatsächlich Gewollten entsprechende, wirksame Bestimmung ersetzen. Dasselbe gilt, wenn sich eine Vertragslücke ergeben sollte.

§ 12   Rechtsgültige Unterschriften

Kunde   SALT AG

..........................., den ...., den ....

....
(Unterschrift Kunde)   (Unterschrift SALT)

LEISTUNGSSCHEIN

Kunde	Kunde GmbH, Kundenhausen
Wartungsobjekt	Warehouse Management and Logistics System-WLS Version 3.1 in der kundenspezifischen Funktionalität, einschließlich der Schnittstellen zur unterlagerten Steuerung und zum HOST-System

1 Wartungszeitraum

1.1 Vertragsdauer

Beginn der Vertragsgültigkeit
01.06.2003

Vertragslaufzeit
1 Jahr

1.2 Bereitschaftszeitraum

Besetzung der Servicenummern:
Montag – Freitag, 08:00 – 18:00

1.3 Reaktionszeit

Problemannahme bis erste Reaktion
max. 1 Stunde

1.4 Anreise eines Mitarbeiters

Antrittsdauer ab Treffen der Entscheidung
max. 2 Stunden
Reisedauer bei normaler Witterung: 1,5 Stunden

1.5 Servicenummer

2 Vergütung

2.1 Grundwartungsgebühr

    Preis in € / Monat   X.XXX €

2.2 Zusatzaufwand

    Preis in € / Monat   XXX €
    Freistunden pro Monat   0 Stunden
    Tätigkeiten im Bereitschaftszeitraum   XXX €
    Tätigkeiten zu vereinbarten Sonderzeiten   XXX €

2.3 Reisekostenpauschale pro Fahrt

    Hin- und Rückreise Kundenhausen   XXX €
    Übernachtungen nach Aufwand

3 Berechtigte Personen beim Kunden

    Verantwortlicher Ansprechpartner:
    Stellvertreter:
    Weitere zum Anruf berechtigter Personen:

6.4 Angebotsvergleich

Ziel des Angebotsvergleiches ist die Gegenüberstellung der in der Angebotsanalyse untersuchten Punkte, um so zu einer objektiven Bestellentscheidung zu gelangen. Da Entscheidungen zu über 50 Prozent nach subjektiven Kriterien getroffen wenden, erhält ein sachlich durchgeführter Angebotsvergleich eine große Bedeutung. Auf diese Weise werden Bestellentscheidungen nachvollziehbar und Einkaufserfolge dokumentierbar. Insbesondere die Einkaufsabteilungen sind aufgrund latent vorhandener Vorwürfe wegen subjektiver Entscheidungen aufgefordert, für eine Dokumentation und damit Nachvollziehbarkeit ihrer Arbeit zu sorgen.

In der Vergangenheit und sicherlich auch heute noch wird in vielen Unternehmen eine Entscheidung für bestimmte Anbieter ohne solide, nachvollziehbare Dokumentation getroffen.

In der Gegenüberstellung der Angebote sind zahlreiche Kriterien zu vergleichen. Da der Einkauf aufgefordert ist, eine kostengünstige Versorgung des Unternehmens sicherzustellen, ist ein Angebotsvergleich als reiner Preisvergleich nicht ausreichend. In Abhängigkeit der Unternehmenspolitik ergeben sich unterschiedliche Prioritäten einzelner Kriterien.

Folgende Hauptpunkte sind gegenüberzustellen:

- Qualität
- Lieferzeit
- Einstandspreis
- Service

Die einzelnen Angebote werden jetzt mit Hilfe der Punktung bewertet. Dabei wird jedem einzelnen Kriterium eine Punktzahl entsprechend der Einstufung gegenüber den Mitbewerbern gegeben, so dass sich nach Abschluss der Punktung aller Angebote eine Punktsumme je Angebot ergibt.

Demjenigen Angebot, das die beste Punktzahl erhalten hat, ist demnach der Vorrang zu geben.

Das nachfolgende Beispiel soll die Vorgehensweise der Punktung verdeutlichen:

Sie haben fünf Angebote aus der Angebotsanalyse vorliegen, die nun entsprechend ausgewertet werden sollen. Bewertungskriterien für den Vergleich sind der Preis, die Qualität und die Lieferzeit.

Als Punktung wird das Prinzip der geringsten Punktzahl festgelegt.

Anbieter	Preis	Qualität	Lieferzeit	Summe
A	2	4	3	9
B	3	1	5	9
C	5	3	2	10
D	1	2	4	7
E	4	5	2	11

Wie das Beispiel zeigt, ist der Anbieter »D« als Ergebnis der Punktung der auszuwählende Anbieter. Er hat den günstigsten Preis im Vergleich zu seinen Mitanbietern, die zweitbeste Qualität, aber nur den vorletzten Platz in der Lieferzeit. Dieses Verfahren hat den Nachteil, dass die Bedeutung einzelner Kriterien nicht berücksichtigt wird. Dafür wiederum kann eine entsprechende zusätzliche Gewichtung, die sich bei der Vergabe der Prioritäten an der Unternehmens- und Einkaufspolitik orientiert, erheblich bessere Dienste leisten.

In Fortsetzung dieses Beispiels wird der Lieferzeit die oberste Priorität = Faktor 4 und der Qualität der Faktor 2 zugewiesen. Aufgrund der guten Marktposition spielt der Preis in diesem Fall eine untergeordnete Rolle.

Das Ergebnis sieht nun wie folgt aus:

Anbieter	Preis	Qualität	Lieferzeit	Summe
	Faktor 1	Faktor 2	Faktor 4	Punkte
A	2	4x2	3x4	22
B	3	1x2	5x4	25
C	5	3x2	2x4	19
D	1	2x2	4x4	21
E	4	5x2	1x4	18

Das Ergebnis der Gewichtung fällt gegenüber der Punktung grundsätzlich anders aus, nunmehr ist der Anbieter »B« aufgrund seiner hervorragenden Lieferzeit an erster Position.

Diese beiden Verfahren sind sicherlich sehr zeitaufwendig und werden deshalb in den Einkaufsabteilungen relativ selten eingesetzt. Da sie die Entscheidungsträger zu einer größtmöglichen Objektivität zwingen und gleichfalls die unternehmenspolitischen Zielsetzungen berücksichtigen, ist davon auszugehen, dass diese Methode in zunehmendem Maße genutzt wird.

Nach Durchführung des Angebotsvergleiches sollten die drei günstigsten Anbieter zu weiteren Preisverhandlungen eingeladen werden.

6.4.1 Anbieterauswahl

In einer stark arbeitsteilig orientierten Wirtschaft ist die richtige Bestimmung des Anbieterkreises eine wichtige Aufgabe. Bei einem Einkaufsvolumen von durchschnittlich fast 50 Prozent des Umsatzes der Unternehmen in der deutschen Industrie wird die Ertragskraft eines Unternehmens, die Qualität der Endprodukte und die Lieferfähigkeit am Markt in erheblichem Umfange durch die Anbieter beeinflusst oder sogar bestimmt. Die Auswahl dieser Partner erlangt eine dementsprechend hohe Bedeutung.

Bereits unternehmenspolitische Grundsätze können den Spielraum und die Entscheidungsfreiheit der einzelnen Fachabteilungen beeinflussen, sie können aber auch zu zusätzlichen Anforderungen bei der Anbieterauswahl führen.

Eine Auswahl geeigneter Anbieter ist sicherlich nicht erst im Anschluss an durchgeführte Angebotsvergleiche zu treffen. Bereits bei der Festlegung des Anfragekreises sollte eine Vorauswahl so getroffen werden, dass nur Anbieter aufgefordert werden, die gegebenenfalls auch einen Auftrag bekommen würden.

Die Auswahl geeigneter Anbieter für ERP-Systeme wird erfahrungsgemäß unter Beteiligung des Einkaufs, überwiegend aber durch das Projektteam vorgenommen.

6.4.2 Bewertungskriterien

Zur Vorbereitung auf die Entscheidung, welcher Anbieter nunmehr als Auftragnehmer ausgewählt werden soll, sind detailliertere Lieferantenbewertungen durchzuführen. Dabei ist zu beachten, dass der ERP-Anbieter in der Regel als neuer Lieferant aufgenommen werden soll.

Eine wertvolle Hilfestellung für die Anbieterbewertung gibt eine Checkliste, die die wesentlichen Fragen zur Bewertung eines Anbieter enthält. Wenn diese Checkliste gleichzeitig ausreichend Platz gibt, die entsprechenden Antworten darauf zu notieren, dokumentieren Sie Ihre Entscheidung für bestimmte Anbieter.

Die Erfahrung hat gezeigt, dass sich durch das Niederschreiben der einzelnen Antworten zwangsläufig subjektive Entscheidungsmerkmale verringern und eine objektive Bewertung eher möglich ist. Die Bewertung eines Anbieter nach messbaren Größen ist bis auf einige Kennzahlen nahezu unmöglich, da die Forderungen an Anbieter sehr unternehmens- und produktspezifisch sind.

Nachfolgend sind Fragen zur Anbieterbewertung aufgeführt und gleichzeitig einige Bewertungsansätze genannt. Die Reihenfolge der einzelnen Fragen stellt keine Rangfolge dar, die Bedeutung der einzelnen Punkte müssen Sie für Ihr Unternehmen selbst entscheiden:

Firmengründungsdatum

Ein junges IT-Unternehmen kann viel Dynamik und Innovation bieten, aber auch gleichzeitig größeren organisatorischen Anforderungen nicht gewachsen sein. Bei dem Wunsch nach einer langfristigen Geschäftsverbindung ist bei jungen Firmen die Liquidität und damit die wirtschaftliche Grundlage genauer zu beachten.

Eigentumsverhältnisse

Welche Unternehmensform liegt vor?

Eine Kapitalgesellschaft hat bessere Möglichkeiten der Finanzierung als ein Einzelunternehmen (Einzelkaufmann). Sind bei einer Aktiengesellschaft die Anteile im Streubesitz oder gibt es einflussnehmende Großgesellschafter?

Wenn eine »reine Familiengesellschaft« vorliegt, besteht vor allem bei kleinen Unternehmen die Gefahr, dass keine solide Nachfolgeregelung getroffen ist.

Wenn aber ein Anbieter für eine langfristige Geschäftsbeziehung gesucht wird, erhält diese Frage eine hohe Bedeutung.

Wie hoch ist die Eigenkapitalquote?

Standorte

Hat der Anbieter mehrere Standorte oder Niederlassungen, z.B. in der Nähe Ihres Unternehmens?

Organisation

Ist eine zeitgemäße Organisation des Unternehmens gegeben, wie sind die Teilfunktionen organisatorisch gegliedert? Gibt es zum Beispiel eine eigenständige Programmier- und Supportabteilung?

Umsatz

Wie hoch ist der Umsatz des Anbieters?

Wie hoch ist der Anteil des Umsatzes der mit der angeforderten Software erzielt wird.

Kapazität

Wie hoch ist die Kapazität des Anbieters? Ist er in der Lage, und ist es für ihn von Interesse, die angefragten Systeme zu liefern?

Auslastung

Welche Auslastung hat der Anbieter zurzeit? Bei ungenügender Beschäftigungslage ergeben sich bessere Verhandlungspositionen.

Know-how

Hat der Anbieter eine eigene Entwicklungsabteilung, ist das Know-how von ihm selbst entwickelt oder bestehendes Know-how vom Markt übernommen?

Größte Kunden / Anbieter

Gibt es Referenzen für das Geschäft?

Anzahl der installierten Produktivsysteme

Service-Einrichtungen

Welche Organisation bietet der Anbieter für den After-Sales-Service? Wie dicht ist die Betreuungsorganisation oder welche Maßnahmen der Betreuung hat der Anbieter vorgesehen?

Qualitätssicherungssystem

Wie sichert der Anbieter die Qualität seiner ERP-Produkte?

Besteht ein durchgängiges Qualitätssicherungssystem?

Liefertermintreue

Eine Bewertung der Anbieters hinsichtlich der Liefertermintreue ist sehr schwierig.

Ebenso häufig werden nach Auftragserteilung Programmänderungen gewünscht, so dass sich dadurch der Liefertermin verschiebt.

Mitarbeiter

Wie viele Mitarbeiter mit welcher Ausbildung sind bei dem Anbieter beschäftigt?

Wie ist das Zahlenverhältnis zwischen Vertriebsmitarbeitern zu Entwicklern?

Anzahl der Mitarbeiter, die mit der angeforderten Software beschäftigt sind.

Preispolitik

Welche Preispolitik betreibt der Anbieter?

Bei einer Hochkonjunktur ist im Allgemeinen eine überhöhte Preisforderung anzunehmen.

Hilfsmittel zur Anbieterbewertung

Um diese zahlreichen Fragen zur Anbieterbewertung beantworten zu können, können Sie auf folgende Hilfsmittel zurückgreifen:

Anbieterbesuche

Diese Form der Informationsgewinnung über einen Anbieter ist die erfolgversprechendste.

Referenzen

Ein Anbieter, der eine Geschäftsbeziehung aufbauen möchte, muss zur Nennung von Referenzen aufgefordert werden. Ein Telefonat mit den entsprechenden Kollegen dieser Referenzfirmen kann ergänzende Informationen zur Beurteilung wichtiger Punkte geben.

Auskunfteien

Die Fragen zu Eigentumsverhältnissen, Kapitalausstattung und Liquidität werden durch Auskunfteien (Creditreform, Bürgel und andere) beantwortet. Auch Auskünfte über die Hausbank sind für eine Bewertung hilfreich.

Besondere Beschaffungsaktivitäten bei DV-Hardware und Software

Eine separate Erwähnung der Beschaffungsaktivitäten für Hard- und Software sollte eigentlich nicht notwendig sein. Da jedoch zum einen die Volumen für diese Beschaffungsaktivitäten erheblich sind und die Anbieterseite in der Regel sehr umfangreiche eigene Bedingungen aufstellt, möchte ich hierauf nochmals gezielt eingehen.

Verträge für die Beschaffung von Hard- und Software werden sehr häufig von den verkaufenden Unternehmen als »besondere« Geschäfte angesehen und aufgrund der Machtposition der Marktführer auch dementsprechend gestaltet. Ein weiteres Problem ergibt sich, dass hier in noch stärkerem Maße als sonst die DV-Abteilungen der Unternehmen eigenständige Entscheidungen treffen und die Einbindung des Einkaufsabteilung sehr schwach ausgeprägt ist.

Trotz vieler anderer Behauptungen handelt es sich bei der Beschaffung von Hard- und Software um die gleichen Vertragsgrundlagen wie bei der Beschaffung von Dienstleistungen, Anlagegütern und Material.

Der Kauf von DV-Hardware sowie der zugehörigen ERP-Software (Betriebssysteme und Anwendersoftware) geschieht nach den Regeln des Kaufvertrages mit den gleichen Rechten und Pflichten für beide Vertragsparteien wie bei einer Materialbeschaffung. Es spielt ebenfalls keine Rolle, ob die so genannte »Fertigsoftware« urheberrechtlich geschützt ist oder nicht. Die nach BGB vorgesehene Verjährungsfrist beträgt also sechs Monate, sofern nichts anderes vereinbart ist.

Die Standardvertragsbedingungen der Anbieter sind besonders auf diese Zeit zu überprüfen, da häufig versucht wird, die Dauer der Gewährleistung zu verkürzen. Eine Garantiezeit von drei Monaten ist in vielen Standardbedingungen zu finden, sollte aber auf keinen Fall akzeptiert werden.

Gemeinsam mit dem Kauf von Systemen ist ein Wartungsvertrag abzuschließen. Es muss dringend geprüft werden,

- ob solch ein Wartungsvertrag tatsächlich notwendig ist
- ob ein herstellerneutrales Unternehmen diese Wartung nicht genauso gut, aber meistens preiswerter, durchführen kann
- ob für die Dauer der Gewährleistung schon eine Wartungspauschale verlangt wird. Normalerweise sind während der Gewährleistung keine Beträge für den Erhalt der Nutzungsfähigkeit einer Anlage zu zahlen

Wird die Hardware nicht gekauft, sondern im Rahmen eines Leasing- oder Mietvertrages erworben, darf der Einkauf sich nicht durch einen niedrigen Preis bei langen Laufzeiten locken lassen. Der Leasinggeber oder Vermieter versucht das Angebot attraktiv und die Investitionsentscheidung leichter genehmigungsfähig zu machen, indem er auf Basis einer langen Laufzeit anbietet. Wird solch ein Angebot angenommen und ein entsprechend langer Vertrag unterzeichnet, hat sich das Unternehmen für lange Zeit (alles was länger als 42 Monate ist) gebunden.

Da die technische Entwicklung vor allem in dieser Branche sehr schnell ist, ist der Ersatz einer Anlage durch eine Neue nur mit demselben Leasinggeber oder Vermieter durchzuführen, der auch die abzulösende Anlage finanziert hat. Ein Anbieterkreis und damit der Wettbewerb der Anbieter kann nicht genutzt werden.

Die Beschaffung der ERP-Software ist wie ein Kaufvertrag für Material zu behandeln. Die Software und Standardsoftware (Anwendersoftware, die nicht individuell für einen Kunden gefertigt wird) unterliegen den gleichen Regeln des Kaufvertrages wie der Einkauf von Material, wenn ein zeitlich unbefristetes Nutzungsrecht vereinbart wird. Es wird ein fertiges Produkt gekauft, das frei von Fehlern zu sein hat und eine mindestens sechsmonatige Gewährleistung hat.

Die Beschaffung von individuell für das auftraggebende Unternehmen programmierter Software ist in der Regel auf Basis des Werkvertragsrechtes abzuwickeln. Das bedeutet für Sie, dass Sie den »Erfolg« der Software eingekauft haben, also die Lauffähigkeit der Software und ihre Leistungsfähigkeit, das definierte Ziel (Berechnungen durchführen, Prozess-Steuerung u.a.) zu erreichen. Für den Anbieter bedeutet es, dass er das Recht auf Nachbesserung hat. Bei Software-Häusern eine Standardaussage, da es keine fehlerfreie Software gibt.

Für die Beauftragung einer Programmerstellung ist es äußerst wichtig, eine klare Zielbeschreibung und Leistungsbeschreibung (unser Pflichtenheft) zu haben. Der Auftraggeber kann durch eine eindeutige Zielbeschreibung dem Programmierer die notwendige Vorgabe für seine Arbeit geben. Wird von den Software-Häusern ein Pflichtenheft auf Grundlage dieser Zielvorgabe erstellt, prüfen Sie es vor Genehmigung sehr genau, da es anschließend als Arbeitsgrundlage für die Programmerstellung herangezogen wird und Ihre Zielvorgabe als Maßstab zweitrangig geworden ist.

Wird ein individuelles Programm in Auftrag gegeben, ist vor Vertragsunterzeichnung das Nutzungs- und Urheberrecht gegenseitig zu regeln. Das auftraggebende Unternehmen wird nicht immer Interesse haben, dass eine spezielle Software dem freien Markt zur Verfügung gestellt wird, während der Programmierer seine Leistung möglichst häufig verkaufen will.

Wird individuelle Software erstellt, muss das Projektteam die Weiterentwicklung. Pflege und den Service sicherstellen. Individualsoftware ist ohne großen Aufwand nur durch den Ersteller zu warten. Es ist daher schon bei Auftragsvergabe zu vereinbaren, in welcher Form und in welchem Umfang eine Programm-Dokumentation zu erstellen ist. Ebenso ist abzuklären, wer das Recht an den Listings, Quellcodes und Tools bekommt.

Software-Firmen verweigern häufig die Herausgabe solcher Unterlagen, da sie sich den Kunden sichern wollen. Vereinbaren Sie wenigstens für den Fall von Extremsituationen eine Übergabe der Unterlagen. Insbesondere bei kleinen Systemhäusern ist die Notwendigkeit der Sicherstellung einer Programmpflege durch Übergabe der Quellcodes und Tools nicht zu unterschätzen.

6.5 Vertragsabschluss

6.5.1 Vertragsarten

Das Prinzip der Vertragsfreiheit

Im deutschen Recht herrscht Vertragsfreiheit. Jedermann kann entscheiden, oh er durch den Abschluss eines Vertrages gegenseitige Rechte und Pflichten begründen will oder nicht (Abschlussfreiheit). Jeder kann auch entscheiden, welchen Inhalt der Vertrag haben, mit anderen Worten, welche gegenseitigen Rechte und Pflichten er enthalten soll (Gestaltungsfreiheit).

Die Abschlussfreiheit findet ihre Grenze am Diskriminierungsverbot für Monopole und marktbeherrschende Unternehmen, die Gestaltungsfreiheit am Sittengesetz.

Monopole wie Bundesbahn und Bundespost dürfen sich ihre Vertragspartner nicht aussuchen, sondern sind zum Vertragsabschluss verpflichtet. Marktbeherrschenden Unternehmen verbietet das Kartellrecht unter bestimmten Voraussetzungen, gegenwärtige oder potenzielle Geschäftspartner ohne sachlich gerechtfertigten Grund unterschiedlich zu behandeln. Niemand schließlich darf Verträge so gestalten, dass der Vertragspartner ausgebeutet oder ein Dritter geschädigt wird.

Das BGB hält die Fahne der Vertragsfreiheit hoch, stellt jedoch für die wichtigsten Verträge der täglichen Praxis Vertragstypen zur Verfügung, deren Inhalt und Durchführung ausführlich gesetzlich geregelt ist. Die schuldrechtlichen Paragrafen bilden aber keine Zwangsjacke, sondern können - da Vertragsfreiheit besteht - durch gegenseitige Vereinbarungen geändert werden. Dabei geschieht es oft, dass Bestimmungen des einen Vertragstyps für den anderen übernommen werden oder umgekehrt. Das führt dann dazu, dass die unterschiedlichen Vertragstypen im Geschäftsleben oft weitgehend angeglichen werden. Studiert man öfter einmal den Text der AGB, kann man leicht den Eindruck gewinnen, als gäbe es nur eine Vertragsart, nämlich eine Mischung von Kauf- und Werkvertrag.

Die ausführliche gesetzliche Regelung der Vertragstypen macht das BGB zu einer Art Sicherheitsnetz, das etwaige Lücken in vertraglichen Regelungen absichert.

Nachfolgend ein Vertragsrahmen zur Beschaffung von Standardsoftware:

Vertragsrahmen zur Beschaffung von Standardsoftware

Grundlagen:
Feinpflichtenheft, Spezifikation, Ergebnis der Grobanalyse

§ 1 Vertragsgegenstand

- Vertragsart (evtl. differenziert nach Vertragsteilen)
- Aufzählung der Vertragsleistungen:
  - Feinanalyse, Spezifikation
  - Lieferung, Installation, Customizing und Einführung der
- Anwenderprogramme
  - Lieferung und Installation Software-Tools (zum Beispiel Workbench)
  - Personelle Mitwirkung Lieferant und Kunde bei der
- Software-Anpassung
- Projektmanagement
- Schulung und Einweisung
- Datenkonversion
- Organisationsberatung

§ 2 Feinanalyse der Anforderungen

- Zusammenarbeit, Arbeitsverteilung, Spezifikation
- Abzeichnung der Ergebnisse durch den Kunden
- Ausstiegsmöglichkeit des Kunden aus dem Vertrag

§ 3 Standardprogramme

- Lieferung und Installation durch die Software-Firma
- Zusammenarbeit in der Anpassungsphase
- Zusatzprogramme, Schnittstellen zu Fremdsystemen

§ 4 Hardware und Software-Tools

- Erforderliche Hardware, Hardwareerweiterungen, Hardwarebeschaffung
- Datenspeicher
- Erforderliche Software-Tools, Tool-Beschaffung

§ 5 Schulung, Einweisung, Beratung

- Schulung am funktionsfähigen Testsystem
- Überwachung Schulungsmaßnahmen
- Erarbeitung Umstellungsstrategien, Mitarbeit bei Umstellung

§ 6 Abnahme

- Funktionsprüfung vor Abnahme
- Performanceprüfungen
- Dokumentation
- Abnahmeprotokolle
- Programmänderungen nach Abnahme

§ 7 Projektmanagement

- Interner und externer Projektleiter
- Projekttermine, Folgen einer Terminüberschreitung
- Periodische Meldung des Projektfortschritts, Hinweis auf
- Abweichungen
- Lenkungsausschuss
- Mitarbeiterqualifikation

§ 8 Gewährleistung

- Auswirkungen erheblicher Mängel:
  - Rückgängigmachung des Vertrags
  - Herabsetzung der Vergütung

§ 9   Neue Releases (Updates) und neue Programmversionen

▶   Auswirkungen auf den Kunden

§ 10   Preise und Konditionen

▶   Festpreisvertrag
▶   Preiszusammenstellung
▶   Tagessätze für Zusatz- und Nebenkosten
▶   Zahlungskonditionen
▶   Berechnung zusätzlicher Anforderungen
▶   Berechnung von Reisekosten und Spesen

§ 11   Nutzungsrechte an der Software

▶   Freiheit von Rechten Dritter (zum Beispiel von Lizenzgebühren an Dritte)

§ 12   Datenschutz, Geheimhaltung

▶   Einhaltung durch die Mitarbeiter der Software-Firma und von ihr beauftragte Drittfirmen

§ 13   Vergabe von Unteraufträgen durch die Software-Firma an Dritte

▶   Informationspflicht an Kunde und Prüfung der fachlichen und sozialen Kompetenz der Drittfirma

§ 14   Wartungsvertrag

▶   Festlegung des erforderlichen Umfangs
▶   Hotline, Helpline
▶   Dauer des Vertrags
▶   Kosten

§ 15   Laufzeit des Vertrags

▶   Kündigungsmöglichkeiten

§ 16   Schlussbestimmungen

▶   Schiedsvertrag, Schiedsgericht, Kosten einer Schiedsgerichtsvereinbarung
▶   Gerichtsstand

Anlagen

▹ Feinpflichtenheft / Spezifikation

▹ Alle Software- und Hardware-Scheine (vollständig und mit Preisen versehen)

▹ Allgemeine Geschäftsbedingungen des Lieferanten und Kunden

▹ (unter Berücksichtigung der Vertragsfestlegungen)

Abbildung 6.1: Vertragsrahmen zur Beschaffung von Standardsoftware

6.5.2 Vertragstypen im BGB

Kaufvertrag

Nur die nachfolgenden Vertragstypen bieten ein gesetzliches Sicherheitsnetz.

Der Kaufvertrag ist das wichtigste und häufigste Umsatzgeschäft im Wirtschaftsverkehr.

Gegenseitige Rechte und Pflichten:

Verkäufer: Lieferung und Übereignung des Kaufgegenstandes; Käufer: Zahlung des Kaufpreises. Pflicht zur Annahme ist in der Regel eine Nebenpflicht.

Gefahrübergang:

Mit der Übergabe des Kaufgegenstandes an den Käufer. Bei Versendungskauf mit Auslieferung des Kaufgegenstandes an Beförderungsunternehmen.

Voraussetzungen der Gewährleistung:

Beim Handelskauf: Untersuchung und Rüge unverzüglich nach Ablieferung des Kaufgegenstandes; Ausnahme: verdeckte Mängel müssen erst nach Entdeckung gerügt werden.

Inhalt der Gewährleistung:

Bei Fehlern, die den Wert oder die Tauglichkeit des Kaufgegenstandes aufheben oder mindern, hat der Käufer den Anspruch auf Wandelung oder Minderung. Beim Gattungskauf auch Anspruch auf Lieferung einer mangelfreien Sache (= Ersatzlieferung). Bei Fehlen einer zugesicherten Eigenschaft besteht wahlweise neben dem Anspruch auf Wandelung oder Minderung oder – beim Gattungskauf – Ersatzlieferung ein Anspruch auf Schadensersatz wegen Nichterfüllung positives Interesse.

Auf ein Verschulden des Verkäufers kommt es nicht an. Die Gewährleistungshaftung greift beim Kaufvertrag ein, ob nun der Verkäufer den Fehler oder das Fehlen einer zugesicherten Eigenschaft zu vertreten hat oder nicht.

Verjährung:

Die Ansprüche auf Gewährleistung verjähren beim Kauf beweglicher Sachen in sechs Monaten ab Ablieferung; beim Kauf von Grundstücken in einem Jahr ab Übergabe. Eine vertragliche Verlängerung der Verjährungsfrist oder ein Verzicht auf die Einrede der Verjährung ist möglich. Auch Ansprüche aus verdeckten Mängeln verjähren innerhalb der gesetzlichen kurzen Verjährungsfristen.

Formvorschriften:

Kaufverträge sind in der Regel formlos gültig, Antrag und Annahme können also mündlich erfolgen.

> *Merke:* Der Kaufvertrag macht den Käufer nicht zum Eigentümer, sondern begründet sein Recht auf Übertragung des Eigentums.

Der Eigentumsvorbehalt:

Weil das deutsche Recht streng zwischen schuldrechtlichem Kaufvertrag und dinglicher Eigentumsübertragung unterscheidet, kann sich der Verkäufer einer beweglichen Sache das Eigentum bis zur Zahlung des Kaufpreises vorbehalten. Die Verpflichtung, das Eigentum zu übertragen, und die Eigentumsübertragung selbst können zu weit auseinander liegenden Zeitpunkten stattfinden. So weit auseinander, dass mancher Zwischenhändler das Eigentum an der von ihm gekauften und dann weiterverkauften Ware niemals erhält.

Das BGB regelt in § 455 nur den so genannten einfachen Eigentumsvorbehalt, der grundsätzlich nur für das meist unkomplizierte Rechtsverhältnis Verkäufer/Endverbraucher sinnvoll ist. Bezahlt der Endverbraucher nicht, überträgt ihm der Verkäufer auch nicht das Eigentum. Es kann dann - von den Regelungen des Abzahlungsgesetzes hier einmal abgesehen - den Kaufgegenstand ohne größere Schwierigkeiten zurückverlangen.

Das Wirtschaftsleben braucht kompliziertere Konstruktionen. Hier durchläuft die Ware bestimmte Stationen, etwa vom Fabrikanten über den Großhändler zum Einzelhändler bis zum Verbraucher, vom Rohstofflieferanten über den Fabrikanten zu dessen Abnehmer oder vom Händler über den Abnehmer, der zugleich Werkunternehmer ist, bis zum Besteller. Im Verlaufe dieser Kette wird in aller Regel der jeweilige Lieferer von dem Erlös bezahlt, der auf einer späteren Verarbeitungs- oder Handelsstufe mit Hilfe der in Rede stehenden Vorbehaltsware erst erteilt werden muss. Mit einem einfachen Eigentumsvorbehalt wäre dem Lieferer in solchen Fällen wenig geholfen. Oft wird er nicht einmal mehr feststellen können, wo sich die aus seinem Hause stammenden Sachen in welcher gegenwärtigen Gestalt befinden. Auf der Basis dieser Erkenntnis begannen die Wirtschaftsjuristen die Wirkung des Eigentumsvorbehalts vertraglich zu erweitern.

In Grobeinteilung unterscheidet man fünf Erweiterungsformen: den weitergeleiteten, den nachgeschalteten, den verlängerten Eigentumsvorbehalt, den Kontokorrentvorbehalt und den Konzernvorbehalt.

Der verlängerte Eigentumsvorbehalt tritt seinerseits wieder in zwei Varianten auf.

In der ersten trifft er Vorsorge für den Fall, dass die gelieferte Ware weiter veräußert wird. Die Weiterveräußerung ist zwar notwendig, damit der Kaufpreis überhaupt bezahlt werden kann. Sichergestellt muss aber werden, dass der Verkaufserlös eben diesem Zweck zugeführt wird. Auf Grund des vereinbarten Eigentumsvorbehaltes darf der Vorbehaltskäufer die Ware nur im ordnungsmäßigen Geschäftsgang weiter veräußern. Sodann wird von ihm eine Vorausabtretung der hierbei von ihm erworbenen Forderungen verlangt. Das bedeutet vor allem, dass diese Forderungen nicht noch einmal, etwa an eine kreditgebende Bank abgetreten werden dürfen. Es bedeutet aber auch, dass ein vom Besteller vertraglich verhängtes Abtretungsverbot diese Art des verlängerten Eigentumsvorbehaltes unmöglich macht.

Als noch komplizierter erweist sich der Sachverhalt, wenn die unter Eigentumsvorbehalt gelieferte Ware auf der nächsten Wirtschaftsstufe weiter verarbeitet wird. Bei diesem Vorgang entsteht meist eine neue Sache, an der ihr Hersteller das Eigentum erwirbt. Ein einfacher Eigentumsvorbehalt würde also verpuffen. In seiner zweiten Gestalt bestimmt der verlängerte Eigentumsvorbehalt, dass der Vorbehaltsverkäufer auch an dieser neuen Sache das Eigentum erhalten soll. Die sachenrechtlichen Bestimmungen des BGB über Verbindung, Vermischung und Verarbeitung machen dabei die komplizierten Formulierungen erforderlich, die sich regelmäßig in Lieferbedingungen finden. Noch schwieriger wird es, wenn die neue Sache aus einzelnen Bestandteilen hergestellt wurde, die von verschiedenen Lieferern jeweils unter verlängertem Eigentumsvorbehalt bezogen wurden. Hier versucht man sich mit Vereinbarungen zu helfen, denen zufolge die Vorbehaltslieferanten je Vorbehaltsmiteigentum an der neu hergestellten Sache erwerben, und zwar im Verhältnis des Wertes ihrer Lieferung.

Ist ein Kontokorrentvorbehalt vereinbart, dann soll der Käufer das Eigentum an dem Kaufgegenstand nicht schon dann erwerben, wenn er eben diesen bezahlt hat, sondern erst, wenn sämtliche Forderungen aus der gegenwärtigen Geschäftsverbindung beglichen worden sind.

Beim Konzernvorbehalt soll der Käufer das Eigentum an dem Kaufgegenstand erst dann erwerben, wenn weder der Warenlieferant noch eine der mit ihm im Konzern verbundenen Mutter- oder Schwestergesellschaften mehr Forderungen an ihn zu stellen hat. Gehört der Vorbehaltsverkäufer einem größeren Konzern an, wird es seinem Kunden häufig kaum gelingen, mit Sicherheit festzustellen, über welche Ware er nun als Eigentümer uneingeschränkt verfügen kann.

> **Merke:** Wirtschaftlicher Bedeutung erlangen die komplizierteren Formen des Eigentumsvorbehalts in der Regel nur im Konkurs.

Nachfolgend stelle ich Ihnen einen Software-Beschaffungsvertrag vor:

Musterbeispiel eines Software-Beschaffungsvertrages

Vertrag

zwischen

der ....,
- im Folgenden .... genannt
- und der ....,
- im Folgenden .... genannt – .

(1) Vertragsgegenstand und -umfang

Gegenstand des Vertrags ist die Lieferung von ERP-Standardsoftware und die Mitwirkung von .... bei der Einführung des integrierten Standardsystems auf der Grundlage des Feinpflichtenhefts vom .... Dazu gehören folgende Leistungen:

- Feinanalyse (Spezifikation) des............................ samt der erforderlichen Schnittstellen zum .... durch .... unter Mitwirkung des internen Projektteams
- Lieferung der ERP-Software .... durch .... und Mitwirkung beim Customizing des Programmpakets
- Erstellung der Schnittstellenprogramme entsprechend den Anforderungen des Feinpflichtenhefts und der Spezifikation
- Aufbau einer EDIFACT-Verbindung und Vorbereitung eines Internetanschlusses
- Externes Projektmanagement
- Schulung und Einweisung der Enduser
- Grundlage der Auftragsdurchführung ist eine Feinanalyse und die Spezifikation der neuen Einkaufsprozesse

Für die Abwicklung des Vertrags gilt das Werkvertragsrecht.

(2) Projektmanagement

Die .... stellt einen verantwortlichen Projektleiter. Das interne Team besteht aus nebenamtlichen Mitarbeitern des .... und der .... unter Leitung eines internen Projektverantwortlichen.

Die Projektüberwachung liegt in den Händen eines Lenkungsausschusses, dem die Projektverantwortlichen beider Unternehmen monatlich berichten. Der Statusbericht muss Aussagen über den Fortschritt, inhaltliche Abweichungen und die Einhaltung des Termin- und Budgetplans enthalten.

(3) Feinanalyse und Spezifikationserstellung

1. Die Feinanalyse umfasst
   - die Ermittlung der detaillierten Anforderungen an das gewünschte System
   - die Spezifizierung der Prozesse
   - das Schnittstellenkonzept zu vorhandenen Programmen.

2. Nach dieser Projektphase erfolgt eine Abstimmung mit dem Kunden, ob sich die im Pflichtenheft geforderten Zielsetzungen aufgrund der erstellten Spezifikation realisieren lassen. Bei negativem Ausgang dieser Überprüfung hat .... das Recht auf eine Änderung des Projektumfangs oder eine vorzeitige Projektbeendigung unter Erstattung der aufgelaufenen Kosten an ....

3. Im Rahmen der Grobanalyse prüft .... das vorhandene lokale Netzwerk auf seine Verträglichkeit mit dem angebotenen Software-Paket, auf ausreichend bemessene Arbeits- und Datenspeicher und auf die Performance des Systems. Bedenken sind dem IT-Ressort von .... schriftlich mitzuteilen.

(4) Standardsoftware

1. Die zu liefernden Programme umfassen die im Software-Pflichtenheft aufgeführten Arbeitsgebiete und Prozesse. Im Angebot von .... sind die entsprechenden Module aufgeführt.

2. Zusätzlich erforderlich sind Schnittstellenprogramme zur .... und .... Sie werden von .... zum vereinbarten Festpreis erstellt. Ihre Feinspezifikation erfolgt in der Projektphase der Feinanalyse.

3. Das angebotene Software-Paket muss auch Schnittstellen zur Abwicklung von EDIFACT mit Lieferanten und den Zugriff auf das Internet mit Hilfe einer Web-Integration ermöglichen.

4. Über ein Gateway muss der Zugriff auf Informationen des Materialwirtschaftssystems ermöglicht werden.

5. Sämtliche Schnittstellen-, Zusatz- und Auswertungsprogramme werden auf objektorientierter Basis unter Verwendung der Programmiersprache .... erstellt.

(5) Schulung und Einweisung der Mitarbeiter

1. Rechtzeitig vor dem Beginn der Funktionsprüfung arbeitet .... die Enduser in die Software-Module und Prozesse ein. Die Schulung soll auf dem mitgelieferten Testsystem und unter Verwendung von Betriebsdaten erfolgen.

2. Projektmitarbeiter und künftige Key User sind so intensiv in das System einzuarbeiten, dass sie an der Schulung und Einweisung ihrer Kollegen mitwirken und zu einem späteren Zeitpunkt selbst die Schulung neuer Mitarbeiter übernehmen können.

(6) Abnahme

1. Die Programmabnahme setzt eine erfolgreiche Funktions- und Prozessablaufprüfung durch .... voraus. Sie muss innerhalb eines Monats beginnen, nachdem .... die Funktionsfähigkeit dem Lenkungsausschuss von .... mitgeteilt hat. Die Funktionsprüfung wird auf einer Testbibliothek mit -...........-Daten durchgeführt.

2. Nach erfolgreicher Funktionsprüfung erfolgt die Abnahme. Sie gilt als erfolgreich durchgeführt, wenn die Programme in allen Punkten die vertraglich gewünschten Anforderungen erfüllen.

3. Nach der Abnahme stellt .... dem IT-Ressort von .... die Programme in Quellen- und Objektprogrammform zur Verfügung. Außerdem übergibt .... eine komplette Dokumentation der Programme an ....

4. Erfolgt innerhalb eines Monats nach der Programmfertigstellung keine Funktionsprüfung, gelten die Programme für .... als abgenommen.

§ 7 Umfang der Nutzungsrechte

1. Die Nutzungsrechte gelten für den gesamten Unternehmensbereich von .... am Standort .... Eine entgeltliche oder unentgeltliche Weitergabe der Software an andere Unternehmen ist nicht gestattet.

2. An den von .... erstellten Individualprogrammen für Schnittstellen gehen alle Rechte auf .... über.

(8) Preise und Konditionen

1. Der Gesamtpreis für die Nutzungsrechte der Software, die Programmerstellung und für die vereinbarten Dienstleistungen (siehe § 1 dieses Vertrags) beträgt € .... (zuzüglich gesetzlicher Mehrwertsteuer).

   Es wurden folgende Fälligkeitstermine der Zahlungen vereinbart:

   – nach Abschluss der Feinanalyse (Spezifikation) € ....

   – nach Abnahme der Schnittstellenprogramme € ....

   – nach Abnahme der Rechnungsprüfungsprogramme € ....

2. Für Dienstleistungen, die nach Aufwand abgerechnet werden, gelten die mit Schreiben .... vom .... mitgeteilten Tages- und Stundensätze.

3. Reisekosten und Spesen sind bereits in den nach Absatz (1) und (2) genannten Rechnungsbeträgen enthalten.

(9) Gewährleistung

1. Die Gewährleistung bezieht sich auf die Tauglichkeit der angepassten Standardsoftware zur IT-gestützten Abwicklung für die im Feinpflichtenheft vom .... enthaltenen Aufgabengebiete und Prozesse. Die Gewährleistungspflicht beträgt 12 Monate. Sie beginnt mit der Abnahme der Programme.

2. Mängel sind von .... unverzüglich zu beheben. Mit den Arbeiten zur Beseitigung festgestellter Mängel muss .... spätestens drei Tage nach Eingang einer Mängelanzeige beginnen. Ergibt die Überprüfung, dass kein Mangel vorlag oder er durch .... verschuldet worden ist, kann .... eine Aufwanderstattung gemäß § 8, Absatz (2) dieses Vertrags verlangen.

3. Werden erhebliche Mängel nicht innerhalb einer Woche nach Eingang einer Mängelanzeige abgestellt, kann .... eine angemessene Nachfrist setzen und nach ihrem Ablauf Schadenersatz und bei gravierenden Mängeln wesentlicher Prozesse, die das System teilweise unbrauchbar machen, eine Rückgängigmachung des Vertrags verlangen.

(10) Datenschutz und Geheimhaltung

1. .... verpflichtet sich, die Bestimmungen des Datenschutzgesetzes einzuhalten.

2. Sämtliche Betriebs- und Geschäftsgeheimnisse, zu denen ....-Mitarbeiter im Zusammenhang mit diesem Vertrag Zugang erhalten, sind unbefristet geheim zu halten.

(11) Abschluss eines Wartungsvertrags

.... schließt mit .... einen Wartungsvertrag ab, der nach Ablauf der Gewährleistungsfrist in Kraft tritt. Für Inhalt, Konditionen, Dauer und Kündigungsfristen gelten die in den AGB von .... enthaltenen Bestimmungen.

Die Wartung muss auch die Aktualisierung der Online-Dokumentation und der Papierdokumentation enthalten.

Der Wartungsvertrag erlaubt den Mitarbeitern von .... die Benutzung der von .... eingerichteten Hotline. Die hierfür anfallenden Kosten sind im Wartungsvertrag enthalten.

(12) Sonstige Vereinbarungen

1. .... versichert, dass die im Rahmen dieses Vertrags erbrachten Leistungen frei von Urheberrechten Dritter sind und übernimmt die alleinige Haftung gegenüber Dritten, die eine Verletzung von Schutzrechten geltend machen.

2. .... erhält die Berechtigung, zur Vertragserfüllung Dritte als Subunternehmer hinzuzuziehen. Sie verpflichtet sich, bei der Auswahl und Überwachung dieser Firmen und Personen die Sorgfaltspflicht eines ordentlichen Kaufmanns auszuüben und .... über die Auftragsvergabe rechtzeitig zu informieren.

3. Die Allgemeinen Geschäftsbedingungen von............ haben nur Gültigkeit, soweit sie diesem Vertrag nicht widersprechen.

4. Die Allgemeinen Geschäftsbedingungen von .... gelten für solche Punkte, die in diesem Vertrag nicht ausdrücklich geregelt sind.

5. .... kann den Vertrag jederzeit mit Monatsfrist zum Ende eines jeden Monats kündigen. Die Abrechnung erfolgt in diesem Fall anhand einer detaillierten Aufstellung der bis dahin von .... erbrachten Leistungen.

6. Änderungen und Ergänzungen dieses Vertrags bedürfen zu ihrer Wirksamkeit der Schriftform.

7. Sofern sich aus dem Vertrag Unstimmigkeiten ergeben, sollen sie unter Ausschluss des öffentlichen Rechtswegs durch eine Schiedsstelle entschieden werden.

......................, den   ...., den

Anlagen

1. Pflichtenheft von .... vom ....
2. Feinpflichtenheft vom ....
3. Allgemeine Geschäftsbedingungen von .... und ....

Abbildung 6.2: Musterbeispiel eines Software-Beschaffungsvertrages

Werkvertrag

Fast ebenso häufig im Wirtschaftsleben wie der Kaufvertrag ist der Werkvertrag. Wesentlich am Werkvertrag ist der versprochene Erfolg.

Gegenseitige Rechte und Pflichten:

Der Unternehmer = Hersteller schuldet die Herstellung oder Veränderung einer Sache aus vom Besteller beigestelltem Material oder einen anderen Erfolg, der durch Arbeit herbeigeführt wird.

> *Merke:* Dienstleistungsverträge sind meistens Werkverträge.

Gefahrübergang:

Bei Abnahme des Werkes, bei Versendung mit Auslieferung des Werkes an Beförderungsunternehmen.

Abnahme: Beim Werkvertrag sieht das Gesetz nicht nur eine Annahme des Werkes, sondern eine Abnahme vor (= körperliche Hinnahme verbunden mit Anerkennung der Leistung als im wesentlichen vertragsgemäß).

Voraussetzung der Gewährleistung

Der Besteller muss sich bei der Abnahme seiner Rechte wegen festgestellter Mängel vorbehalten; zweckmäßig ist ein Abnahmeprotokoll. Verdeckte Mängel können naturgemäß nicht ins Abnahmeprotokoll aufgenommen werden. Sie können noch gerügt werden, wenn sie entdeckt worden sind.

> ***Beachte aber:*** Auch Ansprüche aus verdeckten Mängeln verjähren innerhalb der gesetzlichen kurzen Verjährungsfristen.

Inhalt der Gewährleistung:

Im Unterschied zum Kaufvertrag gehen Gewährleistungsansprüche und -verpflichtungen beim Werkvertrag in erster Linie auf Nachbesserung. Nachbessern muss und darf der Unternehmer nicht nur, wenn das hergestellte Werk einen Fehler aufweist. sondern auch, wenn ihm eine zugesicherte Eigenschaft fehlt.

Wenn also das Werk einen Mangel aufweist, hat der Besteller zwei Möglichkeiten:

▷ Entweder fordert er den Unternehmer auf, den Mangel zu beseitigen. Gerät dieser damit in Verzug, kann der Besteller den Mangel auf Kosten des Unternehmers selbst beseitigen.

  oder

▷ Er setzt dem Unternehmer für die Mängelbeseitigung eine angemessene Frist, und zwar mit der Erklärung, dass er die Beseitigung des Mangels nach dem Ablauf der Frist ablehne. Bessert der Unternehmer innerhalb der Frist nicht nach oder schlägt die Nachbesserung fehl, steht dem Besteller die Wahl zwischen Wandlung und Minderung frei. Einen Anspruch auf Schadensersatz wegen Nichterfüllung hat der Besteller beim Werkvertrag nur, wenn der Unternehmer den Mangel zu vertreten hat. Dieser weitere Unterschied zum Kaufvertrag ist allerdings mehr theoretischer Natur. Die Beweislast trifft nämlich den Unternehmer, der also den Vertragspartner und zur Not auch ein Gericht davon überzeugen muss, dass ihn ein Verschulden an dem Mangel nicht trifft. Das wird ihm selten gelingen.

Verjährung:

Die Ansprüche aus Gewährleistung verjähren beim Werkvertrag über bewegliche Sachen in sechs Monaten ab Abnahme; bei Arbeiten an einem Grundstück in einem Jahr ab Abnahme; bei Bauwerken in fünf Jahren ab Abnahme. Eine vertragliche Verlängerung der Verjährungsfrist oder ein Verzieht auf die Einrede der Verjährung ist möglich.

Formvorschrift:

Sie bestehen beim Werkvertrag nicht.

> *Merke:* Wesensmerkmal des Kaufvertrages ist der Umsatz, das des Werkvertrages die Wertschöpfung und der Erfolg.

6.5.3 Werklieferungsvertrag

Beim Werkvertrag stellt der Besteller das Material zur Verfügung. Beim Werklieferungsvertrag verpflichtet sich der Unternehmer, das Werk aus von ihm zu beschaffenden Material herzustellen.

Das BGB unterscheidet zwischen Werklieferungsverträgen über vertretbare Sachen und nicht vertretbare Sachen.

Mietvertrag

Kauf-, Werk- und Werklieferungsvertrag zielen auf den Übergang des Eigentums am bestellten Gegenstand ab. Beim Mietvertrag steht nur die Gebrauchsüberlassung gegen Entgelt in Rede.

Gegenseitige Rechte und Pflichten:

Der Vermieter schuldet die Überlassung des Mietgegenstandes zum Gebrauch und hat außerdem dafür einzustehen, dass er fehlerfrei ist, der Mieter schuldet den Mietzins.

Voraussetzung der Gewährleistung:

Der Mieter darf beim Abschluss des Mietvertrages den Mangel der gemieteten Sache nicht kennen.

Inhalt der Gewährleistung:

Der Mieter muss während der Zeit, während derer die Tauglichkeit des Mietgegenstandes infolge eines Fehlers aufgehoben ist, keinen Mietzins bezahlen.

Ist die Tauglichkeit nur gemindert, ist auch der Mietzins zu mindern. Daneben steht dem Mieter Schadensersatz wegen Nichterfüllung zu.

Verjährung:

Ansprüche des Mieters auf Ersatz von Verwendungen auf den Mietgegenstand verjähren in sechs Monaten ab Beendigung des Mietverhältnisses, Ansprüche auf Schadensersatz in 30 Jahren.

Formvorschriften:

Grundsätzlich sind Mietverträge formlos gültig. Mietverträge über Grundstücke und Bauten, die längere Zeit als ein Jahr gelten sollen, müssen aber schriftlich abgeschlossen werden. Wird dies übersehen, dann gelten diese Verträge so, als waren sie für unbestimmte Zeit abgeschlossen: Sie können dann von beiden Seiten mit der gesetzlichen Frist gekündigt werden. Bei monatlicher Zahlung des Mietzinses beträgt die gesetzliche Kündigungsfrist drei Monate zum Monatsende.

> *Merke:* Der Mietvertrag ist ein Vertrag über entgeltliche Gebrauchsüberlassung.

6.5.4 Dienstvertrag

Beim Werkvertrag steht der Erfolg im Vordergrund; beim Dienstvertrag sind es die Dienste als solche.

Gegenseitige Rechte und Pflichten:

Wer Dienste zusagt, schuldet die Leistung der versprochenen Dienste. Der, dem die Dienste geleistet werden, schuldet dafür die vereinbarte Vergütung. Auf einen konkreten Erfolg kommt es nicht an. Die Vergütung wird auch dann geschuldet, wenn der mit Abschluss des Dienstvertrages angestrebte Zweck nicht erreicht wird.

Dienste sind im Zweifel in Person zu leisten. Der Diensthherr darf seinen Anspruch auf Leistung der Dienste nicht ohne weiteres an jemand anders abtreten. Im BGB selbst ist der Dienstvertrag nur spärlich geregelt. Das Arbeitsrecht, als das wichtigste Anwendungsgebiet für den Dienstvertrag, findet sich in zahlreichen Gesetzen außerhalb des BGB.

Die Abgrenzung zwischen Dienst- und Werkverträgen ist nicht immer einfach. IT-Verträge sind meist Werkverträge, der übliche Anwalts- oder Arztvertrag ist ein Dienstvertrag. Die Unterscheidung ist aber wichtig, weil von ihr der Anspruch auf Bezahlung und die Verjährung abhängen.

Gewährleistungsansprüche sind im Dienstvertrag begrifflich ausgeschlossen. Wer mit den geleisteten Diensten nicht zufrieden ist, kann mit Wirkung für die Zukunft kündigen. Ansprüche aus Dienstverträgen verjähren unterschiedlich, je nachdem, welchen Beruf der zur Leistung der Dienste Verpflichtete ausübt. Ansprüche von Anwälten und Ärzten verjähren in zwei Jahren. Aber auch die Regelverjährungsfrist von 30 Jahren gilt häufig für Ansprüche aus Dienstverträgen.

> ***Merke:*** Der zur Dienstleistung Verpflichtete schuldet seine Dienste als solche ohne Rücksicht auf den Erfolg.

7 Organisationsabwicklung

Zur optimalen Organisationsabwicklung stelle ich Ihnen zwei praxisorientierte Handbücher vor. Es sind dies:

- das ERP-Management-Handbuch
- das Projekthandbuch

7.1 ERP-Management-Handbuch

Das ERP-Management-Handbuch ist eine Darstellung der Aufgaben und Verantwortung der einzelnen Mitarbeiter im Bereich der Einführung und Durchführung eines ERP-Management-Systems.

Das vorliegende ERP-Management-Handbuch (EMH) beschreibt das ERP-Managementsystem (EMS) der eigenen Firma. Es gilt für die Beschaffung eines geeigneten ERP-Systems. Die ERP-Politik der Geschäftsleitung gewährleistet bestmögliche Realisierung, Aufrechterhaltung und Optimierung des EM-Systems.

Von der Geschäftsleitung wird ein EM-Beauftragter (EM-Leiter) bestellt, der für die ordnungsgemäße Funktion und Wirksamkeit des EM-Systems zuständig bzw. verantwortlich ist. Auch alle anderen Vorgesetzten und Mitarbeiter tragen Eigen- oder Mitverantwortung bei der Verwirklichung des EM-Systems.

Die Geschäftsleitung verpflichtet alle zuständigen Mitarbeiter, ihre Tätigkeiten entsprechend den Vorschriften des EM-Handbuchs auszuführen.

Die Qualität der ERP-Software ist für die Existenz und Fortentwicklung des Unternehmens von größter Bedeutung.

Durch die Anwendung der Vorschriften des EMH wird sichergestellt, dass die organisatorischen, kaufmännischen und technischen Tätigkeiten, die eine direkte Auswirkung auf die Qualität des ERP-Systems haben, systematisch geplant, gesteuert und überwacht werden. Ein Hauptziel des ERP-Management-Systems besteht darin, bei allen betrieblichen Abläufen Fehler zu vermeiden und Fehlerquellen bei der Suche und Auswahl konsequent zu beseitigen.

Das Qualitätsniveau der Software erfährt durch das ERP-Management eine deutliche Stabilisierung. Wohl definierte, konstante und hohe Qualität ist gewährleistet. Den Anforderungen der Abteilungen wird voll entsprochen.

Es wird angestrebt, die Anwenderwünsche bezüglich Zusammensetzung und Ausführung der Software so weit wie technisch und kaufmännisch möglich zu erfüllen. Die in diesen Dokumenten enthaltenen Regelungen, Maßnahmen und Anordnungen sind von allen Mitarbeitern des Unternehmens zu befolgen.

Für Ihre Nutzung habe ich es auch auf der CD-ROM hinterlegt und es kann von Ihnen anwenderspezifisch modifiziert werden.

7.2 Beispiel-ERP-Management-Handbuch

Handbuch
Exemplar Nr. ...

Inhaltsverzeichnis

1 **Grundsatz- und Verbindlichkeitserklärung**
2 **Benutzerhinweise, Herausgabe und Änderung des EM-Handbuchs**
3 **Kurze Darstellung der Firma**
4 **Organisationsaspekte und Aufbau des EM-Systems**
5 **ERP-Managementelemente**
   5.1 Verantwortung der Leitung
   5.2 ERP-Managementsystem
   5.3 Vertragsüberprüfung (Auftragsüberprüfung)
   5.4 Lenkung der Dokumente und Daten
   5.5 Beschaffung
   5.6 Lenkung der vom Lieferanten beigestellter Software
   5.7 Kennzeichnung und Rückverfolgbarkeit von Software
   5.8 Prozesslenkung
   5.9 Prüfungen
   5.10 Prüfstatus
   5.11 Lenkung fehlerhafter Software
   5.12 Korrektur- und Vorbeugungsmassnahmen
   5.13 Handhabung
   5.14 Lenkung von Aufzeichnungen
   5.15 Interne Audits
   5.16 Schulung
   5.17 Wartung
6 **Spezialbegriffe und Abkürzungen**
   6.1 Spezialbegriffe
   6.2 Liste von verwendeten Abkürzungen

1   Grundsatz- und Verbindlichkeitserklärung

Das vorliegende ERP-Managementhandbuch (EMH) beschreibt das ERP-Managementsystem (EMS) der .... Es gilt für die Beschaffung eines geeigneten ERP-Systems.

Die ERP-Politik der Geschäftsleitung gewährleistet bestmögliche Realisierung, Aufrechterhaltung und Optimierung des EM-Systems.

Von der Geschäftsleitung wurde ein EM-Beauftragter (EM-Leiter) bestellt, der für die ordnungsgemäße Funktion und Wirksamkeit des EM-Systems zuständig bzw. verantwortlich ist.

Auch alle anderen Vorgesetzten und Mitarbeiter tragen Eigen- oder Mitverantwortung bei der Verwirklichung des EM-Systems.

Die Geschäftsleitung verpflichtet durch diese Erklärung alle zuständigen Mitarbeiter, ihre Tätigkeiten entsprechend den Vorschriften des EM-Handbuchs auszuführen.

Die Qualität der ERP-Software ist für die Existenz und Fortentwicklung des Unternehmens von größter Bedeutung.

Durch die Anwendung der Vorschriften des EMH wird sichergestellt, dass die organisatorischen, kaufmännischen und technischen Tätigkeiten, die eine direkte Auswirkung auf die Qualität des ERP-Systems haben, systematisch geplant, gesteuert und überwacht werden. Ein Hauptziel des ERP-Managementsystems besteht darin, bei allen betrieblichen Abläufen Fehler zu vermeiden und Fehlerquellen bei der Suche und Auswahl konsequent zu beseitigen.

Das Qualitätsniveau der Software erfährt durch das ERP-Management eine deutliche Stabilisierung. Wohldefinierte, konstante und hohe Qualität ist gewährleistet. Den Anforderungen der Abteilungen wird voll entsprochen.

Es wird angestrebt, die Anwenderwünsche bezüglich Zusammensetzung und Ausführung der Software so weit wie technisch und kaufmännisch möglich zu erfüllen.

Die in diesen Dokumenten enthaltenen Regelungen, Maßnahmen und Anordnungen sind von allen Mitarbeitern des Unternehmens zu befolgen.

Die Geschäftsleitung genehmigt das nach der eigenen ERP-Politik erstellte vorliegende Handbuch und setzt es hiermit in Kraft.

...................., ...
Geschäftsleitung

2 Benutzerhinweise, Herausgabe und Änderung des EM-Handbuchs

2.1 Einleitung:

Das EMH beschreibt den Soll-Zustand des EM-Systems, dient zu dessen Aufrechterhaltung und wird daher regelmäßig aktualisiert.

Dieser Abschnitt gibt Informationen zur Erstellung, Genehmigung, Herausgabe, Verteilung und Änderung des EM-Handbuchs.

2.2 Form und Inhalt:

Das EMH ist eine Loseblatt-Sammlung.

Das EMH wird bei durchzuführenden Audits oder bei Erfordernis überprüft und falls notwendig vom Ersteller vorschriftsmäßig geändert.

Alle Änderungswünsche sind dem EM-Leiter unverzüglich in schriftlicher Form mitzuteilen.

Im Rahmen des Änderungsdienstes können einzelne Seiten und auch ganze Abschnitte ausgetauscht werden.

Die geänderten Seiten / Abschnitte werden entsprechend der Verteilerliste versandt. Für die Aktualisierung ist der Empfänger selbst verantwortlich.

Ausgetauschte Seiten oder Abschnitte gehen an den EM-Leiter zurück. Dieser sorgt dafür, dass ein Exemplar aufbewahrt und alle anderen vernichtet werden.

Das EMH ist vertraulich zu behandeln. Inhalt und Ausführung sind urheberrechtlich geschützt. Jede Verwertung außerhalb des festgelegten Bereichs bedarf der Zustimmung des Herausgebers. Das EMH wird durch die Unterschrift des Herausgebers unter die Grundsatzerklärung in Kraft gesetzt.

Die Verteilung erfolgt nur personenbezogen. Der Empfang des EMH ist schriftlich zu bestätigen. Es wird von EML eine entsprechende Verteilerliste geführt.

Außer Kraft gesetzte Fassungen des EM-Handbuchs sind vom EM-Leiter aufzubewahren.

Das EMH kann mit Zustimmung der Geschäftsleitung Software-Lieferanten auf Wunsch zur Einsichtnahme zur Verfügung gestellt werden.

2.3 Erstellungs- und Änderungsdienst für das EMH:

(incl. Lenkung der Dokumente)
EM-Leiter

2.4 Prüfung, Genehmigung und Herausgabe des EMH:

(incl. geänderter Seiten und Abschnitte)

Geschäftsleiter
Das EM-Handbuch wird als die sog. 1. Dokumentationsstufe des EM-Systems bezeichnet.

3 Kurze Darstellung der Firma

Ort:	
Tel.	
Fax	
Inhaber:	
Geschäftsform	
Umsatz in Mio. € (1996)	
Historisches	
Personal	
	Geschäftsleiter
	Leiter Einkauf
	Leiter Verkauf
	Produktions- bzw. Betriebsleiter
	Leiter Lager / Expedition / Vertrieb
	Leiter ERP-Management
Mitarbeiter:	
	Meister - Produktion / Lager und Expedition
	Gesellen - Produktion / Lager und Expedition
	Auszubildende - Produktion / Lager und Expedition
	Hilfskräfte - Produktion / Lager und Expedition
	Vertrieb
Geschäft / Filialen	Verkäuferinnen und Verkäufer

Die Produktion ist durch Chargenbetrieb gekennzeichnet.

Die Herstellung von Produkten wird zeitlich parallel durchgeführt. Die tägliche Arbeitszeit beträgt jeweils ca. 8 Stunden.

Produktpalette (insgesamt ca. ... Einzelartikel)

Produkt   ***Typische Beispiele***

4 Organisationsaspekte und Aufbau des ERP-Managementsystems

Das EM-System umfasst alle kaufmännischen und technischen Bereiche. Die berufliche Qualifikation des Geschäftsführers sowie seiner Mitarbeiter sind eine sichere Grundlage für optimale Umsetzung der EM-Anforderungen in die Praxis.

Folgende betriebliche Aspekte sind für uns im Rahmen des EM-Systems von besonderer Bedeutung:

I. Beschaffung und Kontrolle der Einsatzstoffe
 (= Roh-, Hilfs- und Zusatzstoffe)

II. Beherrschte und zuverlässige Produktion, einschließlich Produktionskontrolle

III. Fertigung qualitativ hochwertiger Produkte, einschließlich Qualitätskontrolle

IV. Sichere Handhabung, Lagerung und auftragskonforme Auslieferung

5 ERP-Managementelemente

5.1 Verantwortung der Leitung (= Geschäftsleitung)

Inhalt:
- 1.1 Zweck /Aufgabe
- 1.2 Geltungsbereich
- 1.3 Zuständigkeiten / Verantwortlichkeiten
- 1.4 Begriffe / Abkürzungen
- 1.5 Vorgehensweise / Regelungen / Maßnahmen
    - 1.5.1 ERP-Politik
    - 1.5.2 Organisation
    - 1.5.3 Überprüfung des EM-Systems durch die Geschäftsleitung
- 1.6 Mitgeltende Unterlagen
- 1.7 Anlagen

Erstellt am:	Geprüft am:	Freigegeben am:
Erstellt von:	Geprüft von:	Freigegeben von:
EM-Leiter	Geschäftsleiter	Geschäftsleiter

Ersetzt Version:

1.1 Zweck / Aufgabe

Festlegung und Dokumentation der ERP-Politik sowie der damit verbundenen Zielsetzungen durch die Geschäftsleitung. Sicherstellung, dass die ERP-Politik von allen Mitarbeitern verstanden, verwirklicht und aufrechterhalten wird.

1.2 Geltungsbereich

Die Verantwortung der Geschäftsleitung gilt für alle Bereiche des ERP-Managementsystems.

1.3	Zuständigkeiten / Verantwortlichkeiten	Zuständig für:
	Geschäftsleitung (GL)	ERP-Politik, Organisation und ERP-System-Überprüfung und –Bewertung
	EM-Leiter (EML) (=EM-Beauftragter der Geschäftsleitung)	Betriebsgerechte Verwirklichung Aufrechterhaltung des Systems Regelmäßige Information der GL über Leistung des EM-Systems

1.4 Begriffe / Abkürzungen:

Siehe Abschnitt 6 dieses ERP-Management-Handbuchs

1.5 Vorgehensweise / Regelungen / Maßnahmen

1.5.1 ERP-Politik:

Siehe dazu auch Grundsatz- und Verbindlichkeitserklärung, EMH-Abschnitt 1.

Aufgaben und Ziele:

▸ Realisierung ERP-Managementsystems mit Einhaltung aller Bedingungen.

▸ Erfüllung der Anforderungen zur vollen und dauerhaften Zufriedenheit.

▸ Software-Fehlerbehebung

▸ Ständige Verbesserung der Umfeldorganisation sowie der Arbeitsabläufe

▸ Minimierung der Kosten

1.5.2 Organisation

Die personelle Organisation ist in einem Organisationsplan festzuhalten.

Geschäftsleiter (GL)

Dem Geschäftsleiter unterstehen alle Bereiche des Unternehmens. GL bestimmt und erlässt die Personal-, Qualitäts-, Vertriebs- und Finanzpolitik, wobei er eng mit den anderen Führungskräften zusammenarbeitet.

▶ GL sorgt für ausreichendes und angemessen ausgebildetes Personal.

▶ GL führt die EM-Unterweisung, -Schulung und -Weiterbildung der Mitarbeiter durch bzw. veranlasst sie. GL stellt sicher, dass die ERP-Politik von allen Mitarbeitern verstanden, verwirklicht und aufrechterhalten wird.

▶ GL sorgt für die Bereitstellung aller notwendigen materiellen Mittel zur Realisierung des EM-Systems.

▶ GL obliegt die Leitung der Buchhaltung und der allgemeinen Verwaltung.

▶ GL führt regelmäßige Überprüfung und Bewertung (Funktion und Wirksamkeit) des EM-Systems durch. Die Ergebnisse werden dokumentiert.

▶ GL wird bei Abwesenheit von VL vertreten.

Leiter ERP-Management (EML)

Der EM-Leiter ist als Beauftragter der Geschäftsleitung bevollmächtigt und verantwortlich für die normgemäße Realisierung und Aufrechterhaltung des EM-Systems. Er hat diesbezüglich »Systemfunktion« (Planung, Prüfung, Beratung, Empfehlung etc.), allerdings keine »Exekutivfunktion« (also keine Anordnungs- und Ausführungsbefugnis, außer in seiner eigenen Abteilung). Disziplinarisch ist EML nur GL unterstellt. Der Vertreter ist bei Abwesenheit der Produktions- bzw. Betriebsleiter.

▶ EML organisiert die erforderliche Schulung und Weiterbildung des Personals.

▶ EML sammelt die relevanten Ergebnisse und wertet sie aus.

▶ EML gibt GL regelmäßig einen Überblick über die Leistung des EM-Systems.

- EML führt regelmäßig interne EM-Audits mit schriftlichen Aufzeichnungen durch und sorgt dafür, dass erkannte Fehler abgestellt bzw. notwendige Maßnahmen realisiert werden.

Produktionsleiter / Betriebsleiter (PL)

Er sorgt für reibungslose Produktion mit Einhaltung der ERP-Anforderungen.

PL ist insbesondere verantwortlich für die EM-System-konforme

- Planung und Überwachung der Produktionsanlagen
- Planung, Ausführung und Überwachung der Produktion
- Unterweisung und Schulung der Mitarbeiter

PL wird bei Abwesenheit vom Meister Produktion vertreten.

Leiter Lagerung, Expedition, Vertrieb (LL)

Er sorgt für reibungslose Abwicklung bei der Einlagerung, Zwischenlagerung sowie dem Versand der Waren unter Einhaltung der ERP-Anforderungen.

LL ist insbesondere verantwortlich für die EM-System-konforme

- Planung, Ausführung und Überwachung der Software bzw. der Abläufe
- Unterweisung und Schulung des Personals

LL wird bei Abwesenheit von PL vertreten.

Leiter Einkauf (EL)

EL ist verantwortlich für EM-System-konforme Lieferantenauswahl.

Ihm obliegt die Kommunikation mit den Lieferanten, in Koordination mit den Fachabteilungen sowie EML.

Er sorgt für termin-, qualitäts- und preisgerechte Beschaffung aller Einsatzstoffe.

EL wird bei Abwesenheit von VL vertreten.

Leiter Verkauf (VL)

VL ist verantwortlich für die EM-System-konforme Angebots-, Auftrags- und Vertragsüberprüfung.

Ihm obliegt die Kundenbetreuung, in Koordination mit den Fachabteilungen sowie EML.

Er sorgt für termin-, qualitäts- und preisgerechte Lieferung aller Produkte.

VL wird bei Abwesenheit von EL vertreten.

Übrige verantwortliche Mitarbeiter

Bei allen übrigen verantwortlichen Mitarbeitern sind die Berufsbilder für Meister und Mitarbeiter maßgebend.

Jeder Mitarbeiter ist verpflichtet, EML / GL auf Umstände hinzuweisen, die die optimale ERP-Durchführung behindern, sei es in der Organisation, der Produktion oder dem Versand bzw. der Auslieferung.

Überprüfung des EM-Systems durch die Geschäftsleitung

Die Geschäftsleitung überwacht die Durchführung der internen Audits und überprüft deren Ergebnisse.

Außerdem überprüft und bewertet sie das EM-System in jährlichen Reviews, wozu der EM-Leiter die erforderlichen Informationen gibt und die dazugehörigen Unterlagen bereitstellt.

Sowohl von den internen Audits als auch von den Reviews werden Aufzeichnungen angefertigt undaufbewahrt.

1.6 Mitgeltende Unterlagen

Abschnitt 1 dieses Handbuchs

1.7 Anlagen:

1.) Organigramm

2.) Verantwortlichkeitsmatrix

Verantwortlichkeitsmatrix V = Verantwortung

M = Mitverantwortung

I = Information

	EM-Normelemente + Titel	GL	EML	PL	EL	LL	VL
1	Verantwortung der Leitung	V	M	I	I	I	I
2	EM - System	M	V	M	M	M	M
3	Vertragsüberprüfung	M	M	M	M	M	M
4	Lenkung der Dokumente	M	V	M	M	M	M
5	Beschaffung	M	M	M	V	M	-
6	Lenkung beigestellte Software						
7	Kennz. u. Rückverfolgbarkeit	I	V	M	I	M	I
8	Prozesslenkung	M	M	V	I	I	I
9	Prüfungen	I	V	M	I	M	I
10	Prüfstatus	I	V	M	-	M	-
11	Lenkung fehlerhafter Software	M	V	M	I	M	I
12	Korrektur u. Vorbeugemaßn.	M	V	M	M	M	M
13	Handhabung, Lagerung etc.	I	M	M	I	V	I
14	Lenkung Aufzeichnungen	M	V	M	M	M	M
15	Interne Audits	M	V	M	M	M	M
16	Schulung	V	M	M	M	M	M
17	Wartung						

5.2 ERP-Managementsystem

Inhalt:

2.1 Zweck / Aufgabe
2.2 Geltungsbereich
2.3 Zuständigkeiten / Verantwortlichkeiten
2.4 Begriffe / Abkürzungen
2.5 Vorgehensweise / Regelungen / Maßnahmen
    2.5.1 Art und Umfang des EM-Systems
    2.5.2 Planung
    2.5.3 Dokumentation
2.6 Mitgeltende Unterlagen
2.7 Anlagen

Erstellt am: Geprüft am: Freigegeben am:
Erstellt von: Geprüft von: Freigegeben von:
EM-Leiter   Geschäftsleiter   Geschäftsleiter

Ersetzt Version:

2.1 Zweck / Aufgabe

Darstellung des aufgebauten EM-Systems in der Übersicht. Hinweis auf die Maßnahmen, die das ordnungsgemäße Anwenden, Überwachen und Dokumentieren sicherstellen.

2.2 Geltungsbereich

Gesamtes Unternehmen

2.3 Zuständigkeiten / Verantwortlichkeiten

Siehe dazu EM-Element 1 (= Abschnitt 5.1 des ERP-Management-Handbuchs).

Die Geschäftsleitung sowie alle Mitarbeiter sind verantwortlich bzw. mitverantwortlich!

2.4 Begriffe / Abkürzungen:

Siehe Abschnitt 6 des ERP-Management-Handbuchs

2.5 Vorgehensweise / Regelungen / Maßnahmen

2.5.1 Art und Umfang des EM-Systems

- Das aufgebaute EM-System entspricht den Erfordernissen. Die diesbezüglichen Verantwortlichkeiten und Tätigkeiten sind genau definiert, außerdem ist festgelegt, wie die Tätigkeiten ausgeführt werden.

I. Festlegung der Anforderungen
- Auswahl des Lieferanten
- Beschaffung, Installation und Prüfung

II. Definition der Anforderung (Pflichtenheft)
- Auswahl möglicher Lieferanten
- Festlegung der Kriterien

III. Gewährleistung definierter, optimaler Bedingungen und eines reibungslosen Betriebsablaufs unter Einhaltung der Anforderungen

IV. Kontrolle der Arbeitsabläufe und Aufzeichnungen
- Überwachung der Handhabung und Durchführung

- Wartung der Hardware

V. Prüfung der installierten Software
- Gewährleistung aller Funktionen
- Kontrollen

2.5.2 Planung

Es bestehen ERP-Managementpläne, die gewährleisten, dass

- alle Mitarbeiter bestmögliche Schulung für ihre Tätigkeiten erhalten
- die Hardware stets den Anforderungen angepasst werden
- die Prozesse und Arbeitsabläufe stets in optimaler Weise durchgeführt werden
- systematisch Aufzeichnungen erstellt werden
- regelmäßig Systemüberprüfungen vorgenommen werden
- regelmäßig Aktualisierungen erfolgen

Siehe dazu die einzelnen EMH -Abschnitte!

2.5.3 Dokumentation

Das EM-System wird durch das ERP-Managementhandbuch beschrieben. Es legt die Grundzüge und Verbindlichkeiten des EM-Systems fest. Es werden bei Bedarf die einschlägigen Fachbücher verwendet, die diese Dokumentation voll abdecken.

2.6 Mitgeltende Unterlagen

Abschnitte 3 und 4 des ERP-Management-Handbuchs

2.7 Anlagen:

1. EM-Strukturierung und EM-Aspekte
2. Prinzip. Maßnahmen zur Umsetzung des EM-Systems in die Praxis

5.3 Vertragsüberprüfung (Auftragsüberprüfung)

Inhalt:

3.1 Zweck / Aufgabe
3.2 Geltungsbereich
3.3 Zuständigkeiten / Verantwortlichkeiten
3.4 Begriffe / Abkürzungen
3.5 Vorgehensweise / Regelungen / Maßnahmen
3.6 Mitgeltende Unterlagen

3.1 Zweck / Aufgabe

Überprüfung der Anforderungen auf Genauigkeit sowie technische und wirtschaftliche Realisierbarkeit

3.2 Geltungsbereich:

▶ Geschäftsbeziehung Unternehmen - Lieferant

3.3 Zuständigkeiten / Verantwortlichkeiten

▶ GL in Koordination mit den Leitern der Fachabteilungen und EM-Leiter

3.4 Begriffe / Abkürzungen:

▶ siehe Abschnitt 6 des ERP-Management-Handbuchs

3.5 Vorgehensweise / Regelungen / Maßnahmen:

Neue Programme oder Angebote, die inhaltlich nicht den bisherigen Anwendungen entsprechen, werden erst nach Vereinbarung zwischen dem EML und den verantwortlichen Fachabteilungen vorgestellt. Das Ergebnis der Gespräche wird vom EML aufgezeichnet und aufbewahrt.

Erstellt am:	Geprüft am:	Freigegeben am:
Erstellt von:	Geprüft von:	Freigegeben von:
EM-Leiter	Geschäftsleiter	Geschäftsleiter

Ersetzt Version:

Vor Annahme eines neuen Programms wird geprüft, ob

I. die Benutzeranforderungen angemessen festgelegt sind

II. keine Abweichungen gegenüber dem Angebot bestehen

III. die Fähigkeit zur Erfüllung der Forderungen gegeben ist

Erst nach Klärung von eventuellen Unstimmigkeiten sowie positiver Bewertung gibt der EML dem Lieferanten die entsprechende Zusage.

Bereits bestehende Programme werden bei Erfordernis überprüft und ggf. - mit Einverständnis der Fachabteilung - geändert. Die vollzogene Änderung wird vom EML den Leitern der Fachabteilungen schriftlich mitgeteilt.

Zu allen Auftrags- und Vertragsprüfungen werden Aufzeichnungen vorgenommen.

3.6   Mitgeltende Unterlagen:

5.4   Lenkung der Dokumente und Daten

Siehe dazu auch Abschnitt 2 des ERP-Management-Handbuchs.

Inhalt:

4.1	Zweck / Aufgabe
4.2	Geltungsbereich
4.3	Zuständigkeiten / Verantwortlichkeiten
4.4	Begriffe / Abkürzungen
4.5	Vorgehensweise / Regelungen / Maßnahmen
4.6	Mitgeltende Unterlagen

Erstellt am:	Geprüft am:	Freigegeben am:
Erstellt von:	Geprüft von:	Freigegeben von:
EM-Leiter	Geschäftsleiter	Geschäftsleiter

Ersetzt Version:

4.1 Zweck / Aufgabe

▶ Es wird sichergestellt, dass nur gültige und vollständige Dokumente an allen Stellen vorliegen, wo sie gebraucht werden.

4.2 Geltungsbereich

▶ Alle Betriebsbereiche

4.3 Zuständigkeiten / Verantwortlichkeiten

▶ EM-Leiter sowie Abteilungsleiter

4.4 Begriffe / Abkürzungen:

▶ Siehe Abschnitt 6 des ERP-Management-Handbuchs
▶ Dokumente sind Schriftstücke mit Auftrags- oder Anweisungscharakter. Sie unterliegen Änderungen.
▶ Aufzeichnungen unterliegen keinen Änderungen (Beispiele: Interne Berichte, Protokolle und Datenlisten).

4.5 Vorgehensweise / Regelungen / Maßnahmen

Alle EM-Dokumente unterliegen einem System der Erstellung, Prüfung, Freigabe, Verwaltung, Verteilung und Änderung.

Bei der Prüfung dieser Dokumente wird sichergestellt, dass alle Forderungen aus Normen, Gesetzen und Lieferantenspezifikationen richtig und vollständig berücksichtigt sind. Die Prüfung der Dokumente wird von qualifiziertem und befugtem Personal durchgeführt, das die betreffenden Dokumente nicht erstellt hat.

Genaue Kennzeichnung ist folgendermaßen gewährleistet:

▶ Erstellung, Prüfung und Freigabe der Dokumente erfolgt mit Angabe des Revisionsstands, des Datums und der Unterschrift.

Erstellte und relevante EM-Dokumente:

▶ ERP-Management-Handbuch (EMH)
▶ Änderungen der oben beschriebenen Dokumente unterliegen dem gleichen System.

Änderungen werden prinzipiell vom Ersteller des Originaldokuments vorgenommen.

Nach jeweils fünf Änderungen in einem Abschnitt wird eine gänzlich neue, d.h. revidierte Version des gesamten Abschnitts herausgegeben.

Ungültige und / oder überholte Dokumente werden sofort von allen Stellen eingezogen, in geeigneter Weise als »ungültig« gekennzeichnet und bis auf ein Rückstell-Exemplar von EML vernichtet. Dadurch wird auch sichergestellt, dass nur die neuen, gültigen Dokumente Verwendung finden.

Die erfolgte Änderung wird auf jeder neuen Seite dokumentiert (Datum + Rev.Nr.). Für die Änderungen und Revisionen werden außerdem von EML Listen geführt. Alle EM-Dokumente, die dem Änderungsdienst unterliegen, tragen den Vermerk »Überwachtes Exemplar«.

Im Gegensatz dazu sind »Nicht überwachte Exemplare« Kopien des EM-Handbuchs oder Teile des EMH, die an externe Benutzer (z.B. Kunden) abgegeben wurden. Sie unterliegen keinem Änderungsdienst. EML führt eine Liste der Empfänger dieser Kopien.

Für die ordnungsgemäße Verwaltung und Lenkung aller übrigen Unterlagen und Aufzeichnungen ist EML verantwortlich, der dazu entsprechende Revisions- und Verteiler-Listen führt.

Programmanleitungen:

▷ Diese Unterlagen sind »vor Ort« jederzeit zugänglich. Die Abteilungsleiter sind für deren Aktualität verantwortlich.

Verwaltung der Rahmenvorschriften:

▷ Übergeordnete Dokumente wie Gesetze, Richtlinien und Verordnungen sind im EML-Büro zugänglich. EML ist für die Aktualität dieser Unterlagen verantwortlich.

4.6   Mitgeltende Unterlagen

▷ Abschnitt 2 des ERP-Management-Handbuchs

5.5 Beschaffung

Inhalt:

- 5.1 Zweck / Aufgabe
- 5.2 Geltungsbereich
- 5.3 Zuständigkeiten / Verantwortung
- 5.4 Begriffe / Abkürzungen
- 5.5 Vorgehensweise / Regelungen / Maßnahmen
- 5.6 Mitgeltende Unterlagen

5.1 Zweck / Aufgabe

▶ Es ist sicherzustellen, dass nur solche Software beschafft werden, die die an sie gestellten Anforderungen erfüllt.

5.2 Geltungsbereich

▶ Geschäftsbeziehung Unternehmen - Lieferant

5.3 Zuständigkeiten / Verantwortlichkeiten

▶ Leiter Einkauf, in Abstimmung mit den Leitern der Fachabteilungen und EM-Leiter

5.4 Begriffe / Abkürzungen

▶ Siehe Abschnitt 6 des ERP-Management-Handbuchs

5.5 Vorgehensweise / Regelungen / Maßnahmen

▶ Lieferantenbewertung mit Feststellung der Qualitäts- und Lieferfähigkeit sowie anschließender Lieferantenauswahl. Es erfolgt nur Zulassung von Lieferanten mit nachgewiesener Qualitäts- und Lieferfähigkeit.

▶ Anhand festgelegter Kriterien wird geprüft, ob die Beschaffungsdokumente die bestellte Software klar beschreiben und die aufgeführten Forderungen angemessen sind. Ist dies der Fall, werden die Beschaffungsdokumente genehmigt und für die Bestellung freigegeben.

▶ Wareneingangskontrolle / -prüfung mit Feststellung der Eignung zum betrieblichen Einsatz. Nur geeignete Software, die den gestellten Qualitätsanforderungen entspricht, gelangt zum betrieblichen Einsatz.

Die Ergebnisse und Folgemaßnahmen der Eingangskontrollen werden aufgezeichnet.

5.6 Mitgeltende Unterlagen

Erstellt am:	Geprüft am:	Freigegeben am:
Erstellt von:	Geprüft von:	Freigegeben von:
EM-Leiter	Geschäftsleiter	Geschäftsleiter

Ersetzt Version:

5.6 Lenkung der beim Lieferanten beigestellter Software

Die Beschreibung dieses Elements entfällt, da keine sonstige Software oder auch Dienstleistungen beigestellt werden.

Erstellt am:	Geprüft am:	Freigegeben am:
Erstellt von:	Geprüft von:	Freigegeben von:
EM-Leiter	Geschäftsleiter	Geschäftsleiter

Ersetzt Version:

5.7 Kennzeichnung und Rückverfolgbarkeit von Produkten

Inhalt:

- 7.1 Zweck / Aufgabe
- 7.2 Geltungsbereich
- 7.3 Zuständigkeiten / Verantwortlichkeiten
- 7.4 Begriffe / Abkürzungen
- 7.5 Vorgehensweise / Regelungen / Maßnahmen
- 7.6 Mitgeltende Unterlagen

7.1 Zweck / Aufgabe

- Der Weg einer Software muss von dem Einsatz her zurück verfolgbar sein.
- Wichtig für die Ursachenanalyse beim Auftreten von Fehlern / Reklamationen!

7.2 Geltungsbereich:

- Weg vom Lieferanten bis zum Nutzer

7.3 Zuständigkeiten / Verantwortlichkeiten

- Leiter Fachabteilungen und EM-Leiter

7.4 Begriffe / Abkürzungen

- Siehe Abschnitt 6 des ERP-Management-Handbuchs

7.5 Vorgehensweise / Regelungen / Maßnahmen

- Durch produktspezifische Dokumente / Aufzeichnungen (Lieferscheine und Listen) wird die Identifikation und Rückverfolgbarkeit ermöglicht.

7.6 Mitgeltende Unterlagen

Erstellt am:	Geprüft am:	Freigegeben am:
Erstellt von:	Geprüft von:	Freigegeben von:
EM-Leiter	Geschäftsleiter	Geschäftsleiter

Ersetzt Version:

5.8 Prozesslenkung

Inhalt:

- 8.1 Zweck / Aufgabe
- 8.2 Geltungsbereich
- 8.3 Zuständigkeiten / Verantwortlichkeiten
- 8.4 Begriffe / Abkürzungen
- 8.5 Vorgehensweise / Regelungen / Maßnahmen
- 8.6 Mitgeltende Unterlagen

8.1 Zweck / Aufgabe:

Alle Informationsprozesse müssen im Hinblick auf sichere Durchführung (= ständige Erfüllung der Anforderungen) sorgfältig überwacht werden.

8.2 Geltungsbereich

▶ Alle Einsatzbereiche

8.3 Zuständigkeiten / Verantwortlichkeiten

▶ Abteilungsleiter in Koordination mit dem EM-Leiter

8.4 Begriffe / Abkürzungen

▶ Siehe Abschnitt 6 des ERP-Management-Handbuchs

8.5 Vorgehensweise / Regelungen / Maßnahmen

Die Beherrschung der Informationsprozesse wird durch folgende Gegebenheiten sichergestellt:

I. Aktuelle, vollständige und genaue Ausführungsunterlagen sind vorhanden und liegen überall dort vor, wo sie gebraucht werden.

II. Geeignete Einrichtungen
Alle Einrichtungen sind technisch und wirtschaftlich voll geeignet. Durch zweckmäßige Instandhaltung wird die Prozessfähigkeit gewährleistet.

III. Die Rahmenbedingungen sind mit den Vorschriften in Übereinstimmung.

IV. Qualifiziertes Personal

Alle im EMH und in den Anweisungen beschriebenen Tätigkeiten werden durch gut ausgebildete, sachkundige Mitarbeiter durchgeführt. Dadurch ist optimale Umsetzung in die Praxis gewährleistet.

V. Nur spezifikationsgerechte Software gelangt zum betrieblichen Einsatz.

VI. Kontrollen

Überprüfung und Überwachung der Informationsprozesse während des gesamten Ablaufes

Überprüfung / Kontrolle der Ergebnisse; Führen von Informationshilfen

VII. Aufzeichnungen

Prüfdaten und eventuelle Besonderheiten werden aufgezeichnet.

8.6   Mitgeltende Unterlagen

Erstellt am:	Geprüft am:	Freigegeben am:
Erstellt von:	Geprüft von:	Freigegeben von:
EM-Leiter	Geschäftsleiter	Geschäftsleiter

Ersetzt Version:

5.9 Prüfungen

Inhalt:

- 9.1 Zweck / Aufgabe
- 9.2 Geltungsbereich
- 9.3 Zuständigkeiten / Verantwortlichkeiten
- 9.4 Begriffe / Abkürzungen
- 9.5 Vorgehensweise / Regelungen / Maßnahmen
- 9.6 Mitgeltende Unterlagen

9.1 Zweck / Aufgabe

Feststellung, ob die Anforderungen erfüllt werden und Nachweis dieser Erfüllung.

9.2 Geltungsbereich

- alle Abteilungen

9.3 Zuständigkeiten / Verantwortlichkeiten

- Abteilungsleiter sowie EM-Leiter

9.4 Begriffe / Abkürzungen

- Siehe Abschnitt 6 des ERP-Management-Handbuchs

9.5 Vorgehensweise / Regelungen / Maßnahmen

- Die Prüfungen / Kontrollen erfolgen permanent. In jedem Fall wird die Eignung zur weiteren Verwendung festgestellt.
- Hinweise und Richtlinien der Lieferanten werden bei der Prüfung mit berücksichtigt.
- Für die durchzuführenden Prüfungen bestehen Prüfpläne und Prüflisten.
- Prüfergebnisse werden aufgezeichnet und aufbewahrt.

9.6 Mitgeltende Unterlagen

Erstellt am:	Geprüft am:	Freigegeben am:
Erstellt von:	Geprüft von:	Freigegeben von:
EM-Leiter	Geschäftsleiter	Geschäftsleiter

Ersetzt Version:

KAPITEL 7 – ORGANISATIONSABWICKLUNG

5.10 Prüfstatus

Inhalt:

- 10.1 Zweck / Aufgabe
- 10.2 Geltungsbereich
- 10.3 Zuständigkeiten / Verantwortlichkeiten
- 10.4 Begriffe / Abkürzungen
- 10.5 Vorgehensweise / Regelungen / Maßnahmen
- 10.6 Mitgeltende Unterlagen

10.1 Zweck / Aufgabe

▸ Erkennung, ob die Software teilweise abgeändert, modifiziert oder ganz ausgetauscht werden muss.

10.2 Geltungsbereich

▸ gesamtes Unternehmen

10.3 Zuständigkeiten / Verantwortlichkeiten

▸ Abteilungsleiter sowie EM-Leiter

10.4 Begriffe / Abkürzungen

▸ Siehe Abschnitt 6 des ERP-Management-Handbuchs

10.5 Vorgehensweise / Regelungen / Maßnahmen

▸ Eine Kennzeichnung des Prüfzustandes ist durch Aufzeichnungen festzulegen.

10.6 Mitgeltende Unterlagen

Erstellt am:	Geprüft am:	Freigegeben am:
Erstellt von:	Geprüft von:	Freigegeben von:
EM-Leiter	Geschäftsleiter	Geschäftsleiter

Ersetzt Version:

5.11 Lenkung fehlerhafter Produkte

Inhalt:

- 11.1 Zweck / Aufgabe
- 11.2 Geltungsbereich
- 11.3 Zuständigkeiten / Verantwortlichkeiten
- 11.4 Begriffe / Abkürzungen
- 11.5 Vorgehensweise / Regelungen / Maßnahmen
- 11.6 Mitgeltende Unterlagen

11.1 Zweck / Aufgabe

▶ Fehlerhafte Software-Programme dürfen nicht weiter verwendet werden.

11.2 Geltungsbereich

▶ alle Betriebsbereiche

11.3 Zuständigkeiten / Verantwortlichkeiten

▶ Abteilungsleiter und EM-Leiter

11.4 Begriffe

▶ Siehe Abschnitt 6 des ERP-Management-Handbuchs

11.5 Vorgehensweise/ Regelungen / Maßnahmen

▶ Folgende Maßnahmen kommen in Betracht:

  I. Umprogrammierung

  II. Annehmen mit oder ohne Fehlerbehebung (Sonderfreigabe durch EML)

  III. Rückweisen / Verwerfen - Ausschuss

Fehlerhafte Software-Programme werden gekennzeichnet und von den fehlerfreien Software-Programmen getrennt gelagert.

EML entscheidet, welche Maßnahme im Einzelnen zu ergreifen ist. Die getroffenen Maßnahmen werden aufgezeichnet.

Danach werden geeignete Korrekturmaßnahmen ergriffen.

11.6 Mitgeltende Unterlagen

Erstellt am:	Geprüft am:	Freigegeben am:
Erstellt von:	Geprüft von:	Freigegeben von:
EM-Leiter	Geschäftsleiter	Geschäftsleiter

Ersetzt Version:

5.12 Korrektur- und Vorbeugungsmaßnahmen

Inhalt:

- 12.1 Zweck / Aufgabe
- 12.2 Geltungsbereich
- 12.3 Zuständigkeiten / Verantwortlichkeiten
- 12.4 Begriffe / Abkürzungen
- 12.5 Vorgehensweise / Regelungen / Maßnahmen
- 12.6 Mitgeltende Unterlagen

12.1 Zweck

Korrekturmaßnahmen haben den Zweck, Ursachen zu beseitigen, die zu einer Software-Minderung bzw. einem Fehler geführt haben.

12.2 Geltungsbereich

alle Betriebsbereiche

12.3 Zuständigkeiten / Verantwortlichkeiten

Abteilungsleiter und EM-Leiter

12.4 Begriffe / Abkürzungen

Siehe Abschnitt 6 des ERP-Management-Handbuchs

Korrektur = Behebung der Ursache eines Fehlers

12.5 Vorgehensweise / Regelungen / Maßnahmen

Aufgetretene Fehler werden unverzüglich dem unmittelbaren Vorgesetzten gemeldet, der die Meldung schriftlich an EML weitergibt.

Anschließend erfolgt

- Fehlererkennung und Beurteilung
- Ursachenermittlung
- Abstellen / Beheben der Ursachen
- Verhinderung einer Wiederholung des Fehlers durch vorbeugende Maßnahmen

- Überwachung der eingeleiteten Maßnahmen
- Eventuelle erforderlich gewordene Änderung von Programmen

Diese Schritte werden von EML zusammen mit den Verantwortlichen der jeweiligen Abteilung durchgeführt.

Die getroffenen Maßnahmen werden aufgezeichnet.

Bei Fehlerhäufung oder schwer zu findenden Fehlerursachen wird ein Verfahrensaudit (siehe Abschnitt 5.15 des ERP-Management-Handbuchs) durchgeführt.

12.6 Mitgeltende Unterlagen

Erstellt am:	Geprüft am:	Freigegeben am:
Erstellt von:	Geprüft von:	Freigegeben von:
EM-Leiter	Geschäftsleiter	Geschäftsleiter

Ersetzt Version:

5.13 Handhabung

Inhalt:

13.1 Zweck / Aufgabe
13.2 Geltungsbereich
13.3 Zuständigkeiten / Verantwortlichkeiten
13.4 Begriffe / Abkürzungen
13.5 Vorgehensweise / Regelungen / Maßnahmen
13.6 Mitgeltende Unterlagen

13.1 Zweck / Aufgabe

Sachgerechter Umgang mit DV-Programmen ist unabdingbar. Beeinträchtigungen müssen durch vorbeugende Maßnahmen vermieden werden.

13.2 Geltungsbereich

alle Abteilungen

13.3 Zuständigkeiten / Verantwortlichkeiten

Abteilungsleiter, EML

13.4 Begriffe / Abkürzungen

Siehe Abschnitt 6 des ERP-Management-Handbuchs

13.5 Vorgehensweise / Regelungen / Maßnahmen:

Die Beherrschung der Abläufe in den obengenannten Bereichen wird durch folgende Gegebenheiten sichergestellt:

I. Aktuelle, vollständige und genaue Ausführungsunterlagen sind vorhanden und liegen überall dort vor, wo sie gebraucht werden.

II. Die Rahmenbedingungen sind mit den gesetzlichen Bestimmungen in Übereinstimmung.

III. Qualifiziertes Personal
Alle im EMH und in den Anweisungen beschriebenen Arbeiten werden durch gut ausgebildete, sachkundige Mitarbeiter durchgeführt.

IV. Kontrollen
Überprüfung und Überwachung der Abläufe
Überprüfung / Kontrolle der Arbeitsabschnitte

V. Aufzeichnungen
Daten und eventuelle Besonderheiten werden aufgezeichnet und aufbewahrt.

13.6 Mitgeltende Unterlagen

Erstellt am:	Geprüft am:	Freigegeben am:
Erstellt von:	Geprüft von:	Freigegeben von:
EM-Leiter	Geschäftsleiter	Geschäftsleiter

Ersetzt Version:

5.14 Lenkung von Aufzeichnungen

Inhalt:

- 14.1 Zweck / Aufgabe
- 14.2 Geltungsbereich
- 14.3 Zuständigkeiten / Verantwortlichkeiten
- 14.4 Begriffe / Abkürzungen
- 14.5 Vorgehensweise / Regelungen / Maßnahmen
- 14.6 Mitgeltende Unterlagen

14.1 Zweck / Aufgabe

- Nachweise und Informationen zur Durchführung müssen aufgezeichnet, gesammelt und für eine bestimmte Zeit aufbewahrt werden.
- Dies gilt sowohl für Notizen und Berichte als auch für Ergebnisse.

14.2 Geltungsbereich

- alle Betriebsbereiche

14.3 Zuständigkeiten / Verantwortlichkeiten

- Abteilungsleiter sowie verantwortliche Mitarbeiter und EM-Leiter

14.4 Begriffe / Abkürzungen

- Siehe Abschnitt 6 des ERP-Management-Handbuchs

14.5 Vorgehensweise / Regelungen / Maßnahmen

- Die Aufzeichnungen werden schriftlich oder über EDV vorgenommen.
- Bei EDV-Aufzeichnung werden Sicherheitskopien angefertigt.
- Der Ersteller der Aufzeichnung sorgt auch, falls erforderlich, für die Verteilung.
- Zur Erleichterung der Aufzeichnungen werden geeignete Formulare verwendet.

> EML führt eine Liste der qualitätsrelevanten Aufzeichnungen und sorgt für ordnungsgemäße Verwaltung aller Berichtsformulare.

14.6 Mitgeltende Unterlagen

> Liste der qualitätsrelevanten Aufzeichnungen sind beim EML einsehbar.

Erstellt am:	Geprüft am:	Freigegeben am:
Erstellt von:	Geprüft von:	Freigegeben von:
EM-Leiter	Geschäftsleiter	Geschäftsleiter

Ersetzt Version:

5.15 Interne Audits

Inhalt:

- 15.1 Zweck /Aufgabe
- 15.2 Geltungsbereich
- 15.3 Zuständigkeiten /Verantwortung
- 15.4 Begriffe / Abkürzungen
- 15.5 Vorgehensweise / Regelungen / Maßnahmen
- 15.6 Mitgeltende Unterlagen

15.1 Zweck / Aufgabe

Neben der ständigen Kontrolle / Überprüfung der Abwicklungen müssen geplante und dokumentierte Audits durchgeführt werden. Sie dienen zur Beurteilung der Wirksamkeit des EM-Systems, außerdem zur Ermittlung von eventuell erforderlichen Korrekturmaßnahmen und zur Prozessoptimierung.

15.2 Geltungsbereich

- alle Betriebsabteilungen

15.3 Zuständigkeiten / Verantwortlichkeiten

- EM-Leiter, in Absprache mit den Leitern der zu auditierenden Abteilungen

15.4 Begriffe / Abkürzungen

- Siehe Abschnitt 6 des ERP-Management-Handbuchs

Auditarten, die in Frage kommen, sind:

I.	Systemaudit	Überprüfung des Ist-Zustands des EM-Systems
II.	Verfahrensaudit	Überprüfung der Abläufe des EM-Systems
III.	Produktaudit	Überprüfung der Qualität der eingesetzten Software im Rahmen des EM-Systems

15.5 Vorgehensweise / Regelungen / Maßnahmen

- Planung, Durchführung und Auswertung obliegen dem EM-Leiter.

▶ Die Ergebnisse der Audits werden aufgezeichnet und den Verantwortlichen zur Kenntnis gebracht.

▶ Die Überprüfung termin- und sachgerechter Realisierung von festgelegten Maßnahmen wird vom EM-Leiter vorgenommen.

▶ Es wird jährlich mindestens ein Verfahrensaudit durchgeführt.

▶ Auditor ist der EM-Leiter. Falls gewünscht, kann als Co-Auditor ein entsprechend von EML geschulter Abteilungsleiter teilnehmen.

15.6 Mitgeltende Unterlagen

Erstellt am:	Geprüft am:	Freigegeben am:
Erstellt von:	Geprüft von:	Freigegeben von:
EM-Leiter	Geschäftsleiter	Geschäftsleiter

Ersetzt Version:

5.16 Schulung

Inhalt:

16.1 Zweck /Aufgabe
16.2 Geltungsbereich
16.3 Zuständigkeiten / Verantwortung
16.4 Begriffe / Abkürzungen
16.5 Vorgehensweise / Regelungen / Maßnahmen
16.6 Mitgeltende Unterlagen

16.1 Zweck / Aufgabe

▶ Qualifiziertes Personal ist die wichtigste Voraussetzung für das Erreichen und Bewahren der geforderten Leistungen.

16.2 Geltungsbereich

▶ alle Betriebsbereiche

16.3 Zuständigkeiten / Verantwortlichkeiten

▶ Abteilungsleiter zusammen mit EM-Leiter

16.4 Begriffe / Abkürzungen

▶ Siehe Abschnitt 6 des ERP-Management-Handbuchs

16.5 Vorgehensweise / Regelungen / Maßnahmen

Es besteht

I. in allen Abteilungen ein hoher Grad an Ausbildungspotential

II. fundiertes Fach- und Spezialwissen, das ständig erweitert wird

III. sehr gutes Wissen über die Produktionsplanung und -steuerung

IV. eine sichere Basis von praktischem Können und Erfahrung

Zur weiteren Verbesserung der Qualifikation des Personals werden regelmäßig der Schulungsbedarf festgestellt und als Folge davon die entsprechenden Schulungen durchgeführt sowie dokumentiert.

Das systematische Anlernen neuer Mitarbeiter erfolgt durch den EML bzw. qualifizierte Mitarbeiter der Fachabteilungen, die dazu eine schriftliche Notiz anfertigen.

EM-Fortbildung erfolgt durch die entsprechenden Ausbildungsstätten.

Die erhaltenen Fortbildungsbescheinigungen werden aufbewahrt.

16.6 Mitgeltende Unterlagen

Erstellt am:	Geprüft am:	Freigegeben am:
Erstellt von:	Geprüft von:	Freigegeben von:
EM-Leiter	Geschäftsleiter	Geschäftsleiter

Ersetzt Version:

5.17 Wartung

Die Wartung von Soft- und Hardware ist durch Wartungsverträge zu regeln.

Erstellt am:	Geprüft am:	Freigegeben am:
Erstellt von:	**Geprüft von:**	**Freigegeben von:**
EM-Leiter	Geschäftsleiter	Geschäftsleiter

Ersetzt Version:

6 Spezialbegriffe und Abkürzungen

6.1 Spezialbegriffe

Qualität: Gesamtheit von Eigenschaften und Merkmalen eines Produkts oder einer Tätigkeit, die sich auf die Eignung zur Erfüllung gegebener Erfordernisse beziehen

Qualitätssicherung: Gesamtheit aller systematischen Maßnahmen zur Erzielung der geforderten Qualität

ERP-Management: Gesamtheit aller ERP-bezogenen Tätigkeiten und Zielsetzungen

ERP-Managementsystem: Die festgelegte Aufbau- und Ablauforganisation zur Durchführung des ERP-Managements

Audit: Begutachtung der Wirksamkeit des gesamten ERP-Managementsystems oder seiner Teile

Auditor: Person mit der Qualifikation zur Durchführung von Audits

Spezifikation: Eine genaue Festlegung oder eine Reihe von Forderungen (Größenmerkmale oder Eigenschaften), die von einer Software zu erfüllen sind)

Identifikation: Feststellung der Beschaffenheit und Herkunft eines (ggf. fehlerhaften) Software-Produkts

Fehler: Nichterfüllung einer Anforderung

Korrekturmaßnahme: Maßnahme zur Beseitigung einer Fehlerursache

Prüfung: Feststellen, in wie weit eine Einheit die Forderung erfüllt

Eingangsprüfung: Annahmeprüfung an einem geliefertem Software-Paket

Sonderfreigabe: Zustimmung zur Freigabe fehlerhafter Einheiten

Lieferantenbeurteilung: Beurteilung der Qualitäts- und Lieferfähigkeit eines Lieferanten durch den Abnehmer

Retouren: Waren, die an den Lieferanten zurückgehen

6.2 Liste von verwendeten Abkürzungen

Q	Qualität
EM	ERP-Management
EMS	ERP-Managementsystem
EMH	ERP-Management-Handbuch

7.3 Kundenspezifisches Projekthandbuch

Das Projekthandbuch spiegelt den jeweiligen Projektzustand wider. Basierend auf dem Projekthandbuch und der Bestellung entwickelt sich das Projekthandbuch im Laufe der jeweiligen Projektphasen permanent weiter. Ist die Implementierung beendet, wird das Projekthandbuch von beiden Vertragspartnern abgezeichnet und dokumentiert somit die Abnahme.

Nachfolgend ein Projekthandbuch aus der Praxis, damit Sie sehen können, wie ein solches aufgebaut sein kann. Selbstverständlich kann hier kein Muster-Projekthandbuch angeboten werden, da kein Projekt dem anderen gleicht.

Projekthandbuch

Kunde GmbH
Kundestraße 4711
D-99999 Kundenhausen

Lagerverwaltungssystem (WLS®)

Autor:
Projekt:
Version:
Stand:
Status:

Verteiler:

Inhaltsverzeichnis

1 **Allgemeines**
   1.1 Projektübersicht
   1.2 Zielsetzung dieses Dokuments
   1.3 Grundlagen, ergänzende Dokumente und Änderungsindex
   1.4 Aufbau des Projekthandbuches
   1.5 Abkürzungen und Begriffe
   1.6 Symbole Ablaufdiagramm

2 **Organisationsstruktur**
   2.1 Bestandstrennung
      2.1.1 Verwalter
      2.1.2 Bestandstyp
      2.1.3 Materialnummer
      2.1.4 Markierungsnummer
      2.1.5 Lagerquant
   2.2 Lagertopologie (Layout)
   2.3 Lagertypen
      2.3.1 AKL
          2.3.1.1 Strategien AKL
          2.3.1.2 Gassen AKL
          2.3.1.3 Materialfluss AKL
      2.3.2 Palettenhochregallager (HRL)
      2.3.3 Langgutlager (Im vorliegenden Buch nicht abgedruckt)
      2.3.4 Sperrigteillager (Im vorliegenden Buch nicht abgedruckt)
      2.3.5 Schnelldrehbereich (Im vorliegenden Buch nicht abgedruckt)
      2.3.6 Kühlschrank (Im vorliegenden Buch nicht abgedruckt)
      2.3.7 Stickstofflager (Im vorliegenden Buch nicht abgedruckt)
      2.3.8 Zoll-Lager (Im vorliegenden Buch nicht abgedruckt)
      2.3.9 Reparaturlager (Im vorliegenden Buch nicht abgedruckt)
      2.3.10 Produktionslager und Chemielager (»non-LVS-Lager«) (Im vorliegenden Buch nicht abgedruckt)
   2.4 Segmente (Im vorliegenden Buch nicht abgedruckt)
   2.5 Gassen (Im vorliegenden Buch nicht abgedruckt)
   2.6 Lagereinheiten (Im vorliegenden Buch nicht abgedruckt)

- 2.6.1 Lagereinheitentypen
- 2.6.2 Unterteilung von LEs
- 2.6.3 Positionsangaben auf einer LE
- 2.7 Maßeinheiten
- 2.8 Materialstamm
- 2.9 Mengengerüst
  - 2.9.1 Arbeitsorganisation
  - 2.9.2 Stammdaten
  - 2.9.3 Bewegungsdaten
- 2.10 Nummernkreise
- 2.11 Etiketten und Barcodes
  - 2.11.1 Barcodeetiketten AKL-Behälter
  - 2.11.2 Artikeletiketten
- 2.12 Arbeitsplätze: Ausstattung und Funktionen
- 2.13 Personal: Rollen und Aufgaben
- 2.14 Berechtigungskonzept

3 **Prozesse (organisatorische Abläufe)**
- 3.1 Wareneingangsfunktionen
  - 3.1.0 Prozessabläufe Wareneingang SAP-R/3 – WLS (Im vorliegenden Buch nicht abgedruckt)
    - 3.1.0.1 WE - Prozess 1- Lieferplan Ungarn
    - 3.1.0.2 WE - Prozess 2 - Bestellung vom Lieferant
    - 3.1.0.3 WE - Prozess 3 – Umlagerung Kundenhausen
    - 3.1.0.4 WE - Prozess 4 – Einlagerung aus QS
    - 3.1.0.5 WE - Prozess 6 – Rücklieferung vom Kunden
    - 3.1.0.6 WE - Prozess 7 Umlagerung Lagerort an Lagerort (KANBAN)
    - 3.1.0.7 WE - Prozess 9 – WE von Kostenstelle
    - 3.1.0.8 WE - Prozess 10 – Fertigungsauftrag NH (WE von Produktion)
  - 3.1.1 Warenannahme (Im vorliegenden Buch nicht abgedruckt)
  - 3.1.2 Warenvereinnahmung (Im vorliegenden Buch nicht abgedruckt)
    - 3.1.2.1 Prüfen des Wareneingangs, QS-Abwicklung, LE-Bildung
    - 3.1.2.2 Vereinnahmen von Rücklieferungen

3.1.3 Einlagerung
    3.1.3.1 AKL
        3.1.3.1.1 Einlagerung ins AKL via Wareneingang
        3.1.3.1.2 Rücklagerung ins AKL am Kommissionierplatz (Rücklieferungen zupacken)
        3.1.3.1.3 Einlagerung ins AKL via PC1
        3.1.3.1.4 Einlagerung ins AKL via QS
        3.1.3.1.5 Einlagerung von lagerfertigen Waren aus Kunden-Produktion ins AKL
    3.1.3.2 Andere Lagertypen
        3.1.3.2.1 Vorbereitung der manuellen Einlagerung
        3.1.3.2.2 Physische Einlagerung in manuelle Lager
        3.1.3.2.3 Physische Einlagerung ins Chemielager (entfällt)
        3.1.3.2.4 Physische Einlagerung in nicht vom LVS verwaltete Lager (neu)
    3.1.3.3 Belegwesen
    3.1.3.4 Qualitätsprüfung
    3.1.3.5 Einlagerstrategien
        3.1.3.5.1 Auswahl des Ziel-Lagertyps (LVS)

3.2 **Warenausgangsfunktionen** (Im vorliegenden Buch nicht abgedruckt)
    3.2.0 Prozessabläufe Warenausgang SAP-R/3 – WLS
        3.2.0.1 WA - Prozess 5 Kommissionierung
        3.2.0.2 WA - Prozess 7 – Umlagerung
        3.2.0.3 WA - Prozess 8 – WA an Kostenstelle
        3.2.0.4 Ware aus non-LVS-verwalteten Lagern (Produktionslager, Chemielager, usw.)
        3.2.0.5 WA - Prozess 11 - Kostenlose Nachlieferung
        3.2.0.6 WA - Prozess 12 - Lieferantenbeistellung
        3.2.0.7 WA - Prozess 13 - Reparaturaufträge
        3.2.0.8 WA - Prozess 14 - Konsignationsmaterial
    3.2.1 Auftragseinarbeitung
        3.2.1.1 Auslagerstrategien
        3.2.1.2 Aktivieren von Aufträgen auf dem LVS
        3.2.1.3 Prinzipielles Vorgehen zur Serienbildung
        3.2.1.4 Auftragszusammenführung

                3.2.1.4.1   Ware aus LVS-verwalteten Lagern
                3.2.1.4.2   Ware aus non-LVS-verwalteten Lagern (Produktionslager, Chemielager, usw.)
                3.2.1.4.3   Kommissionierung aus Paletten- oder Schnelldreher-Lager
            3.2.1.5   Übersicht Belegwesen
        3.2.2   Serienbildung
            3.2.2.1   Prinzipieller Ablauf der Serienbildung
            3.2.2.2   Regeln für die Serienbildung
                3.2.2.2.1   Serienbildung Standardserie AKL
                3.2.2.2.2   Serienbildung 1-Positioner
                3.2.2.2.3   Serienbildung Schwere Sendung
                3.2.2.2.4   Serienbildung Sonderverpackung
                3.2.2.2.5   Serienbildung Auftragszusammenführung
                3.2.2.2.6   Serienbildung Sperrigteillager
                3.2.2.2.7   Serienbildung Langgutlager
                3.2.2.2.8   Serienbildung Sammelsendung Export
                3.2.2.2.9   Serienbildung Endkundenspezifischer Export
                3.2.2.2.10 Serienbildung Standardserie Produktion
                3.2.2.2.11 Serienbildung Produktionsverpackung
                3.2.2.2.12 Serienbildung Palettenlager
                3.2.2.2.13 Serienbildung Inventur
                3.2.2.2.14 Serienbildung Lieferantenbeistellung
                3.2.2.2.15 Weitere Serienarten
            3.2.2.3   Bestandsverfügbarkeit Serienbildung
        3.2.3   Serienstart für AKL-Arbeitsplätze
    3.3   Kommissionieren (Im vorliegenden Buch nicht abgedruckt)
        3.3.1   Kommissionieren von Serien
            3.3.1.0   Generelle Funktionen für alle Kommissionierabläufe
            3.3.1.1   Regelablauf Serienkommissionierung
            3.3.1.2   Funktionalitäten des Regelablaufs
            3.3.1.3   Kommissionierung Sperrigteil-, Langgutlager
            3.3.1.4   Kommissionierung Palettenlager
            3.3.1.5   Kommissionierung Standardserie Produktion
            3.3.1.6   Zusammenführung Faltermaterial

    3.3.1.7 Spezielle Versandbedingungen am Pick-Pack-Platz
  3.3.2 Zusammenfassung Lieferscheindruck
  3.3.3 Kernfunktionalität Kommissionieren
3.4 Verpacken (Im vorliegenden Buch nicht abgedruckt)
3.5 Sendungsabschluss (Im vorliegenden Buch nicht abgedruckt)
  3.5.1 Gewichtsprüfung
    3.5.1.1 Automatische Gewichtsprüfung
    3.5.1.2 Manuelle Gewichtsprüfung
    3.5.1.3 Fehlerbearbeitung Gewichtsüberschreitung
    3.5.1.4 Fehlerbearbeitung Gewichtsabweichung
    3.5.1.5 Sendungsabschluß
      3.5.1.5.1 Versandkostenberechnung
      3.5.1.5.2 Datenaufbereitung für die Spedition
  3.5.2 Besondere Versandarten
    3.5.2.1 Fertigstellen von Sendungen aus dem Palettenlager
    3.5.2.2 Fertigstellen von Sendungen für Produktion in Ungarn
    3.5.2.3 Versand von Reparaturaufträgen aus Service
    3.5.2.4 Versand von Ware aus der QS
    3.5.2.5 Kostenlose Nachlieferung
3.6 Sonderfunktionen LVS
  3.6.1 Lagerung von Katalogware und Prospekten
  3.6.2 Leergut anfordern
  3.6.3 Anfordern von Material aus dem AKL
  3.6.4 Steuerung von Leergut
  3.6.5 Sofortige Kommissionierung eines Auftrags
  3.6.6 Permanente Auftragskontrolle
  3.6.7 Vorverpackung Export (Produktionsverpackung)
  3.6.8 Zusammenführung mit Kommissionen aus Produktionslagern
  3.6.9 Kunden mit mehreren Aufträgen
  3.6.10 Außerordentliche Entnahmen aus dem Logistikzentrum
  3.6.11 Behandlung stornierter KMAT-Ware
  3.6.12 Nachschubsteuerung für das AKL aus dem Palettenlager
  3.6.13 Erhöhung des Lagerfüllgrades
  3.6.14 Automatisches Freispielen der Lagerplätze

KAPITEL 7 – ORGANISATIONSABWICKLUNG

      3.6.15 Abgleich Lagerplätze zwischen LVS und UST

      3.6.16 Kanbanfunktion

      3.6.17 Kennzeichnung der Kommissionen für die Produktion

      3.6.18 Behandlung von Material aus kundenspezifischer Produktion (KMAT)

      3.6.19 Lieferung von Packages

3.7 Inventur

3.8 Bestandsabgleich

4 Schnittstellen zu benachbarten Systemen

4.1 Schnittstelle zum ERP-System SAP/R-3 (SAP – WLS)

4.2 Schnittstelle zum Export-System (SAP – ExVA)

4.3 Schnittstelle zum Materialflusssystem (WLS - MFS)

      4.3.1 Aufgabenverteilung WLS-MFS

      4.3.2 Transportauftragsverwaltung

      4.3.3 Fördertechnik: Schnittstelle LPV <> LVR (Im vorliegenden Buch nicht abgedruckt)

4.4 Anbindung von Waagen (Im vorliegenden Buch nicht abgedruckt)

      4.4.1 Anbindung der automatischen Waage

      4.4.2 Manuell bediente Waagen

4.5 Schnittstelle zu Speditionen

5 Benutzerschnittstelle

5.1 Belege und Listen

      5.1.1 Adressetikett

      5.1.2 Kommissionierbeleg

      5.1.3 WE-Beleg

      5.1.4 LE-Beleg Einlagerung (Transportbegleitschein)

      5.1.5 LE-Beleg Auslagerung (Transportbegleitschein)

      5.1.6 Lieferschein

      5.1.7 Packliste

      5.1.8 Umlagerbeleg Produktionslager

5.2 Dialoge (Im vorliegenden Buch nicht abgedruckt)

      5.2.1 Pflegedialoge

            5.2.1.1 Frachtführerdaten pflegen

       5.2.1.2   Versandbedingungen pflegen
       5.2.1.3   Zuordnungstabelle Kommissionierplatz/Versandart pflegen
       5.2.1.4   Serienartdefinition
              5.2.1.4.1   Serienfunktionsbausteine konfigurieren
              5.2.1.4.2   Serienarten pflegen
              5.2.1.4.3   Versandtagtabelle pflegen
  5.2.2   Wareneingang
  5.2.3   Serienbearbeitung
       5.2.3.1   Kommissionierdialog
       5.2.3.2   Verpackdialog
       5.2.3.3   Packstück-Pflegedialog
       5.2.3.4   Versandart ändern
  5.2.4   Reports
       5.2.4.1   Quantzuordnung zu Abgangsaufträgen
       5.2.4.2   Serienbildung und Serienartermittlung

6 Inbetriebnahme
6.1   Zurückstellung von Funktionen in der Realisierung

7 Hardware - Systemsoftware – Administration
7.1   Systemumgebung
7.2   Netzwerkumgebung
7.3   Systemsoftware
    7.3.1   Betriebssystem
    7.3.2   Entwicklungsplattform und Laufzeitumgebung
    7.3.3   Datenbank
7.4   Hardware
    7.4.1   Rechnerverbund
    7.4.2   Liste Hardware-Komponenten
    7.4.3   Server
    7.4.4   Datensicherheit
    7.4.5   Remote-Zugang
    7.4.6   USV
    7.4.7   Clients
    7.4.8   Drucker

KAPITEL 7 – ORGANISATIONSABWICKLUNG

    7.4.8.1 Etiketten-Drucker

      7.4.8.1.1 Adressetiketten-Drucker

      7.4.8.1.2 Artiketiketten-Drucker

    7.4.8.2 Laserdrucker

  7.4.9 Barcodelesesysteme

    7.4.9.1 Drahtlose Barcodelesepistolen

    7.4.9.2 Standard-Barcodelesepistolen

    7.4.9.3 Barcodescanner im manuellen Lagerbereich

  7.4.10 Jet- Direct- Boxen

8 Verzeichnisse und Referenzen

  8.1 Workflow / SAPmail

  8.2 Offene Punkte

  8.3 Abbildungen

(WLS® ist ein eingetragenes Warenzeichen der SALT AG,
R/3® ist ein Warenzeichen der SAP AG,
SAP® ist ein eingetragenes Warenzeichen der SAP AG.)

1 Allgemeines

1.1 Projektübersicht

Die Kunden GmbH in Kundenhausen ist Produzent elektronischer Systeme mit Fertigungsstätten im Inland und in der ganzen Welt. Derzeit betreibt Kunden am Standort Kundenhausen zur Versorgung verschiedener Fertigungsstätten zwei getrennte Lager. Das Teilelager dient hierbei im Wesentlichen zur Versorgung der Produktionsstandorte in Deutschland und Ungarn. Das Fertigwarenlager dient zur Versorgung der Kunden in Deutschland und in der ganzen Welt. Im Zuge der Umstrukturierung des Standortes Kundenhausen wird die Lager- und Versandlogistik in Form eines neuen Logistikzentrums in der Kundenstraße komplett neu gestaltet.

Die Ziele bei der Gestaltung des neuen Logistikzentrums sind:

▶ Integration der bisherigen unterschiedlichen Lager

▶ Zusammenführen von Eigenteilen der Produktion Kunden mit Kaufteilen

▶ Effiziente Auftragsabwicklung

- Transparente Prozessgestaltung
- Fehlerfreie Kundenbelieferung im Nachtsprung-Service
- Anwenderbezogene Leistungsverrechnung

Auslöser für die Neuordnung des Logistikbereiches ist ein neues Gesamtkonzept der Kunden GmbH für den Standort Kundenhausen. Hierbei wird der gesamte Standort in Kundenhausen umstrukturiert. Die Kunden GmbH unterhält derzeit in Kundenhausen zwei Standorte. Der Standort in der Gartenstraße wird im Zuge dieser Umstrukturierung weitgehend in die Kundenstraße verlagert. Dies erfordert umfangreiche Baumaßnahmen in der Kundenstraße. Der neue Logistikbereich wird in Teilen des Neubaus sowie des Bestandes zusammenhängend untergebracht.

Wesentlicher Teil des Logistikzentrums ist ein vier-gassiges automatisches Kleinteilelager. Des Weiteren gehören Lagerbereiche wie ein staplerbedientes manuelles Palettenhochregallager sowie weitere manuell bediente Lager zum Gesamtkonzept.

Zur Steuerung der gesamten Prozesse im neuen Logistikzentrum soll ein neues Lagerverwaltungssystem eingeführt werden.

Das nachfolgende Leistungsverzeichnis beschreibt im Wesentlichen die Anforderungen an das Lagerverwaltungssystem sowie die Projektdurchführung.

Für die Erfüllung dieser Aufgabenstellung wird das WLS® (Warehouse Management and Logistics System) der Fa. SALT AG eingesetzt.

1.2 Zielsetzung dieses Dokuments

Mit der Erstellung des Projekthandbuches werden folgende Ziele verfolgt:

- Verbindliche und detaillierte Festlegung der Anforderungen
- Vorgabe für das WLS-Customizing
- Abgrenzung gegenüber dem Host-System
- Definition der Schnittstellen zu den unterlagerten Steuerungen

Das Projekthandbuch dient im Weiteren als vollständige Unterlage für das Customizing und Anpassung des Kernsystems, der Transportsteuerung, der spezifischen Dialoge und Schnittstellen.

Im Projekthandbuch werden u.a. folgende Sachverhalte exakt festgelegt:

- Schnittstelle WLS – SAP R/3
- Schnittstelle WLS – MFS
- Abläufe Lagerzugang, Fertigungsauftrag, Klassifizierung und Transporte
- Anwendungsmodell und Bezeichnungsschemata (Lagertypen, Koordinaten, Material, Aufträge, Barcode, usw.)
- Organisatorische und technische Abläufe in allen Bereichen (manuell und automatisch)
- Bedienerdialoge an Dialogstationen (Funktionen, jedoch noch keine endgültigen Layouts)
- Berechtigungskonzept

1.3 Grundlagen, ergänzende Dokumente und Änderungsindex

Die folgenden Dokumente ergänzen die im Projekthandbuch festgelegten Funktionen. Sie definieren zum Teil Grundlagen (Standard-Definitionen), zum Teil enthalten sie detaillierte Realisierungsvorgaben und werden in der Realisierungsphase fortgeschrieben.

Bezeichnung	Version	Ersteller	Bemerkung
Pflichtenheft	V 1.0	TMG	Ausschreibungsunterlagen »Leistungsverzeichnis Lagerverwaltungssystem« Version 1.0, Stand August 1999
Werksvertrag		TMG	basierend auf dem Angebot 1001395 der SALT AG
Kooperationsvertrag		TMG	Vertragsgrundlage
Layout	60.33.00	t	Layout Förderanlage Regalvorzone
Schnittstelle UST	V 103	t	Spezifikation der Schnittstelle LVS-MFS
Schnittstelle LVS-SAP	V 10	SALT	Spezifikation der Schnittstelle LVS - SAP-R/3
Schnittstelle SAP- EX-V-A	V	AEB	Spezifikation der Schnittstelle SAP – EX-V-A

1.4 Aufbau des Projekthandbuches

Alle relevanten Inhalte aus den oben genannten Grundlagen werden im vorliegenden Projekthandbuch aufgenommen. Damit ist das Projekthandbuch das aktuellste vollständige Dokument zur Umsetzung der Komponente Lagerverwaltungssystem Kunden.

Das Projekthandbuch enthält logische Verknüpfungen (interaktive Links) zu anderen Dokumenten, wie z.B. zur Original-Ausschreibung oder zu Realisierungsdokumenten.

Zur besseren Übersicht ist nachfolgend die Kapitelstruktur des Projekthandbuches im Wesentlichen kurz beschrieben:

Kapitel 1:   Allgemeines

Überblick über Aufgabenstellung, Inhalt und Aufbau des Projekthandbuches.

Kapitel 2:   Organisationsstruktur

Beschreibung des Gesamtsystems und Darstellung der Grundkonzeption. Hierbei kommt es auf die Zusammenhänge und Gemeinsamkeiten an, die über die Detailbeschreibung der einzelnen Funktionen hinausgehen.

Kapitel 3:   Prozesse (organisatorische Abläufe)

Beschreibung aller Funktionen, gegliedert nach Funktionsbereichen (aus Anwendungssicht). Hier werden die technologischen Funktionen dargestellt, d.h. »WAS« leistet das System in Zusammenarbeit mit den Umgebungssystemen. Die Beschreibung der Abläufe erfolgt möglichst nach dem Materialfluss.

Kapitel 4:   Schnittstellen zu benachbarten Systemen

Beschreibung der logischen Schnittstellen (der auszutauschenden Daten) und der Kommunikationsverfahren zu benachbarten Systemen. Detaillierte Spezifikationen können als gesonderte Dokumente vorliegen.

Kapitel 5:   Benutzerschnittstelle (Dialoge und Reports)

Beschreibung der Dialogfunktionen (evtl. mit Maskenlayout), Reportfunktionen etc.

Kapitel 6: Inbetriebnahme und Dokumentation

Beschreibung des Vorgehens für die Inbetriebnahme (Altdatenübernahme, Probebetrieb, Abnahme)

Kapitel 7: Hardware - Systemsoftware - Administration

Beschreibung der Betriebsmittel, wie Hardware, Betriebssystem und die Betriebsführung (Datenhaltung, Datensicherung, Wiederanlauf).

Kapitel 8: Ergänzende Verzeichnisse und Listen

Verzeichnisse zur Strukturierung des Dokumentes: offene Punkte, Realisierungshinweise usw.

1.5 Abkürzungen und Begriffe

Abkürzung	Bezeichnung	Bemerkung
AKL	Automatisches Kleinteilelager	Neues Lager für Fertigteile und Halbfabrikate
AZP	Auftrags-Zusammenführ-Platz	Zone im Vorzonenbereich, an dem Waren eines Auftrags zur Zusammenführung mit Waren aus anderen Lagertypen bereitgestellt werden.
BWA	Bewegungsart	Werden in SAP und im WLS verwendet. Die Bewegungsart beschreibt den kompletten Buchungsablauf. Der Buchungsablauf ist in einzelne Schritte unterteilt.
FA	Fertigungsauftrag	Fertigungsauftrag für die Produktion
FT	Fördertechnik	
LE	Ladeeinheit, Lagereinheit	Zum größten Teil werden hier Kisten mit Einsätzen verwendet.
LVR	Lagerverwaltungsrechner	allgemeine Bezeichnung der Hardware, die das Lagerverwaltungssystems verwendet.
LVS	Lagerverwaltungssystem	Hier kommt das WLS zum Einsatz
MATNR	Materialnummer	Kunden-Teilenummer

Abkürzung	Bezeichnung	Bemerkung
MFR	Materialflussrechner	allgemeine Bezeichnung der Hardware, die das Materialflusssystems verwendet.
MFS	Materialflusssystem	System zur Steuerung der Materialflusses
NIO	Nicht-In-Ordnung	Kennung einer Ladeeinheit, bei der nach einem Bearbeitungsschritt eine Nachbearbeitung notwendig ist, bevor der nächste Bearbeitungsschritt durchgeführt werden kann.
PS	Packstück	Versandgebinde in WLS
RBG	Regalbediengerät	
RG	Rückgabe	Teilweise oder komplette Rückgabe einer Auslagerung von interner Kostenstelle an Lagerbestand. Das ursprünglich ausgelagerte Quant wird reaktiviert.
RL	Rücklieferung	Versandfunktionalität: Rücktransport von z.B. NIO-Material aus QS-Bestand an den ursprünglichen externen Lieferanten (oder lieferndes Werk)
RN	Rücknahme	Komplette Rücknahme einer Einlagerung von Lager an interne Kostenstelle
SAPGUI	SAP – Graphical User Interface	Grafische Benutzeroberfläche
St	Stellig	Wird meist bei Datenfeldbeschreibungen verwendet
TA	Transportauftrag	Wird vom LVS erstellt → logische oder physische Bewegungen von LE
UST	Unterlagerte Steuerungen	Steuerungen für die Förder- und Lagertechnik
WLS®	Warehouse Management and Logistics System	Bezeichnung des hier eingesetzten Lagerverwaltungssystems

2 Organisationsstruktur

Bisherige R/3-Organisationseinheiten

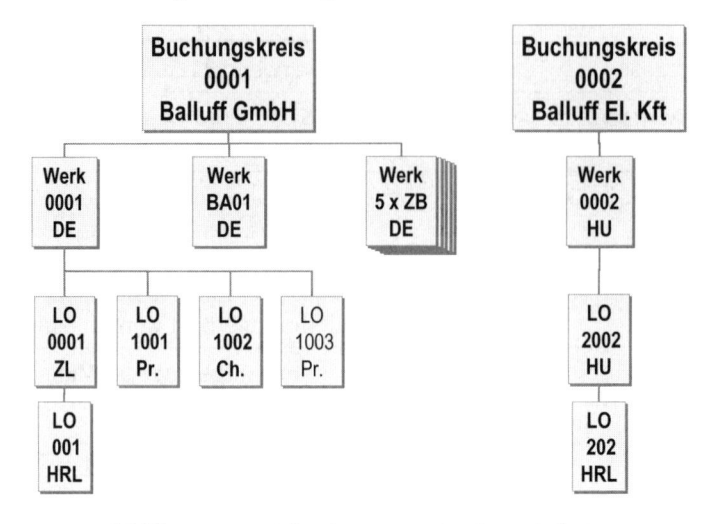

Abbildung 7.1: Bisherige Organisationseinheiten

Die neue Lösung ist im Wesentlichen folgendermaßen angesiedelt:

R/3- und WLS-Organisationseinheiten

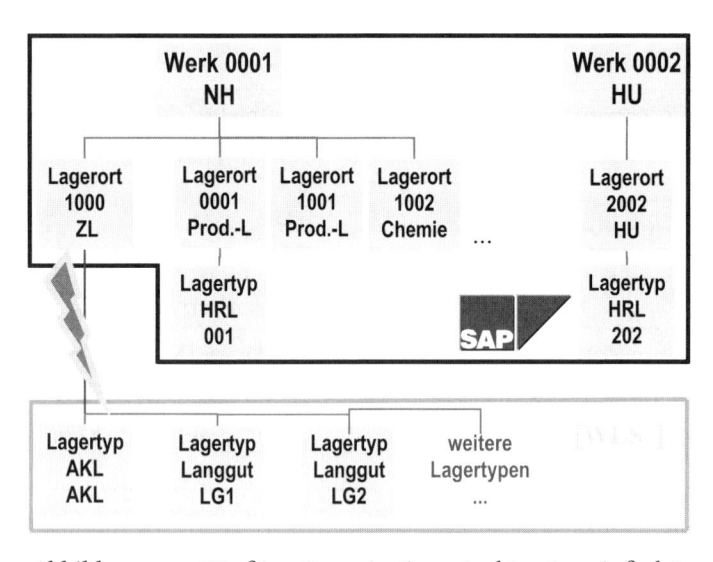

Abbildung 7.2: Künftige Organisationsstruktur (vereinfacht)

2.1 Bestandstrennung

WLS trennt Bestände nach unterschiedlichen Ebenen:

- Verwalter
- Bestandstyp
- Materialnummer
- Markierungsnummer
- Lagerquant

2.1.1 Verwalter

Alle bestandsrelevanten Objekte sind verwalterabhängig. Das Objekt **Verwalter** ist für die Mandantentrennung aller bestandsrelevanten Abläufe zuständig. Somit können innerhalb eines R/3-Mandanten Bestände mehrerer Eigentümer verwaltet werden.

Im System Kunden kommt zunächst nur ein Verwalter zum Einsatz. Es besteht jederzeit die Möglichkeit, dies zu erweitern.

2.1.2 Bestandstyp

Für die logische Trennung durch Bestandstypen sind organisatorische Vorgänge verantwortlich.

Es werden folgende Bestandstypen benötigt:

FRE	Freier Bestand
QUA	Qualitätskontrolle
SPR	Sperrbestand
ZOL	Zollagerbestand
SND	Versandbestand
RET	Retourenbestand

Verfügbarkeiten von Beständen werden zusätzlich über den Quantstatus (Transportbestand) definiert, sowie über Bedarfe oder Reservierungen von Teilmengen.

2.1.3 Materialnummer

Materialnummern entsprechen den Hostkonventionen. Zusätzlich können lokale Materialien geführt werden.

2.1.4 Markierungsnummer

Die Markierungsnummer stellt eine auftrags- oder chargenbezogene Bestandstrennung für Waren einer Materialnummer dar.

Im Allgemeinen macht Kunden keine Chargenverfolgung. Die Standardmarkierungsnummer ist somit für alle Materialien »0«.

Kundenspezifisch gefertigtes Material kann jedoch auf eine Markierungsnummer entsprechend Kundenauftrag des Fertigungsauftrags eingelagert werden. Der Bestand ist somit für andere Aufträge nicht verfügbar.

2.1.5 Lagerquant

Das LQ ist das kleinste bestandsrelevante Objekt, das in WLS geführt wird. Ein Quant führt somit eindeutige Einträge bezüglich Materialnummer, Markierungsnummer, Bestandstyp und Verwalter. Ein Quant ist stets einer LE zugeordnet.

2.2 Lagertopologie (Layout)

Die für die Funktionalität gültige Topologie der Anlage ist im Anlagenlayout der Firma festgelegt.

Das neue Logistikzentrum der Kunden GmbH umfasst mehrere Funktionen und Bereiche:

- eine Behälter-Fördertechnik zur Verbindung der Bereiche:
  - Wareneingang
  - Qualitätssicherung
  - Automatisches Kistenlager (AKL)
  - Kommissionier- und Packplätze
  - Produktions-Center 1
  - Paketentsorgung
- ein vier-gassiges, automatisches Kistenlager (AKL) mit doppelt tiefer Behälterlagerung

- ein manuelles, mit einem HRL-Stapler bedientes Palettenregallager für Europaletten
- ein manuell bedientes Langgutlager für Artikel bis 1.200 mm Länge
- ein Sperrigteillager für Artikel bis zu 3.000 mm Länge
- ein Schnelldrehbereich (Lumberg) für besonders gängige Artikel
- ein Stickstofflager
- ein Kühllager
- ein Zolllager (physisch in den anderen Lagertypen integriert – logisch separat verwaltet)
- den Wareneingangsbereich
- Versand- und Warenbereitstellungsbereiche
- Büros für Logistikleitung und -organisation

In der geplanten Anlage wird ein Materialfluss abgebildet, der aus automatischen und manuellen fördertechnischen sowie aus logischen Transportwegen besteht. Der Materialfluss wird durch das LVS direkt (Fördertechniktransporte) und indirekt (manuelle/logische Transporte) gesteuert.

Dieser Materialfluss ist Grundlage für das Zusammenwirken der einzelnen Funktionalitäten im LVS.

Sämtliche Logistikbereiche, das Layout der Lager- und Fördertechnik sowie die Arbeitsplätze und Funktionsflächen sind im nachfolgenden Layout dargestellt. Das Layout befindet sich zusätzlich in einem größeren Maßstab im Anhang.

2.3 Lagertypen

Es werden Lagertypen angelegt, in denen das Material physisch gelagert wird bzw. identifizierbar ist. Ein Lagertyp beschreibt die Zusammenfassung eines physischen Lagers mit den gleichen organisatorischen und steuertechnischen (→ Fördertechnik bzw. Handlingsverfahren) Voraussetzungen.

Jedem Lagertyp werden bestimmte Eigenschaften zugeordnet. Diese Eigenschaften werden in den nachfolgenden Kapiteln kurz beschrieben. Spezifische Daten werden im Customizing-Dokument festgelegt.

2.3.1 AKL

Das LVS verwaltet als übergeordnetes System lediglich Lagereinheiten in den einzelnen Lagergassen auf je einem entsprechenden Platztyp des AKL. Die eigentliche Platzverwaltung und -ermittlung innerhalb der einzelnen Gassen erfolgt durch die UST der Fördertechnik. Der UST wird mit einem Transportauftrag (TA), also nicht ein genauer Lagerplatz, sondern lediglich LE-Nummer, Materialnummer(n) und LE-Typ, übergeben. Zielgasse und Lagerplatz ermittelt die UST dann selbst und gibt die Gasse an WLS zurück.

Bei der Auswahl der Zielgasse durch das MFS wird folgendes Vorgehen zugrunde gelegt:

- Verteilung gleicher Waren über die Gassen
- Gleichmäßige Befüllung der Gassen
- Lagerung in den entsprechend zugeordneten Platztypen

Bei der Auswahl der Quellgasse bei Quantermittlung durch das WLS wird folgendes Vorgehen zugrunde gelegt:

- Es werden LEs ausgewählt, die nicht in gesperrten Gassen gelagert sind.

Die Schablone zur Platzkoordinatendarstellung in WLS ist: GG-XX-YY-S (**G**asse, **X**, **Y**, **S**eite [L/R]).

2.3.1.1 Strategien AKL

Auswahlkriterien zur Lagerplatzermittlung bei Einlagerung sind im MFS hinterlegt.

Bei der Auslagerung von kleinen, auf dem hinteren Platz gelagerten Kisten wird durch das WLS nur ein einziger TA erstellt. Die Umlagerung der vorderen Kiste erfolgt selbstständig durch die UST ohne einen entsprechenden TA des WLS.

2.3.1.2 Gassen AKL

Das AKL verfügt über 4 Gassen mit jeweils einem RBG. Das RBG kann max. 2 Behälter gleichzeitig transportieren. Im AKL können bestimmte Behälter (Typ 1 kleine Kisten) doppelt tief eingelagert werden.

2.3.1.3 Materialfluss AKL

In der folgenden Übersicht werden die materialflussrelevanten Objekte Lagertyp, Lagerpunkt, Senke schematisch dargestellt:

Legende:

- LZ: Lagerzugangspunkt
- MP: Meldepunkt
- IP: Identifikationspunkt
- KP: Kommissionierpunkt
- AP: Auslagerpunkt
  - Ablieferung Wareneingang:

Über den Lagerzugangspunkt LZWE (Lagerzugangspunkt Wareneingang) werden Materialien an die einzelnen Lager abgeliefert. Bei der Ablieferung ans AKL wird als nächster Lagerpunkt WE01 angegeben. Daraufhin wird die gebundene Lagereinheit über den Identifizierungspunkt AKL1 ins AKL eingelagert. Soll die gebundene Ladeeinheit zunächst in die Qualitätskontrolle gefahren werden, so wählt man als nächsten Lagerpunkt bei der Ablieferung QS01. Ist die Prüfung der Ware in der Qualitätskontrolle positiv ausgefallen, wird die Ware über den Identifizierungspunkt AKL1 ins Lager eingelagert.

- **Ablieferung Profit Center 1**

Über den Lagerzugangspunkt LZP1 (Lagerzugangspunkt Profit Center 1) werden Materialien aus dem Profit Center 1 an die einzelnen Lager abgeliefert.

Bei der Ablieferung ans AKL wird als nächster Lagerpunkt PCE1 angegeben. Daraufhin wird die gebundene Lagereinheit über den Identifizierungspunkt AKL1 ins AKL eingelagert.

Es ist ebenfalls möglich, in alle anderen Lagertypen einzulagern. In diesem Fall findet ein manueller Transport in den WE-Bereich statt, von wo aus die weitere Bearbeitung erfolgt.

- **Kommissionierung**

Die zu kommissionierenden Lagereinheiten werden aus dem AKL zu den jeweiligen Kommissionierpunkten KOM1 - KOM7 gefahren. Nach der Kommissionierung werden die Lagereinheiten, aus denen kommissioniert wurde, über den Identifizierungspunkt AKL1 ins AKL zurückgefahren. Die fertig kommissionierten Waren werden verpackt und zum Lagerpunkt WAG1 (Waage) transportiert. Von dort werden die Pakete, abhängig vom Gewicht, zum Auslagerpunkt WA01 oder WA02 transportiert. Ist für die Produktion PC1 auf eine neue Lagereinheit kommissioniert worden, so wird diese Lagereinheit über den Identifizierungspunkt KOM1 zum Auslagerpunkt PCA1 transportiert. Kommissionierungen für PC2/ PC3 werden manuell weitertransportiert.

2.3.2 Palettenhochregallager (HRL)

Das Palettenhochregallager ist ein manuell bedientes 2-gassiges HRL für Euro-Paletten (800 x 1.200 mm) und für Gitterboxen. Die Bedienung erfolgt über einen Schubmaststapler oder einen Gabelhubwagen.

Regal 1, 4: 9 Fächer á 3 Plätze je Ebene (162 Plätze)

> Ebene 1: H = 1980 mm
>
> Ebene 2: H = 1280 mm
>
> Ebene 3: H = 1580 mm
>
> Ebene 4: H = 1230 mm
>
> Ebene 5: H = 1380 mm
>
> Ebene 6: H = 1880 mm

Regal 2, 3: 8 Fächer á 3 Plätze je Ebene (144 Plätze)

> Ebene 1: H = 1980 mm
>
> Ebene 2: H = 1280 mm
>
> Ebene 3: H = 1580 mm
>
> Ebene 4: H = 1230 mm
>
> Ebene 5: H = 1430 mm
>
> Ebene 6: H = 1830 mm

LE oder Material haben keine eigene Kennzeichnung. Die Kennzeichnung der Lagerplätze erfolgt durch eine am Hochregal angebrachte Beschilderung. Zum Transport der Palettenlagerwaren werden die jeweils entsprechenden

Belege gedruckt, die bis Transportende bzw. bis zur Kommissionierung bei der Ware verbleiben. Die Kennzeichnung der Waren während des Transportes ist somit gewährleistet.

Die Schablone der Platzkoordinaten ist: RR-XX-YY (**R**egal, Platz, Ebene)

Da diese Seiten für den Leser uninteressant sind, wurden die nachfolgenden Ausführungen gekürzt !

2.8 Materialstamm

Der Materialstamm wird redundant zum SAP-R/3-System geführt. Der Materialstamm wird in einem eigenständigen Customizing-Dokument beschrieben.

Zur detaillierten Übersicht von Stammsatzfeldern siehe Anhang

2.9 Mengengerüst

2.9.1 Arbeitsorganisation

Innerhalb des Lagers gelten folgende Arbeitszeiten:

1-Schichtbetrieb, in seltenen Fällen 2-Schichtbetrieb

2.9.2 Stammdaten

Das nachfolgend beschriebene Mengengerüst stellt die Verhältnisse und Anforderungen zum geplanten Systemstart im Jahre 2005 dar. Leistungsreserven werden aber wie im Lastenheft unter Erweiterbarkeit vorgesehen. Hinsichtlich der Schwankungsbreite der dynamische Werte wird von einer Breite von ca. ±25 % ausgegangen.

Artikel	
Anzahl Artikelstämme	50.000
Aktive Artikel	20.000
Lagerplätze	
Lagerplätze AKL gesamt	27.200

Behälterhöhe 120 Behälterhöhe 180 Behälterhöhe 250	13.600 12.800 800
Lagerplätze HRL	612
Lagerplätze sonstige Lagertypen	2.000
Lagerplätze gesamt	Ca. 30.000
Logische Lagerplätze gesamt incl. Unterteilungen (max. 4 pro AKL-Kiste)	Ca. 82.000

2.9.3 Bewegungsdaten

Dynamische Werte	
Lagerbewegungen	1.200/h
Aufträge maximal	800/d
Auftragspositionen maximal	3.900/h
Wareneingänge	
Fertigwaren	200 Pos./d
Teilelager	350 Pos./d
Warenausgänge	
Fertigwaren	1.850 Pos./d
Teilelager	800 Pos./d

2.10 Nummernkreise

Nummernkreise für die vom WLS automatisch vergebenen Nummern (z.B. für LEs, Quanten usw.) werden im Customizing-Dokument definiert. Anmerkung: Dem Objekt LE-Nummer werden zwei Nummernkreisintervalle zugeordnet. Ein externer Nummernkreis für so genannte Fix-LEs, ein interner Nummernkreis für logische LEs. Die Feldlängen der Nummernkreisobjekte werden, falls in anderen Systemen benötigt, in den jeweiligen Schnittstellenspezifikationen beschrieben.

2.11 Etiketten und Barcodes

Barcodes werden in WLS-Standard mit einer führenden Ziffer versehen, die den Typ des nachfolgenden Barcodes identifiziert. So können unterschiedliche Barcodes in einem allgemeingültigen Barcodefeld erfasst werden. Die Zuordnung ist hierbei:

Typ	Objekt
1	MatNr+MarkN
2	Lagerplatz
3	Lagerquant
4	Lagereinheit
5	Transportauftrag
6	Wareneingang
7	Lagerzugang
8	Unbenutzt
9	Lohnscheinreferenz

Falls im Dialogdesign benötigt, können Barcodes grundsätzlich auch ohne Header in jedes Textfeld eingescannt werden. Dann muss jedoch ein Barcode in das entsprechend zugeordnete Feld eingelesen werden.

2.11.1 Barcode-Etiketten AKL-Behälter

Die Behälter im AKL werden mit zwei über Eck geklebte Barcode-Etiketten versehen.

Es wird ein 10-stelliger 2/5-Interleave-Barcode eingesetzt, der die folgenden Informationen beinhaltet:

Stelle	Inhalt
1	Barcodetype (LE = 4)
2	Ladeeinheitentyp + Links-Rechts-Kennung: 1 = EF0 (300x400x120) links 2 = EF0 (300x400x120) rechts 3 = EF1/ EF2 (600x400x180) links 4 = EF1/ EF2 (600x400x180) rechts
3-9	Ladeeinheiten-Nummer
10	Prüfziffer

Die Kisten werden **nicht** zusätzlich durch eine große, gut sichtbare fortlaufende Nummer gekennzeichnet. Deswegen muss den Kisten bei Kommissionierung für Produktionsversorgung ein Begleitschein beigelegt werden.

2.11.2 Artikeletiketten

Artikeletiketten werden ausschließlich über das SAP-System gedruckt.

2.12 Arbeitsplätze: Ausstattung und Funktionen

Die folgende Tabelle liefert einen Überblick über die einzelnen Arbeitsplätze, die im Verantwortungsbereich des LVS liegen.

Arbeitsplatz	PC	Laser-drucker	Adress-drucker	Kabel-scanner	Funk-scanner	Fest-scanner	Haupt-funktion
Leitstand 1	1	-	1	1	1	-	Leitstand
Leitstand 2	1	-	-	-	-	-	Leitstand
Büro AP 1	1	1	-	1	-	-	WE
Büro AP 2	1	-	-	-	-	-	WE
QS an FT	1	-	-	-	-	-	QS
PC1 an FT	1	-	-	1	-	-	Lazu auf FA
Kommi-platz K1	1	1	1	1	-	-	Serienbe-arbeitung
Kommi-platz K2	1	1	1	1	-	-	Serienbe-arbeitung
Kommi-platz K3	1	1	1	1	-	-	Serienbe-arbeitung
Kommi-platz K4	1	1	1	1	-	-	Serienbe-arbeitung
Kommi-platz K5	1	1	1	1	-	-	Serienbe-arbeitung
Teilekomm. K6	1	1	-	1	-	-	Serienbe-arbeitung
Teilekomm. K7	1	1	-	1	-	-	Serienbe-arbeitung
AP 8	1	1	-	1	-	-	WE Bearb.
AP 9	1	-	-	1	-	-	WE Bearb.
AP 10	1	-	-	1	-	-	WE Bearb.

Arbeitsplatz	PC	Laser-drucker	Adress-drucker	Kabel-scanner	Funk-scanner	Fest-scanner	Haupt-funktion	
AP 11	1	-	-	-	1	-	WE Bearb.	
AP 12 (Vorver-packung)	1	1	-	-	-	-	WE Bearb.	SAP-Artikel-etiketten-Drucker
Waage manuell	2	-	1	2	-	-	Gewichts-prüfung	
Waage automa-tisch	-	-	-	-	-	-	Gewichts-prüfung	
Tor 2/ Versand	1	1	-	-	-	-	Versand	
Tor 3/ Paletten-lager	1	1	1	-	1	1	Palettenla-ger	

2.13 Personal: Rollen und Aufgaben

Für alle Aktivitäten, die im WLS-Zusammenhang im Lager und im Lagerumfeld anfallen, lassen sich unterschiedliche Mitarbeiterrollen festlegen, anhand derer die entsprechenden Mitarbeiterprofile definiert werden können.

Rolle	Aufgabengebiet	Arbeitsplätze
Administration	Systemadministration im R/3, WLS und UNIX-Bereich	DV, SAP-Compe-tence
Lagerleitung	Systemaufsicht, Lageradministra-tion und -konfiguration	Leitstand, Logistik-leitung
Wareneingang	WE-Abwicklung	WE
Inventurverantwortli-cher	Inventur anstoßen und kontrollie-ren	Leitstand
Qualitätssicherung	QS-Vorgänge, Umbuchen	QS-Büro
Kommissionierung, Versandabwicklung	Tätigkeiten an den Pick- Packplät-zen, Versandbereich	
Zollbeauftragter	Kontrolle von Zollbeständen	Leitstand

Eine Person kann je nach Ausbildungsstand und Erfahrung gleichzeitig auch mehrere Aufgaben wahrnehmen. Für jeden Verantwortlichen dieser Benutzergruppen ist ein Stellvertreter vorzusehen.

Diese Mitarbeiterrollen sollten mit dem Berechtigungskonzept konform sein.

2.14 Berechtigungskonzept

Es greift das SAP-Berechtigungskonzept. Demnach können Zugriffsberechtigungen bis auf Transaktionsebene vergeben werden.

Die Berechtigungshierarchie mit zugeordneten Funktionen stellt sich wie folgt dar:

Gliederung Berechtigungskonzept WLS

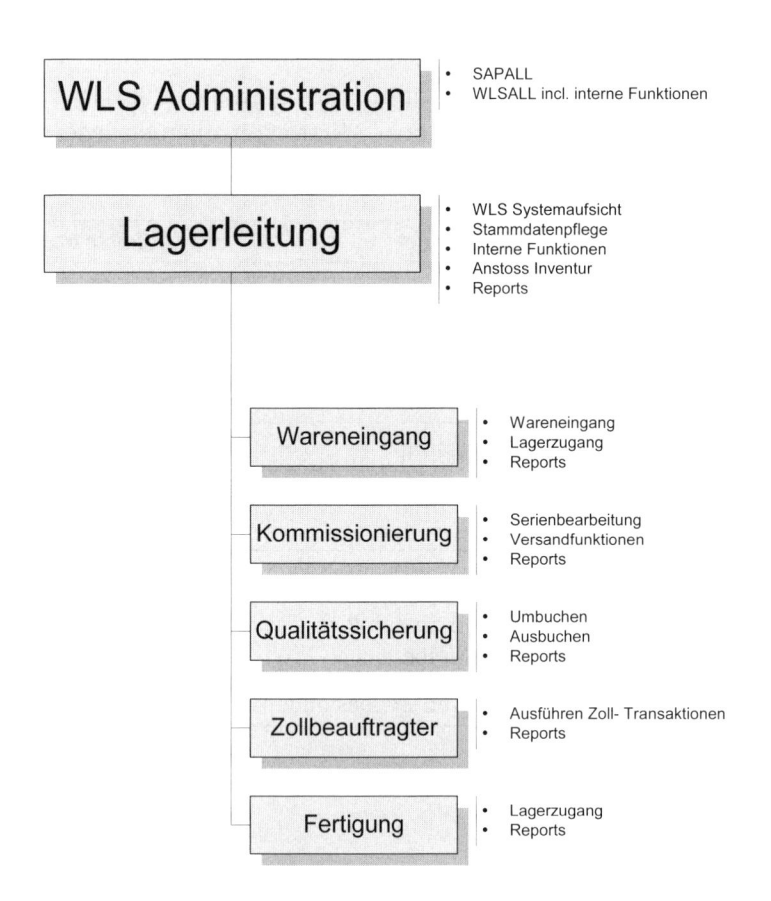

- **WLS Administration**
  - SAPALL
  - WLSALL incl. interne Funktionen

- **Lagerleitung**
  - WLS Systemaufsicht
  - Stammdatenpflege
  - Interne Funktionen
  - Anstoss Inventur
  - Reports

- **Wareneingang**
  - Wareneingang
  - Lagerzugang
  - Reports

- **Kommissionierung**
  - Serienbearbeitung
  - Versandfunktionen
  - Reports

- **Qualitätssicherung**
  - Umbuchen
  - Ausbuchen
  - Reports

- **Zollbeauftragter**
  - Ausführen Zoll- Transaktionen
  - Reports

- **Fertigung**
  - Lagerzugang
  - Reports

3 Prozesse (organisatorische Abläufe)

In diesem Kapitel sind die Abläufe beschrieben, die mit dem WLS im operativen Bereich abgewickelt werden sollen.

3.1 Wareneingangsfunktionen

Grundlagen zur Abwicklung der Vorbereitungen des Wareneingangs, die im SAP-System stattfinden, werden im Dokument »Schnittstelle SAP« detailliert beschrieben.

Im vorliegenden Kapitel werden die Abläufe auf dem LVS beschrieben.

3.6 Sonderfunktionen LVS

3.6.1 Lagerung von Katalogware und Prospekten

Kataloge und Prospekte können wie jedes andere Material in WLS verwaltet werden, wenn sie über den Materialstamm eingepflegt werden.

Grundsätzlich können in WLS auch lokale, nicht Host-geführte Materialien verwaltet werden. Für diese Materialien muss entsprechend ein lokales Bewegungsarten-Umfeld eingerichtet werden.

3.6.2 Leergut anfordern

Jeder Mitarbeiter an der Fördertechnik, sowohl an den Pick-Pack-Plätzen als auch in der Wareneingangsbearbeitung, kann bei Bedarf Leergut anfordern. Hierzu werden folgende Funktionalitäten realisiert:

- Der Mitarbeiter kann LE-Typ und -Anzahl frei bestimmen.
- Der Mitarbeiter kann ein komplettes Sortiment aller AKL-LE-Typen anfordern. Hier kann die Anzahl **Sortimente** festgelegt werden.

3.6.3 Anfordern von Material aus dem AKL

Über einen Anforderungsdialog ist es möglich, gezielt Material aus jedem Lagertyp zu einem entsprechenden Lagerpunkt als lokale Um- oder Auslagerung anzufordern. Im Falle AKL entsprechen die Lagerpunkte den Kommissionier- oder Packplätzen. Diese Funktion darf nur von autorisierten Mitarbeitern erfolgen (Berechtigungskonzept). Für jeden der folgenden Vorgänge wird eine Transaktion erstellt, die die benötigten Voreinstellungen tragen:

- Sonderentnahme
- Umlagerung innerhalb WLS
- Umlagerung nach Nicht-LVS-Lagerort
- Sichtkontrolle Zollware

Aus diesen Anforderungen resultierende Transporte werden als Serie analog Eilauftrag zwischen die übrigen Serien eingeschoben.

3.6.4 Steuerung von Leergut

WLS verwaltet Leergut im AKL wie volle Lagereinheiten, d.h., Leergut wird nicht gestapelt gespeichert sondern als einzelne LE ohne Quantposition. Allgemein ist zu unterscheiden, ob die Ladehilfsmittel eine fixe LE-Nummer erhalten (AKL-Behälter), die nach 0-Durchgang im System erhalten bleiben, oder logische LE-Nummern, für die ein anderer Nummernkreis definiert wird und die nach Abkommissionieren gelöscht werden können. Nach einem Nulldurchgang kann der leere Behälter auf der Fördertechnik verbleiben. WLS prüft anschließend, wohin die Kiste transportiert wird:

- Zunächst prüft WLS den Status des Fördertechnikpuffers vor dem Wareneingang. Bei jeder Zustandsänderung (Puffer frei / Puffer voll) meldet die UST diese an WLS. Sind Plätze frei, so wird der leere Behälter als identifiziertes Leergut zum Wareneingang transportiert.

- Ist dort kein freier Pufferplatz vorhanden, so prüft das LVS, ob eine Einlagerung ins AKL möglich ist. Hierzu müssen im AKL mindestens x % freie Plätze pro Platztyp verfügbar sein. Ist dies der Fall, so erzeugt das LVS einen Einlagertransport.

Wurde hingegen die Mindestanzahl an freien Lagerplätzen unterschritten und ist deshalb keine Einlagerung des Leergutes ins AKL möglich, so soll die Kiste zum Wareneingangspuffer transportiert werden, unabhängig, ob dort Platz verfügbar ist oder nicht. Das LVS erzeugt dazu einen entsprechenden Transportauftrag.

Parallel hierzu erscheint an einem Arbeitsplatz des Wareneingangs (identifiziert über den Lagerpunkt) eine Meldung »Leergut abnehmen«.

3.6.5 Sofortige Kommissionierung eines Auftrags

In WLS ist eine Funktion zum manuellen Anstoßen eines Auftrags vorgesehen. Damit kann jeder gewünschte Auftrag durch einen autorisierten Mitarbeiter zur sofortigen Kommissionierung freigegeben werden.

Wurde zu diesem Auftrag bereits eine Serie gebildet, wird diese entsprechend priorisiert, d.h. als nächste zu startende Serie der zugehörigen Serienart gekennzeichnet. Die Transportaufträge werden zum nächstmöglichen Zeitpunkt, d.h., sobald der Puffer von einem hierfür freigeschalteten Kommissionier- und Packplatz frei meldet und die LEs verfügbar sind, an die UST gemeldet.

Wurde zu dem Auftrag noch keine Serie gebildet, geschieht dies sofort. Das weitere Vorgehen entspricht einem Eilauftrag.

3.6.6 Permanente Auftragskontrolle

Für bestimmte Auftragsarten werden automatische Zeitkontrollen vorgesehen. Dies bedeutet, dass nach einem spezifisch festzulegenden Zeitfenster eine Kontrolle darüber erfolgt, ob der Transportauftrag oder Kundenauftrag erledigt worden ist. Für die nachfolgenden Auftragsarten müssen derartige Kontrollen vorgesehen werden:

- Eilaufträge mit spezifischen Versandwegangaben

    Startzeitpunkt ist die Übergabe SAP an WLS

- Sofortaufträge für das Palettenlager

    Startzeitpunkt ist Transportstart, d.h. Ausdruck des Transportbelegs

- Terminaufträge für das Palettenlager

    Diese können zu jedem beliebigen Zeitpunkt über die Transportübersicht/Lagerabgangsübersicht kontrolliert werden

- Transportaufträge zum Freispielen der Lagerplätze

    Startzeitpunkt ist der Zeitpunkt der Transporterstellung

3.6.7 Vorverpackung Export (Produktionsverpackung)

Bei Lieferungen an externe Fertigungsstätten (Export nach USA, Brasilien, Japan) müssen kritische Teile aufwendig vorverpackt werden. Diese Vorverpackung kann nicht an den Versandplätzen (Nr. 1 bis 5) durchgeführt werden, sondern muss an den Plätzen für Teilekommissionierung (Nr. 6 und 7) erfolgen, da nur dort die notwendigen Verpackungsmaterialien zur Verfügung stehen. Diese Waren werden zur weiteren Bearbeitung manuell zum AZP transportiert. Eine direkte Auftragszusammenführung mit anderen Lieferpositionen dieses Auftrages, die nicht vorverpackt werden müssen, ist nicht erforderlich, da die Aufträge als Sammellieferung versendet werden.

Die Steuerung der kritischen Teile kann entweder über Kundennummer (USA, Japan, Brasilien) und Materialart (Roh, Halb / Fert) oder über die Artikelnummer erfolgen.

3.6.8 Zusammenführung mit Kommissionen aus Produktionslagern

Sofern eine Auftragszusammenführung mit Waren aus Produktionslagern vorliegt, erstellt SAP Lieferanforderungen, die sich auf zwei unterschiedlich verwaltete Lagerorte beziehen. An WLS wird die gesamte Lieferung überspielt, auch wenn zu einzelnen Positionen kein Bestand verfügbar ist. Die Serienbildung zu diesem Lagerabgangsauftrag wird zunächst fehlschlagen.

Es wird ein Umlagerauftrag erstellt, der zu einem Lagerzugang in WLS führt.

WLS führt erst dann eine Serienbildung durch, wenn die Waren aus dem Produktionslager eingetroffen sind.

3.6.9 Kunden mit mehreren Aufträgen

Sind zu einem Kunden mehrere Aufträge mit derselben Lieferadresse oder Abladestelle vorhanden, so werden diese **nicht** zusammen kommissioniert und nicht zu einer Sammelsendung bzw. einem Packstück zusammengepackt. Die Aufträge werden einzeln kommissioniert und einzeln in mehrere Packstücke verpackt. Jedes Packstück erhält ein Adressetikett und zu jedem Auftrag werden ein oder mehrere Lieferscheine gedruckt. Die Packstücke erhalten fortlaufende Nummern eines 5stelligen Nummerkreises.

Muss ein Auftrag auf mehrere Packstücke verteilt werden, so wird ein Lieferschein erstellt, der dem letzten Packstück beigelegt wird. Die vorherigen Packstücke erhalten hingegen nur ein Etikett mit fortlaufender Nummerierung.

Am Ende eines Arbeitstages werden dann alle Packstücke für einen Kunden zu einer Sendung zusammengefasst und dem Spediteur in seiner Tagesanlieferungsliste **als eine Sendung** übergeben.

3.6.10 Außerordentliche Entnahmen aus dem Logistikzentrum

In Bezug auf außerordentliche Entnahmen wurde festgelegt, dass hier von den anfordernden Mitarbeitern selbst ein Bedarf in SAP erstellt wird. Die Erstellung einer Lieferung sollte jedoch auch zukünftig durch einen Mitarbeiter im Distributionszentrum erfolgen.

3.6.11 Behandlung stornierter KMAT-Ware

Aufträge zu kundenspezifisch gefertigten Teilen (KMAT-Ware) werden z.T. wieder storniert. Erfolgt die Stornierung nach Fertigung und Einlagerung der Ware im Sperrigteillager, so bleibt die Ware »auf Ewigkeit« eingelagert, da der zugehörige Kundenauftrag nicht mehr existiert.

Nach Anlegen einer Lieferung darf diese in SAP nicht einfach storniert werden. Eine Stornierung darf nur in direkter Absprache mit dem Leitstand im Logistikzentrum erfolgen.

K-MAT ist wegen der Markierungsnummer einfach in der Bestandsübersicht zu identifizieren. Hier kann ein manueller Abgleich durchgeführt werden, wobei ein verantwortlicher Mitarbeiter entscheidet, was mit dem Material passiert.

3.6.12 Nachschubsteuerung für das AKL aus dem Palettenlager

Da Waren in der Schnelldreherzone wie AKL-Waren behandelt werden, bezieht sich die Nachschubsteuerung also auch auf diesen Lagerbereich. Sofern Waren sowohl im AKL als auch im Palettenlager gelagert sind, werden in WLS manuell Nachschubtransporte generiert. Nachschubumlagerungen werden von einem autorisierten Mitarbeiter (Leitstand) erstellt. Er kann dabei nicht auf bereits bedarften Bestand zugreifen.

3.6.13 Erhöhung des Lagerfüllgrades

Um im AKL einen möglichst hohen Lagerfüllgrad zu erreichen, wird im LVS eine Funktion zur manuellen Verdichtung der LEs vorgesehen. Dabei sollen die folgenden Verdichtungen möglich sein:

Verdichten von LEs mit leeren Einsätzen zu 1 LE mit gefüllten Einsätzen.

Verdichten einer LE mit Füllmenge < x % der Ursprungsmenge durch

- Umpacken in eine kleinere LE oder
- Umpacken in einen Einsatz

Der Mitarbeiter hat dabei die Möglichkeit, eine bestimmte Verdichtungsfunktion für eine beliebige Anzahl LEs durchzuführen. Beim Umpacken der Waren müssen diese dann mit der neuen LE verheiratet werden und die LEs, die bei der Verdichtung leer wurden, müssen entsprechend als Leergut deklariert werden. Der Mitarbeiter wird dabei durch das System durch entsprechende Anweisungen unterstützt.

Leere Einsätze werden zunächst nicht entnommen, die »freien« Einsätze nicht bestandstechnisch verwaltet. Die Verdichtung wird nicht im laufenden Betrieb (bei noch offenen TA) und nur bei Verknappung der Lagerplätze durchgeführt.

3.6.14 Automatisches Freispielen der Lagerplätze

Es ist vorgesehen, dass im AKL pro Lagerplatzgröße und Gasse drei unterschiedliche Zustände geführt werden:

1. AKL-Kisten mit Bestand
2. AKL-Kisten als Leergut
3. freie Plätze

Die Anzahl freier Plätze je Lagerplatzgröße muss mindestens x % (z.B. x = 5) betragen. Dies entspricht ca. 1.000 freien Plätzen im gesamten Kistenlager. Wird diese Zahl durch Neueinlagerungen unterschritten, so wird automatisch Leergut aus dem AKL ausgelagert. Hierzu werden von der jeweiligen LE-Größe mindestens 50 freie LE ausgelagert (Parameterfunktion). Wenn einem Lagerplatz unterschiedlich große LE zugeordnet sind, so werden 25 ganze und 50 halbe LE, bzw. eine andere, 50 Lagerplätzen entsprechende, Anzahl ausgelagert. Zum Auslagern der Kisten werden entsprechende Transportaufträge generiert und an die UST übermittelt. Sobald die UST den FT-Puffer im Wareneingang als besetzt meldet, erscheint auf dem Bildschirm eines Wareneingangsplatzes die Meldung »Achtung automatisches Freispielen AKL, bitte x Kisten aus FT-Puffer entnehmen« (x = Anzahl nicht bestätigter TAs). Der Mitarbeiter hat dabei die Möglichkeit, diese Meldung einmal manuell zu quittieren. Dies kann unabhängig davon erfolgen, ob die Kisten entnommen wurden oder nicht.

Sämtliche Transportaufträge, die der UST übergeben werden, werden von dieser an das LVS zurückgemeldet bzw. bestätigt. Speziell für diese Transportaufträge (Freispielen AKL) wird ein Zeitfenster festgelegt, innerhalb dem die Transportaufträge quittiert werden müssen (z.B. 15 Minuten). Wurden die Transportaufträge nach 15 Minuten nicht quittiert, so ist zu vermuten, dass im Wareneingangspuffer kein Leergut abgestapelt wurde und somit keine freien Pufferplätze zur Verfügung stehen. Die UST kann die Transportaufträge somit nicht ausführen. In diesem Fall erscheint beim Wareneingangsmitarbeiter nochmals die Meldung »Achtung automatisches Freispielen AKL, bitte x Kisten aus FT-Puffer entnehmen« (x = Anzahl nicht bestätigter TAs). Diese Meldung kann nun aber nicht manuell quittiert werden, sondern das LVS unterbricht die Tätigkeit des WE-Mitarbeiters so lange, bis sämtliche Transportaufträge von der UST quittiert worden sind.

3.6.15 Abgleich Lagerplätze zwischen LVS und UST

Das automatische Kistenlager wird von Seiten des Lagerverwaltungssystems nur auf Gassenniveau verwaltet. Dies bedeutet, das LVS kennt summarisch die Zustände der Lagerplätze pro Gasse und Lagerplatzgröße.

Bei der Generierung eines Transportauftrags übermittelt WLS lediglich LE-Nummer, LE-Typ und Material. Lagerplatz und Gasse vergibt die UST intern und verwaltet diesen selbst. Die Gasse wird an WLS zurückgemeldet.

Von Zeit zu Zeit muss ein automatischer Abgleich zwischen den beiden Systemen stattfinden. Hierbei ist die Anzahl belegter Plätze (Bestände und Leergut) und die Anzahl freier Plätze je Gasse und Lagerplatzgröße auszuwerten. Zusätzlich kann ein Abgleich der in den jeweiligen Systemen vorhandenen LE-Nummern erfolgen.

Dieser Abgleich erfolgt automatisch in regelmäßigen, einstellbaren Abständen, kann durch eine autorisierte Person aber auch jederzeit manuell gestartet werden.

Der Abgleich wird ausschließlich vom LVS als bestandsführendes System angestoßen. Der Anstoß ist periodisch oder manuell möglich.

3.6.16 Kanbanfunktion

AKL-Kisten werden zukünftig auch als Kanbankisten verwendet. Der komplette Materialinhalt der Kiste wird als Kanbanmenge zur Verfügung gestellt, die leere Kiste geht zurück in den AKL-Leergutbestand.

Der Mitarbeiter der Fertigung oder im Lagerleitstand kann Kanban-Nachschub direkt in WLS anfordern, indem er ein Quant oder eine Menge eines Materials anfordert. Der Ziel-Lagerort ist im WLS-Dialog anzugeben.

Auf Grund der Bewegung wird in SAP eine Umlagerung vom WLS-Lagerort zum Produktionslagerort ausgeführt.

Es ist nur möglich, verfügbaren Bestand anzufordern. Ist für einen Teil des Bestands in einer LE schon Bedarf hinterlegt, muss kommissioniert werden.

Zur Identifizierung wird am Kommissionierplatz ein Begleitschein gedruckt.

3.6.17 Kennzeichnung der Kommissionen für die Produktion

Den Kommissionen werden Materialbegleitscheine beigelegt, die das Material identifizieren. Diese enthalten folgende Informationen:

- Auftragsnummer, Auftragsmenge, Disponent, Datum, Material, Auftragsart, Fertigungssteuerer sowie eine Liste der Komponenten:
- Material mit Bezeichnung, Menge

3.6.18 Behandlung von Material aus kundenspezifischer Produktion (KMAT)

Die Produktion liefert kundenspezifisch ins Lager (Info im FA). Die Auslagerung bezieht sich ebenfalls darauf (bereits auf Kundenauftrag zugeschnitten).

Diese Funktionalität betrifft

- Schnittstelle SAP-LVS

   KMAT-Positionen sind vom Typ »TAC«. Eine solche Position erzeugt einen Lagerzugang nicht auf Standard-Markierungsnummer »0« sondern auf eine Markierungsnummer gleich der Kundenauftragsnummer.

- Serienbildung

   Bei der Quantselektion wird die Markierungsnummer berücksichtigt, d.h., ein Standardauftrag sucht Quanten mit Markierungsnummer »0«, ein K-MAT-Auftrag mit der Kundenauftragsnummer als Markierungsnummer.

3.6.19 Lieferung von Packages

Package-Aufträge bestehen aus übergeordneten, nicht kommissionierrelevanten Positionen und kommissionierrelevanten Positionen, welche die übergeordneten bilden. WLS erhält mit der Lieferung alle Positionen. Die kommissionierrelevanten bilden eine Serie und werden kommissioniert, übergeordnete und untergeordnete Positionen werden als Information auf den Lieferschein gedruckt.

3.7 Inventur

Momentan wird eine Stichtags-Inventur durch Stichproben im Zentrallager (Teile- und Fertigwarenlager) sowie eine Vollaufnahme in den Produktionslagern durchgeführt.

Langfristig wird für das neue Logistikzentrum eine permanent-automatische Inventur (Nulldurchgang) angestrebt. Lagerplätze, die im Laufe eines Jahres nicht leer geworden sind, müssen vom System zu einem Stichtag aufgelistet werden. Hier stellt das WLS die Möglichkeit der Stichprobeninventur zur Verfügung.

Führend in der Bestandsverwaltung ist das LVS. Bestandsdifferenzen werden angeglichen und Differenzbelege können bearbeitet werden.

Es wurde festgelegt, dass bei Bestandsübernahme zur Inbetriebnahme Inventurkennzeichen gesetzt werden können, da Mengen tatsächlich gezählt werden.

Anschließend wird das System mit dem Verfahren »permanente Inventur« betrieben.

3.8 Bestandsabgleich

Auf WLS-Seite wird ein Report bereitgestellt, um Differenzen zwischen den Beständen auf dem SAP-System und auf dem WLS zu ermitteln. Das Ergebnis der Bestandsüberprüfung wird in einer Liste dargestellt, welche die ermittelten Differenzen beinhaltet. Artikel, deren Bestände übereinstimmen, werden in der Liste nicht dargestellt. Die Liste kann ausgedruckt werden.

4 Schnittstellen zu benachbarten Systemen

Das Lagerverwaltungssystem verfügt über folgende Online-Schnittstellen:

- Schnittstelle zum Host-System SAP
- Schnittstelle zum Materialflusssystem MFS

Ferner gehört zum Lieferumfang LVS die Schnittstelle zwischen dem heutigen Export-System AEB und dem SAP-System.

Für die Speditionen werden Sendungs- und Packstückdaten in entsprechend aufbereiteter Form bereitgestellt, die auf Disketten überspielt werden können.

Weitere Schnittstellen für einen standardisierten Datenaustausch (z.B. EDI) können in Zukunft eingeführt werden, um schnell mit Lieferanten, Kunden und Speditionen Daten auszutauschen.

Schematische Darstellung des Systemverbundes:

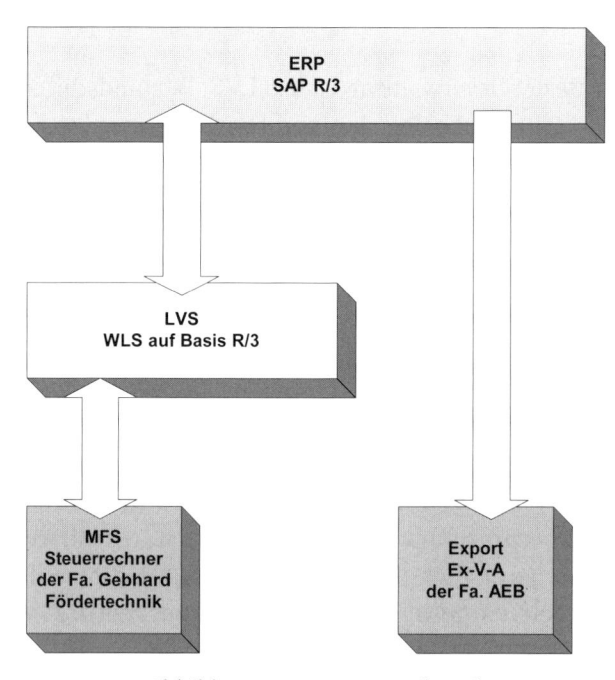

Abbildung 7.3: Systemverbund

4.1 Schnittstelle zum ERP-System SAP/R-3 (SAP – WLS)

Schnittstellen zwischen dem Lagerverwaltungssystem und SAP werden über die standardisierten und zertifizierten Module des WLS und SAP abgebildet.

Die Schnittstelle zwischen SAP und dem WLS selbst ist hinsichtlich ihres Informationsgehaltes in einem eigenständigen Dokument detailliert beschrieben (Anhang).

Neben Bewegungs- und Auftragsdaten sieht diese Schnittstelle auch Übertragung von Stammdaten (Material-, Debitoren- und Kreditorenstammsätze) vor. Bei Änderung oder Neuanlage dieser Stammdaten auf SAP wird ein Änderungszeiger gesetzt, so dass diese Datensätze automatisch in WLS eingearbeitet werden.

4.2 Schnittstelle zum Export-System (SAP – ExVA)

Das AEB-System, welches in der heutigen Form bei Kunden eingesetzt wird, verfügt über eine Schnittstelle zum SAP-System. Die heutigen Funktionen des AEB-Systems reichen in die Kommissionierung, den gesamten Versand sowie die Exportabwicklung hinein. Zukünftig werden umfangreiche Teile dieser Funktionen, die heute durch AEB abgedeckt werden, vom neuen Lagerverwaltungssystem übernommen.

Die technische Realisierbarkeit der geänderten ExVA-Schnittstelle erscheint gemäß den aktuellen Erkenntnissen aus dem Projekt als machbar.

Die Spezifikationen sind in folgendem Schnittstellendokument beschrieben:

Schnittstelle EX-V-A

Informationen, die das Subsystem ExVA über die Schnittstelle erhalten muss:

- Die von WLS an SAP gemeldete Sendungsnummer (externe Liefernummer)
  - die Lieferscheindaten
  - die Packstückinfo als SDPACK an SAP gemeldet, wo diese als SAP-Objekt abgelegt sind (hier geht es um die bei AEB sogenannte „Qualifizierte Verpackung")

Diese Daten kommen aus den SAP-Objekten Lieferung und Packliste.

Die von Frau Rieth (Außenhandelsabteilung Kunden) angegebenen Exportdokumente wurden bereits im Protokoll LVS-14 angegeben und sind nur für das Subsystem relevant, da die entsprechenden Funktionen dort abgebildet sind.

Anders als beim Inlandsgeschäft muss die Faktura für das Exportgeschäft nicht per Batch-Input ausgelöst, sondern eigens zusammen mit der Nachricht an ExVA getriggert werden.

Die SIGNO-Kennung wird von WLS ermittelt. Der Schlüssel erstellt sich aus:

▶ Land, Sendungsnummer, Anzahl Pakete

Für Direktlieferungen in Länder der EU muss die Lösung noch erarbeitet werden, weil hier die Intrastatmeldung abgegeben werden muss. Die physische Abwicklung dieser Direktlieferungen sollen so wie Lieferungen im Inlandsverkehr behandelt werden.

Funktionen	Heute	SOLL		
	EX-V-A	WLS	EX-V-A	SAP
Frachtkostenkalkulation		X		
Gewichtsermittlung	X	X	-	-
Versandartprüfung	-	X	-	-
Änderung Versandart	X (Inland)	X	-	-
Identifikation Paketgröße/ -art	X	X	-	-
Frachtkostenberechnung gem. Preistabelle der Spedition	X	X	-	-
Frachtkostenberechnung gem. Frachtkostenpflicht Kunde	X	X	-	-
Lieferschein				
Erstellung	X	X	-	-
Nachdruck LS	X	X	-	-
Archivierung LS-Daten	X	X	-	-
Labeldruck				
Adressetikett	X	X	-	-

Funktionen	Heute	SOLL		
	EX-V-A	WLS	EX-V-A	SAP
Speditionsinformationen	X	X	-	-
Spez. Kundeninformationen	-	X	-	-
Collietikett	X	X	-	-
Druck u. Diskette von Einlieferungslisten (f. Speditionen)	X	X	-	-
Sendungsbildung - Zusammenfassung von mehreren Lieferscheinen	X	X	-	-
Inland	-	X	-	-
Export	X	X	-	-
Packliste mit Collizuordnung (nur Ausland)	X	X	-	-
Erstellung der Export- und Ausfuhrpapiere	X	-	X	-
Akkreditivabwicklung	X	-	X	-
Informationen zur Erstellung der Sammelrechnungen	X	-	X	-
Erstellung von INTRASTAT	X	-	-	X
Erstellung von speziellen Proforma-Rechnungen für besonderen Verwendungszweck	X	-	X	A

X: Ausführendes System

A: Alternatives System

4.3 Schnittstelle zum Materialflusssystem (WLS - MFS)

4.3.1 Aufgabenverteilung WLS-MFS

Die Verwaltung der Lagerplätze und Gassen im automatischen Kistenlager **AKL** erfolgt vollständig durch »Fördertechnik«. Somit übernimmt »Fördertechnik« die volle Verantwortung für die Leistungsfähigkeit des **AKL** und der Fördertechnik.

4.3.2 Transportauftragsverwaltung

In der Transportauftragsverwaltung des WLS werden alle offenen TAs überwacht. Dabei wird in regelmäßigen, frei wählbaren Abständen ein Fehlerprotokoll über alle TAs erstellt, die innerhalb eines frei definierbaren Zeitfensters nicht bearbeitet wurden.

Weiterhin werden die offenen TAs zwischen den beiden Systemen WLS und MFS in regelmäßigen Abständen gegeneinander abgeglichen.

> *Da diese Seiten für den Leser uninteressant sind, wurden die nachfolgenden Ausführungen gekürzt.*

4.5 Schnittstelle zu Speditionen

Direkte Schnittstellen (DFÜ) zu den Speditionen sind zzt. nicht vorgesehen.

Langfristig verfügt das System jedoch über die Möglichkeit, die Datensätze, die für die Spedition aufbereitet werden, auf elektronischen Wege an die Speditionen direkt zu übermitteln:

Die Schnittstellen zu den einzelnen Speditionen werden über definierte Datensätze bzw. Listen dargestellt. So wird für jede einzelnen Spedition kurz vor der Abholung die Erstellung einer speziellen Diskette vorgesehen, in der sämtliche Daten der Sendungen, die an die Spedition übergeben werden, festgehalten sind. Derselbe Inhalt wird in Form von Listen bereitgestellt.

5 Benutzerschnittstelle

5.1 Belege und Listen

Im Folgenden werden alle Papierbelege und Listen beschrieben, die individuell für das Kunden-Projekt entwickelt bzw. angepasst werden und damit vom WLS-Standard abweichen.

5.1.1 Adressetikett

Die Adressetiketten werden grafisch ansprechend in Schwarz-Weiß gestaltet. Auf die Adressetiketten können Logos und unterschiedliche Barcodes gedruckt werden.

Eigenschaft	Ausführung
Druckformat	Klebeetikett
Druckertyp	Adress-Etikettendrucker, Kapitel o
Layout	Entsprechend Frachtführer (TOF, DPD, Kunden- Standard)

Informationsfeld	Beschreibung	Format	Barcode
Kundennummer	gemäß Lieferung		Ja
Kundenbezeichnung	gemäß Kundenstamm		
Lieferadresse	gemäß Lieferung		
PLZ			
Ort			
Lieferant	Kunden		
Auftragsnummer	gemäß Bestellung		
Packstücknummer	eindeutiger WLS Nummernkreis	123456	
Packstücknummer extern	sprechende Nummer, Kombination aus Zielland, Sendungsnr., Position innerhalb Sendung	CC123456xx	Ja

5.1.2 Kommissionierbeleg

Eigenschaft	Ausführung
Druckformat	Papierbeleg DIN A4
Druckertyp	Laserdrucker, Kapitel o
Layout	

Es wird eine Liste mit Kopf und Positionen gedruckt:

Informationsfeld	Beschreibung	Format	Barcode
Kopfdaten:			
Datum	Druckdatum	Tag, Monat, Jahr, Uhrzeit	
Bearbeiter	Kennung des Bearbeiters		

Informationsfeld	Beschreibung	Format	Barcode
Drucker	Bezeichn. Ausgabegerät		
Disponent (Fertigungssteuerer)	Disponent lt. Materialstamm		
Zielsenke	Zielsenke		
Seriennummer			
Positionsdaten:			
Artikelnummer			
Artikelbezeichnung	Kurzbezeichnung gemäß Stammdaten		
Menge	zu entnehmende Menge		
Mengeneinheit			
Lagertyp	Entnahme Lagertyp		
Gasse	Entnahme Gasse		
Lagerplatz	Entnahmeplatz		

5.1.3 WE-Beleg

Eigenschaft	Ausführung
Druckformat	Papierbeleg DIN A4
Druckertyp	Laser
Layout	

Informationsfeld	Beschreibung	Format	Barcode
Belegüberschrift	»Wareneingang«		
Datum	Druckdatum	Tag, Monat, Jahr, Uhrzeit	
Bearbeiter	Kennung des Bearbeiters der ersten Erfassung		
Drucker	Bezeichn. Ausgabegerät		
Druckversion	Versionsnummer		

Informationsfeld	Beschreibung	Format	Barcode
WE- Nummer			Ja, mit Klarschrift
WE Datum		Tag, Monat, Jahr, Zeit	
Bestellungsdaten			

5.1.4 LE-Beleg Einlagerung (Transportbegleitschein)

Eigenschaft	Ausführung
Druckformat	Papierbeleg DIN A4
Druckertyp	Laser
Layout	

Informationsfeld	Beschreibung	Format	Barcode
Belegüberschrift	»Einlagerbeleg«		
Datum	Druckdatum	Tag, Monat, Jahr, Uhrzeit	
Bearbeiter	Kennung des Bearbeiters der ersten Erfassung		
Drucker	Bezeichn. Ausgabegerät		
Druckversion	Versionsnummer		
LE-Nummer	LE-Nummer		
Materialnummer	Materialnummer		
Bezeichnung	Materialbezeichnung		
WE-Nummer	Referenz-Nummer Wareneingang		
Lagertyp	Ziellagertyp	WLS-Bezeichnung	
Gasse	Zielgasse		
Lagerplatz	Ziellagerplatz	WLS-Schablone	
Lief. Kostenobjekttyp	Typ des liefernden Buchungsobjekts	Optional	

Informationsfeld	Beschreibung	Format	Barcode
Lief. Kostenobjekt	Lieferndes Buchungsobjekt	Optional	
Bewegungsart	Bewegungsart der Materialbewegung		
Transportnummer	Nummer des Transportauftrags		Ja, mit Klarschrift

5.1.5 LE-Beleg Auslagerung (Transportbegleitschein)

Eigenschaft	Ausführung
Druckformat	Papierbeleg DIN A4
Druckertyp	Laser
Layout	

Informationsfeld	Beschreibung	Format	Barcode
Belegüberschrift	»Auslagerbeleg«		
Datum	Druckdatum	Tag, Monat, Jahr, Uhrzeit	
Bearbeiter	Kennung des Bearbeiters der ersten Erfassung		
Drucker	Bezeichn. Ausgabegerät		
Druckversion	Versionsnummer		
LE-Nummer	LE- Nummer		Ja, mit Klarschrift
Materialnummer	Materialnummer		
Bezeichnung	Materialbezeichnung		
Sollmenge	Entnahmemenge		
Mengeneinheit	Mengeneinheit		
Lagertyp	Quell-Lagertyp	WLS-Bezeichnung	
Gasse	Quellgasse		
Lagerplatz	Quell-Lagerplatz	WLS- Schablone	

Informationsfeld	Beschreibung	Format	Barcode
Emp. Kostenobjekttyp	Typ des empfangenden Buchungsobjekts	optional	
Emp. Kostenobjekt	Empfangendes Buchungsobjekt	optional	
Bewegungsart	Bewegungsart der Materialbewegung		
Transportnummer	Nummer des Transportauftrags		
Versandbedingung	VS- Bedingung aus VS- Auftrag		
Bez. VS- Bedingung	Bez. VS- Bedingung		

5.1.6 Lieferschein

Der Lieferschein ist in vier Sprachen zu erstellen. Nebst den sprachlichen Unterschieden gibt es auch unterschiedliche Formatierungen für diese Lieferscheine. Die Sprache ist kundenspezifisch im SAP abgelegt (Kundenstammsatz und Lieferantenstammsatz), der Sprachenschlüssel kommt mit dem Auftrag an WLS. Die wesentlichen Informationen zum Lieferschein werden dem Auftrag entnommen. Ebenso kommen die Texte aus dem SAP-System.

Dies bedeutet, dass die Informationen für den Druck von Lieferscheinen auf zwei Arten erfolgt.

1. Infos aus Soll-Daten des Auftrags, immer sofort bei Auftragsstart
2. Infos aus Ist-Daten(!), nur dann, wenn Entnahmemengen geändert werden. Nachdruck: immer Ist-Werte! Versandlisten für Spediteure

5.1.7 Packliste

Eigenschaft	Ausführung
Druckformat	Papierbeleg DIN A4
Druckertyp	Laser
Layout	

Es wird eine Liste mit Kopf und Positionen gedruckt:

Informationsfeld	Beschreibung	Format	Barcode
Kopfdaten:			

Informationsfeld	Beschreibung	Format	Barcode
Belegüberschrift	»Packliste«		
Datum	Druckdatum	Tag, Monat, Jahr, Uhrzeit	
Bearbeiter	Kennung des Bearbeiters der ersten Erfassung		
Drucker	Bezeichn. Ausgabegerät		
Druckversion	Versionsnummer		
Seriendaten:			
Kundennr.			
Kundenadresse			
Lieferant	»Kunden«		
Seriennummer			
Positionsdaten:			
Artikelnummer			
Artikelbezeichnung	Kurzbezeichnung gemäß Stammdaten		
Menge	zu entnehmende Menge		
Mengeneinheit			

5.1.8 Umlagerbeleg Produktionslager

Eigenschaft	Ausführung
Druckformat	Papierbeleg DIN A4
Druckertyp	Laser
Layout	

Informationsfeld	Beschreibung	Format	Barcode
Belegüberschrift	»Auslagerung nach Produktionslager«		
Datum	Druckdatum	Tag, Monat, Jahr, Uhrzeit	

Informationsfeld	Beschreibung	Format	Barcode
Bearbeiter	Kennung des Bearbeiters der ersten Erfassung		
Drucker	Bezeichn. Ausgabegerät		
Druckversion	Versionsnummer		
Bewegungsart	WLS- Bewegungsart		
Materialnummer	Materialnummer		
Bezeichnung	Materialbezeichnung		
Sollmenge	Umlagermenge		
Mengeneinheit	Mengeneinheit		
Anforderer	Erzeuger des Lagerabgangs		
Emp. Kostenobjekttyp	Typ des empfangenden Buchungsobjekts (Lagerort)	optional	
Emp. Kostenobjekt	Empfangendes Buchungsobjekt (Lagerortnr.)	optional	
Transportnummer	Nummer des Transportauftrags		Ja, mit Klarschrift

5.2 Dialoge

Im Folgenden werden alle Dialoge beschrieben, die individuell für das Kunden-Projekt entwickelt bzw. angepasst werden und damit vom WLS-Standard abweichen.

> *Da diese Seiten für den Leser uninteressant sind, wurden die nachfolgenden Ausführungen gekürzt!*

6 Inbetriebnahme

6.1 Zurückstellung von Funktionen in der Realisierung

Folgende Funktionen müssen zum Inbetriebnahmezeitpunkt noch nicht aktiviert sein und können anschließend nachgereicht werden:

▶ Rücklagerung ins AKL am Kommissionier- und Packplatz, wenn diese Funktionalität über die WE-Abwicklung sichergestellt werden kann.

Folgende Funktionen können von Kunden-Seite zum Inbetriebnahmezeitpunkt nicht aktiviert werden und müssen zu einem späteren Zeitpunkt in Betrieb gesetzt werden:

▶ LE-Bildung über einen LVS-Dialog (Verheiraten von Quanten mit LEs) bereits in Ungarn. Bis zum Einsatz dieser Funktion erfolgt die Vereinnahmung der Ungarn-Ware in Kundenhausen wie die einer Lieferung externer Lieferanten zu einer Bestellung.

7 Hardware – Systemsoftware – Administration

7.1 Systemumgebung

Die Kunden GmbH betreibt als ERP-System SAP-R/3 mit dem Releasestand 3.1I. Es wird ein Release-Wechsel zum Release 4.5 oder 4.6 angestrebt. Dieser Release-Wechsel wird jedoch nicht während des aktuellen Projektes erfolgen. Das Projekt wird davon nicht beeinflusst.

7.2 Netzwerkumgebung

Da sich das Logistikzentrum größtenteils im Neubau in der Kundenstraße befindet, ist ein komplett neues Netzwerk zu designen.

Die Beauftragung des Netzwerkes wird separat durch die Kunden GmbH an einen Kunden-bekannten und kompetenten Lieferanten erfolgen.

Mit der Netzwerkplanung ist sicherzustellen, dass mit dem neuen Netzwerk die entsprechenden Anforderungen an das Lagerverwaltungssystem erfüllt werden können.

Das Netzwerk wird gemäß den Kunden-Standard als Ethernet-Verkabelung mit einer Datenübertragung von 100 MBit/s ausgeführt werden.

7.3 Systemsoftware

7.3.1 Betriebssystem

Als Betriebssystem kommt HP-UX 11.0 zum Einsatz.

7.3.2 Entwicklungsplattform und Laufzeitumgebung

Als Entwicklungs- und Laufzeitumgebung kommt das R/3-BC, die Basis-Plattform der SAP AG, zum Einsatz. Das R/3-BC-System wird von Kunden beigestellt. Die Anzahl der User ist nicht beschränkt und wird hiermit abgedeckt.

Zur Inbetriebnahme kommt R3 Release 3.1I zum Einsatz.

7.3.3 Datenbank

Im Rahmen der R/3-BC-Lizenz ist eine Oracle-Datenbank enthalten. Es wird Oracle-Release 7.3.4.3 eingeführt.

7.4 Hardware

7.4.1 Rechnerverbund

Das Lagerverwaltungssystem ist in die folgende Gesamt-Rechnerarchitektur eingebettet:

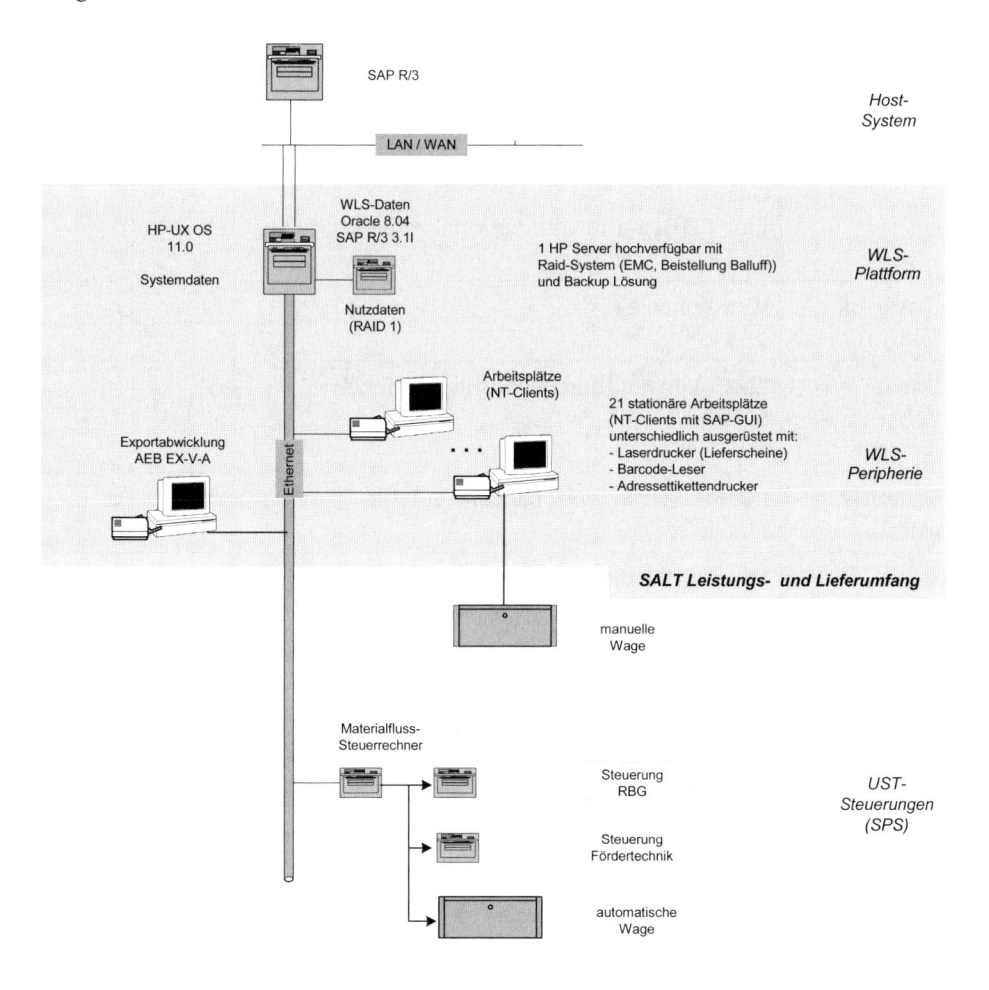

Abbildung 7.4: Systemübersicht Rechnerverbund

7.4.2 Liste Hardware-Komponenten

Gerätetyp	Beschreibung / Verwendung	Anzahl	Kapitel
Server WLS	HP 9000 L2000 Enterprise Server, Telefon/Next Day System Support-1st Yr, 2xPA8500 360 MHz CPU mit 1,5 MB Cache, Prozessor-Support-Module für L-Klasse, 512 MB HD SyncDRAM Speichermodul, 2x9,1 GB HotPlug Ultra1 SCSI LP Platte, DVD-ROM-Laufwerk für L-Klasse-System, SCSI-Controller, diverse Zubehörteile, 10/100 Base-T LAN-Adapter, HP-UX-Betriebssystem SW für Server, HP-UX Rev. 11.0, Lizenz, einbaufähig in 19"-Rack, incl. Service-Guard Eine FDDI-Karte wird optional geliefert (nicht im Leistungsumfang)	1	0
Server-Bildschirm	Web-Konsole	1	0
Datensicherungs-Systeme	EMC, Verwendung des Kunden-eigenen Systems	0	0
Remote-Zugang	ISDN-Gateway, wird bauseits gestellt	0	0
USV	USV, wird bauseits gestellt	0	0
Clients-PC	HP-Client, äquivalent mit: Compaq Deskpro EP DT 6500+ 128 MB M10 GB 2xAG, Pentium III 500 MHz, 512 kB Cache, 128 MB SDRAM PC100 MHz (max. 768 MB), 10 GB Festplatte SMART II Ultra-ATA, CD-ROM 32fach EIDE, Matrox Millenium G200-2D 8 MB SDRAM 2xAGP, Sound 16 Bit Business Pro Audio (ISA), Netzwerkarte 3COM 90xT 10/100 PCI RJ45, Maus Logitech Cordless Wheel PS2, Windows NT 4.0 WS vorinstalliert, 3 Jahre Garantie, 1 Jahr Vor-Ort-Service	3	0

Gerätetyp	Beschreibung / Verwendung	Anzahl	Kapitel
Client-Bildschirm	HP-Bildschirm, äquivalent mit: Compaq Bildschirm V700 17" Monitor, 31-85 Hz, TCO 99	0	0
Barcodelesepistole ohne Kabel	Kabellos Laser-Handscanner 6010-R, ohne Display mit Nickel-Metallhybrid-Akkus	3	0
Barcodelesepistole mit Kabel	Kabelgebundener Laser Handscanner 6010-M	15	0
Fest installierte Barcodescanner	Hersteller: Sick	2	0
Adress-Etikettendrucker	Etikettendrucker Vario 107, Thermotransferdrucker, mit 300 dpi, (höhere Auflösung Adressetiketten mit Firmenlogos etc), Druckfeldgröße 106,6 x 2000 mm, horizontal oder vertikal zu bedrucken, mit Spende-Einrichtung mit Lichtschranke	8	0
Laserdrucker	HP Laserjet 2100, A4, 10 Seiten pro Min, 1200 dpi, 4 MB RAM, 1x250-Blatt Schacht, 1x100-Blatt Schacht, 1 Jahr Garantie	12	0
Jet-Direct-Boxen	CSP 10/100 mit 3 parallelen Schnittstellen, Externer Printserver Fast- Ethernet	10	0

7.4.3 Server

Zurzeit werden bei Kunden für SAP HP-Server eingesetzt. Das Lagerverwaltungssystem wird auf einem eigenständigen Server installiert. Der Server wird als einbaufähige 19"-Ausführung geliefert.

Für die Datenhaltung im EMC® werden voraussichtlich vier 18-GB-Platten benötigt, die durch Kunden geliefert werden. Bei RAID-Level 1 stehen somit 36 GB Plattenplatz netto zur Verfügung.

7.4.4 Datensicherheit

Folgendes Datenverfügbarkeitskonzept wird eingesetzt:

▸ Spiegelung der Anwendungsdaten über EMC, (RAID-Level 1)

▸ Spiegelung des Betriebssystems (Server) lokal pro Server

▸ Datensicherung über externes Medium (Bandlaufwerk)

7.4.5 Remote-Zugang

Zur Fernwartung des LVS wird ein Remote-Zugang eingerichtet, die Hardware wird bauseits gestellt. Die ISDN-Leitung wird seitens Kunden zur Verfügung gestellt.

Über den Remotezugang sind folgende Servicefunktionen möglich:

▸ Vollständiger Zugriff auf alle WLS-Funktionen einschließlich der Schnittstellen zu den benachbarten Systemen (R/3 und MFS)

▸ Administration des Servers (soweit kein Hardware-Eingriff erforderlich ist)

▸ Einspielen von Änderungen im Rahmen des SAP-KTW (Puts)

Wenn die MFS-Anwendung über Remote wartbar ist, dann kann dieser Zugang auch dafür genutzt werden. Allerdings wird die Bandbreite für LVS-Remote-Aktivitäten eingeschränkt. Die Sicherheitsrisiken, die sich mit dem Remote-Zugang ergeben, werden durch einen Callback-Service erheblich eingeschränkt.

7.4.6 USV

Es wird die USV der Firma Kunden genutzt. Von Kunden ist eine Notstromversorgung über ein Notstrom-Dieselaggregat vorgesehen. Diese erstreckt sich sowohl auf die lager- und fördertechnischen Einrichtungen incl. AKL als auch auf die IT-Systeme im Hause Kunden. Somit ist nach kurzer Zeit ein eingeschränktes Arbeiten (die RBG des AKL können nicht zeitgleich betrieben werden) im Distributionszentrum möglich.

7.4.7 Clients

Auf allen PCs können parallel zu den Anwendungen des Lagerverwaltungssystems SAP-Anwendungen gefahren werden. Zu den Arbeitsstationen gehören farbige 17"-Monitore gemäß Arbeitsstättenrichtlinien incl. Tastatur und Funkmaus sowie Netzwerkkarten.

▸ Für sämtliche Komponenten, die im Netzwerk integriert werden, sind 100-MBit-Netzwerkkarten vorgesehen. PCs, Tastatur, Maus und Monitore sind so ausgelegt sein, dass sie den langfristigen Anforderungen für einen Dauerbetrieb in einem Logistikzentrum genügen.

Seitens Kunden werden folgende Aktivitäten durchgeführt:

▶ Einbau der Netzwerkkarten, Vergabe der IP-Adressen

▶ Installation der SAP-GUIs

▶ Konfiguration des Netzwerks (Ghosting)

7.4.8 Drucker

7.4.8.1 Etiketten-Drucker

Im Logistikzentrum kommen zwei unterschiedliche Typen Etiketten-Drucker zum Einsatz. Sämtliche Etiketten-Drucker sind so ausgelegt, dass sie den langfristigen Anforderungen für einen Dauerbetrieb in einem Logistikzentrum genügen.

7.4.8.1.1 Adressetiketten-Drucker

Für den Druck der Adressetiketten ist eine entsprechende Spende-Einrichtung für Einzeletiketten am Drucker vorgesehen. Die Adressetiketten weisen eine Größe von ca. 200 mm x 120 mm (B x H) auf.

7.4.8.1.2 Artikeletiketten-Drucker

Bei Kunden sind in der Regel alle verkaufsfähigen Artikel einzeln gekennzeichnet. Werden größere Packungseinheiten aufgebrochen, so sind die darin enthaltenen Artikel teilweise nicht bezeichnet. Mit den Artikeletiketten-Druckern können diese Artikel gekennzeichnet werden.

Diese Etiketten werden aus SAP gedruckt.

7.4.8.2 Laserdrucker

Zum Druck von Liefer- und Kommissionierscheinen sowie Warenbegleitpapieren sind geeignete Laserdrucker für S/W-Druck vorgesehen. Es kommen Laserdrucker mit einem Schacht zum Einsatz.

Die Laserdrucker können die o.g. Formulare incl. verschiedener Barcodes, Grafiken und Logos drucken. Die Laserdrucker entsprechen dem HP-Standard mit PCl6 als Druckersprache.

7.4.9 Barcodelesesysteme

Bei Kunden werden drei unterschiedliche Barcodelesesysteme zum Einsatz kommen. Die Barcodelesesysteme können verschiedene Codes lesen. Sämtliche Barcodelesesysteme sind so ausgelegt, dass sie den langfristigen Anforderungen für einen Dauerbetrieb in einem Logistikzentrum genügen.

7.4.9.1 Drahtlose Barcodelesepistolen

Insbesondere im Versand, dem Warenein- und Warenausgangsbüro sowie im Palettenlager werden drahtlose Barcodepistolen eingesetzt, die eine Datenübertragung per Funk durchführen. Die Mindestreichweite beträgt 25 m.

7.4.9.2 Standard-Barcodelesepistolen

In sämtlichen anderen Bereichen können Standard-Barcodelesepistolen eingesetzt werden, die per Kabel mit dem PC verbunden sind. Diese werden in die Tastatur eingeschleift

7.4.9.3 Barcodescanner im manuellen Lagerbereich

Zur Rückmeldung der Aufträge aus den manuellen Lagern ist ein fest installierter Barcodescanner im Bereich des Palettenhochregallagers vorgesehen.

Die Kommissionierscheine werden nach der Kommissionierung während des Transports zum Versand oder Auftragszusammenführplatz gescannt. Damit wird die Ausführung der Kommission bestätigt. Ergänzende Informationen wie Bestandskorrekturen oder Mengenberichtigungen sind an einem separaten Terminal vorzunehmen. Allerdings soll auch hier der Auftrag durch Scannen des Barcodes, welcher sich auf dem Kommissionier-TA befindet, aufgerufen werden können.

7.4.10 Jet-Direct-Boxen

Laser- und Labeldrucker werden über die Parallelports von Fast-Ethernet-Printservern angesteuert. Diese belegen jeweils einen Netzanschluss in Nähe der Arbeitsplätze und verfügen ihrerseits über 3 parallele Schnittstellen.

8 Verzeichnisse und Referenzen

8.1. Workflow / SAPmail

Hier werden alle Transaktionen aufgelistet, welche in Beziehung zu Workflow-Ereignissen stehen:

- Wird die WLS-Überlieferungs-Toleranz überschritten, ist zusätzlich eine SAP-Mail an den Besteller im Einkauf zu schicken. WLS muss dazu eine Nachricht im Hostsystem initiieren!

- Bei Wareneingang auf Kostenstelle wird eine SAPMail an den Empfänger im SAP-System geschickt.

- Lieferungen dürfen nicht eingearbeitet werden, wenn die Anschrift nicht vollständig in SAP gefüllt wurde. Dies gilt auch für Postversand. Trifft eine solche Lieferung in WLS ein, wird die Einarbeitung abgelehnt und eine SAP- Mail an den Ersteller der Lieferung gesendet.

- Ist mindestens eine der Gewichtskontrollen negativ, erscheint auf dem WLS-Bildschirm des zuständigen Arbeitsplatzes eine Fehlermeldung (SAPmail).

8.2 Offene Punkte

Diese Liste dient zur Unterstützung während der Projekthandbuch-Erstellungsphase. Sie listet alle im Text markierten offenen Punkte auf. Mit Abnahme des Projekthandbuches sollten keine offenen Punkte mehr existieren.

8 Implementierung

8.1 Einführungsstrategie

Die Entscheidung für eine Software ist gefallen und der Vertragsabschluss einwandfrei getätigt. Als nächster Schritt folgt jetzt die Software-Implementierung. Diese vollzieht sich auch in verschiedenen Schritten, die wiederum in Phasen eingeteilt sind. Meilensteine zur Zielerreichung und zum Phasenabschluss dienen der Messung des Projektfortschritts.

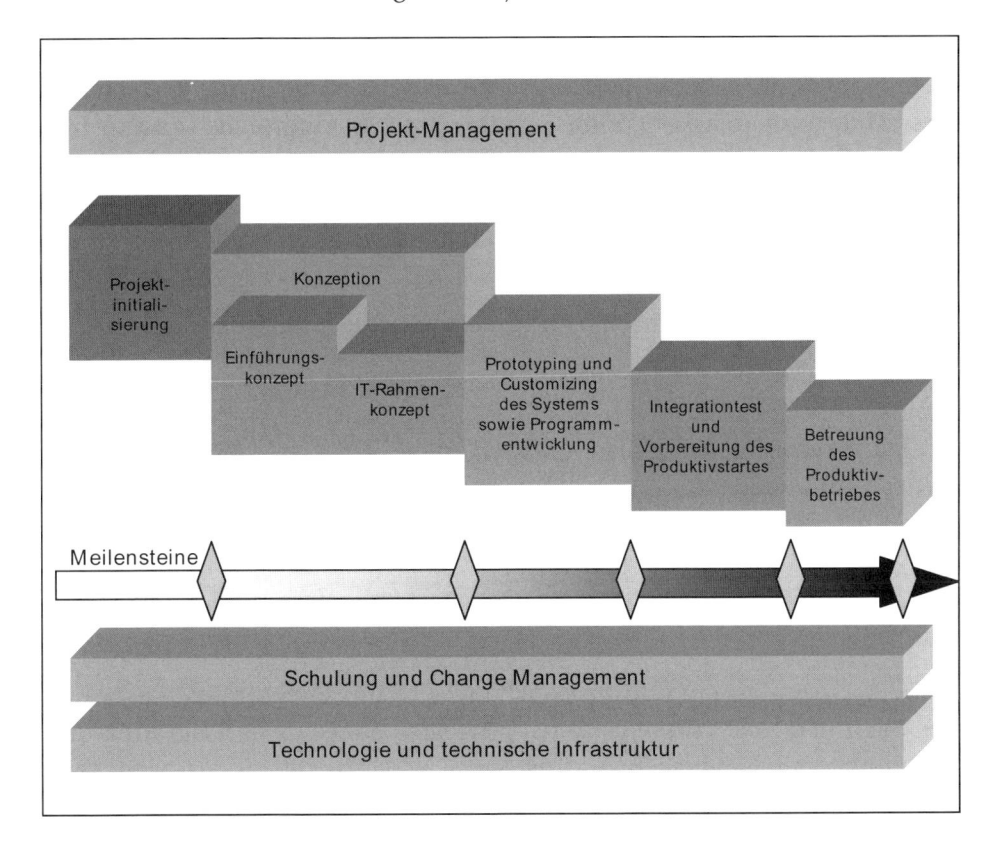

Ihr Software-Lieferant hat Sie hoffentlich darauf hingewiesen, dass seine Software nicht alle Probleme lösen kann. Um eine Zufriedenheit und eine optimale Nutzung der Software erzielen zu können, muss

- die Organisation angepasst werden
- eine Einführungsstrategie beachtet werden

Da die organisatorischen Anpassungen in jedem Unternehmen unterschiedlich sind, kann Ihnen nur an Herz gelegt werden, diese nicht zu vernachlässigen. Eine optimale und erfolgreiche Implementierung einer Software-Lösung wird nicht unerheblich durch die Akzeptanz der Mitarbeiter getragen. Binden Sie Ihre Mitarbeiter in die Projektarbeit ein, veranstalten Sie Präsentationen und bereiten Sie die Schulungen der Mitarbeiter intensiv vor. In diesem Zusammenhang möchte ich Sie auch auf die Einbindung des Betriebsrates hinweisen. Hinsichtlich der Vorgehensweisen ist es häufig ratsam, die Hilfe einer Unternehmensberatung in Anspruch zu nehmen. Wie intensiv diese Hilfe ausgeprägt ist (Vollbetreuung oder Coaching) sollte von Ihnen in Abhängigkeit des Know-hows der eigenen Mitarbeiter entschieden werden.

Achten Sie dabei darauf, dass die Unternehmensberatung sich in Ihrer Branche und mit Ihrer Software auskennt.

Branchen- und Software-unabhängig ist allerdings die Einführungsstrategie.

Um Ihnen einen Einblick in die Anforderungen einer Software-Implementierung zu geben, haben wie ein vollständig funktionsfertiges PPS-System auf CD-ROM beigefügt. Leider ist es vom Umfang her nicht möglich, ein komplettes ERP-System zum Üben anzubieten, geschweige denn dieses System ohne umfangreiche Schulung vom Anwender her zu beherrschen. Erfreulicherweise kann ich Ihnen aber ein komplettes Übungs-PPS-System darbieten, mit dem Sie alle Aktionen im Kleinen durchspielen und ausprobieren können.

Das PPS-System ist ein vollfunktionsfähiges Übungsprogramm. Hierin können Sie Ihre eigenen firmenspezifischen Daten eingeben und alle vorhandenen Funktionen handhaben.

8.2 Einführungsstrategie PPS-System

Diese Unterkapitel bietet Ihnen die Möglichkeit, die grundsätzliche Einführungsstrategie eines PPS-Systems in groben Zügen kennen zu lernen.

Aufgezeigt werden die Funktionen:

- Stammdatenverwaltung
- Einkauf
- Kostenwesen
- Zeitwirtschaft
- Fertigungssteuerung
- Stücklistenverwaltung
- Lagerverwaltung
- Inventur
- Kundenauftrag / Fakturierung
- Fertigungsdisposition / Bestellwesen
- Vor- und Nachkalkulation
- Arbeitsvorbereitung / Betriebsauftrag
- Kapazitätsplanung / Fertigungssteuerung.

Vorgehensweise bei der Einführung

Gehen Sie bitte Schritt für Schritt vor:

- Kostenstellen anlegen und ausdrucken
- Maschinen anlegen und ausdrucken
- Lohngruppenanlegen und ausdrucken
- Adresseneingeben
- Artikel (-Kopfdaten) anlegen
- Artikel-Datenergänzen (z.B. EK-Preis, usw.)
- Inventurdurchführen
- Stücklistenanlegen

- Arbeitspläne anlegen
- Kalkulationermitteln und eingeben
- Vorkalkulation durchführen
- Fakturierung durchführen
- Betriebsaufträge eröffnen und einplanen
- Fertigungspapiere ausdrucken
  entnommenes Material verbuchen
  Zeiten zurückmelden
- Nachkalkulation durchführen
- Vergleich Vor- / Nachkalkulation durchführen
- Ausschusskalkulation durchführen
- Bestellwesenbearbeiten
- Wareneingangverbuchen

Diese Vorgehensweise ist so zu wählen, da viele Umfeldprogramme (Tabelle 8.1) auf eine gemeinsame Stammdatenbank zugreifen müssen (Abbildung 8.1).

Vorgangsbearbeitung	Stammdaten	Betriebsaufträge
Angebote	Artikel	Arbeitsgänge
Aufträge	Stücklisten	Arbeitspläne
Auftragsbestätigung	Adressen	Arbeitsplanung
Lieferscheine	Lohngruppen	Auftragsstatus
Rechnungen	Kostenstellen	
Gutschriften	Maschinen	
Provisionen	Planungshorizont	
FIBU		
Lagerverwaltung	**Schnittstellen**	**BDE**
Abgänge		
Reservierungen		
Zugänge		
Wareneingang		

Mindestbestandskontrolle		
Inventur		
Disposition	**Bestellwesen**	**Fertigungssteuerung**
Produktionsplan	Lieferverzeichnis	Terminierung
Bruttobedarf	Bestellungen intern	Kapazitätsplanung
Nettobedarf	Bestellungen extern	Einlastung
Bestellvorschläge	Anfragen	Rückmeldung
Reservierungen	Bestellüberwachung	Lohn
Eindeckungszeiten	Wareneingang	
	Wareneingangsprüfung	

Tabelle 8.1: PPS-interne Teilprogrammen

Abbildung 8.1: Stammdatenverknüpfungen

Fast alle Programmteile benötigen Stammdaten. Die Stammdaten müssen zum Teil eingegeben werden, werden aber auch direkt vom System erzeugt.

Welche Stammdaten müssen nun eingegeben werden?

Dies richtet sich grundsätzlich nach den verwendeten Programmteilen, mit denen Sie arbeitet wollen. Es ist eine weit verbreitete, irrige Meinung, dass zunächst alle Daten komplett vorhanden sein müssen, um mit einem PPS-System arbeiten zu können. Selbstverständlich kann der Computer nur mit den Daten arbeiten, die in ihm gespeichert sind. Aber gerade in der Anfangsphase ist er ein sehr nützliches Instrument, wenn es darum geht, zu einem vollständigen Datenbestand zu kommen. Hierfür bieten die Programme eine wesentliche Hilfe durch die Möglichkeit, die bereits gespeicherten Daten nach allen möglichen Kriterien zu sortieren, zu selektieren und auszudrucken.

Sie geben zunächst nur Kopfdaten ein. Das Wort Teile-Nummer wird für die Codierung (Verschlüsselung) des Teiles verwendet. Unter dieser Nummer wird das Teil registriert und gesucht. Damit keine Verwechslungen vorkommen, ist die Teilenummer exklusiv. Zur kompletten Beschreibung eines Teiles stehen Teile-Nummer, Bezeichnung und Zusatzbezeichnung zur Verfügung.

Beispiel: Alle Schrauben können am Anfang der Teile-Nummer mit »SCHR« gekennzeichnet werden. Wichtig ist dabei, dass man eine einmal gewählte Abkürzung beibehält, also nicht einmal »SCHR« und ein anderes Mal »schr«. Mit dieser Grobklassifizierung ist gewährleistet, dass man die späteren Verarbeitungen auf den Teilebestand mit »SCHR« einschränken kann. Gleichzeitig ist diese Klassifizierung sehr einfach durchzuführen und auch ausreichend. Die weiteren Merkmale zur Codierung innerhalb der Teile-Nummer und zur kompletten Kennzeichnung müssen nicht an einer bestimmten Stelle innerhalb der Teile-Nummer oder Bezeichnung stehen. Es muss nur eine einheitliche Schreibweise eingehalten werden, mit dem ein Merkmal gekennzeichnet wird.

In diesem Beispiel könnte zur weiteren Codierung der Schrauben das Maß verwendet werden, also z.B. »SCHR M 3x6«. Werden mehrere Typen von diesen Schrauben verwendet, muss ein weiterer Zusatz in der Teile-Nummer verwendet werden.

Verwenden Sie viele gleichartige Teile, kann es sinnvoll sein, als weiteres Unterscheidungsmerkmal eine Zählnummer anzuhängen, falls kein anderes signifikantes Merkmal vorhanden ist.

Innerhalb der Bezeichnung kann das Teil nun noch näher beschrieben werden. Die Bezeichnung wird zur Identifikation jedoch nicht herangezogen, wohl aber zur Auswahl nach Merkmalen (Matchcode). Innerhalb der Bezeichnung können also weitere Merkmale angegeben werden. Auch hier muss wieder eine einheitliche Schreibweise für ein bestimmtes Merkmal eingehalten werden, damit eine korrekte Auswahl erfolgen kann. So könnte man z.B. für die Schraube die Bezeichnung »Schraube DIN 87 glanzverzinkt« wählen, wobei Sie das Wort »Schraube« auch weglassen könnten, da dies die Teile-Nummer bereits aussagt. Damit hat man zwei grundsätzliche Merkmale, nämlich »DIN« und »glanzverzinkt«. Die Stellung der Merkmale innerhalb der Bezeichnung ist ohne Bedeutung. Es wird empfohlen, zwischen den Merkmalen jeweils eine Leerstelle zu lassen, innerhalb der Merkmale jedoch keine Leerstellen zu verwenden.

Sollte sich später herausstellen, dass diese Merkmale innerhalb der Bezeichnung ungeschickt gewählt worden sind, ergänzt oder abgeändert werden müssen, so lässt sich dies problemlos über die Bezeichnungsänderung erreichen.

Welche Stammdaten werden für die Stücklisten benötigt?

Bevor Sie eine vollständige Baukasten-Stückliste eingeben können, müssen alle Einzelteile und Baugruppen, die in den Baukasten aufgenommen werden sollen, angelegt worden sein. Das Anlegen des Stammsatzes entspricht dem Anlegen einer Karteikarte innerhalb einer Kartei. Die Anzahl der Karteikarten entspricht der Anzahl der registrierten Einzelteile, Baugruppen und Endprodukte.

Für die Codierung der Teile-Nummern für Eigenfertigungsteile (Baugruppen, Endprodukte) gilt sinngemäß das Gleiche wie am Beispiel der Schrauben aufgeführt. Merkmale könnten z.B. hier sein:

Zugehörigkeit zu einer (oder mehrerer) bestimmten Produktfamilie, mechanischer Baugruppen, elektrische Baugruppen, Montagegruppen, Stanzteile, Baugruppen mit auswärtiger Bearbeitung, Zulieferteile für Fremdbetriebe, Teile aus der regelmäßigen Produktion, die nur noch als Ersatzteile verwendet werden.

Gibt es in Ihrem Betrieb kein Verzeichnis der zu verwendenden Einzelteile, Baugruppen und Endprodukte, so legen Sie sich ein Verzeichnis der Einzelteile an, indem Sie durch das Lager gehen und zunächst alle Lagerteile erfassen. Dazu notieren Sie sich alle Endprodukte und an Hand des Fertigungsablaufes die wichtigsten Baugruppen. Für dieses Artikelgerüst werden die Teile-Nummern festgelegt und die Stammsätze angelegt.

Auch Stücklisten müssen nicht von Anfang an komplett eingegeben werden, falls die erforderlichen Unterlagen nicht vorhanden sind. Es ist im Gegenteil sinnvoll, mittels der erstellten Verzeichnisse seine Endprodukte in Form einfacher Baukasten-Stücklisten einzugeben und diese Baukästen dann nach und nach zu differenzieren. Gerade bei dieser Arbeit bieten Programme, wie z.B. der Teileverwendungsnachweis eine wertvolle Unterstützung.

Sie sollten mit einem klaren Konzept an die Arbeit gehen, was die Codierung der Teile angeht. Bei den Stücklisten sollten Sie sich nach dem Fertigungsprozess richten.

8.2.1 Einführungsstrategie

Ablauforganisation:

Auftragsbearbeitung

Lageraufträge	
	schnell liefern
	schnell fakturieren
	Lagerverantwortung
Fertigungsaufträge	
	Materialverfügbarkeit
	Auftragsbestätigung
	Fortschrittskontrolle

Tabelle 8.2: Ablauforganisation Auftragsbearbeitung

Welche Stammdaten werden für die Lagerverwaltung benötigt?

Der Gesamtbestand, die Lagereinheit und der aktuelle Einkaufspreis werden für die Bewertung benötigt. Wird mit Mindestbeständen gearbeitet, so muss der Mindestbestand ebenfalls eingegeben sein. Die Lagereinheit muss nur dann erfasst werden, wenn sie von der Mengeneinheit abweicht.

Den Lagerbestand ermitteln Sie am einfachsten durch eine Inventur. Man erstellt zunächst den Aufnahmebeleg. Auf diesem ausgedruckten Beleg werden die gezählten Bestände eingetragen.

Da am Anfang noch keine Lagerorte eingegeben wurden, sollte man auf dem Beleg auch die Lagerorte mit erfassen und diese Unterlage zur Ergänzung der Stammdaten benutzen. Die Angabe des Lagerortes ist bei jedem Lager nützlich. Die Verwendung eines Lagerortes erlaubt eine flexible Aufteilung (chaotische Lagerung) des Lagers. Änderungen des Lagerortes können problemlos durchgeführt werden.

Welche Stammdaten werden für die Inventur benötigt?

Für die Inventur werden die bisher erwähnten Stammdaten benötigt. Die Arbeit wird aber erleichtert, wenn bei der Einrichtung des Lagers Lagerorte verwendet werden.

8.2.2 Einführungsstrategie

Ablauforganisation: Lagerverwaltung

Lagerabgänge	
	Lageraufträge
	Betriebsaufträge
	ungeplant
Lagerzugänge	
	Lageraufträge
	Betriebsaufträge ungeplant

KAPITEL 8 – IMPLEMENTIERUNG

Wareneingänge	
	externe Bestellungen
	interne Bestellungen
	Wareneingangskontrolle
Lagerüberwachung	
	Mindestbestände
	Lagerwerte
	Lagerbewegungen
	Analysen
	Inventur

Tabelle 8.3: Ablauforganisation Lagerverwaltung

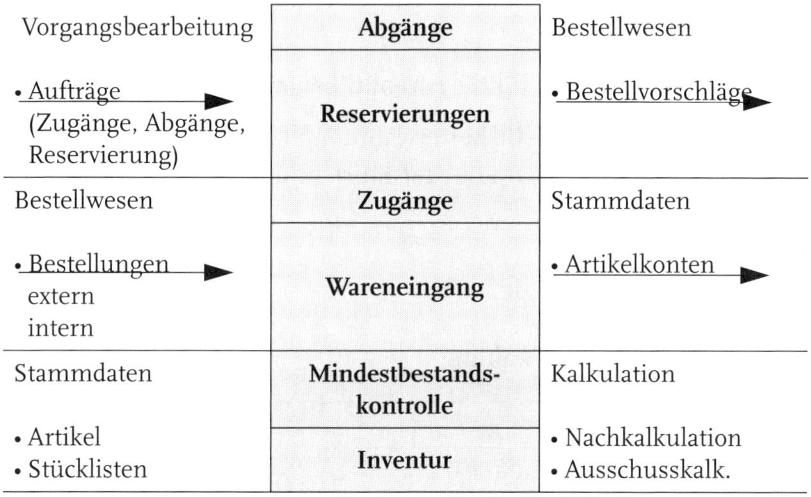

Vorgangsbearbeitung	**Abgänge**	Bestellwesen
• Aufträge (Zugänge, Abgänge, Reservierung)	**Reservierungen**	• Bestellvorschläge
Bestellwesen	**Zugänge**	Stammdaten

• Bestellungen
  extern
  intern
	Wareneingang	• Artikelkonten

Stammdaten	**Mindestbestands-kontrolle**	Kalkulation
• Artikel • Stücklisten	**Inventur**	• Nachkalkulation • Ausschusskalk.

Abbildung 8.2: Lagerverwaltung

Welche Stammdaten werden für die Kundenaufträge / Fakturierung benötigt?

Für die Fakturierung werden neben den Kundenadressen noch die Verkaufspreise benötigt.

EINFÜHRUNGSSTRATEGIE PPS-SYSTEM

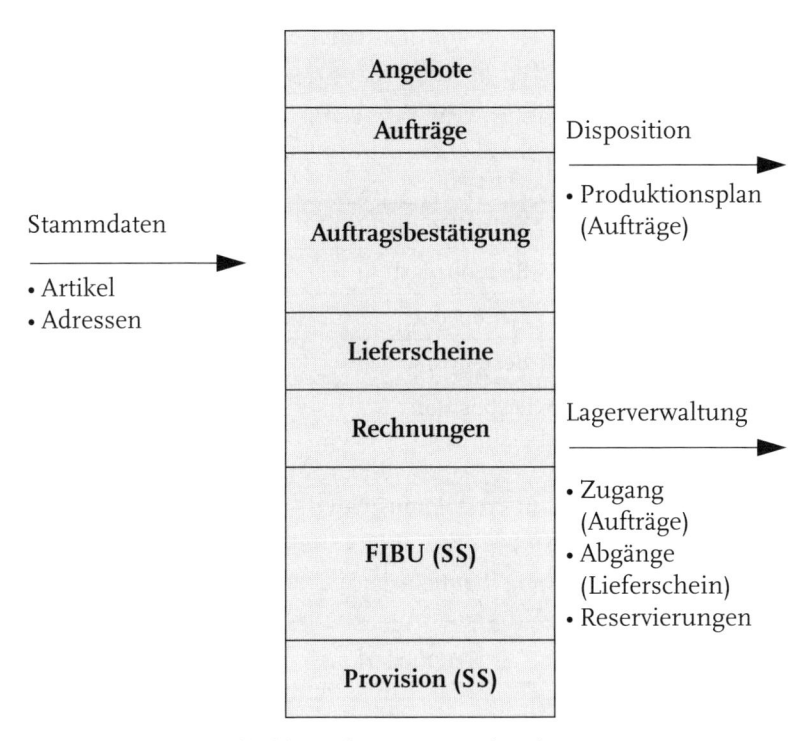

```
                    ┌──────────────────┐
                    │    Angebote      │
                    ├──────────────────┤
                    │    Aufträge      │  Disposition
                    ├──────────────────┤ ─────────────▶
                    │                  │  • Produktionsplan
Stammdaten          │ Auftragsbestä-   │    (Aufträge)
───────────▶        │ tigung           │
• Artikel           │                  │
• Adressen          ├──────────────────┤
                    │   Lieferscheine  │
                    ├──────────────────┤
                    │    Rechnungen    │  Lagerverwaltung
                    ├──────────────────┤ ─────────────▶
                    │                  │  • Zugang
                    │                  │    (Aufträge)
                    │    FIBU (SS)     │  • Abgänge
                    │                  │    (Lieferschein)
                    │                  │  • Reservierungen
                    ├──────────────────┤
                    │  Provision (SS)  │
                    └──────────────────┘
```

Abbildung 8.3: Vorgangsbearbeitung

Welche Stammdaten werden für die Fertigungsdisposition und das Bestellwesen benötigt?

Zur Bestimmung des Liefer- und Bestelltermins werden die Vorlaufzeiten und die Lieferfristen benötigt. Werden diese nicht eingegeben, ist der Liefertermin und der Bestelltermin der zu disponierenden Einzelteile und Baugruppen gleich dem Produktionstermin des Endproduktes.

Für die automatische Übernahme der Bestellvorschläge als Bestellung, die Auswahl der Lieferanten und das Ausdrucken der Bestellungen müssen die Lieferantenadressen (Adressverwaltung) und die Lieferverzeichnisse angelegt sein.

KAPITEL 8 – IMPLEMENTIERUNG

Einführungsstrategie
Ablauforganisation: Disposition

Produktionsplan	
	Vertrieb
	Auftragseingang
	Bruttobedarf
	Nettobedarf
	Bestellvorschläge

Tabelle 8.4: Ablauforganisation Disposition

Vorgangsbearbeitung → **Produktionsplan**

- Aufträge
  (Produktionsplan)

Bruttobedarf → Bestellwesen

Stammdaten →

- Bestellvorschläge

- Artikel
- Stücklisten

Nettobedarf

Bestellvorschläge

echte Reservierungen → Betriebsaufträge

Bestellwesen →

- Auftragsplanung
  (Produktionsplan)

- Lieferverzeichnis

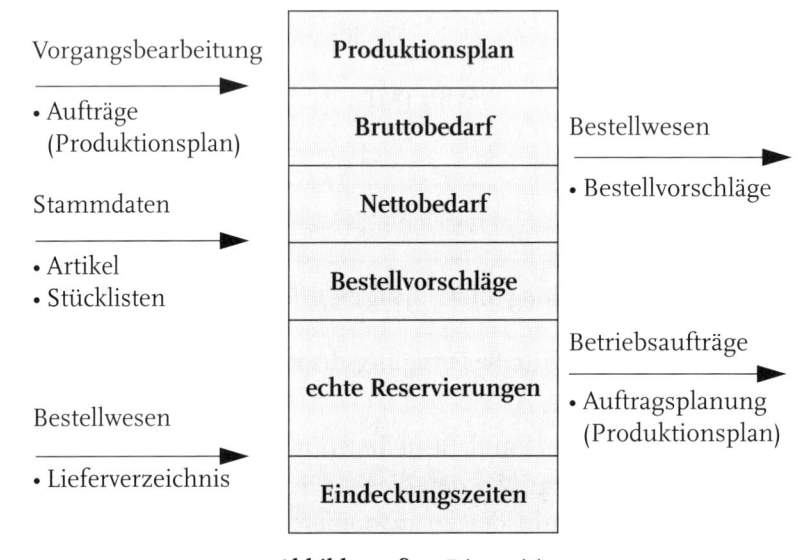

Eindeckungszeiten

Abbildung 8.4: Disposition

Einführungsstrategie
Ablauforganisation: Bestellwesen

Bestellungen	
	Anfragen
	Lieferverzeichnis
	Bestellüberwachung
	Wareneingang
	Wareneingangsprüfung

Tabelle 8.5: Ablauforganisation Bestellwesen

Disposition → **Lieferverzeichnis** — Stammdaten →
- Bestellvorschläge (Bruttobedarf, Nettobedarf)
Bestellungen (intern)
- Artikel

Bestellungen (extern) — Lagerverwaltung →

Anfragen
- Wareneingang

Lagerverwaltung → **Bestellüberwachung** — Betriebsaufträge →
- Bestellvorschläge
Wareneingang
- Auftragsplanung

(Mindestbestandskontrolle)
Wareneingangsprüfung

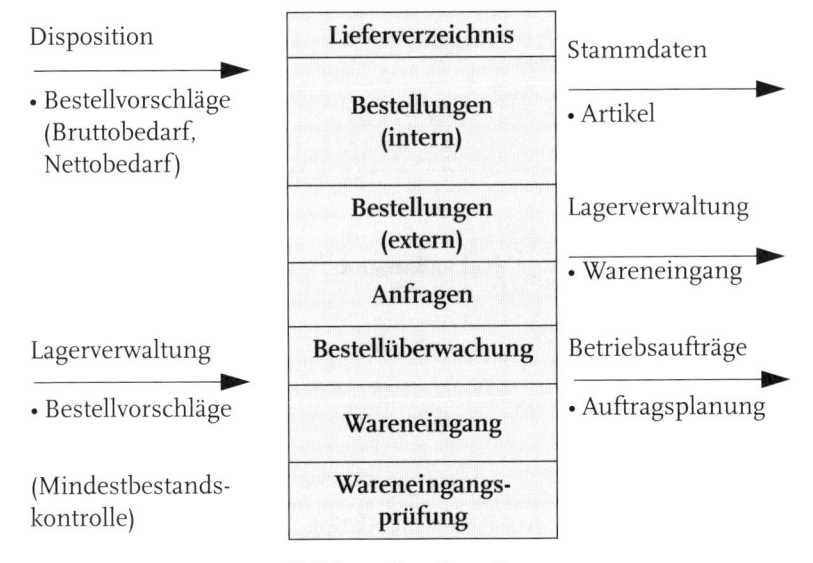

Abbildung 8.5: Bestellwesen

Welche Stammdaten werden für die Vorkalkulation benötigt?

Es muss eine Stückliste der Baugruppe oder des Endproduktes gespeichert sein, die kalkuliert werden soll. Der Einkaufspreis wird für die Bewertung der Einzelteile benötigt. Die Gemeinkostenzuschläge müssen gespeichert sein, wenn Gemeinkosten verrechnet werden sollen. Für die Berechnung der Lohnkosten müssen die Arbeitspläne erfasst und die Lohnverrechnungssätze zur Berechnung der Lohngemeinkosten bekannt sein.

Welche Stammdaten werden für die Nachkalkulation benötigt?

Die Nachkalkulation wird nur dann durchgeführt, wenn ein Betriebsauftrag eröffnet wurde. Die für den Auftrag entnommenen Einzelteile werden mit dem Lagerwert bzw. dem aktuellen EK-Preis bewertet, falls kein abweichender Lagerwert angegeben ist. Entnommene Eigenfertigungsteile werden mit den aus der automatischen Vorkalkulation stammenden Werten (Material-, Lohn-, Lohngemeinkosten) verrechnet. Die über die Fertigungssteuerung gemeldeten Zeiten werden mit den Lohnverrechnungssatz bewertet, der für die im Arbeitsplan angegebenen Lohngruppe gilt. Die Lohngemeinkosten ergeben sich aus den Gemeinkosten der entsprechenden Kostenstellen. Spezielle Stammdaten für die Nachkalkulation werden also nicht benötigt.

Eingang	Modul	Ausgang
Betriebsaufträge • Auftragsplanung	**Vorkalkulation**	Betriebsaufträge • Auftragsstatus
Stammdaten • Artikel • Stücklisten • Kostenstellen • Maschinen • Lohngruppen	**Nachkalkulation**	
Lagerverwaltung • Abgang • Zugang		
Fertigungssteuerung • Rückmeldungen	**Ausschusskalkulation**	Stammdaten • Artikel

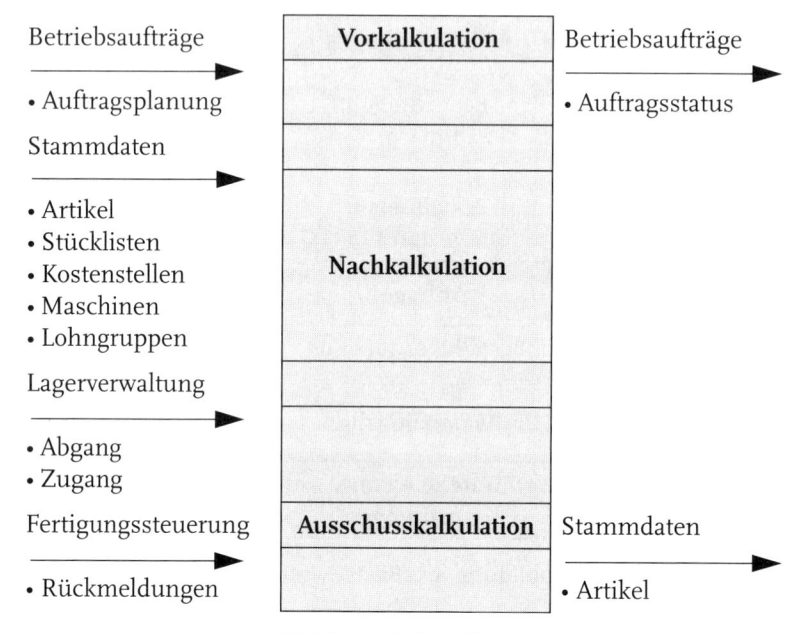

Abbildung 8.6: Kalkulation

Welche Stammdaten werden für die Arbeitspläne benötigt?

Es muss ein Stammsatz für die Baugruppe oder das Endprodukt angelegt sein. Für die Kostenstellen und Maschinen, die in den Arbeitsplänen verwendet werden, müssen ebenfalls Stammsätze angelegt sein. Das Gleiche gilt für die Lohnverrechnungssätze.

Welche Stammdaten werden für einen Betriebsauftrag benötigt?

Für die Baugruppe oder das Endprodukt des Betriebsauftrages muss ein Stammsatz angelegt sein.

▶ **Arbeitspläne**
Sind bereits Arbeitspläne im Betrieb vorhanden, so sollten sie zunächst auf Arbeitsgänge untersucht werden, bei denen sich die Arbeitsgangbeschreibung wiederholt. Diese Arbeitsgänge werden zunächst in den Arbeitsgangkatalog aufgenommen. Bei Eingabe der Arbeitspläne braucht dann nur noch die Arbeitsgangnummer angegeben zu werden. Die Losgröße einer Baugruppe oder eines Endproduktes sollte bei Eingabe des Arbeitsplanes festgelegt werden.

▶ **Kostenstellen und Maschinen**
Für jede Kostenstelle und Maschine, die innerhalb eines Arbeitsplanes verwendet werden soll, muss ein Stammsatz angelegt sein. Werden innerhalb der Arbeitspläne und für die Vorkalkulation keine Kostenstellen und/oder Maschinen benötigt, so muss zumindest der Stammsatz für eine Kostenstelle eröffnet werden, da bei der Eingabe eines Arbeitsganges im Arbeitsplan eine Kostenstelle angegeben werden muss.

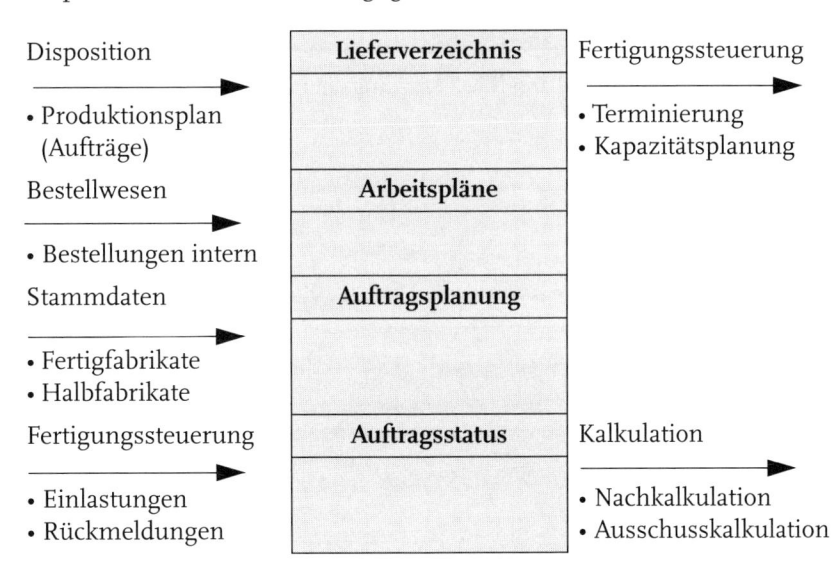

Disposition	**Lieferverzeichnis**	Fertigungssteuerung
• Produktionsplan (Aufträge)		• Terminierung • Kapazitätsplanung
Bestellwesen	**Arbeitspläne**	
• Bestellungen intern		
Stammdaten	**Auftragsplanung**	
• Fertigfabrikate • Halbfabrikate		
Fertigungssteuerung	**Auftragsstatus**	Kalkulation
• Einlastungen • Rückmeldungen		• Nachkalkulation • Ausschusskalkulation

Abbildung 8.7: Betriebsaufträge

Kapitel 8 – Implementierung

Welche Stammdaten werden für die Kapazitätsplanung / Fertigungssteuerung benötigt?

Der Planungshorizont und die Arbeitsstunden pro Kalenderwoche müssen eingegeben; die Arbeitspläne erfasst und die Stammsätze für Kostenstellen und Maschinen vollständig sein.

Betriebsaufträge →

- Auftragsplanung
- Arbeitspläne

Stammdaten →

- Kostenstellen
- Maschinen
- Lohngruppen

Terminierung

Kapazitätsplanung

Einlastung

Rückmeldung

Lohn (SS)

Betriebsaufträge →

- Auftragsstatus

Kalkulation →

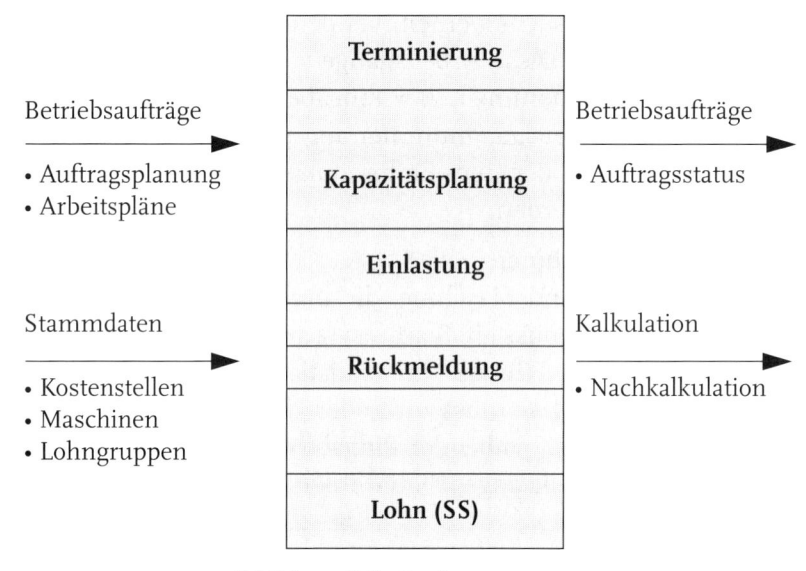

- Nachkalkulation

Abbildung 8.8: Fertigungssteuerung

8.3 Ein beispielhaftes ERP-/PPS-System auf Workflow-Basis

Abbildung 8.9: Logo des ERP-/PPS-Systems F@MILY

F@mily ist ein ERP/PPS-System mit integrierter *Workflow-Technik* und stellt damit ein Qualitätssicherungssystem für Produkte und Geschäftsprozesse dar.

Ein herkömmliches PPS/ERP-System ist überwiegend funktionsorientiert, das heißt, alle Funktionen des Systems werden unmittelbar und über ein umfangreiches und starres Menüsystem benutzt.

F@mily ist geschäftsprozessorientiert, das heißt, alle Funktionen werden als Bestandteil eines definierten Geschäftsprozesses ausgeführt. Durch die flexible Komponenten-Architektur wird die Software dem Unternehmen und nicht das Unternehmen an die Software angepasst.

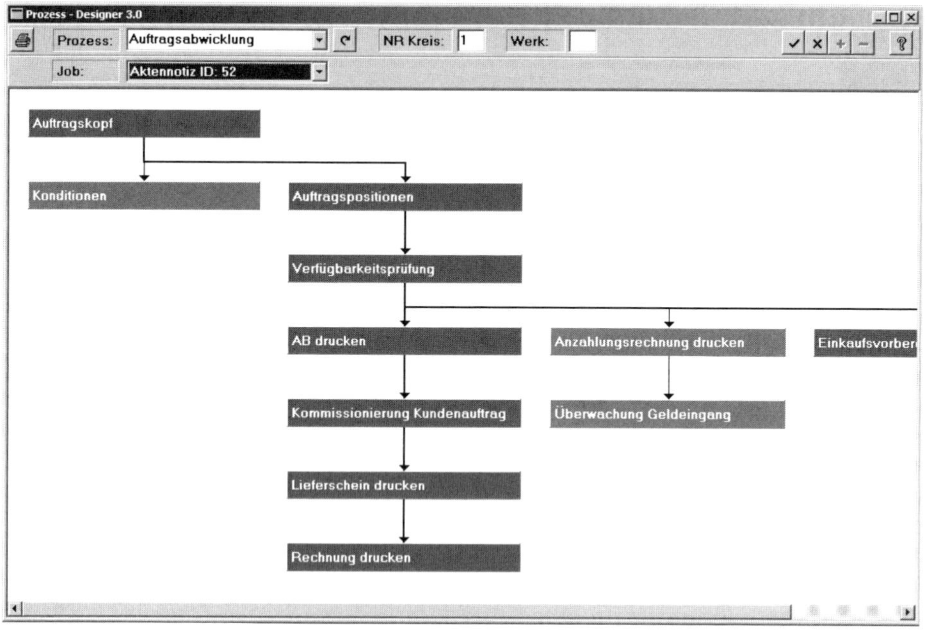

KAPITEL 8 – IMPLEMENTIERUNG

Abbildung 8.10: Beispiel aus der Musterfirma

Welche Vorteile ergibt das für Sie?

▶ Ganzheitliche und kundenorientierte Geschäftsprozesse

▶ Ständige Auskunftsbereitschaft über den Zustand aller Vorgänge

▶ Schnellere und zuverlässigere Vorgangsbearbeitung

▶ Einfache Bedienung und Entlastung von formalen Routinetätigkeiten

▶ Verbesserte Kommunikation ohne Medienbrüche

▶ Komplexitätsreduzierung und Steigerung der Anpassungsfähigkeit

In offenen und jederzeit erweiterbaren Bibliotheken (DLLs) liegen über 100 ausführbare Programme bzw. Komponenten, aus denen die Abläufe Ihrer individuellen Geschäftsprozesse so modelliert werden, wie sie später ausgeführt werden sollen. Das geschieht per Mausklick in dem visuellen *Prozess-Designer*, der Änderungen auch im laufenden Betrieb erlaubt.

Das einfache Menüsystem ist mit einem Minimum an Navigation benutzbar:

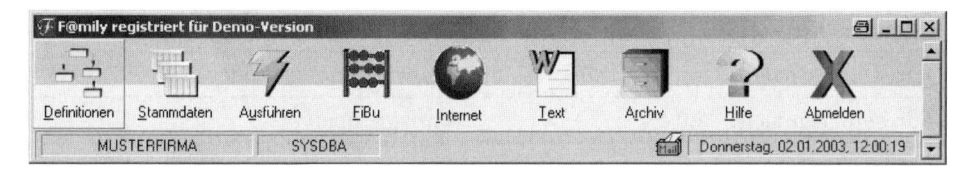

Abbildung 8.11: Menü-Führung

Hier werden alle Einstellungen vorgenommen, die später für ein reibungsloses Funktionieren sorgen.

8.3.1 Eingabe-Formulare

Sie können benutzerdefinierte Eingabe-Formulare für einfache Dateneingaben, z.B. für Checklisten, Angebotsprüfung ... usw. oder in Tabellenform zur freien Benutzung selbst erstellen. Derartige Eingabe-Formulare können als individuelle Jobs im Ablauf eines Prozesses benutzt werden.

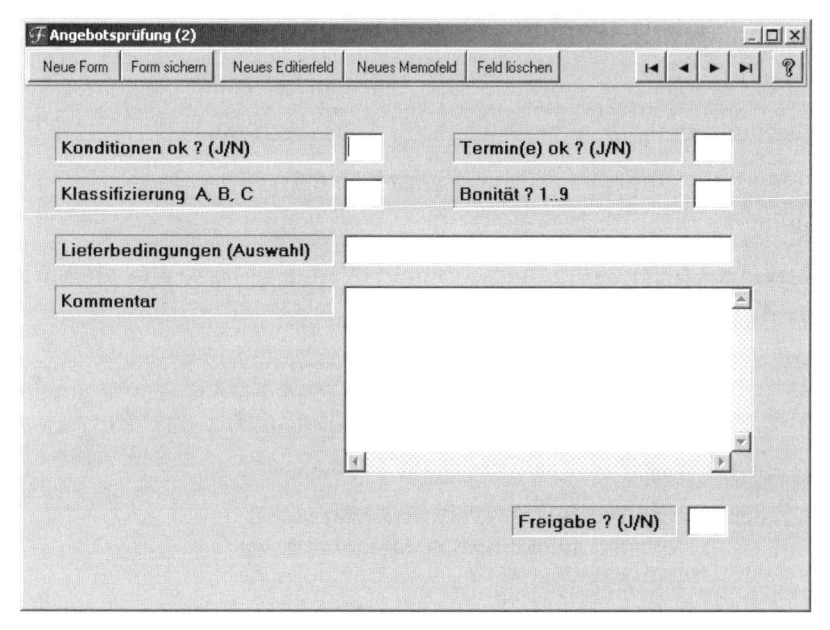

Abbildung 8.12: Beispiel einer selbst erstellten Maske

Die Bearbeitung der Daten erfolgt meist in einheitlicher Tabellenform.

Der Inhalt in alphabetischer Reihenfolge:

Adressen	Maschinen
Adressmerkmale	Mehrwertsteuer-Codes
Adressmerkmale (erlaubte)	Preisgruppen
Arbeitsgänge	Projekte
Arbeitspläne	Prüfmittel
Artikel/ Stückliste	Prüfpläne
Banken	QM-Fehlercodes
Branchen	QM-Prüfmerkmale
Kommunikationsarten	QM-Maßnahmen
Konten	Sachmerkmale
Kostenarten	Sachmerkmale (erlaubte)
Kostenstellen	Sprachen
Länder	Textbausteine
Lagerbewegungsarten	Titel (Adressen)
Lagerorte/ Lagerplätze	Versandarten
Lieferbedingungen	Währungen /Kurse
Lohnarten	Warengruppen
Lohngruppen	Werkzeuge

Der Start eines neuen Vorganges geschieht von der Maske aus, die Sie in Abbildung 8.13 sehen.

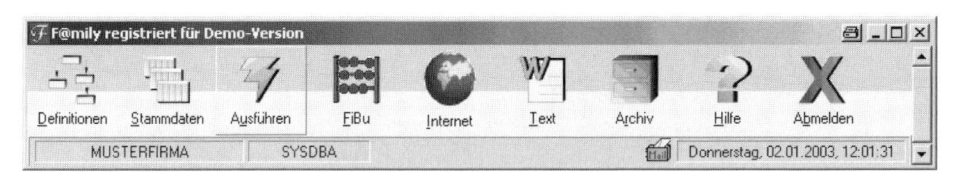

Abbildung 8.13: Menü-Führung

Hier können Sie die für Sie freigegebenen Geschäftsprozesse starten.

Ein beispielhaftes ERP-/PPS-System auf Workflow-Basis

Abbildung 8.14: Die freigegebenen Geschäftsprozesse sind in dunklerer Schrift.

Danach arbeiten Sie mit der einfachen *ToDo-Funktion*, die den »Arbeitsvorrat« aus allen Vorgängen anbietet.

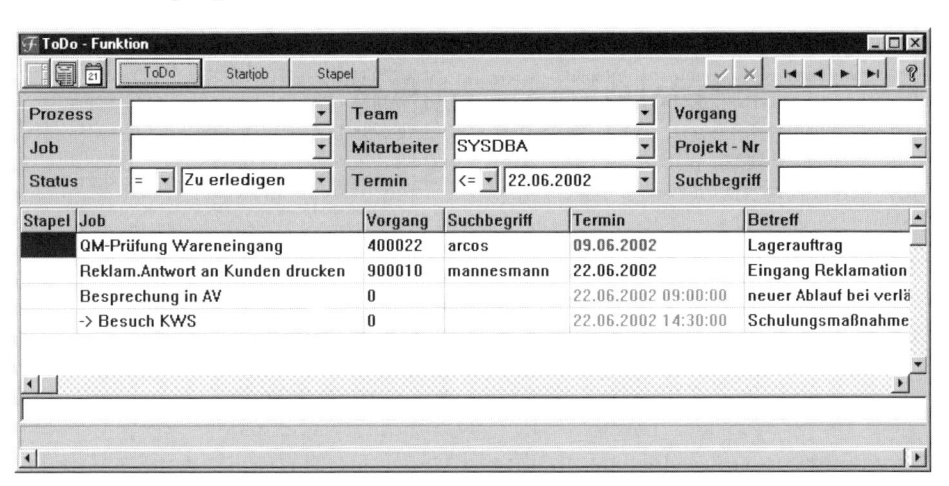

Abbildung 8.15: ToDo-Funktion

Bei der Bearbeitung von Vorgängen werden Sie von Arbeitsschritt zu Arbeitsschritt (genannt *Jobs*) geführt, die automatisch im so genannten *Workflow-Handler* und damit in der ToDo-Funktion festgehalten werden.

KAPITEL 8 – IMPLEMENTIERUNG

Abbildung 8.16: Vorgang

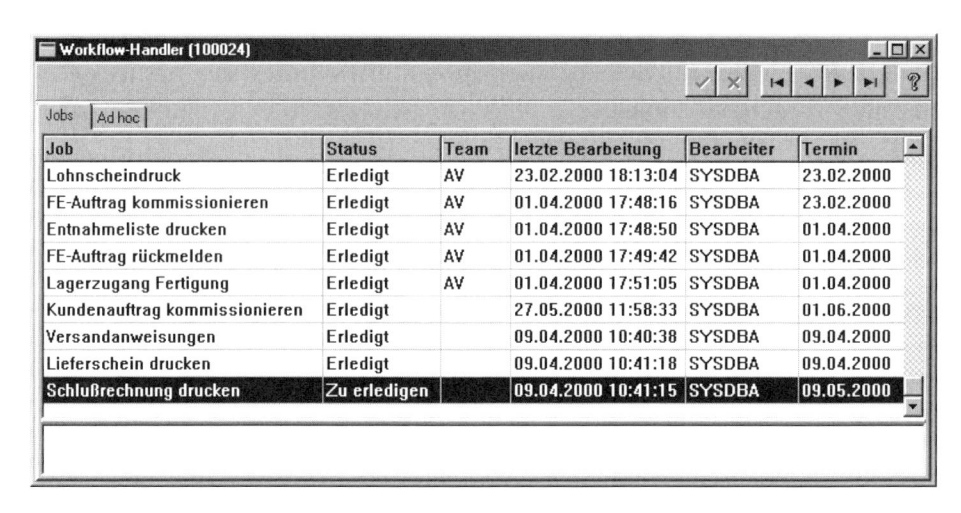

Abbildung 8.17: Anzeige aller Arbeitsschritte eines Vorgangs

Die Ausführung eines Jobs geschieht per Mausklick. Das ergibt weitere Vorteile:

▶ Ständige Auskunftsbereitschaft über den Zustand aller Vorgänge

▶ Schnellere und zuverlässigere Vorgangsbearbeitung

▶ Einfache Bedienung und Entlastung von formalen Routinetätigkeiten

Alle ungeplanten Ereignisse (E-Mail, Aktennotiz, ...) werden mit korrekter Zuordnung zum Vorgang ausgeführt.

Der *Terminplaner* verwaltet alle Termine aus Ihren Projekten, Vorgängen und manuellen Eintragungen.

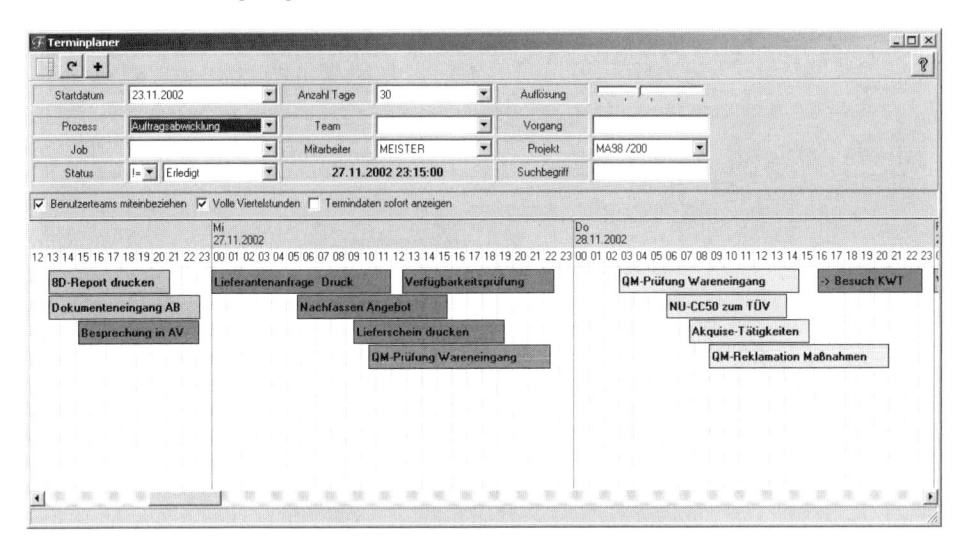

Abbildung 8.18: Terminplaner

Alle Jobs können direkt per Mausklick ausgeführt werden.

8.3.2 Geschäftsprozess Marketing/Akquise/CRM

▷ Adressenmerkmale pro Branche frei vergebbar

▷ Aktivitätensteuerung für Außendienst und Nachfass-Aktionen

KAPITEL 8 – IMPLEMENTIERUNG

- Werbebrief mit integriertem Textprogramm WORD
- Interessenten-Bewertungen nach eigenem Entwurf
- Wiedervorlage nach beliebiger Selektion
- Ad-hoc-Aktivitäten

Abbildung 8.19: Eingabemaske der Kundenstammdaten

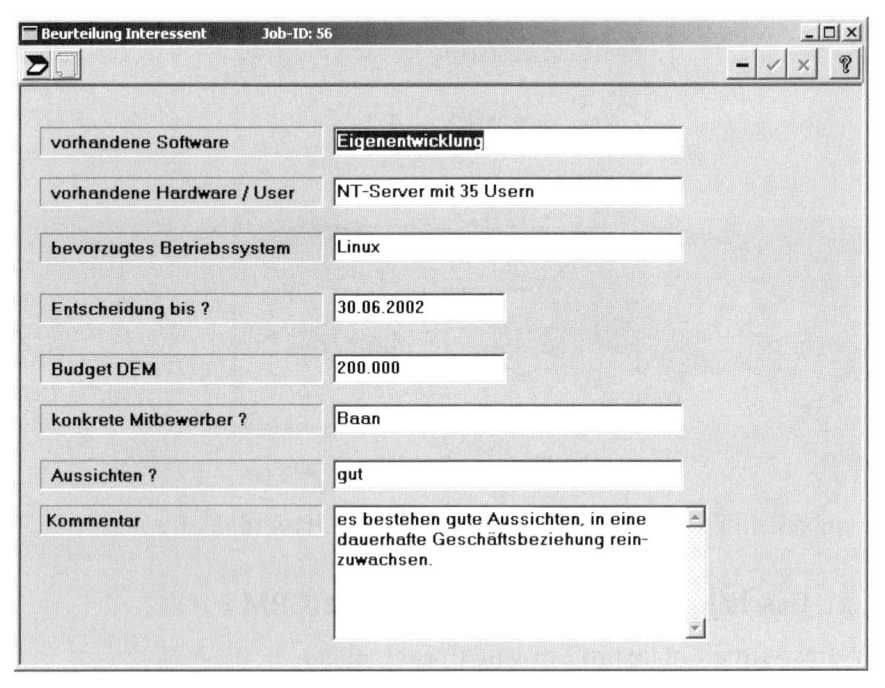

Abbildung 8.20: Eingabe der Beurteilung eines Interessenten

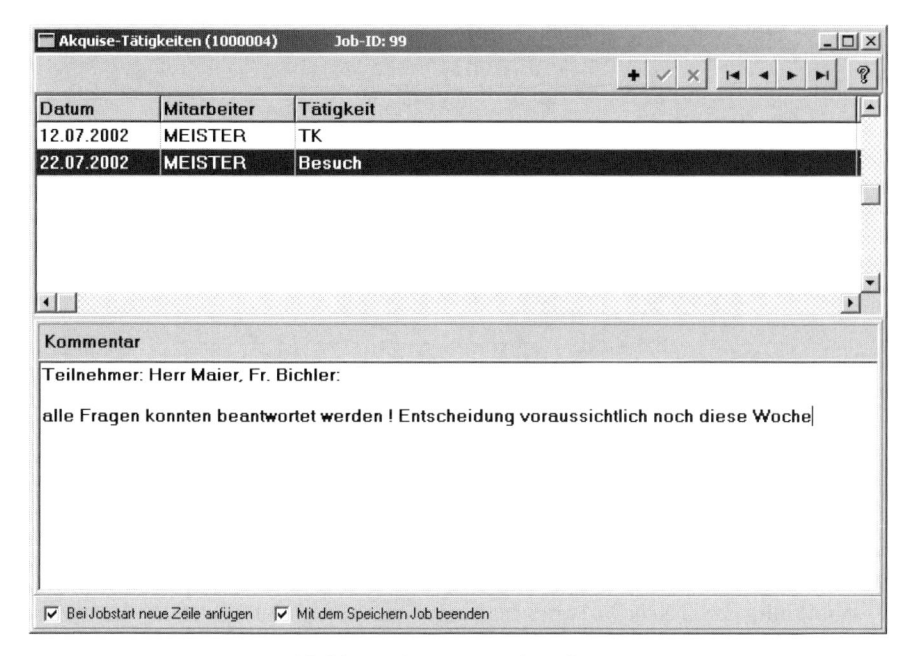

Abbildung 8.21: Eingabe Akquise

8.3.3 Geschäftsprozess Angebotswesen

▷ Produkt-Konfigurator mit automatischer Generierung von Stücklisten/Arbeitsplänen

▷ Frei definierbare Eingabemasken, z.B. für Angebotsprüfung und Bewertung

▷ Vorkalkulation mit definierbaren Schemata und beliebigen Losgrößen

▷ Angebotserstellung und Druck, auch mit mehrsprachigen Texten

▷ Freie Gestaltung aller Ausdrucke (Formulare, Auswertungen, ...)

▷ Wiedervorlage und Nachfassen mit Ergebnisbericht

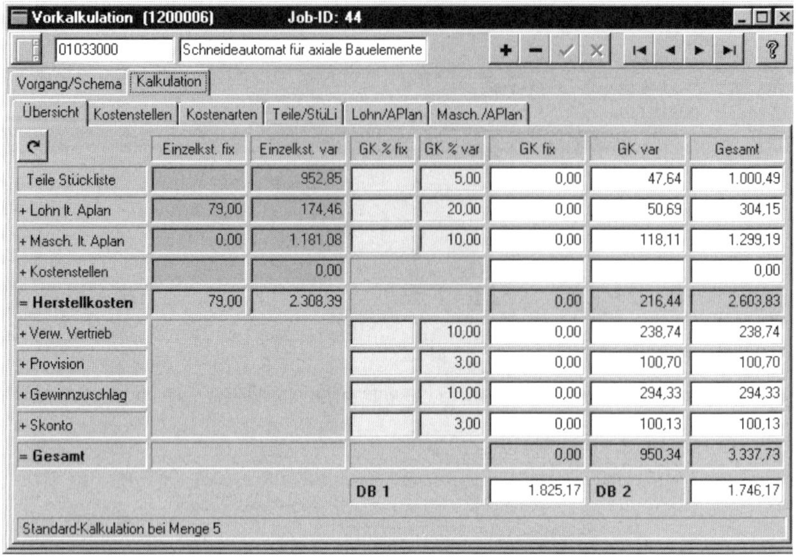

Vorkalkulation (1200006)							
	Einzelkst. fix	Einzelkst. var	GK % fix	GK % var	GK fix	GK var	Gesamt
Teile Stückliste		952,85		5,00	0,00	47,64	1.000,49
+ Lohn lt. Aplan	79,00	174,46		20,00	0,00	50,69	304,15
+ Masch. lt. Aplan	0,00	1.181,08		10,00	0,00	118,11	1.299,19
+ Kostenstellen		0,00					0,00
= Herstellkosten	79,00	2.308,39			0,00	216,44	2.603,83
+ Verw. Vertrieb				10,00	0,00	238,74	238,74
+ Provision				3,00	0,00	100,70	100,70
+ Gewinnzuschlag				10,00	0,00	294,33	294,33
+ Skonto				3,00	0,00	100,13	100,13
= Gesamt					0,00	950,34	3.337,73
			DB 1		1.825,17	DB 2	1.746,17

Standard-Kalkulation bei Menge 5

Abbildung 8.22: Geschäftsprozess Angebotswesen, hier VORKALKULATION

8.3.4 Geschäftsprozess Auftragsverwaltung

▷ Beliebige Auftragsarten, z.B. Reparaturauftrag, Rahmenvertrag, Sofort-Faktura

▷ Produkt-Konfigurator mit automatischer Generierung von Stückliste/Arbeitsplan

▷ Verfügbarkeitsprüfung mit Fehlteileerkennung über x Fertigungsstufen

▷ Kommissionierung, auch mit Teilmengen

▷ Lieferschein, Sammellieferschein

▷ Rechnung, Sammelrechnung, Schlussrechnung, AZ-Rechnung

▷ Disposition mit Übergabe an Beschaffungsprozess und Fertigung

▷ Faktura-Übergabe an Finanzbuchhaltung oder Externprogramme

▷ Freie Gestaltung aller Ausdrucke (Formulare, Auswertungen, ...)

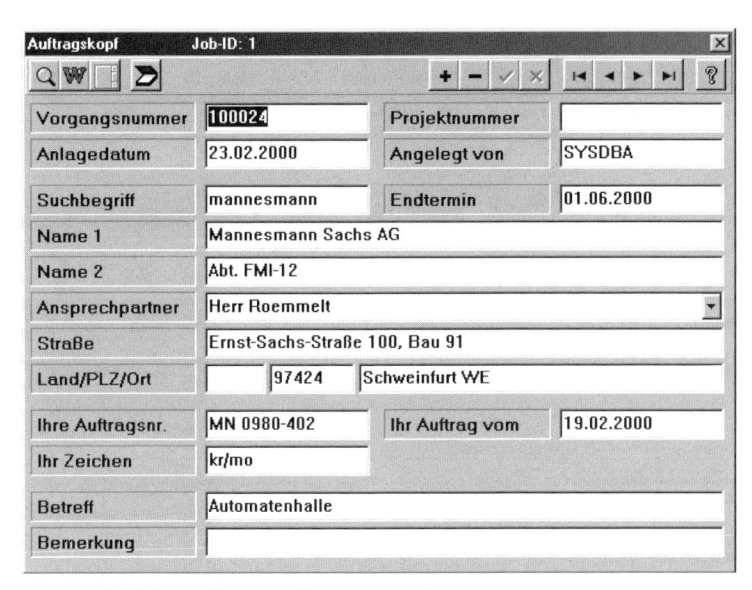

Abbildung 8.23: Auftragsverwaltung – AUFTRAGSKOPF

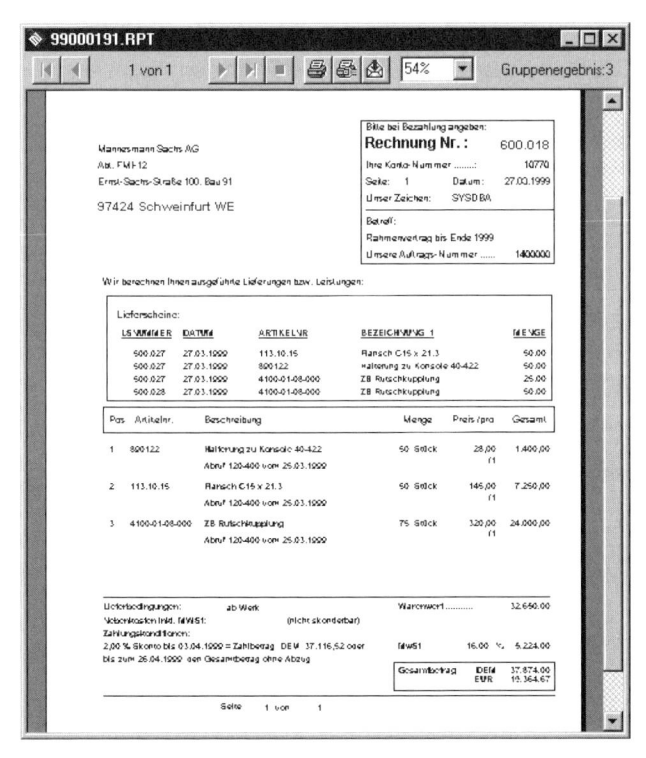

Abbildung 8.24: Rechnungsschreibung

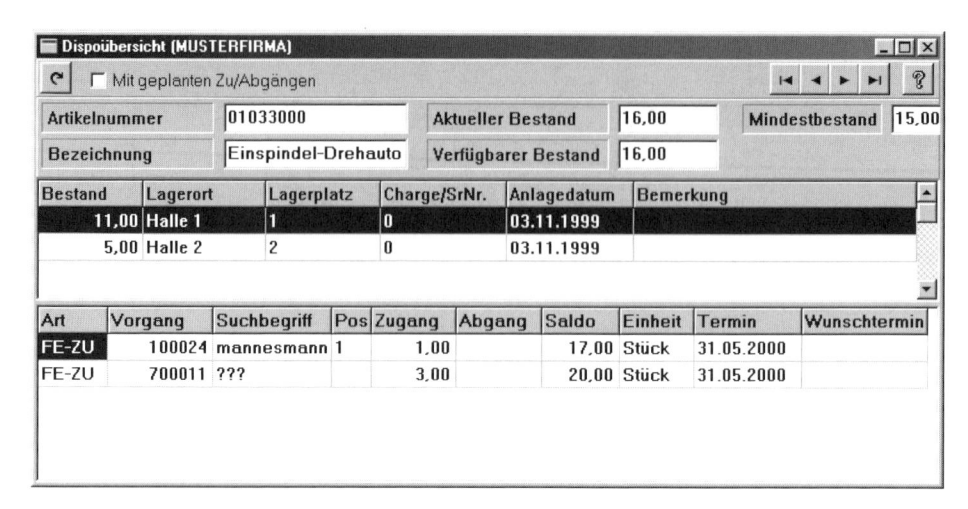

Bestand	Lagerort	Lagerplatz	Charge/SrNr.	Anlagedatum	Bemerkung
11,00	Halle 1	1	0	03.11.1999	
5,00	Halle 2	2	0	03.11.1999	

Art	Vorgang	Suchbegriff	Pos	Zugang	Abgang	Saldo	Einheit	Termin	Wunschtermin
FE-ZU	100024	mannesmann	1	1,00		17,00	Stück	31.05.2000	
FE-ZU	700011	???		3,00		20,00	Stück	31.05.2000	

Abbildung 8.25: Dispo-Übersicht

8.3.5 Geschäftsprozess Lagerwirtschaft/Einkauf

- Mehrlager- und mehrplatzfähig sowie Konsignationslagerverwaltung
- Chargen mit Datumsverfolgung und Serien-Nummern
- Benutzung von Barcode/Scanner zur Erfassung
- Komfortable Inventur-Erfassung, permanente Inventur
- Dispositionsauskunft mit allen Beständen und dispositiven Ereignissen
- Einkaufsvorbereitung mit Fehlteile-Bearbeitung im Dialog
- Bestellungen, Bestell-Generierung
- Wareneingang/Lagerprotokoll
- QM-Prüfung mit Lieferantenbewertung und Lagerumbuchung
- Rechnungsprüfung mit Übergabe an Finanzbuchhaltung
- Lieferantenanfrage
- Freie Gestaltung aller Ausdrucke (Formulare, Auswertungen, ...)

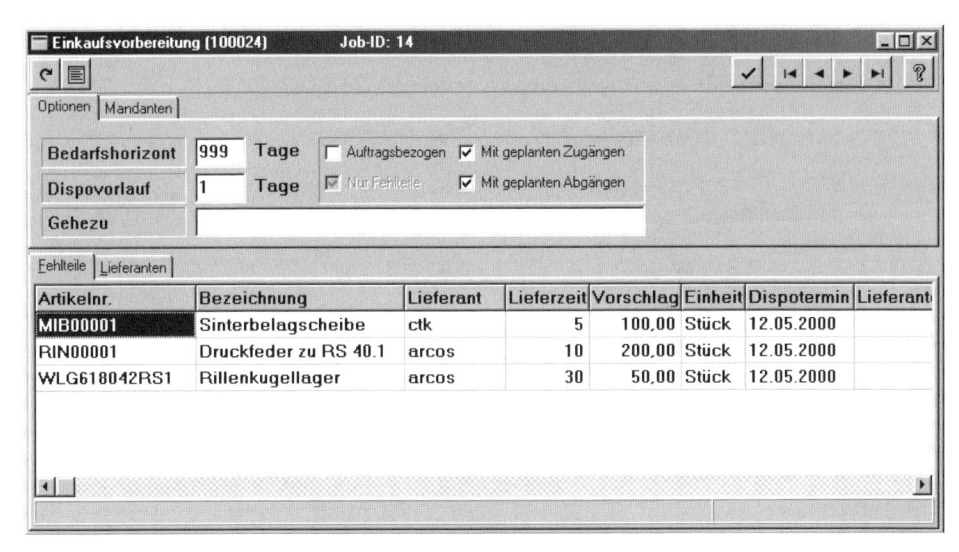

Abbildung 8.26: Einkaufsvorbereitung

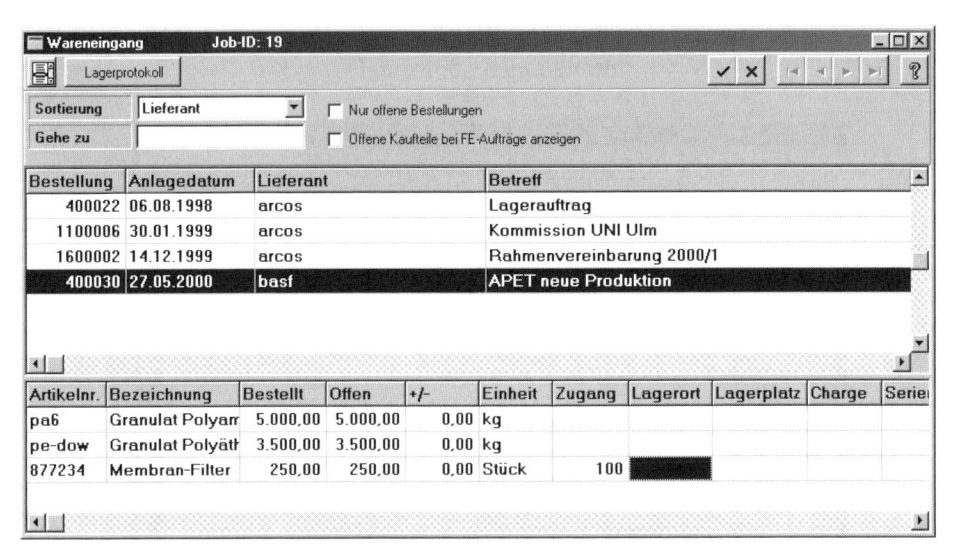

Abbildung 8.27: Wareneingang

8.3.6 Geschäftsprozess Fertigung

▷ Arbeitsvorbereitung mit Bearbeitung von Arbeitsplänen/Stücklisten
▷ Varianten-Erzeugung inkl. mehrstufigen Stücklisten
▷ Fertigungsaufträge und Teile-Entnahmelisten

KAPITEL 8 – IMPLEMENTIERUNG

- Lohnscheine/Fremdbearbeitungsaufträge (verlängerte Werkbank)
- Kapazitätsverwaltung mit interaktiver Plantafel

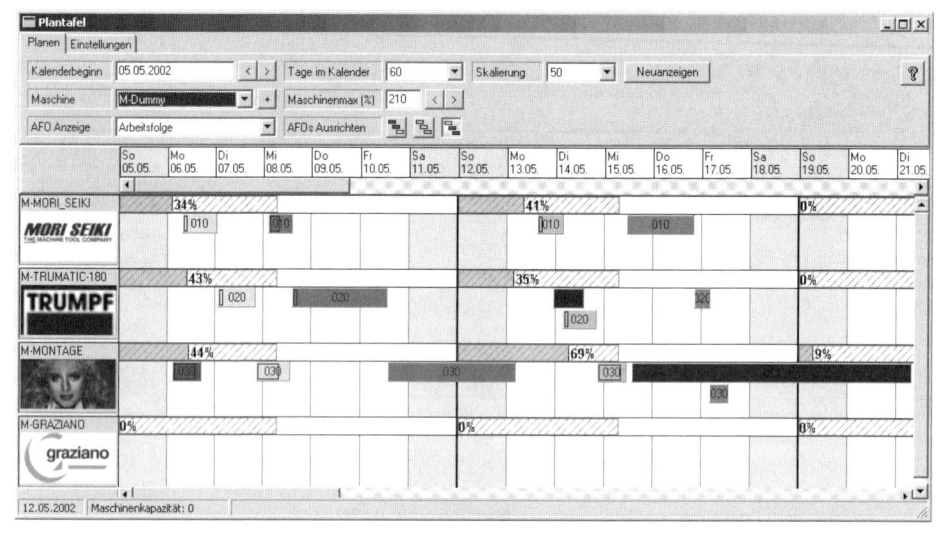

Abbildung 8.28: Plantafel

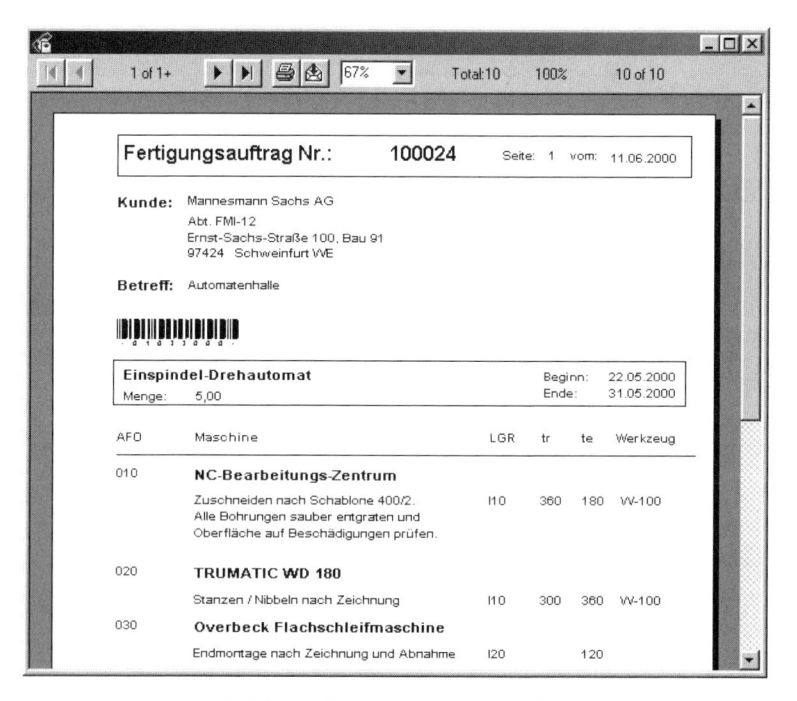

Abbildung 8.29: Fertigungsauftrag

8.3.7 Geschäftsprozess Qualitäts-Management

▸ Lieferantenbewertung allgemein (Merkmale Adressenstamm)

▸ Maschinenwartung

▸ Maßnahmen

▸ Produktdaten/Dokumente

▸ Prüfmerkmale

▸ Prüfmittel

▸ Prüfpläne

▸ Fehlercodes

▸ QM-Prüfung Fertigung

▸ QM-Prüfung Wareneingang/Lieferantenbewertung

▸ Reklamationserfassung (Kunde, Lieferant, intern)

▸ Rücklieferschein an Lieferanten

▸ Reports nach Vorgabe

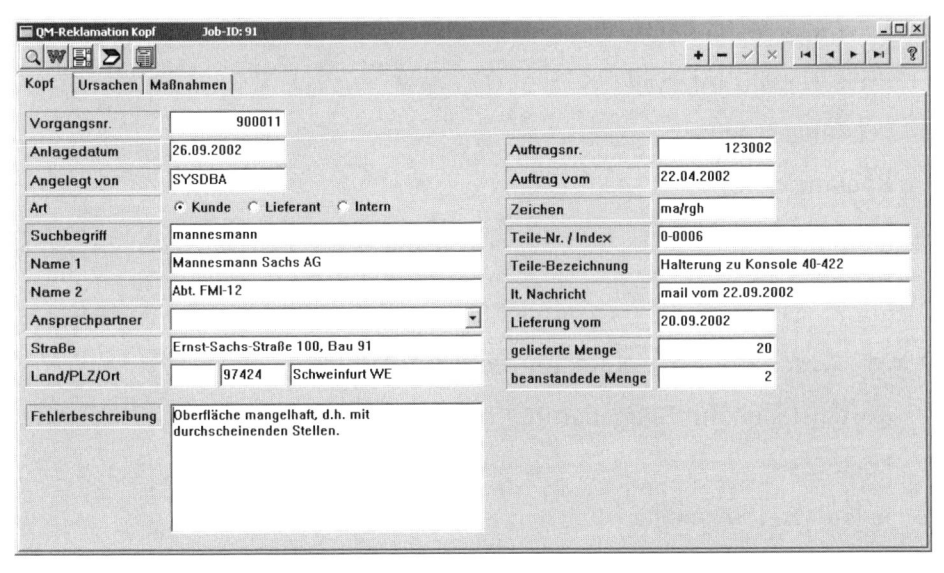

Abbildung 8.30: QM-Reklamationen

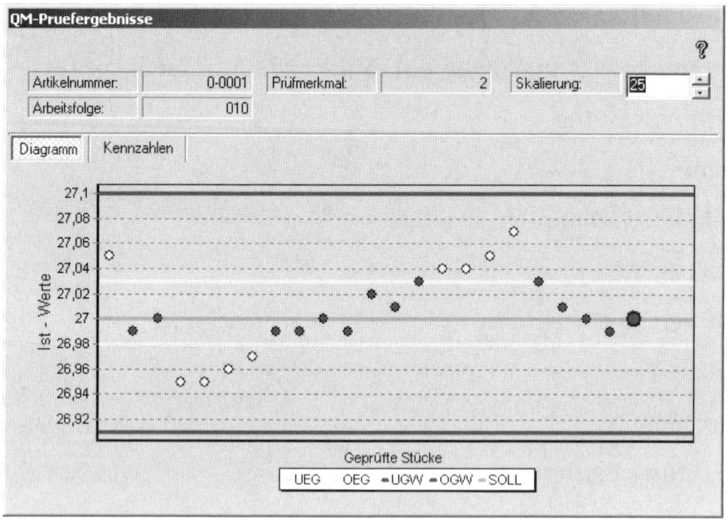

KAPITEL 8 – IMPLEMENTIERUNG

Abbildung 8.31: QM-Prüfergebnisse

8.3.8 Geschäftsprozess Wartung/Instandsetzung

▸ Wartungsobjekte

▸ Leistungspositionen

▸ Freie Termin-Intervalle

▸ Leistungsscheine

▸ Rückmeldung

▸ Ungeplante Arbeiten

▸ Berechnung

8.3.9 Geschäftsprozess Kostenrechnung

▸ Kostenstellen mit Budgetierung

▸ Kostenarten

▸ Kalkulation-Schemata

▸ Vorkalkulation Kostenträger

▸ Nachkalkulation

▸ Betriebswirtschaftliche Auswertungen.

8.3.10 Geschäftsprozess Internet/E-Commerce

F@mily integriert alle für E-Commerce notwendigen Internet-Aktivitäten direkt aus der Anwendung. Voraussetzung für die Internet-Benutzung ist, dass ein entsprechender Internet-Zugang eingerichtet wird und die notwendigen Einstellungen vorgenommen werden.

▶ **Geschäftsprozesse:** Ausgehende Post aus Geschäftsprozessen (Angebot, Bestellung, Auftragsbestätigung usw.) kann direkt an die E-Mail-Adresse des Empfängers gerichtet werden. Das Layout wird vom benutzten CRYSTAL Report übernommen. Die Archivierung in der zentralen SQL-Datenbank erfolgt im wählbaren Format: ASCII, Standard HMTL3, HTML für Microsoft IE optimiert oder HTML für Netscape optimiert.

▶ **E-Mail empfangen:** Auf Wunsch erfolgt die direkte Übernahme eingegangener E-Mails in aktuelle Geschäftsprozesse oder es wird ein neuer Geschäftsvorgang mit Folgeverarbeitung gestartet.

Übernommene E-Mails werden automatisch in der zentralen SQL-Datenbank archiviert, d.h. mit den üblichen Verknüpfungen zum Geschäftsvorgang.

▶ **E-Mail versenden:** Gesendete E-Mails werden automatisch in der zentralen SQL-Datenbank archiviert, d.h. mit den üblichen Verknüpfungen zum Geschäftsvorgang.

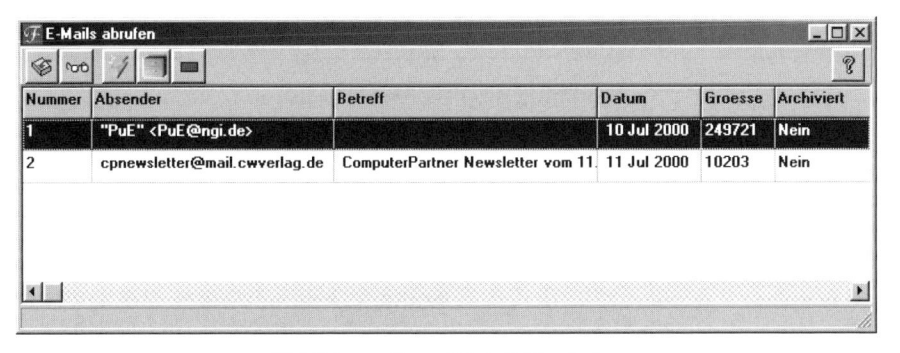

Abbildung 8.32: E-Mail-Funktion

8.3.11 Geschäftsprozess Textsystem Microsoft Word

(Word ist nicht im Lieferumfang enthalten.)

▶ Direkte OLE-Einbindung zum Bearbeiten und Drucken von Faxen oder Briefen

▶ Serienbriefe mit komfortabler Auswahl der Empfänger, ohne Zwischendatei oder Makro

▶ Automatische Archivierung im zentralen Datenbankarchiv

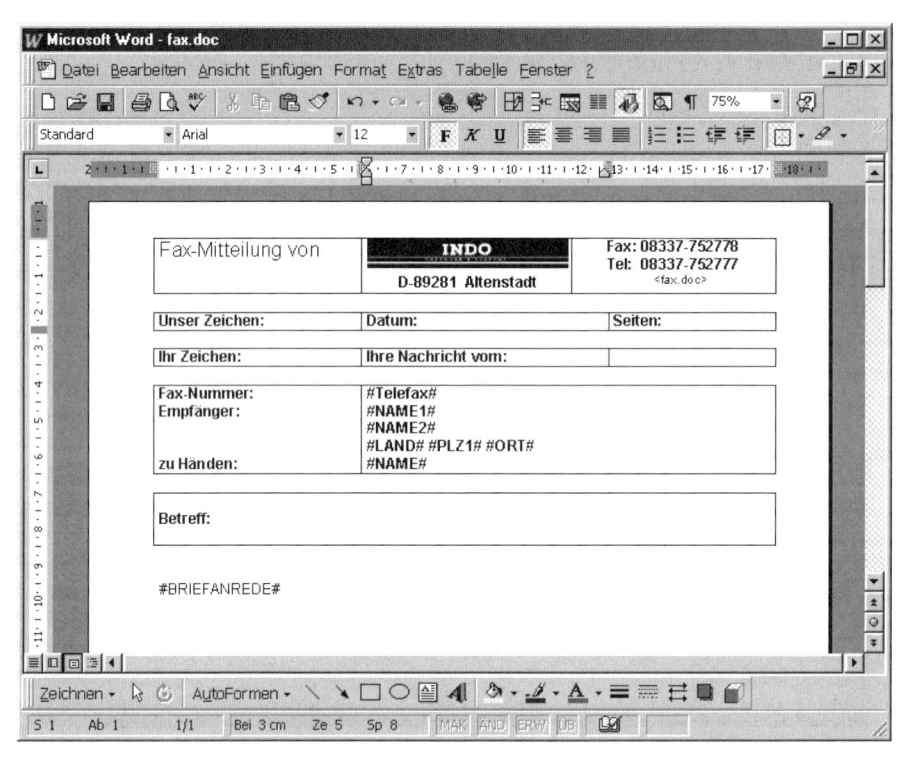

Abbildung 8.33: Word-Anbindung

8.3.12 Geschäftsprozess Archiv/Dokumentenverwaltung

Alle Dokumente werden bei der Druckausgabe automatisch in einem zentralen Datenbank-Archiv als Binärobjekt (BLOB) gespeichert, und zwar mit allen für das spätere Wiederauffinden notwendigen Indizierungen. In das Archiv können auch Fremd-Dokumente per Scanner eingelesen werden. Dokumente können über einen Browser nach bestimmten Kriterien gesucht, angezeigt oder ausgedruckt werden.

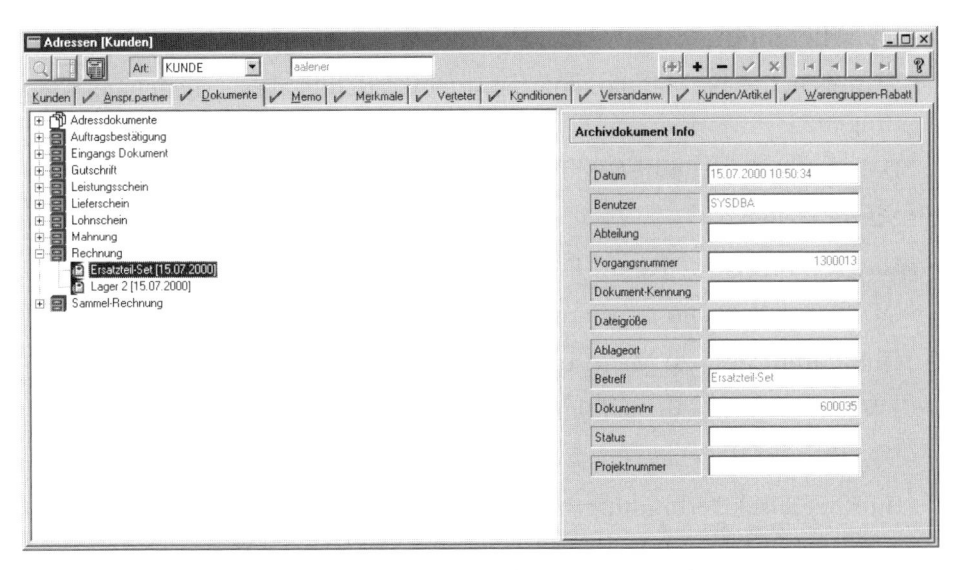

Abbildung 8.34: Archiv/Dokumentenverwaltung

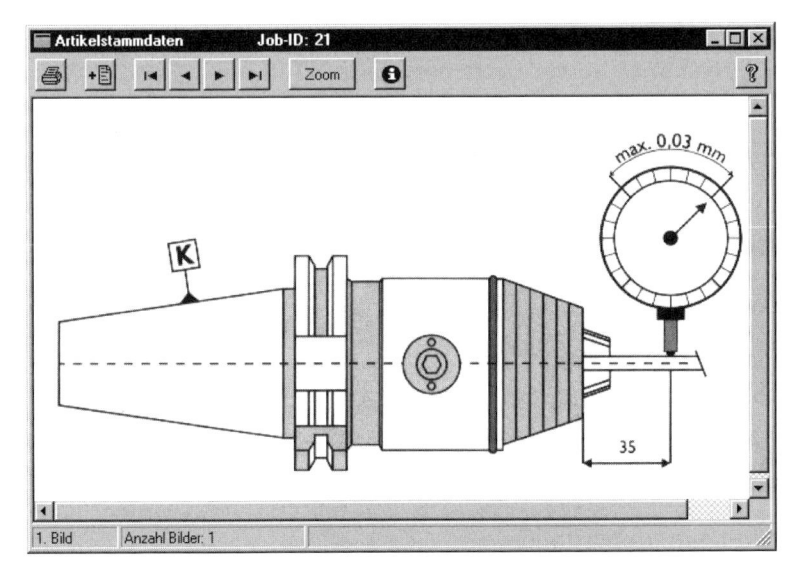

Abbildung 8.35: Zeichnungsablage

8.3.13 Allgemeine Angaben

- **Grundsätzliches:** Mandantenfähig, mehrsprachige Texte, beliebige Währungen
- **Dokumentation:** Online-Hilfe und druckbare Dokumentation in Deutsch
- **Schnittstellen**

  Universal Import / Export-Programme (ASCII-Dateien)

  ODBC-Schnittstelle zu Microsoft-Standardprodukten

  OLE-Verbindung zu Microsoft Word

  TWAIN-Schnittstelle zu Standard-Scannern

  DATEV-Schnittstelle

  Internet-Direktverbindung
- **Entwicklungsumgebung:** Delphi Client-Server/Object Pascal (OOP)
- **Benutzte Standards:** ANSI 92 SQL, OLE, ODBC, ActiveX, TWAIN, HTML, XML, TCP/IP
- **Betriebssysteme:** Server-Betriebssystem NT, Linux, Citrix / Metaframe, Client-Betriebssystem Windows NT, Windows 98, Windows 2000
- **Individualisierungen**

  Design aller Geschäftsprozesse

  Artikel-Sachmerkmale, Adressen-Merkmale

  Stammdaten-Maske (Artikel) Felder unsichtbar machen

  Eingabe-Programme (Masken, Grids, ...)

  Ausgabe-Formulare, Listen, Statistiken

  Masken-Skalierungen, Spaltenbreiten / Benutzer

  Suchmaschine pro Maske benutzerbezogen einstellbar

  Firmen-Logo im Startbild

  Individuelle Reports pro Benutzer

▶ **Service- und Update**

Alle Programm- und Datenbankänderungen können im laufenden Betrieb durchgeführt werden, ohne dass individuelle Konfigurationen oder Abläufe beeinträchtigt werden.

Im Internet liegen Updates mit nummerierten SQL-Scripts, die jederzeit heruntergeladen und über ein spezielles Service-Tool in das System eingebracht werden können.

Alle Programm-Updates beinhalten die neueste Online-Hilfe und zusätzlich eine druckbare Version im DOC-Format.

Hotline-Service: Bei Problemen kann uns direkt aus der Anwendung eine E-Mail zugesandt werden.

Bei Fehlern, die zur Funktionsuntauglichkeit führen, wird eine Reaktionszeit von max. 24 Stunden zur Behebung oder Umgehung zugesichert (Wartungsvertrag).

Die Ferndiagnose erfolgt über das Internet oder pcAnywhere mit ISDN-Anschluss (Fritz-Karte).

Der Umfang der Standard-Reports für alle Druckausgaben (CRYSTAL Reports) wird ständig erweitert und zur Verfügung gestellt.

8.3.14 Voraussetzungen Hardware/Betriebssysteme/Administrator

▶ **Server**

Leistungsfähiger Server z.B. auf Intel-Xeon-Basis 1,8 GHz (Server Board)

Hauptspeicher nach Vorgabe des jeweiligen Betriebssystems, empfohlen 1 GB ECC SDRAM

Plattenkapazität ab 10 GB, für hohen Datentransfer ausgelegt, z.B. Ultra 4 SCSI, 2-Kanal

Durch geeignete Maßnahmen gegen technischen Ausfall gesichert, empfohlen RAID 5

Unterbrechungsfreie Stromversorgung (USV), mindestens für den Server

Betriebssysteme: Windows 2000, NT 4.0, Linux SuSE 8.0, Solaris 9

- **Netzwerk**

  Netzwerkkarte am Server : 100/1000 MBit

  Netzwerk-Protokoll TCP/IP

  Verkabelung: CAT 5 oder höherwertig, Bandbreite empfohlen 100 MBit

- **Drucker**

  Über Print-Server betrieben / mit Windows-Treiber

- **Clients**

  PCs ab Intel-Pentium II, Hauptspeicher empfohlen ab 256 MB RAM

  Color-Bildschirm ab 17" empfohlen

  Netzwerk-Anschluss/TCP-Protokoll

  Mindestens ein PC mit CD-Laufwerk

  Betriebssysteme: Windows 98/2000, NT, XP

- **Datensicherung**

  Zur bedienerlosen Aufnahme der gesamten Server-Daten geeignet

- Ferndiagnose/Support

  ISDN-Anschluss mit Kommunikations-Software, z.B. pcAnywhere, FRITZ!-card, E-Mail-Adresse

- Administrator

  Der Kunde benennt einen Administrator, der für administrative Tätigkeiten wie Datensicherung, Benutzerverwaltung etc. zuständig ist.

- Notwendige Kenntnisse

  Client-Betriebssystem: Windows-Kenntnisse

  Server-Betriebssystem: Grundkenntnisse

  Netzwerk-Betriebssystem: Grundkenntnisse

8.3.15 Reporting Formulare, Listen, Statistiken ...

F@mily benutzt für alle Ausdrucke, die über Jobs erfolgen, eine Laufzeit-Version des Tools CRYSTAL Reports bzw. FAST-Report:

(Lieferanten-) Anfragedruck	Lagerbestandsliste
Adressenetikett drucken	Leistungsscheindruck
Adressenliste	Lieferscheindruck
Angebotsdruck	Lohnscheindruck
Arbeitsplan	Materialkartendruck
Artikelliste	Preisliste EK-Preise
Auftragsbestätigung	Provisionsabrechnung
Bestelldruck	Rechnungsausgangsliste
Fertigungsauftragsdruck	Rechnungsdruck
Flex-Formular	Teileentnahmeliste
Gutschriftdruck	Telefonliste
Inventur-Auswertung	Umsatzliste
Inventur-Differenz-Liste	Universal-Report
Inventur-Zählliste	Zahlungserinnerung
Kommissionierungsliste	

Die Reports erheben keinen Anspruch auf Vollständigkeit oder Eignung für bestimmte Kundenzwecke. Notwendige Anpassungen und Erweiterungen nimmt jeder Anwender vor oder gibt entsprechende Dienstleistungen in Auftrag.

8.3.16 Prozess-Designer

Nachfolgend einige wichtige Definitionen zum Prozess-Designer (siehe Abbildung 8.36).

▶ Definition von Geschäftsprozessen und des gewünschten Ablaufs in Arbeitsschritten = Jobs. Die Pfeile zeigen die Richtung des Ablaufs in Form eines Petri-Netzes nach IEC 1131.

▶ Kopieren von Geschäftsprozessen

▶ Refresh-Button baut die Grafik nach Eingabe / Änderungen neu auf.

▶ Ausdruck der grafischen Darstellung, z.B. für das QM-Handbuch. Bei mehr als 5 Spalten bitte Querformat einstellen.

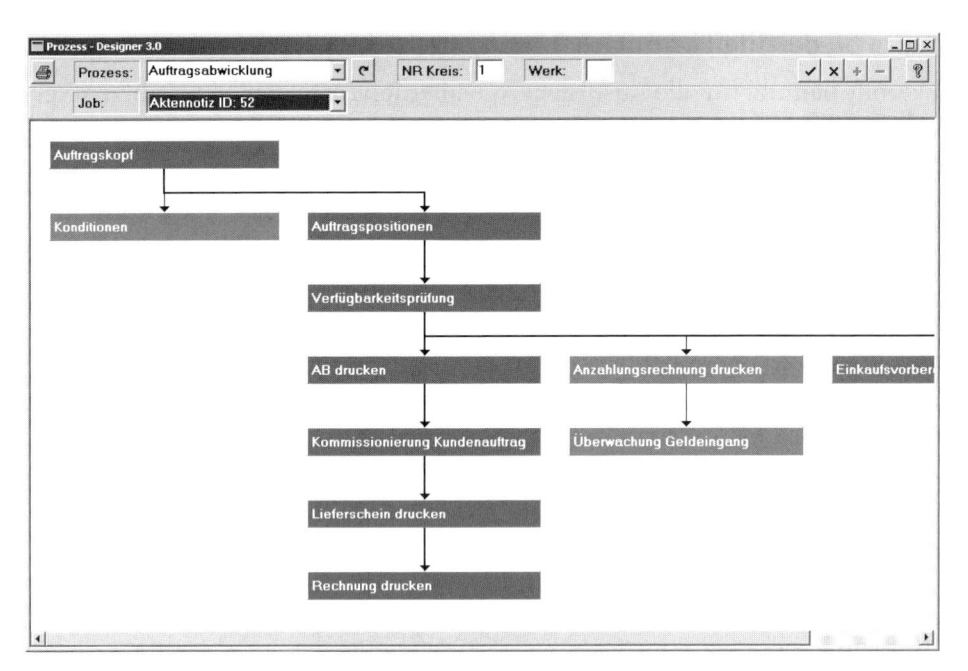

Abbildung 8.36: Prozess-Designer

- **Prozess:** Prozessbezeichnung, Eingabe bei Neuanlage eines Prozesses
- **NR Kreis:** zu benutzender Nummernkreis. Jedem Prozess muss ein eigener Nummernkreis zugewiesen werden, der die fortlaufende Vorgangsnummer (z.B. Auftragsnummer) eines Vorganges bestimmt.
- **Werk:** optionale Angabe eines Werkes (Profitcenter)
- **Job:** Auswahl eines Jobs, der aus der Job-Bibliothek in den Ablauf eingefügt werden soll. Ein Fenster JOB-ANGABEN öffnet sich.

Jeder Job mit Ausnahme des »Start-Jobs« hat einen Vorgänger und beliebige Nachfolger. Die Richtung des Ablaufs ist in Pfeilrichtung von oben nach unten.

Eingabefelder in der Maske JOB-ANGABEN (siehe Abbildung 8.37):

- **Bezeichnung:** Möglichkeit, dem Job eine eigene Bezeichnung zu geben.
- **Mitarbeiter:** Eintragung des zuständigen Mitarbeiters
- **Team:** Eintragung des zuständigen Teams
- **Folge-Prozess:** Möglichkeit zur »Verzweigung« in einen Folge-Prozess

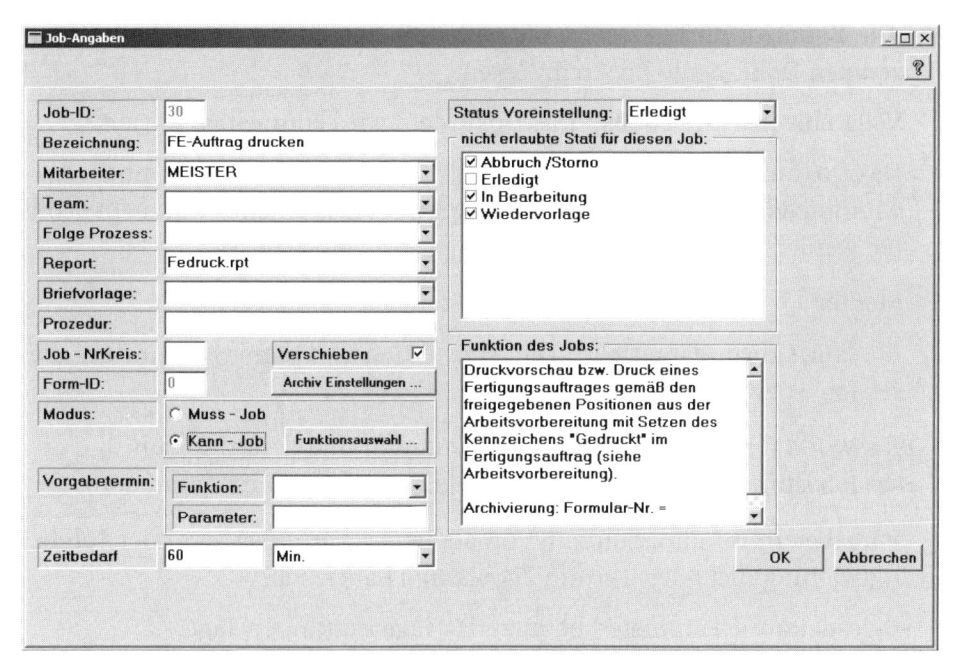

Abbildung 8.37: Angaben zum Job

▸ **Report:** Auswahl des zu benutzenden Reports oder Voreinstellung für die spätere Auswahl. Bei leerem Inhalt wird der Defaultname gemäß Druckjob genommen.

▸ **Briefvorlage:** Name eines Word-Dokuments, der beim Job *BRIEF DRUCKEN* voreingestellt sein soll.

▸ **Prozedur:** Name einer Prozedur, die bei Benutzung des Jobs ausgeführt werden kann. Derzeit freigegeben für: Auftragspositionen, Auftragsversandanweisungen (Frachtseite).

▸ **Job – NrKreis:** Nummernkreis, der bei der Ausführung von Druck-Jobs (Lieferschein, Rechnung, ...) benutzt werden soll.

▸ **Verschieben:** aktualisiert im Terminplaner beim Refreshen der Anzeige den Termin auf das Tagesdatum, sofern der Status ungleich *ERLEDIGT* ist.

▸ **Form-ID:** ID-Nummer des benutzerdefinierten Eingabe- bzw. Druck-Formulars.

▸ **Nur Mitarbeiter / Team darf lesen:** Nur der in den Jobangaben eingetragene Mitarbeiter oder das eingetragene Team darf die mit diesem Job erzeugten Dokumente im Archiv lesen.

- **Alle Benutzer dürfen lesen:** Alle Benutzer dürfen die mit diesem Job erzeugten Dokumente im Archiv lesen.
- **Vollarchiv (bei Druckjobs):** Das Dokument wird komplett archiviert

  Das Dokument wird nur im Index-Teil archiviert und nicht der Inhalt. Auswirkung: Ein im Archiv-Browser angezeigtes Dokument kann nicht geöffnet werden.
- **Modus:**

  MUSS-JOB (blau dargestellt): Die Aktivierung und damit Ausführung dieses Job ist zwingend.

  KANN-JOB (grau dargestellt): Die Aktivierung und damit Ausführung dieses Job ist frei wählbar oder über Funktionswahl (Folgeseite) steuerbar.
- **Vorgabetermin:** Funktion zur Vorgabe eines Termins, wenn der Job bei Aktivierung nicht den Termin *Tagesdatum* haben soll.

  Tagesdatum + [Parameter] benutzt das Tagesdatum + n Tage.

  Aufpostermin [+ - Parameter] benutzt den frühesten Termin aus Tabelle AUFPOS

  Nächste (offene) Leistung [ohne Parameter] benutzt den nächsten offenen Ist-Termin bei Wartungsverträgen.

  Parameter zur ausgewählten Funktion, Beispiel: Tagesdatum + 10 (Tage) oder Aufpostermin -10 (Tage)
- **Zeitbedarf:** Eingabe des Zeitbedarfs (Min., Std. oder Tage) für die Ausführung des Jobs zur grafischen Darstellung im Terminplaner.
- **Status Voreinstellung:** Auswahl, welcher Status nach der Erstbenutzung des aktuell bearbeiteten Jobs bei der Statusabfrage voreingestellt werden soll, in der Regel also ERLEDIGT.
- **Nicht erlaubte Stati:** Markieren, welche Zustände bei der Statusabfrage nicht angezeigt werden sollen. Der »Default-Status« wird immer angezeigt.
- **Funktion:** Anzeige der Job-Beschreibung. Weitere Hinweise finden Sie in der Online-Hilfe zum jeweiligen Job.

Bei Kann-Jobs gibt es die Möglichkeit einer *FUNKTIONSAUSWAHL*, das heißt, bei der späteren Ausführung werden automatisch nur die Jobs vorgeschlagen, die per Funktion vorgesehen sind, z.B. ob eine normale Rechnung oder eine Sammelrechnung vorgeschlagen werden soll.

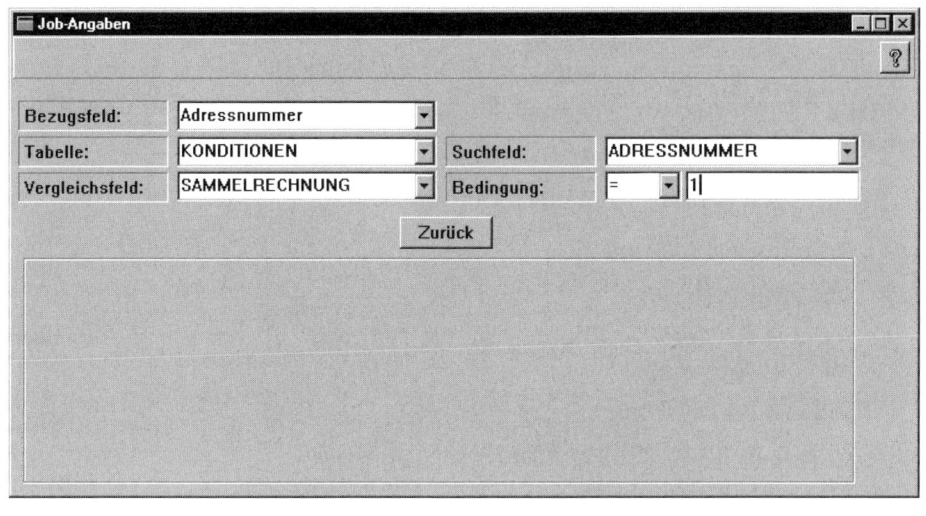

Abbildung 8.38: Weitere Angaben zum Job

- **Bezugsfeld:** vom System vorgegebenes Feld, über das die nachfolgende Ziel-Tabelle angesprochen werden soll (Vorgangsnr. oder Adressnr.)
- **Tabelle:** Tabelle, die zur Entscheidung herangezogen werden soll
- **Suchfeld:** Feld der Tabelle, das für die Suche des richtigen Datensatzes benutzt wird (muss mit dem Bezugsfeld korrespondieren)
- **Vergleichsfeld:** Feld der Tabelle, das für den nachfolgenden Vergleich benutzt wird
- **Bedingung/Argument:** Bedingung (ist, größer, kleiner ...), die erfüllt werden muss, damit dieser Job vorgeschlagen wird.

  Als Argument kann eine Zahl oder Zeichenkette (in Anführungszeichen) benutzt werden.

OK schließt das Fenster und zeigt das neue Job-Panel in der linken oberen Ecke der Bildschirm-Maske. Die Positionierung erfolgt durch Ziehen mit der Maus. Eine sich ergebende verschobene Anordnung der Jobs wird per Refresh-Button geordnet.

Jobs verbinden

Das Verbinden von zwei Jobs erfolgt über das Kontext-Menü (VERBINDUNG VON ... VERBINDUNG ZU) oder bei gedrückter Taste `Strg` und Anklicken des Von-Jobs und des Zu-Jobs. Die Pfeilrichtung zeigt auf den Zu-Job. Dabei gilt die Regel:

Ein Start-Job darf keinen Vorgänger besitzen. Jeder Job darf maximal einen Vorgänger besitzen. Über das Kontext-Menü (rechte Maustaste) sind verschiedene Handlungen möglich:

- Job-bezogen (Cursor steht auf Job)
    - Verbindung von und zu
    - Verbindung lösen
    - Job aus Prozess-Definition löschen. Achtung: Vorher die Verbindung zu Folgejobs lösen!
    - Jobangaben bearbeiten
    - Modus in Ebene ändern (parallel .... alternativ)
    - Hinweise ein
- Allgemein (Cursor steht im freien Bereich)
    - Neuen Prozess anlegen
    - Prozess kopieren

Mit der Speicher-Taste wird der Prozess gespeichert. Dabei ist mindestens ein Job zur korrekten Anlage eines Geschäftsprozesses notwendig.

Hinweis, falls das Speichern abgelehnt wird: Möglicherweise ist die nächste freie Prozessnr. unkorrekt; dann also diese vorher korrigieren!

> *Das Geheimnis eines effizienten Ablaufs:*
>
> Ein effizienter Ablauf sollte »prozessfähige« Jobs beinhalten, die fallabschließend bearbeitet werden können und eindeutige Ausgangswerte für den Folgejob liefern.
>
> Rücksprünge sollten nur bei Wiederhol-Tätigkeiten mit definierbarem Ende (Service-Intervalle, Teillieferungen ...) vorgesehen werden, da sich leicht »Endlos-Schleifen« mit unkontrollierbarem Ablauf bilden können.
>
> Ausnahmen haben im Ablauf nichts zu suchen, sondern werden ad hoc behandelt.

Unsere Muster-Abläufe sollen als Vorlage für Ihre individuellen Prozesse dienen. Abläufe können bei laufenden Geschäftsvorfällen geändert und ungeplante Arbeitsschritte ad hoc ausgeführt werden.

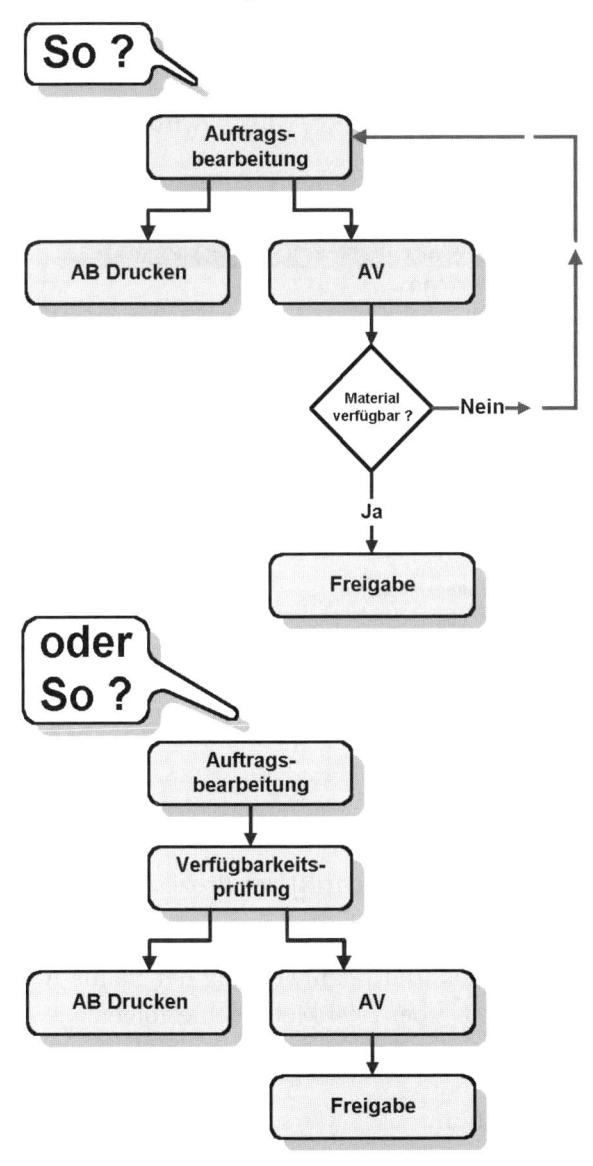

Abbildung 8.39: Effizienter Job-Ablauf

8.3.17 Ablauf

Prozess-Start

Ein Prozess wird durch ein »äußeres« Ereignis gestartet, z.B. durch den Eingang eines Auftrages.

Über das Menü AUSFÜHREN/PROZESS (-START) wird der gewünschte Prozess ausgewählt (siehe Abbildung 8.40).

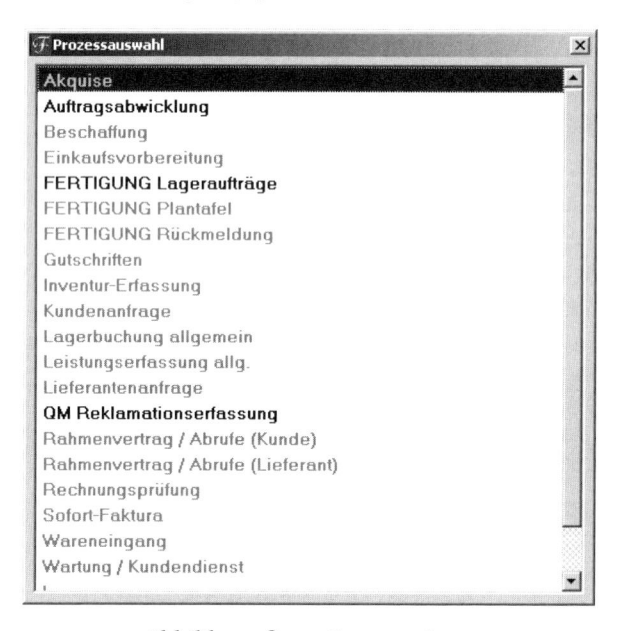

Abbildung 8.40: Prozess-Start

Danach ist der erste Job (Arbeitsschritt) der Prozess-Kette ausführbar (siehe Abbildung 8.41).

Nach Beendigung des Jobs und Beantwortung der Status-Abfrage kann die Bearbeitung von Folgejobs über zwei Methoden erfolgen:

▶ Über den Workflow-Button zum so genannten Workflow-Handler
▶ Über die ToDo-Funktion

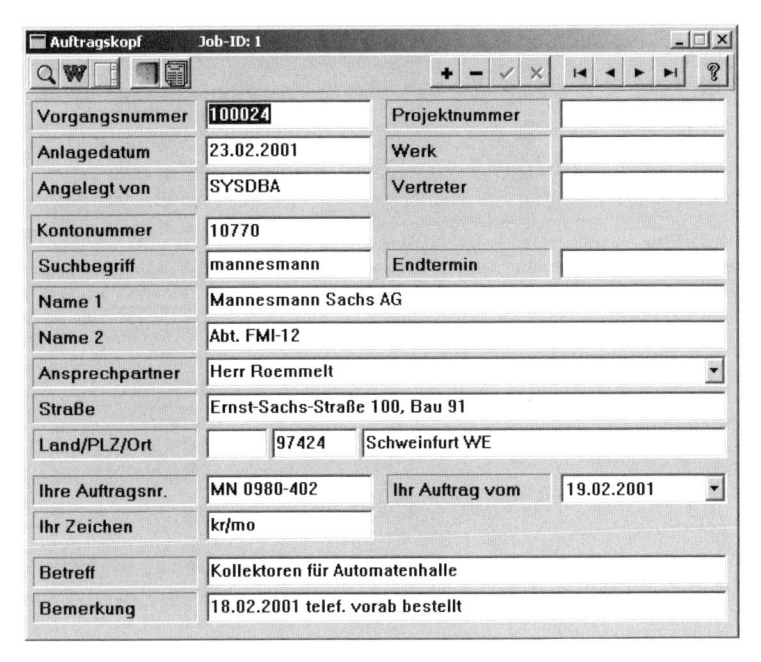

EIN BEISPIELHAFTES ERP-/PPS-SYSTEM AUF WORKFLOW-BASIS

Abbildung 8.41: Job-Beginn

ToDo-Funktion

▶ **Tabelle(n):** WORKFLOW

▶ **Funktion(en):** Anzeige des »Arbeitsvorrats« aus allen Geschäftsprozessen, Ausführen von Jobs, Verteilung von Jobs und Vertretungsregelung

»Was ist zu tun?« (ToDo) ist die bevorzugte Arbeitsweise bei komplexen Abläufen und vielen Vorgängen. Die Funktion selektiert Jobs nach bestimmten Vorgaben und erlaubt deren direkte Ausführung. *ToDo* aktualisiert die Anzeige gemäß Auswahl-Eingaben, und zwar nach aufsteigenden Terminen. Abbildung 8.42 zeigt die Bemerkungen zum Job an.

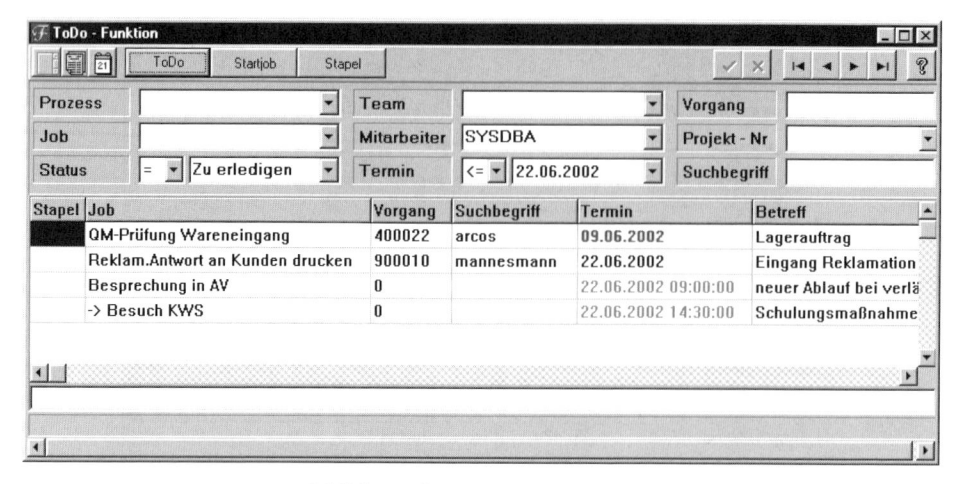

Abbildung 8.42: TODO-FUNKTION

Wenn keine Auswahl getroffen wird, bedeutet das »alles anzeigen«. Auswahl-Eingaben werden UND-verknüpft.

- **Prozess:** Auswahl des gewünschten Prozesses
- **Job:** Auswahl eines bestimmten Jobs, z.B. alle Vorkalkulationen
- **Status *):** Auswahl des Status

  Per Kontext-Menü (rechte Maustaste) ist die angezeigte Einstellung speicherbar.

- **Team *):** Auswahl des Teams (bei dem der Benutzer Mitglied ist)
- **Mitarbeiter *):** voreingestellt gemäß Anmeldung. Per Kontext-Menü (rechte Maustaste) werden über TEAMS EINBEZIEHEN die Jobs aller Teams angezeigt, bei denen der Mitarbeiter Mitglied ist.
- **Termin *):** Auswahl eines Termins (< kleiner als, <= kleiner oder gleich, = ist gleich, >= größer oder gleich, > größer als)
- **Vorgang:** Auswahl einer Vorgangsnummer
- **Projekt - Nr.:** Auswahl einer Projektnummer
- **Suchbegriff:** Eingabe eines Suchbegriffs. Aus Performancegründen ist die Anzeige über den Suchbegriff auf 1500 Zeilen begrenzt.

*) Der SYSDBA bzw. Benutzer mit dem Recht »Teamleiter« (siehe Benutzer-Rechte) kann diese Daten per Kontext-Menü (rechte Maustaste) ändern.

Mit Doppelklick oder über Kontext-Menü wird die Ausführung des markierten Jobs gestartet.

Im Hintergrund des aufgerufenen Jobs steht der Start-Job des Prozesses zur Information.

Nach Beenden des Jobs übernimmt das System wieder die Kontrolle und führt zur Status-Abfrage und zurück zur TODO-Maske.

STARTJOB ruft den Start-Job zum markierten Job für weitere Informationen auf.

STAPEL ermöglicht nach entsprechenden Vorgaben die Ausführung eines sog. *Stapels*, der die ausgewählten Jobs hintereinander (ohne weitere Eingaben) ausführt, also bei Druckjobs z.B. das Drucken aller Lohnscheine usw.

Die zur Stapelverarbeitung vorgesehenen Jobs werden vorher über Leertaste oder Kontext-Menü (rechte Maustaste) markiert.

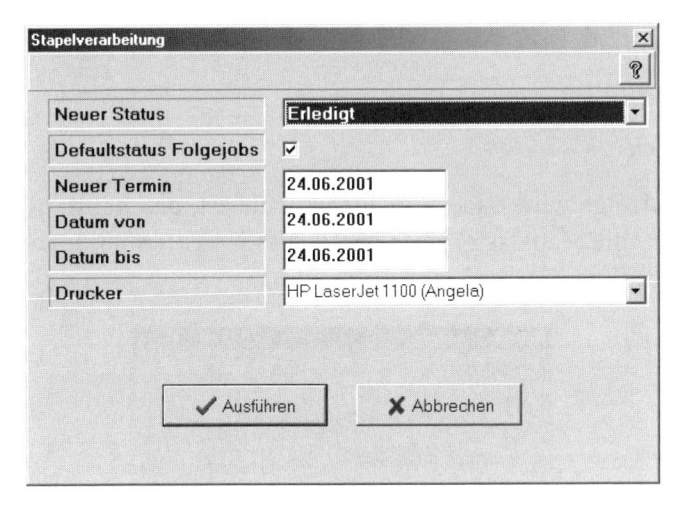

Abbildung 8.43: Stapelverarbeitung

Eingabefelder in der Maske STAPELVERARBEITUNG **(Abbildung 8.43)**

▶ **Neuer Status:** Auswahl des Status, den die ausgeführten Jobs nach Ausführung erhalten sollen

▶ **Defaultstatus Folgejobs:** setzt bereits aktive Folgejob(s) wieder auf Default-Status

▶ **Neuer Termin:** Bestimmung eines neuen (ToDo-) Termins für die ausgeführten Jobs

- **Datum von:** Auswahl nur bei Objektaufträgen
- **Datum bis:** Auswahl nur bei Objektaufträgen
- **Drucker:** Auswahl des Druckers

AUSFÜHREN startet die Ausführung des Stapels

Zur Stapelverarbeitung freigegebene Druck-Jobs sind:

- Auftragsbestätigung
- Bestellungen
- Fertigungsauftrag
- Konsignations-Lieferschein
- Leistungsschein
- Lieferschein
- Lohnschein
- Rechnung
- UNI-Druck

Die ToDo-Anzeige wird nach Vorgabe aktualisiert, das heißt, über das Kontext-Menü (rechte Maustaste) kann die REFRESH-ART temporär gesetzt werden (siehe Abbildung 8.44).

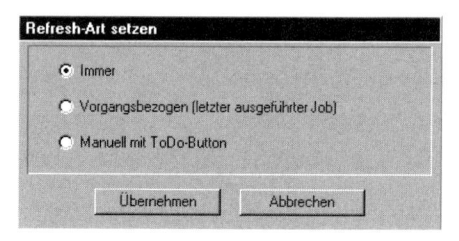

Abbildung 8.44: Refresh-Art setzen

Workflow-Handler

- **Tabelle(n):** WORKFLOW
- **Funktion(en):** Anzeige der Historie eines Vorganges, Ausführen von Arbeitsschritten (Jobs), besonders ad hoc.

Der Workflow-Handler zeigt die im Vorgang bislang benutzten Jobs und deren aktuellen Zustand (Status). Nach Ausführung eines Jobs wird die Anzeige per Statusabfrage automatisch aktualisiert.

Die Reihenfolge der Darstellung kann per Kontext-Menü (rechte Maustaste) von LETZTE BEARBEITUNG auf ANLAGEZEITPUNKT eingestellt werden; die letzte Einstellung merkt sich das System.

Der Workflow-Handler wird aus einem Start-Job mit dem entsprechenden Button WORKFLOW-HANDLER aufgerufen. Ist der Button inaktiv, so stimmt die Zuordnung des Jobs zum Nummernkreis oder dessen aktuelle Nummer nicht (siehe Definitionen Nummernkreise).

In der unteren Zeile der Maske kann ein Kommentar zum markierten Job eingetragen werden (siehe Abbildung 8.45).

Job-Ausführung:

Mit Doppelklick oder über Kontext-Menü (rechte Maustaste) wird die Ausführung des markierten Jobs gestartet (siehe Abbildung 8.45).

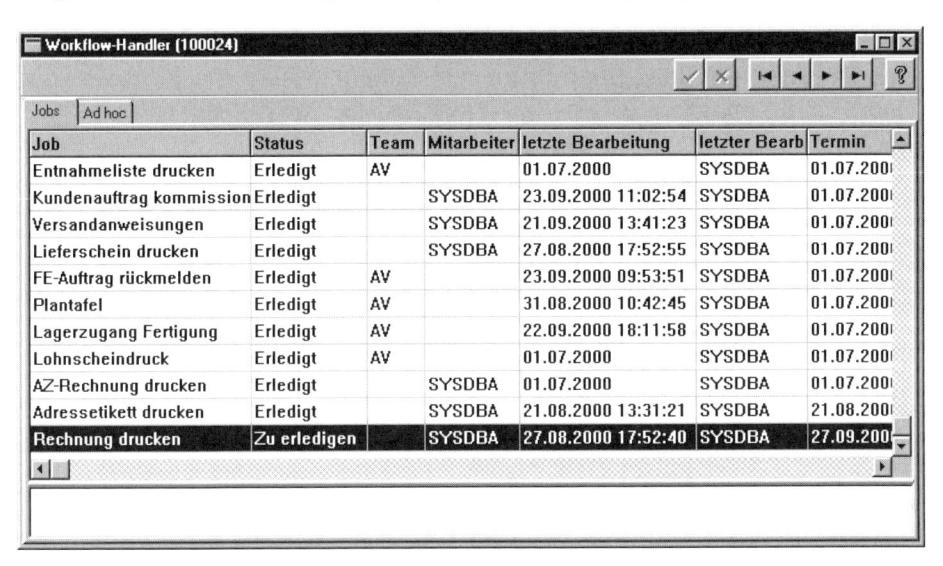

Job	Status	Team	Mitarbeiter	letzte Bearbeitung	letzter Bearb	Termin
Entnahmeliste drucken	Erledigt	AV		01.07.2000	SYSDBA	01.07.200
Kundenauftrag kommission	Erledigt		SYSDBA	23.09.2000 11:02:54	SYSDBA	01.07.200
Versandanweisungen	Erledigt		SYSDBA	21.09.2000 13:41:23	SYSDBA	01.07.200
Lieferschein drucken	Erledigt		SYSDBA	27.08.2000 17:52:55	SYSDBA	01.07.200
FE-Auftrag rückmelden	Erledigt	AV		23.09.2000 09:53:51	SYSDBA	01.07.200
Plantafel	Erledigt	AV		31.08.2000 10:42:45	SYSDBA	01.07.200
Lagerzugang Fertigung	Erledigt	AV		22.09.2000 18:11:58	SYSDBA	01.07.200
Lohnscheindruck	Erledigt	AV		01.07.2000	SYSDBA	01.07.200
AZ-Rechnung drucken	Erledigt		SYSDBA	01.07.2000	SYSDBA	01.07.200
Adressetikett drucken	Erledigt		SYSDBA	21.08.2000 13:31:21	SYSDBA	21.08.200
Rechnung drucken	**Zu erledigen**		**SYSDBA**	**27.08.2000 17:52:40**	**SYSDBA**	**27.09.200**

Abbildung 8.45: Workflow-Handler – Mit Doppelklick wird der Job gestartet.

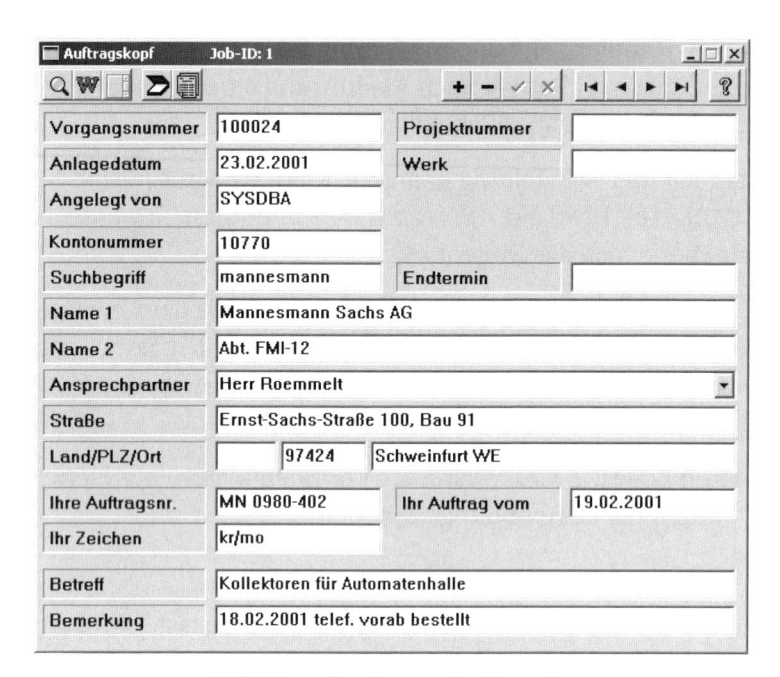

Abbildung 8.46: Ansicht des Jobs

Nach Beenden des Jobs übernimmt das System wieder die Kontrolle und führt zur Status-Abfrage, die die Historie des Workflow-Handlers fortschreibt.

Der Status eines Jobs kann durch den SYSDBA oder Teamleiter manuell geändert werden, siehe Kontextmenü (rechte Maustaste) *STATUS ÄNDERN*.

Ad hoc:

Hiermit kann ein *Ad-hoc-Job* gestartet werden, der also im Ablauf nicht vorgesehen ist (siehe Abbildung 8.47).

▷ **Job:** Die Auswahl enthält alle Jobs, die in der Job-Bibliothek für eine Ad-hoc-Benutzung freigegeben sind.

▷ **Team:** auszuführendes Team, Voreinstellung = eigene Abteilung

▷ **Mitarbeiter:** auszuführender Mitarbeiter, Voreinstellung = eigenes Kürzel.

▷ **Memo:** Kommentar bzw. Bemerkung zum Job

Abbildung 8.47: Ad-hoc-Job

Produktionsplan

▷ **Tabelle(n):** AUFPOS

▷ **Funktion(en):** Erstellen eines Produktionsplans, das heißt, die Planung der zu produzierenden Artikel, in der Regel von Lagerteilen (Vorgangsart = PP)

Ermittlung von Fehlteilen aus Kundenaufträgen und Übernahme in den Produktionsplan (siehe Button FEHLTEILE-LISTE).

Aufruf der weiteren Jobs in der definierten Prozesskette (siehe Workflow-Handler)

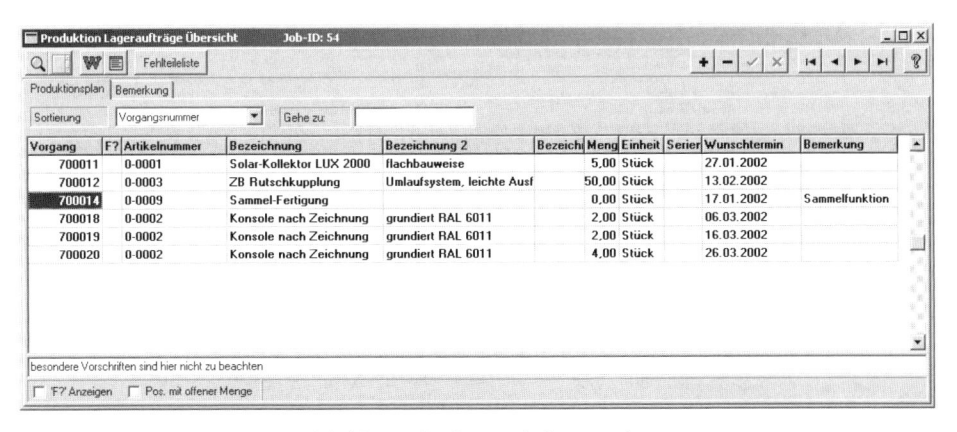

Abbildung 8.48: Produktionsplan

- **Sortierung:** Die Reihenfolge der Anzeige nach Vorgangsnummer oder Artikelnummer ist wählbar.
- **Vorgang:** automatische Vergabe der lfd. Fertigungsauftrags-Nummer
- **Artikelnummer:** Eingabe bei manuell eingefügter Position

  Bei Einrichten eines *Sammelvorganges* kann hier ein entsprechender »Sammel-Artikel« eingetragen werden, hinter dem sich in der Arbeitsvorbereitung dann alle zugehörigen Artikel eintragen lassen.
- **Menge:** Bedarfsmenge aus Übernahme (Fehlteileliste) oder manueller Eingabe
- **Serienkennung:** freie Eingabe einer Kennung für die Serie
- **Wunschtermin:** Eingabe bei manuell eingefügter Position. Bei Übernahme aus Fehlteileliste = frühester gewünschter Bedarfszeitpunkt.
- **Bemerkung [Seite]:** Eingabemöglichkeit einer kurzen und/ oder langen Bemerkung
- **F? Anzeigen:** zeigt die Auftragsart an (FV/FE)
- **Pos. mit offener Menge:** zeigt nur Aufträge mit offener Menge an

Über das Kontext-Menü (rechte Maustaste) AUFTRAG DEAKTIVIEREN werden alle dispositiven Auswirkungen eines Auftrages auf null gesetzt: Die offenen Mengen aller Teile werden auf 0 gesetzt und alle Kapazitätseintragungen werden gelöscht.

Über die Schaltfläche FEHLTEILELISTE wechselt man zur Anzeige der Fehlteileliste (siehe Abbildung 8.49).

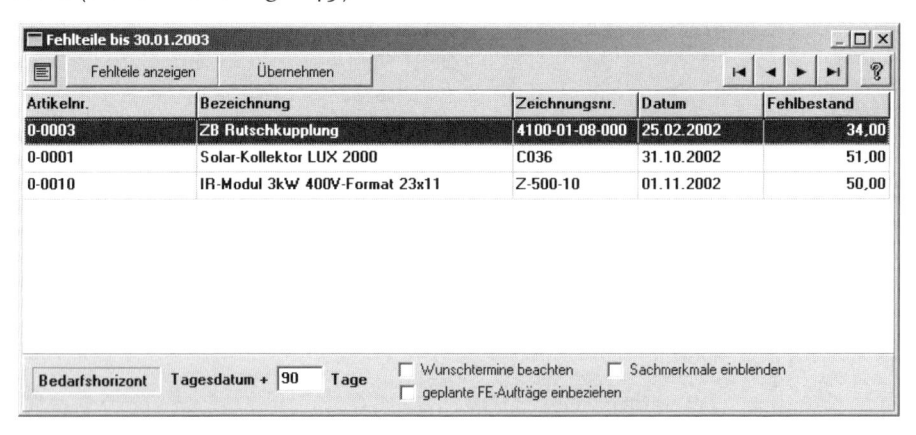

Abbildung 8.49: Fehlteileliste

- **Fehlteile anzeigen:** durchsucht die Kunden-Aufträge nach zu erwartenden Eigenfertigungs-Fehlteilen innerhalb des Bedarfshorizonts und zeigt das pro Artikel zusammengefasste Ergebnis. Die Sortierung erfolgt nach Artikelnummer.

  Mindestbestands-Unterschreitungen werden ebenfalls berücksichtigt.

- **Übernehmen:** übernimmt den Artikel in den Produktionsplan.

- **Bedarfshorizont:** Tagesdatum + ... Tage

  Der Bedarfshorizont definiert die Zeitspanne, innerhalb derer Auftragstermine in der Fehlteileliste berücksichtigt werden sollen. Damit kann die zu frühe Beschaffung von Teilen vermieden werden.

  Beispiel:

  Tagesdatum + 10 Tage bedeutet, dass der Bedarf eines Artikels mit einer Lieferzeit von z.B. 30 Tagen für die nächsten 40 Tage berechnet wird. Die Tage sind eine frei wählbare Sicherheitsfrist.

- **Wunschtermine beachten:** Wenn der Schalter aktiv ist, werden in der Fehlteileliste auch Aufträge beachtet, die noch keinen endgültigen Termin, d.h. nur einen Wunschtermin haben.

- **Sachmerkmale einblenden:** zeigt alle Auftragspositionen des Artikels mit ihren Sachmerkmalen.

- **geplante FE-Aufträge einbeziehen:** zeigt auch geplante Fertigungsaufträge

Lagerbuchung allgemein

- **Tabelle(n):** LAGERBESTAND, LAGERPROTOKOLL, AUFPOS
- **Funktion(en):** allgemeinen Lagerzugang oder Lagerabgang buchen

  Inventurbestände buchen: siehe Job *INVENTURERFASSUNG*.

  Aktualisieren einer Vorgangs-Position, sofern ein Vorgang angegeben wird.

  Führen des Lagerprotokolls

  Drucken eines Buchungsbeleges

Dieser Job ist als »Stand-alone«-Startjob geeignet.

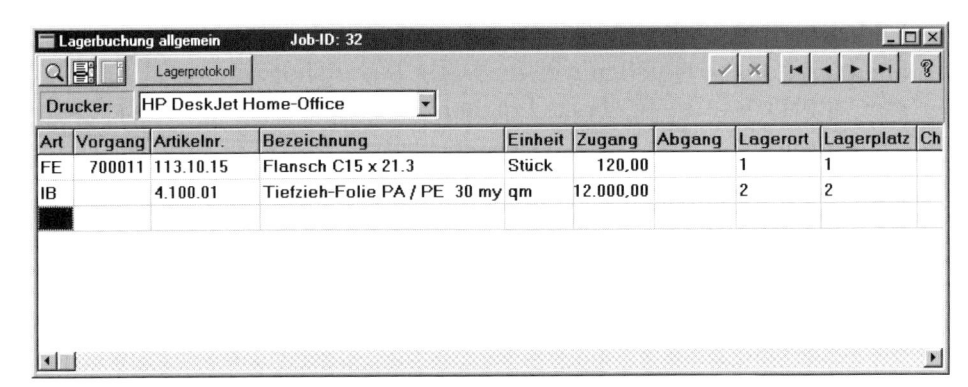

Art	Vorgang	Artikelnr.	Bezeichnung	Einheit	Zugang	Abgang	Lagerort	Lagerplatz	Ch
FE	700011	113.10.15	Flansch C15 x 21.3	Stück	120,00		1	1	
IB		4.100.01	Tiefzieh-Folie PA / PE 30 my	qm	12.000,00		2	2	

Abbildung 8.50: Lagerbuchung

Die Felder der Maske LAGERBUCHHALTUNG (Abbildung 8.50):

- **Lagerprotokoll:** führt zur Bildschirm-Ausgabe des Lagerprotokolls
- **Drucker:** Auswahl des Druckers für das Drucken eines Buchungsbeleges, sofern eine Lagerbewegungsart MIT BELEGDRUCK gewählt wurde. Der zu verwendende Nummernkreis ist im Prozess-Designer unter Job-Angaben anzugeben.
- **Art:** Lagerbewegungsart bestimmt die Vorgangsart für die Aktualisierung eines Vorganges und ob eine Stückliste abgebucht werden soll
- **Vorgang:** Vorgangsnummer, sofern ein Vorgang aktualisiert werden soll
- **Artikelnr:** Auswahl oder Eingabe Artikelnummer
- **Zugang:** (positive) Zugangsmenge
- **Abgang:** (positive) Abgangsmenge

  Die Abgangsmenge darf den aktuellen Bestand nicht überschreiten.
- **Lagerort:** auf den gebucht werden soll
- **Lagerplatz:** des Lagerortes. Wird kein Lagerplatz benutzt, vergibt das System einen mit dem Lagerort identischen Lagerplatz.

  Die Vorgangsnummer kann als LAGERPLATZ benutzt werden.
- **Charge:** bei chargenpflichtigem Artikel
- **Seriennummer:** bei seriennummerpflichtigem Artikel
- **Palette:** bei chargenpflichtigem Artikel. Eine Charge kann auf mehreren Paletten liegen.

- **Anlieferer:** Auswahl/Eingabe des Anlieferer-Suchbegriffs, z.B. der Speditionsname oder des Kunden bei Paletten-Rücklieferung
- **Lieferschein-Nr.:** des Anlieferers
- **Zeugnis:** Zeugnis-Kennung, falls der Ware ein Zeugnis beiliegt
- **Bemerkung:** freie Eingabe

Mit dem Speichern wird bei einer Lagerbewegungsart MIT BELEGDRUCK die Druckausgabe gestartet sowie im zentralen *Datenbankarchiv* gespeichert (Dokumentart = Lagerbuchungsbeleg).

Inventurerfassung

- **Tabelle(n):** LAGERBESTAND, LAGERPROTOKOLL
- **Funktion(en):** Buchen eines Inventurbestandes, Führen des Lagerprotokolls

Dieser Job ist als »Stand-alone«-Startjob geeignet.

Als allgemeiner Ablauf einer Inventur wird empfohlen:

- Ausdrucken einer Inventur-Zähl-Liste
- Sperren des Lagerortes, in dem die Inventur vorgesehen ist (*STAMMDATEN/LAGERORTE*).
- Zählen der Inventurbestände
- Erfassung der Inventurbestände
- Ausdrucken der Inventur-Differenzliste bzw. Inventur
- Ausdrucken der Bewertungsliste
- Freigabe des Lagerortes (*STAMMDATEN/LAGERORTE*)

Artikelnummer	Bezeichnung	Lagerort	Lagerplatz	SN/Charge	Palette	Warengrupp	Bestand	Neuer Bestand	Einheit	Inventurdatum
01033000	Solar-Kollektor LUX 2000	Halle 1	1-101-4	0	0	AUTO	11	0	Stück	28.06.2000
01033000	Solar-Kollektor LUX 2000	Halle 2	Halle 2	0	0	AUTO	10	0	Stück	
01044000	Konsole nach Zeichnung	Halle 1	1-100-4	0	0	BLECH	29	0	Stück	
113.10.15	Flansch C15 x 21.3	Halle 1	1-101-5	0	0	GUSS	46	0	Stück	23.06.2000
226/331	Druckguss-Legierung GD-AlSi9(	Halle 1	1-100-8	0	0	GUSS	4	0	kg	23.06.2000
4.100.01	Tiefzieh-Folie PA / PE 30 my	Halle 1	1-102-7	C1	P2	FOLIE	550	0	m²	
4100-01-08-000	ZB Rutschkupplung	Halle 1	1-101-6	0	0	BLECH	14	0	Stück	21.03.1999
4100-02-05-005	Distanzhalter	Halle 1	1-101-7	0	0	BLECH	121	0	Stück	21.03.1999
4100-02-05-007	Absorber gebogen	Halle 1	1-101-8	0	0	BLECH	482	0	Stück	21.03.1999
4100-02-08-010	Stahlscheibe	Halle 1	1-102-1	0	0	BLECH	2470	0	Stück	21.03.1999
877234	Membran-Filter F-12-14 / 14 m	Halle 1	1-101-3	0	0	SONSTIGE	0	0	Stück	
890122	Halterung zu Konsole 40-422	Halle 1	1-101-2	0	0	BLECH	14	0	Stück	
bde-terminal	SIEMENS Multifunktionstermina	Halle 1	1-101-1	0	0	SONSTIGE	4	0	Stück	25.03.2000
blech-MF-01	Blech 1,0 x 1250 x 2500 mm	Halle 1	Halle 1	0	0	BLECH	148,656	0	Tafel	21.03.2001
din471A20	Sicherungsring (Schüttgut)	Halle 1	1-102-4	0	0	BLECH	44501	0	Stück	23.06.2000

Abbildung 8.51: Inventurerfassung

Nach Programmstart werden mit LAGERBESTAND ANZEIGEN alle Artikel mit allem Bestand gezeigt oder mit ARTIKELSTAMM ANZEIGEN alle disponierten Artikel gezeigt, und zwar unabhängig vom Bestand.

Eingaben können in der Maske INVENTURERFASSUNG (Abbildung 8.51) nur erfolgen, wenn der entsprechende Lagerort gesperrt ist. Über das Kontext-Menü (rechte Maustaste) kann die Anzeige jederzeit sortiert werden nach

- Artikelnummer
- Lagerort/Lagerplatz
- Warengruppe/Artikelnummer

Es erfolgt die Berichtigung des Lagerbestandes und Protokollierung der Inventurbuchung. Die entsprechende Zeile wird markiert und das Inventurdatum aktualisiert. Man kann eine Zeile einfügen, in der ein neuer Bestands-Satz angelegt wird.

- **Artikelnummer:** Auswahl oder Eingabe Artikelnummer (holen per ⇆-Taste)
- **Lagerort:** Lagerort, auf den gebucht werden soll (siehe Auswahl-Liste)
- **Lagerplatz:** Lagerplatz des Lagerortes
- **SN/Charge:** Seriennummer-Angabe bzw. Chargen-Angabe
- **Bestand:** Eingabe des Inventurbestandes
- **Neuer Bestand:** Eingabe des (positiven) Inventurbestandes oder 0

Wareneingang

- **Tabelle(n):** LAGERBESTAND, LAGERPROTOKOLL, AUFPOS, DURCHSCHNITTS_EKPREISE, ARBEITSPLAN_POS
- **Funktion(en):** Auswahl der Bestellung, zu der ein Wareneingang erfolgt

  Buchen eines Wareneinganges mit Aktualisieren des Lagerbestandes

  Buchen eines Wareneingangs aus verlängerter Werkbank mit Aktualisieren des Arbeitsvorrats

  Aktualisieren der Bestell-Position

  Errechnen und Speichern des neuen durchschnittlichen EK-Preises

  Führen des Lagerprotokolls, Lagerbewegungsart =WARENEING

  Drucken eines Buchungsbeleges

Dieser Job ist als »Stand-alone«-Startjob geeignet und aktualisiert betroffene (Einzel-)Wareneingang-Jobs.

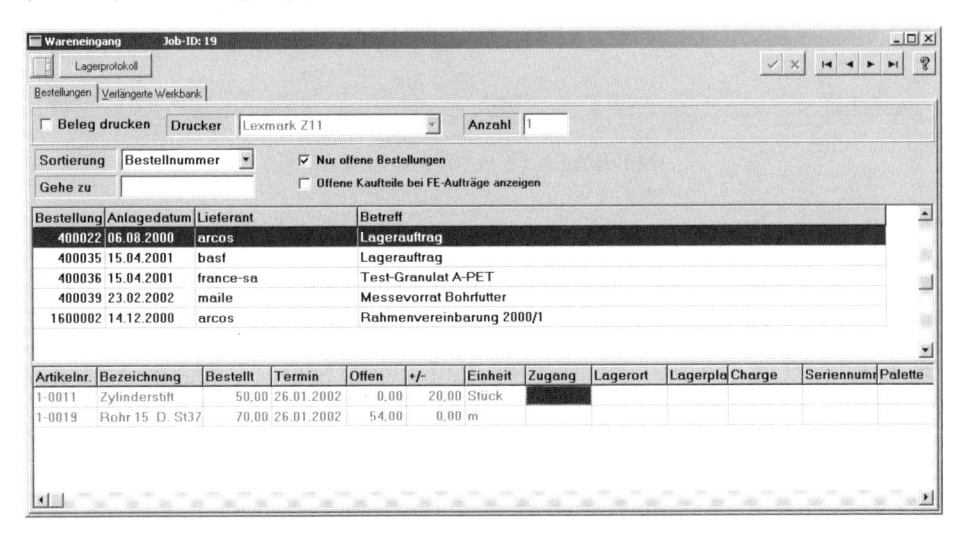

Abbildung 8.52: Wareneingang

In der Eingabemaske WARENEINGANG (Abbildung 8.52) können folgende Felder gewählt werden:

▷ **Beleg drucken ... Drucker:** Auswahl des Druckers für das Drucken eines Buchungsbeleges oder Etiketts. Der zu verwendende Nummernkreis ist im Prozess-Designer unter Job-Angaben anzugeben. Per Kontext-Menü (rechte Maustaste) VOREINSTELLUNG kann die letzte Einstellung gespeichert werden.

▷ **Sortierung:** nur bei Benutzung als »Start-Job«. Wahl der Sortier-Reihenfolge nach Bestellnummer oder Lieferant und Auswahl der gewünschten Bestellung

▷ **Nur offene Bestellungen:** Einschränkung auf Bestellungen mit einer offenen Menge größer null.

▷ **Offene Kaufteile ...:** öffnet ein Fenster mit der Anzeige von Fertigungsaufträgen, die auf den Artikel warten, also MENGE OFFEN größer null ist (siehe Abbildung 8.53).

KAPITEL 8 – IMPLEMENTIERUNG

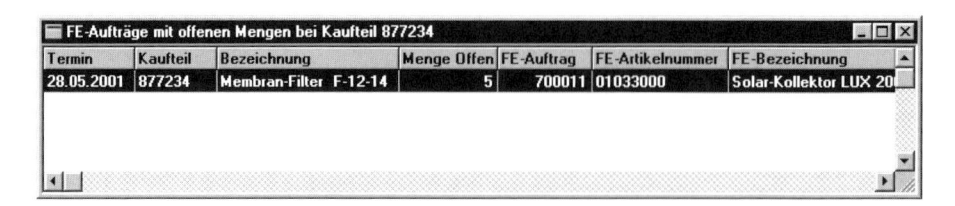

Termin	Kaufteil	Bezeichnung	Menge Offen	FE-Auftrag	FE-Artikelnummer	FE-Bezeichnung
28.05.2001	877234	Membran-Filter F-12-14	5	700011	01033000	Solar-Kollektor LUX 20

FE-Aufträge mit offenen Mengen bei Kaufteil 877234

Abbildung 8.53: Fertigungsaufträge

Bestellungen

Bei Auswahl der Registerkarte BESTELLUNG der Maske WARENEINGANG (Abbildung 8.52) sind folgende Felder ansagbar:

- **Zugang:** Zugangsmenge (positive Zahleneingabe). Mit negativer Menge kann eine Fehlbuchung korrigiert werden.
- **Lagerort:** auf den gebucht werden soll
- **Lagerplatz:** des Lagerortes. Wird kein Lagerplatz benutzt, vergibt das System einen mit dem Lagerort identischen Lagerplatz.

  Eine Auftragsnummer kann als »Lagerplatz« benutzt werden, sofern sie im Betreff der Bestellung aufgeführt ist.

- **Charge:** Angabe bei chargenpflichtigem Artikel
- **Seriennummer:** Angabe bei seriennummerpflichtigem Artikel
- **Anlieferer:** Eingabe des Anlieferers, z.B. der Speditionsname
- **Lieferschein-Nr.:** Eingabe der Lieferschein-Nummer des Anlieferers
- **Zeugnis:** Eingabe der Zeugnis-Kennung, falls der Ware ein Zeugnis beiliegt
- **Bemerkung:** freie Eingabe

Ein Klick auf den Speichern-Button startet den Buchungsvorgang und den Belegdruck, der im zentralen Datenbankarchiv unter Dokumentart = Lagerbuchungsbeleg gespeichert wird.

Verlängerte Werkbank

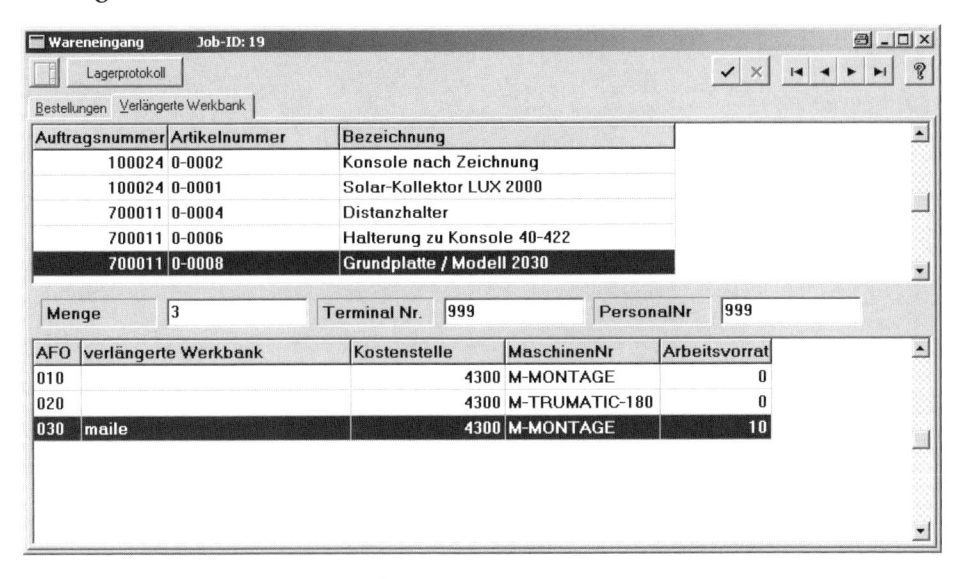

Abbildung 8.54: *Verlängerte Werkbank*

Rücklieferungen aus verlängerter Werkbank sind identisch mit Rückmeldungen in der Betriebsdatenerfassung BDE. Da diese Teile jedoch von außen angeliefert werden, ist eine Entgegennahme im Wareneingang bequemer. Die Rückmeldung der Menge löst intern die gleiche Verarbeitung aus wie eine BDE-Rückmeldung.

▷ **Tabelle STEMPEL:** neuer Datensatz mit Vorgang, Menge, Maschine, Stempel.Art=F6.

▷ **Tabelle ARBEITSPLAN_POS:** Update des Arbeitsvorrats der Arbeitsfolge und der nachfolgenden Arbeitsfolge über die Prozedur PROCFERUECK.

▷ **Hinweise:** Über das Kontext-Menü (rechte Maustaste) kann die (Menge) Offen einer Postition mit *Rest offen nullsetzen* auf null gesetzt werden; die Differenz zur Bestellmenge wird im Feld »+-« dargestellt.

Der Button *Lagerprotokoll* führt zur Bildschirm-Ausgabe des Lagerprotokolls (siehe Abbildung 8.55).

[Abbildung: Lagerprotokoll-Fenster mit Auswahlkriterien: Art (PZN), Artikelnr., Lagerort (QM-Lager), Vorgang, Datum (>= 01.07.2002), Adressart, Suchbegriff, Sortierung (Datum/Zeit)]

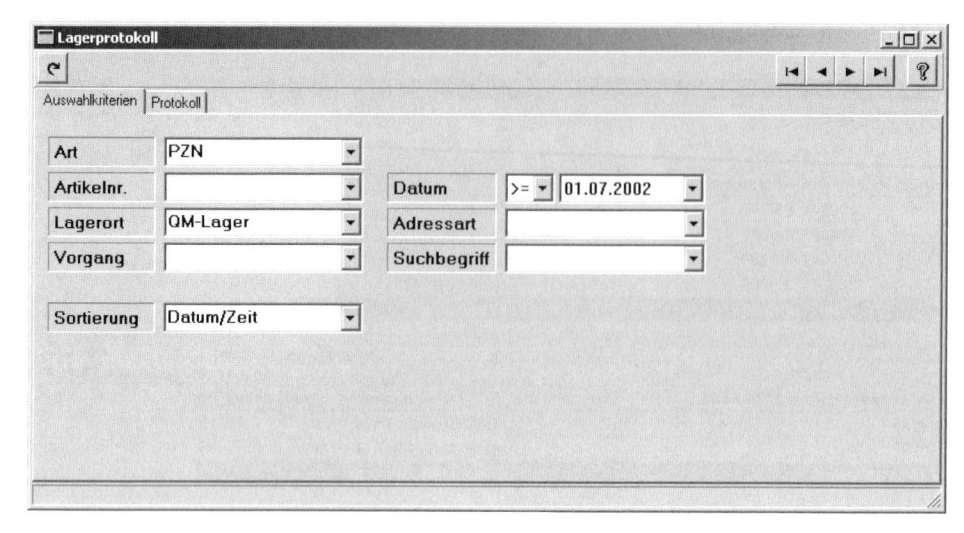

Abbildung 8.55: *Lagerprotokoll*

Mit den *AUSWAHLKRITERIEN* wird die gewünschte Auswahl getroffen, Leereingabe bedeutet keine Einschränkung. Der Inhalt der Auswahlfenster generiert sich aus den vorgefundenen Inhalten:

▷ **Art:** Auswahl der Lagerbewegungsart

▷ **Artikelnr.:** Auswahl eines bestimmten Artikels

▷ **Lagerort:** Auswahl eines bestimmten Lagerortes

▷ **Vorgang:** Auswahl einer bestimmten Vorgangs-Nummer, z.B. Bestell-Nr.

▷ **Datum:** Auswahl nach Buchungsdatum (< kleiner als, <= kleiner oder gleich, = ist gleich, >= größer oder gleich, > größer als)

▷ **Adressart:** Auswahl der Adressart, z.B.: LIEFERANT oder KUNDE

▷ **Suchbegriff:** Auswahl eines bestimmten Adress-Suchbegriffes

▷ **Sortierung:** bestimmt die Reihenfolge der Darstellung (siehe Abbildung 8.56)

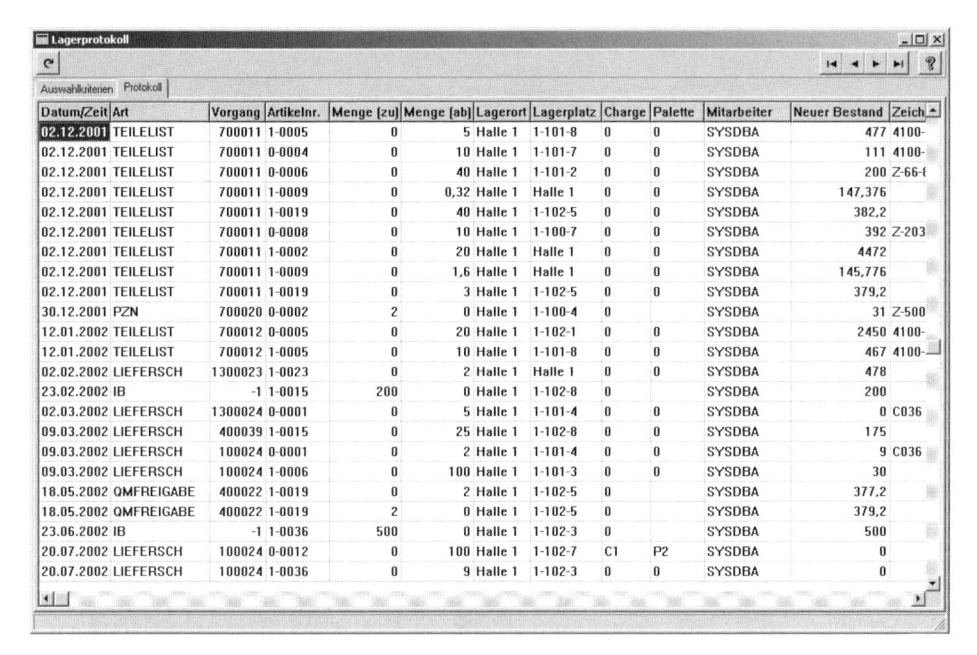

Datum/Zeit	Art	Vorgang	Artikelnr.	Menge (zu)	Menge (ab)	Lagerort	Lagerplatz	Charge	Palette	Mitarbeiter	Neuer Bestand	Zeich
02.12.2001	TEILELIST	700011	1-0005	0	5	Halle 1	1-101-8	0	0	SYSDBA	477	4100-
02.12.2001	TEILELIST	700011	0-0004	0	10	Halle 1	1-101-7	0	0	SYSDBA	111	4100-
02.12.2001	TEILELIST	700011	0-0006	0	40	Halle 1	1-101-2	0	0	SYSDBA	200	Z-66-6
02.12.2001	TEILELIST	700011	1-0009	0	0,32	Halle 1	Halle 1	0	0	SYSDBA	147,376	
02.12.2001	TEILELIST	700011	1-0019	0	40	Halle 1	1-102-5	0	0	SYSDBA	382,2	
02.12.2001	TEILELIST	700011	0-0008	0	10	Halle 1	1-100-7	0	0	SYSDBA	392	Z-203
02.12.2001	TEILELIST	700011	1-0002	0	20	Halle 1	Halle 1	0	0	SYSDBA	4472	
02.12.2001	TEILELIST	700011	1-0009	0	1,6	Halle 1	Halle 1	0	0	SYSDBA	145,776	
02.12.2001	TEILELIST	700011	1-0019	0	3	Halle 1	1-102-5	0	0	SYSDBA	379,2	
30.12.2001	PZN	700020	0-0002	2	0	Halle 1	1-100-4	0		SYSDBA	31	Z-500
12.01.2002	TEILELIST	700012	0-0005	0	20	Halle 1	1-102-1	0	0	SYSDBA	2450	4100-
12.01.2002	TEILELIST	700012	1-0005	0	10	Halle 1	1-101-8	0	0	SYSDBA	467	4100-
02.02.2002	LIEFERSCH	1300023	1-0023	0	2	Halle 1	Halle 1	0	0	SYSDBA	478	
23.02.2002	IB	-1	1-0015	200	0	Halle 1	1-102-8	0		SYSDBA	200	
02.03.2002	LIEFERSCH	1300024	0-0001	0	5	Halle 1	1-101-4	0	0	SYSDBA	0	C036
09.03.2002	LIEFERSCH	400039	1-0015	0	25	Halle 1	1-102-8	0	0	SYSDBA	175	
09.03.2002	LIEFERSCH	100024	0-0001	0	2	Halle 1	1-101-4	0	0	SYSDBA	9	C036
09.03.2002	LIEFERSCH	100024	1-0006	0	100	Halle 1	1-101-3	0	0	SYSDBA	30	
18.05.2002	QMFREIGABE	400022	1-0019	0	2	Halle 1	1-102-5	0		SYSDBA	377,2	
18.05.2002	QMFREIGABE	400022	1-0019	2	0	Halle 1	1-102-5	0		SYSDBA	379,2	
23.06.2002	IB	-1	1-0036	500	0	Halle 1	1-102-3	0		SYSDBA	500	
20.07.2002	LIEFERSCH	100024	0-0012	0	100	Halle 1	1-102-7	C1	P2	SYSDBA	0	
20.07.2002	LIEFERSCH	100024	1-0036	0	9	Halle 1	1-102-3	0	0	SYSDBA	0	

Abbildung 8.56: Sortierungsmöglichkeiten im Lagerprotokoll

QM-Prüfung Wareneingang

▷ **Tabelle(n)**: QM-PRUEFERGEBNISSE

▷ **Funktion(en)**: Erfassen von Prüfergebnissen von Teilen aus Wareneingang

Freigabe, d.h. Umbuchung von Teilen vom QM-Lager auf das endgültige Lager

Bewertung des Lieferanten in Bezug auf den konkreten Artikel

Die Registerkarte *LAGERPROTOKOLL* (Abbildung 8.57) ermöglicht die Auswahl und Anzeige der (zu prüfenden) Lagerzugänge sowie der geprüften und freigegebenen Mengen.

KAPITEL 8 – IMPLEMENTIERUNG

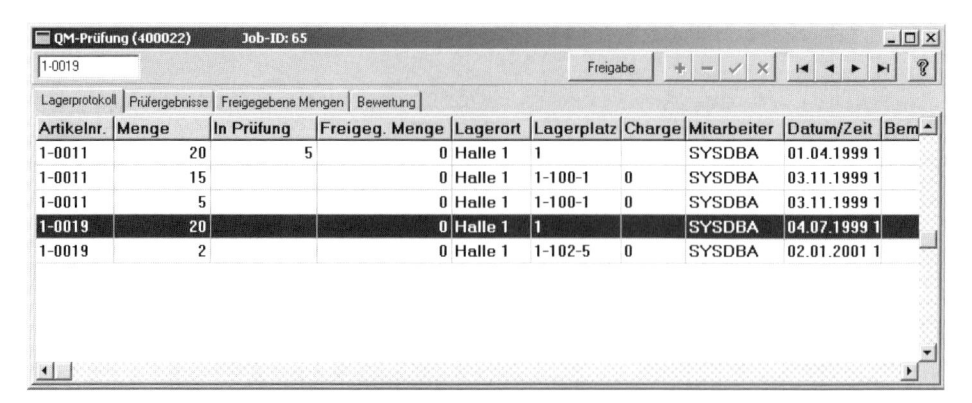

Abbildung 8.57: QM-PRÜFUNG

In der Registerkarte PRÜFERGEBNISSE (Abbildung 8.58) können die Prüfergebnisse gemäß den Prüfplan-Vorgaben erfasst werden.

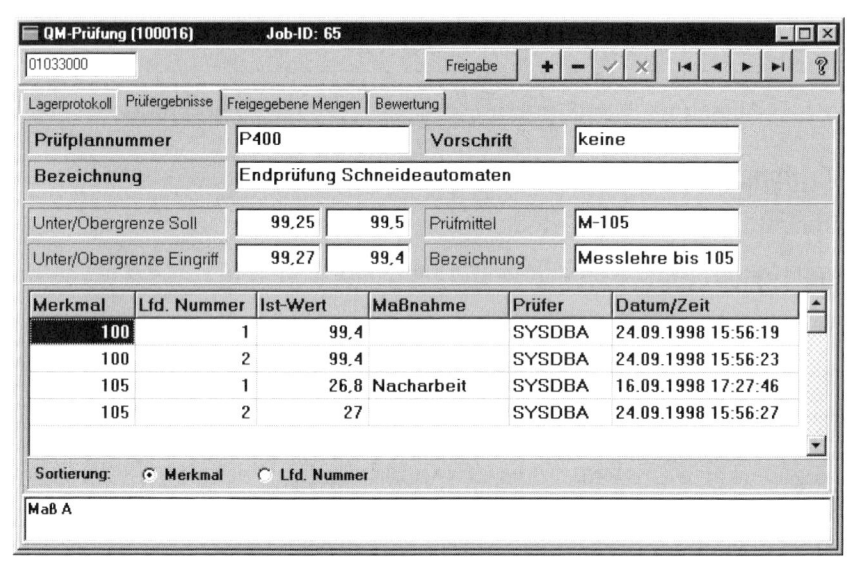

Abbildung 8.58: Prüfplan-Vorgaben

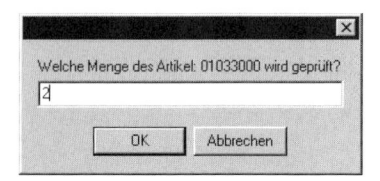

Abbildung 8.59: Prüfmenge

- **Ist-Wert:** Eingabe des Ist-Wertes bzw. Merkmals (siehe Tabelle QM-Ergebnismerkmale) pro lfd. Nummer
- **Maßnahme:** Eingabe/Auswahl einer Maßnahme, z.B. bei Abweichung von den Vorgaben
- **Prüfer:** wird vom System automatisch eingesetzt
- **Datum/Zeit:** wird vom System automatisch eingesetzt
- **Sortierung:** wahlweise Sortierung nach MERKMAL (= jeweils ein Merkmal aller Artikel) oder LFD. NUMMER (= jeweils alle Merkmale eines Artikels)

Klick auf den Button FREIGABE ruft die Eingabemaske ARTIKELMENGE FREIGEBEN (Abbildung 8.60) auf, in der die freigegebenen Mengen, also die »gut«-Mengen aus der Prüfung eingegeben werden können.

- **Freigabemenge:** Eingabe der freigegebenen Menge
- **Neue Charge:** Eingabe einer neuen Charge, falls eine Umstempelung erfolgte
- **Buchen von:** Anzeige des bisherigen Lagerortes/Lagerplatzes
- **Buchen an:** Eingabe eines (neuen) Lagerortes/Lagerplatzes bewirkt eine entsprechende Umbuchung
- **Bemerkung:** freie Eingabe

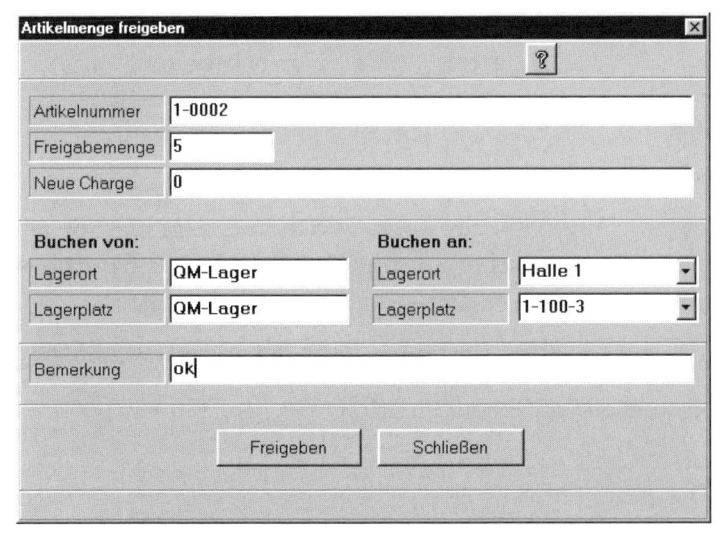

Abbildung 8.60: Artikelmenge freigeben

Die Registerkarte *FREIGEGEBENE MENGEN* (Abbildung 8.61) zeigt die bislang freigegebenen Mengen zu Kontrollzwecken an.

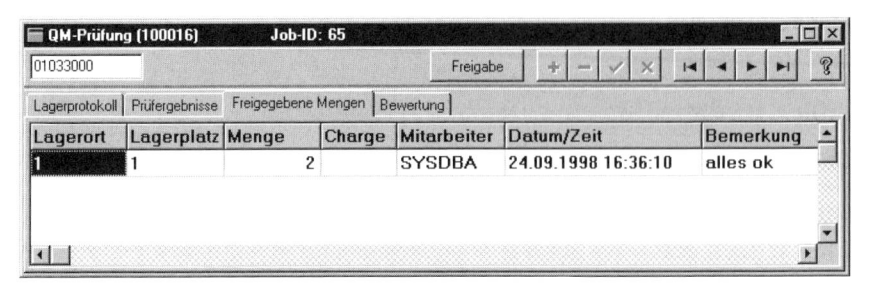

Abbildung 8.61: QM-Lagerortprüfung

Die Registerkarte *BEWERTUNG* (Abbildung 8.62) ermöglicht die Eingabe/Änderung der Bewertung des Lieferanten, und zwar in Bezug auf den konkreten Artikel.

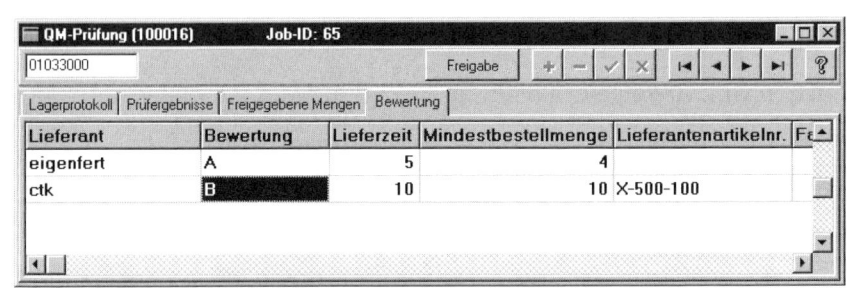

Abbildung 8.62: QM-Lieferantenbewertung

Terminplaner

▷ **Tabelle(n):** WORKFLOW, TERMINPLANEREINSTELL

▷ **Funktion(en):** Alternativ zur ToDo-Funktion erfolgt hier die Anzeige des Arbeitsvorrats in grafischer Form (siehe Abbildung 8.63). Das Ausführen des Jobs erfolgt per Maus-Doppelklick auf den Balken.

Eintragen von sonstigen Terminen ohne Bezug zu Geschäftsprozessen.

Das Verschieben von Terminen erfolgt per [Strg]+[←]/[→]

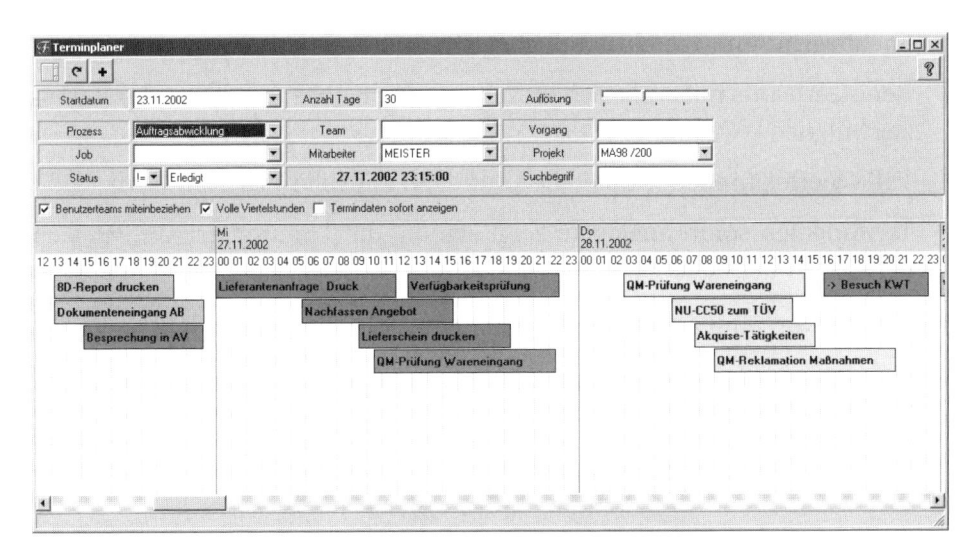

Ein beispielhaftes ERP-/PPS-System auf Workflow-Basis

Abbildung 8.63: Terminplaner

Neuladen aktualisiert die Anzeige gemäß eingestellter Auswahl.

Die Farbe eines Balkens ist dem jeweiligen Status zugeordnet.

- **Startdatum:** Auswahl des Datum, ab dem die Anzeige erfolgen soll
- **Anzahl Tage:** Auswahl der Anzahl Tage (30 bis 360), die insgesamt anzeigbar sein sollen.
- **Auflösung:** Schieberegler, mit dem die Spaltenbreite der angezeigten Tage eingestellt werden kann.

Wurde in den Auswahlfeldern nichts ausgewählt, bedeutet das »alles anzeigen«. Auswahl-Eingaben werden UND-verknüpft.

- **Prozess:** Auswahl des gewünschten Prozesses
- **Job:** Auswahl eines bestimmten Jobs, z.B. alle QM-Prüfungen
- **Status:** Auswahl des Status: = ist gleich, = ungleich
- **Team:** Auswahl des Teams (bei dem der Benutzer Mitglied ist)
- **Mitarbeiter:** Auswahl des Mitarbeiters
- **Vorgang:** Eingabe einer Vorgangsnummer
- **Projekt:** Auswahl einer Projektnummer

- **Suchbegriff:** Eingabe eines Suchbegriffs
- **Benutzerteams mit einbeziehen:** zeigt auch alle Jobs, bei denen der Benutzer Mitglied ist.
- **Volle Viertelstunden:** rundet die Uhrzeiten auf volle Viertelstunden
- **Termindaten sofort anzeigen:** zeigt ständig die Termindaten an, wo sich der Cursor befindet.

Die zuletzt vorgenommenen Einstellungen werden automatisch gespeichert.

+ öffnet das Fenster TERMINDATEN zur Erfassung/Änderung eines neuen Termins (Abbildung 8.64).

Abbildung 8.64: Termindaten

Ein Maus-Doppelklick auf einen Balken öffnet die Termindaten eines frei eingetragenen Termins bzw. startet den betreffenden Job.

Die Termindaten eines Jobs werden per Kontext-Menü (rechte Maustaste) geöffnet.

- **Job:** Anzeige des Jobs bzw. Eintragung eines Termins
- **Termin:** Datum/Uhrzeit des Termins
- **Dauer:** Dauer des Termins in MIN., STD. oder TAGE

  Die Länge des angezeigten Balkens entspricht der Dauer; bei Jobs wird die im Prozess-Designer voreingestellte Dauer übernommen.

- **Vorgang:** Anzeige der Vorgangsnummer bei Jobs

- **Suchbegriff:** Anzeige bei Jobs
- **Mitarbeiter:** Auswahl des zuständigen Mitarbeiters
- **Team:** Auswahl des zuständigen Teams
- **Status:** Status des Termins (ERLEDIGT usw.). Bei Jobs wird der Status nach Aufruf des Jobs und anschließender Statusabfrage gesetzt.
- **Automatisch Verschieben:** aktualisiert beim Refreshen der Anzeige den Termin auf das Tagesdatum, sofern der Status ungleich ERLEDIGT ist

Unten ist noch ein Memofeld zur freien Eingabe einer Bemerkung.

8.3.18 Ausdrucke

Bei Bedarf können Sie mit dem Reporting-Tool *CRYSTAL Reports* diverse Angebote, Auftragsbestätigungen etc. beliebig ändern und selbst gestalten.

8.4 Vom Warenwirtschaftssystem zur Unternehmenslösung

Die NORIS Ingenieurbüro GmbH, NORIS-IB® entwickelt und implementiert seit Anfang der 90er Jahre Softwarelösungen für den Mittelstand bzw. maßgeschneiderte Bereichs-Applikationen im Konzernumfeld. Der Firmengründer André Hüsgen war vor seiner Selbstständigkeit Dozent an der Fachhochschule Nürnberg und beschäftigte sich im Lehrauftrag, und bereits davor, intensiv mit dem Thema: »EDV-Integration im Mittelstand und in Produktionsbetrieben«. Über die Jahre begleitete er zahlreiche IT-Projekte, führte EDV-Systeme in mittelständischen Betrieben, Instituten und im Konzernumfeld ein und fungiert heute als Berater für IT-gestützte Prozessoptimierung. Unter Berücksichtigung des Technologiewandels waren dabei die Projekte durch komplexe Methoden der Datenweiterverarbeitung, heute neudeutsch Workflow, geprägt. Wesentlicher Erfolgsfaktor für die späteren IT-Lösungen war, dass die unterschiedlichsten Arbeitsabläufe klar herausgearbeitet und in Prozessen gedacht, definiert wurden.

8.4.1 Wissen aus Erfahrung:

Qualifikation, Leistungsbereitschaft, Teambildung und Partnerschaft sind Faktoren, die in einem Softwareprojekt zum Erfolg führen. Herausragende

Ergebnisse in IT-Vorhaben werden jedoch nur dann erzielt, wenn zusätzlich eine logisch folgende Kommunikationslinie zum Kunden unterhalten wird und man die Fähigkeit besitzt, sich kritisch, maßvoll, zielführend und verständlich mit der Aufgabenstellung im Dialog mit dem Kunden auseinanderzusetzen.

8.4.2 Warenwirtschaftssystem, ERP- und CRM-Lösung

In den Anfangsjahren der beginnenden EDV-Durchdringung in Betrieben konzentrierten sich die Unternehmer darauf, durch IT-Anwendungen, als Insellösungen in den Abteilungen angelegt, Arbeitserleichterung in einzelnen Unternehmensbereichen zu erzielen und dort so den Aufwand für die Verwaltung zu reduzieren. Durch den CIM Gedanken »Computer Integrated Manufacturing« in den Folgejahren wurde anschließend die Anstrengung unternommen, die bestehenden Insellösungen untereinander zu verbinden und Belange, u.a. der Fertigung, mit in eine umfassende EDV-Lösung einzubeziehen. Der Boom von Schnittstellenrealisierungen entbrannte, um kontinuierlich einen Datenaustausch zwischen den einzelnen Systemen, teils von unterschiedlichen Software-Anbietern herbeizuführen. Der Grundgedanke war, eine unternehmensweite Datenbereitstellung bzw. -weiterverarbeitung über unterschiedliche Betriebszweige zu ermöglichen. Die Entscheidung, eine IT-Gesamtlösung zu etablieren, entstand dabei in den häufigsten Fällen beim Unternehmen durch den Bedarf, der sich aus der Auftragsabwicklung und Fakturierung ergab.

Der kaufmännische Bereich war damit meist der Initiator für den Ansatz zu einer Gesamtlösung, was in der IT-Branche bewirkte, dass mit dem Begriff Warenwirtschaftssystem eine EDV-Anwendung, die auf alle Fälle kaufmännische Arbeitsabläufe abdeckte, betitelt wurde. Es konnte sich jedoch auch um eine weit umfassendere Applikation handeln, die weitere Unternehmenszweige mit EDV-Anwendungen abdeckte.

Fristete im Deutschen Markt der schon lange, aber nicht griffige Ausdruck ERP-System »Enterprise Resource Planning-System« ein Schattendasein, erlebte der Begriff ERP eine Renaissance zu dem Zeitpunkt, als die ursprünglich als Warenwirtschaftssysteme ausgelegten Applikationen im Leistungsumfang immer mächtiger wurden, von Hause aus etliche Arbeitsabläufe und Geschäftsvorfälle eines Betriebes mitberücksichtigten und u.a. Elemente des Controllings bzw. spezielle Managementwerkzeuge beinhalteten.

Den Höhepunkt der begrifflichen Abstraktion für eine Unternehmenslösung wurde mit dem derzeit gängigen Ausdruck CRM-System erreicht. CRM, das Customer Relationship Management, betitelt dabei EDV-Systeme, die im Innen- und Außenverhältnis die relevanten Daten in der Kundenbeziehung verwalten und deren Bearbeitung unterstützen. Es liegt dabei nahe, dass ein Schwerpunkt solcher Applikationen die Archivierung von ausführlichen Kundendaten und deren Informationsbereitstellung sind. Unstrittig dabei ist, dass sich die entsprechenden Kundendaten aus unterschiedlichen Bereichen des Unternehmens generieren oder erfasst bzw. dort wieder abteilungsübergreifend zur Verfügung gestellt werden müssen, sei es im Angebotswesen, der Fakturierung, der Produktion oder im Service, um nur einige ausgewählte Betriebssegmente zu nennen.

Wir halten also fest, anhand einer arttypischen Nomenklatur von Unternehmenslösungen ist keine Vorselektion zu treffen, sondern prognostizieren vielmehr, dass sowohl »Warenwirtschafts-«, »ERP-« und »CRM-Systeme« in der Entscheidungsfindung für eine neue IT-Lösung einzubeziehen sind. Alle Genannten bilden im Kern kaufmännische und verwaltungstechnische Abläufe eines Unternehmens ab und bieten meistens darüber hinaus noch vieles mehr. Eine Präferenz für ein System sollte sich somit auf andere Kriterien begründen, die auszugsweise nachfolgend diskutiert werden.

8.4.3 Unternehmenslösung für den gehobenen Mittelstand und die Zulieferindustrie mit einem Qualitätsmanagement-system

Die Vorzüge mittelständischer Unternehmen sind in ihrer Innovationskraft, Dynamik, Flexibilität, Qualität und Kundenorientierung begründet. Die NORIS-Unternehmenslösung ist unter Berücksichtigung dieser Unternehmenskultur darauf ausgelegt, die Anwender effektiv in der Erfüllung ihrer Aufgaben zu unterstützen und benötigte Information – auch bei übergreifenden Arbeitsabläufen – unmittelbar bereit zu stellen. Durch diese ERP-Lösung wird das organisatorische Umfeld geschaffen, Fehler in der Bearbeitung zu minimieren, Wartezeiten, bedingt durch Informationsbeschaffung, zu verringern und die Nachvollziehbarkeit innerhalb der Arbeitsergebnisse zu erhöhen.

Als IT-Lösungsanbieter für Konzerne bringt NORIS-IB® schon seit Jahren die Erfahrung in die zielorientierte Auslegung von Arbeitsabläufen ein und ist als fester Partner für die Umsetzung von IT-gestützter Prozessoptimierung in der Großindustrie tätig.

Kapitel 8 – Implementierung

Mit der Unternehmenslösung wurde ein Produkt für den Mittelstand konzipiert, um auf Industriestandard von bewährten und etablierten Verfahren zur Steigerung der Wertschöpfung zu projizieren. Weiterhin bietet die ERP-Lösung alle wesentlichen Voraussetzungen, sich bei Bedarf in der Prozesskette des Supply Chain Management von Großunternehmen einreihen zu können. Die modulare, prozessorientierte Architektur und die daraus resultierende Erweiterbarkeit stehen für eine sichere Investition in die Zukunft.

Die Anbindung an das Internet, normierte Datenaustauschmechanismen zu Standardapplikationen und Schnittstellen zu i|NORIS®-Produkten bzw. die Option zur individuellen Entwicklung von AddOns skizzieren den vielfältigen Einsatz der Applikation. Auch in punkto Flexibilität kann die ERP-Lösung das Unternehmen unterstützen. Durch die Bereitstellung von Filialanbindungen und als Home Office-Lösung können entsprechend dem Bedarf definierte Prozesse ausgegliedert bzw. extern bearbeitet werden. Für das Qualitätsmanagement im Unternehmen leistet die ERP-Lösung anerkannte Dienste. Im Unternehmenshandbuch (Handbuch für Qualität) kann auf eine schlanke Prozessbeschreibung als unterstützende Quelle verwiesen werden.

8.4.4 Die ERP-Unternehmenslösung ist viel mehr als nur ein Warenwirtschaftssystem

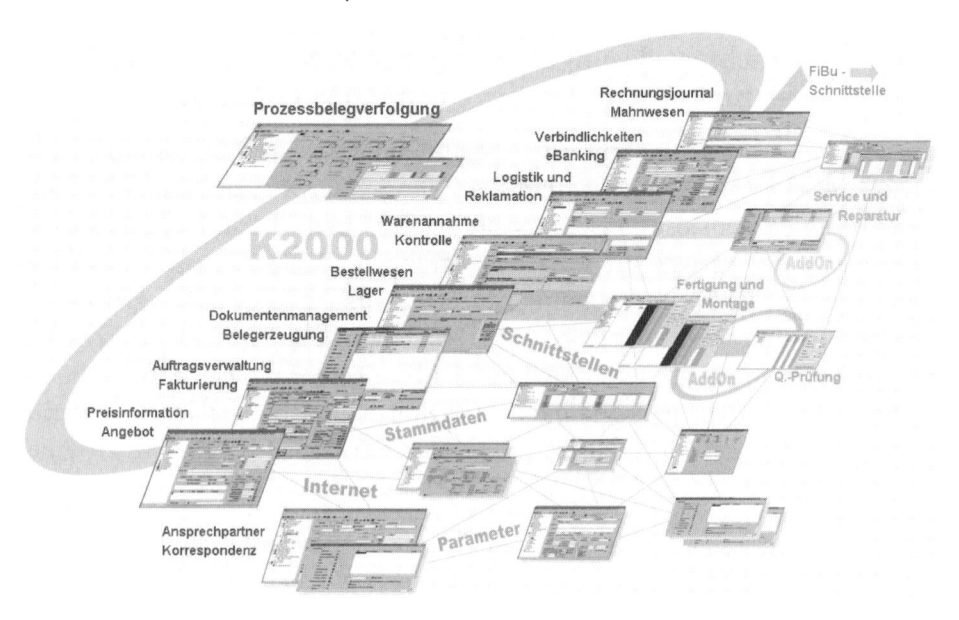

Sie ist das Bekenntnis zu hoher Qualität in einem prozessoptimierten Unternehmen.

Angebot

Im Angebotsmodul wird die schnelle und repräsentative Erstellung von Angeboten unterstützt. Anlagen zu einem Angebot können zugeordnet werden und stehen dem Anwender jederzeit zur Verfügung. Prozessbegleitende Belege zum Angebot werden erstellt und verwaltet. Neben der komfortablen Angebotserstellung wird somit ein prozessorientiertes Dokumentenmanagement unterstützt. Gerade im Betrieb als Mobile-Solutions bzw. als Home Office-Lösung ist dadurch die Bereitstellung aller relevanten Informationen und Unterlagen ortsunabhängig gewährleistet.

Auftrag

Im Auftragsmodul ist die effiziente Belegerzeugung und Fakturierung von Aufträgen sichergestellt. Die generierte Rechnung bzw. Gutschrift wird automatisch zur Weiterverarbeitung in die offene Postenverwaltung zur Zahlungsüberwachung bzw. in das Mahnwesen übernommen. Durch die Einsichtnahme ins Lager können Artikel für einen Auftrag reserviert werden bzw. der Bedarf der fehlenden Artikel wird an das Bestellwesen gemeldet.

Prozessbegleitende Belege zum Auftrag können erstellt und verwaltet werden. Im MIS (Management-Informations-System) erfolgt die zeitlich gegliederte Darstellung von Auftragseingang, Rechnungslegung und Zahlungseingang. Durch die Erfassungsmöglichkeit der Belege zum Auftrag wird prozessorientiertes Dokumentenmanagement unterstützt.

Bestellung / Lieferung

Im Wareneingang (Lieferungen) werden auf Basis des Lieferscheins die Artikel erfasst. Die externen Belege können zum Prozess »Anlieferung« eingepflegt werden und stehen im Zuge der Nachvollziehbarkeit bzw. bei der Prozessbelegvisualisierung im System zur Verfügung. Die Erstellung und Verwaltung von prozessbegleitenden Belegen zur Bestellung wird unterstützt (Dokumentenmanagement).

Lagerverwaltung

Prozessübergreifende Automatismen sorgen für die Lagerzu- und -abbuchung. So erfolgt die Abbuchung vom Lager unter möglicher Berücksichtigung einer Seriennummernverwaltung bei der Erstellung von Lieferscheinen über das Auftragsmodul bzw. Lagerzugänge werden über das Wareneingangsmodul gebucht. Ergänzend hierzu stehen manuelle Eingriffsmöglichkeiten im Lager zur Verfügung.

Verbindlichkeiten / Rechnungsjournal

Die Daten der generierten Verbindlichkeit bzw. erfassten Rechnung stehen automatisch zur Weiterverarbeitung »Zahlung, Buchung« bzw. zur Zahlungsüberwachung bereit. Durch die Anlage von Stammverbindlichkeiten können immer wiederkehrende Zahlungsaufforderungen einfach verwaltet und bearbeitet werden. Die Rechnungsstellung erfolgt im Zuge der Auftragsbearbeitung. Rechnungen werden zur Überwachung und Bearbeitung in eine OPOS-Liste gestellt. Über das integrierte Mahnwesen kann zur Zahlung der Rechnungen aufgefordert werden. Der Überweisungs- und Buchungsvorgang mittels eBanking wird unterstützt und eine Schnittstelle zur buchhalterischen Datenweiterverarbeitung im Datev-Format wird angeboten.

Management-Informations-System

Im Management-Informations-System (MIS) werden die kaufmännischen Prozessdaten in Abhängigkeit ihrer Entstehung bzw. ihrer Erwartung für das Unternehmenscontrolling auf eine Zeitachse projiziert. Bereits ab Anlage der Bewegungsdaten in einen kaufmännischen Prozess liegen diese Informationen online im MIS vor. Der Vergleich von Planzahlen für die prognostizierten Betriebsausgaben zu den tatsächlich eingegangenen Ist-Daten im laufenden Geschäftsjahr wird unterstützt.

Dokumentenmanagement / Prozessbelegverfolgung

Im Softwareverbund werden alle relevanten kaufmännischen Belege generiert. Zusätzlich können externe Belege bzw. Korrespondenzunterlagen den kaufmännischen Prozessen bzw. Personen zugeordnet werden. Alle Dokumente liegen somit in der Applikation vor und werden im Zuge ihrer Entstehung einem kaufmännischen Prozess zugeordnet. Durch das Modul Prozessbelegverfolgung kann nach einzelnen Belegen gesucht werden.

Branchen AddOn / Fertigung:

Die Unternehmenslösung mit Branchenerweiterung »Fertigung« wird in Unternehmen des Geräte- und Apparatebaus, sowie im Werkzeugbau eingesetzt und eignet sich besonders für den produzierenden Mittelstand, der parallel zu einer Serienproduktion auch Prototypen und Einzelstücke fertigt. Es handelt sich hierbei meist um Unternehmen mit flexibler und kundenorientierter Fertigung bei höchstem Qualitätsanspruch.

8.4.5 Der Kosten - Nutzen - Aspekt

Früher noch ein Indiz für einen innovativ geführten Betrieb, ist heute im Mittelstand eine IT-gestützte Unternehmensführung die zentrale Komponente für erfolgreiches Wirtschaften und aufgrund der wachsenden Wettbewerbssituation nicht mehr weg zu denken. Der Ansatz »wir führen neue EDV ein, damit das Unternehmen effizienter wirtschaftet und weiterhin marktfähig bleibt« kann zutreffen, muss aber nicht und bedingt für einen erfolgreichen Systemumstieg vor allem die kritische Ausleuchtung bestehender Arbeitsabläufe des Unternehmens.

Firmen agieren durch preisgerechte Kernkompetenzen, Produkte und Servicemerkmale erfolgreich, so dass ein neues ERP-System besonders darauf in Nuancen abzustimmen ist, um eine tatsächlich spürbare Verbesserung zum Vorgängersystem zu bewirken. Ein generalistischer Ruf nur nach neuer EDV als erfolgsbringenden Faktor reicht nicht mehr aus, wie es vielleicht noch in den Pionierzeiten war, als die EDV Einzug in die Betriebe hielt. Die noch vor Jahren bestehende Ausgangssituation, einfach den papiergeführten Belegfluss durch EDV-Anwendungen zu ersetzen und dadurch fast von selbst die Wertschöpfung zu steigern, hat sich fundamental geändert. Die Konsequenz, dass mit einer »Nachfolger-EDV« unweigerlich Kosten von Beginn an eingespart und die Arbeitsergebnisse automatisch besser werden, ist passé. Auch wenn weiterhin mit Vehemenz in der Öffentlichkeit vermittelt wird, dass auf direktem Weg alleine durch die EDV Einsparungen zu erzielen und Arbeitsabläufe zu optimieren sind, ist die erfolgreiche Einführung besonders bei einer neuen ERP-Lösung mit der Bewältigung von weit mehr innerbetrieblichen Themen verbunden. Etablierte Verarbeitungen gilt es zu bewahren, neue Verfahren sind zu integrieren und in Eigeninitiative müssen tief im Unternehmen verwurzelte Methoden analysiert bzw. neu ausgelegt werden. Und damit geht die Bequemlichkeit, zum richtigen Zeitpunkt die offenkundige Entscheidung für ein neues ERP-System zu treffen, verloren. Die logische Schlussfolgerung, der Bedarf wird heruntergespielt und die Bestandssysteme werden weit über ihren Zenit hinaus betrieben bzw. ausgebaut. Mit sequentieller Erneuerung von Komponenten wird sich beholfen und ursprünglich straff ausgelegte Applikationen mutieren durch technologiebedingte Kompromisse zu Flaschenhälsen, die im Zusammenspiel mit anderen Anwendungen einen Bearbeitungsstau verursachen. Sich vom ursprünglichen Zweck einer ERP-Lösung, immer effektiver und unternehmensweit Arbeitsabläufe in der EDV abzubilden, wegbewegend, führen solche Maßnahmen, die nur der Aufrechterhaltung des Betriebes dienen und auf die augenscheinliche Wahrung von Standards abzielen, schleichend zur Kontraproduktivität. Der Verlust an Wettbewerbs- und damit der Marktfähigkeit, aber auch die sinkende Attraktivität als Arbeitgeber, sind Auswirkungen dieser Vorgehensweisen für das Unternehmen. Indizien, die aus vergangenen Versäumnissen in der Ausrichtung der elektronischen Datenverarbeitung resultieren und nur in einem Kraftakt durch eine vorgeschaltete IT-Konsolidierung und einer innerbetrieblichen Umstrukturierung kompensiert werden können. Es versteht sich daher von selbst, dass Betriebe, die jahrelang in EDV-technischer Hinsicht vor sich hin schlummerten, heute nicht durch die Anschaffung neuer IT-Lösungen die gleiche Zeitperspektive, Integrationsaufwand und Investitionsvolumen zur Effizienzsteigerung erwarten können, wie Unternehmen, die sich permanent mit der Optimierung der internen Abläufe durch neue EDV-Verfahren beschäftigt haben. Nichtsdestotrotz gehorchen beide Gruppierungen, zwar mit unterschiedlicher Ausgangssituation, jedoch im Grundsatz gleich dem Verlangen, dass sich die Kosten für eine EDV-Anlage in kürzester Zeit amortisieren bzw. sich durch die eingesetzten IT-Systeme eindeutige Wettbewerbsvorteile ergeben. Die Erfüllung dieser Ansprüche setzt voraus, dass sich näherungsweise die Einsparungspotentiale im künftigen Betrieb bzw. die zu erzielenden Endergebnisse mit den neuen EDV-Verfahren und Anwendungsprogrammen beziffern lassen. In einer Bedarfsanalyse sind somit für das neue ERP-System diejenigen Unternehmensbereiche zu benennen, die es abzudecken gilt. Darin geschlossene Arbeitsgänge mit ihren Stärken und Schwächen sind zu skizzieren, sowie Arbeitsabläufe und deren Zusammenhänge oder Abhängigkeiten voneinander bzw. die bereichsübergreifende Auswirkung ineinander sind auf Optimierungsfähigkeit zu bewerten. Die Erfordernisse aus dem Markt, im ERP-System die anfallenden Geschäftsereignisse effizient abzubilden und den Bedarf, Informationen im Außenverhältnis digital bereitzustellen, bestimmen die weiteren Handlungsschritte, den Zeitpunkt der Investition und die Höhe für das IT-Vorhaben. Diese extern an das Unternehmen herangetragenen Anforderungen täuschen jedoch nicht darüber hinweg, dass der eigentliche Impuls für eine zielorientierte IT-Investition aus dem Betrieb selbst entstehen muss. Nur unter dieser Voraussetzung wird der Grundstock gelegt, dass durch ein neues ERP-System die IT-gestützte Prozessoptimierung im Unternehmen vorangetrieben werden kann und letztendlich zur erwarteten Effizienzsteigerung führt. Die Kosten-Nutzen-Betrachtung im Vorfeld der IT-Investition setzt dabei eine vielschichtige Kenntnis der aktuellen Situation in den Abläufen des Unternehmens voraus und bezieht die Einschätzung, wie sich die Marktsituation für den Betrieb unter bestimmten Voraussetzungen künftig entwickeln könnte, mit ein. Eine rein unternehmerisch zu tragende Entscheidung, die die Weichen stellt, welche Claims im Rahmen des IT-Vorhabens strukturell bzw. optimierend im Betrieb zu bedienen sind. Der höchste Wirkungsgrad bei der Neuauslegung des ERP-Systems bzw. bei der Durchführung von IT-gestützter Prozessoptimierung wird dabei erzielt, wenn in einer ganzheitlichen Betrachtung die sequentielle Systemeinführung vorangetrieben wird. Im Zuge der Projektentwicklung kann durch abschnittsweise Erneuerung der IT-Verfahren schneller die Auswirkung auf den Unternehmenserfolg kontrolliert werden. Dies erlaubt eine bessere Überwachung des Erreichens der gesteckten Ziele. Maßnahmen zur weiteren Optimierung flankieren im kleineren Granulierungsgrad bereits eingeführte Verfahren, ohne sich störend auf den Zeitplan auszuwirken, bzw. bewirken ohne Verzug eine Rentabilitätssteigerung des Gesamtvorhabens. So angelegte IT-Projekte entwickeln Eigendynamik, die partiell zu einem schnelleren »Return of Invest« führen und letztlich dazu beitragen, dass über den zeitlichen Verlauf die Güte des Gesamtprojekts steigt. Eine noch höhere Effizienz, wie bereits vor Beginn des Projektes prognostiziert, wird für das Unternehmen erzielt. Die IT-Investition amortisiert sich zusätzlich noch schneller, wenn mit zielfokussierter Systemeinführung neue Anwendungsprogramme frühzeitig zum Einsatz kommen, die zusätzliche Servicemerkmale oder Leistungsspektren beinhalten. Die Folge: Bereits vor Projektabschluss kann das Unternehmen sein Angebot erweitern und generiert neue Umsätze bzw. sichert sich zusätzliche Wettbewerbsvorteile.

Fazit: Wird das IT-Thema ausschließlich von der Kosten-Nutzen-Abschätzung auf Basis bestehender betrieblicher Strukturen und Verfahren forciert, fehlt in der Betrachtung als entscheidendes Kriterium, welche Chancen für das Unternehmen in neuen Anwendungsprogrammen und IT-Verfahren stecken. Die Aussagefähigkeit der Gegenüberstellung auf dieser Grundlage hätte nur rudimentären Charakter und ein so ausgesteuertes IT-Vorhaben würde nicht zur langfristigen Investitionssicherung beitragen.

In einer Grundsatzdiskussion für ein neues IT-Vorhaben ist es aus bereits beschriebenen Gründen daher offensichtlich, dass zwischen mindestens zwei differenzierenden Projektanlagen für ERP-Systeme zu unterscheiden ist.

▶ Die eine zielt ohne nennenswerten innerbetrieblichen Aufwand darauf ab, dass eine neue Unternehmenslösung auf standardisierter Basis eingesetzt werden soll. Es ist hierbei keine große Energie darauf zu verwenden, bestehende Arbeitsabläufe proaktiv selbst zu definieren, sondern vom IT-System werden Anwendungsprogramme mit standardisiertem Funktionsumfang vorgegeben, die es gilt, ins Tagesgeschäft einzubinden. Die Entscheidungsfindung für so ein ERP-System erfolgt anhand abzudeckender Unternehmensbereiche und unter einer kompromissbereiten Wiedererkennung der eigenen Arbeitsgänge in den vorgestellten Programmen, sowie der Akzeptanz, dass sich die innerbetrieblichen Abläufe ohne wenn und aber an die neue IT-Lösung anzupassen haben. Ein überschaubares Investitionsvolumen und ein Projektansatz für Unternehmen, die geringe Komplexität in den Arbeitsabläufen haben, keine Zeit für ausführliche Unternehmensstrukturanalysen aufbringen können oder von Hause aus keine Notwendigkeit darin sehen, durch eigenoptimierte Arbeitsabläufe ihre Ausnahmestellung im Wettbewerb zu untermauern bzw. ihre unternehmerische Fähigkeit herauszuheben.

▶ Die zweite weit anspruchsvollere Unternehmensgruppe sieht ein ERP-System als Werkzeug, um durch IT-gestützte Prozessoptimierung die Effizienz im Unternehmen noch weiter zu steigern. Das Ziel hierbei ist, sich im Wettbewerb noch besser zu positionieren. Die fehlerfreie Abarbeitung bzw. die optimierte Bearbeitungsgeschwindigkeit und damit grundsätzlich der Ausbau an qualitätsfördernden Maßnahmen sind in diesem Zusammenhang Ansätze, um die Rentabilität zu erhöhen bzw. den Absatz zu sichern. Die laufenden Betriebskosten im Blick und der Bedarf, auf unplanmäßige Ereignisse sofort reagieren zu können, sind die tragenden Säulen eines flexibel und erfolgreich agierenden Unternehmens. Sich vom Wettbewerb durch Produkt- und Servicemerkmale bei beherrschbarer Kostenstruktur abzugrenzen ist das Rezept, um sich durch Authentizität langfristig am Markt zu behaupten. Mit diesem Anspruch und dem Bewusstsein, dass es trotzdem im globalen Markt unwahrscheinlich ist, alleine durch herausragende Einzelstellungen im Portfolio die wirtschaftliche Marktpräsenz zu gewährleisten, wird der aufkommende Handlungsbedarf für das Überleben und den Erfolg skizziert. Es obliegt inzwischen die

Sichtweise nicht nur Visionären, dass die absolute Beherrschung der Kostenseite den zentralen Stellenwert einnimmt, wenn der Absatz bereits seit geraumer Zeit argumentativ anhand der »Geiz ist Geil«-Mentalität vorangetrieben wird.

Diese Tatsache darf jedoch nicht automatisch für Mutmaßungen zum Anlass genommen werden, dass die Marktfähigkeit künftig auf Kosten der Qualität ausgetragen werden kann. Die etablierten Mechanismen der Marktbereinigung »Qualität und Service setzen sich durch« greifen nach wie vor, wenngleich weitere Facetten aus der Kostenecke hinzugekommen sind. Was bleibt den Unternehmen also anderes übrig als auf kontinuierliche Optimierung zu setzen und damit die Effizienzsteigerung als das schlagende Argument in einer zukunftsorientierten Unternehmenskultur auszuleben. Die Betriebe drängen auf Grund dieser begründeten Ausgangssituation darauf, in einer ganzheitlichen Betrachtung die Stärken und Schwächen der Unternehmung auszuloten. Die analytische Aufarbeitung vorhandener Unternehmensstrukturen, die Beschreibung der innerbetrieblichen Abläufe und die Formulierung von dort benötigter Eingangswerte, sowie daraus erwarteter Ergebnisse legen den informellen Grundstein für die Methode in Prozessen zu denken und Abhängigkeiten in Prozessketten herauszuarbeiten. Alleine der fundamentale Ansatz, die Be- und Verarbeitungsschritte innerhalb logischer bzw. strategischer Prozesse klar zu umreißen, zu beschreiben und ihnen durch Kenngrößen eine Gewichtung zu verleihen, fördert im Unternehmen erfahrungsgemäß bisher nicht konkret erkannte Potentiale zur Effizienzsteigerung zu Tage. Aus dieser Leistungsreserve in Eigenregie zu schöpfen ist der Anfang, diese jedoch durch Symbiose mit IT-gestützter Prozessoptimierung zu instrumentalisieren, ist das Verfahren auf dem Weg, sich immer wieder erfolgreich einen Vorsprung gegenüber dem Wettbewerb zu verschaffen und die Wertschöpfung im Unternehmen zu steigern.

Fazit: Ob eine ERP-Lösung im ganzheitliche Ansatz für das Unternehmen oder ein neues IT-Vorhaben in Betriebszweigen zusätzlich einzuführen ist, bleibt in der Entscheidungsfindung immer getragen vom Anspruch des Managements, welchen kurz- bzw. langfristigen Zweck das EDV-System zu erfüllen hat. Finden sich in einer neuen IT-Lösung die bestehenden Prozesse des Unternehmens wieder und können betriebsspezifische Ausprägungen bei Bedarf berücksichtigt bzw. nachgereicht werden, ist das Verfahren zur IT-gestützten Prozessoptimierung eingeleitet. Die Erbringung der benötigten IT-

Grundversorgung für das Unternehmen und / oder ein bestimmter Zeitpunkt für den Return of Invest im Zuge ergriffener Optimierungsmaßnahmen sind zwei gängige Meßlatten aus einer Anzahl möglicher abzurufender Erfolgsfaktoren, um die Wirkung der neuen EDV nach Inbetriebnahme und einer bestimmten Laufzeit zu bewerten.

> Bestehende Arbeitsabläufe im Grund bestätigen und unter Einsatz neuer Technologie die Effizienz dabei steigern, ist ein Effekt der IT-gestützten Prozessoptimierung. Durch innovative Softwarelösungen neue Prozessketten im Unternehmen rentabel etablieren zu können, ist ein weiterer Schwerpunkt. Auf den Punkt gebracht: Wird IT-gestützte Prozessoptimierung als ausschließliches Instrument zur Kostensenkung eingesetzt, ist der erhoffte Wirkungsgrad von endlicher Größe. Werden jedoch neben der Effizienzsteigerung in der Optimierung Ansprüche an die IT-Lösung adressiert, die darüber hinaus zur Erfüllung der Qualitätsanforderung neuer Zielmärkte führt oder hochwertigere Produktmerkmale bei gleichem Zeit- bzw. Personaleinsatz mit sich bringt, steigt der Benefit und eröffnet weitere Perspektiven.

8.4.6 SCM bzw. SCEM in der Fertigung

Das Problem: Informationen für und aus der Fertigung

In den Produktions- bzw. Montagehallen werden die Facharbeiter anhand priorisierter Fertigungsaufträge angewiesen. Dies erfordert Zeit, ist im Änderungsfall bereits zugeteilter Aufträge aufwendig und birgt die Gefahr von Missverständnissen. Wird die Produktionsvoraussetzung unpünktlich bereitgestellt bzw. erfolgt die Arbeitsmittelbeschaffung in Eigeninitiative, erhöht sich die Produktionsdurchlaufzeit. Bemühen sich Facharbeiter im Abweichungsfall eigenständig um Lösungen, ohne dabei die Situation unmittelbar zu melden, verstreicht kalkulierte Zeit, fertigungsweite Maßnahmen können nicht ergriffen werden und letztendlich sinkt die Produktivität.

Die Lösung: Produktionsdaten und Prozessabweichungen online visualisieren

Der Einsatz als Informationssteuerungssystem in der Fertigung bringt entscheidende Vorteile: Für effiziente Auftragsabwicklung bzw. -verfolgung wird der Supply Chain Management Prozess durch die Ansichten Source, Make und Deliver im aktuellen Erfüllungsstatus dargestellt. Ein Layouteditor markiert die SCM Phasen als definierte Flächen in den Produktionsstätten. Hierbei werden die Bereitstellflächen, Montageflächen und Maschinen in den Raumplänen ausgewiesen, um die gesamte Fertigung zu überwachen und im

Einzelfall steuernd einzugreifen. Farbcodes und Beschriftungen informieren im Hallenlayout über Standort und Status der laufenden Fertigungsaufträge. Prozessabweichungen werden visualisiert und sind im Detail zu betrachten. Über das Meldesystem worden verantwortliche Stellen sofort von ungeplanten Ereignissen informiert.

Praxisbeispiel: Effizienzsteigerung

Aufs Jahr gerechnet kostet es die Logistik und Produktionsleitung ca. 30% ihrer Zeit, um sich gesicherte Informationen von Abweichungen aus der laufenden Produktion zu beschaffen bzw. den Grund oder die Ursache für Irrläufer und Produktionsfehler zu recherchieren. Der gleiche Aufwand musste hierfür auch von den Facharbeitern aufgebracht werden, was letztendlich die Produktivität um 30% senkt.

Das Problem: Flexibilität in der Fertigung

Fertigungsaufträge werden terminiert, in die Produktion eingelastet und tageweise aktualisiert. Diese Produktionsplanung bestimmt die Fertigung, muss jedoch durch Einflüsse aus dem Tagesgeschäft überwacht bzw. korrigiert werden. Auf unplanmäßige Ereignisse, wie Materialfehler, Störungen und geänderter Anforderungen, z.B. Neupriorisierung, Einschieben bzw. Unterbrechen von Fertigungsaufträgen ist abweichend zur Vorgabe zu reagieren. Letztlich ist dabei immer ein Umrangieren von Aufträgen nötig, was Zeit kostet und zu Verzögerungen in der Produktion führt. Meldet die Fertigung Veränderungen für die neuerliche Basisterminierung nicht rechtzeitig zurück, stützt sich die Folgeberechnung der Kapazitätsplanung auf falsche Voraussetzungen. Irritation in der Produktion und zu spätes Erkennen von Lieferverzug ist die Folge.

Die Lösung: IT-gestütztes Überwachen, Ein- und Aussteuern von Fertigungsaufträgen

Über die Einplanungslisten werden Fertigungsaufträge zeitlich eingelastet und vorgesehene Produktionsplätze bzw. -wege definiert. Diese Informationen werden direkt online in den Fertigungshallen dargestellt und legen den Ausgangspunkt für die Prozesskette im SCM fest. In der weiteren Produktionsvisualisierung ist der Status und aktuelle Aufenthalt des Fertigungsauftrages über das Hallenlayout nachzuvollziehen. Die visualisierten Produktionsdaten sind über Touch Screen-Technologie im Detail abzufragen und können direkt aus der Produktionsstätte aktualisiert bzw. Ereignisse gemeldet worden. Jede Eingabe ist durch eine Historie nachzuvollziehen, Abweichungen von Planzahlen werden optisch hervorgehoben und der Standort unterbrochener Aufträge wird ausgewiesen. Das Fertigungsende bzw. Produkte, die zur Auslieferung anstehen, werden mit Verweilort dargestellt.

Praxisbeispiel: Wettbewerbsvorteile

Arbeitern kostet es bisher ca. 20% ihrer Zeit, sich zu vergewissern, dass die Voraussetzung zur Produktion durch die vollständige Bereitstellung der Arbeitsmittel, deren erforderliche Qualität und die Verfügbarkeit des benötigten Arbeitsplatzes erfüllt ist. Produktionsausfallzeiten fließen hierbei in die Betrachtung mit ein, da bislang wegen fehlender Ausweichplanung auf Anweisungen im Störungsfall gewartet werden musste. Durch die Prozesskettenvisualisierung mit ausgewiesenem Erfüllungsgrad entfällt diese Klärungszeit. Mittels Online-Information werden die Facharbeiter ohne Verzug von zentraler Stelle zur Bearbeitung von Alternativaufträgen gelenkt.

Das Problem: Transparenz in der Fertigung

Die Belegschaft in der Produktion ist für eine zielorientierte Leistungserbringung über gesteckte Ziele, geplante Durchlaufzeiten, Liefertermintreue und bereits gefertigte Einheiten zu informieren. Mindestens tagaktuelles Zahlenmaterial und deren leichtverständliche Darstellung ist hierfür erforderlich. Es ist aufwendig, die relevanten Daten aus dem SCM-Prozess zu selektieren, und kostet Zeit, die Informationen grafisch aufzubereiten. Es wird die Anforderung gestellt, Abweichungen gegenüber den Kennzahlen zu analysieren, unplanmäßig aufgetretene Ereignisse zu benennen bzw. ihre Ursachen auszuwerten und auszuräumen. Dies erfordert Zeit, bedingt eine fundierte bzw. qualifizierte Datenbasis und ist mit erheblichem Aufwand für die Datenpflege verbunden.

Die Lösung: Metriken, Fehlteileverwaltung und Meldeliste

Im zentralen Archiv werden die SCM-Prozessinformationen bzw. Meldungen (SCEM Prozess) aus der Produktion gemäß *FDA Part 11 compliance* gespeichert und stehen für Auswertungen zur Verfügung. Online können Auftrags-, Produktions- bzw. Änderungsdaten abgefragt und grafisch nach Zeiträumen bzw. Kennzahlen aufbereitet werden. Neben Grafiken bzw. Kurven, die den

Verlauf von Durchlaufzeiten, Liefertermintreue, gefertigte Produkteinheiten darstellen, werden zur Weiterverarbeitung Listen über Fehlteile und Fehlermeldungen (NC: Non Conformities) generiert.

Praxisbeispiel: Produktivität steigern

Das Selektieren, Zusammenstellen, Auswerten und die grafische Aufbereitung von Produktionsdaten bindet täglich eine Führungskraft, wenn er gleichzeitig die Verantwortung trägt, den Facharbeitern in der Produktion diese Informationen und daraus resultierende Maßnahmen mitzuteilen. Ein Aufwand, der auf ein Minimum reduziert werden kann und zusätzlich weniger Zeit bei den Facharbeitern beansprucht. Über den Produktionserfolg wird dabei online anhand aktueller Zahlen berichtet. Durch Kenntnis der Sachlage wird das Verständnis für die Situation und die Leistungsbereitschaft gefördert, was eine Produktivitätssteigerung bis zu 20% bewirkt.

> **Durch IT-gestützte Prozessoptimierung kann die Durchlaufzeit vom Zeitpunkt der Kundenbeauftragung bis zur Auslieferung bis zu 75 % reduziert werden.**

Die Unternehmenslösung ist ein homogener Softwareverbund für den Mittelstand. Die modulare, prozessorientierte Architektur und die daraus resultierende Erweiterbarkeit stehen für die sichere Investition in die Zukunft. Die Anbindung an das Internet (eMail, eKatalog) oder im Einsatz als Filial- & Home Office-Lösung sichern die Wettbewerbsfähigkeit.

Angebot

- Angebotserstellung auch ohne Stammdatenbezug (Interessent, Kunde, Artikel)
- Positionsanlage mit Teilpositionen
- Positionenklassifizierung (ohne Berechnung, nach Aufwand, Alternativposition)
- Positionenkalkulation (Aufschläge, Nachlässe, freie Kalkulation »% bzw. Betrag«)
- Positionszusatztexte, Angebotskopf- und -fußtexte, Textbausteine
- Angebotskalkulation (Aufschläge, Nachlässe, Angebotsfestpreis »% bzw. Betrag«)

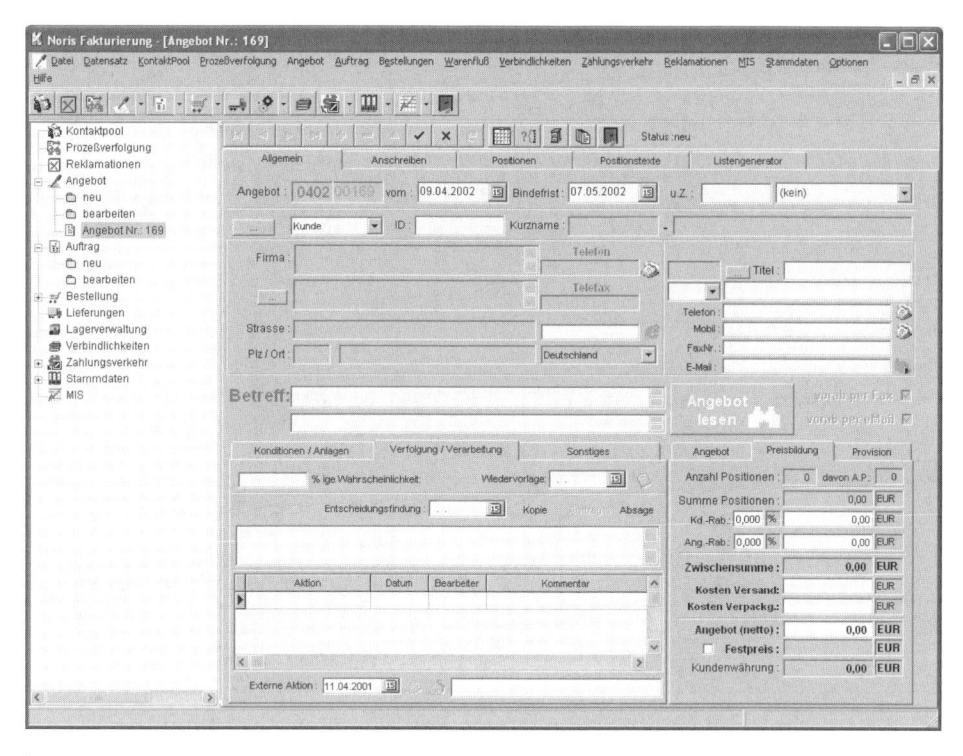

- Angebotsperipheriedaten (Konditionen, Bindefrist, Bearbeiter, Ansprechpartner)
- Angebotsbelegvarianten, Kurzangebot, Angebot mit Anschreiben und Anlage, Fließtextangebot auf Basis der Positionenkalkulation
- Belegerzeugung (Geschäftspapier, eMail, FAX, angebotsbegleitende Korrespondenz)
- Angebotsverfolgung (Kaufwahrscheinlichkeit, Wiedervorlage, Aufgabe nach Outlook)
- Kopie eines Angebotes, Übernahme »Angebot nach Auftrag«, Absage
- Status und Aktionskette zum Angebot

Kapitel 8 – Implementierung

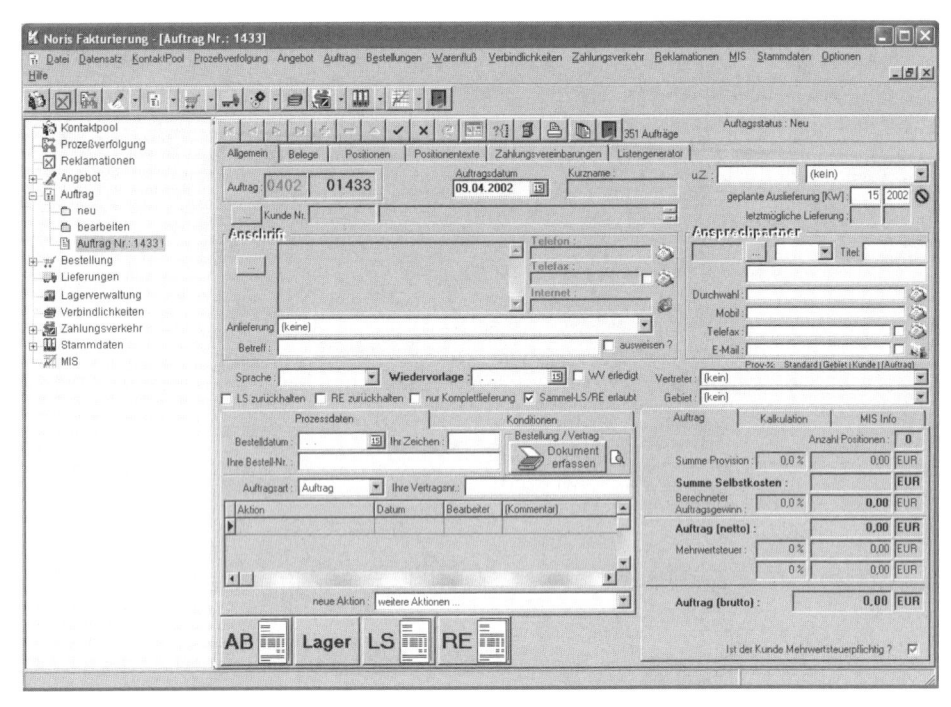

Im Angebotsmodul ist die schnelle und repräsentative Erstellung von Angeboten sichergestellt. Anlagen zu einem Angebot können zugeordnet werden und stehen dem Anwender jederzeit über die Unternehmenslösung zur Einsicht zur Verfügung. Prozessbegleitende Belege zum Angebot können erstellt und verwaltet werden. Neben der komfortablen Angebotserstellung wird somit ein prozessorientiertes Dokumentenmanagement unterstützt. Gerade im Betrieb als Home Office-Lösung ist dadurch die Bereitstellung aller relevanten Informationen und Unterlagen gewährleistet.

Auftrag

▷ Unterschiedliche Auftragsarten (Lieferbasis, Budget, Abruf, Rahmen)

▷ Belege (Auftragsbestätigung, (Teil / Sammel)-Lieferschein, (Teil / Sammel)-Rechnung, Gutschrift)

▷ Weiterverarbeitung der Angebotsdaten bzw. direkte Auftragserfassung

▷ Info zu Artikelverfügbarkeit, Kommissionierung, Erzeugen von Bestellvorschlägen

▶ Positionenkalkulation (Aufschläge, Nachlässe, freie Kalkulation »% bzw. Betrag«)

▶ Positionszusatztexte, AB-, LS-, RE-kopf- und -fußtexte, Textbausteine

▶ Belegerzeugung (Geschäftspapier, eMail, FAX, auftragsbezogene Korrespondenz)

▶ Konditionen (Zahlungsziel, -vereinbarung (Abschlags-, % bzw. Betragsrechnung)

▶ Auftragsperipheriedaten (Bestellkennzeichen, Bearbeiter, Ansprechpartner, Kunden-wunschwoche, Vertreter, Versandkosten, Zustellart)

▶ Dokumentenarchivierung und -verwaltung von externen Belegen zum Auftrag (Scan Modul zur Erfassung von Bestellungen, Verträgen, unterzeichneten Belegen)

▶ Status und Aktionskette zum Auftrag (erzeugte Belege, Lieferungen, Zahlungen)

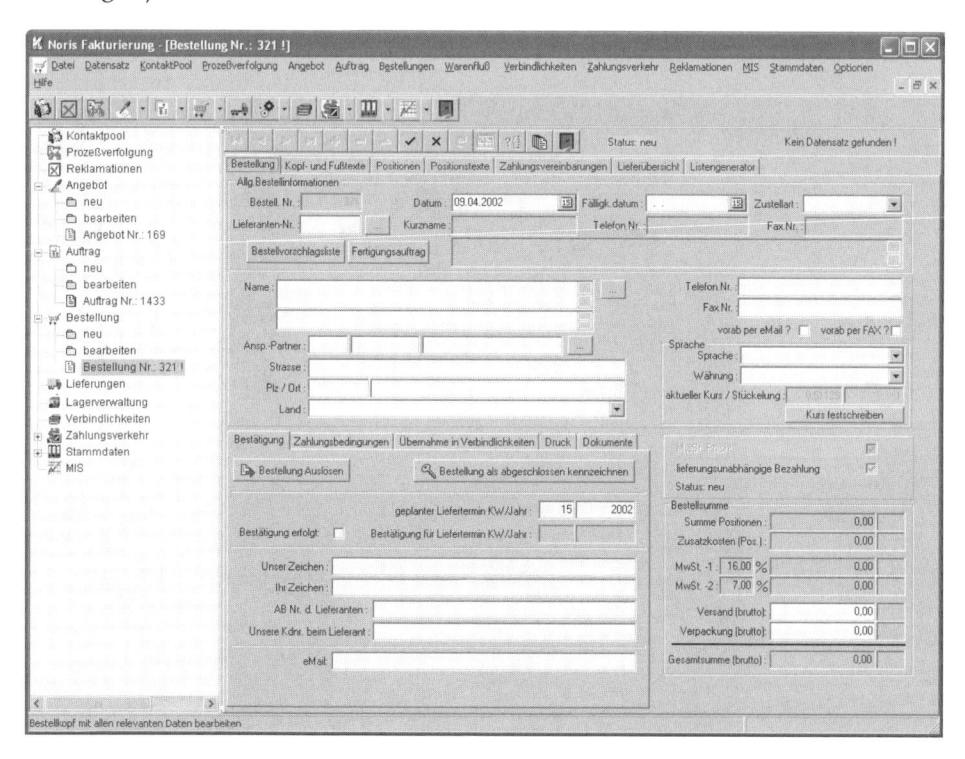

Im Auftragsmodul ist die effiziente Belegerzeugung und Fakturierung von Aufträgen sichergestellt. Die generierte Rechnung bzw. Gutschrift wird automatisch zur Weiterverarbeitung in die offene Postenverwaltung zur Zahlungsüberwachung bzw. in das Mahnwesen übernommen. Durch die Einsichtnahme ins Lager können Artikel für einen Auftrag reserviert werden bzw. der Bedarf der fehlenden Artikel wird an das Bestellwesen gemeldet. Prozessbegleitende Belege zum Auftrag können erstellt und verwaltet werden. Im MIS (Management Informationssystem) erfolgt die zeitlich gegliederte Darstellung von Auftragseingang, Rechnungslegung und Zahlungseingang. Durch die Erfassungsmöglichkeit externer Belege zum Auftrag wird das prozessorientierte Dokumentenmanagement unterstützt.

Bestellung

▷ Bestellungen auch ohne Stammdatenbezug

▷ Weiterverarbeitung von Auftragsdaten (Bestellvorschlagsliste)

▷ Beleg (Bestellung), Belegerzeugung (Geschäftspapier, eMail, FAX, auftragsbezogene Korrespondenz)

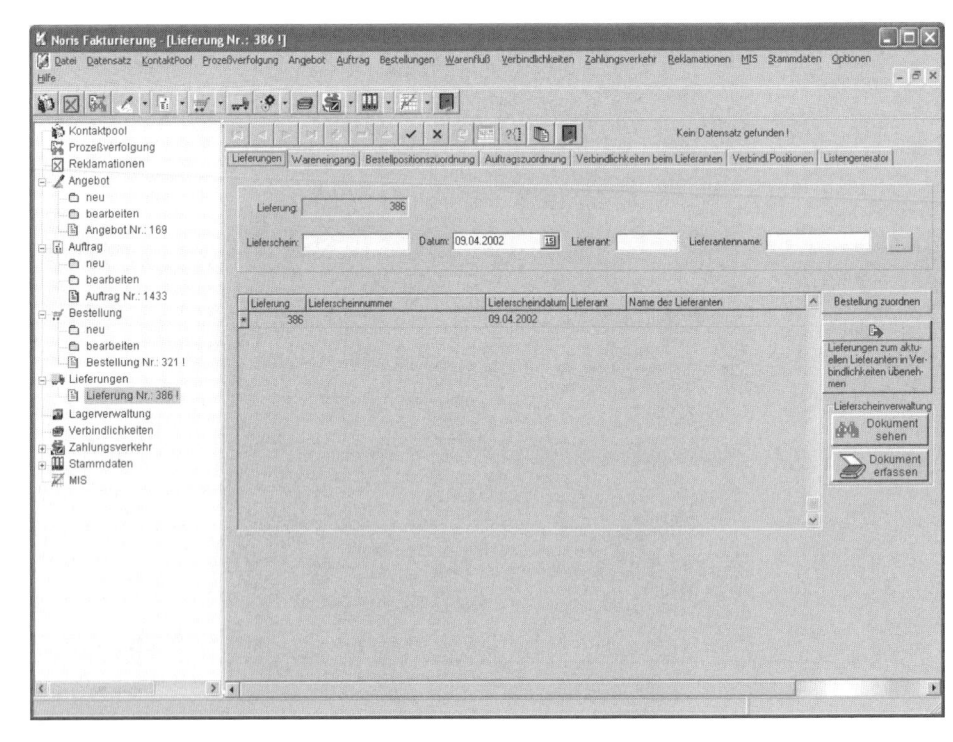

- Positionszusatztext, Bestellkopf- und -fußtext, Textbausteine
- Konditionen (Zahlungsziel, -vereinbarung)
- Bestellperipheriedaten (Bestellkennzeichen, Bearbeiter, Ansprechpartner, Vertreter, Versandkosten, Zustellart)
- Mehrsprachigkeit und Währungsvarianten
- Dokumentenarchivierung und -verwaltung von externen Belegen zur Bestellung (Scan-Modul zur Erfassung von Auftrags-, Lieferterminbestätigung, unterzeichneten Belegen)
- Status und Aktionskette zur Bestellung (erzeugte Belege, Anlieferung)
- Übernahme in Lieferungen (Wareneingang) bzw. »Bestellung nach Verbindlichkeit«.

Lieferung

- Anlieferung auch ohne Stammdatenbezug bzw. Bestellreferenz
- Weiterverarbeitung von Bestellungen (Artikelvorschlagsliste)
- Wareneingangskontrolle bei hinterlegtem Prüfprotokoll
- Lagerzubuchung (Zuordnung eines Lagerortes)
- Chargen- und Seriennummernerfassung und -verwaltung
- Etikettengenerierung
- Automatische bzw. manuelle Zuordnung von Anlieferpositionen zu Auftrag / Bestellung
- Dokumentenarchivierung und -verwaltung von externen Belegen zur Bestellung (Scan Modul zur Erfassung von Lieferschein, Typenblatt, unterzeichneten Belegen)
- Status und Aktionskette zur Anlieferung
- Übernahme »Anlieferung/Bestellung nach Verbindlichkeit«

Im Wareneingangsmodul (Lieferungen) werden auf Basis des Lieferscheins die Artikel erfasst. Die externen Belege können zum Prozess »Anlieferung« eingepflegt werden und stehen im Zuge der Nachvollziehbarkeit bzw. bei der Prozessbelegvisualisierung im System zur Verfügung. Die Erstellung und Verwaltung von Prozess-begleitenden Belegen zur Bestellung wird ebenfalls unterstützt (Dokumentenmanagement). Durch den modularen, prozessorientierten Aufbau der Programme kann mit geringem Zusatzaufwand eine Schnittstelle für die artikelspezifische Qualitätsprüfung geschaffen werden.

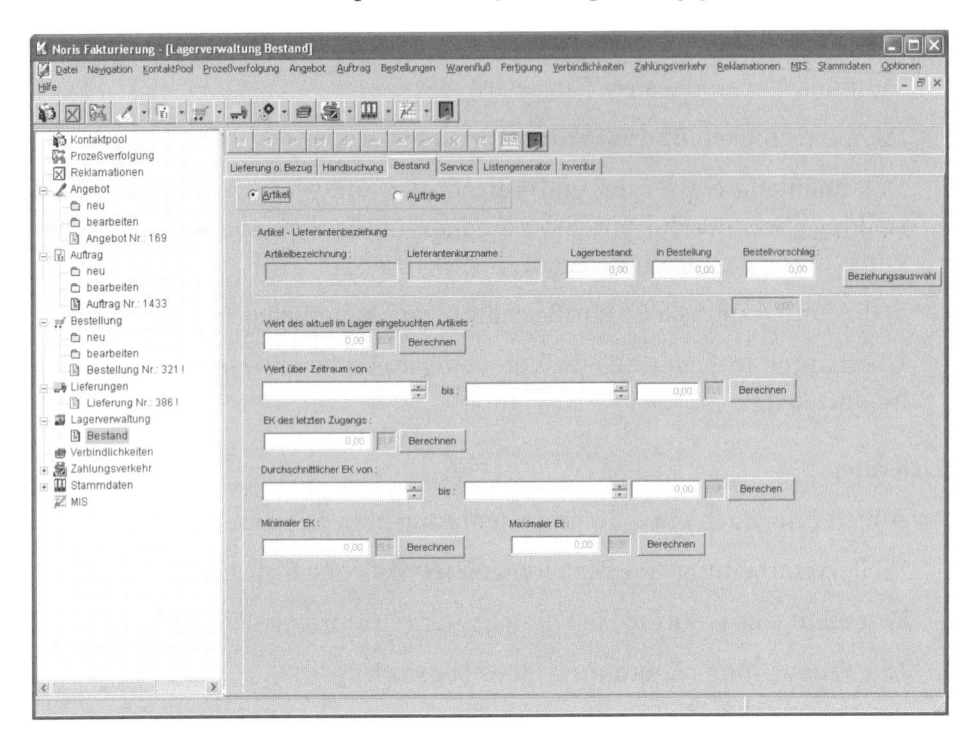

Lagerverwaltung:

- Manuelle Lagerzu-, -um- und -abbuchung
- Lagerbewegungshistorie
- Bestands- und Lagerwertermittlung
- Lagerorte
- Permanente Inventur

Da eine Vielzahl an Datenweiterverarbeitungsmechanismen in der Applikation prozessübergreifend implementiert wurden, greifen im Wesentlichen für die Lagerzu- und -abbuchung die im Programm integrierten Automatismen. So erfolgt die Abbuchung vom Lager unter möglicher Berücksichtigung einer Seriennummernverwaltung bei der Erstellung von Lieferscheinen über das Auftragsmodul bzw. Lagerzugänge werden über das Wareneingangsmodul gebucht. Ergänzend hierzu stehen manuelle Eingriffsmöglichkeiten im Lager zur Verfügung. Durch die bestehende Programmarchitektur kann dabei mit geringem Zusatzaufwand eine Schnittstelle für ein separates Lagersteuersystem bereitgestellt werden.

Artikelstamm:

- Mehrsprachigkeit Sortiment (Artikel- und Produktgruppenanlage), Poolartikel
- Artikel / Lieferanten- bzw. Artikel / Kundenbeziehung für den Einkauf bzw. Verkauf
- Artikelkalkulation (Einkaufs- und Verkaufspreis, Festlegung von Preisuntergrenzen)
- Durchführung von Preisänderungen auf Ebene von Artikelgruppen bzw. für Artikel
- Sperrmechanismen für nicht mehr lieferbare Artikel
- Kopierfunktion für die schnelle Anlage von Variantenartikel
- Anlage, Pflege und Verwaltung für die Bereitstellung von Artikeln im Internet »eKatalog« durch Scan von Produktbildern bzw. der Zuordnung von Datenblätter
- Anlage von Prüfprotokollen und Zuordnung von Lagerzusatzinformationen (Mindest- und Meldebestand, Lagerort)
- Artikeldetailinformationen (Lagerbestand, in Bestellung, im Bestellvorschlag)
- Belegerzeugung (Etikett, Preisliste, EAN- und BarCode)
- Artikelzusatzverwaltung über eine beliebige Anzahl von Schlagworten

Interessenten-/Kundenstamm:

- Hauptadresse (Anschrift, Telefon, Fax, eMail, Internetadresse)
- Profildaten (Konditionen, Kundenrabatt, Standard-Artikelnachlass, Werbeträger, bezogene Artikel, Vertreter Zuordnung, Gebietsschema, Status, Branche)
- Beliebig viele Zusatzadressen mit Verwendungszweck (ohne, Rechnungs- / Liefer-anschrift, Mailing)
- Beliebig viele Ansprechpartner (Anschrift, Durchwahl, Funk, eMail, Privatadresse, Funktion im Unternehmen, Erstkontakt)
- Beliebig viele Bankverbindungen

▶ Zuordnung von Ansprechpartner an Adresse

▶ Dokumentenarchivierung und -verwaltung von externen Belegen zum Kunden (Scan-Modul zur Erfassung von AGB, Vollmacht, unterzeichneten Belegen)

▶ Korrespondenz erstellen und verwalten. Anzeige aller ausgestellten Belege zum Kunden bzw. Ansprechpartner (Officedokumente, Angebote, Auftragsbestätigung, Lieferschein, Rechnung, Mahnung, externe Belege)

▶ Übernahme eines Interessenten in Kunde, Sperren eines Kunden

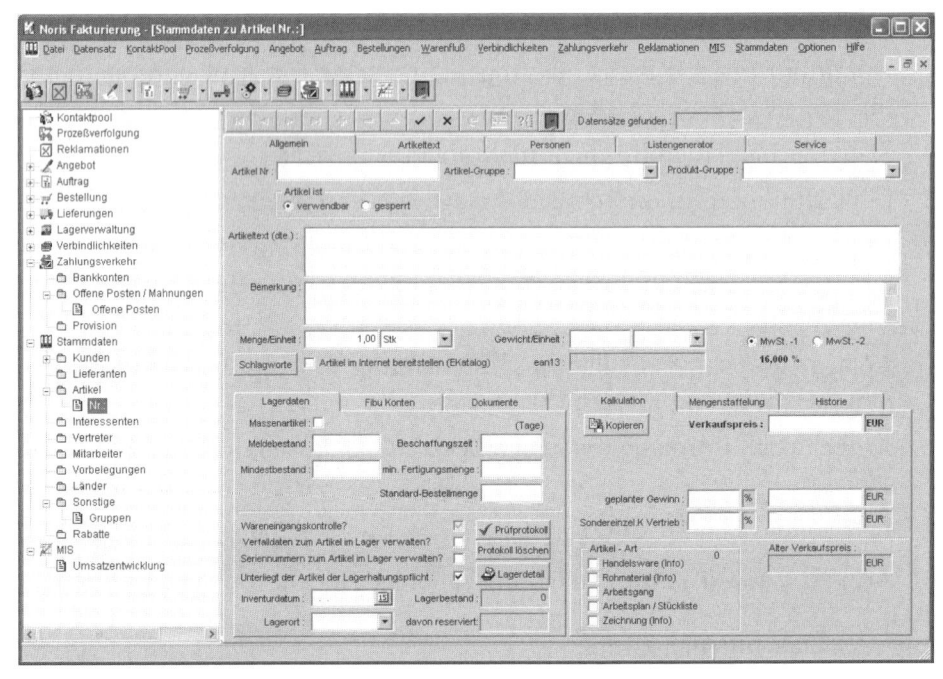

Im Softwareverbund wird im Bereich der Datenanlage und -pflege innerhalb Prozessabwicklungen jederzeit der Bezug zu den Personenstammdaten hergestellt. Entsprechend den dort hinterlegten Informationen werden die Bewegungsdaten verarbeitet. Die Lieferantenstammdaten entsprechen, im zu verwaltenden Umfang, im Wesentlichen denen des Kundenstamms, ergänzt um die lieferantenspezifischen Zusatzinformationen.

Alle Dokumente zu den Personenstammdaten werden bzw. können zugeordnet werden und stehen dem Anwender jederzeit über die Unternehmenslösung zur Einsicht zur Verfügung (Dokumentenmanagement) – gerade im Betrieb als Home Office-Lösung ist dadurch die Bereitstellung aller relevanten Informationen und Unterlagen gewährleistet.

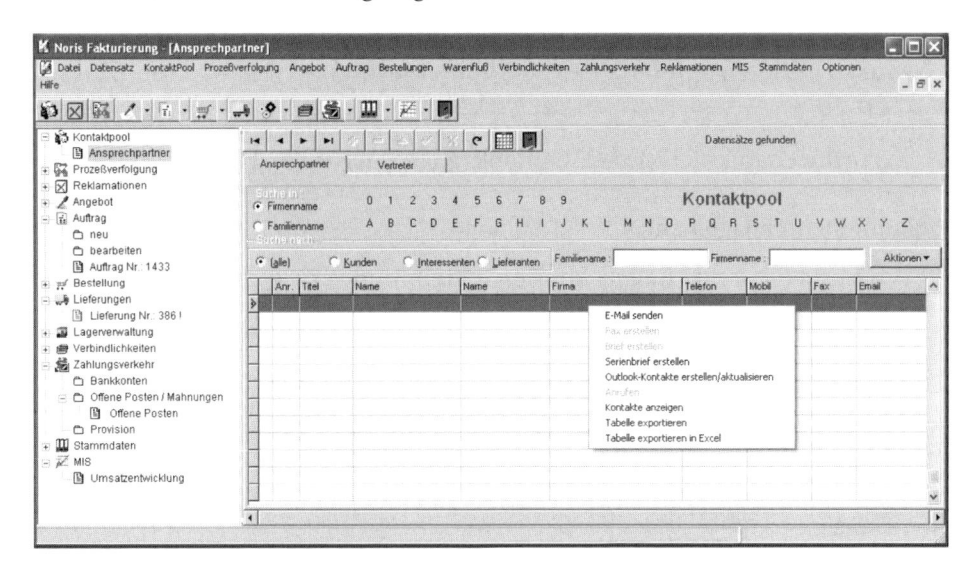

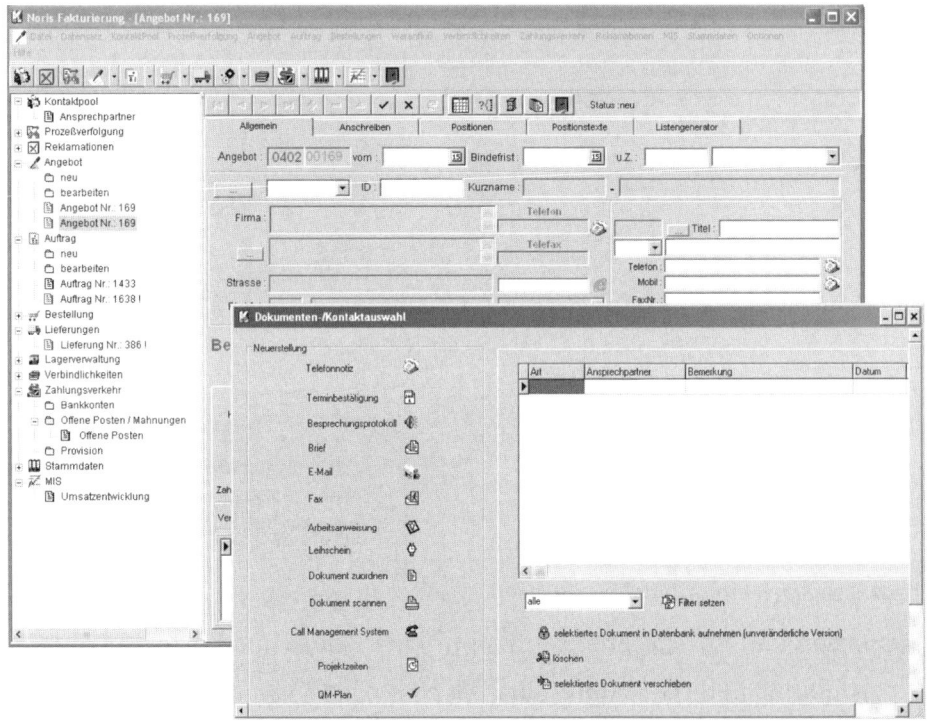

KAPITEL 8 – IMPLEMENTIERUNG

Kontaktpool:

▸ Stammdatenbasierende Personendaten für die Kontaktaufnahme (eMail [Zusatz: Messagingsystem], Brief bzw. Serienbrief [Zusatz: Word], FAX [Zusatz], Videokonferenz bzw. computergestütztes Telefonieren [Zusatz: CTI]

▸ Exportmechanismen (Excel, Outlook, Zeitplansystem, Handheld)

Dokumentenmanagement:

▸ Prozessbegleitende Belege können erstellt und verwaltet werden

▸ Das firmenspezifische Formularwesen kann nachgebildet werden

▸ Zuordnung von Dokumenten zu Prozessen bzw. Personen

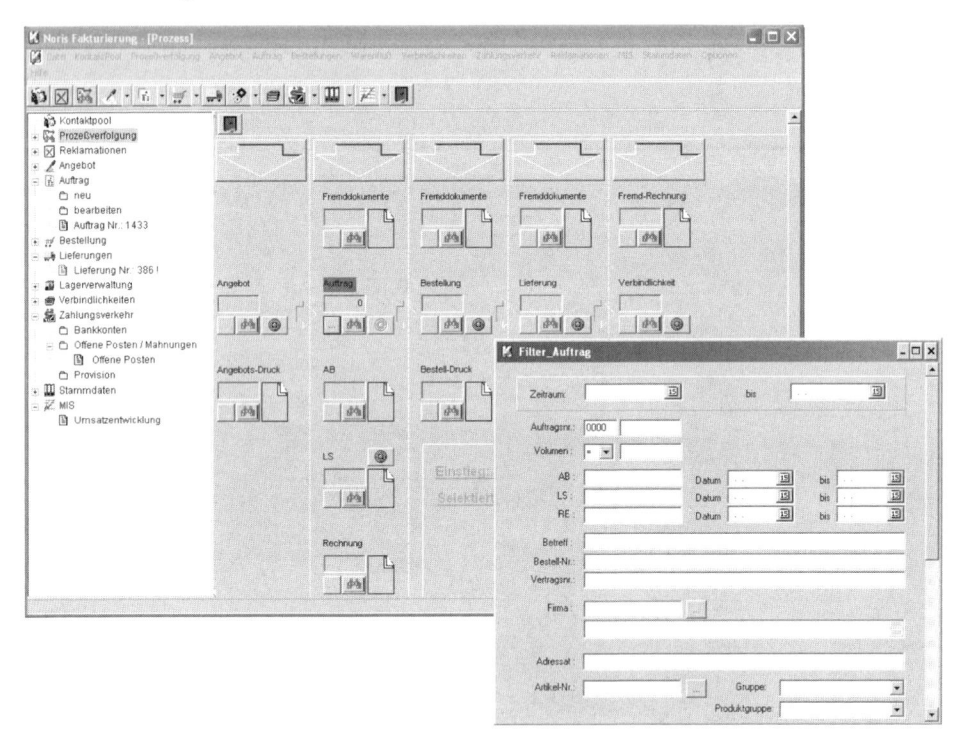

Prozessbelegverfolgung:

▸ Suchen und Visualisieren kaufmännischer Belege und Korrespondenz

▸ Ermittlung und Darstellung aller mit einem kaufmännischen Prozess korrespondierenden Belege in Abhängigkeit der Prozessschritte

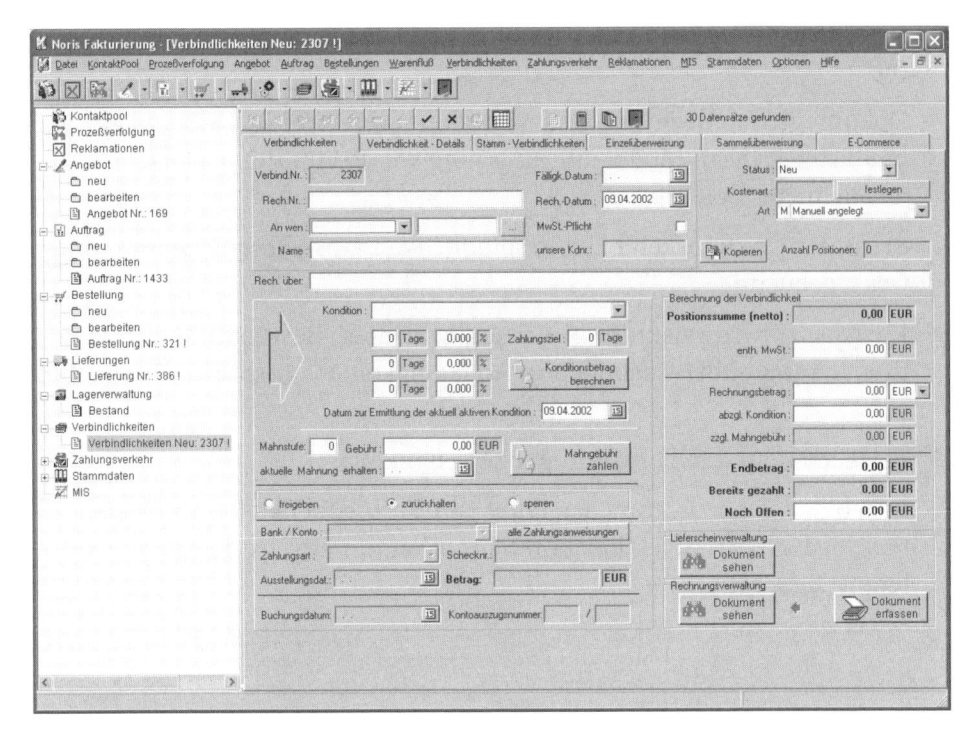

Im Softwareverbund werden alle relevanten kaufmännischen Belege generiert. Zusätzlich können externe Belege bzw. Korrespondenzunterlagen den kaufmännischen Prozessen bzw. Personen zugeordnet werden. Alle Dokumente liegen somit in der Applikation vor und wurden im Zuge ihrer Entstehung einem kaufmännischen Prozess zugeordnet. Durch das Modul Prozessbelegverfolgung kann nach einzelnen Belegen gesucht werden. Im Ergebnis kann das Dokument angesehen bzw. ausgegeben werden. Zusätzlich werden korrespondierende Dokumente zu diesem gefundenen Beleg prozessübergreifend mit zur Ansicht angeboten. Die Nachverfolgung von Prozessen bzw. deren Bearbeitung kann somit unter Kenntnis aller bisher erstellten Belege erfolgen.

Verbindlichkeiten:

▷ Direkte Anlage von Verbindlichkeiten bzw. Verarbeitung von Stammverbindlichkeiten

▷ Weiterverarbeitung der Bestelldaten bzw. Anlieferungsdaten

▷ Verwaltung der Fälligkeit, eingeräumte Zahlungskonditionen

KAPITEL 8 – IMPLEMENTIERUNG

▸ Verwaltung von Mahnungen und entsprechend angefallener Mahngebühren

▸ Dokumentenarchivierung und -verwaltung von externen Belegen zur Verbindlichkeit (Scan Modul zur Erfassung von Rechnung, Lieferschein, unterzeichneter Belege)

▸ Status und Aktionskette zur Verbindlichkeit (ausgelöste Zahlung, unterwegs, gebucht)

▸ Freigabe zur Anweisung von Verbindlichkeiten, Bearbeitung von Einzel- bzw. Sammel-überweisungen in Abhängigkeit des Institutes, Teilzahlungen

▸ Belegerzeugung (Überweisung) bzw. eBanking

▸ Beliebige Listenzusammenstellung von Verbindlichkeiten nach den unterschiedlichsten Selektionskriterien (offen, unterwegs, Kostenarten, Lieferant, Zeit, etc.)

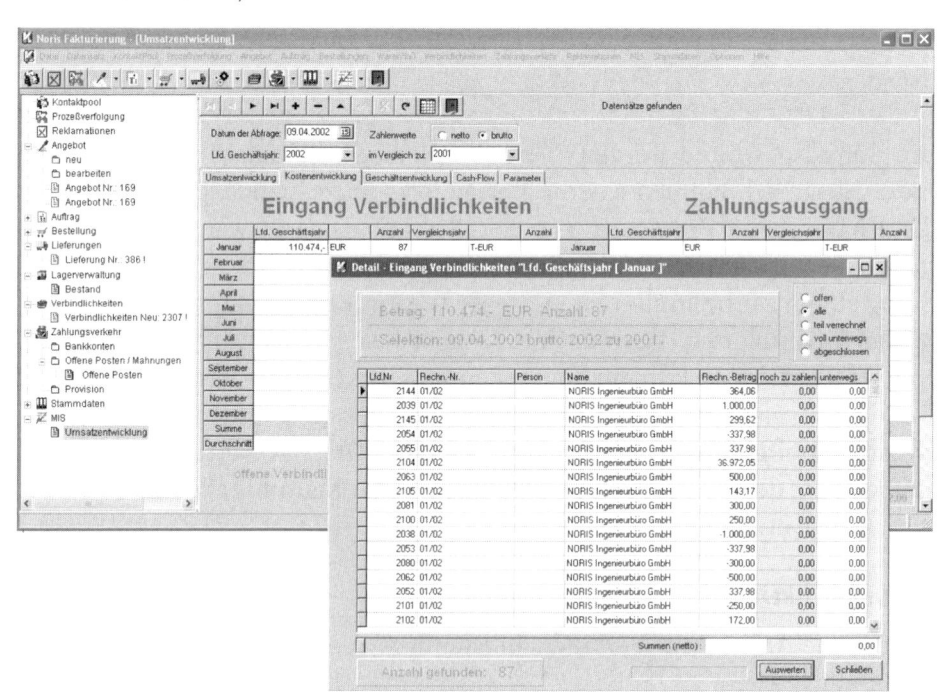

Im Verbindlichkeitenmodul ist die effiziente Belegerfassung und Bearbeitung von Rechnungen sichergestellt. Die Daten der generierten Verbindlichkeit bzw. erfassten Rechnung stehen automatisch zur Weiterverarbeitung »Zahlung, Buchung« bzw. zur Zahlungsüberwachung bereit. Durch die Anlage von Stammverbindlichkeiten können immer wiederkehrende Zahlungsaufforderungen einfach verwaltet und bearbeitet werden. Indem die Konten und deren Kontobewegungen im System mitverwaltet werden, stehen Informationen im Zuge der Zahlungsfreigabe hinsichtlich Kontostände zur Verfügung. Im MIS (Management-Informationssystem) erfolgt die zeitlich gegliederte Darstellung von Rechnungseingang und Zahlungsausgang. Durch die Möglichkeit, externe Belege zur Rechnung mit zu erfassen, wird das prozessorientierte Dokumentenmanagement unterstützt.

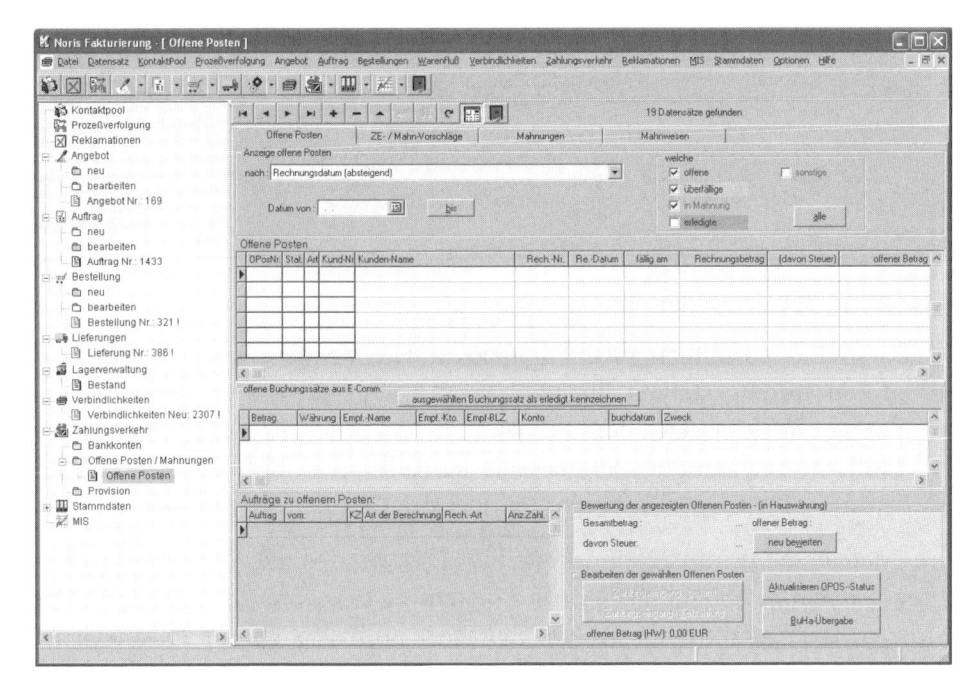

Offene Posten / Mahnwesen:

▷ Verwaltung und Buchung von Rechnung bzw. Gutschrift

▷ Ermittlung offener Postensalden (gesamt, kundenbezogen)

▷ Ermittlung überfälliger Zahlungseingänge

▷ Belegerzeugung Mahnung inklusive Vergabe von Mahngebühren

▷ Status und Aktionskette zur Rechnung bzw. Gutschrift (gebuchte Zahlung)

KAPITEL 8 – IMPLEMENTIERUNG

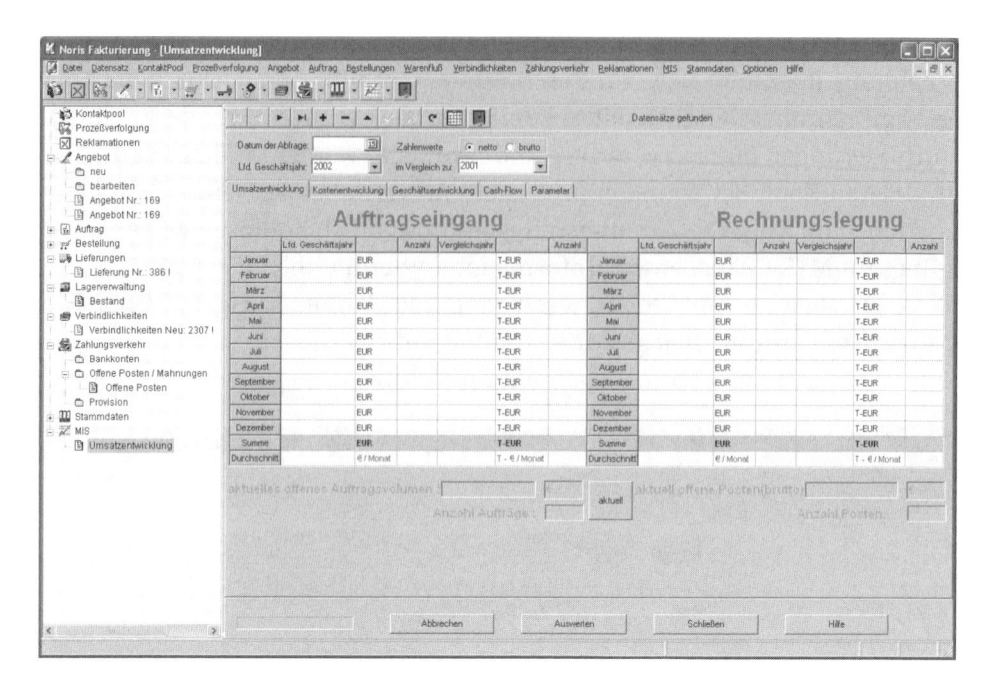

Management Informationssystem:

▶ Darstellung in zeitlicher Abhängigkeit und im Vergleich zum Vorjahr bzw. zu den voreingestellten Planzahlen: »Auftragseingang ⇔ Rechnungslegung«, »Verbindlichkeiten Eingang ⇔ Zahlungsausgang«, »Erwarteter Zahlungsein-/-ausgang bereits erfasster Aufträge ⇔ Bestellungen«, »Aufkommen festgelegter Kostenarten über das Geschäftsjahr hinweg«

Im Management-Informationssystem (MIS) werden die kaufmännischen Prozessdaten in Abhängigkeit ihrer Entstehung bzw. ihrer Erwartung für das Unternehmenscontrolling auf eine Zeitachse projiziert. Bereits ab Anlage der Bewegungsdaten in einen kaufmännischen Prozess liegen diese Informationen online im MIS vor. Die Zusammensetzung des kumulierten Zahlenmaterials eines Monatsabschnitts kann durch die Detailansicht eingesehen werden. Der anschließende Aufruf eines Prozesses innerhalb der Detailansicht wird unterstützt. Unter Einsatz des Kostenartenmoduls können die voreingestellten Planzahlen für die prognostizierten Betriebsausgaben im Vergleich zu den tatsächlich eingegangenen Ist-Daten im laufenden Geschäftsjahr darge-stellt werden. Die Darstellungen und Auswertungen im MIS unterstützen das Unternehmen bei der Beschaffung des relevanten Zahlenmaterials für das Ratingsystem von »Basel II«. Zeitnahe Aussagen über die Wirtschaftssituation des Unternehmens sind ergänzend zu den Auswertungen vom Steuerberater (Buchhaltung) zu treffen. Durch die Zahlen im MIS haben die Entscheider kontinuierlich die erforderliche Agitationsgrundlage.

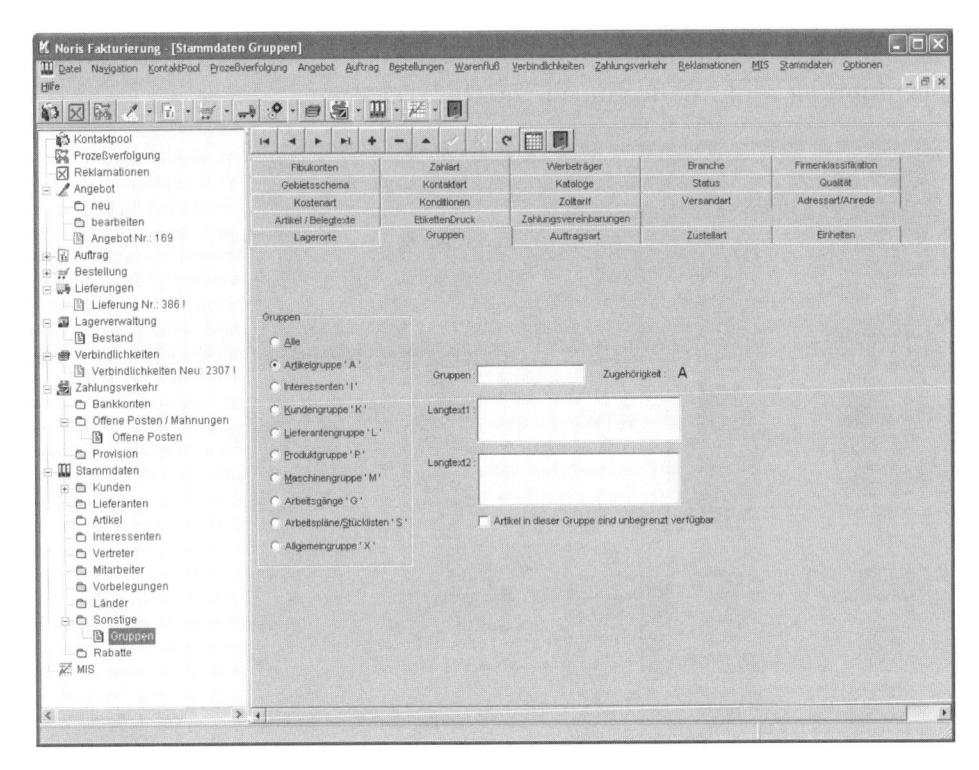

Verwaltung / Sonstige Stammdaten:

- Personengruppen, Artikelgruppen, Branchen, Werbeträger
- Adressart, Kontaktart, Kondition, Zahlungsart, Zahlungsvereinbarung
- Lagerort, Textblöcke, Gebietsschema
- Versandart, Einheiten
- Eigene Vorbelegung

Für die standardisierte Bereitstellung und Verwendung von Parametern innerhalb der kaufmännischen Prozessdatenverarbeitung können die firmenspezifischen Kenndaten in der Stammdatenverwaltung angelegt und gepflegt werden. Die einheitliche Erstellung von Belegen, durch unterschiedliche Anwender, unter Verwendung der gleichen Vorgaben ist dadurch sichergestellt. Die firmenstrategischen Kenngrößen werden dabei eigenständig erfasst und modifiziert. Die Kosten für die Programmanpassung beim Aufbau der maßgeschneiderten Anwendungssoftware für das gesamte Unternehmen, durch zusätzliches Customizing der Applikation, kann verringert oder in vielen Fällen vollständig vermieden werden. Einer schnellen Systemeinführung wird von Beginn an Vorschub geleistet.

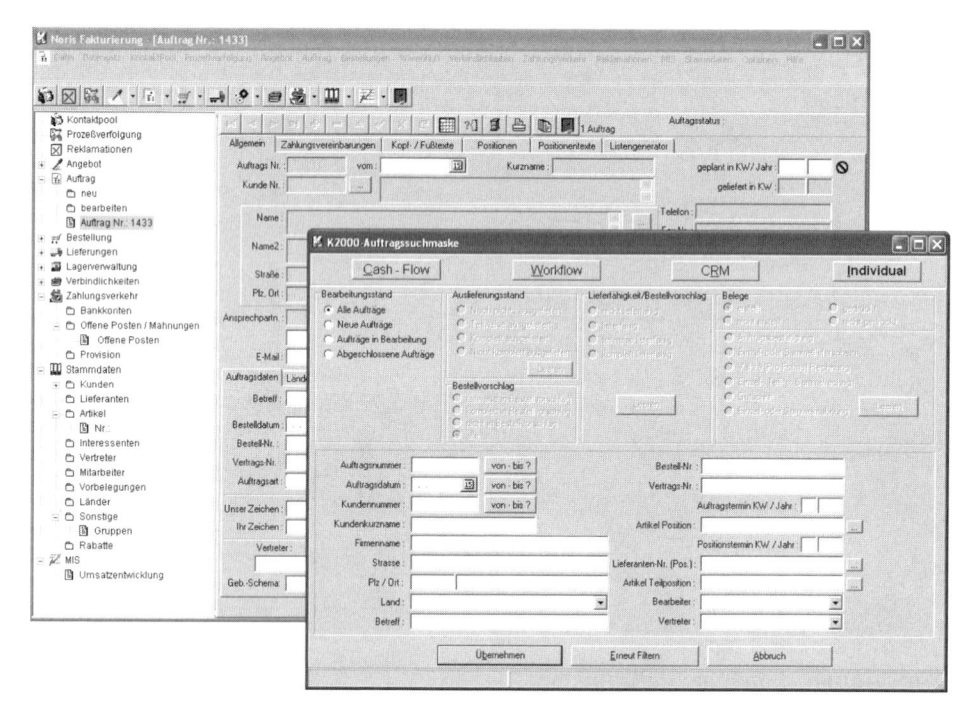

Verwaltung / Suchmasken:

▶ Angebotssuche (bearbeiter-/ unternehmens-/ artikelbezogen, nach Wiedervorlage-/ Bindefrist- , Erstellungsdatum, nach Kaufwahrscheinlichkeit, etc.)

▶ Auftragssuche nach den unterschiedlichsten Kriterien (individual: Auftragssuche und Vorselektion nach beliebigen Gesichtspunkten unmittelbar die Daten im Auftrag betreffend [Nummer, Unternehmen, Datum, Produkt, Auftragsstatus, Belegerzeugung, etc.], Cash-Flow: Auftragssuche und Vorselektion unter vorwiegend monetären Aspekten [voll/teil-verrechnet, voll/teil-bezahlt, mit ausstehender Zahlung, noch nicht abgerechnet, etc.], Workflow: Auftragssuche und Vorselektion in Abhängigkeit von Prozessschritten [neu, in Bearbeitung, voll/teillieferfähig, in Bestellvorschlag, in Bestellung, etc.], CRM: Auftragssuche und Selektion aus der Sicht des Kunden [bezogene Artikel, getätigte Umsätze, laufende Aufträge, etc.]

▷ Suche nach Bestellungen (bearbeiter-/ lieferant-/ artikel-/ verzugbezogen, nach Erstellungs- und zugesagtem Liefertermindatum, etc.)

▷ Artikelsuche und Vorselektion innerhalb der Stamm- bzw. Bewegungsdaten (Schlagwort, Nummer, Bezeichnung, Gruppen, Lieferant, Wert, etc.)

In der gesamten Unternehmenslösung wurde größter Wert bei der Entwicklung des Systems darauf gelegt, dass die erfassten und verwalteten Stamm- bzw. Bewegungsdaten schnellstmöglich wieder gefunden werden. Um diesem Anspruch gerecht zu werden, stehen dem Anwender die unterschiedlichsten Suchfunktionen für die Selektion einzelner Daten bzw. für die Vorselektion von Datenmengen zur Verfügung. Eine effiziente Datenverarbeitung ist dadurch sichergestellt und darüber hinaus können so selektierte Datenmengen zur Weiterverarbeitung über eine Schnittstelle nach Excel exportiert werden.

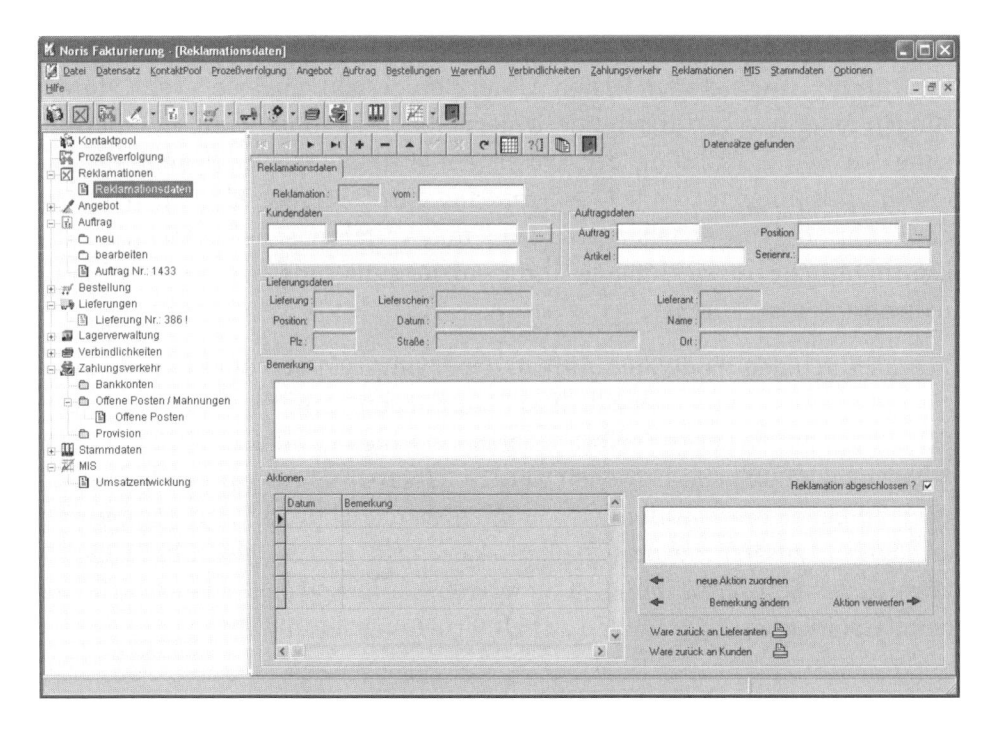

Verwaltung / Reklamation:

▷ Erfassung und Bearbeitung von Reklamationen (Kunden- bzw. Lieferantensicht)

▷ Anlage und Verfolgung der durchgeführten Aktionen

▷ Belegerzeugung im Zuge der Reklamationsbearbeitung

▷ Status und Aktionskette der Reklamation (neu, in Bearbeitung, abgeschlossen)

Durch den Leistungsumfang und den prozessorientierten Aufbau der Applikation sowie das im Softwareverbund integrierte Dokumentenmanagementsystem (Dokumentenerzeugung und -verwaltung) wird bereits den gestellten Anforderungen an ein zu betreibendes Qualitätsmanagement in der kaufmännischen Abwicklung in hohem Maße entsprochen. Die Bearbeitung und Dokumentation von Reklamationen in der Unternehmenslösung tragen weiterhin dazu bei. Neben der Funktionalität und Flexibilität, die im Softwareverbund zur Verfügung gestellt wird, kann somit die Unternehmenslösung im Einsatz einen Beitrag zum Aufbau und dem effizienten Betrieb eines QM-Systems im Unternehmen leisten. Unter Berücksichtigung weiterer Anforderungen an das zu zertifizierende Unternehmen kann die Unternehmenslösung bei der Erarbeitung des Unternehmenshandbuches (Handbuch für Qualität) als unterstützende Quelle mit angeführt werden. Ein Umstand, der dazu führt, dass zu erstellende Arbeits- und Verfahrensanweisungen für die kaufmännische Abwicklung in ihrer Ausformulierung auf ein Minimum reduziert werden können.

Bereits durch den modularen Aufbau der Applikation und durch die Parametrisierbarkeit von unterschiedlichen Stammdaten kann die Standardversion der Unternehmenslösung sofort in den unterschiedlichsten mittelständischen Unternehmen effizient betrieben werden. Unterstützt wird diese Eigenschaft noch durch die prozessorientierte Programmarchitektur, die es kostengünstig ermöglicht, zusätzliche Branchenanforderungen und weitere Geschäftsprozesse in den Softwareverbund zu integrieren. Aufgrund dieser Tatsache liegen bereits Branchenerweiterungen zur Unternehmenslösung vor.

9 INTRAPREND WWS/PPS Manager®

Diese Dokumentation beschreibt anhand eines einfachen Anwendungsbeispiels, wie Sie die Warenwirtschafts- und Produktionsplanungs-Software in Ruhe ausprobieren können.

Als Bedienername und Passwort geben Sie bitte jeweils FIRMA ein. Ihnen stehen dann alle Funktionen bis auf die Administratorrechte zur Verfügung. Die genaue Anleitung zum Testen mit Angabe der Testartikelnummern usw. finden Sie weiter unten im Abschnitt *Anwendungsbeispiel*.

Die Testlizenz steht Ihnen ab Installation für einen Zeitraum von 90 Tagen zur Verfügung. Möchten Sie länger testen, können Sie bei INTRAPREND eine Verlängerung der Testlizenz beantragen. Sie erhalten dann per E-Mail einen Freischaltungscode.

9.1 Kurzbeschreibung des INTRAPREND WWS/PPS Managers® und INTRAPREND WWS Managers®

Der Plattform-unabhängige INTRAPREND WWS/PPS Manager® ist ein leistungsfähiges, komplexes, multilinguales, multikulturelles Warenwirtschafts- und Produktionsplanungssystem auf HTML-/XML-Basis, das Meta-Data-basiert komplett im Internet/Intranet läuft. Das bedeutet, der Anwender braucht die Benutzeroberfläche eines Internet-Browsers nicht mehr zu verlassen, egal ob er Daten editiert, Statistiken abruft, Parameter erfasst oder sonstige Arbeiten mit dem System erledigt. Beim Aufruf werden alle Seiten dynamisch und auf Meta-Data-Basis erzeugt – auch grafische Statistiken, Barcodes und Gantt-Charts.

9.1.1 Moderne Technologie

Die aktuelle Internet-Technologie, die INTRAPREND konsequent verwendet, vereint E-Commerce, E-Shop-Systeme, Marketplaces, Internet, Intranet, Web-Services, ERP, CRM und Workflow einheitlich unter der Browser-Oberfläche.

Besonderer Wert wurde und wird auf integrierte Wertschöpfungsketten gelegt. So ist es mit der Software selbstverständlich möglich, vom Kunden im Webshop erfasste Bestellungen direkt in die Auftragsverwaltung übertragen zu lassen. Ebenso automatisch kann für die grafische Produktionsplanung das benötigte Material automatisch ermittelt werden (Bestellregeln im DRP/MRP), via Browser bzw. E-Mail können automatisch Bestellungen an den Lieferanten gesendet werden usw. Auch die grafische Tourenplanung als Gantt-Chart mit Link auf die Seite des Spediteurs (z.B. UPS) ist voll integriert.

Das Programm besteht aus dynamischen HTML-Seiten, die mit Object Scripts, HTML, JavaScripts und XML erstellt wurden. Als Entwicklungsumgebung dienten ein Internet-Browser (ich empfehle den MS Explorer ab 6.0) und das Intranet Entwicklungstool INTRAPREND @net Manager®, das selbst ebenfalls auf dem Browser läuft.

Bei der Technologie gibt es keinen dauerhaften, laufenden Job auf dem Server, sondern nur einen kurzen Peak bei jeder Abfrage. Sobald die dynamische HTML-Seite aufgebaut ist, ist der Job auf dem Server beendet. Der User kann sich seine Seite ansehen und Daten editieren. Erst wenn er durch einen Klick speichert oder eine neue Funktion aufruft, erfolgt erneut eine Abfrage an den Server. Diese Technik ermöglicht eine extrem hohe Auslastung der zur Verfügung stehenden Hardware. Durch die Plattform-Unabhängigkeit (Win-Server, WinXP, Linux, Unix, Mac, Sun Solaris) kann die Hardware neuer Kunden in der Regel einfach übernommen werden.

9.1.2 Customizing-Tool integriert

Es wurde großer Wert darauf gelegt, eine seriöse Business-Anwendung zu schaffen. Auf bunte Bildchen à la Web wurde bewusst verzichtet. Stattdessen erinnern z.B. die Buttons, bei denen es sich lediglich um GIF-Bilder handelt, an »normale« Buttons einer Windows-Client-Server-Applikation. Die Oberflächenfarben und -gestaltung können jedoch schnell und einfach individualisiert werden, da das gesamte System auf Meta Data aufgebaut ist. So können Schrift- und Feldfarben, Hintergrundbilder, Schriftarten etc. genauso individuell eingestellt werden wie Hidden-Felder, Tab-Sprünge, Menüpunktnamen, Feldbezeichnungen usw. Auch bei der Menü-Ansicht können Kunden selbst anklicken, welche Art von Menü sie bevorzugen (Explorer, separates Window, Popup-Menü etc.).

Möglich wird das mit dem Customizing-Tool, das als Modul mitgeliefert wird. Die Kunden können sich damit nicht nur die gesamte Oberfläche selbst designen, sondern sogar die Online-Dokumentation individualisieren (Einbinden von Videos, Grafiken etc.). Programmierkenntnisse sind dafür nicht erforderlich. Neue Releases der Software überschreiben die unveränderlichen Vorgaben der Individualisierung natürlich nicht. Dadurch sparen Kunden Zeit und Geld bei der Software-Einführung und bei der Software-Pflege.

In der vorliegenden Testlizenz ist das Customizing-Tool nicht freigeschaltet.

9.1.3 Intuitiv zu bedienen

Das Programm ist so leicht und intuitiv zu bedienen wie Surfen im Web und doch deckt es komplexe Abläufe mittelständischer Unternehmen ab. Die Software ist mandantenfähig und kann mühelos mehrere Betriebe bzw. Filialen verwalten.

9.1.4 Datenbank InterSystems Caché

Die empfohlene Datenbank Caché von InterSystems erlaubt durch ihre Objekt-Struktur eine hohe Zugriffsgeschwindigkeit auf die gespeicherten Daten. Das nutzt das Programm z.B. in der Auftragsstatus-Übersichtstabelle voll und ganz aus: Über 40 verschiedene Tabellen sind in dieser Auftragsstatus-Übersichtstabelle miteinander verbunden. Trotz dieser Komplexität baut sich nach jedem Klick – d.h. nach dem Aufruf eines Links – blitzschnell eine neue, dynamische HTML-Seite auf, die alle für den jeweiligen User erlaubten Informationen enthält. Die Formularlaufzeit liegt in der Regel bei unter einer Sekunde.

INTRAPREND **WWS/PPS** MANAGER®
Web Enabled

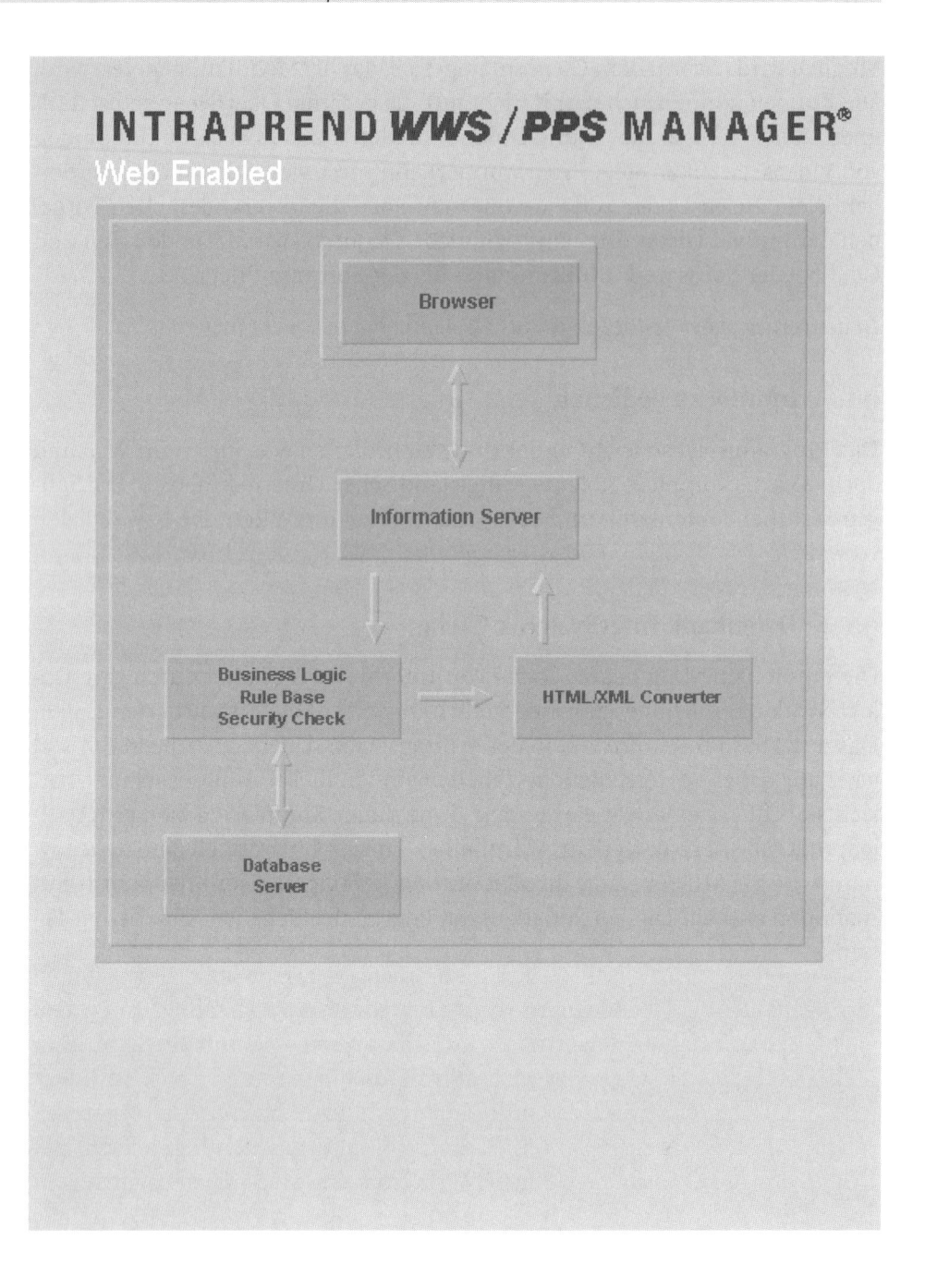

- Browser
- Information Server
- Business Logic / Rule Base / Security Check
- HTML/XML Converter
- Database Server

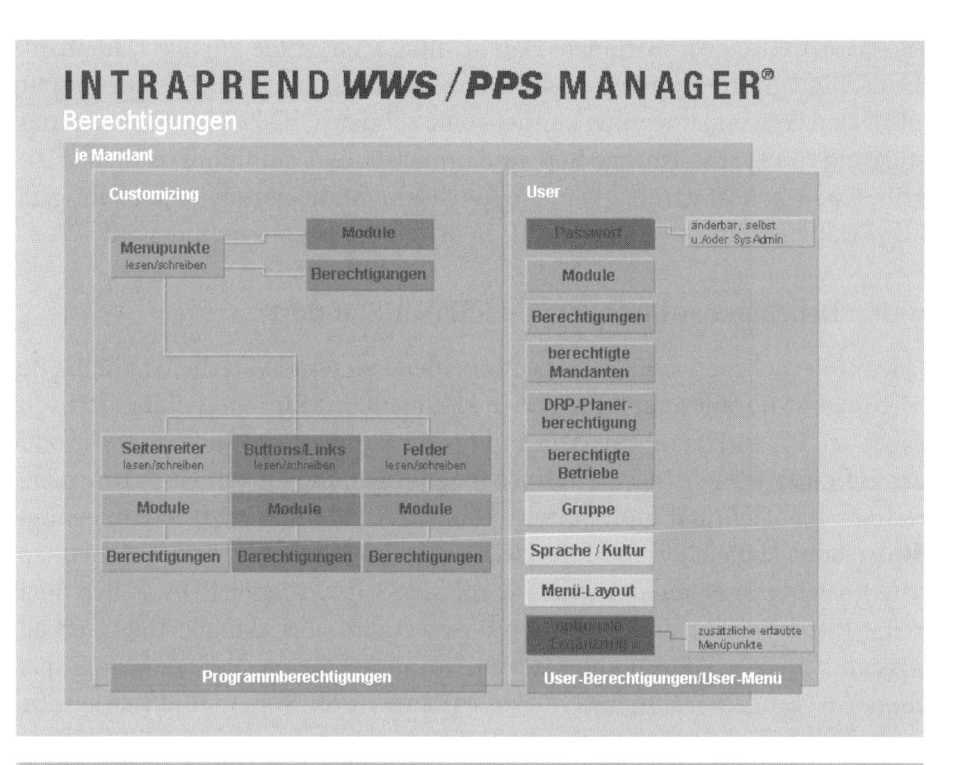

KURZBESCHREIBUNG

INTRAPREND WWS / PPS MANAGER®
Berechtigungen

je Mandant

Customizing
- Menüpunkte (lesen/schreiben) → Module, Berechtigungen
- Seitenreiter (lesen/schreiben) → Module, Berechtigungen
- Buttons/Links (lesen/schreiben) → Module, Berechtigungen
- Felder (lesen/schreiben) → Module, Berechtigungen

Programmberechtigungen

User
- Passwort — änderbar, selbst u./oder SysAdmin
- Module
- Berechtigungen
- berechtigte Mandanten
- DRP-Planer-berechtigung
- berechtigte Betriebe
- Gruppe
- Sprache / Kultur
- Menü-Layout
- optionale Customizing — zusätzliche erlaubte Menüpunkte

User-Berechtigungen/User-Menü

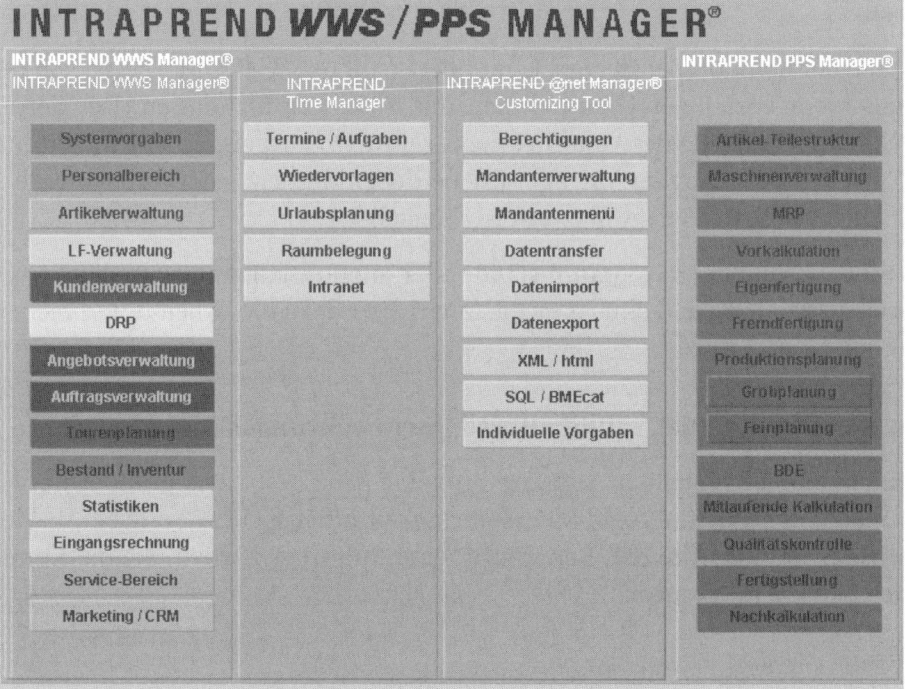

INTRAPREND WWS / PPS MANAGER®

INTRAPREND WWS Manager®
- Systemvorgaben
- Personalbereich
- Artikelverwaltung
- LF-Verwaltung
- Kundenverwaltung
- DRP
- Angebotsverwaltung
- Auftragsverwaltung
- Tourenplanung
- Bestand / Inventur
- Statistiken
- Eingangsrechnung
- Service-Bereich
- Marketing / CRM

INTRAPREND Time Manager
- Termine / Aufgaben
- Wiedervorlagen
- Urlaubsplanung
- Raumbelegung
- Intranet

INTRAPREND @net Manager® Customizing Tool
- Berechtigungen
- Mandantenverwaltung
- Mandantenmenü
- Datentransfer
- Datenimport
- Datenexport
- XML / html
- SQL / BMEcat
- Individuelle Vorgaben

INTRAPREND PPS Manager®
- Artikel-Teilestruktur
- Maschinenverwaltung
- MRP
- Vorkalkulation
- Eigenfertigung
- Fremdfertigung
- Produktionsplanung
- Grobplanung
- Feinplanung
- BDE
- Mitlaufende Kalkulation
- Qualitätskontrolle
- Fertigstellung
- Nachkalkulation

Die favorisierte, postrelationale Datenbank Caché ist die einzige Datenbank, die drei integrierte Zugriffsoptionen zur Verfügung stellt, die gleichzeitig für alle Daten verwendet werden können: eine robuste Objekt-Datenbank, Unterstützung von Hochleistungs-SQL und umfassenden multidimensionalen Zugriff. Caché gehört damit zu einer neuen Generation extrem hochleistungsfähiger Datenbanktechnologie, die als »postrelational« bezeichnet wird.

9.1.5 Beliebiger Arbeitsplatz und Server-Standort

Jedes Unternehmen kann selbst entscheiden, wo seine Mitarbeiter auf die Betriebsdaten zugreifen und ihre Arbeit erledigen: im Büro, mit einem PDA im Lager, am PC zu Hause, mit dem Laptop bei Kunden, auf Geschäftsreise oder gar auf einer fernen Insel. Und dabei benötigen die einzelnen Arbeitsplatzrechner nicht einmal eine Software-Lizenz – ein Internet-Browser genügt! Mühevolles Abgleichen von Lizenzversionen und die damit verbundenen Update-Kosten gibt es nicht. »Unfälle« mit den Laptops oder PDA stellen auch keine Risiken mehr dar. Obwohl der Anwender stets aktuelle Daten erhält, werden keinerlei Unternehmensdaten auf den Arbeitsplatzrechnern gespeichert. Alle Eingaben aktualisieren sofort das zentrale System und werden ausschließlich von dort aus zur Bearbeitung oder auch nur zur Ansicht freigegeben.

Auch der Standort des Servers kann überall auf der Welt sein: Das ist von besonderem Vorteil für Unternehmen mit mehreren Standorten. Der Server kann am Hauptsitz des Unternehmens selbst, im ausgelagerten Rechenzentrum eines beauftragten ASP oder ISP betrieben werden. Jeder vom Unternehmen gewünschte Server-Standort ist möglich.

Das Einlesen neuer Programmstände oder -module auf dem zentralen Server ist jederzeit möglich, ohne dass die Mitarbeiter dazu die Arbeit unterbrechen müssen.

9.1.6 Multilingual, multikulturell, mehrwährungsfähig

Internationalität stellt an Software-Produkte ganz besonders große Anforderungen, die über die reine Mehrsprachigkeit hinausgehen. So haben Felder wie z.B. Datum, Uhrzeit, Betrag usw. eine Kultureigenschaft, die die Kultur des Benutzers erkennt.

Ein kleines Beispiel macht die Leistungsfähigkeit deutlich: Die Zahl »Eintausend« z.B. könnte wie folgt aussehen: englisch »1,000.00«, deutsch »1.000,00«, schweizerisch »1'000,00«, portugiesisch »1,000$00« usw. Auch Daten (amerikanisch »02/04/1999« oder deutsch »02.04.1999«) und Uhrzeiten (englisch »5 pm« oder deutsch »17:00«) werden je nach Kultur des Anwenders dargestellt.

Beim Drucken der Belege (Angebote, Bestellungen, Lieferscheine, Rechnungen usw.) achtet das Programm sowohl auf die Sprache und Hauswährung des Betriebes als auch auf die Sprache und Währung der Lieferanten und Kunden.

Dem Anwender wird die Erfassung seiner Übersetzungen (z.B. für Artikelnamen) erleichtert, indem das Programm automatisch einen Link zu Übersetzungstools im Internet bildet.

9.1.7 Datensicherheit unter Verwendung von Standards

Bei der Entwicklung wurde beim Thema Datensicherheit besonderen Wert auf die Verwendung von allgemeinen Standards gelegt. Dies gilt für ISO-Ländercodes, ISO-Sprachcodes, ISO-Währungscodes etc. genauso wie für EDIFACT, XML, WebServices, BMECat usw.

9.1.8 Datensicherheit durch Bedienerkennung und Passwort

Auch die Verwaltung der Benutzerdaten wird groß geschrieben. Der Systemzugang beispielsweise wird über Passwörter, über Berechtigungsmodule und innerhalb dieser Module noch einmal über Berechtigungsstufen gesteuert.

Bei der erfolgreichen Anmeldung eines Benutzers mit Benutzername und Passwort wird eine einmalige User-Nummer vergeben, die im weiteren Verlauf der Sitzung automatisch in die dynamischen Seiten eingebunden ist und damit während der Verbindung als Berechtigung gilt. Nach Beendigung der Sitzung ist diese User-Nummer nicht mehr gültig. Ein anderer User kann dann nicht einfach mit dem Button ZURÜCK oder der rechten Maustaste an die Informationen herankommen. Somit erlaubt das Programm nur als berechtigt eingetragenen Benutzern die entsprechenden Zugriffe.

Die Anwender werden regelmäßig aufgefordert, ihr Passwort zu ändern. Wie oft das erfolgen soll, können Kunden pro Anwender selbst festlegen.

9.1.9 Was unterscheidet den INTRAPREND WWS/PPS Manager® vom INTRAPREND WWS Manager®?

Der INTRAPREND WWS Manager® ist ein Warenwirtschaftssystem für den Großhandel (B2B = Business-to-Business). Sie können Waren einkaufen und wieder verkaufen, also Handel betreiben. Er unterstützt Sie dabei durch vielfältige Funktionen (z.B. Artikel-, Lieferanten-, Kunden-, Anfrage-, Angebots- und Auftragsverwaltung mit Materialbeschaffung, DRP, Tourenplanung, Chargen- und Seriennummernverwaltung, Fakturierung, Mahnwesen, Reklamationsbearbeitung, Statistik u.v.a.m. Weitere Details zu den Funktionen finden Sie in der vorliegenden Dokumentation).

Das Programm ist ein Warenwirtschaftssystem mit voll integrierter Produktionsplanung und -steuerung für Fertigungs- oder Industriebetriebe (B2B). Sie können Waren produzieren und verkaufen und das für die Produktion notwendige Material bestellen. Das PPS-Modul unterstützt dabei durch vielfältige Funktionen (z.B. Maschinenverwaltung, Teilestruktur und Stücklisten im Artikelstamm, Angebot und Auftrag, Eigenfertigung, Fremdfertigung, Variantenfertigung, Grob- und Feinplanung, Mehrfachplanung, DRP/MRP, BDE, Qualitätsprüfung u.v.a.m.).

Beide werden mit dem INTRAPREND @net Manager® Customizing-Tool für die Individualisierung und dem INTRAPREND Time Manager, einem Intranet-Terminkalender, geliefert.

9.2 Systemvoraussetzungen und Sicherheitshinweise

Bevor Sie beginnen, beachten Sie bitte unbedingt die Installations- und Sicherheitshinweise auf der Distributions-CD. Aus Sicherheitsgründen sollten Sie vor der Installation eine Datensicherung Ihres Systems angefertigt und archiviert haben.

9.2.1 Systemvoraussetzungen für die Testlizenz

- PC (Server):
  - ab Pentium IV
  - mind. 100 Mbit
  - Netzwerkkarte

- mit Windows Server
  - komplett installiert
- mit Microsoft Internet Information Server
  - komplett installiert (der Information Server sollte vor der Installation in Betrieb sein, ist er das nicht, wird beim Einspielen der Testlizenz der Apache Server installiert.)

Für den Echtbetrieb kann die Software alternativ auch auf anderen Betriebssystemen installiert und mit anderen Browsern geöffnet werden (gilt nicht für die Testlizenz), z.B.

- Win2000
- Win2003
- WinNT
- Linux
- Unix
- Sun Solaris

Wird ein anderer Browser als der Microsoft Internet Explorer benutzt, z.B. der Mozilla, könnte die Funktionalität etwas eingeschränkt sein. So unterstützt der Mozilla beispielsweise die Funktionstasten und die Buttons für Fett- und Kursivdruck usw. nicht. Andere Browser sind überfordert, wenn mehrere Rechnungen hintereinander gedruckt werden, weil der Seitenumbruch nicht vorgesehen ist usw. INTRAPREND empfiehlt deshalb den Microsoft Internet Explorer ab Version 5.0, der für echte Web-Applikationen zurzeit technologisch am weitesten fortgeschritten ist. Die Software kann wahlweise im Intranet oder im Internet betrieben werden. Insbesondere für das Internet empfehle ich, eine Firewall zu installieren. Für die Testlizenz ist dies nicht unbedingt notwendig, da Sie die Software vermutlich nur im Intranet ausprobieren werden.

9.2.2 Verweise auf andere Websites/Links

Die Software verbindet das Intranet mit dem Internet. Durch einfache Klicks (Links) können Sie aus der Software heraus in das World Wide Web gelangen. INTRAPREND übernimmt keinerlei Haftung für die Inhalte fremder verlinkter Seiten inklusive weiterleitender Links in diesen Seiten. Auf den Inhalt solcher Seiten haben wir keinen Einfluss. Sie spiegeln nicht die Meinung der IN-TRAPREND wider. Hiermit distanziert sich die INTRAPREND Gesellschaft für Intranet Anwendungsentwicklung mbH ausdrücklich von allen Inhalten aller gelinkten fremden Seiten.

9.2.3 Lizenzvertrag

Die Software darf ohne unterzeichnetes Auftragsformular zu den Softwarelizenz- und Pflegebedingungen nur befristet und nur für Testzwecke genutzt werden. Möchten Sie die Software dauerhaft nutzen, wenden Sie sich bitte an INTRAPREND. (Nutzen ist jede dauerhafte oder vorübergehende ganze oder teilweise Vervielfältigung durch Laden, Anzeigen, Ablaufen, Übertragen oder Speichern der Programme zum Zwecke ihrer Ausführung und der Verarbeitung der darin enthaltenen Datenbestände in dem zur vertragsmäßigen Nutzung erforderlichen Umfange. Zur vertragsgemäßen Nutzung gehört die Herstellung von Sicherungskopien zur Datensicherung. Näheres dazu entnehmen Sie bitte den Softwarelizenz- und Pflegebedingungen.)

9.3 Installation der Testlizenz

Die Testlizenz der Software lässt sich schnell und einfach installieren und deinstallieren.

Zum Installieren der Testlizenz legen Sie bitte die Distributions-CD in das richtige Laufwerk ein. Jetzt wird entweder der Installationsprozess automatisch gestartet oder Sie klicken doppelt auf die `install.exe`. Dabei wird geprüft, ob der MS Information Server aktiv ist. Wenn nein, wird automatisch der Apache Server installiert. Bitte bestätigen Sie die Abfragen des Installationsprozesses ordnungsgemäß. Weitere Hinweise finden Sie im Dokument *Readme* auf der Distributions-CD und in der Datei „Installation.pdf".

Für den Fall, dass Sie die Software via Download erhalten haben, müssen Sie vorher die Zip-Datei noch entpacken. Danach starten Sie die `install.exe`. Ab diesem Schritt sind die nachfolgenden Punkte identisch.

Treffen Sie hier die Sprachauswahl für den Installationsprozess.

9.4 Allgemeine Funktionen des INTRAPREND WWS/PPS Manager®

9.4.1 Öffnen des Programms

Nach der Installation der Testlizenz öffnen Sie diese durch Klicken auf den INTRAPREND-Icon oder auf das Browser-Symbol. Als Benutzername und Passwort geben Sie bitte jeweils FIRMA ein:

KAPITEL 9 – INTRAPREND WWS/PPS MANAGER®

Benutzername: FIRMA [Enter]

Passwort: FIRMA

Bestätigen Sie anschließend mit [Enter] oder [F12], [F12] wird nicht von allen Browsern unterstützt.

Nun öffnet sich das Hauptmenü der Software mit den Ordnern

▶ INTRAPREND Time Manager
▶ INTRAPREND WWS/PPS Manager®

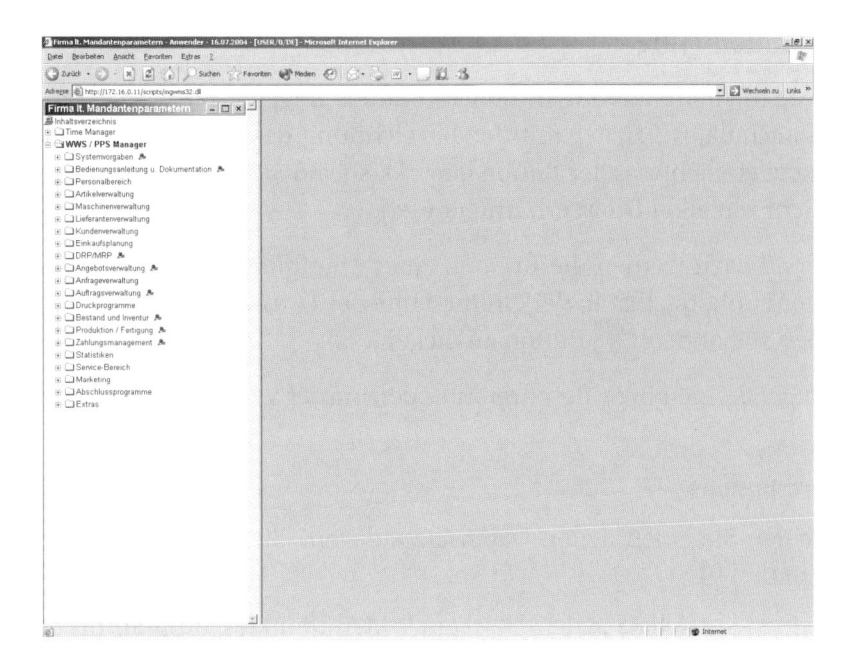

9.4.2 Bedienungsanleitung als PDF und Online-Hilfe

Für die ersten Testeingaben dürfte es ausreichen, wenn Sie die vorliegende Anleitung weiter durcharbeiten.

Eine komplette Bedienungsanleitung im **PDF-Format** finden Sie im Menüpunkt DRUCKEN BEDIENUNGSANLEITUNG/ONLINE-DOKUMENTATION innerhalb des Programm-Menüs BEDIENUNGSANLEITUNG/DOKUMENTATION. Diese Dokumentation im PDF-Format liegt außerdem als separates Dokument mit auf der **Distributions-CD**. Sie brauchen die Software also *nicht* erst zu installieren und zu öffnen, um die Dokumentation zu lesen.

Eine grafische Kurz-Übersicht über einzelne Programmbereiche erhalten Sie durch Klicken auf den kleinen blauen Pin neben einigen der Menüpunkte.

Der Aufruf des Hilfetextes eines Menüpunktes/Formulars mit dem Hilfe- bzw. ?-Button listet alle zu einer Datei gehörigen Hilfetexte in chronologischer Reihenfolge zum Durchlesen auf. Wird der Hilfetext mit der F1-Taste angewählt, erscheint lediglich der Hilfetext für das einzelne Feld, in dem der Cursor stand, als die F1-Taste gedrückt wurde (F1 wird nicht von allen Browsern unterstützt, ich empfehle deshalb den MS Internet Explorer).

9.4.3 Button-Hilfe

Wenn Sie mit der Maus auf die obigen Buttons zeigen, *ohne* zu klicken, öffnet sich ein schmales Fenster mit der Bezeichnung des Buttons. Sie erkennen dann ganz einfach, was der Button bewirkt, sobald Sie ihn anklicken (Tooltipp wird nicht von allen Browsern unterstützt).

Ergänzend dazu werden die Buttons eines Menüpunktes mit Kurzbeschreibung der Funktionalität in der Online-Hilfe des Formulars angezeigt (einfach den oben stehenden ?-Button anklicken).

Nachfolgend eine kurze Beschreibung der immer wieder zu findenden Buttons:

Standard-Buttons

▶ Möchten Sie einen neuen Datensatz anlegen, klicken Sie auf den Button für NEU: 🗋.

▶ Möchten Sie sich nach dem Start eines Menüpunktes/Programms den Datensatz wieder anzeigen lassen, den Sie zuletzt bearbeitet haben, klicken Sie – ohne etwas einzugeben – auf den Button für ÖFFNEN: 📂.

Wollen Sie einen bestimmten Datensatz öffnen, geben Sie bitte die Nummer oder Bezeichnung ein und klicken dann auf den ÖFFNEN-Button. Statt auf den Button zu klicken, können Sie auch einfach die Enter-Taste drücken, nachdem Sie die Artikelnummer (bzw. das jeweils erste Eingabefeld) editiert haben.

▶ Wollen Sie einen bereits angelegten Datensatz suchen, wählen Sie den Fernglas-Button für SUCHEN, der sich in der Button-Leiste der Eingabemasken befindet: 🔍.

In einigen Formularen haben Sie auch die Möglichkeit einer alternativen Suche direkt im Datenfeld. Geben Sie dazu den Anfang des Suchbegriffs in das Datenfeld ein und klicken Sie dann auf den daneben stehenden Lupen-Button.

▶ Nach jeder Eingabe sollte mit der Tab-Taste das nächste Feld angesprungen werden. Alternativ kann das nachfolgende Feld auch mit der Maus angeklickt werden. Die Enter-Taste kann zum Teil ebenfalls zum Springen von Feld zu Feld benutzt werden. Springt der Cursor allerdings mal nicht weiter, nachdem Sie `Enter` gedrückt haben, befinden Sie sich auf einem Feld, das absichtlich nicht mit `Enter` unterstützt wird (z.B. weil `Enter` hier speichern würde, obwohl Sie lediglich eine Vorauswahl treffen wollen).

▹ Zum Speichern der erfassten/geänderten Daten ist grundsätzlich der SPEICHERN-Button 🖫 anzuklicken. Einige Browser unterstützen außerdem die Funktionstaste `F12` zum Speichern:

▹ Zum Auslösen von bestimmten Funktionen, z.B. dem Generieren von Statistiken und Listen nach Eingabe der Selektionskriterien, steht Ihnen ein OK-Button zur Verfügung: ✓.

Einige Browser unterstützen außerdem die Funktionstaste `F12` als Alternative zu dem OK-Button.

▹ Beim Blättern zum nächsten oder vorigen Datensatz mit den Pfeil-Buttons « ‹ › » wird von der Software automatisch gespeichert.

▹ Wenn Sie die Bearbeitung abbrechen möchten, ohne zu speichern, klicken Sie bitte auf den ABBRUCH-Button: ⇨.

▹ Zum Löschen eines Datensatzes klicken Sie bitte auf den PAPIERKORB-Button: 🗑.

▹ Zurück in die jeweils vorherige Bearbeitungsmaske gelangen Sie durch Klicken auf den Zurück-Pfeil.

Benutzen Sie bitte nicht die Zurück-Funktion Ihres Browsers, sondern immer den Zurück-Pfeil.

Folgende Befehle können bei Verwendung des MS Internet Explorers auch mit Funktionstasten angesteuert werden:

▹ `F7` = Vorheriger Datensatz
▹ `F8` = Nächster Datensatz
▹ `F9` = Allgemeine Suchfunktion
▹ `F12` = Speichern und OK

Neben den o.g. Standard-Buttons gibt es in vielen Menüpunkten weitere Buttons, die Unterdateien oder Funktionen aufrufen. Folgende Buttons finden Sie beispielsweise im Artikel-Stamm:

- ⛰ Artikelteile bearbeiten
- 📖 Erfassen Sprachentexte
- 📦 Erfassen Packungseinheiten
- 📋 Kopieren Gesamtartikel und Varianten
- 📑 Alternativartikel
- ➕ Zusatzartikel Verkauf
- 📈 Unerlaubte Zusatzartikel
- 🏭 Entstehungsprodukte aus Produktion/Veredelung
- 🗄 Erfassen mögliche Artikel-Lagerplätze
- 💰 Artikelkonditionen pro Lieferant
- 🔍 Vorgaben für herstellerspezifische Artikelsuche
- -% Artikelrabattstaffel Verkauf
- I=1 VK-Preise in Fremdwährungen
- 📖 Bestand (inkl. Kommission und Reservierung)
- 🕓 Artikelhistory

Detailliertere Informationen zu den Buttons und ihren Funktionen finden Sie in der Dokumentation.

10 Anwendungsbeispiel – Kugelschreiber

10.1 Artikel-Stammdaten eines Kugelschreibers anlegen

Öffnen Sie zunächst den HAUPT-MENÜPUNKT. Klicken Sie nun einmal auf den Menüpunkt ARTIKELVERWALTUNG.

Öffnen Sie dann den ersten Menüpunkt BEARBEITEN ARTIKEL UND LEISTUNGEN, indem Sie ihn einmal anklicken.

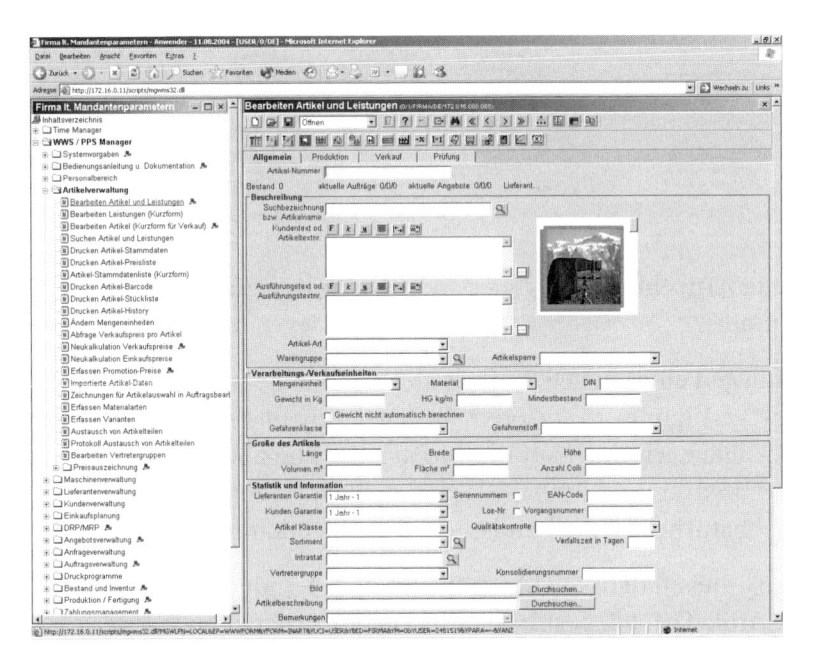

Wenn Sie einen bereits vorhandenen **Artikel öffnen** wollen, geben Sie im Feld ARTIKELNUMMER die Artikelnummer ein (z.B. 100). Danach drücken Sie die Enter-Taste oder klicken auf den ÖFFNEN-Button. Sollten Sie die Artikelnummer nicht kennen, stehen Ihnen mehrere Suchfunktionen zur Auswahl (z.B. FERNGLAS-Button oder LUPEN-Button oder Menüpunkt SUCHEN ARTIKEL UND LEISTUNGEN).

Kapitel 10 – Anwendungsbeispiel – Kugelschreiber

Siehe hierzu auch Anlage!

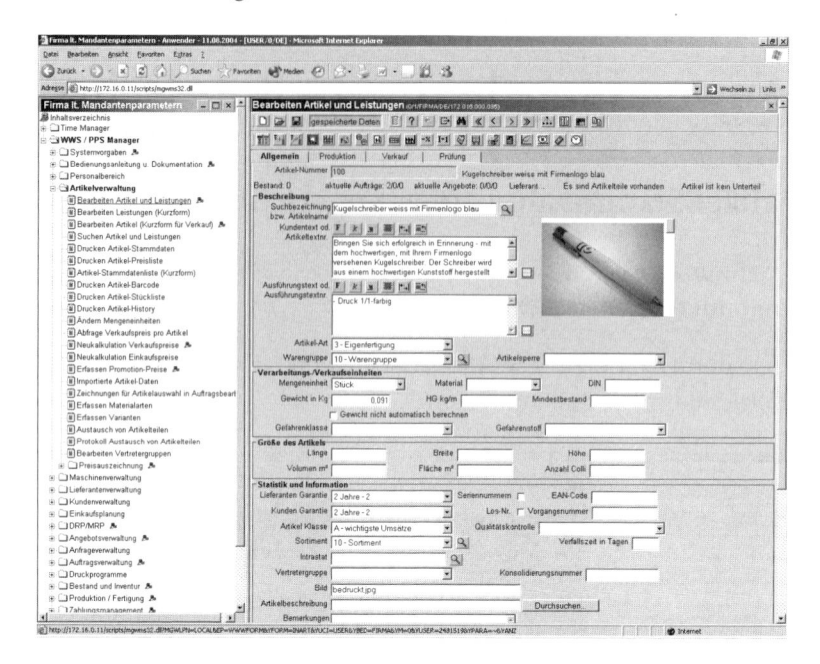

Eine **neue Artikelnummer** generieren Sie, indem Sie die gewünschte Nummer eintippen.

Beim **Anlegen eines neuen Artikels** stehen Ihnen eine Vielzahl von Datenfeldern zur Verfügung. In unserem Beispiel, einem Kugelschreiber mit Logo-Aufdruck, habe ich mich auf die wichtigsten Eingaben konzentriert. Je nach Unternehmensart und Branche lassen sich die Feldnamen mit dem Customizing-Tool natürlich schnell und einfach ausblenden oder umbenennen.

Wichtig ist neben dem Suchbegriff und dem Kundentext des Artikels vor allem die **Artikelart**. Sie bestimmt z.B., ob ein Artikel üblicherweise selbst gefertigt wird oder ob es sich um Bestellware handelt. Die Artikelart steuert später im Auftrag die Warenherkunft (z.B. Bestellung oder Fertigung) und löst damit bestimmte Prozesse aus (Bestellvorschläge oder Produktionsaufträge usw.). Die Artikelart ist deshalb immer sofort anzulegen, wenn ein neuer Artikel erfasst wird.

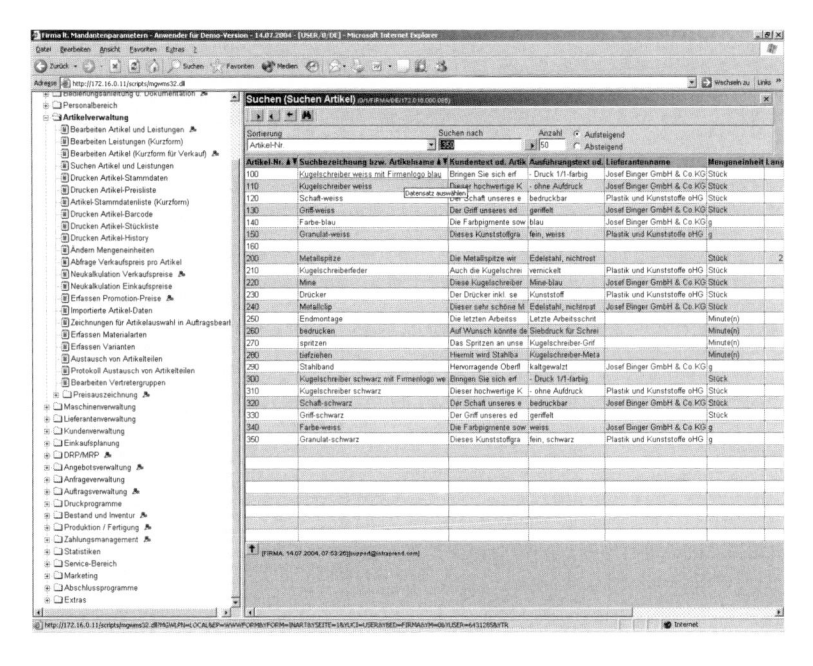

Artikel-Stammdaten eines Kugelschreibers anlegen

Die **Warengruppe** ist u.a. wichtig für die Kalkulation des Artikels. Pro Warengruppe können Kalkulationsvorgaben erfasst werden, damit sich die **Verkaufspreise** automatisch errechnen. Wenn Sie die Verkaufspreise in Ihrem Unternehmen lieber fest vorgeben möchten, ist dies natürlich ebenfalls möglich (Seitenreiter VERKAUF im Artikelstamm). Eine detaillierte Beschreibung der Preiskalkulation würde an dieser Stelle jedoch zu weit führen. In der Bedienungsanleitung und der Online-Hilfe der Software finden Sie natürlich viele weitere Informationen zum Thema.

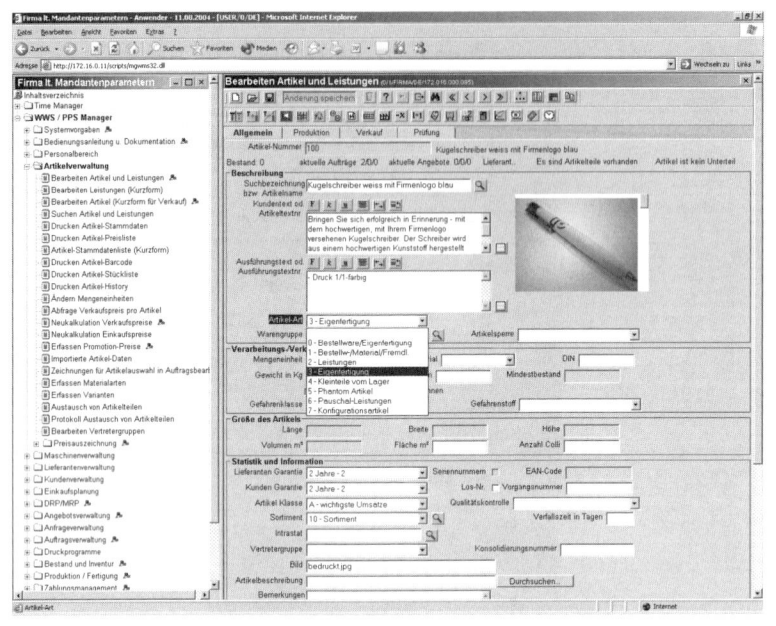

Kapitel 10 – Anwendungsbeispiel – Kugelschreiber

Ein Artikel mit **Artikelart Eigenfertigung** hat üblicherweise mehrere **Unterteile** (Material und Leistungen), die selbst auch wieder Unterteile haben können. Auch unser einfaches Beispiel, der Kugelschreiber, besteht aus mehreren Unterteilen. Um die Teilestruktur des Artikels zu bearbeiten, klicken Sie auf den Link Es sind Artikelteile vorhanden (Schriftzug im oberen Bereich des Bildschirms, Zeile unter der Artikelnummer) oder auf den Button mit dem Teilesymbol. Es öffnet sich nun eine neue Bedienermaske zur Erfassung der Unterteile. Von hier aus können Sie auch weitere Funktionen aufrufen, z.B. den Produktlenkungsplan. Wieder zurück zum Hauptartikel gelangen Sie durch Klicken auf den Zurück-Button (Pfeil-Symbol).

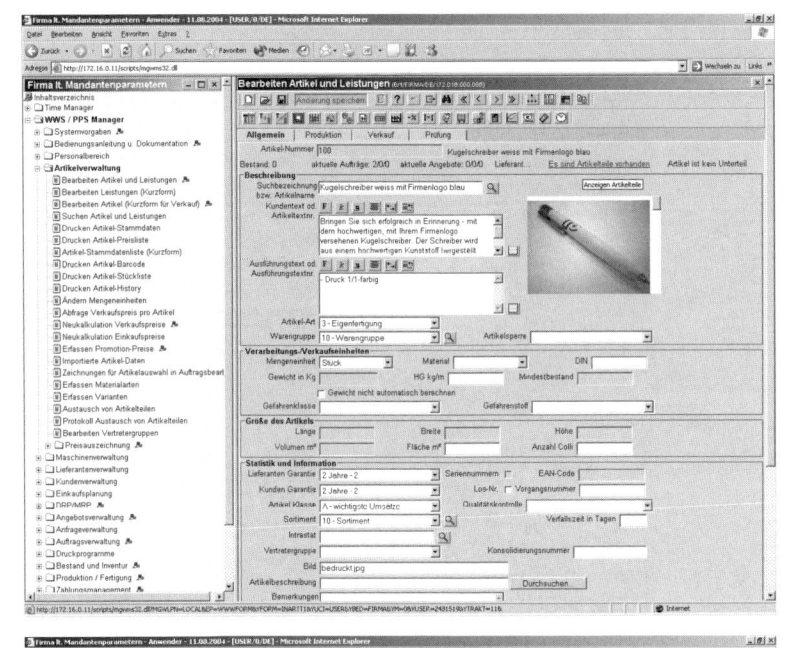

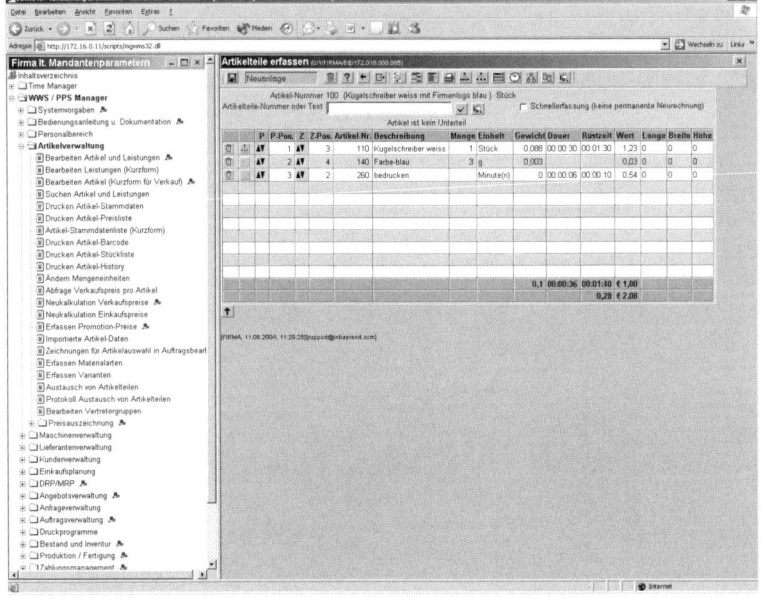

Artikel-Stammdaten eines Kugelschreibers anlegen

10

581

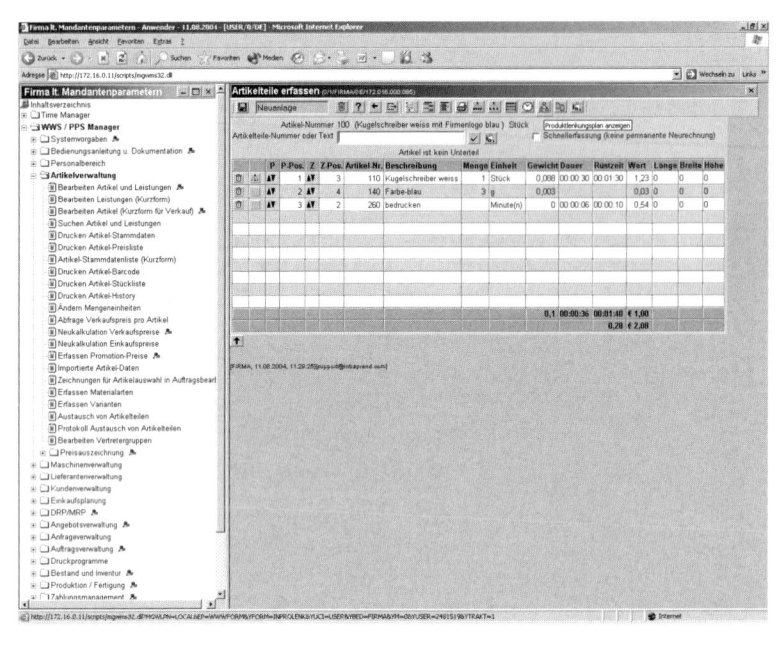

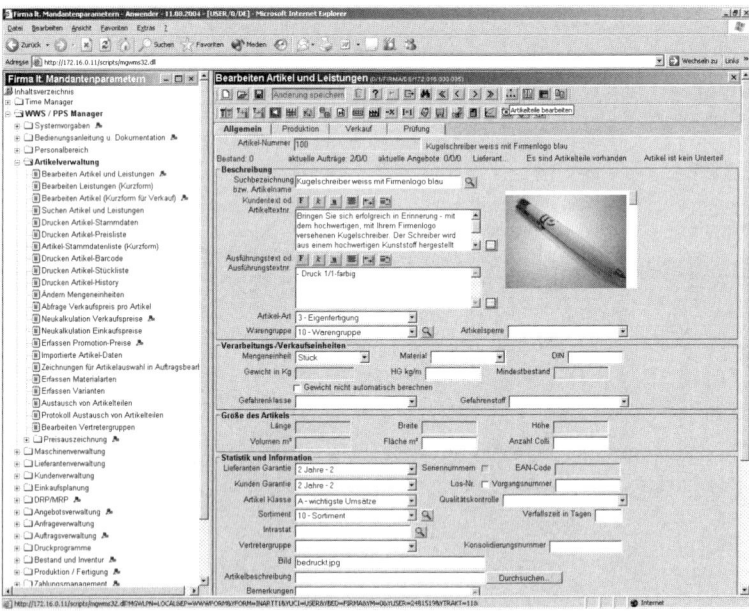

Kapitel 10 – Anwendungsbeispiel – Kugelschreiber

Für **Leistungen** oder Fertigungsschritte, die im Rahmen der Produktion benötigt werden, erfassen Sie die Leistungen wie drehen, schrauben, spritzen, bedrucken usw. ebenfalls innerhalb der Teilestruktur (siehe Beispiel-Leistung

Artikel-Stammdaten eines Kugelschreibers anlegen

»bedrucken« = Artikelnummer 260). Zusätzlich können Sie den Leistungen bestimmte **Maschinen**, **Rüstzeiten** und **Fertigungsplätze** usw. zuordnen. Dies erfolgt im Seitenreiter PRODUKTION des Artikelstamms.

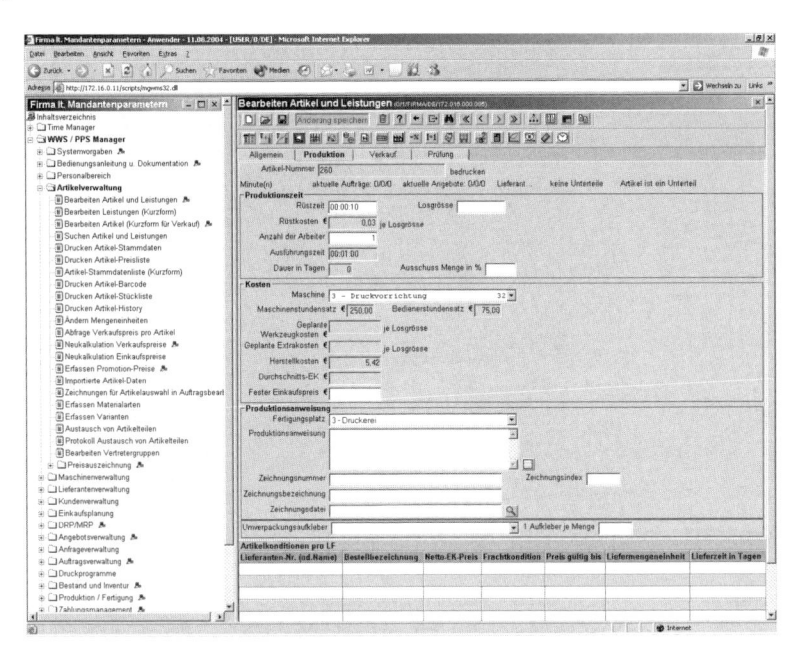

Damit Sie dort Maschinen und Fertigungsplätze auswählen können, müssen diese natürlich in den Maschinen-Stammdaten hinterlegt worden sein. Sie finden die Maschinen-Stammdaten und Fertigungsplätze im Menüpunkt MASCHINENVERWALTUNG.

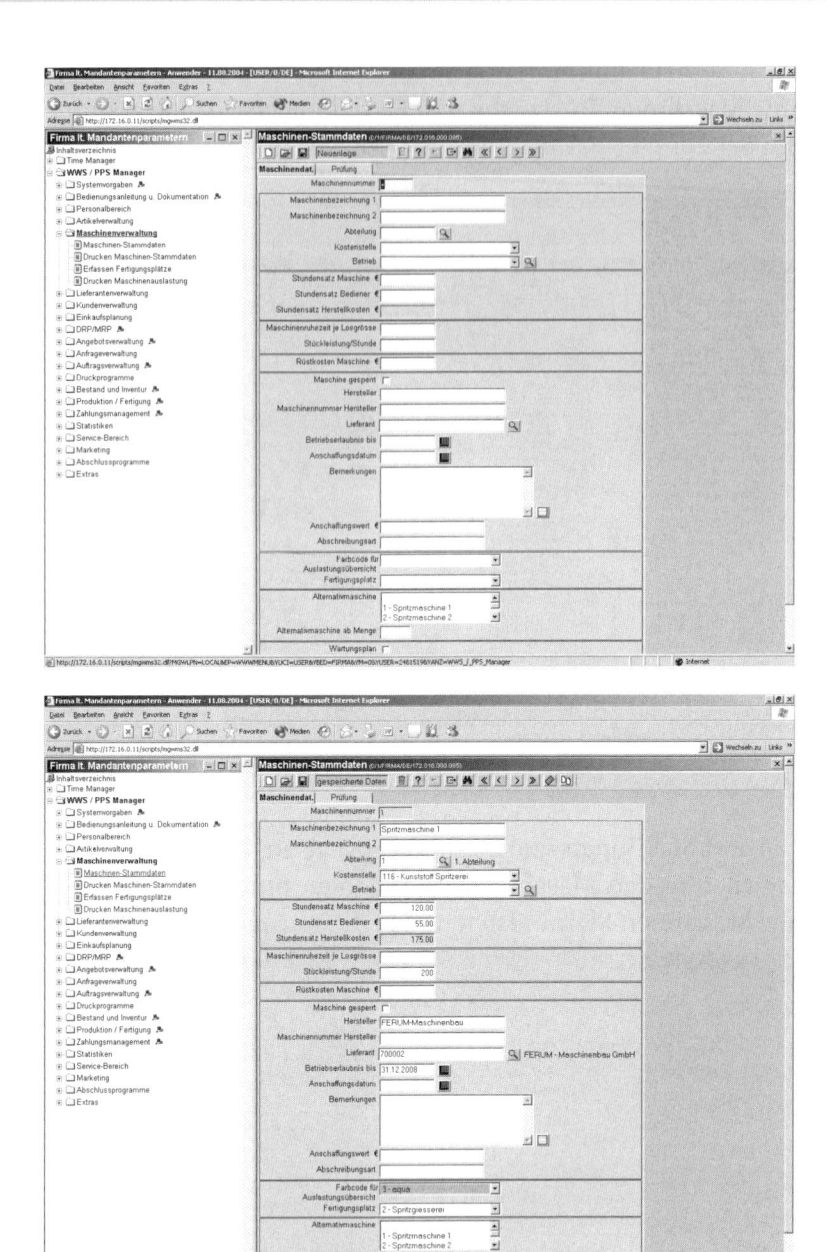

Kapitel 10 – Anwendungsbeispiel – Kugelschreiber

Für Artikel, die Sie bei Ihren **Lieferanten** bestellen, sind im Artikelstamm die Lieferanten zuzuordnen, die Sie beliefern. Vor der Zuordnung eines oder mehrerer Lieferanten zu einem Artikel sind die Lieferanten-Stammdaten zu hinterlegen. Dies erfolgt im Menübereich LIEFERANTENVERWALTUNG.

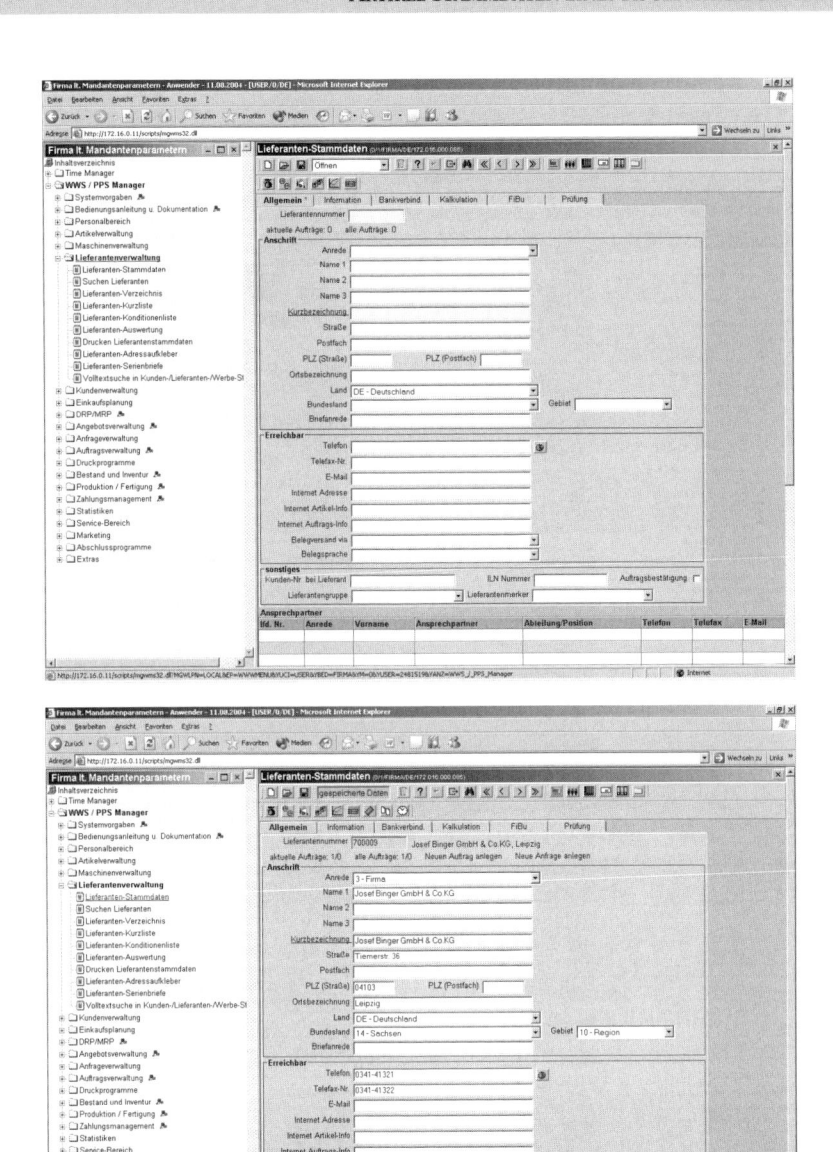

Artikel-Stammdaten eines Kugelschreibers anlegen

Für das Beispiel der Kugelschreiber-Materialien sind bereits Lieferanten hinterlegt (z.B. Artikel »Farbe blau« = Artikelnummer 140 und Lieferant Nr. 700009). Sie finden die einem Artikel zugeordneten Lieferanten ganz unten am Ende des ersten Seitenreiters im ARTIKELSTAMM. Neue Lieferanten fügen

Sie hinzu, indem Sie den Button ARTIKELKONDITIONEN PRO LIEFERANT im ARTIKELSTAMM anklicken.

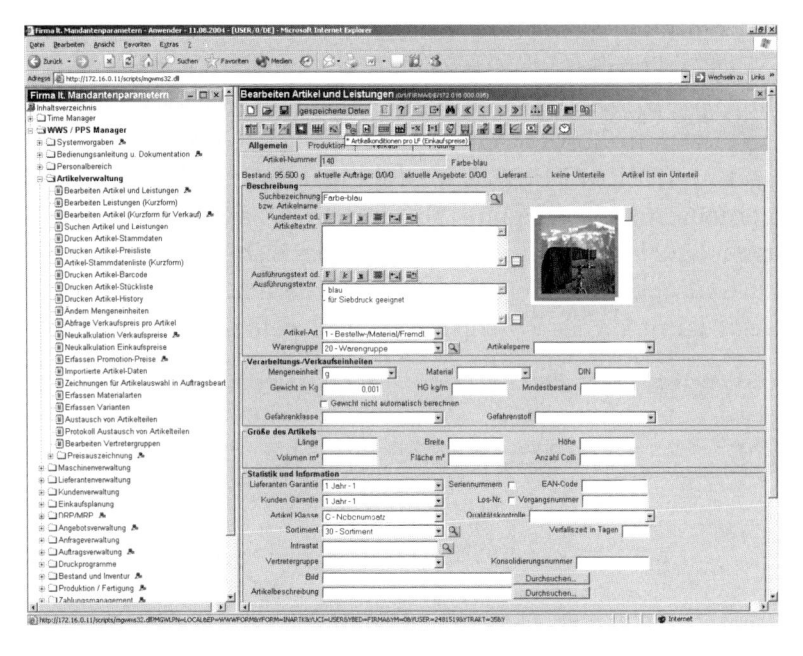

ARTIKEL-STAMMDATEN EINES KUGELSCHREIBERS ANLEGEN

Eine wichtige Information im Artikelstamm ist die Anzeige des Artikel-Bestands. Hierzu stehen Ihnen mehrere Alternativen zur Verfügung.

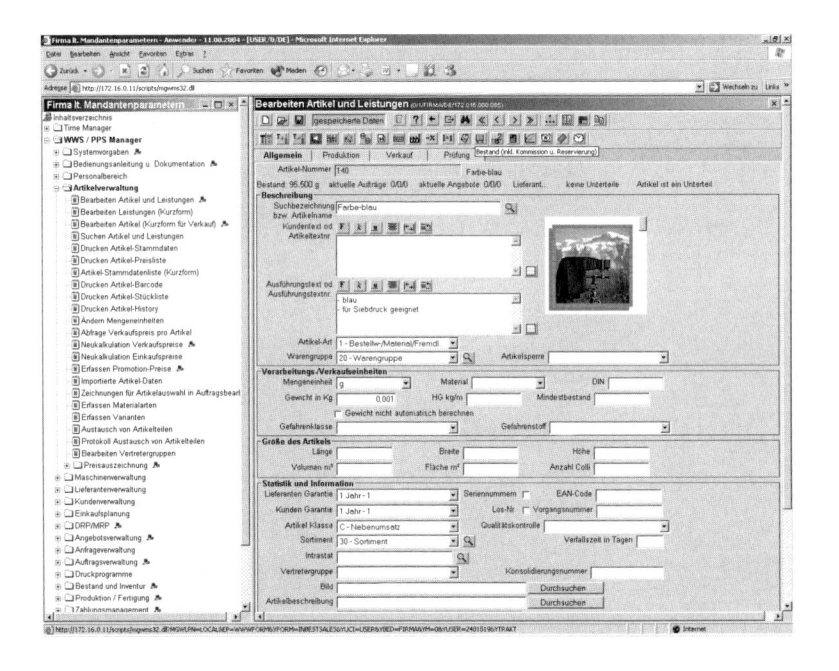

Durch Klicken auf den Link bzw. Schriftzug BESTAND: ... (MENGE) wird Ihnen der freie Bestand pro Artikel angezeigt. Alternativ dazu können Sie sich auch den Button ⬛ BESTAND INKL. KOMMISSIONEN UND RESERVIERUNGEN oder den Button ⬛ DEMAND/SUPPLY/ATP JE ARTIKEL anzeigen lassen. Zur Gestaltung Ihrer **Lager** im INTRAPREND WWS/PPS Manager® stehen Ihnen verschiedene Alternativen zur Verfügung. So könnten Sie z.B. ein chaotisches Lager bevorzugen, ein Hochregallager darstellen oder sich Ihr Lager aus der Vogelperspektive ansehen. Für die Testlizenz sind nur ein paar einfache Lagerplätze angelegt, damit Sie das Prinzip schnell nachvollziehen können.

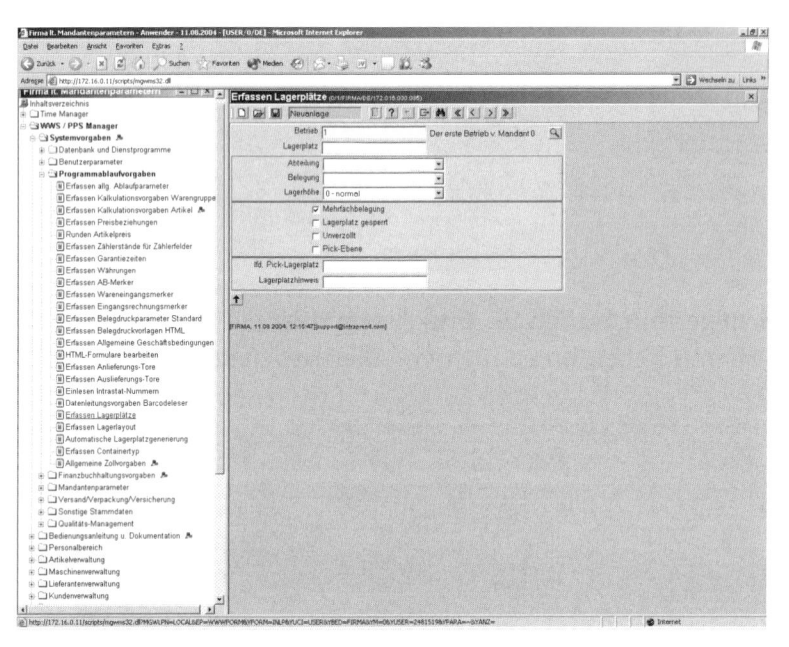

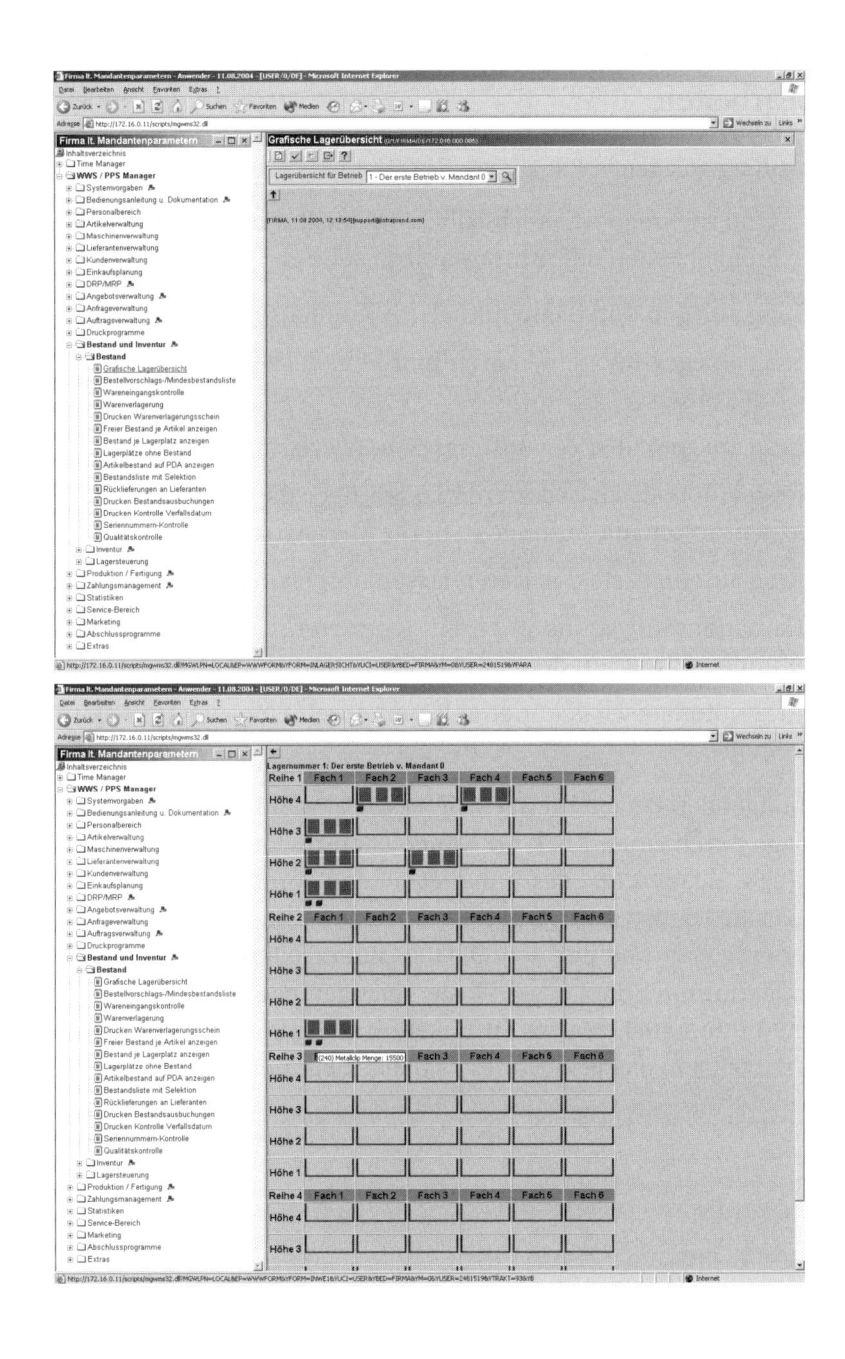

ARTIKEL-STAMMDATEN EINES KUGELSCHREIBERS ANLEGEN

10.2 Kundenauftrag für Kugelschreiber anlegen und bearbeiten

Kundenauftrag anlegen

Da jedes Unternehmen unterschiedlich organisiert ist, bietet das Programm mehrere Möglichkeiten der Auftragsanlage, z.B.:

1. Auftrag anlegen durch einen Klick im Kundenstamm
2. Auftrag anlegen über einen Menüpunkt in der Auftragserfassung ERFASSEN AUFTRÄGE
3. Auftrag anlegen über die Auftrags-Schnellerfassung
4. Auftrag automatisch generieren lassen über die im Kundenstamm hinterlegten Automatik-Aufträge (z.B. für Miet-Artikel)
5. Auftrag automatisch generieren lassen durch einen Klick im Angebot
6. Reklamationsauftrag automatisch generieren lassen durch einen Klick im Kundenauftrag, zu dem eine Reklamation eingeht
7. Auftrag automatisch generieren lassen durch Eingaben Ihres Kunden im WebShop

Im nachfolgenden Beispiel konzentrieren wir uns auf Variante 1, also der **Auftragsanlage durch einen Klick im Kundenstamm**. Öffnen Sie dazu zunächst die KUNDENSTAMMDATEN des entsprechenden Kunden. Im Kundenstamm gilt die gleiche Logik wie im Artikelstamm, das heißt, Sie können die Kundennummer eingeben und auf den ÖFFNEN-Button klicken oder nach Eingabe der Kundennummer die `Enter`-Taste betätigen oder den Kunden über den FERNGLAS-Button suchen usw. In unserem Beispiel geben Sie die Kundennummer 100003 in das Feld KUNDENNUMMER ein und öffnen diese.

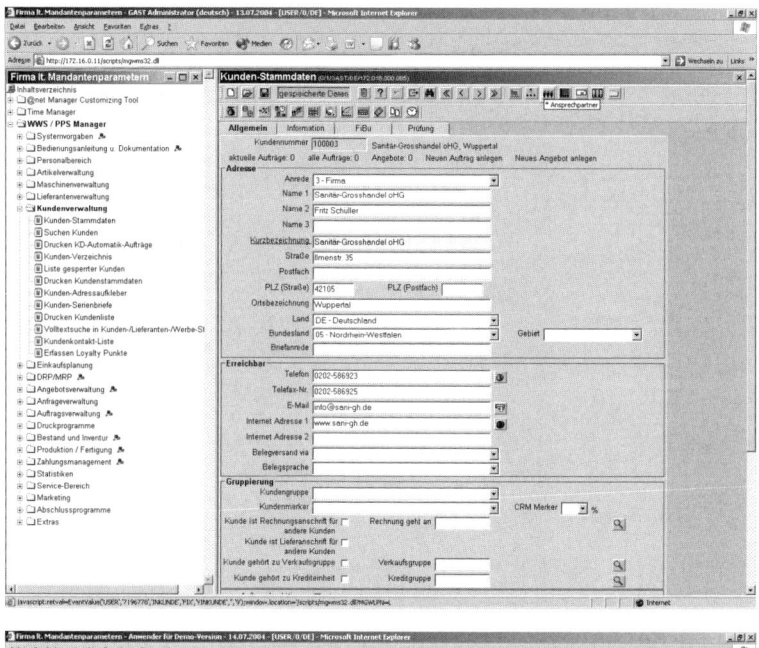

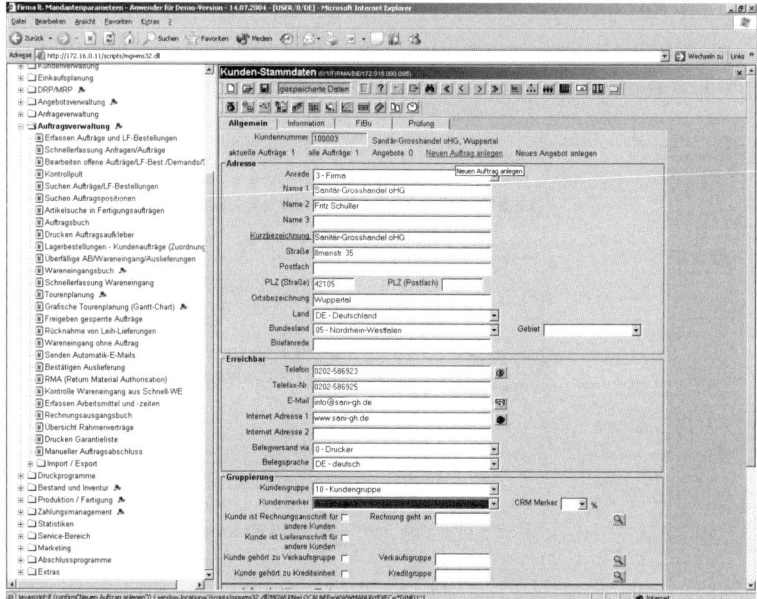

Direkt unter der Kundennummer steht eine Informationszeile, der Sie die Anzahl der aktuellen Aufträge und Angebote dieses Kunden entnehmen können. Rechts daneben steht NEUEN AUFTRAG ANLEGEN. Klicken Sie bitte auf diesen Link.

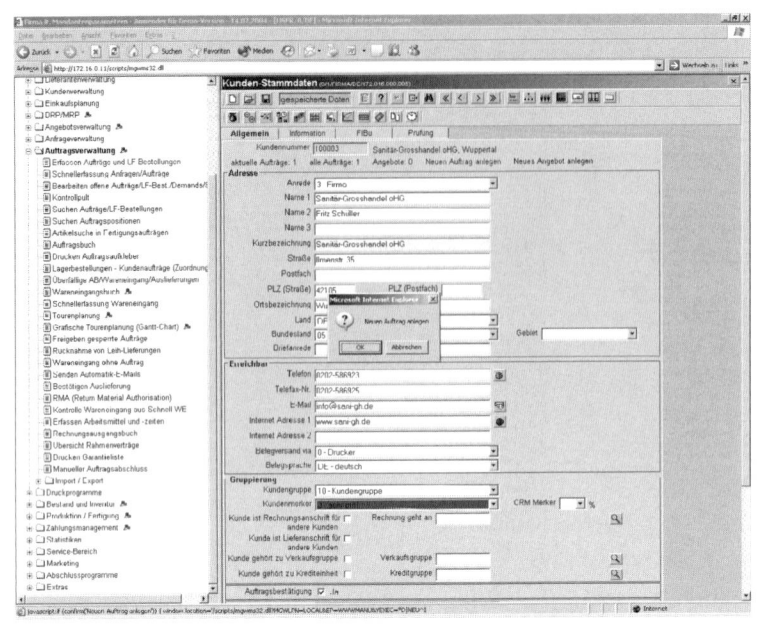

Bestätigen Sie die Abfrage NEUEN AUFTRAG ANLEGEN?. Damit ist der Auftragskopf schon angelegt. Sie können weitere Informationen erfassen (z.B. Liefertermin etc.) und die Auftragspositionen anlegen.

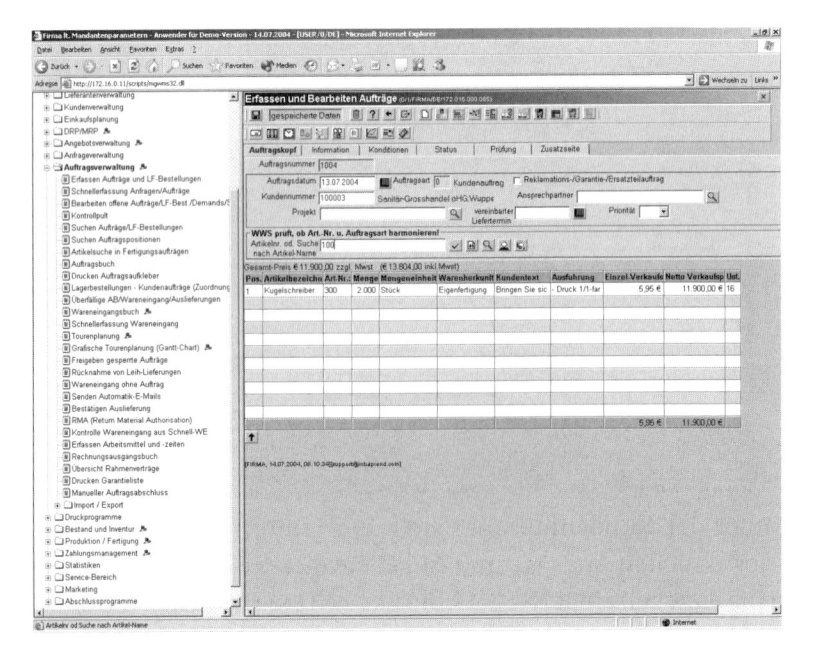

Auftragsposition zum Kundenauftrag anlegen

Um den Kugelschreiber aus dem Artikelstamm als **Auftragsposition** anzulegen, geben Sie die ARTIKELNUMMER 100 oder den Suchbegriff Kugelschreiber im Feld ARTIKELNR. OD. SUCHE NACH ARTIKEL-NAME ein. Betätigen Sie dann die F12-Taste oder klicken Sie auf den neben dem Feld stehenden OK-Button. In der betrieblichen Praxis haben Sie natürlich noch weitere Alternativen zum Anlegen der Auftragspositionen, wie die nebenstehenden Buttons ankündigen. Nach Eingabe der Artikelnummer 100 bzw. dem Suchbegriff öffnet sich eine Tabelle mit den in Frage kommenden Artikeln. Geben Sie nun die **gewünschte Menge** ein, z.B. 50. Um das Beispiel möglichst einfach durchzuspielen, wählen Sie beim ersten Versuch keine größere Menge als 50 Stück (so stellen Sie sicher, dass genügend Material für die Produktion auf Lager ist). Betätigen Sie anschließend die F12-Taste oder den oben stehenden SPEICHERN-Button.

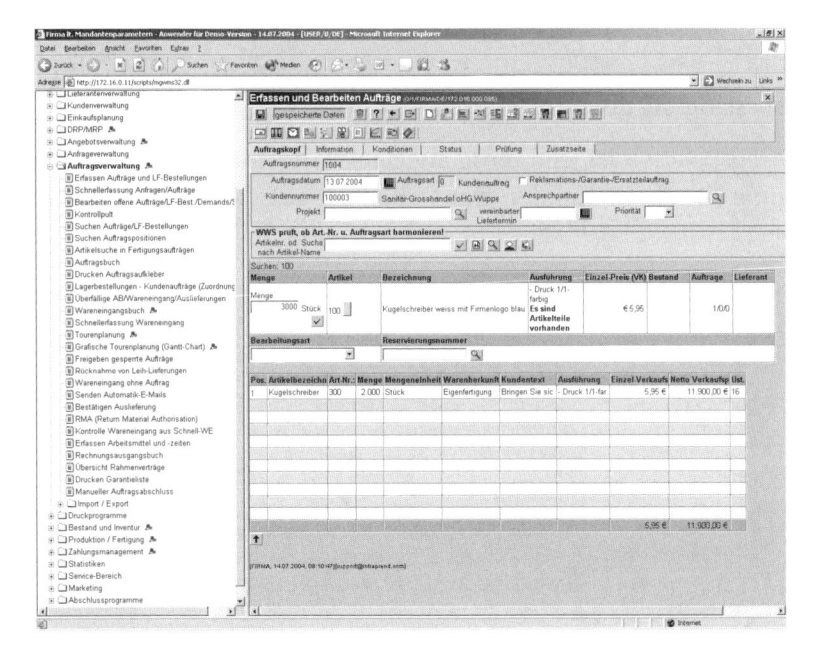

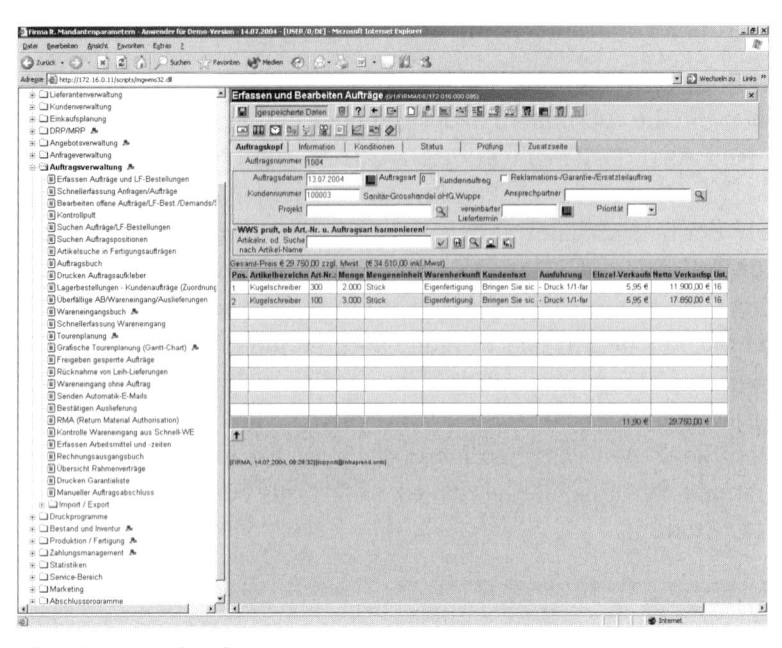

KAPITEL 10 – ANWENDUNGSBEISPIEL – KUGELSCHREIBER

Auftragsbestätigung drucken

Die Auftragsposition ist jetzt fertig angelegt. Bitte erstellen Sie eine **Auftragsbestätigung für Ihren Kunden** durch Klicken auf den Button KD-AUFTRAGSBESTÄTIGUNG DRUCKEN.

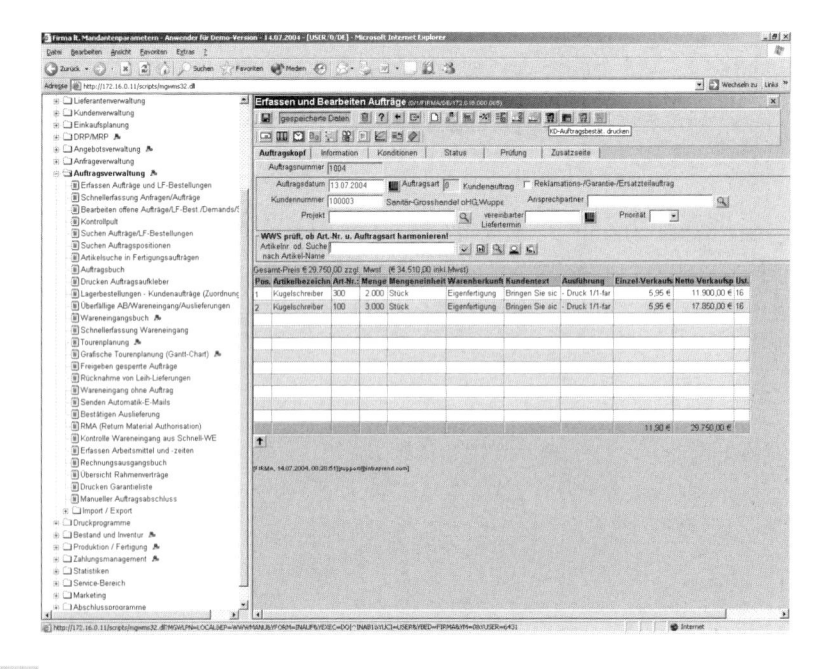

Wenn Sie keinen Drucker angeschlossen haben oder den Ausdruck nur auf dem Bildschirm ansehen wollen, bestätigen Sie die nachfolgende Abfrage bitte mit ABBRECHEN. Der Zurück-Pfeil oben links auf der Auftragsbestätigung führt Sie wieder in den Auftragskopf zurück.

Auftragsbearbeitung

Wenn Sie die Position öffnen möchten, klicken Sie einfach darauf. Für die weitere Bearbeitung unseres Beispiels haben Sie wiederum mehrere Möglichkeiten, von denen wir nur eines durchspielen werden:

1. Sie können direkt im Auftrag bleiben und durch Klicken auf die oberen Buttons weiterarbeiten.
2. Sie können sich eine Übersicht aller offener Aufträge aufrufen und dort einerseits den Auftragsstatus entnehmen (farbliche Kennzeichnung in Rot, Gelb, Grün und Blau usw.) und andererseits von dort aus weitermachen.
3. Sie können – insbesondere für den Belegdruck – die Sammeldruckprogramme verwenden (bei mehreren tausend Aufträgen pro Tag werden Sie kaum jede Auftragsbestätigung einzeln drucken wollen).

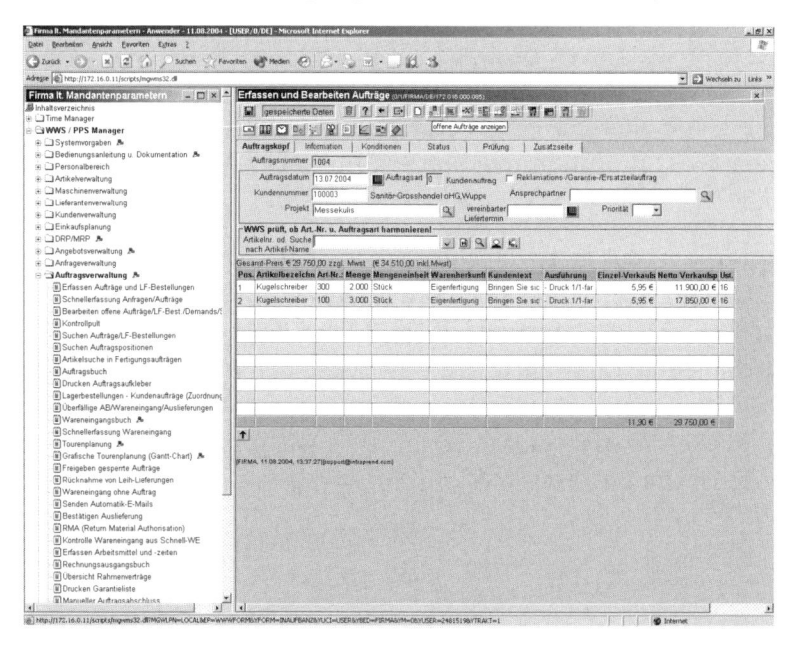

Wir entscheiden uns hier **für Variante 2** und rufen uns zunächst alle offenen Aufträge auf, was durch einfaches Klicken auf den Button ![] OFFENE AUFTRÄGE ANZEIGEN oben im Auftragskopf oder durch Klicken auf den Menüpunkt BEARBEITEN OFFENE AUFTRÄGE erfolgen kann.

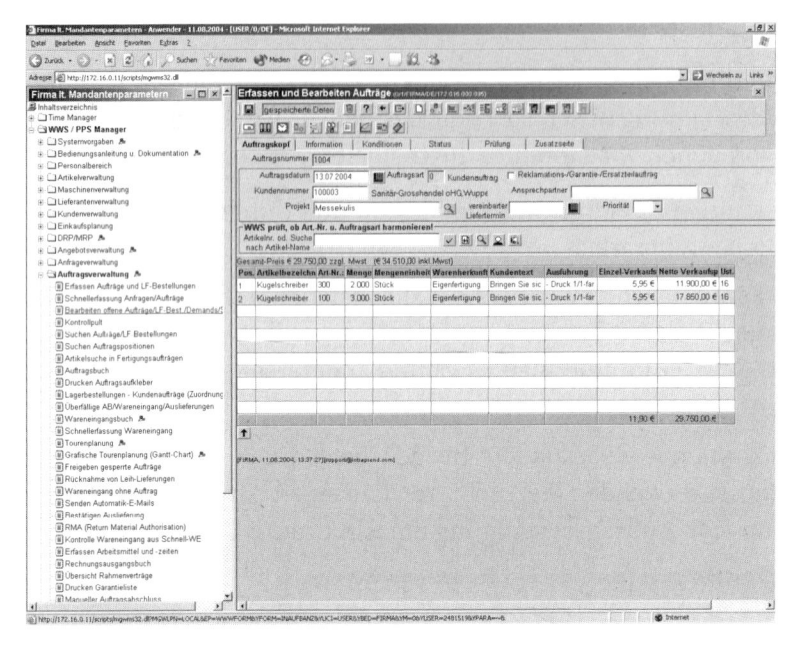

Wenn Sie keine alternative Sortierung ausgewählt haben, sind die offenen Aufträge nach Auftragsnummer sortiert. Ihr neuer Auftrag steht in der Liste ganz oben.

Die rote Farbe in der ersten Spalte zeigt an, dass Sie noch keine Warenherkunft festgelegt haben. Da es sich bei dem Kugelschreiber um einen Eigenfertigungsartikel handelt, der noch auf Lager liegt, zeigt die INTRAPREND-Software durch die rote Farbe an, dass Sie zwischen der Warenherkunft EIGENFERTIGUNG – also einem neuen Fertigungsauftrag – und LAGERBESTAND wählen können. Klicken Sie dazu auf die rote Zahl 1 (steht für Auftragsposition 1) in der Tabellenspalte BESCHAFFUNG.

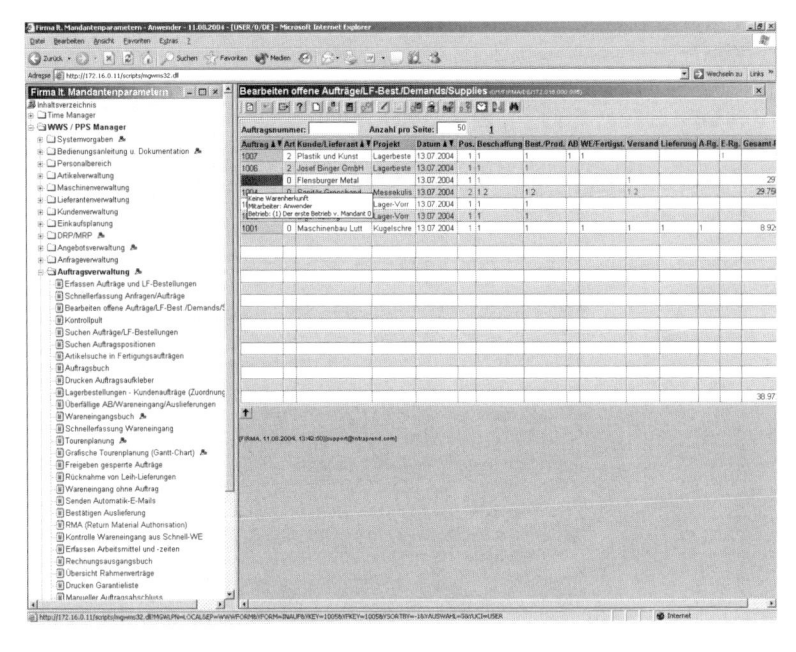

Selbstverständlich gibt es auch andere Möglichkeiten, die Warenherkunft festzulegen. Auch eine gewisse Automatisierung durch diverse Parameter ist möglich. Unser Test beschränkt sich jedoch auf ein einfaches Beispiel.

Warenherkunft festlegen (Eigenfertigung oder Lagerentnahme)

Nach Klicken auf die rote Zahl in der Spalte BESCHAFFUNG (oder den o.g. Button) öffnet sich eine neue Maske zum Festlegen der Warenherkunft. Wenn Sie das PPS-Modul mit testen möchten, wählen Sie die Warenherkunft EIGENFERTIGUNG. Bitte gedulden Sie sich einen ganz kleinen Moment nach dem Klick, die INTRAPREND-Software übergibt den Kundenauftrag inkl. Materialbedarf der Teile und Unterteile nämlich in diesem Moment automatisch an die Produktionsplanung. Wenn Sie nur die Auftragsbearbeitung testen und die Fertigungsschritte überspringen wollen, können Sie auch einfach auf LAGERBESTAND klicken.

KAPITEL 10 – ANWENDUNGSBEISPIEL – KUGELSCHREIBER

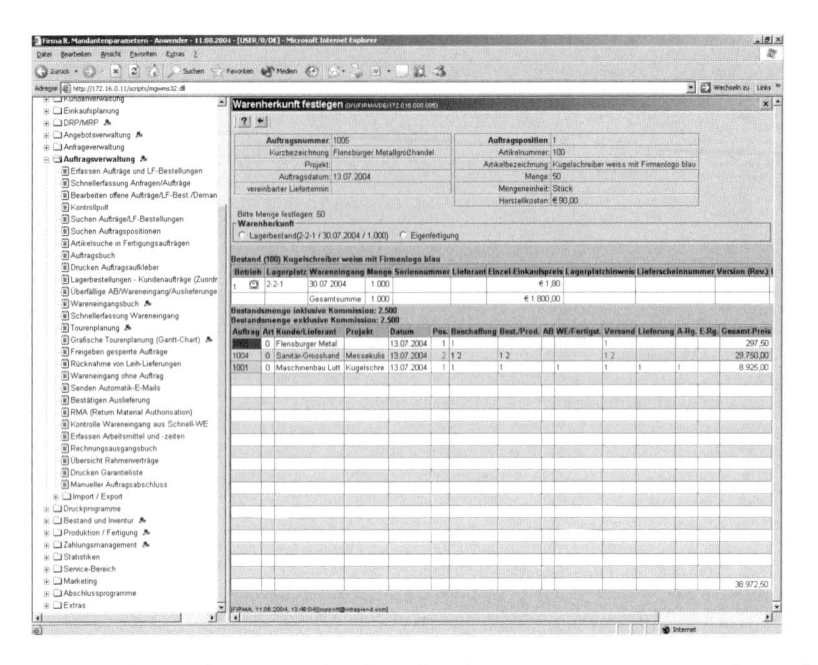

Nach dem Festlegen der Warenherkunft gelangen Sie automatisch wieder in die Übersicht der offenen Aufträge. Sie erkennen, dass sich der Auftragsstatus geändert hat. Wenn Sie LAGERBESTAND gewählt haben, ist der Auftrag bereits auslieferungsfähig. Sie könnten also direkt die Tourenplanung vornehmen, Ihren Lieferschein drucken (oder zunächst ein Lieferavis) und die Rechnung erstellen. Dies alles funktioniert wieder durch einfache Klicks – entweder auf die roten Zahlen in den entsprechenden Tabellenspalten oder auf die Buttons im Auftragskopf (oder die Sammel-Druckprogramme usw.).

Produktionsplanung (Grobplanung)

Zum Testen des PPS-Moduls der INTRAPREND-Software haben Sie die Warenherkunft EIGENFERTIGUNG gewählt. Klicken Sie nun auf den Button, der Sie in die Produktionsplanung verlinkt – PRODUKTIONSPLANUNGSÜBERSICHT oder öffnen Sie den gleichnamigen Menüpunkt im Menübereich PRODUKTION / FERTIGUNG.

Sie sehen nun eine Übersicht aller Fertigungsaufträge. Die Farben zeigen den Status an. Der von Ihnen gerade generierte Fertigungsauftrag wird in Rot angezeigt.

Klicken Sie auf den kleinen OK-Button in dem Fertigungsauftrag der Tabelle, um die Planung zu bearbeiten.

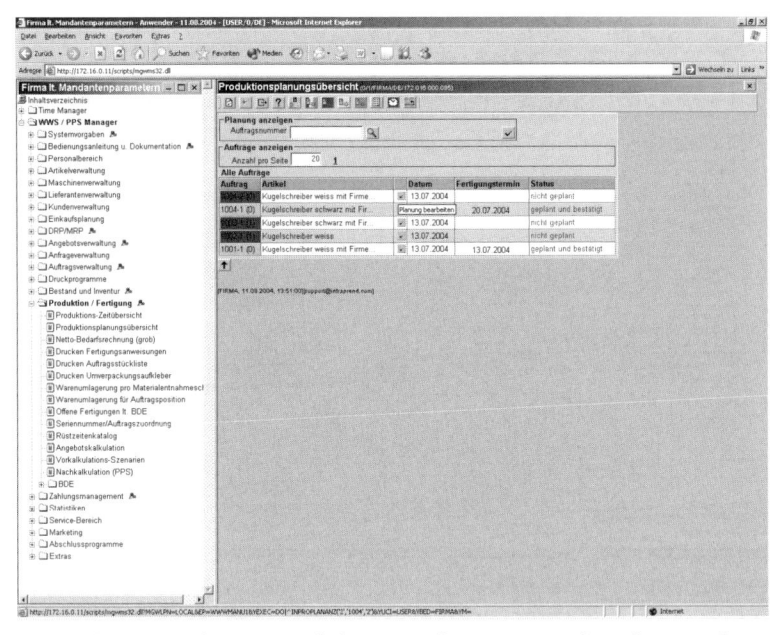

Sie können die einzelnen Produktionsschritte einzeln planen (bitte anklicken) oder eine automatische Planung für den gesamten Fertigungsauftrag vornehmen. Für die automatische Planung geben Sie das Startdatum der Fertigung im Feld START/ENDE TERMIN ein und klicken dann auf den Button FERTIGUNGSTERMINE PLANEN. Danach hat der Fertigungsauftrag den Status GEPLANT, ABER NICHT BESTÄTIGT. Sie können jetzt noch Änderungen vornehmen, falls erforderlich. Zum Bestätigen der Grobplanung klicken Sie bitte auf den Speichern-Button.

Kapitel 10 – Anwendungsbeispiel – Kugelschreiber

Produktionsplanung (Feinplanung)

Wenn Sie möchten, können Sie nun noch die Feinplanung vornehmen. Klicken Sie dazu auf den Button ▣ GRAFISCHE PRODUKTIONSPLANUNG (GANTT-CHART).

Die grafische Feinplanung (Gantt-Chart) erlaubt die Terminierung der einzelnen Produktionsschritte via »Drag&Drop«. Dabei sind alle Funktionen integriert, Uploads und Downloads sind nicht notwendig. Verschiebt sich beispielsweise ein Produktionstermin eines Zwischenteils, errechnet die Software sofort automatisch den Materialbedarf inkl. Lieferfristen neu.

Da die Feinplanung für unser Beispiel nicht nötig ist, gehe ich hier nicht weiter darauf ein. Bei Interesse können Sie sich durch Klicken auf den Fragezeichen-Button natürlich eine ausführliche Online-Hilfe aufrufen. In der Hilfe finden Sie auch Hinweise darauf, wie Sie sich Wochenübersichten Ihrer Produktionsplanung aufrufen u.v.a.m.

Drucken Fertigungsanweisung und Materialentnahmeschein

Nach dem Bestätigen der Produktionsplanung können Sie die Fertigungsanweisungen drucken. Auch hier haben Sie wieder eine Menge Alternativen (Einzeldruck, Sammeldruck usw.), wovon ich nur eine beschreiben werde:

Den Button ▣ FERTIGUNGSANWEISUNGEN DRUCKEN finden Sie in der Produktionsplanungsübersicht. Wenn Sie diesen anklicken, werden die Fertigungsanweisungen und Materialentnahmescheine gedruckt. Sollten Sie keinen Drucker angeschlossen haben, genügt ein Ausdruck auf dem Bildschirm.

Ermittlung des Materialbedarfs für die Fertigung

Den **Materialbedarf** gemäß Materialentnahmeschein ermittelt die Software über das **DRP-/MRP-Modul** (Manufacturing Requirements Planning). Das bedeutet, je nach Parameter-Einstellung generiert die Software automatisch Bestellvorschläge für das benötigte Material. Lieferzeiten, Mindestbestellmengen usw. werden dabei automatisch berücksichtigt. Die Bestellvorschläge (Supplies) müssen dann nur noch vom Einkäufer bestätigt werden. Für unser Beispiel der 3000 zu fertigenden Kugelschreiber ist genügend Material auf Lager.

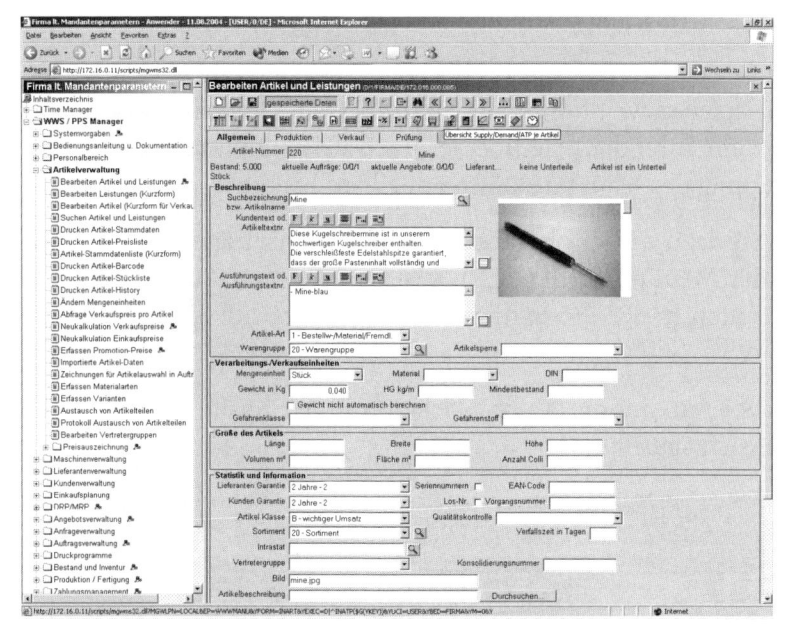

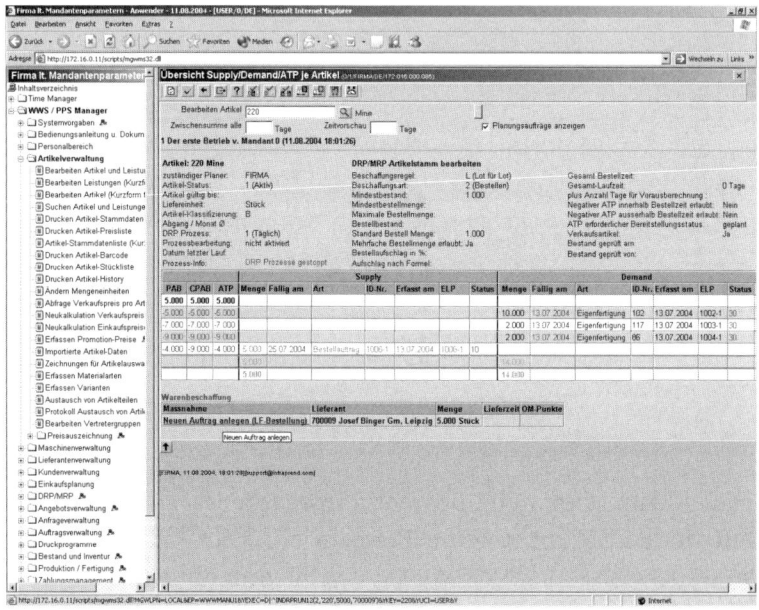

KUNDENAUFTRAG FÜR KUGELSCHREIBER ANLEGEN UND BEARBEITEN

Betriebsdatenerfassung (BDE) und Fertigstellung der Produktion

Die **Betriebsdatenerfassung** (BDE) zu simulieren würde in diesem Anwendungsbeispiel zu weit führen, da Sie zum Testen üblicherweise nicht erst Ihr BDE-System anbinden. Sie überspringen deshalb diesen Schritt und setzen die Fertigung des Hauptartikels manuell auf beendet.

Öffnen Sie dazu wieder die Tabelle der offenen Aufträge. Klicken Sie also wieder auf den Menüpunkt BEARBEITEN OFFENE AUFTRÄGE oder auf den gleichnamigen Button in der Produktionsplanungsübersicht: OFFENE AUFTRÄGE ANZEIGEN.

Klicken Sie nun auf die Auftragsposition in der Spalte WE/FERTIGSTELLUNG der Übersichtstabelle.

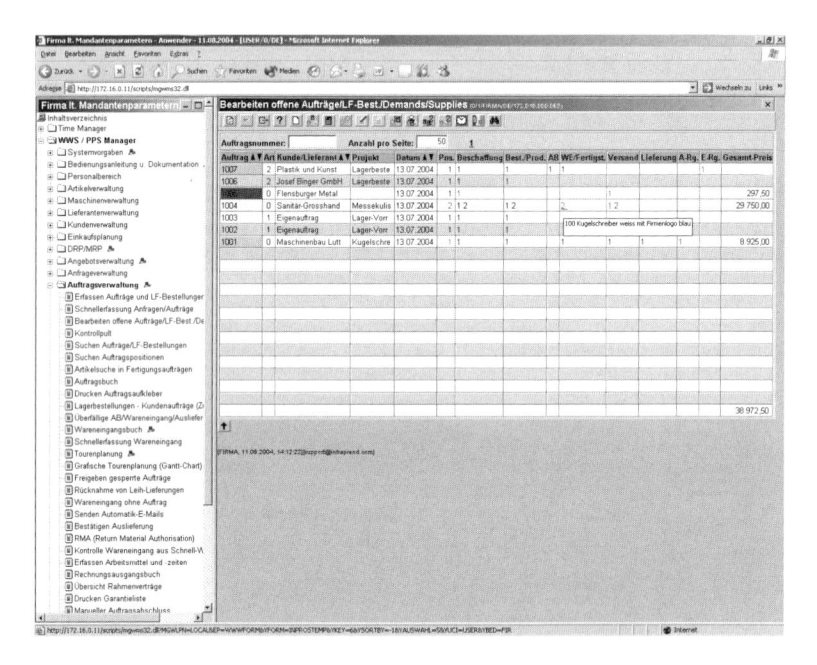

Es öffnet sich dann eine neue Bearbeitungsmaske OFFENE FERTIGUNGEN LT. BDE. Dort finden Sie im unteren Bereich ein Klickfeld PRODUKTION UND QUALITÄTSKONTROLLE ABGESCHLOSSEN, das Sie nun bitte anklicken.

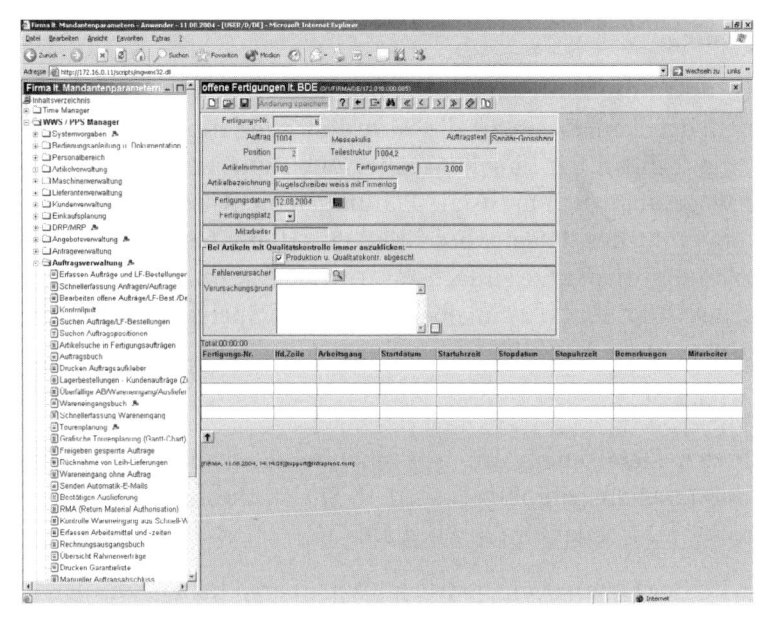

Nach dem Speichern mit dem SPEICHERN-Button oder F12 können Sie mit dem Zurück-Pfeil wieder zurück in die Übersichtstabelle der offenen Aufträge springen. Sie erkennen nun, dass sich der Auftragsstatus wieder geändert hat. Der Auftrag wartet auf die Versandplanung, zu erkennen an der roten Zahl in der Spalte VERSANDPLANUNG.

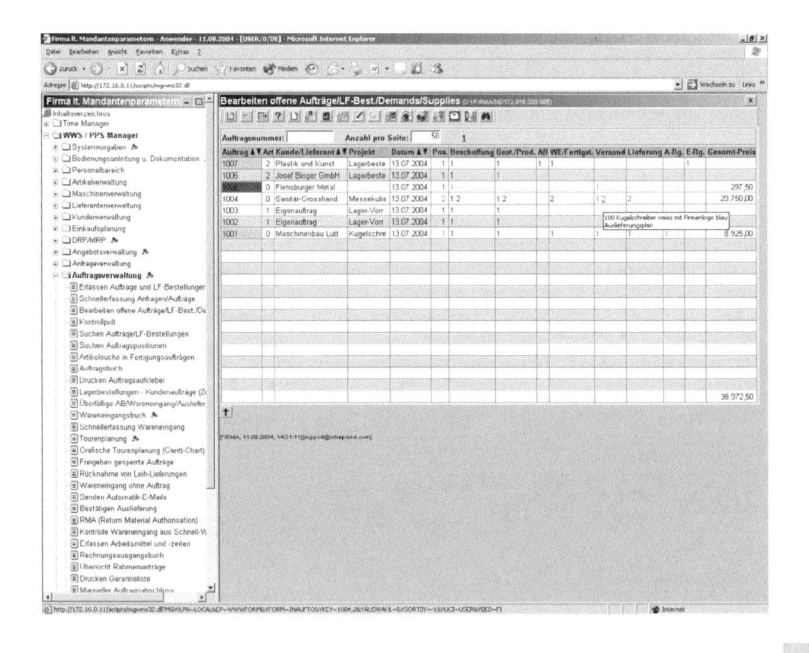

Versandplanung

Die Versandplanung kann auch übersprungen werden, indem Sie direkt den Lieferschein drucken. Wenn Sie die **Ware eintouren** möchten, klicken Sie einfach auf die Zahl in der Tabellenspalte. Auch zur Versandplanung gibt es mehrere Wege, u.a. auch grafische Planungstools (Gantt-Chart). Da Sie sich hier auf ein einfaches Beispiel beschränken sollten, benutzen Sie die simple Versandplanung, zu der Sie einfach das heutige Datum (bzw. einen Punkt) im Feld AUSLIEFERUNGSDATUM eingeben. Nach dem Speichern springen Sie bitte wieder zurück in die Übersicht der offenen Aufträge.

Drucken Lieferscheine

Wenn Sie den **Lieferschein** drucken möchten, klicken Sie bitte auf die rote Zahl in der Tabellenspalte LIEFERSCHEIN. Die nachfolgende Abfrage bestätigen Sie mit `Enter` oder einem Klick auf OK.

Danach wird der Lieferschein gedruckt. Wie überall haben Sie auch beim Lieferscheindruck mehrere Alternativen (Sammeldruck, Lieferung nur einzelner Positionen etc.). Bei Interesse hilft Ihnen die mit dem Fragezeichen-Button aufrufbare Online-Hilfe der Übersicht offener Aufträge weiter. Dort steht auch, welche Bedingungen für den Druck erfüllt sein müssen. So können Sie über Parameter z.B. steuern, dass Lieferscheine auch dann gedruckt werden können, wenn nicht genug Ware auf Lager ist – oder eben genau dies bei Ihnen nicht möglich sein darf.

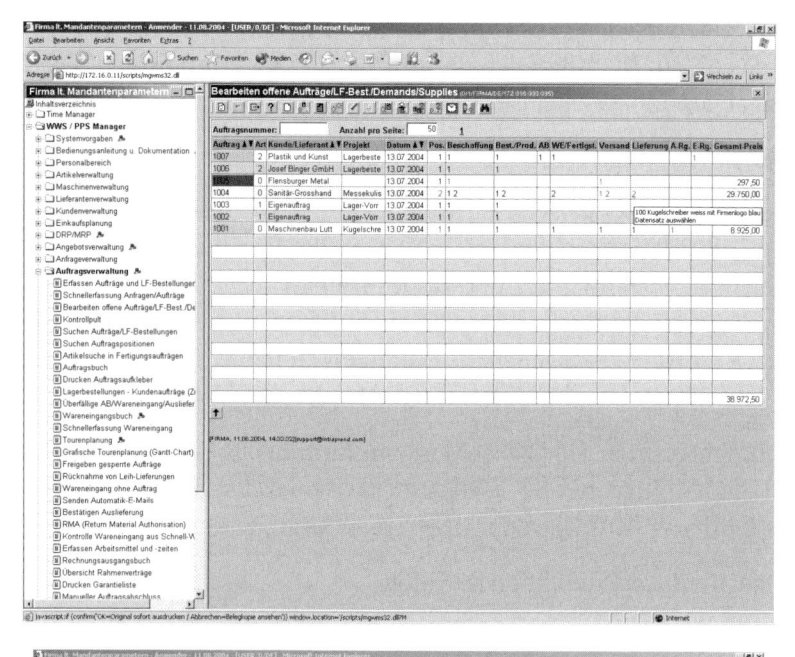

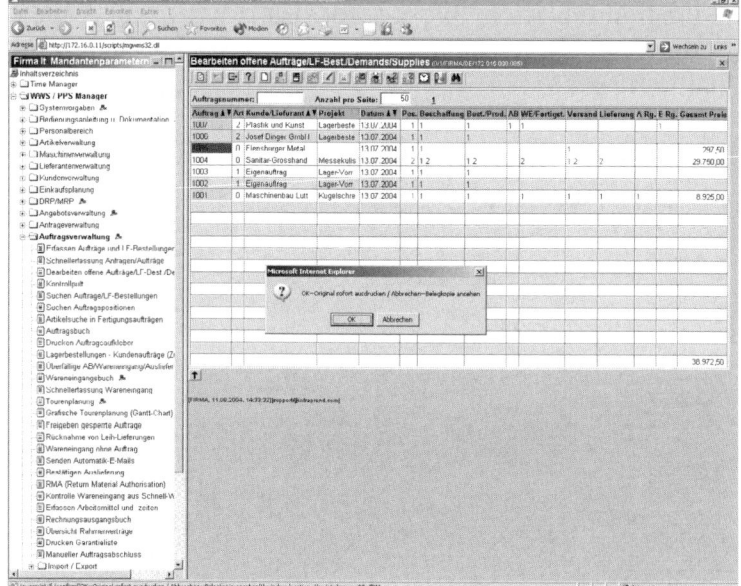

Drucken Ausgangsrechnung

Analog zum Lieferschein drucken Sie nun die **Ausgangsrechnung**. Auch hierfür gibt es mehrere Alternativen. Der Druck fakturiert die Rechnung automatisch und übergibt sie an die angebundene Finanzbuchhaltung (ausgenommen in Testlizenz). Die Rechnung ist nun im Rechnungsausgangsbuch zu finden, das Sie im Menübereich der Auftragsbearbeitung finden. Der Auftrag ist damit abgeschlossen.

Schließen des Auftrags

Wie lange der abgeschlossene Auftrag noch in der Übersicht der offenen Aufträge zur Information sichtbar ist, hängt von der Parameter-Einstellung ab. In der Testlizenz verschwindet der Auftrag einen Tag nach dem Auftragsabschluss, wenn die Funktion ABARBEITEN TAGESDATEI, zu finden im Menübereich der ABSCHLUSSPROGRAMME, durchgelaufen ist. Dieses Abschlussprogramm errechnet auch die Daten für die Nachkalkulation.

Wiederfinden können Sie abgeschlossene Aufträge über diverse Suchfunktionen, z.B. den Menüpunkt SUCHEN AUFTRÄGE oder den Fernglas-Button in der Übersicht offener Aufträge oder über einen Link im Kundenstamm usw.

Nachkalkulation zur Produktion aufrufen

Die **Nachkalkulation (PPS)** rufen Sie sich über den gleichnamigen Menüpunkt im Programmbereich PRODUKTION/FERTIGUNG auf. Geben Sie zunächst die Auftragsnummer ein und wählen Sie dann die entsprechende Auftragsposition.

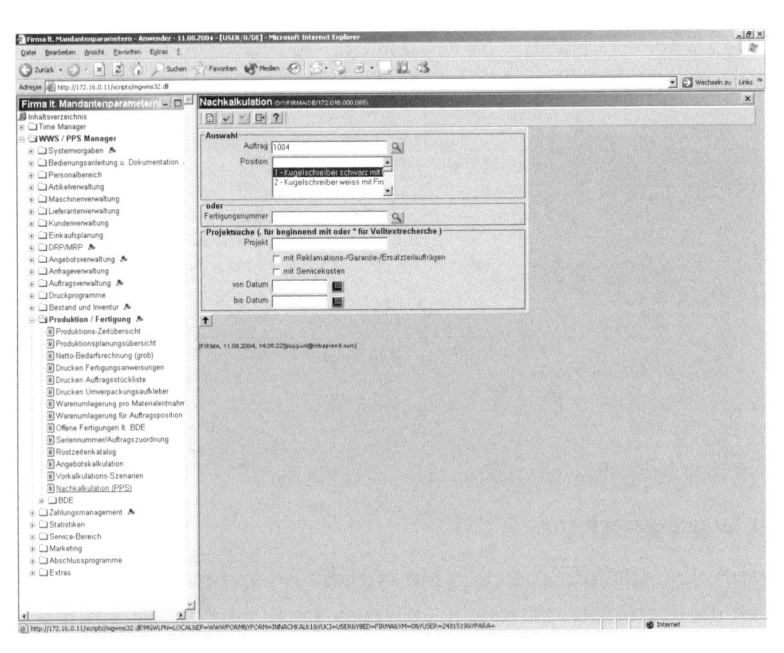

KUNDENAUFTRAG FÜR KUGELSCHREIBER ANLEGEN UND BEARBEITEN

Nach dem Speichern Ihrer Eingaben wird die Nachkalkulation auf dem Bildschirm angezeigt.

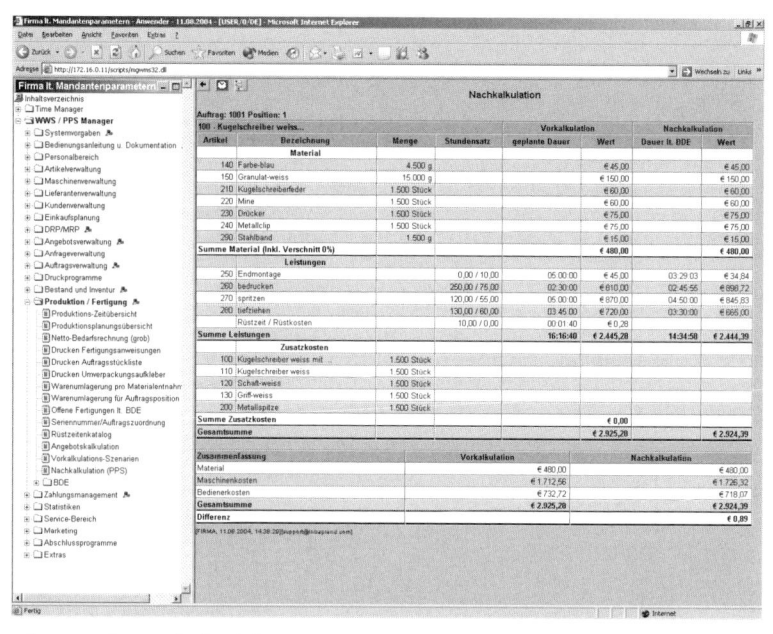

Weitere Anwendungsbeispiele

Wenn Sie das Anwendungsbeispiel des Kundenauftrags für Kugelschreiber durchgearbeitet haben, können Sie weitere Test-Aufträge erfassen. Legen Sie analog dem Kundenauftrag eine Lager- bzw. Lieferantenbestellung für Kugelschreiberminen als Lagervorrat an (aus den Lieferantenstammdaten heraus) oder generieren Sie einen neuen Kundenauftrag für schwarze Kugelschreiber (Artikelnummer 310) usw.

Fragen zu Ihren Tests beantwortet Ihnen gern das Support- und Schulungsteam der INTRAPREND GmbH – selbstverständlich kostenlos. Senden Sie einfach eine Mail an info@intraprend.de und schildern Sie Ihre Frage oder rufen Sie an: 06122 / 533 959.

11 ERP- und IT-Controlling

Vielen erscheint Informationstechnologie immer weniger steuerbar, doch wird sie im Wettbewerb der Unternehmen immer wichtiger. In der Terminologie heutiger Unternehmensführungen bedeutet Controlling planen, kontrollieren und steuern – sowie für ein definiertes Aufgabengebiet qualitative Informationen bereitzustellen. Controlling ist eine Management- oder Leitungsaufgabe geworden, die aufwandsabhängig entweder als Stabsfunktion oder über eine eigenständige Organisationseinheit durchgeführt wird und entscheidend zum Unternehmenserfolg beiträgt.

Die Informationstechnologie steht zunehmend stärker unter Druck, sich für ihre Aufgaben rechtfertigen zu müssen. Die Kosten steigen nahezu ins Unermessliche – ein Fass ohne Boden. Die Innovationszyklen neuer Technologien liegen zwischen 12 und 36 Monaten.

Dort wo Standardsoftware nicht zum Einsatz kommt, sind Anwendungsentwicklungen nicht mehr kontrollierbar, ihre Komplexität ist einfach zu hoch. Viele Projekte werden so zu Runaway-Aktionen. Um die Verantwortung abzugeben, wird (teilweise) Outsourcing betrieben, was jedoch die Probleme oftmals nicht löst. Aber Technologie – man denke insbesondere an Multimedia, Telekommunikation und Workflow-Management – wird immer bedeutungsvoller Die Wettbewerbsvorteile des Unternehmens resultieren ganz klar auch aus der effektiven und effizienten Nutzung der Informationstechnologie. Ein internationales Unternehmen ist heute ohne weltweiten Datenaustausch via Corporate Network nicht mehr denkbar und auch ein Kleinbetrieb kann seine Aufgaben mittlerweile ohne leistungsfähige Informationstechnologie nicht mehr bewältigen.

Der Kostendruck hat in den vergangenen Jahren auch die IT-Funktion erfasst. Nachdem lange Zeit wenig Vergleichsmöglichkeiten für die IT-Kosten bestand und die Zweckmäßigkeit von IT-Ausgaben oftmals nicht hinterfragt wurde, machen heute verschiedene Verfahren (von Compass, Michels, UDM) eine kostenorientierte Positionierung der IT möglich.

11.1 Modernes Controlling

Der moderne Controller ist schon lange nicht mehr der klassische Buchhalter. Trotzdem machen noch heute Manager, Controller und andere unverändert häufig einer großen Bogen um die IT, die ihrerseits ein Image- und ein Generationsproblem hat.

Vom Home-PC versteht mittlerweile fast jeder etwas und zahlreiche Mitarbeiter eines Unternehmens mutieren zum IT-Experten. Allerdings hat die Geschwindigkeit bei der Entwicklung neuer Lösungen und Technologien sowie die zunehmende Standardisierung (insbesondere auch beim Einsatz betriebswirtschaftlicher Standardsoftware) in den letzten 10 Jahren dramatisch zugenommen. Die einzelnen Lösungen und Gebiete der IT entwickeln sich insgesamt immer schneller und es kommen zudem ständig neue Anwendungs- und Lösungsgebiete hinzu, gerade durch die rasanten Entwicklungen im Internet. Die Beziehung zwischen IT und der Fachseite beziehungsweise den Geschäftseinheiten wird dadurch zunehmend faktenbasiert.

Vielen erscheint Informationstechnologie immer weniger steuerbar, doch wird sie im Wettbewerb gleichsam immer wichtiger. Wie lässt sich diese Kluft überbrücken? IT-Controlling muss einerseits notwendige Mittel für den IT-Alltag bereitstellen und anderseits strategische und taktische Rollen und Aufgaben erfüllen. Das IT-Controlling erhält durch die Wichtigkeit der Steuerungsfunktion besondere Bedeutung.

Alle sprechen von IT-Controlling, doch wer setzt es wirklich sinnvoll ein?

- Wo existieren die wirklich relevanten Kennzahlensysteme für ein IT-Controlling?
- Werden Managementsysteme tatsächlich von IT-Controllern überwacht?
- Werden die Verantwortungs- und Aufgabenbereiche des IT-Controllers wirklich festgelegt?
- Wird der IT-Controller nicht vielmehr lediglich aus Imagegründen eingesetzt, jongliert er nicht mit zu ungenau definierten Kennzahlen und wird er nicht im Extremfall sogar zum modernen Hofnarr?

Folgende Fragen müssen zunächst für den richtigen Einsatz des IT-Controlling beantwortet werden:

- Welche Ziele sollen mit dem IT-Controlling verfolgt werden?
- Soll das IT-Controlling die Unternehmens-Management-Prinzipien umsetzen?
- Welche Rolle und Aufgaben soll das IT-Controlling erhalten und bewältigen?
- Welche Kennzahlen sind in welcher Verdichtung für das Unternehmen und die IT relevant?
- Welche Aufgaben des IT-Controllings sind entlang welcher IT-Management-Funktionen (bezogen auf das gesamte Unternehmen, pro Region, pro Land) zu verteilen und zu bewältigen?
- Wie sollen die personellen Kapazitäten für das IT-Controlling dimensioniert werden, und wie soll dessen organisatorische Einbettung innerhalb der Gesamtorganisation erfolgen?
- Welches Know-how und welche Skill-Fähigkeits-Profile sollen die IT-Controller mitbringen?

Das Unternehmen muss sich zunächst darüber im Klaren sein, welche Unternehmens- und IT-Strategie es verfolgt und damit die Rolle der IT definieren.

Durch die schnellen Entwicklungen im Internet ist eine fundamentale, traditionelle Regel zumindest für einzelne Unternehmen beziehungsweise Unternehmensbereiche bereits gebrochen worden: »IT follows Business« oder »IT follows Strategy«. Sie hat beispielsweise für Dell beim Verkauf von individuell konfigurierbaren Computern oder für den Internet-Corso und die dort abwickelbaren Geschäfte keine Gültigkeit mehr. Hier gilt »Business follows IT«, das Geschäft folgt den Möglichkeiten neuer Internet-Anwendungen und -Technologien. Demzufolge sollten die IT-bezogenen Entscheidungsprozesse in Unternehmen, in denen die IT das Business maßgeblich mitbestimmt und strategisch verändern oder gestalten kann, auch in der obersten Führungsebene eines Unternehmens angesiedelt werden. Das IT-Controlling muss dann in solchen Unternehmen entsprechend eine Ebene darunter positioniert werden.

Nachdem die Strategie und Ziele der IT bekannt sind, ist zu ermitteln, welche Vorteile durch das IT-Controlling erzielt werden sollen und somit, welche Ziele und Aufgaben das IT-Controlling zu bewältigen hat (eine Optimierung der

Geschäftsprozesse im IT-Bereich würde sich zu diesem Zeitpunkt anbieten). Die Frage nach der Einordnung der IT-Controller im Unternehmen schließt sich an dieser Stelle an; die Befugnisse und Verantwortungsbereiche des IT-Controllings sind zu definieren. Nachdem die Einordnung in das Unternehmen respektive der IT-Einheit geschaffen ist, müssen Regel- und Kontrollmechanismen entwickelt werden. Dies kann etwa im Sinne des Balanced-Scorecard-Ansatzes erfolgen. Die IT-Strategie ist in Kennzahlen, den »Key Performance Indicators« sowie Regel- und Steuerungsmechanismen zu übersetzen.

Innerhalb der IT sind insbesondere die Management-Ansätze und -Philosophien durch das integrierte IT-Controlling, beispielsweise durch die Balanced Scorecard für ein IT-Profit-Center, zu steuern. Als Basis für ein leistungsfähiges Controlling werden Informationen diverser Art, insbesondere Kennzahlen, benötigt.

Die Bedeutung von Kennzahlen sei hier anhand folgender Zitate beschrieben:

> »If you can't measure it, you can't manage it«(Tom DeMarco)

> »The degree to which you can express something in numbers is the degree to which you really understand it« (Lord Kelvin)

11.2 Die Aufgabe von Kennzahlensystemen

Unter dem Begriff Kennzahlen-System versteht man eine Zusammenfassung von Einzelkennzahlen, die für sich allein eine sehr begrenzte Aussagefähigkeit besitzen, zu einem System sich ergänzender sowie aufeinander aufbauender Kennzahlen. Ein Kennzahlensystem sollte die individuelle Gestaltbarkeit von Kennzahlen und deren flexible Auswertung unterstützen. Ein gutes Kennzahlensystem ist als lebendiges Gebilde anzusehen, das aufgrund sich häufig ändernder Managementanforderungen und neuer Datenquellen ständig zu erweitern ist.

Neben einem Kennzahlensystem sind Regel- und Steuerungsmechanismen für die IT-Managementprozesse notwendig. Die Regel- und Steuerungsmechanismen tangieren primär die Aufgaben des IT-Controllings.

Folgende vier Bereich mit den darin enthaltenen Rollen und Aufgaben sind denkbar:

1. **Finanzen**
   - Unterstützung bei den einzusetzenden Verfahren zur Ermittlung des IT-Beitrags zum Unternehmen. Wo kann das Unternehmen durch IT besser als der Wettbewerb sein? Diesem hohen Anspruch muss das IT-Controlling genügen.
   - Beurteilung der Effektivität von IT-Anwendungen
   - Unterstützung bei der Erstellung von Investitions- und Budgetplanungen mit Schnittstelle zur Unternehmensplanung
   - Umstellung auf neuartige Wirtschaftlichkeitsanalysen in Hinblick auf zu tätigende IT-Investitionen
   - Der IT-Controller muss eine Technologie auf ihr Potenzial hin bewerten können. Dabei muss er der Prämisse folgen, dass eine Investition nicht immer unbedingt sofort rentabel ist, aber als strategisch neuer Ansatz für das eigene Geschäft vorteilhaft sein kann. Ferner muss der IT-Controller als Promotor dieser Entwicklung agieren, denn der Technik-lastige IT-Experte allein wäre damit überfordert. Was in den Kontext einer Gesamtstrategie gehört, muss der Controller erkennen und in Bewegung setzen.
   - Ermittlung der Total Cost of Ownership
   - Ständige Zielkontrolle: Entspricht der eingeschlagene IT-Weg (Strategie und Rahmenplan) noch der zuvor festgelegten Unternehmensstrategie?
   - Monitoring und Zusammenstellung von Kennzahlen und »Key Performance Indicators«
   - Schaffung von Kostentransparenz und Entwicklung von Kostenverrechnungsverfahren bei der innerbetrieblichen Leistungsverrechnung

2. **Markt & Kunde**
   - Koordination von Unternehmenspolitik und IT: Strategische und taktische Positionierung der IT innerhalb des Unternehmens
   - Support bei der Übertragung der Management-Ansätze in die IT (durch Unterstützung einer Balanced-Scorecard-Einführung innerhalb der IT-Einheit)
   - Relationship Management zu Schlüsselfunktionen und Meinungsbildnern innerhalb des Unternehmens sowie Informationsversorgung der Fachseite sowie Geschäftsbereiche über neue IT-Anwendungen und -Technologien

- Der IT-Controller muss Promotor für innovative und wichtige Projekte sein. Zudem muss der IT-Controller als Brücke zwischen Business Management und IT fungieren. Zwar kann ein IT-Chef etwas zu Internet-Technologien sagen, aber ihm wird es möglicherweise nicht gelingen, die Verbindungen etwa zum Vertriebskanal herzustellen. Hier sollte der IT-Controller als Katalysator agieren. Er muss erkennen, dass die Technologie die entscheidende Verbindung zum Kunden sein kann. Er sorgt dafür, dass sich das IT-Management und andere Verantwortungsträger zusammensetzen. Er muss auch dafür sorgen, dass Verantwortungsträger und Enduser aus den Geschäftseinheiten regelmäßig über neue IT-Themen informiert werden.
- Support beim Nachfrage- bzw. Demand-Management und Unterstützung bei den Demand-Prozessen zur kontinuierlichen Erarbeitung der IT-Anforderungen
- Support bei IT-Planungs- und Portofolioprozessen
- Schaffung von Transparenz über die IT-Dienstleistungen und -Produkte für deren Vermarktung innerhalb der Geschäftsbereiche
- Sicherstellung von Konzernsynergien durch die IT (für unterschiedliche Integrationslevel)
- Monitoring der Top-Kennzahlen über die generelle Einhaltung und den Fortschritt von Service-Level-Agreements sowohl zwischen IT und den Geschäftsbereichen als auch zwischen IT und den Zulieferern der IT (Outsourcing-Partnern)
- Monitoring der IT-Sicherheitsmaßnahmen und -kennzahlen

3. **Interne IT-Prozesse**

Was sind darüber hinaus Aufgabengebiete des IT-Controllers?

- Ermittlung der Stärken und Schwächen von IT-Anwendungen und -Systemen
- Durchführung und Vorbereitung von SWOT-Analysen (Strengths, Weaknesses, Opportunities & Threats)
- Die optimale Rolle des IT-Controllings bei Projekten: Angenommen, das Projekt ist abgeschlossen, die Zeit- und Kostenziele sind mehr oder weniger erreicht. Der Controller schließt dann die Bücher und vergisst dieses Projekt. Das nächste Großprojekt steht bereits auf dem Plan, und wieder ist das IT-Controlling mit der Vorbereitung vollständig ausgelastet. Das IT-Controlling für den laufenden Betrieb beschränkt sich heute

noch allzu oft auf die Einhaltung der Kosten, jedoch sollte es permanente Monitoring-Aufgaben wahrnehmen.
- Schnittstelle zu den IT-Architekten, wie Planung der IT-Anwendungslandschaft und Planung der IT-Architekturen etc.
- Monitoring der IT-Infrastrukturen
- Überblick über die externen Partnerschaften
- Sicherstellung von juristisch unangreifbaren und optimalen Verträgen zu internen und externen Partnern in Zusammenarbeit mit Juristen

4. **Innovation & Mitarbeiterentwicklung**
   - Support bei der Integration neu akquirierter Firmen und Unterstützung bei IT-gestützten Feasibility Studies in der Akquisitionsphase neuer Unternehmen (Support beim »enable strategie change«)
   - Sponsoring und Monitoring von Knowledge-Clustern, um Wertbewerbsvorteile durch
   - Economies of Knowledge und
   - Economies of Sale

   zu erzielen.
- Methoden zur Entwicklung eines optimalen Skill-Managements, angelehnt an die lT-Strategie, und Ableitung des Ausbildungsbedarfs; gegebenenfalls Mitwirkung beim Aufbau und der Weiterentwicklung von Skill-Datenbanken. Erarbeitung von Leitlinien und Verfahren, für welche Projekte und Skills externe Consultants eingesetzt werden können.
- Durch Führung und Unterstützung bei Trendbeobachtungen für die lT und Unterstützung bei der Festlegung von kontinuierlichen Knowledge-Sourcing-Prozessen für interne Know-how-Träger innerhalb der lT, um neue Anwendungen und Technologien (Internet) im Unternehmen zu etablieren.
- Einsatz von Verfahren für internes und externes Benchmarking
- Unterstützung bei der Erstellung von Technologiepotenzial-Bewertungsverfahren. Des Weiteren muss der IT-Controller als Förderer und Sponsor neuer Anwendungen und Technologien im Unternehmen wirken

Die Erfolgsfaktoren für ein IT-Controlling sind oben dargestellt. Der wichtigste Punkt ist, dass die anderen Organisationsbereiche des Unternehmens Vertrauen in die Objektivität der Controlling-Arbeit gewinnen. Dazu ist eine aktive Informationspolitik und ein effizientes Relationship-Management erforderlich. Hinzu kommt entsprechende Fachkompetenz.

Aus der IT-Strategie und der Rolle der IT im Unternehmen sind die IT-Controlling-Aufgaben abzuleiten und entsprechend innerhalb der IT und im Unternehmen entlang der Managementebenen zu verteilen. Zum Handwerkszeug von gewieften IT-Controllern gehört ein solides und flexibles Kennzahlensystem, das idealerweise im Sinne eines Balanced-Scorecard-Ansatzes die IT-Strategie in Key-Performance-Indikatoren übersetzt, damit die IT-Managementprozesse steuert und somit transparent gegenüber dem Top-Management und anderen Bereichen macht.

11.3 Fazit

Die Aufgaben des IT-Controlling haben sich über einen längeren Zeitraum von buchhalterischen Anforderungen, den heutzutage noch vielfach in Unternehmen durchgeführten »IT-Budget-Verfolgungsaufgaben«, zu einem anspruchsvollen Management-orientierten und äußerst qualitativen Aufgabenspektrum hin entwickelt.

Dies resultiert aus der sich ändernden Rolle der IT im Unternehmen. Optimale Prozessunterstützung ist in der überwiegenden Anzahl der Unternehmen die IT-Mission, bei einigen Unternehmen oder Unternehmensbereichen ist bereits »Enable strategy change« die Mission für eine effektive IT geworden. In Einzelfällen – bedingt durch den Einsatz innovativer Internet-Anwendungen und -Technologien – ist sogar »IT follows business« verändert worden in Richtung »Business follows IT«. Die Rolle und Aufhängung des IT-Chefs im Unternehmen hat sich dadurch in den letzten Jahren verbessert.

Der IT-Controller muss sich als potenter Dienstleister innerhalb des Unternehmens verstehen.

12 Leistungsstörungen

Leistungsstörungen sind in keiner Phase auszuschließen. Damit diese gering gehalten werden können, und was zu tun ist, wenn sie trotzdem auftreten erfahren Sie in diesem Kapitel.

12.1 Unmöglichkeit

1. Objektive Unmöglichkeit

Die Leistung ist objektiv unmöglich, wenn sie von niemanden, also weder vom Vertragspartner noch von jemand anderem erbracht werden kann.

2. Anfängliche objektive Unmöglichkeit

Anfängliche objektive Unmöglichkeit kommt im kaufmännischen Verkehr so gut wie niemals vor und wird hier nur der Vollständigkeit halber erwähnt.

Ist die Leistung von Vornherein für jedermann, also objektiv, unmöglich, ist der Vertrag nichtig = anfängliche objektive Unmöglichkeit. Die Vertragspartner befinden sich also im Vorfeld vor- und außergerichtlicher Rechte und Pflichten.

Kannte ein Vertragspartner bei Vertragsabschluss die Unmöglichkeit oder musste er sie kennen, hat der andere Anspruch auf Ersatz des Vertrauensschadens (= negatives Interesse = Aufwendungsersatz).

3. Nachträgliche objektive Unmöglichkeit

Auch der nachträglichen objektiven Unmöglichkeit begegnet der Kaufmann nur in Ausnahmefällen.

Wird die Leistung dem Schuldner nach Vertragsabschluss objektiv unmöglich, bleibt der Vertrag bestehen, die Parteien befinden sich also nach wie vor im Kerngebiet. Es kommt dann darauf an, ob der Schuldner die Unmöglichkeit zu vertreten hat oder nicht.

Hat er sie zu vertreten, schuldet er Schadensersatz wegen Nichterfüllung (= Ersatz des positiven Interesses); der Vertragspartner kann auch vom Vertrag zurücktreten.

Hat der Schuldner die nachträgliche objektive Unmöglichkeit nicht zu vertreten, wird er von der Verpflichtung zur Leistung befreit. Auch die vertragliche Gegenleistung muss dann nicht erbracht werden.

4. Subjektive Unmöglichkeit

Um so häufiger begegnet uns im kaufmännischen Geschäftsverkehr die subjektive Unmöglichkeit.

Die Leistung ist subjektiv unmöglich, wenn zwar der Vertragspartner sie nicht zu erbringen vermag, ein anderer aber dazu in der Lage ist.

Auch hier wird unterschieden zwischen anfänglicher und nachträglicher Unmöglichkeit. Die Unterscheidung ist deshalb nötig, weil es bei anfänglicher Unmöglichkeit für den Schuldner kein Entrinnen, bei nachträglicher Unmöglichkeit aber wenigstens eine Chance gibt.

5. Anfängliche subjektive Unmöglichkeit

Derjenige, der sich vertraglich zu einer Leistung verpflichtet, die ihm schon vor Abschluss des Vertrages unmöglich war, haftet dem Partner auf Schadensersatz wegen Nichterfüllung (Ersatz des positiven Interesses). Im wirtschaftlichen Verkehr muss grundsätzlich jeder dafür einstehen, dass er die Leistung. zu der er sich verpflichtet hat, auch erbringen kann. Unerheblich ist dabei, ob der Schuldner die Unmöglichkeit zu vertreten hat oder nicht. Die Haftung tritt ohne Rücksicht auf Verschulden ein.

6. Nachträgliche subjektive Unmöglichkeit

Nachträglich subjektiv unmöglich ist eine Leistung, die dem Schuldner erst nach Abschluss des Vertrages unmöglich geworden ist.

Bei nachträglicher subjektiver Unmöglichkeit kommt es darauf an, ob der Schuldner die Unmöglichkeit zu vertreten hat oder nicht. Hat er sie zu vertreten, wird er ebenso unerbittlich behandelt wie bei anfänglicher subjektiver Unmöglichkeit, und zwar wiederum nach dem Grundsatz, dass im wirtschaftlichen Verkehr jeder für seine eigene Leistungsfähigkeit geradezustehen hat. Der Schuldner haftet also auf Schadensersatz wegen Nichterfüllung (positives Interesse).

Weil von jedem, der sich zu einer Leistung verpflichtet hat, erwartet wird, dass er sie auch erbringen kann, muss der Schuldner beweisen, dass er die Unmöglichkeit nicht zu vertreten hat.

Nur bei nachträglicher nicht zu vertretender Unmöglichkeit wird der Schuldner von der Verpflichtung zur Leistung befreit. Auch die vertragliche Gegenleistung muss dann nicht erbracht werden.

Der in der Wirtschaft viel ge- und missbrauchte Begriff »Höhere Gewalt« findet sich im Gesetz nur einmal und noch dazu in hier fernliegendem Zusammenhang mit der Verjährungshemmung. Das Gesetz schweigt sich über seine genaue Bedeutung aus, die Rechtsprechung aber definiert höhere Gewalt als ein außergewöhnliches Ereignis, das unter den gegebenen Umständen auch durch äußerste, nach Lage der Sache vom Betroffenen zu erwartende Sorgfalt nicht verhindert werden kann.

Es gelten strenge Maßstäbe. Deshalb wird immer wieder versucht, vertraglich, und zwar vor allem in AGB, andere weniger elementare Ereignisse der höheren Gewalt gleichzustellen.

> *Merke:* Ein Ereignis. das unter den Begriff „Höhere Gewalt"
> fallen soll, muss unvorhersehbar und/ oder unabwendbar
> sein.

Streik und/oder Aussperrung sind häufig vorhersehbar und in seltenen Fällen abwendbar. Deshalb gelten sie im Regelfall nicht als »Höhere Gewalt«, werden ihr aber durch vertragliche Vereinbarung meist gleichgestellt.

> *Merke:* Grundsätzlich hat im Wirtschaftsleben jeder für
> seine Leistungsfähigkeit einzustehen.

12.2 Verzug

Voraussetzungen

Aus einer Liefer- oder Leistungsverzögerung wird Verzug unter den folgenden Voraussetzungen:

Fälligkeit

Die Lieferung oder Leistung muss fällig sein. Fällig ist ein Anspruch, wenn der Vertragspartner die Lieferung oder Leistung verlangen kann. Ist ein Liefertermin nicht vereinbart und ergibt er sich auch nicht aus den Umständen, greift die gesetzliche Regelung ein, demzufolge die Lieferung oder Leistung sofort zu bewirken ist.

Es empfiehlt sich, den Zeitpunkt der Fälligkeit so eindeutig wie möglich zu vereinbaren. Vertragsklauseln wie »schnellstens«, »baldmöglichst« erschweren es, den Zeitpunkt der Fälligkeit zu ermitteln.

Auch wenn der Zeitpunkt der Fälligkeit eindeutig bestimmt ist, darf die Lieferung vorher bewirkt werden. Wer eine vorzeitige Lieferung nicht wünscht, muss dies im Vertrag deutlich machen.

Mahnung oder Ablauf einer nach dem Kalender bestimmten Zeit

Ist Fälligkeit eingetreten, muss der Vertragspartner in Verzug gesetzt werden. Dies geschieht durch die Mahnung (= unzweideutige Aufforderung zur Lieferung oder Leistung). Eine einmalige Mahnung genügt. Die oft anzutreffenden »ersten«, »zweiten«, »letzten« Mahnungen haben juristisch keinen Sinn.

Eine Mahnung braucht weder geschickt noch ausgesprochen zu werden, wenn im Vertrag für die Lieferung oder Leistung eine Zeit nach dem Kalender bestimmt ist. Mit dem Ablauf dieses Liefertermins kommt der Vertragspartner automatisch in Verzug.

Der Lieferzeitpunkt muss sich aber allein mit Hilfe des Vertrages und eines Kalenders bestimmen lassen.

Die im Computerverkehr und auch sonst im heutigen Handelsverkehr beliebte Festsetzung der Lieferwoche ist so auszulegen, dass Verzug mit Ablauf der vereinbarten Woche, also am folgenden Montag eintritt.

Verschulden des Vertragspartners

Verzug tritt nicht ein, wenn Lieferung oder Leistung sich aus einem vom Vertragspartner nicht zu vertretenden Grund verzögern. Beliebte Entschuldigung ist höhere Gewalt.

Auch beim Verzug gilt: Weil vom Schuldner erwartet werden muss, dass er den vertraglichen Leistungstermin auch einhält, muss er beweisen, dass er die Verzögerung nicht zu vertreten hat.

Rechtsfolgen des Verzuges

Ist Verzug eingetreten, ergeben sich für den Kaufmann zwei Alternativen, zwischen denen er sich spätestens jetzt entscheiden muss. Besser wäre es allerdings, er hätte seine Wahl schon bei Vertragsgestaltung und -abschluss getroffen.

Warten auf Erfüllung

Er kann auf Erfüllung des Vertrages, also auf Lieferung oder Leistung warten und neben der Erfüllung Ersatz des durch den Verzug entstehenden Schadens verlangen.

Diesen Weg wird der Besteller wählen, wenn er auf die Erfüllung durch eben diesen Vertragspartner angewiesen, ein Deckungskauf also nicht oder nur mit großen Schwierigkeiten möglich ist.

Er kann dem Vertragspartner eine angemessene (Nach-)Frist zur Bewirkung der Lieferung oder Leistung setzen und dabei ausdrücklich erklären, dass er die Annahme der Leistung nach Ablauf der Frist ablehne.

Lässt der Schuldner daraufhin die Frist ergebnislos ablaufen, kann der Gläubiger Schadensersatz wegen Nichterfüllung verlangen oder vom Vertrag zurücktreten.

Mahnung und Fristsetzung können mit ein- und demselben Schreiben erfolgen. Eine vor der Mahnung gesetzte Frist ist wirkungslos.

Merke: Ohne Ablehnungsandrohung kein Anspruch auf Schadensersatz oder Rücktritt.

Dagegen braucht der Kaufmann, wenn er die Frist setzt, nicht auch noch die genaue Maßnahme – Rücktritt oder Schadensersatzforderung – anzudrohen. Es reicht aus, wenn der Vertragspartner weiß, dass er mit einer Annahme seiner Lieferung oder Leistung nach Ablauf der Frist nicht mehr rechnen kann. Wann und inwieweit die Frist angemessen ist, bestimmt sich nach den Umständen des Einzelfalles. Wird eine unangemessen kurze Frist gesetzt, ist dies nicht wirkungslos; zu laufen beginnt dann allerdings nur eine, notfalls vom Gericht zu bestimmende, angemessene Frist.

Grundsätzlich steht und fällt der Anspruch des Kaufmannes, aus dem Vertrage herauszukommen, mit der angemessenen Nachfrist und ihrem fruchtlosen Ablauf.

Ausnahmsweise hat er Anspruch auch Schadensersatz wegen Nichterfüllung oder Rücktritt, ohne dass er eine Nachfrist gesetzt hat, wenn

- er ein Fixgeschäft vereinbart hat
- die Erfüllung des Vertrages infolge des Verzuges für ihn uninteressant ist
- der Vertragspartner die Erfüllung ernsthaft und endgültig verweigert

Das Fixgeschäft darf nicht mit einem Normalvertrag verwechselt werden, in dem ein Kalendertag als Liefertermin vereinbart wurde. Grundsätzlich macht erst der Zusatz »Fix ...« oder »fix ...« den Handelskauf zum Fixhandelskauf.

> **Merke:** Ein nach dem Kalender bestimmter Liefertermin erspart die Mahnung; ein Fixtermin erspart Mahnung und Nachfristsetzung.

Für die Nachfristalternative wird sich der Kaufmann in der Regel dann entscheiden, wenn ihm ein Deckungskauf ohne weiteres möglich oder wenn ihm aus anderen Gründen, etwa angesichts anderweitiger vorteilhafter Konditionen daran gelegen ist, aus dem Vertrag herauszukommen.

Vertragsstrafe

Ist der Kaufmann auf die Erfüllung des Vertrages durch eben seinen Vertragspartner angewiesen, ist ihm also der Weg einer Nachfristsetzung mit Ablehnungsandrohung verschlossen, wird er nach Möglichkeit versuchen, von Vornherein eine Vertragsstrafe zu vereinbaren. Die Vertragsstrafe, auch Konventionalstrafe oder Pönale genannt, hat im Wesentlichen zwei Funktionen:

- Sie soll dem Kaufmann ein Druckmittel in die Hand geben, das den Vertragspartner zu ordnungsgemäßer Erfüllung anhält.
- Sie soll dem Kaufmann soweit sie reicht, den Nachweis eines Schadens dem Grunde und der Höhe nach ersparen.

Ist also eine Vertragsstrafe vereinbart, muss derjenige, der sie verlangen kann, weder beweisen, dass überhaupt noch in welcher Höhe ihm ein Schaden entstanden ist.

Das Gesetz enthält außerdem zwei weitere wichtige Bestimmungen:

- Gemäß § 339 BGB ist die Vertragsstrafe nur verwirkt, wenn der Schuldner im Verzug ist, also die Verzögerung zu vertreten hat.
- Es kann außer der Vertragsstrafe noch Schadensersatz verlangt werden. Die verwirkte Vertragsstrafe ist auf den Schadensersatz anzurechnen.

Wird statt der Vertragsstrafe eine Schadenspauschale vereinbart, muss der Berechtigte zumindest nachweisen, dass überhaupt ein Schaden entstanden ist.

Der Kaufmann sollte genau überlegen, was er vereinbaren will und seine Wortwahl entsprechend treffen. Ausdrucke wie »Terminsicherungsbetrag« oder »Verzugsentschädigung« können leicht zu Missverständnissen und damit zu zeit- und geldaufwendigen Auseinandersetzungen führen.

> **Merke:** Wird vereinbart, dass neben der Vertragsstrafe weitere Ansprüche ausgeschlossen sind, muss der Kaufmann abwägen, ob der vereinbarte Betrag ausreicht, um den zu erwartenden Verzugsschaden wenigstens annähernd abzudecken.

Wichtig ist noch die Vorschrift des § 341 Abs. 3 BGB. Sie bestimmt, dass der Vertragspartner, der die verspätete Erfüllung vorbehaltlos annimmt, seinen Anspruch auf die Vertragsstrafe verliert.

Schlechtlieferung = Gewährleistungsfälle

12.3 Sachmängelhaftung

Weist der Liefergegenstand einen oder mehrere Sachmängel auf, so entstehen dem Besteller Gewährleistungsansprüche. Die Juristen sprechen in diesen Fällen gelegentlich auch von Schlechtlieferung. Streng genommen gehört die Schlechtlieferung jedoch nicht zu den Leistungsstörungen. Allerdings erweist sie sich für den Kaufmann als mindestens ebenso ärgerlich, so dass sie gedanklich in der Regel zusammen mit den Leistungsstörungen behandelt wird.

Die gesetzlichen Gewährleistungsansprüche unterscheiden sich je nachdem, ob der Kaufmann einen Kaufvertrag (oder Werklieferungsvertrag über eine vertretbare Sache) oder einen Werkvertrag (oder Werklieferungsvertrag über eine nicht vertretbare Sache) abgeschlossen hat.

Bei beiden Vertragsarten entspricht sich aber der Begriff des Sachmangels. Sachmängel können auftreten in Form eines Fehlers oder in der Weise, dass dem Liefergegenstand eine zugesicherte Eigenschaft fehlt.

Fehlerbegriff

Nach der gesetzlichen Definition hat der Liefergegenstand einen Fehler, wenn er in einem Zustand ist, der den Wert oder die Tauglichkeit zu dem gewöhnlichen oder nach dem Vertrag vorausgesetzten Gebrauch aufhebt oder mindert.

Als Fehler kommen nicht nur physische Eigenschaften in Betracht, sondern auch tatsächliche und wirtschaftliche Zustände, die zu einer abwertenden Beurteilung des Liefergegenstandes führen können.

Die zugesicherte Eigenschaft

Dem Kaufmann kommt es in erster Linie darauf an, dass der Liefergegenstand den vertraglich vorausgesetzten besonderen Zweck erfüllt. Hierzu kann es von erheblicher Bedeutung sein, dass er Eigenschaften aufweist, deren Vorhandensein von Bedeutung für die wirtschaftliche Verwendung des Liefergegenstandes ist, sich aber bei Abschluss des Vertrages nicht ohne weiteres feststellen lässt.

Derartige Eigenschaften muss sich der Besteller von seinem Lieferer zusichern lassen. Fehlt dann dem Liefergegenstand die zugesicherte Eigenschaft, so geht die Haftung des Lieferers jedenfalls beim Kaufvertrag (oder Werklieferungsvertrag über eine vertretbare Sache) weiter, als wenn er nur einen Fehler aufweist. Deshalb sind die Anforderungen der Rechtsprechung an die Zusicherung einer Eigenschaft in der Regel streng.

Vertragliche Zusicherung

Die Zusicherung muss vertraglich erfolgen. Allgemeine Anpreisungen zur Förderung des Verkaufsgespräches sind keine Zusicherungen. Allgemein gehaltene Werbung gilt nicht als Zusicherung, jedoch wird die Rechtsprechung zur Werbung schärfer. Enthält die Werbung nachprüfbare oder ins Einzelne gehende Behauptungen, wird sie immer häufiger als vertragliche Zusicherung angesehen und zwar auch dann, wenn sie vom Hersteller stammt, während der Vertrag mit dem Händler abgeschlossen wird. In solchen Fällen muss sich der Händler die Werbung des Herstellers zurechnen lassen.

Die Verwendung von Warenzeichen ist schon deshalb keine Zusicherung, weil es dabei an der notwendigen Bestimmtheit mangelt. Warenzeichen vermitteln im Allgemeinen je nach dem Werbeaufwand, der mit ihnen getrieben wird, eher vage Qualitätsvorstellungen, nicht aber das Versprechen des Inhabers, konkret für bestimmte Eigenschaften der mit dem Warenzeichen versehenen Gegenstände einstehen zu wollen.

> *Merke:* Wer sich eine Eigenschaft zusichern lassen will,
> muss dies im Vertrag deutlich zum Ausdruck bringen.

Leistungsbeschreibung und zugesicherte Eigenschaft

Sehr häufig unterliegen Kaufleute dem Irrtum, eine ausführliche Spezifikation, auf die man sich mit dem Lieferer geeinigt hat, sei bereits die Zusicherung einer Eigenschaft. Sie wundern sich dann, dass der Lieferer im Ernstfall nur wegen eines Fehlers (Abweichung des Liefergegenstandes von der Spezifikation) und nicht für das Fehlen einer zugesicherten Eigenschaft haftet.

Eine noch so exakte Beschreibung des Liefergegenstandes reicht für die Zusicherung einer Eigenschaft nicht aus.

Auch wenn die Spezifikation auf eine DIN-Vorschrift verweist und wenn der Lieferer dies bestätigt, liegt hierin keine Zusicherung einer Eigenschaft.

Der Bundesgerichtshof erkennt die Zusicherung einer Eigenschaft nur dann an, wenn der Lieferer neben der Spezifikation im Vertrag deutlich zum Ausdruck bringt, er wolle für das Vorhandensein der zugesicherten Eigenschaft einstehen und für alle Folgen aufkommen, die sich ergeben können, weil eben die zugesicherte Eigenschaft fehlt.

In Verträgen kennzeichnet man Zusicherungen möglichst durch Wendungen wie »Sie sichern zu ...« »Sie stehen dafür ein ...«. Auch die Vereinbarung einer »Funktions-«, »Material-« oder ähnlich näher spezifizierten »Garantie« wird in der Regel als Zusicherung der in der Garantieklausel näher bezeichneten Eigenschaft gesehen.

> *Merke:* Die noch so ausführliche Spezifikation des Liefergegenstandes im Vertrag und die entsprechende Bestätigung ergeben noch keine Zusicherung.

12.4 Garantie

Das im Wirtschaftsverkehr so beliebte Wort »Garantie« findet sich nicht im Gesetz. Es taucht in unterschiedlichen Zusammenhängen auf, ohne dass sich die Vertragspartner immer über die exakte Bedeutung im Klaren wären. Deshalb ist der Begriff »Garantie« ein fruchtbarer Nährboden für den versteckten Einigungsmangel. Wird er verwendet, muss er definiert werden. Es muss gesagt werden, für was »garantiert« wird und welche Verpflichtungen sich ergeben, wenn die »Garantie« nicht eingehalten wird. Ist dazu nichts gesagt, muss der Begriff ausgelegt werden; über das Ergebnis derartiger Auslegung ließe sich oft ebenso gut eine Münze werfen.

Immer mehr setzt sich allerdings eine Rechtsprechung durch, die in der Verwendung des Wortes »Garantie« die Zusicherung einer Eigenschaft erblickt. Deshalb ist nichts dagegen einzuwenden, wenn im Vertrag statt des Ausdruckes »Sie sichern zu« oder »Sie stehen dafür ein« der Ausdruck »Sie garantieren« verwendet wird. Der Lieferer muss sich dabei allerdings im Klaren sein, dass er damit Gefahr läuft, im Ernstfall in die weiter gehende Haftung für das Fehlen einer zugesicherten Eigenschaft genommen zu werden. Möglich ist aber auch, dass die Rechtsprechung im Wege der Auslegung einen so genannten selbstständigen Garantievertrag annimmt, bei dem sich der Lieferer verpflichtet, für einen wirtschaftlichen Erfolg einzustehen, auch wenn dieser Erfolg noch von anderen Faktoren als von seiner eigenen vertragsmäßigen Leistung abhängt.

> *Merke:* Jeder Kaufmann sollte auf unzweideutige Vertragsgestaltung achten, um mit einer Vertragsauslegung verbundene Risiken zu vermeiden.

12.5 Sachmängelhaftung beim Kaufvertrag

Inhalt der Gewährleistung

Weist der Liefergegenstand einen Fehler (ungünstige Abweichung von der Spezifikation) auf, so hat der Käufer die Wahl: Er kann Rückgängigmachung des Kaufs (Wandlung) oder Herabsetzung des Kaufpreises (Minderung) verlangen.

Fehlt dem Liefergegenstand eine vertraglich zugesicherte Eigenschaft, so gibt es noch eine Wahlmöglichkeit mehr. Der Käufer hat dann die weitere Alternative, Schadensersatz wegen Nichterfüllung zu verlangen, und wird dies auch meistens tun. Sinn und Zweck des nicht immer einfachen Unterfangens, den Lieferer zur Zusicherung einer Eigenschaft zu bewegen, ist es nämlich in der Praxis meistens, für den Ernstfall den Weg zu Schadensersatzansprüchen zu ebnen.

Nachbesserung beim Kaufvertrag sieht das Gesetz nicht vor. Allerdings hat der Gesetzgeber inzwischen die vor allem im kaufmännischen Verkehr immer weiter verbreitete Übung zur Kenntnis genommen, auch beim Kaufvertrag statt der im BGB vorgesehenen Ansprüche auf Wandlung oder Minderung ein Recht auf Nachbesserung vertraglich zu vereinbaren. Der Verkäufer, der sich vertraglich zur Nachbesserung verpflichtet, hat auch die zum Zwecke der Nachbesserung erforderlichen Aufwendungen, insbesondere Transport-, Wege-, Arbeits- und Materialkosten zu tragen.

Voraussetzung für den Gewährleistungsanspruch

Keine Kenntnis des Mangels beim Kaufabschluss

Einen Gewährleistungsanspruch hat der Käufer nur, wenn er durch die Leistung des Verkäufers in seinen berechtigten Erwartungen enttäuscht wird. Wer also eine mangelhafte Sache in voller Kenntnis dieses Mangels erwirbt, dem stehen Gewährleistungsansprüche nicht zu. Ähnliches gilt, wenn dem Käufer der Mangel infolge grober Fahrlässigkeit unbekannt geblieben ist. In diesem Fall haftet aber der Verkäufer auch, wenn er den Mangel arglistig verschwiegen hat.

Unverzügliche Untersuchung und unverzügliche Mängelrüge

Beim Handelskauf muss der Kaufmann, wenn er Gewährleistungsansprüche geltend machen will, einige Hürden nehmen. Es wird von ihm verlangt, dass er die Ware unverzüglich nach ihrer Lieferung untersucht, soweit ihm dies im ordnungsgemäßen Geschäftsgang möglich ist. Zeigen sich bei einer solchen Untersuchung Mängel, so hat er sie dem Lieferer gegenüber unverzüglich zu rügen.

Unverzüglich bedeutet »ohne schuldhaftes Zögern«. Häufig regeln die Kaufleute vertraglich, was sie unter »unverzüglich« verstehen.

Mängel, die bei einer Untersuchung »im ordnungsgemäßen Geschäftsgang« entdeckt werden können, nennt der Kaufmann »offene Mängel«. Mängel, die sich später noch zeigen, werden »verborgene«, »nicht offensichtliche« oder »versteckte« Mängel genannt. Verborgene Mängel müssen erst unverzüglich nach ihrer Entdeckung gerügt werden, jedoch ist dabei zu beachten, dass Gewährleistungsansprüche aus verborgenen Mängeln in denselben kurzen Fristen verjähren, wie die aus offenen Mängeln.

Wird der Mangel nicht unverzüglich gerügt, verliert der Käufer seine Gewährleistungsansprüche.

> *Merke:* Die bei Kaufleuten beliebten Begriffe »offene« und »versteckte« Mängel haben Bedeutung nur, wenn es um die Frage geht, ob die Mängelrüge, die Voraussetzung für den Gewährleistungsanspruch beim Handelskauf ist, rechtzeitig erhoben worden ist oder nicht.

12.6 Sachmängelhaftung beim Werkvertrag

Inhalt der Gewährleistung

Weist das gelieferte Werk einen Fehler auf oder fehlt ihm eine zugesicherte Eigenschaft, hat es also einen Mangel, so ist der Lieferer berechtigt und verpflichtet, den Mangel zu beseitigen.

> *Merke:* Beim Werkvertrag spielt die Unterscheidung zwischen Fehler und Fehlen einer zugesicherten Eigenschaft eine weitaus geringere Rolle als beim Kaufvertrag. Das Werk muss erst dann abgenommen werden, wenn es fehlerfrei ist und alle zugesicherten Eigenschaften aufweist.

Gerät er mit der Beseitigung des Mangels in Verzug, kann der Besteller den Mangel selbst beseitigen lassen und vom Lieferer Ersatz der hierfür erforderlichen Aufwendungen verlangen.

Er kann aber auch dem Lieferer eine angemessene Frist für die Beseitigung des Mangels setzen verbunden mit der Erklärung, dass er jede weitere Nachbesserung nach dem Ablauf der Frist ablehnen werde. Nach ergebnislosem Ablauf der Frist hat er dem Lieferer gegenüber wahlweise einen Anspruch auf Rückgängigmachung des Vertrages (Wandlung) oder Herabsetzung der vereinbarten Vergütung (Minderung). Nachbesserung kann er dann nicht mehr verlangen.

Beruht der Mangel des Werkes auf einem Umstand, den der Lieferer zu vertreten hat, so kann der Besteller statt Wandlung oder Minderung auch Schadensersatz wegen Nichterfüllung verlangen. Die Beweislast dafür, dass er den Mangel nicht zu vertreten hat, liegt beim Lieferer.

Voraussetzungen für den Gewährleistungsanspruch

Gewährleistungsansprüche stehen nur dem schutzwürdigen Besteller zu. Er muss bei der Abnahme des Werkes sorgfältig verfahren. Ergeben sich bei dieser Abnahme Mängel, so muss der Besteller sich, wenn er die Abnahme nicht überhaupt verweigern will, seine Gewährleistungsansprüche wegen dieses erkannten Mangels vorbehalten. Dies geschieht am besten in einem schriftlichen Abnahmeprotokoll.

> *Merke:* Auch Ansprüche, die sich der Besteller im Abnahmeprotokoll vorbehalten hat, unterliegen den kurzen gesetzlichen Verjährungsfristen.

12.7 Die positive Vertragsverletzung

Begriff und Voraussetzung

Kernstück des Vertrages im kaufmännischen Alltag ist die Lieferung und die Zahlung des Kaufpreises. Der Käufer hat Interesse daran, dass der Lieferer seinen vertraglichen Verpflichtungen ordnungsgemäß nachkommt und damit sein, des Käufers Geschäft fördert (Wahrung des Geschäftsinteresses). Tut er das nicht, so hat der Käufer unter bestimmten Voraussetzungen einen Anspruch auf Ersatz des Nichterfüllungsschadens

- beim Kaufvertrag, wenn dem Liefergegenstand eine zugesicherte Eigenschaft fehlt
- beim Werkvertrag, wenn der Lieferer den Sachmangel zu vertreten hat. Dieser Anspruch geht auf Ersatz der unmittelbaren Folgeschäden.

Der Käufer hat außerdem Anspruch darauf, dass der Lieferer ihm gegenüber seine vertraglichen Obhuts- und Sorgfaltspflichten erfüllt und vor allem sein Interesse am schadenfreien Bestand seiner übrigen Rechtsgüter beachtet (Schutz des Bestandsinteresses). Werden diese Rechtsgüter durch den mangelhaften Liefergegenstand verletzt, entsteht so genannter Begleitschaden. Der Käufer kann verlangen, dass ihm dieser Begleitschaden wegen positiver Vertragsverletzung ersetzt wird.

Zu den vertraglichen Obhuts- und Sorgfaltspflichten gehören auch Beratungs- und Auskunftspflichten. Werden sie missachtet, entsteht gleichfalls Anspruch auf Schadensersatz wegen positiver Vertragsverletzung.

Die vielzitierten Väter des BGB hatten vergessen, in diesem Gesetzbuch Regelungen über Schutz und Verletzung des Bestandsinteresses vorzusehen. Aus diesem Grunde ist die positive Vertragsverletzung im Gesetz nirgends erwähnt. Die Lücke wurde erst später entdeckt und durch Richterrecht geschlossen. Dessen ungeachtet ist sie aber bei vielen Vertragsarten der häufigste Anspruchsgrund und kommt auch beim Kauf- und beim Werkvertrag häufig vor. Bei diesen beiden Vertragsarten (sowie beim Werklieferungsvertrag über vertretbare und nicht vertretbare Sachen) richtet sich der Anspruch auf Ersatz der unmittelbaren Folgeschäden, auch Mangelfolgeschäden genannt. Aktive Vorsorge gegen positive Vertragsverletzung kann der Kaufmann in der Regel nicht treffen, da nicht vorauszusehen ist, ob und in welcher Form sie eintritt, und da sich die Haftung ohne weiteres aus dem ungeschriebenen Recht ergibt. Er muss nur darauf achten, ob und auf welche Weise der Lieferer seine Haftung für positive Vertragsverletzung begrenzt. Übliche, aber nach dem AGB-Gesetz so nicht erlaubte Formulierung: »Ansprüche für Schäden, die nicht am Liefergegenstand selbst entstanden sind, bestehen nicht«.

> *Merke:* Für das Fehlen einer zugesicherten Eigenschaft haftet der Lieferer ohne Verschulden, für positive Vertragsverletzung nur bei Verschulden.

Unmittelbare und mittelbare Folgeschäden

Die Abgrenzung zwischen Nichterfüllungsschaden, zu dem auch unmittelbare Folgeschäden gehören, und dem Begleitschaden, der mittelbare Folgeschäden umfasst, ist nicht einfach. Die Rechtsprechung trägt wenig zur Klärung bei. Ihre – verschwommene – Faustregel: Das Geschäftsinteresse wird verletzt, wenn der Schaden eng und unmittelbar mit dem Fehler zusammenhängt – das Bestandsinteresse bei einem entfernten Kausalzusammenhang.

Nach früherer Rechtsprechung verjährten Schadensersatzansprüche aus positiver Vertragsverletzung in der Regelverjährungsfrist von 30 Jahren, während der Anspruch wegen Fehlens einer zugesicherten Eigenschaft nach dem Gesetz innerhalb von sechs Monaten ab Ablieferung oder Abnahme verjährt. Nach neuer Rechtsprechung gilt die kurze Verjährungsfrist jetzt auch für einen beachtlichen Teil der Schadensersatzansprüche aus positiver Vertragsverletzung, nämlich dann, wenn die mittelbaren Schäden in irgendeiner Form auf einen Mangel des Liefergegenstandes zurückzuführen sind.

Dies wird mit der unbestreitbaren Tatsache begründet, dass das Wirtschaftsleben nach schneller Abwicklung von Geschäftsvorfällen verlangt. Dem Lieferer soll eine längere Unsicherheit über etwa noch zu erwartende Ansprüche seines Vertragspartners erspart bleiben.

12.8 Vorgehensweise bei Mängeln

▷ Sie haben sich eine neue Computeranlage gekauft und freuen sich.
▷ Sie haben sich ein neues ERP-System gekauft und freuen sich.
▷ Aber nichts (oder nur einiges) funktioniert!
▷ Der Hardware-Händler behauptet, es liegt an der Software.
▷ Der Software-Händler behauptet, es liegt an der Hardware.
▷ Der Unternehmensberater weiß von nichts!

Was ist zu tun?

Grenzen Sie nach Möglichkeit das Problem ein.

Sind die Fehler und Ursachen eindeutig definiert, setzen Sie den Lieferanten in Verzug.

Sind Soft- und Hardware aus einer Hand, können Sie darauf bestehen, dass die Probleme vom Lieferanten behoben werden.

Sind die Ursachen nicht genau zu ermitteln, bzw. streiten die Lieferanten ihre Verpflichtung der Nachbesserung ab, gibt es zwei Möglichkeiten:

▷ **Möglichkeit A**
Sie engagieren (nach Möglichkeit in Absprache mit dem Lieferanten) einen Sachverständigen, der die Fehlerquellen feststellt und den Verantwortlichen benennt.

▷ **Möglichkeit B**
Sie klagen vor Gericht auf Nachbesserung oder Rücknahme. In diesem Fall wird das Gericht einen Sachverständigen zur Klärung des Sachverhaltes benennen.

> *Aber Achtung:* Vertrauen Sie nur einen **öffentlich bestellten und vereidigten** Sachverständigen!

12.9 Der Sachverständige

Grundsätzlich kann sich jeder »Sachverständiger« nennen. Der Berufszweig ist nicht geschützt. Es gibt jedoch die Möglichkeit, die entsprechend Fachkraft auszusuchen.

Es gibt den öffentlich bestellten und vereidigten Sachverständigen.

Die öffentliche Bestellung erfolgt nur, wenn die besondere Fachkunde und die persönliche Eignung nach eingehender Überprüfung nachgewiesen worden ist. Für diese Überprüfung gibt es besondere überregionale Fachausschüsse, die das hohe fachliche Niveau der öffentlich bestellten Sachverständigen sicherstellen. Öffentlich bestellte Sachverständige sind nach den Vorschriften der Sachverständigen-Ordnung verpflichtet, ihre Gutachten absolut unabhängig und objektiv zu erstatten.

Die öffentliche Bestellung erfolgt durch die Industrie- und Handelskammer und durch die Bezirksregierungen.

Wer ist öffentlich bestellter Sachverständiger?

Nur wer durch eine öffentlich-rechtliche Institution bestellt und vereidigt wurde. Das bedeutet, dass er besondere Sachkunde, Unabhängigkeit, Objektivität und Vertrauenswürdigkeit nachgewiesen hat. Fehlt nur eine dieser Anforderungen, wird der Sachverständige nicht bestellt. Die Bezeichnung Sachverständiger allein bietet keine Gewähr für Qualität, denn sie ist gesetzlich nicht geschützt. Deshalb müssen Qualifikation und persönliche Integrität gesondert geprüft werden, wenn Sachverständige ohne öffentliche Bestellung als sog. selbst ernannte Sachverständige ihre Dienste anbieten. Auch die Anerkennung durch private Sachverständigenvereinigungen kann die öffentliche Bestellung und Vereidigung nicht ersetzen. Nur die öffentliche Bestellung ist die vom Gesetzgeber vorgesehene Auszeichnung besonders qualifizierter Sachverständiger.

Was zeichnet einen öffentlich bestellten Sachverständigen aus?

- **Besondere Sachkunde**
  Nur der öffentlich bestellte Sachverständige muss im offiziellen Bestellungsverfahren einen anspruchsvollen Nachweis über seine besondere Sachkunde führen. Darunter versteht man überdurchschnittliche Fachkenntnisse und Erfahrungen.

- **Vertrauenswürdigkeit**
  Die Zuverlässigkeit und Integrität wird vor der öffentlichen Bestellung überprüft.
- **Objektivität**
  Er wird darauf vereidigt, seine Aufgaben gewissenhaft, weisungsfrei und persönlich zu erfüllen sowie seine Gutachten unparteiisch zu erstatten.
- **Pflicht zur Gutachtenerstattung**
  Er darf Aufträge nur aus wichtigem Grund ablehnen.
- **Schweigepflicht**
  Er muss die ihm bei Ausübung seiner Tätigkeit anvertrauten Privat- und Geschäftsgeheimnisse wahren. Bei unbefugten Verletzungen der Schweigepflicht kann er streng bestraft werden.
- **Überwachung**
  Der Sachverständige wird durch die Stelle, die ihn öffentlich bestellt hat, beaufsichtigt. Sie kann ihm die Bestellung entziehen, wenn er seine Sachverständigenpflichten verletzt.

Wann kann ein öffentlich bestellter Sachverständiger helfen?

Immer, wenn eine unabhängige, fachliche Information oder Beratung benötigt wird, ein Schaden beurteilt, eine Sache bewertet, ein fachlicher Streit außergerichtlich geklärt oder der tatsächliche Zustand eines Gegenstandes zu Beweiszwecken festgestellt werden soll. Rechtsfragen darf der öffentlich bestellte Sachverständige nicht beantworten.

Das Gutachten eines öffentlich bestellten Sachverständigen genießt erhöhte Glaubwürdigkeit. Deshalb bietet es oft die Grundlage für eine gütliche, außergerichtliche Einigung. Als Schiedsgutachter im Auftrag der Parteien kann der Sachverständige Streitfragen außergerichtlich schnell und verbindlich entscheiden.

Im Gerichtsverfahren sollen nach den Prozessordnungen nur öffentlich bestellte Sachverständige beauftragt werden.

Wie muss der Auftraggeber den Sachverständigen unterstützen?

Ist ein Gutachten in Auftrag gegeben, besteht für den Auftraggeber eines Gutachtens nach Werksvertragsrecht meist eine vertragliche Mitwirkungspflicht.

Sie bedeutet, dass er

- alles einschlägige Material zur Verfügung stellt
- alle Informationen weitergibt, die von Bedeutung sind bzw. sein können
- jede erforderliche Besichtigung ermöglicht
- alle notwendigen Untersuchungen durchführen lässt
- alles unterlässt, um den Sachverständigen zu beeinflussen

Kann oder will der Auftraggeber nicht im erforderlichen Umfang mitwirken, weil z.B. bestimmte Tatsachen nicht bekannt werden sollen, ist der Zweck des Auftrags insgesamt in Frage gestellt. Der Sachverständige kann sich in diesem Fall weigern, den Auftrag durchzuführen, weil er nur zur Herstellung eines ordnungsgemäßen Gutachtens verpflichtet werden kann. Der Sachverständige unterliegt zwar einer Schweigepflicht, hat aber im Prozess kein besonderes Aussageverweigerungsrecht.

Was kostet ein Gutachter?

Für die Sachverständigentätigkeit gibt es im DV-Bereich und die Tätigkeit vor Gericht keine Gebührenordnung. Deshalb soll das Honorar vor Auftragsübernahme mit dem Sachverständigen ausgehandelt werden. Die meisten Sachverständigen berechnen ihr Honorar nach den aufgewendeten Stunden. Nebenkosten und Mehrwertsteuer werden in der Regel gesondert berechnet.

Wo bekommen Sie Rat und Hilfe?

Auskunft über öffentlich bestellte Sachverständige erteilen im Wesentlichen die Industrie- und Handelskammern, sowie die Handwerkskammern.

13 Anhang

13.1 Adressenverzeichnis der Software-Anbieter

Adressenverzeichnis der Softwareanbieter, Stand:August 2008

13.1.1 ERP / PPS

PLZ	Firma	homepage	eMail
01099	Dresden Informatik GmbH	www.dresden-informatik.de	info@dresden-informatik.de
01277	IBeeS GmbH	www.ibees.de	info@ibees.de
05716	base4IT AG	www.base4it.com	info@base4it.com
07745	GODYO AG	www.godyo.com	marketing@godyo.com
07745	JENTECH AG	www.zephir.net	sales@jentech.de
08393	N+P Informationssysteme GmbH	www.nupis.de	nupis@nupis.de
09116	CARNET GmbH	www.carnet-gmbh.de	info@carnet-gmbh.de
09120	IFOS software GmbH	www.ifos-soft.de	
10178	PSIPENTA GmbH	www.psipenta.de	info@psipenta.de
10719	ExpandIT Solutions GmbH	www.expandit.de	sales-dach@expandit.com
10785	Applied GmbH & Co. KG	www.aiinformatics.com	marketing@aiinformatics.com
10829	Business-IT-Services BITS GmbH	www.business-it.de	
12623	syspro GmbH	www.sys-pro.de	info@sys-pro.de
19061	Trebing & Himstedt GmbH & Co. KG	www.t-h.de	info@t-h.de
20095	SYSVISION GmbH	www.sysvision.de	info@sysvision.de
20148	VENTAS AG	www.ventas.de	info@ventas.de
20457	action management GmbH	www.action-management.de	office@action-management.de
21423	BW2 Deutschland GmbH	www.businesswideweb.com	deutschland@businesswideweb.com
22297	IBS GmbH	www.ibs.net	ibsinfo@ibs-software.de
22335	VISIONDATA business consult AG	www.visiondata.de	info@visiondata.de
22761	dataplan Gesellschaft mbH	www.dataplan.de	info@dataplan.de
26125	MICOS - Mikro Comp. Systeme GmbH	www.micos.de	info@micos.de
26689	flagranto-Systems Logemann	www.flagranto.de	info@l6a.de
28359	OAS AG	www.regiodata.de	info@regiodata.de

PLZ	Firma	homepage	eMail
28832	SWING Software GmbH	www.swingsoftware.de	info@swingsoftware.de
29525	Wegener Datentechnik GmbH	www.wegener-datentechnik.de	info@wegener-datentechnik.de
30880	CASE Institut GmbH Betriebsstätte	www.case-institut.de	sales@case-institut.de
32312	Meier IT-Connect GmbH	www.meier-itc.de	info@meier-itc.de
32423	GCD GmbH	www.gcd.de	info@gcd.de
33098	DAKODA Software GmbH	www.dakoda.de	infos@dakoda.de
33104	TEAM GmbH	www.team-pb.de	team@team-pb.de
35394	ORDAT GmbH & Co.KG	www.ordat.com	info@ordat.com
35578	Complan & Partner	www.complan.de	software@complan.de
35630	Unternehmensberatung Karl GmbH	www.ubkarl.de	info@ubkarl.de
39108	B.I.M.-Consulting mbH	www.bim-consulting.de	post@bim-consultion.de
39124	SelectLine	www.selectline.de	info@selectline.de
39179	isM integral systemtechnik GmbH	www.ismsystem.de	info@ismsystem.de
40547	QAD Europe GmbH	www.qad.com	
40721	Lawson Software GmbH	www.lawson.com	
40822	SteinhilberSchwehr GmbH	www.steinhilberschwehr.de	
41068	CONPLUS Mittelstandslösungen GbR	www.conplus.biz	webmaster@conplus.biz
41468	LUTZ GmbH	www.lutz.de	info@lutz.de
41564	ams.hinrichs+müller GmbH	www.ams-erp.com	info@ams-erp.com
42719	Gebauer GmbH	www.timeline.info	
44227	SCM Solutions GmbH	www.scmsolutions.de	info@scmsolutions.de
44263	dosit GmbH & Co. KG	www.dosit.de	info@dosit.de
44269	Mega Software GmbH	www.mega-software.de	info@mega-software.de
45307	e.bootis.ag	www.ebootis.de	info@ebootis.de
45356	GFOS GmbH	www.gfos.com	info@gfos.com
45891	GiT - GmbH	www.git.de	info@git.de
46397	BDE GmbH	www.beosys.de	info@beosys.de
47877	ERP4all GmbH	www.erp4all.com	
48155	GWS mbH	www.gws.ms	info@gws.ms
48161	CSG AUPOS	www.aupos.de	
50823	Exact Software GmbH	www.exactinternational.com	info@exactinternational.com
50933	Kissels Software GmbH	www.kissels.de	info@kissels.de
50968	GUS Group AG & Co.KG	www.guskoeln.de	info@guskoeln.de
51399	GüntherBusiness Solution GmbH	www.guenther-dv.de	vertrieb@guenther-bs.de
51427	Heuser Datenbank-Applikationen	www.myhda.de	vertrieb@myhda.de
51429	ARM GmbH	www.arm.de	ablex@arm.dot.de

PLZ	Firma	homepage	eMail
52511	CSB-System AG	www.csb-system.com	info@csb-system.com
52531	AS/point GmbH	www.aspoint.de	info@aspoint.de
53227	Phoenix Software GmbH	www.phoenixsoftware.de	info@phoenixsoftware.de
53340	TETRA Computersysteme GmbH	www.tetra-software.de	mail@tetra-software.de
53340	CBG Informatik GmbH	www.cbg-gmbh.de	kbold@cbg-gmbh.de
53797	RIKOM GmbH	www.rikom.com	rikom@rikom.com
54329	INTEGRIS GmbH	www.integris.de	integris@integris.de
55129	godesys AG	www.godesys.de	info@godesys.de
55774	!AlfsIT GmbH	www.alfsit.de	info@alfsit.de
56068	OGS GmbH	www.ogs.de	info@ogs.de
56070	Vectotax Software GmbH	www.vectotax.de	info@vectotax.de
56410	KEC Computerssysteme GmbH	www.kec.de	info@kec.de
56428	iTAC Software AG	www.itacsoftware.de	contact@itac.de
57080	FW Software Entwicklung GmbH	www.srz-gmbh.de	
57439	3S GmbH	www.3s-erp.de	hallo@3s-erp.de
58097	COPPS COP-Porcher	www.copps-porcher.de	info@copps-porcher.de
59439	ViewSystems GmbH	www.viewsystems.de	info@viewsystems.de
59457	ORGAPLAN GmbH	www.orgaplan-info.de	uwulf@orgaplan-info.de
59759	Pater & Co. GmbH	www.pater-co.de	info@pater-co.de
60314	Epicor Software Deutschland GmbH	www.epicor.com	
60386	Skill COMMERCIAL GmbH	www.commercial-it.de	info@commercial-it.de
60439	Sage Software GmbH & Co. KG	www.sage.de	info@sage.de
61137	VD Volz Datenverarbeitung GmbH	www.volz.com	kontakt@volz.com
63150	imc consulting gmbh	www.i-m-c.de	info@i-m-c.de
63263	UBL Informationssysteme GmbH	www.ubl-is.de	info@ubl-is.de
64354	senex GmbH	www.senex.de	info@senex.de
64646	NTS Industrial Solutions GmbH	www.nts-software.de	info@nts-software.de
64646	ASL GmbH	www.asl-systemhaus.de	info@asl-systemhaus.de
65205	INTRAPREND GmbH	www.intraprend.de	info@intraprend.de
65439	BfI Beratungsgesellschaft mbH	www.bfigmbh.de	info@bfigmbh.de
65760	KL-systems Koch-Löffelholz GmbH	www.klsys.de	kl@klsys.de
66111	FIStec AG	www.fistec.de	info@fistec.de
66299	Infor Global Solutions AG	www.infor.de	
66359	SIGMATECH GmbH	www.sigmatech.de	mail@sigmatech.de
66636	Media Soft GmH	www.media-soft.com	info@media-soft.com
67346	sib Speyer GmbH	www.sib.de	planos@sib.de

PLZ	Firma	homepage	eMail
67685	proAlpha Software AG	www.proalpha.de	info@proalpha.de
68219	Parkstreet GmbH	www.parkstreet.de	
68723	SOU Systemhaus GmbH & Co. KG	www.sou.de	info@sou.de
69190	SAP Deutschland AG & Co. KG	www.sap.de	info.germany@sap.com
70469	Avista GmbH & Co. KG	www.avista-erp.de	info@avista-erp.de
70565	amapolis IT Services GmbH	www.amapolis.com	infobox@amapolis.com
70736	GFP GmbH & Co. KG	www.gfp.de	info@gfp.de
70771	COMTRI GmbH Informationssysteme	www.comtri.de	info@comtri.de
71063	Harry Schmidt & Partner GmbH	www.propas.de	verkauf@propas.de
71065	CATUNO GmbH	www.catuno.de	info@catuno.de
71229	SoftBrands Deutschlnd GmbH	www.softbrands.de	info.de@softbrands.com
71701	PARITY Software GmbH	www.parity-software.com	info@parity-software.com
72336	WEGASOFT GmbH	www.wegasoft.de	info@wegasoft.de
73560	BFZ GmbH	www.bfz-schuster.de	info@bfz-schuster.de
73568	EVO GmbH	www.evo-solutions.com	info@evo-solutions.com
73730	blp Software GmbH	www.blp.de	vertrieb@blp.de
73760	PLANAT GmbH	www.planat.de	rsoftware@planat.de
74232	Steeb Anwendungssysteme GmbH	www.steeb.de	steeb.service@sap.com
74360	PORTOLAN GmbH	www.portolancs.com	info@portolancs.com
74379	SysLog GmbH	www.syslog.de	info@syslog.de
75177	beas GmbH	www.beas.de	info@beas.de
76133	boost-IT GmbH & Co KG	www.boost-it.biz	
76135	ABAS Software AG	www.abas.de	info@abas.de
76135	HUNKLER GmbH & Co. KG	www.hunkler.de	info@hunkler.de
76137	Industrial Application GmbH	www.canias.de	vertrieb@iascon.de
76151	AP Automation + Productivity AG	www.ap-ag.com	info@ap-ag.com
76275	oxaion ag	www.oxaion.de	info@oxaion.de
76297	ISU GmbH	www.isu-gmbh.de	info@isu-gmbh.de
76327	Pickert & Partner GmbH	www.pickert.de	info@pickert.de
76829	Demand Software Solutions GmbH	www.demandsoftware.de	info@demandsoftware.de
77761	EDV Beratung Wess GmbH	www.weissedv.de	vertrieb@weissedv.de
77933	Schempp edv GmbH	www.schrempp-edv.de	info@schrempp-edv.de
78048	APS delta GmbH	www.aps-delta.de	issos@aps-delta.de
78052	Sage bäurer GmbH	www.sagebaeurer.de	info@sagebaeurer.de
78333	Nissen & Velten Software GmbH	www.nissen-velten.com	
78549	UB-SOFTWARE GmbH	www.ub-software.de	info@ub-software.de

PLZ	Firma	homepage	eMail
79108	Cosinus Informationssysteme GmbH	www.cosinus.com	
79110	Trend SWM GmbH & Co. KG	www.trendswm.de	info@trendswm.de
79206	BSK GmbH	www.bsk-software.de	
79227	OSY-GmbH	www.osy.com	info@osy.com
80331	Dontenwill GmbH	www.dontenwill.de	info@dontenwill.de
80538	KINAMU Deutschland GmbH	www.kinamu.de	office@kinamu.com
80686	BEOS GmbH	www.beos-software.de	info@beos-software.de
80992	SoftM Software und Beratung AG	www.softm.com	info@softm.com
81245	Axxom Software AG	www.axxom.com	info@axxom.com
82008	Helium V ERP Systeme GmbH	www.heliumv.de	sales@heliumv.com
82110	Step Ahead AG	www.sepahead.info	info@stepahead.de
82205	FAUSER AG	www.fauser.de	vertrieb.nord@fauser-ag.de
82223	Softwarehaus SNAJDR	www.snajdr.de	vsn@snajdr.de
82377	CoFin Beratungsgesellschaft mbH	www.controlfinance.de	peter.rodinger@controlfinance.de
82515	PITSS GmbH	www.pitss.com	vertrieb@pitss.de
82515	EDV-Beratung Jungebluth	www.yenova.de	info@yenova.com
83209	Lange & Fendel Software GmbH	www.las-software.com	
84032	IT IS AG	www.itis.de	kontakt@itis.de
85235	Geovision GmbH & Co. KG	www.geovision.de	info@geovision.ede
85521	TOPIX Informationssysteme AG	www.topix.de	info@topix.de
85716	SoftBASE Deutschland GmbH	www.softbase.de	info@softbase.de
85748	datega GmbH	www.datega.com	contact@datega.com
85774	Agresso GmbH	www.agresso.de	info@agresso.de
86492	Blauhut & Partner GmbH	www.procos.de	bup@procos.de
86757	Hilmer Software GmbH	www.hilmer-software.de	
86899	COMED GmbH	www.comed.de	info@comed.de
87656	Mutare Software GmbH	www.mutare-software.de	gl@mutare-software.de
88255	Ametras Oboe GmbH	www.ametras-oboe.com	info@ametras-oboe.com
88630	ESCAD Solutions GmbH	www.escad-solutions.de	
88682	Pfister und Weishaupt GmbH	www.asb-salem.de	message@asb-salem.de
89073	Lx-System Holger Lindemann	www.lx-system.de	info@lx-system.de
89134	BOSS + LINDENMANN GbR	www.b-u-l.de	info@b-u-l.de
89331	Geri EDV-Organisation GmbH	www.geri.de	kontakt@geri.de
90409	R.S. CONS. & SOFTWARE GMBH	www.rscons.de	support@rscons.de
90411	amball business-software	www.amball.de	info@amball.de
90443	Faust Technologies GmbH	www.faust-technologies.de	

PLZ	Firma	homepage	eMail
90453	ELDICON Systemhaus GmbH	www.eldicon.de	info@eldicon.de
90459	NORIS Ingenieurbüro GmbH	www.noris-ib.de	info@noris-ib.de
90489	Sünkel & Partner Software GmbH	www.suenkel-partner.de	sps@suenkel-partner.de
90513	Pentaprise GmbH	www.pentaprise.de	info@pentaprise.de
90607	ascara Software GmbH	www.ascara.de	info@ascara.de
91058	IFS Deutschland GmbH & Co. KG	www.ifsworld.com	ifs@ifsde.com
91126	DATA-SOFT GmbH	www.data-soft.de	info@data-soft.de
92348	CSA GmbH	www.csa-gmbh.com	info@csa-gmbh.com
92431	FEE GmbH	www.fee-systemhaus.de	contact@fee.de
92533	komMA Software AG	www.komma-software.com	info@komma-software.com
92637	HKS-Systems GmbH	www.hks-systems.de	info@hks-systems.de
95326	update Solution AG	www.updateag.de	info@updateag.de
95445	SYNERPY GmbH	www.synerpy.de	info@synerpy.de
96342	GSD Software mbH	www.gsd-software.com	info@gsd-software.com
96450	seat-1 Software GmbH	www.seat-1.de	info@seat-1.de
96515	PC-BÜRO Stender	www.pc-buero.de	info@pc-buero.de
97222	CS Component Studio GmbH	www.component-studio.de	info@component-studio.de
97950	H+S Software-Systeme GmbH	www.century-line.de	info@hs-software-systeme.de
99425	r.z.w. cimdata AG	www.rzw.de	info@rzw.de
99610	Mitan Wirtschaftssoftware AG	www.mitan.de	kontakt@mitan.de
A-1234	Data Systems Austria AG & Co KG	www.datasystems.at info@datasystems.at	
A-1220	PCS IT-Trading GmbH	www.pcs-it.at	office@pcs-it.at
A-1190	SIS Datenverarbeitung GmbH	www.sisworld.com	office@sisworld.com
A-1021	SAP Österreich GmbH	www.sap.at	info.austria@sap.com
A-1010	agamiSystems e.U.	www.agami.at	
A-3001	MESONIC GmbH	www.mesonic.com	info@mesonic.com
A-4533	IGS GmbH & Co. KG	www.igs.at	igs@igs.at
A-5020	Ramsauer & Stürmer Software GmbH	www.rs-soft.com	office@rs-soft.com
CH-3422	modan software ag	www.modan.ch	modan@modan.ch
CH-4020	Systems Ltd.	www.ramco.ch	info@ramco.ch
CH-4054	Fulsoft AG	www.fulsoft.ch	info@fulsoft.ch
CH-4433	Informing AG	www.informing.ch	info@informing.ch
CH-6210	Bison Schweiz AG	www.bison-group.com	mail@bison-group.com
CH-6340	Schweiz AG	www.sageschweiz.ch	info@sageschweiz.ch
CH-8037	Mor Informatik AG	www.mor.ch	info@mor.ch
CH-8105	ADV INFORMATIK AG	www.adv-info.ch	info@adv.ch

PLZ	Firma	homepage	eMail
CH-8330	COPAL LOGTRAIN Systems GmbH	www.copal.ch	info@copal.ch
CH-8603	Lobos Informatik AG	www.lobos.ch	info@lobos.ch
CH-8604	DATISCA AG	www.datisca.ch	info@datisca.ch
CH-9301	Research AG	www.abacus.ch	info@abacus.ch
CH-9434	HEEB AG Software	www.heeb.com	

13.1.2 Fertigungsplanung; Fertigungssteuerung

PLZ	Firma	homepage	eMail
01099	InQu Informatics GmbH	www.inqu.de	office@inqu.de
01277	IBeeS GmbH	www.ibees.de	info@ibees.de
06217	OR Soft Jänicke GmbH	www.orsoft.de	
10178	comtas software consulting GmbH	www.comtas.de	info@comtas.de
10178	PSI AG	www.psi.de	info@psi.de
22335	ALPHA COM Deutschland GmbH	www.alpha-com.de	info-hamburg@alpha-com.de
30419	GTT GmbH	www.gtt-online.de	gtt@gtt-online.de
31137	MCL GmbH	www.mcl-lukat.de	Lukat@aol.com
32584	Friedrich REMMERT GmbH	www.remmert.de	info@remmert.de
33311	arvato systems Technologies GmbH	www.as-T.biz	info@as-t.biz
33334	MODUS Consult AG	www.modusconsult.com	info@modusconsult.com
34123	LEiTEC GmbH	www.leitec-automation.de	info@leitec-automation.de
41066	STECO GmbH	www.steco.org	post@steco.org
41836	factory solutions GmbH	www.factory-solutions.com	info@factory-solutions.com
42929	Prodatic EDV-Konzepte GmbH	www.prodatic.com	prodatic@prodatic.com
44227	SDZ GmbH	www.sdz.de	info@sdz.de
44787	Software Technology DE AG	www.technology.de	info@technology.de
51427	Heuser Datenbank-Applikationen	www.myhda.de	vertrieb@myhda.de
51645	CompetenceWare IT Serv. GmbH & Co.	www.competenceware.de	info@competenceware.de
52062	EXAPT Systemtechnik GmbH	www.exapt.de	info@exapt.de
52074	CIM GmbH	www.cim-aachen.de	info@cim-aachen.de
52074	o-b-s GmbH	www.o-b-s.de	info@o-b-s.de
52076	INFORM GmbH	www.inform-ac.com	info@inform-ac.com
52249	FLS GmbH & Co. KG	www.fls.de	info@fls.de
53111	UBR Reetmeyer GmbH	www.ubr.de	info@ubr.de
54455	FELTEN GmbH	www.feltengmbh.de	heike.haubs@feltengmbh.de
55129	godesys AG	www.godesys.de	info@godesys.de

PLZ	Firma	homepage	eMail
55129	ORGA-SOFT GmbH	www.orga-soft.de	
56203	IBS AG	www.ibs-ag.de	info@ibs-ag.de
59368	X-Team GmbH	www.x-team-gmbh.de	kontakt@x-team.de
63263	Sescoi GmbH	www.sescoi.de	info@sescoi.de
63500	innomation GmbH	www.innomation.de	mailbox@innomation.de
63571	DLS Dynamic Logistics Systems GmbH	www.dls-planung.de	info@dls-planung.de
67685	proALPHA Software AG	www.proalpha.de	info@proalpha.de
69469	Freuenberg IT KG	www.freudenberg-it.com	info@freudenberg-it.com
70176	LF CONSULT GmbH	www.lfconsult.de	ulrich.faerber@lconsult.de
70180	becos GmbH	www.becos.de	info@becos.de
71034	Hewlett-Packard GmbH	www.hp.com/de	firmen.kunden@hp.com
71701	PARITY Software GmbH	www.parity-software.com	info@parity-software.com
72760	tisoware Gesellschaft für Zeitwirtschaft	www.tisoware.com	info@tisoware.com
74821	MPDV Mikrolab GmbH	www.mpdv.de	info@mpdv.de
75328	OPUS EDV-Consulting GmbH	www.opusedv.com	duerr@opusedv.de
76229	HBF Dr. Bauer KG	www.hbf-leitstand.de	hbf.plantafel@t-online.de
76275	Silverstroke AG Softlab Group	www.silverstroke.de	info@silverstroke.com
76297	abilis GmbH	www.abilis.de	info(@)abilis.de
76316	3RS GmbH & Co. KG	www.3rs.de	info@3rs.de
76846	SoftENGINE GmbH	www.softengine.de	info@softengine.de
79110	2i Industrial Informatics GmbH	www.2igmbh.de	info@2igmbh.de
80686	Wassermann AG	www.wassermann.de	info@wassermann.de
80992	SoftM Software und Beratung AG	www.softm.com	info@sotm.com
81379	SEKAS GmbH	www.sekas.de	info@sekas.de
82194	ORGA-SOFT GmbH	www.orgasoft.de	info@orgasoft.de
82205	FAUSER AG	www.fauser.de	vertrieb.nord@fauser-ag.com
82256	SOREDI GmbH	www.soredi-software.com	info@soredi-software.com
84489	Simmeth System GmbH	www.simmeth.net	info@simmeth.net
85521	COPA-DATA GmbH	www.copadata.de	sales@copadata.de
85560	COSCOM Computer GmbH	www.coscom.de	info@coscom.de
85609	Wonderware GmbH	www.wonderware.de	info@wonderware.de
90453	ELDICON Systemhaus GmbH	www.eldicon.de	info@eldicon.de
91058	IFS GmbH & Co. KG	www.ifsde.com	
96132	ITTrade Ltd.	www.ittrade.info	
97218	EBBINGHAUS TEAM GMBH	www.tradeware.de	thomas.ebbinghaus@tradeware.de

PLZ	Firma	homepage	eMail
97828	GTI-process AG	www.gti-process.de	info@gti-process.de
A-1190	Datenverarbeitung GmbH	www.sisworld.com	office@sisworld.co
A-1120	NAVAX Consulting AG	www.navax.at	
CH-8604	DATISCA AG	www.datisca.ch	info@datisca.ch

13.1.3 Arbeitsvorbereitung

PLZ	Firma	homepage	eMail
27283	adata Software GmbH	www.adata.de	software@adata.de
30827	OP&S Software GmbH	www.ie-center.de	info@ie-center.de
64807	WIFAS GmbH	www.wifas.de	wifas@wifas.de
86971	Mirakon System Consulting GmbH	www.mirakon.de	information@mirakon.de

13.1.4 Betriebsdatenerfassung

PLZ	Firma	homepage	eMail
01099	InQu Informatics GmbH	www.inqu.de	office@inqu.de
22607	Qurius Deutschland	www.qurius.com	info.de@qurius.com
30827	OP&S Software GmbH	www.ie-center.de	info@ie-center.de
32547	EDV Studio ALINA GmbH	www.alina.de	info@alina.de
41468	LUTZ Büro- und Datentechnik GmbH	www.lutz.de	info@lutz.de
42289	BIT Solution GmbH	www.b-solution.de	
44263	DRIGUS GmbH	www.drigus.de	info@drigus.de
47877	ATLAN-tec GmbH	www.atlan-tec.com	info@atlan-tec.com
51427	Heuser Datenbank-Applikationen	www.myhda.de	vertrieb@myhda.de
55131	n-Tier construct GmbH	www.n-tier.de	info@n-tier.de
59067	ROWICOM GmbH	www.rowicom.de	info@rowicom.de
59368	X-Team GmbH	www.x-team-gmbh.de	kontakt@x-team.de
59519	Breitenbach GmbH	www.bb-sw.de	verwaltung@bb-sw.de
60314	Daenet - GmbH	www.daenet.de	info@daenet.de
63128	Motorola GmbH & Co. KG	www.motorola.com	
63500	ATAS GmbH	www.atas.de	info@esab-atas.de
64285	Wolf & Jostmeyer	www.time-info.de	info@time-info.de
69469	Freudenberg IT KG	www.freudenberg-it.com	info@freudenberg-it.com
69493	all4time AG	www.all4time.de	info@all4time.de
70180	becos GmbH	www.becos.de	info@becos.de
70563	CCC Computer Cifer GmbH	www.online-ccc.de	info@online-ccc.de

PLZ	Firma	homepage	eMail
70567	HAUK & SASKO GmbH	www.hauk-sasko.de	post@hauk-sasko.de
70794	ASOPA Filderstadt GmbH & Co. KG	www.asopa-fil.de	info@asopa-fil.de
72760	tisoware GmbH	www.tisoware.com	info@tisoware.com
73087	UCI Software GmbH	www.uci.de	info@uci.de
74821	MPDV Mikrolab GmbH	www.mpdv.de	info@mpdv.de
76149	Dr. Thomas + Partner GmbH	www.tup.com	infoka@tup.com
76316	3RS GmbH & Co. KG	www.3rs.de	jgr@3rs.de
82205	FAUSER AG	www.fauser.de	info@fauser-ag.com
88436	All for One Systemhaus AG	www.all-for-one.de	info@all-for-one.de
89081	Wilken GmbH	www.wilken.de	w@wilken.de
92637	HKS-Systems GmbH	www.hks-systems.de	info@hks-systems.de
97828	GTI-process AG	www.gti-process.de	info@gti-process.de
A-1020	VCI Consulting GmbH	www.vci-consulting.com	

13.1.5 Fertigungsauftragsverwaltung

PLZ	Firma	homepage	eMail
73087	UCI Software GmbH	www.uci.de	info@uci.de
74821	MPDV Mikrolab GmbH	www.mpdv.de	info@mpdv.de
76337	Scanpoint Deutschland GmbH	www.scanpoint.eu	post@scanpoint.eu
78333	Nissen & Velten Software GmbH	www.nissen-velten.com	info@nissen-velten.de

13.1.6 Kapazitätsplanung

PLZ	Firma	homepage	eMail
71229	Rillsoft GmbH	www.rillsoft.de	info@rillsoft.de
76135	ABAS Software AG	www.abas.de	info@abas.de

13.2 Was ist auf der CD-ROM?

Auf der beiliegenden CD-ROM befinden sich folgende Programme und Unterlagen:

▸ Software-Hersteller-Datenbanken

▸ Checklisten und Fragebögen

▸ ERP/PPS-System F@MILIY

- ERP-/PPS-System ABS®
- INTRAPRENT WWS/PPS-MANAGER

Informationsblätter der ERP-Programme Yenova Business Suite 2008, ascara und seat-1

Nachfolgend die jeweiligen Installationsinformationen.

Sollten Sie hierzu noch Fragen haben, rufen Sie mich bitte an:

Volker Jungebluth

Untermarkt 37

82515 Wolfratshausen

Tel.: 08171/968515

eMail: Volker@Jungebluth.de

13.2.1 Software-Hersteller-Datenbanken

Auf der CD-ROM befinden sich die Software-Hersteller-Datenbanken für die Bereiche BDE, ERP, Fertigungsauftragsverwaltung, Kapazitätsplanung und Fertigungssteuerung.

Die Firmenmaske beinhaltet die Felder:

- Produktname
- Firma
- Straße
- Postleitzahl
- Ort
- Telefonnummer
- Ansprechpartner
- FAX
- eMail-Adresse
- homepage-Adresse

Diese Felder können nach verschiedenen Kriterien sortiert werden. Eine individuelle Bearbeitung der Datensätze und -felder ist möglich.

Um die Datenbank-Dateien aufrufen zu können, benötigen Sie die freeware-Datenbank *DataTron7.2*.

Diese Datenbank müssen Sie vom Internet herunterladen und installieren. Dies ist ganz einfach:

1. Öffnen Sie Ihr Internet.
2. Geben Sie die Internetadresse **http://www.datatron.de/** ein und
3. downloaden und installieren Sie das freeware-Programm. Das Programm ist kostenlos.

Fertig! Sie können nun mit den vorhandenen Datenbanken arbeiten.

13.2.2 Checklisten

Auf der beiliegenden CD-ROM befinden sich alle Checklisten und Fragebögen dieses Buches. Alle diese Listen können Sie mit Microsoft Word bearbeiten.

1. Kopieren Sie den Ordner CHECKLISTEN von der CD-ROM in ein Verzeichnis Ihrer Wahl.
   Sie können nun die Checklisten lesen. Wollen Sie die Checklisten bearbeiten, klicken Sie die gewünschte Checkliste mit der rechten Maustaste an.
2. Gehen Sie auf den Punkt EIGENSCHAFTEN (linke Maustaste).
3. Entfernen Sie das Attribut SCHREIBGESCHÜTZT.
4. Rufen Sie die Checkliste mit Doppelklick auf.

13.2.3 ERP-/PPS-Programm F@mily

Auf der beiliegenden CD-ROM befindet sich das Handbuch des Programms F@mily.

1. Kopieren Sie den Ordner ERP-/PPS-Programm F@mily in ein Verzeichnis Ihrer Wahl oder rufen Sie ihn direkt von der CD-ROM aus auf.
2. Klicken Sie den Button mit dem Fragezeichen (F@mily-Handbuch) an.

13.2.4 ERP-/PPS-Programm ABS®

Auf der beiliegenden CD-ROM befindet sich das Kurzhandbuch des Programms ABS®.

Im Ordner ERP-PPS-ABS können Sie das HTML-Dokument START anklicken. Sie werden dann menügeführt weitergeleitet.

13.2.5 INTRAPREND WWS/PPS-MANAGER

Die Testlizenz lässt sich schnell und einfach installieren und deinstallieren.

Zum Installieren der Testlizenz legen Sie bitte die beiliegende CD-ROM in das richtige Laufwerk ein. Der Installationsprozess startet, wenn Sie doppelt auf INSTALL.EXE klicken. Dabei wird geprüft, ob der MS Information Server aktiv ist. Wenn nein, wird automatisch der Apache Server installiert.

Bitte bestätigen Sie die Abfragen des Installationsprozesses ordnungsgemäß. Weitere Hinweise finden Sie im Dokument README auf der Installations-CD.

13.2.6 Auflistung der Artikelstammdaten aus dem Übungsbeispiel Kugelschreiber

(100) Kugelschreiber weiß mit Firmenlogo blau	
Ausführungstext oder -nummer	Druck 1/1-farbig
Artikelart	(3) Eigenfertigung
Mengeneinheit	(1) Stück
Suchbezeichnung/Artikelname	Kugelschreiber weiß mit Firmenlogo blau
(110) Kugelschreiber weiß	
Ausführungstext oder -nummer	ohne Aufdruck
Artikelart	(3) Eigenfertigung
Mengeneinheit	(1) Stück
Suchbezeichnung/Artikelname	Kugelschreiber weiß

(120) Schaft-weiß	
Ausführungstext oder -nummer	bedruckbar
Artikelart	(3) Eigenfertigung
Mengeneinheit	(1) Stück
Suchbezeichnung/Artikelname	Schaft weiß

(130) Griff-weiß	
Ausführungstext oder -nummer	geriffelt
Artikelart	(3) Eigenfertigung
Mengeneinheit	(1) Stück
Suchbezeichnung/Artikelname	Griff weiß

(140) Farbe-blau	
Ausführungstext oder -nummer	blau für Siebdruck geeignet
Artikelart	(1) Bestellw-/Material/Fremdl.
Mengeneinheit	(14) g
Suchbezeichnung/Artikelname	Farbe blau

(150) Granulat-weiß	
Ausführungstext oder -nummer	fein weiß
Artikelart	(1) Bestellw-/Material/Fremdl.
Mengeneinheit	(14) g
Suchbezeichnung/Artikelname	Granulat-weiß

(200) Metallspitze	
Ausführungstext oder -nummer	Edelstahl nicht rostend
Artikelart	(3) Eigenfertigung
Mengeneinheit	(1) Stück
Suchbezeichnung/Artikelname	Metallspitze

(210) Kugelschreiberfeder	
Ausführungstext oder -nummer	vernickelt
Artikelart	(1) Bestellw-/Material/Fremdl.
Mengeneinheit	(1) Stück
Suchbezeichnung/Artikelname	Kugelschreiberfeder

(220) Mine	
Ausführungstext oder -nummer	Mine-blau
Artikelart	(1) Bestellw-/Material/Fremdl.
Mengeneinheit	(1) Stück
Suchbezeichnung/Artikelname	Mine

(230) Drücker	
Ausführungstext oder -nummer	Kunststoff
Artikelart	(1) Bestellw-/Material/Fremdl.
Mengeneinheit	(1) Stück
Suchbezeichnung/Artikelname	Drücker

(240) Metallclip	
Ausführungstext oder -nummer	Edelstahl nichtrostend
Artikelart	(1) Bestellw-/Material/Fremdl.
Mengeneinheit	(1) Stück
Suchbezeichnung/Artikelname	Metallclip

(250) Endmontage	
Ausführungstext oder -nummer	
Artikelart	(2) Leistungen
Mengeneinheit	(10) Minuten
Suchbezeichnung/Artikelname	Endmontage

(260) bedrucken

Ausführungstext oder -nummer	
Artikelart	(2) Leistungen
Mengeneinheit	(10) Minuten
Suchbezeichnung/Artikelname	bedrucken

(270) spritzen

Ausführungstext oder -nummer	
Artikelart	(2) Leistungen
Mengeneinheit	(10) Minuten
Suchbezeichnung/Artikelname	spritzen

(280) tiefziehen

Ausführungstext oder -nummer	
Artikelart	(2) Leistungen
Mengeneinheit	(10) Minuten
Suchbezeichnung/Artikelname	tiefziehen

(290) Stahlband

Ausführungstext oder -nummer	kaltgewalzt
Artikelart	(1) Bestellw-/Material/Fremdl.
Mengeneinheit	(14) g
Suchbezeichnung/Artikelname	Stahlband

(300) Kugelschreiber schwarz mit Firmenlogo weiß

Ausführungstext oder -nummer	Druck 1/1-farbig
Artikelart	(3) Eigenfertigung
Mengeneinheit	(1) Stück
Suchbezeichnung/Artikelname	Kugelschreiber schwarz mit Firmenlogo weiß

(310) Kugelschreiber schwarz	
Ausführungstext oder -nummer	ohne Aufdruck
Artikelart	(3) Eigenfertigung
Mengeneinheit	(1) Stück
Suchbezeichnung/Artikelname	Kugelschreiber schwarz
(320) Schaft-schwarz	
Ausführungstext oder -nummer	bedruckbar
Artikelart	(3) Eigenfertigung
Mengeneinheit	(1) Stück
Suchbezeichnung/Artikelname	Schaft schwarz
(330) Griff-schwarz	
Ausführungstext oder -nummer	geriffelt
Artikelart	(3) Eigenfertigung
Mengeneinheit	(1) Stück
Suchbezeichnung/Artikelname	Griff schwarz
(340) Farbe-blau	
Ausführungstext oder -nummer	weiß für Siebdruck geeignet
Artikelart	(1) Bestellw-/Material/Fremdl.
Mengeneinheit	(14) g
Suchbezeichnung/Artikelname	Farbe weiß
(350) Granulat-schwarz	
Ausführungstext oder -nummer	Kunststoffgranulat aus Polyvinylchlorid fein schwarz
Artikelart	(1) Bestellw-/Material/Fremdl.
Mengeneinheit	(14) g
Suchbezeichnung/Artikelname	Granulat-schwarz

13.3 Literaturverzeichnis

- ACHERT, W.: Objektorientierte Softwareentwicklung, München 1997
- AEIB, D.: Zeitsprung 2000, München/Wien 1998
- EVERSHEIM: Prozessorientierte Unternehmensorganisation, Berlin 1995
- DGM: Musterpflichtenheft, München 1993
- GEITNER, U. W.: PPS-Marktübersicht, Ramseck 1997
- GEITNER, U. W.: Betriebsinformatik für Produktionsbetriebe, München 1992
- GRUPP, B.: Das DV-Pflichtenheft zur optimalen Softwarebeschaffung, Bonn 1999
- HEIDEN/FRÖLICH/HEYDEMANN: IT-Projektmanagement, Köln 2004
- KOPP, Dr. B.: Computer Lexikon, Niedernhausen, 1992
- LETTAU/HAHN: Das Webpflichtenheft, Köln 2004
- REFA: Methodenlehre der Planung und Steuerung, München, 1995
- RITTER, B.: Keine Angst vor PPS, Köln 1993
- RITTER, B.: Produktionsplanung und Steuerung auf PC, München 1991
- RITTER, B.: Fertigungsorganisation – leicht gemacht, Köln 1993
- RITTER, B.: Das ERP-Pflichtenheft, Köln 2001–2005
- SCHEER, A.W.: CIM-Strategie als Teil der Unternehmensstrategie, Köln, 1993
- SÖBING, T.: Handbuch IT-Outsourcing, Köln 2003
- WEKA: Aktuelle Musterpflichtenhefte für alle kaufmännischen Unternehmensbereiche, Augsburg, 1992
- WEKA: Aktuelle Musterpflichtenhefte für alle technischen Unternehmensbereiche, Augsburg, 1992
- WIENDAHL, H.-P.: Analyse und Neuordnung der Fabrik, Köln, 1993

Index

A
Adressenverzeichnis der Software-Anbieter 637
Anbieterauswahl 335
Anbieterbewertung 338
Anforderungen 90
Anforderungsanalyse 82
Anforderungskatalog Software 150
Anforderungsprofil 90
Anforderungsprofil PPS 165
Angebotsprüfung 287
    kaufmännische 289
    technische 288
Angebotsvergleich 333
Anwendungsbeispiel – Kugelschreiber 577
Arbeitspläne 50
Arbeitsunterlagen 91
Artikelstammdaten 49
Artikelstammdaten Kugelschreiber 649
Aufbau eines ERP-Pflichtenhefts Grundsätze 83
Aufgabenabgrenzung 30
Auswahlkriterien 90
Auswahlmöglichkeiten 27
    der Hardware 43
    von Software 35

B
Bedarf
    Formulare 51
    Listen 51
Beraterverträge 42
Beschaffung von ERP-Systemen 287
Beschaffung von Standardsoftware Vertragsrahmen 343
Beschaffungsaktivitäten 339

Betriebliche Anforderungen 91
Betriebsdaten 99
Bewertungskriterien 336
BGB 346

C
CAM 18
Computer Aided Manufacturing (CAM) 18
Computervirus 68
Customizing-Tool 562

D
Datenbezogene Voraussetzungen 48
Dienstvertrag 359
Durchführungsplan 89

E
Eigenschaft
    zugesicherte 626
Einführungsstrategie 459
Einweisung 46
E-Mail 73
ERP-Management-Handbuch 46, 361
ERP-Musterpflichtenheft 212
ERP-Phasenkonzept 79
ERP-Software 108
ERP-Software-Pakete
    Verzeichnis 37
ERP-Systeme
    Beschaffung 287
Erzeugnisstruktur 49
Evaluation 82

F
Fehlerbegriff 625
Fertigungsorganisation 15
Folgeschäden 632
Formulare 51
Funktionen des INTRAPREND WWS/PPS Manager 571

G
Garantie 627
Gewährleistungsanspruch 629
Gewährleistungsfälle 625
Grundsätze zum Aufbau eines ERP-Pflichtenhefts 83

H
Hardware
    Auswahlmöglichkeiten 43
Hardwarehändler 45
    Sitz des 45
Humane Ziele 28

I
Informationsflüsse 51
Installation 47
Internet 55
Internet-Historie 58
Internet-Philosophie 56
Internet-Statistik 60
Internet-Trends 64
Intranet 55, 63
INTRAPREND WWS/PPS Manager 561
IST-Zustands-Analyse 32
IT-Controlling 611

K
Kaufmännische Angebotsprüfung 289
Kaufvertrag 346
Kennzahlensysteme 614
Kostensenkung 17
Kostenziele 28
Kundendienst 45

L
Leistungsstörungen 619
Lieferzeiten 45
Listen 51
Lösungsauswahl 33
Lösungssuche 33

M
Mängel
    Vorgehensweise 633
Mengengerüste 99
Mietvertrag 358
Musterpflichtenheft ERP 212

N
Nummernschlüssel 48
Nutzwertanalyse 85

O
Objektive Unmöglichkeit 619
Organisatorische Voraussetzungen 52
Organisatorische Ziele 29

P
Pflichtenheft 43, 90
Pflichtenhefterstellung 89
Planung 19
positive Vertragsverletzung 631
PPS-Anforderungsprofil 165
PPS-Funktion 19
PPS-Funktionsbereiche 121
PPS-System 15
Produktpalette 44
Programmauswahl 37
Programmsuche 37
Programmzugehörigkeiten 52
Projektinitialisierung 82
Projektteam 80

Q
Qualität der Software 38

R
Rahmendaten 99
Rationalisierungsmöglichkeiten 30, 31
Rechtsfolgen des Verzuges 622
Regeln für die Software-Auswahl 38
RP-Konzept 18

S

Sachmängelhaftung 625, 628
Sachverständige 634
SCEM in der Fertigung 539
Schlechtlieferung 625
Schulung 46
Sechs-Stufen-Methode 27
Service 45
Software
    Anforderungskatalog 150
    Qualität 38
Software-Anpassung 86
Software-Auswahl 36
    Regeln 38
Software-Beschaffungsvertrag 349
Software-Installation 86
Standardgliederung 82
Stellenbeschreibungen in der Fertigungsorganisation 253
Steuerung 19
Stücklisten 49
Subjektive Unmöglichkeit 620
Systemeinführung 87

T

Technische Angebotsprüfung 288
Terminverfolgung 287
Terminziele 29
Testlizenz 570

U

Unmöglichkeit 619
Unternehmensberater 40, 97, 98
Unternehmenslösung 527

V

Vertragsarten 341
Vertragsfreiheit 341
Vertragsrahmen zur Beschaffung von Standardsoftware 343
Vertragstypen im BGB 346
Vertragsverletzung
    positive 631
Verzeichnis von ERP-Software-Paketen 37
Verzug 621
    Rechtsfolgen 622
Viren 66
Virenarten 70
Voraussetzungen
    datenbezogene 48
    organisatorische 52
Vorgehensweise bei Mängeln 633
Vorteile des Internets 57

W

Werklieferungsvertrag 358
Werkvertrag 356, 630
Würmer 66

Z

Zielsetzung 28
zugesicherte Eigenschaft 626

SecurIntegration

GRC in SAP-Umgebungen

- Die wichtigsten gesetzlichen Anforderungen
- Alle SAP GRC-Tools
- Best Practices: Implementierung der SAP GRC Access Control Suite

Bilanzskandale, Untreue, wirtschaftliche Totalschäden. In den vergangenen Jahren hat eine Reihe von folgenreichen Unternehmenspleiten die Wirtschaftswelt erschüttert und den Gesetzgeber auf den Plan gerufen. In dem Bemühen, Stakeholdern und Shareholdern eine verlässlichere Beurteilungs- und Investitionssituation zu bieten, haben Regierungen weltweit eine Vielzahl von Gesetzen erlassen, die von Unternehmen Transparenz der Geschäftsprozesse, Aufgabentrennung, Risikomanagement und eindeutige Verantwortlichkeiten fordern.

Um Unternehmen in diesem schwierigen Prozess zu unterstützen, hat SAP verschiedene Produkte für den Bereich Governance, Risk & Compliance (GRC) entwickelt. Mit diesen Instrumenten sollen Unternehmen in den Stand versetzt werden, gesetzliche Vorgaben zu erfüllen, ein klar strukturiertes Berechtigungswesen aufzubauen und ein passgenaues Risikomanagement einzuführen.

In diesem Buch werden die SAP-Produkte
SAP GRC Access Control
SAP GRC Risk Management
SAP GRC Process Control
SAP Global Trade Services (u. a.)
ausführlich vorgestellt. Dabei steht die dezidierte Präsentation der vier Komponenten der SAP GRC Access Control Suite im Mittelpunkt. In den anschließenden Best Practices wird die Implementierung der SAP GRC Access Control Suite exemplarisch durchgespielt. Diese Fallstudie wird allen SAP-Kunden, die selbst vor einem GRC-Projekt stehen, ein hilfreicher Leitfaden für das eigene Projekt sein.

Da sich die Anforderungen und Angebote rund um GRC rasant entwickeln, gibt es im letzten Kapitel einen Ausblick über die in Planung befindlichen Produkte, bevorstehenden Entwicklungen und angekündigten Releases der vorgestellten SAP GRC-Instrumente.

Probekapitel und Infos erhalten Sie unter: **www.mitp.de**

ISBN 978-3-8266-5954-6

Erwin Rödler

Rechnungswesen
mit Microsoft Excel

- Finanz- und Anlagenbuchhaltung
- Kostenrechnung
- Finanzierung und Budgetierung
- Inklusive Version 2007
- Beispiele und Lösungen auf CD

In diesem Buch werden typische Aufgaben des Rechnungswesens mit Hilfe des Kalkulationsprogramms MS Excel ausführlich erläutert und dargestellt. Ziel ist es, dem Leser mittels *Best Practices for Business* den Einsatz und Nutzen von MS Excel für betriebliche Aufgabenstellungen und Fragen aus der Praxis zu zeigen. Die durch den Autor vorgegebene konsequente und effiziente Anwendung der Standardsoftware lässt sich im Selbststudium zu Hause oder am Arbeitsplatz Schritt für Schritt nachvollziehen. Alle aufgeführten Beispiele und Lösungsansätze befinden sich auf der dem Buch beigefügten CD.

Damit der Leser die Vorgehensweise und Lösungen der praktischen Fragestellungen unabhängig von seiner MS-Excel-Version nachvollziehen kann, findet er sowohl die Darstellung für die MS-Excel-Versionen bis Office 2005 als auch für die aktuelle Version 2007.

Als geschäftsführender Gesellschafter einer Firma und als Lehrbeauftragter an Fachhochschule und Hochschule berät und schult der Autor Erwin Rödler seit Jahren in den Bereichen Revision, Datenanalyse und SAP. Dieses Buch ist der Auftakt einer Buchreihe, die sich die umfassende und fundierte Darstellung des Einsatzes von MS Excel in der betrieblichen Praxis zum Ziel gesetzt hat.

Aus dem Inhalt:

- Kassenbuch
- Ein- und Ausgabejournal
- Liquiditätsplan
- Anlagenspiegel
- Betrieblicher Abrechnungsbogen (BAB)
- Kostenträgerrechnung
- Deckungsbeitragsrechnung
- Soll-Ist-Kostenrechnung
- Prozesskostenrechnung
- Finanzierungspläne
- Budgetrechnung

Probekapitel und Infos erhalten
Sie unter: **www.mitp.de**

ISBN 978-3-8266-1679-2

Thomas Wuttke • Peggy Gartner
Steffi Triest

Das PMP®-Examen
Für die gezielte Prüfungsvorbereitung

- Alle Wissensgebiete des PMBOK® Guide
- Deutsche Prüfungsfragen
- CD mit über 100 Fragen und Antworten zur Prüfungssimulation

Das PMP®-Zertifikat des Project Management Institute (PMI®) gilt als der globale Kompetenznachweis im Bereich Projektmanagement. Über 120.000 Personen aus über 100 Ländern haben inzwischen die Prüfung zum PMP abgelegt, und täglich werden es mehr.

Sie möchten sich auch als Projektmanager zertifizieren und Project Management Professional (PMP) werden? Sie wollen die PMP-Prüfung bestehen und fragen sich, wie man sich am besten darauf vorbereitet?

Am besten mit dem vorliegenden Buch! Es gibt Ihnen klare Hinweise, wie Sie die Prüfung bestehen, auf was es bei dem Test ankommt und wie Sie Ihre Schwachstellen erkennen. Das Buch wendet sich aber auch an alle, die sich für die Prüfung im Moment nur interessieren und klären wollen, ob sie schon reif für das Examen sind.

Dieses Buch vermittelt bewusst kein tiefer gehendes Projektmanagement-Know-how, sondern stellt eine knappe und pragmatische Zusammenstellung des prüfungsrelevanten Wissens dar. Damit Sie testen können, wie fit Sie für die Prüfung sind, finden Sie sowohl im Buch als auch auf einer Extra-CD zu jedem Wissensgebiet Beispiele deutscher PMP-Prüfungsfragen.

Aus dem Inhalt:
- Einführung
- Ethik und Verantwortung gegenüber dem Berufsstand
- Projektmanagementrahmen
- Integrationsmanagement in Projekten
- Inhalts- und Umfangsmanagement
- Terminmanagement
- Kostenmanagement
- Qualitätsmanagement
- Personalmanagement
- Kommunikationsmanagement
- Risikomanagement
- Beschaffungsmanagement

Auf der CD:
Testsimulation mit deutschen PMP-Prüfungsfragen

Probekapitel und Infos erhalten Sie unter: **www.mitp.de**

ISBN 978-3-8266-1786-7

Mike Meyers • Shon Harris

CISSP

Certified Information Systems Security Professional

- **Das Zertifikat für IT-Sicherheit**
- **Die optimale Prüfungsvorbereitung**
- **Deutsche Bearbeitung: Rolf von Rössing, Markus a Campo**

Wenn Sie Sicherheit ernst nehmen, gibt es keinen besseren Beleg für Ihr Können, als die Prüfung zum Certified Information Systems Security Professional (CISSP) zu bestehen. Derzeit ist der CISSP die international am meisten respektierte und gesuchte Sicherheitszertifizierung am Markt. Auch im deutschsprachigen Raum ist das CISSP-Zertifikat immer häufiger in Stellenangeboten und Arbeitsbeschreibungen zu finden und wird oft als Kriterium für Beförderungen und Gehaltserhöhungen benutzt.

Dieses Buch – von Rolf von Rössing für den deutschsprachigen Markt lokalisiert und von Markus a Campo für die Neuauflage überarbeitet – bietet die optimale Vorbereitung auf die rund 250 Fragen, die den Sicherheitsprofi in der CISSP-Prüfung erwarten, und deckt die zehn nebenstehend aufgeführten, von (ISC)2 festgelegten Wissensgebiete ab, in denen der Prüfling seine Kompetenz nachzuweisen hat. Da die CISSP-Prüfung häufig noch in englischer Sprache abgelegt wird, kann der Leser dieses Buch auch als wertvollen und zuverlässigen Sprachführer durch ein durchaus komplexes Thema und durch eine anspruchsvolle Prüfung benutzen.

Aus dem Inhalt:
- Zugriffskontrollsysteme und Methodologie
- Telekommunikations- und Netzwerksicherheit
- Praxis des Sicherheitsmanagements
- Anwendungs- und Systementwicklung
- Kryptographie
- Sicherheitsarchitektur und -Modelle
- Operating: Betriebssicherheit
- Betriebliches Kontinuitätsmanagement und Notfallplanung
- Rechte und ethische Aspekte
- Physische Sicherheit

Probekapitel und Infos erhalten Sie unter: **www.mitp.de**

ISBN 978-3-8266-1745-4

Markus Kammermann

CompTIA Network+

- Medien und Topologien
- Protokolle und Standards
- Netzwerkimplementation
- Netzwerk-Support

Die CompTIA Network+-Zertifizierung wendet sich an Techniker im IT-Umfeld und bescheinigt dem Träger eine breite Kenntnis auf dem Gebiet der Netzwerktechnologie. Wer die Prüfung besteht, weist damit nach, dass er über ausreichende Fertigkeiten und Kenntnisse verfügt, um eine Reihe von Netzwerk-Produkten zu konfigurieren beziehungsweise in Betrieb zu nehmen. Den Aufbau des Buches und die Schwerpunkte gibt die Prüfung selbst vor. Ausführlich werden vier Fachgebiete abgehandelt, im CompTIA-Sprachgebrauch Domains genannt:

- Medien und Topologien
- Protokolle und Standards
- Netzwerkimplementation
- Netzwerk-Support

Der Leser, der etwas Erfahrung mit Netzwerken vorweisen kann oder ein Seminar zum Thema besucht, geht nach Durcharbeiten dieses Buches nicht nur optimal vorbereitet in eine der nach wie vor wichtigsten Prüfungen für Netzwerk-Profis, sondern ist auch gut gerüstet für das weitere Berufsleben.

Aus dem Inhalt:

- Grundbegriffe der Telematik
- Hardware im lokalen Netzwerk
- Die wichtigsten Kabeltypen
- Physische Topologie
- Die Standards der IEEE-802.x-Reihe
- Drahtlostechnologien
- TCP/IP, IPv6
- Netzwerkbetriebssysteme
- Administration des Netzwerks
- Security, Remote Access
- Hilfsmittel zur Fehlersuche
- Praxisübungen: Einrichtung eines Netzwerks, Einrichtung eines WLANs, Steigerung der Netzeffizienz
- CompTIA Network+: Prüfungsbedingungen, Musterfragen mit Antworten

Probekapitel und Infos erhalten Sie unter: **www.mitp.de**

ISBN 978-3-8266-5922-5

INTARS
UNTERNEHMENSSOFTWARE

Open Source ERP made in Germany

frei (GPL) - flexibel - einfach

höchste Kundenzufriedenheit (Platz 1 auf www.benchpark.de)

Max21 AG als starker Partner

tastaturbedienbare Web-Anwendung

seit 1999 kontinuierlich weiterentwickelt

zertifizierte IntarS-Partner auch in Ihrer Nähe

individualisierte Branchenlösungen

performant, geringe Hardwareanforderungen

Schnittstellen zu Datev, Eurofibu, DHL, UPS, GLS u.v.m

SEAT-1 SOFTWARE

seat-1 Software GmbH
Am Hofbrauhaus 1
96450 Coburg

www.seat-1.de
www.sourceforge.net/projects/intars
09561 235503

ascara®
BUSINESS SOLUTIONS
• zuverlässig • schnell • leistungsstark •

Effiziente Geschäftsprozesse mit integrierten Unternehmenslösungen

- **ascara®** Marketing
- **ascara®** Handel
- **ascara®** Finanzen
- **ascara®** Fertigung
- **ascara®** Services
- **ascara®** Projekte
- **ascara®** M.I.S.
- **ascara®** Kasse
- **ascara®** ePortal
- **ascara®** eShop

Integrierte Softwarelösungen für die Themenbereiche
CRM/ERP/PPS/eBusiness/eCommerce

ascara Software GmbH
Hauptstraße 4
D-90607 Rückersdorf

Tel. 0911 95786-0
vertrieb@ascara.de
www.ascara.de